Langenscheidt
Universal-Wörterbuch

Griechisch

Griechisch – Deutsch
Deutsch – Griechisch

Langenscheidt

Bearbeitet von: Caroline Michas

Entwickelt auf der Basis des
Langenscheidt Universal-Wörterbuchs Griechisch
978-3-12-514281-7

Bearbeitet von: Aglaia Alexiou-Puljer,
Prof. Dr. Günther S. Henrich,
Dr. Kiriaki Chrissomalli-Henrich, Rachele Zoli-Sudbrock

1. Auflage 2022 (1,02 - 2025)

www.langenscheidt.com

Projektleitung: Helen Schmidt
Typgografisches Konzept nach:
KOCHAN & PARTNER GmbH, München
Satz: Claudia Wild, Konstanz
Druck und Bindung: L.E.G.O. S.p.A., Lavis
Printed in Italy

ISBN 978-3-12-514415-6

Neutrum	*n*	ουδέτερο
Nominativ	*nom*	ονομαστική
oder	*od*	ή
pejorativ, abwertend	*pej*	μειωτικό
Personalpronomen	*pers pr*	προσωπική αντωνυμία
Philosophie	PHIL	φιλοσοφία
Physik	PHYS	φυσική
Plural	*pl*	πληθυντικός
Politik	POL	πολιτική
Possessivpronomen	*poss pr*	κτητική αντωνυμία
Präposition	*präp*	πρόθεση
Psychologie	PSYCH	ψυχολογία
eingetragene Marke	®	σήμα κατατεθέν
regional	*reg*	ιδιωματισμός
Religion	REL	θρησκεία
Schifffahrt	SCHIFF	ναυτικός όρος
siehe	→	βλέπε
Singular	*sg*	ενικός
Technik	TECH	τεχνική
Telekommunikation	TEL	τηλεφωνία
Theater	THEAT	θέατρο
Fernsehen	TV	τηλεόραση
und	*u.*	και
umgangssprachlich	*umg*	οικείο
von	*v.*	από
vulgär	*vulg*	χυδαίο
Zoologie	ZOOL	ζωολογία

Abkürzungen und Symbole | Βραχυγραφίες και σύμβολα

auch	*a.*	και, επίσης
Adjektiv	*adj*	επίθετο, επιθετικά
Adverb	*adv*	επίρρημα, επιρρηματικά
Akkusativ	*akk*	αιτιατική
allgemein	*allg*	γενικά
amtlich	*amtl*	διοικητικός όρος
Anatomie	ANAT	ανατομία
Architektur	ARCH	αρχιτεκτονική
Artikel	*art*	άρθρο
Astrologie	ASTROL	αστρολογία
Astronomie	ASTRON	αστρονομία
Auto	AUTO	αυτοκίνητο
Bahn	BAHN	σιδηρόδρομος
Bergbau	BERGB	μεταλλουργία
Biologie	BIOL	βιολογία
Botanik	BOT	βοτανική
Chemie	CHEM	χημεία
Computer	COMPUT	ηλεκτρονική μηχανογράφηση
Dativ	*dat*	δοτική
eine	*e-e*	μία
Elektrizität, Elektrotechnik	ELEK	ηλεκτρολογία
einem	*e-m*	σε έναν
einen	*e-n*	έναν
einer	*e-r*	μιας

Inhaltsverzeichnis | Περιεχόμενα

Hinweise für die Benutzung

1. Wo finde ich was? – alphabetische Anordnung

Die Stichwörter werden in alphabetischer Reihenfolge aufgeführt. Die Umlaute ä, ö, ü werden wie a, o, u behandelt; *träumen* steht hinter *Traum* und vor *traumhaft*. Wichtige Abkürzungen sind an alphabetischer Stelle im Wörterverzeichnis zu finden.

2. Wie finde ich was? – Aufbau eines Stichwortartikels

Alle Substantive, sowohl die deutschen als auch die griechischen, sind in beiden Teilen des Wörterbuchs mit einer Angabe des grammatischen Geschlechts (M, F, N bzw. MPL, FPL, NPL) versehen:

τραπέζι N Tisch *m*
Freude F χαρά *f*

Bei Personenbezeichnungen ist die feminine = weibliche Form der Substantive stets nach der maskulinen = männlichen Form in Rundklammern angegeben:

δάσκαλος (-άλα) M(F) Lehrer(in) *m(f)*
Beifahrer(in) M(F) συνοδηγός *m,f*

Bei manchen Personenbezeichnungen des Griechischen (und des Deutschen) existiert keine Femininform bzw. ist die Femininform sehr ungewöhnlich oder im Sprachgebrauch noch nicht sehr verbreitet. In solchen Fällen wird im Stichwort bzw. bei der Übersetzung auch die Femininform angegeben:

Bürger(in) M(F) πολίτης *m*
Gast M επισκέπτης (-τρια *f*) *m*

Wenn die Femininform aufgrund ihrer abweichenden Bedeutung von der Maskulinform als ein eigenständiges Stichwort betrachtet werden muss, ist sie alphabetisch eingeordnet zu finden:

ιερέας ⟨-είς⟩ M Priester *m*
ιέρεια F Priesterin *f*

3. Wie sieht es mit der Aussprache aus?

Die Aussprache bzw. Teile der Aussprache der griechischen Wörter sind in eckigen Klammern gleich hinter dem Stichwort angegeben. Die Lautschrift erscheint in den Symbolen der Association PhonÅtique Internationale (A. P. I.), siehe dazu die Erklärung der Lautschrift auf S. 10.

4. Welche Funktion hat die Tilde (~)?

Die Tilde ersetzt in den Anwendungsbeispielen das vorangegangene Stichwort:

καλοκαίρι N Sommer *m*; **το ~** im Sommer
(= **το καλοκαίρι**)
morgens το πρωί; **~ und abends** πρωί και βράδυ
(= **morgens und abends**)

5. Welche grammatische Hinweise finde ich im Wörterbuch?

Bei folgenden Substantiven wird der Plural oder der Genitiv Singular in Spitzklammern angegeben:

Maskulina auf -έας, Plural -είς:

κουρέας ⟨-είς⟩ M (Herren-)Friseur *m*

Feminina auf -η, Genitiv Singular -ης:

πόλη ⟨-ης⟩ F Stadt *f*

Maskulina und Feminina mit Stammerweiterung im Plural:

παππούς ⟨-ούδες⟩ M Großvater *m*
ψαράς ⟨-άδες⟩ M Fischer *m*

Bei Substantiven, die den Muttersprachlern/-lerinnen des Deutschen Schwierigkeiten bereiten könnten, wird der Genitiv Singular und/oder der Plural bzw. die abweichende Pluralform mit Genusangabe angegeben:

φως ⟨φωτός, *pl* φώτα⟩ N Licht *n*
γεγονός ⟨-ότα⟩ N Ereignis *n*

Die Angabe ⟨-⟩ bedeutet, dass das Substantiv in der Deklination unverändert bleibt und nur in der angegebenen Form verwendet wird:

αερόμπικ ⟨-⟩ N Aerobic *n*

Die Adjektive werden im Maskulinum aufgeführt; die Endungen des Femininums und des Neutrums werden im Teil Griechisch – Deutsch in Spitzklammern angegeben:

ωραίος ⟨-α, -ο⟩ schön
έξυπνος ⟨-η, -ο⟩ klug
τεμπέλης ⟨-α, -ικο⟩ faul

Da die Verben der 2. Konjugation (also diejenigen, die endbetont sind: -ώ) sich in zwei Gruppen unterteilen, wird die häufigste Gruppe durch die Endung der 2. Person Singular ⟨-άς⟩ bezeichnet:

αγαπώ ⟨-άς⟩ lieben

Bei den wichtigsten Verben ist die Aoristform angegeben:

τρώ(γ)ω ⟨τρως, έφαγα⟩ essen
γίνομαι ⟨έγινα⟩ werden

Das neugriechische Vokabular gehört zum Teil der Volkssprache (δημοτική), zum Teil der früheren Amtssprache (καθαρεύουσα) an. Bei solchen Begriffen, die sowohl in der Volkssprache als auch in der Amtssprache ein entsprechendes Wort haben, steht im deutsch-griechischen Teil das volkstümliche Wort meist als erste Übersetzung:

Wein M κρασί *n*, οίνος *m*
Brot N ψωμί *n*, άρτος *m*

Die Aussprache des Griechischen

Das griechische Alphabet

Griechische Buchstaben		Name der Buchstaben	Lautzeichen	Ausspracheerklärung
Α	α	['alfa]	[a]	kurzes **a** wie in **A**kademie
Β	β	['vita]	[v]	wie **w** in **w**er, **v** in **V**ase
Γ	γ	['ɣama]	[ɣ]	vor [a, o, u] und Konsonanten wie **g** in berlinisch Wa**g**en; es klingt wie ein Zäpfchen-r ohne Rollen
			[j]	vor [e, i] wie **j** in **j**a, **j**eder
Δ	δ	['ðelta]	[ð]	wie stimmhaftes **th** in englisch **th**at oder **d** in spanisch mata**d**or
Ε	ε	['epsilon]	[e]	kurzes offenes **e** wie in f**e**st
Ζ	ζ	['zita]	[z]	stimmhaftes **s** wie in Ro**s**e, **S**onne
Η	η	['ita]	[i]	kurzes geschlossenes **i** wie **i** in M**i**nute
Θ	θ	['θita]	[θ]	wie stimmloses **th** in englisch **th**ing oder **c** in spanisch **c**ielo
Ι	ι	['jota]	[i]	kurzes geschlossenes **i** wie in **i**ch
			[j]	zwischen Konsonant und Vokal sehr oft wie **j** in **j**a
Κ	κ	['kapa]	[k]	**k** ohne Behauchung wie in französisch **c**oup, italienisch **c**asa
Λ	λ	['lamða]	[l]	**l** wie im Deutschen
Μ	μ	[mi]	[m]	**m** wie im Deutschen
Ν	ν	[ni]	[n]	**n** wie im Deutschen

Griechische Buchstaben		Name der Buchstaben	Lautzeichen	Ausspracheerklärung
Ξ	ξ	[ksi]	[ks]	wie **x** in **Hexe**
Ο	ο	['omikron]	[o]	kurzes offenes **o** wie in **oft**
Π	π	[pi]	[p]	**p** ohne Behauchung wie in französisch **père**, italienisch **pietra**
Ρ	ρ	[ro]	[r]	Zungenspitzen-**r** wie im Italienischen
Σ	σ ς	['siɣma]	[s]	stimmloses **s** wie **ss** in **Wasser**, **ß** in **Straße**; am Wortende wird ς geschrieben!
Τ	τ	[taf]	[t]	**t** ohne Behauchung wie in französisch **toute**, italienisch **tutto**
Υ	υ	['ipsilon]	[i]	kurzes **i** wie in **ich**
Φ	φ	[fi]	[f]	wie **v** in **Vater**, **f** in **Telefon**
Χ	χ	[çi]	[ç]	vor [e, i] wie **ch** in **ich**, **euch**
			[x]	vor [a, o, u] und vor Konsonant wie **ch** in **Dach**
Ψ	ψ	[psi]	[ps]	wie **ps** in **Psalm**
Ω	ω	[o'meɣa]	[o]	kurzes offenes **o** wie in **oft**

Buchstabenverbindungen
Zusammengesetzte Vokale

αι	[e]	**ναι** [ne] *ja*
ει	[i]	**είμαι** ['ime] *ich bin*
οι	[i]	**τοίχος** ['tixos] *Wand*
υι	[i]	**υιοθετώ** [ioθe'to] *adoptieren*
ου	[u]	**πουλί** [pu'li] *Vogel*
αυ	[av]	vor Vokal oder stimmhaftem Konsonanten (**μπ, ντ, γκ, β, δ, γ, ζ, τζ, μ, ν, λ, ρ**): **παύω** ['pavo] *aufhören*; **αύριο** ['avrio] *morgen*
	[af]	vor stimmlosem Konsonanten (**π, τ, κ, φ, θ, χ, σ, ψ, τσ, ξ**): **αυστηρός** [afsti'ros] *streng*; **καύσωνας** ['kafsonas] *Hitzewelle*
ευ	[ev]	vor Vokal oder stimmhaftem Konsonanten (**μπ, ντ, γκ, β, δ, γ, ζ, τζ, μ, ν, λ, ρ**): **μαγειρεύω** [maji'revo] *kochen*; **γεύμα** ['jevma] *Mittagessen*
	[ef]	vor stimmlosem Konsonanten (**π, τ, κ, φ, θ, χ, σ, ψ, τσ, ξ**): **εύκολος** ['efkolos] *leicht*; **γευστικός** [jefsti'kos] *schmackhaft*

Zusammengesetzte Konsonanten

γγ	[ŋg]	wie **ng** in Tango; kommt nur im Wortinneren vor: **αγγούρι** [aŋ'guri] *Gurke*
γκ	[g]	am Wortanfang: **γκρεμός** [gre'mos] *Abgrund*
	[ŋg]	im Wortinneren: **άγκυρα** ['aŋgira] *Anker*
μπ	[b]	am Wortanfang: **μπαίνω** ['beno] *eintreten*
	[mb]	im Wortinneren: **κολύμπι** [ko'limbi] *Schwimmen*

ντ	[d]	am Wortanfang: **ντουλάπι** [du'lapi] *Schrank*
	[nd]	im Wortinneren: **δόντι** ['ðondi] *Zahn*
τζ	[dz]	**τζάκι** ['dzaki] *Kamin*
τσ	[ts]	**τσάι** ['tsai] *Tee*

Bitte beachten:

1. Alle Vokale des Griechischen sind kurz und ungespannt auszusprechen. **η, ι, υ, ει, οι** lauten in etwa wie [i]; **ο, ω** lauten in etwa wie offenes [o]; **ε, αι** in etwa wie offenes [e]
2. Oft wird ein [i]-Laut zwischen Konsonant und Vokal diphthongiert und in etwa als **j** gesprochen: **καρδιά** [kar'ðja] *Herz;* **μοιάζω** ['mjazo] *ähneln;* **μυαλό** [mja'lo] *Hirn; Verstand* **χάλια** ['xaʎa] *schlechter Zustand;* **χαλιά** [xa'ʎa] *Teppiche* **ψώνια** ['psoɲa] *Einkäufe;* **κλωνιά** [klo'ɲa] *Äste*
3. Meistens wird [s] vor stimmhaftem Konsonanten stimmhaft gesprochen: **κουρασμένος** [kura'zmenos] *müde;* **σβήνω** ['zvino] *löschen;* **σγουρός** [zɣu'ros] *lockig*

Erläuterung der Lautschrift

[ˈ] steht **vor** der Silbe, die zu betonen ist
[a] kurzes mittleres **a**, etwa wie in **A**kademie
[b] wie im Deutschen, jedoch stimmhafter
[ç] wie **ch** in i**ch**
[d] wie im Deutschen, jedoch stimmhafter
[ð] wie stimmhaftes **th** in englisch **th**at
[dz] enge Verbindung zwischen stimmhaftem **d** in **d**a und stimmhaftem **s** in **S**onne
[e] kurzes offenes **e**, etwa wie in **E**cke
[f] wie **f** in **F**euer, **v** in **V**ater
[g] wie im Deutschen, jedoch stimmhafter
[ɣ] wie **g** in Wa**g**en im Berliner Dialekt, ähnlich dem deutschen Zäpfchen-r, jedoch ohne Schwingung
[i] kurzes geschlossenes **i**, etwa wie in M**i**nute
[j] wie im Deutschen
[k] ein **k** ohne Behauchung wie in französisch **c**oup, italienisch **c**asa. Das im Deutschen dem **k** folgende h ist nicht zu sprechen, das Griechische kennt diesen kh-Laut nicht.
[l] wie im Deutschen
[ʎ] Ein [i]-Laut zwischen Konsonant und Vokal wird oft wie **gl** in italienisch a**gl**io gesprochen, klingt in etwa wie **lj**
[m] wie im Deutschen
[n] wie im Deutschen
[ŋ] wie **ng** in si**ng**en
[ɲ] Eine [i]-Lautverbindung zwischen Konsonant und Vokal wird oft wie **gn** in italienisch **gn**occhi gesprochen, klingt in etwa wie **nj**
[o] kurzes offenes **o**, etwa wie in L**o**tto, **o**ffen
[p] wie **p** in französisch **p**ère, d. h. ohne Behauchung

[r] Zungenspitzen-**r** wie im Süddeutschen, Italienischen oder Russischen
[s] stimmloses **s** wie **ss** in Wasser oder **ß** in schließen
[t] wie **t** in französisch **t**ante, d. h. ohne Behauchung
[ts] wie deutsch **z** in **Z**ahl, **tz** in Mü**tz**e
[θ] wie das stimmlose **th** in englisch **th**ing, ein mit der Zungenspitze zwischen den vorderen Zahnreihen gesprochener stimmloser s-Laut
[u] kurzes geschlossenes **u**, etwa wie in **U**niversität
[v] wie **w** in **W**asser, **v** in **V**ase
[x] wie **ch** in no**ch**, au**ch**, Da**ch**
[z] wie stimmhaftes **s** in **S**onne, lei**s**e

Der Akzent – Ο τόνος, το τονικό σημάδι

1. Die betonte Silbe trägt auf dem Vokal ein Betonungszeichen, den Akzent; bei zusammengesetzten Vokalen steht der Akzent auf dem zweiten Vokal:
   Άλπεις ['alpis] *Alpen*, **θέλω** ['θelo] *wollen*, **έρχομαι** ['erxome] *kommen*
   είμαι ['ime] *sein*, **παίζω** ['pezo] *spielen*, **αύριο** ['avrio] *morgen*
2. Einsilbige Wörter tragen keinen Akzent, mit Ausnahme von **ή** [i] *oder*, **πώς** [pos] *wie* und **πού** [pu] im Sinne von *wo, wohin*

Das Trema – Τα διαλυτικά

Unter Trema versteht man zwei Punkte, die man über **ι** und **υ** setzt, um die Bildung eines zusammengesetzten Vokals mit dem vorangehenden **α, ε, ο** und **υ** zu verhindern: **αϊ, αϋ, εϊ, εϋ, οϊ, οϋ, υϊ**. Das Trema signalisiert, dass die betreffenden Vokale keine zusammengesetzten Vokale darstellen und deshalb getrennt zu sprechen sind:

αϊ [ai] und nicht [e]; **Α-γλα-ΐ-α** [aɣla'ia] *ein weiblicher Vor- name* und nicht [a'ɣlea]
αϋ [ai] und nicht [av]; **αϋπνία** [aip'nia] *Schlaflosigkeit*
εϊ [ei] und nicht [i]; **θε-ϊ-κός** [θei'kos] *göttlich* und nicht [θi'kos]
οϊ [oi] und nicht [i]; **ευ-νο-ϊ-κός** [evnoi'kos] *günstig* und nicht [evni'kos]

Εξήγηση της γερμανικής προφοράς για τον Έλληνα / την Ελληνίδα

Στα γερμανικά προφέρονται οι λέξεις γενικά όπως γράφονται. Εξαιρέσεις αποτελούν οι δίφθογγοι **ei** = **άι**, λ.χ. eilen = άιλεν, **eu** = **όι**, λ.χ. Eule = όιλε, **äu** = **όι**, λ.χ. Bäume = μπόιμε, **ie** = **ι**, λ.χ. die = ντι.

Τα φωνήεντα **a**, **o** και **u** μετατρέπονται κάποτε σε **ä** (**ae**), **ö** (**oe**) και **ü** (**ue**). Το **ä** μοιάζει στην προφορά με το **ε**, λ.χ. ähnlich = ένλιχ. Τα **ö** και **ü** δεν υπάρχουν στα ελληνικά. Το **ö** αποδίδεται συνήθως με το **αι**, π.χ. Goethe = Γκαίτε, το **ü** προφέρεται όπως το γαλλικό **u** στη λέξη duper και το **ö** όπως το γαλλικό **eu**.

Το **ch** προφέρεται όπως το χ στην ελληνική λέξη όχι μετά τα e, i, ä, ö, ü, λ.χ. echt = εχτ, ή μετά από σύμφωνο, λ.χ. durch = ντουρχ, όπως το χ στο χάος μετά τα a, o, u, λ.χ. achten = άχτεν.

Το **h** δεν προφέρεται μπροστά από το άτονο e, λ.χ. sehen = ζέεν, ή μπροστά από σύμφωνο, λ.χ. Draht = ντρατ.

Το **sch** δεν υπάρχει στα νεοελληνικά. Προφέρεται όπως το γαλλικό **ch** και το αγγλικό **sh**.

Griechisch – Deutsch

α-, ά- (*vor Vokal* **αν-**) un-, nicht ..., ohne ..., -frei, -los; in-, a-

αβαθής ⟨-ής, -ές⟩ seicht

αβάσιμος ⟨-η, -ο⟩ [-si-] unbegründet, haltlos

αβάστακτος ⟨-η, -ο⟩ [-xt-] unerträglich

άβατος ⟨-η, -ο⟩ *Gelände* unzugänglich, unwegsam

αβγό N → **αυγό**

αβέβαιος ⟨-α, -ο⟩ [-veos] ungewiss, unsicher (**για** über)

αβίαστος ⟨-η, -ο⟩ ungezwungen

αβλαβής ⟨-ής, -ές⟩ unschädlich; unbeschädigt; heil

αβοήθητος ⟨-η, -ο⟩ hilflos

άβολος ⟨-η, -ο⟩ unbequem

αβροχιά [-'ça] F Regenmangel *m*, Dürre *f*

άβυσσος [-sos] F Abgrund *m*

αγαθό N Gut *n*; *pl* Güter *npl*

αγαθός ⟨-ή, -ό⟩ gutmütig; naiv

άγαλμα N Statue *f*

άγαμος ⟨-η, -ο⟩ *amtl* ledig

αγανάκτηση ⟨-ης⟩ [-si] F Empörung *f*

αγανακτισμένος ⟨-η, -ο⟩ [-zm-] empört

αγανακτώ sich empören (**με** über)

αγάπη F Liebe *f*; *Brief* **με ~** in Liebe; **~ μου!** Schatz!

αγαπημένος ⟨-η, -ο⟩ geliebt; Lieblings-; **το αγαπημένο μου φαγητό** *n* mein Leibgericht *n*

αγαπητός ⟨-ή, -ό⟩ lieb; beliebt

αγαπώ ⟨-άς⟩ lieben; (gern) mögen; **σ' ~** ich liebe dich

αγγείο N *a.* ANAT Gefäß *n*

αγγελία [aŋge-] F Meldung *f*; Anzeige *f*; Annonce *f*; **μικρές αγγελίες** Kleinanzeigen *fpl*

άγγελος ['aŋge-] M Engel *m*

αγγίζω [aŋ'gizo] anfassen; *a. fig* berühren; *fig* rühren

Αγγλία [aŋ'glia] F England *n*

Αγγλικά NPL Englisch *n*

αγγλικός ⟨-ή, -ό⟩ englisch

Άγγλος (**-ίδα**) ['aŋglos] M(F) Engländer(in) *m(f)*

αγγούρι [aŋ'gu-] N Gurke *f*; **~ τουρσί** Essiggurke *f*

αγγουροσαλάτα [-sa-] F Gurkensalat *m*

αγελάδα [aje-] F Kuh *f*

αγέλαστος ⟨-η, -ο⟩ mürrisch

αγέλη [a'jeli] F *a. fig* Herde *f*, Rudel *n*

αγένεια [a'jenia] F Unhöflichkeit *f*

αγενής ⟨-ής, -ές⟩ unhöflich, unfreundlich

άγευστος ⟨-η, -ο⟩ ['ajefstos] *Speise* fad(e), geschmacklos
αγιάτρευτος ⟨-η, -ο⟩ [a-'jatreftos] *a. fig* unheilbar
άγιος[1] ⟨-α, -ο⟩ heilig
άγιος[2] **(αγία)** M(F) Heilige(r) *m,f*; **ο Άγιος Βασίλης** der Weihnachtsmann *m*; **Αγία Τριάδα** *f* Hl. Dreifaltigkeit *f*; **των Αγίων Πάντων** Allerheiligen *n*
αγκάθι N Stachel *m*; Dorn *m*
αγκαλιά [aŋga'ʎa] F Umarmung *f*; Armvoll *m*; **στην ~** im Arm
αγκαλιάζω [-'ʎa-] umarmen
αγκίδα [aŋ'gi-] F Splitter *m*
αγκινάρα [aŋg-] F Artischocke *f* **αγκίστρι** N Angelhaken *m*
αγκομαχώ [-'xo] keuchen
άγκυρα ['aŋgira] F Anker *m*
αγκυροβόλι [aŋgi-] N SCHIFF Liegeplatz *m* **αγκυροβολώ** ankern, vor Anker gehen
αγκώνας M Ell(en)bogen *m*
άγνοια ['aɣnia] F Unwissenheit *f*, Unkenntnis *f*; Ignoranz *f*
αγνοούμενος (-η) [aɣno'u-] M(F) Vermisste(r) *m,f*
αγνός ⟨-ή, -ό⟩ [aɣn-] keusch; *fig*, *Butter* rein **αγνότητα** F Keuschheit *f*; Reinheit *f*
αγνοώ [aɣno'o] nicht(s) wissen (*akk* von); ignorieren
αγνώμων ⟨-ονος⟩ M,F undankbar **αγνώριστος** ⟨-η, -ο⟩ [-ɣn-] unerkannt; unkenntlich
άγνωστος ⟨-η, -ο⟩ ['aɣno-] unbekannt; fremd
άγονος ⟨-η, -ο⟩ ['aɣo-] *a. fig*, *Boden* unfruchtbar, unergiebig
αγορά F [aɣo'ra] Markt(halle) *m(f)*; Kauf *m*; HANDEL Markt *m*; **λαϊκή ~** Wochenmarkt *m*
αγοράζω [-zo] (ab-, ein)kaufen (**από**; **σε** bei) **αγοραστής (-τρια)** M(F) Käufer(in) *m(f)*
αγόρι [-'ɣo-] N *Bub* Junge *m*
άγουρος ⟨-η, -ο⟩ *Obst* unreif
αγριοβότανο N (Heil-)Kraut *n* **αγριογούρουνο** N Wildschwein *n*
άγριος ⟨-α, -ο⟩ ['aɣrios] wild; *Blick* streng; *Kritik* scharf; *Streit* heftig; *Stoff*, *Sitte* rau; *Verhalten* grob
αγριότητα [aɣri-] F Gräueltat *f*
αγριότοπος [aɣr-] M Wildnis *f*
αγροίκος ⟨-α, -ο⟩ [a'ɣri-] Unhold *m*, Flegel *m*; *Person* grob
αγρόκτημα [a'ɣro-] N Gut *n*, Gehöft *n*, Bauernhof *m*
αγρός [aɣr-] M Acker *m*; Feld *n*
αγρότης (-ισσα) M(F) Bauer *m*, Bäuerin *f*; Landwirt(in) *m(f)*
αγροτικός ⟨-ή, -ό⟩ bäuerlich, ländlich; landwirtschaftlich
αγρύπνια [-pɲa] F Schlaflosigkeit *f*
άγρυπνος ⟨-η, -ο⟩ schlaflos, wach; *fig* wachsam

αγρυπνώ ⟨-άς⟩ wach sein, wach bleiben; wachen
αγύρτης (-ισσα) M(F) Schwindler(in) *m(f)*
άγχος ['aŋxos] N Beklemmung *f*; Stress *m*, Hektik *f*
αγχώδης ⟨-ης, -ες⟩ stressig; *Person* hektisch **αγχώνομαι** sich stressen
αγωγή [aɣo'ji] F Erziehung *f*; JUR Klage *f*; MED Therapie *f*
αγωγός [aɣo'ɣos] M ELEK Leiter *m*; TECH Leitung *f*; Rohr *n*
αγώνας M Kampf *m* (**για** für; um); Wettkampf *m*, Spiel *n*
αγωνία [aɣo'nia] F Besorgnis *f*; Angst *f*; Todeskampf *m*; **έχω ~** *vor Prüfungen* aufgeregt sein (**για** wegen)
αγωνίζομαι [-zo-] kämpfen (**για** für; um) **αγώνισμα** [-zma] N Wettkampf *m*
αγωνιστής (-τρια) [aɣo-] M(F) (Wett-)Kämpfer(in) *m(f)*
αγωνιστικός ⟨-ή, -ό⟩ kämpferisch; **αγωνιστικό ποδήλατο** *n* Rennrad *n*
αγωνιώ ⟨-άς⟩ Angst haben (**για** wegen); gespannt sein
αδασμολόγητος ⟨-η, -ο⟩ [-zmo-] zollfrei; unverzollt
άδεια ['aðia] F Genehmigung *f*; Erlaubnis *f*; *Ferien* Urlaub *m*; **~ εργασίας** Arbeitserlaubnis *f*; **~ οδήγησης** Führerschein *m*; **~ παραμονής** Aufenthaltsgenehmigung *f*
αδειάζω [a'ðjazo] (aus)leeren, (aus)räumen; sich leeren; *fig* Zeit haben
άδειος ⟨-α, -ο⟩ ['aðjos] leer; *Sitzplatz* frei
αδέξιος ⟨-α, -ο⟩ linkisch, ungeschickt, unbeholfen
αδέρφια NPL Geschwister *pl*
αδερφικός ⟨-ή, -ό⟩ brüderlich
αδερφός(-ή) M(F) Bruder *m*, Schwester *f*
αδέσμευτος ⟨-η, -ο⟩ [-zmeft-] ungebunden, frei
Άδης M Hades *m*, Unterwelt *f*
αδιάβαστος ⟨-η, -ο⟩ [a'ðja-] *Schüler* unvorbereitet **αδιάβατος** ⟨-η, -ο⟩ *Weg* unpassierbar
αδιάβροχο [-xo] N Regenmantel *m*
αδιάβροχος ⟨-η, -ο⟩ wasserdicht
αδιάθετος ⟨-η, -ο⟩ unpässlich; **είμαι ~** sich unwohl fühlen
αδιάκοπα ADV, **αδιάκοπος** ⟨-η, -ο⟩ unaufhörlich, pausenlos
αδιακρισία F Taktlosigkeit *f*
αδιάκριτα ADV, **αδιάκριτος** ⟨-η, -ο⟩ indiskret; rücksichtslos
αδιακρίτως [aðia-] ADV ohne Unterschied (*gen* gen); unabhängig (*gen* von) **αδιάλλακτος** ⟨-η, -ο⟩ kompromisslos; starr
αδιάλυτος ⟨-η, -ο⟩ unauflös-

bar **αδιανόητος** ‹-η, -ο› unbegreiflich; unfassbar **αδιαντροπιά** [aðjandro'pja] F Unverschämtheit *f* **αδιάντροπος** ‹-η, -ο› [aði'a-] unverschämt **αδιαπέραστος** ‹-η, -ο› undurchdringlich **αδιαφανής** ‹-ής, -ές› [aðia-] *a. fig* undurchsichtig **αδιάφορος** ‹-η, -ο› gleichgültig; un-, desinteressiert; **μου είναι αδιάφορο** es ist mir gleich/egal **αδιαφορώ** [aðia-, aðja-] es ist mir gleichgültig; sich nicht kümmern (**για** um) **αδιέξοδο** N Ausweglosigkeit *f*, *a. fig* Sackgasse *f* **αδιέξοδος** ‹-η, -ο› ausweglos **άδικα** ADV vergebens **αδικαιολόγητος** ‹-η, -ο› [-ji-] ungerechtfertigt **αδίκημα** N Vergehen *n* **αδικία** F Ungerechtigkeit *f* **άδικο** N Unrecht *n* **άδικος** ‹-η, -ο› ungerecht; *Mühe* vergeblich **αδικώ** unrecht tun (*akk dat*); ungerecht behandeln **αδιόρθωτος** ‹-η, -ο› irreparabel; *Person* unverbesserlich **αδίστακτος** ‹-η, -ο› skrupellos **αδρανής** ‹-ής, -ές› untätig; träge **αδρανώ** untätig sein **αδυναμία** F *a. fig* Schwäche *f*; Vorliebe *f*; Hilflosigkeit *f* **αδύναμος** ‹-η, -ο› schwach, kraftlos, gebrechlich

αδυνατίζω [-zo] *Gewicht* abnehmen **αδυνάτισμα** [-zma] N *Gewicht* Abnehmen *n* **αδύνατος** ‹-η, -ο› mager, *a. Person* dünn; schwach; unmöglich; **είναι αδύνατο** es ist unmöglich (**να** zu) **αεράκι** N (Luft-)Brise *f* **αεραντλία** [-nd-] F Luftpumpe *f* **αέρας** [a'eras] M Luft *f*; Wind *m*; **έχει αέρα** es ist windig **αερίζω** [-zo] (aus-, be)lüften; an die Luft stellen **αέριο** N Gas *n*; **αέρια** *bei der Verdauung* Blähungen *fpl*; **φυσικό ~** Erdgas *n* **αεριούχος** ‹-α, -ο› [aeri'uxos] *Getränk* kohlensäurehaltig **αερισμός** [-zm-] M Belüftung *f* **αεροδρόμιο** N Flughafen *m*; Flugplatz *m* **αερόθερμο** N Heizlüfter *m* **αερολιμένας** M *amtl* Flughafen *m* **αερόμπικ** ‹-› N Aerobic *n* **αεροπειρατεία** F Flugzeugentführung *f* **αεροπειρατής** (-ίνα) M(F) Flugzeugentführer(in) *m(f)* **αεροπλάνο** N Flugzeug *n* **αεροπορία** F Luftfahrt *f* **αεροπορικός** ‹-ή, -ό› Flug-; **αεροπορική εταιρεία** *f* Fluggesellschaft *f* **αεροπορικώς** ADV per Luftpost; mit dem Flugzeug **αε-**

ροπόρος M Pilot *m*, Flieger *m*
αερόσακος [-sa-] M Airbag *m* **αερόστατο** N Heißluftballon *m*
αεροστεγής ⟨-ής, -ές⟩ [-'jis] luftdicht **αεροσυνοδός** [-si-] M,F FLUG Flugbegleiter(in) *m(f)*
αετός M Adler *m*
άζωτο ['azoto] N Stickstoff *m*
αηδία [ai-] F Ekel *m*
αηδιάζω [ai'ðjazo, aiði'azo] anekeln; verabscheuen (**με** *akk*), sich ekeln (**από; με** vor)
αηδιαστικός ⟨-ή, -ό⟩ ekelhaft **αηδόνι** N Nachtigall *f*
αθανασία F Unsterblichkeit *f*
αθάνατος ⟨-η, -ο⟩ unsterblich
αθεΐα [aθe'ia] F Atheismus *m*
άθελα ADV unabsichtlich
αθέλητος ⟨-η, -ο⟩ ungewollt; unbeabsichtigt, unabsichtlich
άθεος ⟨-η, -ο⟩ gottlos; *m,f* Atheist(in) *m(f)*
αθεράπευτος ⟨-η, -ο⟩ [-peft-] unheilbar
Αθήνα [a'θina] F, **Αθήναι** ⟨-ών⟩ [-ne] FPL Athen *n* **Αθηναίος** (-**α**) M(F) Athener(in) *m(f)*
άθικτος ⟨-η, -ο⟩ unberührt; intakt **άθλημα** N Sportart *f*
αθλητής (-**τρια**) [aθli'tis] M(F) Athlet(in) *m(f)*, Sportler(in) *m(f)*
αθλητικός ⟨-ή, -ό⟩ sportlich; Sport-; *Körper* athletisch; **~ σύλλογος** *m* Sportverein *m*
αθλητισμός [-zm-] M Sport *m*
άθλιος ⟨-α, -ο⟩ elend
αθλιότητα F Elend *n*, Misere *f*
αθόρυβος ⟨-η, -ο⟩ geräuschlos
αθώος ⟨-α, -ο⟩ *a. fig* unschuldig **αθωότητα** F Unschuld *f*
αθωώνω freisprechen
Αιγαίο [e'jeo] (**Πέλαγος**) N Ägäis *f*, Ägäische(s) Meer *n*
Αιγόκερος M, **Αιγόκερως** ⟨-ω⟩ M ASTROL Steinbock *m*
αιθέρας M Äther *m*
αίθουσα ['eθusa] F Saal *m*
αίθριος ⟨-α, -ο⟩ *Wetter* heiter
αίμα N Blut *n*; **χάνω ~** bluten
αιματηρός ⟨-ή, -ό⟩ *Kampf* blutig
αιμάτωμα N Bluterguss *m*
αιμοδοσία [-'sia] F Blutspende *f* **αιμοδότης** (-**τρια**) M(F) Blutspender(in) *m(f)*
αιμορραγία [-ra'jia] F Blutung *f*; **~ της μύτης** Nasenbluten *n*
αιμορραγώ *aus Vene, innerlich* bluten **αιμορροΐδες** [-ro'iðes] FPL Hämorrhoiden *pl*
αίνιγμα ['eniɣma] N Rätsel *n*
αινιγματικός ⟨-ή, -ό⟩ rätselhaft
air condition ⟨-⟩ [-n'disjon] N Klimaanlage *f*
αισθάνομαι ⟨αισθάνθηκα⟩ (sich) fühlen; **δεν ~ καλά** sich nicht wohlfühlen

αίσθημα ['esθima] N Gefühl *n*
αισθήσεις FPL MED Bewusstsein *n*, Besinnung *f*; **χάνω τις ~ μου** bewusstlos werden
αίσθηση ⟨-ης⟩ [-si] F Sinn *m*; Gefühl *n*, Empfindung *f*
αισθησιακός ⟨-ή, -ό⟩ sinnlich **αισθησιασμός** [-zm-] M Sinnlichkeit *f*
αισθητική F Ästhetik *f*
αισθητικός¹ ⟨-ή, -ό⟩ ästhetisch
αισθητικός², M,F Kosmetiker(in) *m(f)*
αισθητός ⟨-ή, -ό⟩ wahrnehmbar; fühlbar; merklich
αισιοδοξία [-si-] F Optimismus *m* **αισιόδοξος** ⟨-η, -ο⟩ optimistisch; *m,f* Optimist(in) *m(f)*
αισχρός ⟨-ή, -ό⟩ obszön **αισχρότητα** F Obszönität *f*
αίτηση ⟨-ης⟩ [-si] F Antrag *m*; Gesuch *m*; **υποβάλλω/κάνω ~** e-n Antrag stellen (**για** auf); sich bewerben (**για** um)
αιτία [e'tia] F Ursache *f*, Grund *m*; *fig* Auslöser *m*; **εξ ~ς** wegen, aufgrund (*gen gen*)
αιτιατική F Akkusativ *m*
αίτιο N Motiv *n*, Grund *m*
αιτιολογία [-'jia] F Begründung *f* **αιτιολογώ** [-'γo] begründen
αίτιος ⟨-α⟩ M(F) schuld (*gen* an); Schuldige(r) *m,f*
αιφνιδιάζω [-zo] überraschen
αιφνιδιασμός [-zm-] M (unangenehme) Überraschung *f*; Überfall *m* **αιφνιδιαστικός** ⟨-ή, -ό⟩ überraschend
αιχμαλωσία [-'sia] F Gefangenschaft *f* **αιχμαλωτίζω** [-zo] gefangen nehmen
αιχμάλωτος ⟨-η, -ο⟩ gefangen; *m,f* Gefangene(r) *m,f*
αιχμή F Spitze *f*, Zacke *f*; **ώρα ~ς** *f* Hauptverkehrszeit *f*
αιώνας [e'o-] M Jahrhundert *n*
αιώνιος ⟨-α, -ο⟩ [e'o-] ewig
αιωρούμαι schweben
ακαδημαϊκός¹ ⟨-ή, -ό⟩ akademisch
ακαδημαϊκός² M,F Akademiker(in) *m(f)* **ακαδημία** F Akademie *f*
ακαθάριστος ⟨-η, -ο⟩ ungereinigt; HANDEL brutto **ακαθαρσία** [-'sia] F Schmutz *m*
ακάθαρτος ⟨-η, -ο⟩ schmutzig **ακαθόριστος** ⟨-η, -ο⟩ unbestimmt, vage
ακακία F Akazie *f*
άκακος ⟨-η, -ο⟩ gutmütig
ακαλλιέργητος ⟨-η, -ο⟩ [-ji-] *Land* unbestellt, brach; *fig* ungebildet **ακάλυπτος** ⟨-η, -ο⟩ unbedeckt; *Scheck* ungedeckt
άκαμπτος ⟨-η, -ο⟩ [-mptos] starr; *Person* unbeugsam
ακανόνιστος ⟨-η, -ο⟩ unregelmäßig; ungeregelt, unstet
άκαρπος ⟨-η, -ο⟩ *fig, a. Boden* unfruchtbar, unergiebig

ακατάδεκτος ⟨-η, -ο⟩ arrogant, hochmütig **ακατάληπτος** ⟨-η, -ο⟩ *Worte* unverständlich

ακατάλληλος ⟨-η, -ο⟩ ungeeignet (**για** für); unpassend; *Zeit* ungelegen

ακατανόητος ⟨-η, -ο⟩ unverständlich **ακατάπαυστος** ⟨-η, -ο⟩ pausenlos

ακαταστασία [-'sia] F Unordnung *f* **ακατάστατος** ⟨-η, -ο⟩ unordentlich; *Leben* ungeregelt

ακατοίκητος ⟨-η, -ο⟩ unbewohnt **ακατόρθωτος** ⟨-η, -ο⟩ nicht machbar, unerreichbar

ακέραιος ⟨-α, -ο⟩ vollständig; heil, unversehrt; *Zahl* ganz; *Charakter* integer

άκεφος ⟨-η, -ο⟩ schlecht gelaunt

ακίνδυνος ⟨-η, -ο⟩ ungefährlich, gefahrlos, harmlos

ακινησία [-'sia] F Bewegungslosigkeit *f*, Unbeweglichkeit *f*

ακίνητο N Immobilie *f*; Grundstück *n* **ακίνητος** ⟨-η, -ο⟩ unbeweglich, reglos

άκλιτος ⟨-η, -ο⟩ undeklinierbar

ακλόνητος ⟨-η, -ο⟩ unerschütterlich, standhaft

ακμάζω [-zo] *fig* blühen **ακμαίος** ⟨-α, -ο⟩ vital, rüstig **ακμή** F Höhepunkt *m*; MED Akne *f*

ακοή [ako'i] F Gehör *n*; **εξ ~ς** vom Hören

ακολουθία F Gefolge *n*; REL Gottesdienst *m* **ακόλουθος** ⟨-η, -ο⟩ (nach)folgend

ακολουθώ (be)folgen (*akk dat*)

ακόμα, ακόμη (immer) noch; **όχι ~** noch nicht; **~ και να, κι αν ~** ... selbst wenn ...

ακονίζω [-zo] schleifen, wetzen; *fig* schärfen

ακόντιο [-nd-] N Speer *m*

ακορντεόν ⟨-⟩ N Akkordeon *n*

άκου! hör mal!; → ακούω

ακουαρέλα F Aquarell *n*

ακούγομαι [-γο-] gehört werden; sich anhören, klingen

ακουμπώ ⟨-άς⟩ [-m'bo] berühren; (sich) (an)lehnen (**σε** an), sich stützen; *Gepäck* abstellen

ακουστικά NPL Kopfhörer *m* **ακουστική** F Akustik *f* **ακουστικό** N TEL Hörer *m*; Hörgerät *n*

ακούω ⟨-ούς, άκουσα⟩ [a'kuo] hören (**για** von; über); zuhören (*akk dat*); gehorchen (*akk dat*)

άκρη F *räumlich* Ende *n*; Rand *m*; Spitze *f*

ακριβαίνω teurer werden; *Preis* erhöhen, verteuern

ακριβής ⟨-ής, -ές⟩ genau; exakt; *Person* pünktlich

ακρίβια F Verteuerung *f*

ακριβός ⟨-ή, -ό⟩ teuer; *fig*

lieb
ακριβώς ADV genau; exakt; ~! genau!; **είναι μία ~** es ist Punkt ein Uhr
ακρίδα F ZOOL Heuschrecke *f*
άκρο N Extrem *n*; *pl* Gliedmaßen *pl*
ακροαριστερός ‹-ή, -ό› linksradikal **ακροατήριο** N (Zu-)Hörerschaft *f*; Publikum *n* **ακροατής** (-τρια) M(F) (Zu-)Hörer(in) *m(f)*
ακροβάτης (-ισσα) M(F) Akrobat(in) *m(f)*
ακρογιάλι N, **ακρογιαλιά** [-ja'ʎa] F (See-)Ufer *n*; Küste *f* **ακροδεξιός** ‹-ά, -ό› rechtsradikal
Ακρόπολη ‹-ης› F Akropolis *f*
άκρος ‹-α, -ο› höchste; letzte; *a. fig* äußerste; extrem
ακρότητα F Extrem *n*; Exzess *m*; Maßlosigkeit *f*
ακρωτήρι N Kap *n* **ακρωτηριάζω** [-zo] *a. fig* verstümmeln **ακρωτήριο** N Kap *n*
ακτή F Küste *f*
ακτίνα F *Sonne* Strahl *m*; GEOM Radius *m*; *Fahrrad* Speiche *f*; **ακτίνες του ηλίου** Sonnenstrahlen *mpl*
ακτινίδιο N BOT Kiwi *f*
ακτινοβολία F PHYS Strahlung *f*; MED Bestrahlung *f*; *Person* Ausstrahlung *f* **ακτινοβολώ** MED, PHYS bestrahlen; *a. fig* ausstrahlen; *fig* strahlen
ακτινογραφία F Röntgenaufnahme *f* **ακτινογραφώ** röntgen **ακτινοθεραπεία** F Bestrahlung(stherapie) *f*
ακτινοσκόπηση ‹-ης› [-si] F (Röntgen-)Durchleuchtung *f* **ακτινοσκοπώ** durchleuchten
ακτοφυλακή F Wasserschutzpolizei *f*
άκυρος ‹-η, -ο› ungültig
ακυρώνομαι *Flug, Termin* ausfallen; sich abmelden **ακυρώνω** abmelden; annullieren; HANDEL stornieren; *Zimmer* abbestellen; *Fahrkarte* entwerten; *Termin* absagen
ακύρωση ‹-ης› [-si] F Annullierung *f*; HANDEL Stornierung *f*; *Zimmer* Abbestellung *f*; *Fahrkarte* Entwertung *f*
αλαζόνας [-'zo-] M arroganter Mensch *m* **αλαζονεία** F Arroganz *f* **αλαζονικός** ‹-ή, -ό› arrogant
αλάτι N Salz *n*
αλατιέρα [-'tje-] F Salzstreuer *m* **αλατίζω** [-zo] (ein)salzen **αλατόνερο** N Salzwasser *n*
αλατοπίπερο N Salz *n* und Pfeffer *m*
Αλβανία F Albanien *n* **Αλβανικά** NPL Albanisch *n* **αλβανικός** ‹-ή, -ό› albanisch **Αλβανός** (--ίδα) M(F) Albaner(in) *m(f)*
αλέα F Allee *f* **αλέθω** mahlen
αλείβομαι sich einreiben

αλείβω bestreichen (**με** mit), einreiben
αλεξικέραυνο [-ravno] N Blitzableiter *m*
αλεπού ‹-ούδες› F *a. fig* Fuchs *m* **αλέτρι** N Pflug *m*
αλεύρι [a'levri] N Mehl *n*
αλευρώνω [-vr-] panieren
αλήθεια [a'liθja] F Wahrheit *f*; **~**; tatsächlich?; **είναι ~!** es ist wahr!, das trifft zu!
αληθινός ‹-ή, -ό› wahr; echt
αλήτης (-ισσα) M(F) Landstreicher(in) *m(f)* **αλιεία** [ali'ia] F Fischerei *f*; Fischfang *m*
αλκοόλ ‹-› N Alkohol *m* **αλκοολικός** ‹-ή, -ό› alkoholisch; *m,f* Alkoholiker(in) *m(f)*
αλκοολούχος ‹-α, -ο› [-xos] alkoholhaltig
αλλά aber, sondern; (je)doch
αλλαγή [-'ji] F (Ver-)Änderung *f*; Wechsel *m*
αλλάζω [-zo] (um-, ab)ändern; (sich) (ver)ändern; *a. Geld* wechseln; (aus-, um-) tauschen; umbuchen; sich umziehen; **~ σπίτι** umziehen
αλλαντικά [-nd-] NPL Wurstwaren *fpl*
αλλεργία F Allergie *f* **αλλεργικός** ‹-ή, -ό› allergisch (**σε** an)
αλληλοβοήθεια F gegenseitige Hilfe *f*
αλληλογραφία F Korrespondenz *f* **αλληλογραφώ** korrespondieren
αλλιώς [a'ʎos] ADV anders; sonst, ander(e)nfalls
αλλοδαπός (-ή) M(F) *amtl* Ausländer(in) *m(f)*
άλλοθι ‹-› N Alibi *n*
άλλος ‹-η, -ο› andere(r, -s); **ένας ~** ein anderer; **κάποιος ~** jemand anderes; **την άλλη μέρα** am nächsten Tag; **άλλο τίποτα;** sonst noch etwas?
άλλοτε früher; ein andermal; **~ …, ~ …** mal …, mal …
αλλού [a'lu] woanders(hin)
άλλωστε außerdem
άλμα N *a. Sport* Sprung *m*; **~ εις μήκος/ εις ύψος/ επί κοντώ** Weit-/Hoch-/Stabhochsprung *m*
άλμπουμ ‹-› N Album *n*
αλμύρα F (Salz-)Lake *f* **αλμυρός** ‹-ή, -ό› salzig; gesalzen; *fig Preis* gepfeffert
άλογο [-γo] N Pferd *n*
αλογόμυγα [-γ-] F ZOOL Bremse *f*
αλόη F Aloe *f*
αλοιφή F Salbe *f*
αλουμίνιο N Aluminium *n*
αλουμινόχαρτο [-xa-] N Alufolie *f*
Άλπεις ‹-εων› FPL Alpen *pl*
αλύγιστος ‹-η, -ο› [-ji-] starr; *fig* unbeugsam
αλυσίδα [-'siδa] F *a. fig* Kette *f*; **αντιολισθητικές αλυσίδες** Schneeketten *fpl*
άλυτος ‹-η, -ο› unlösbar
αλφαβήτα F Abc *n*
αλφαβητικός ‹-ή, -ό› alphabetisch

αλφάβητο N Alphabet *n* **άμα** KONJ *Vergangenheit* als; *Zukunft* sobald; wenn, falls **αμαξάκι** N Kinderwagen *m* **αμάξι** N Auto *n* **αμαξοστοιχία** [-sti'çia] F *amtl* Zug *m*; **ταχεία ~** Eilzug *m* **αμάξωμα** N Karosserie *f* **αμάρτημα** N, **αμαρτία** F Sünde *f* **Αμβούργο** N Hamburg *n* **αμείβω** belohnen **αμέλεια** F Nachlässigkeit *f*; JUR Fahrlässigkeit *f* **αμελής** ⟨-ής, -ές⟩ nachlässig; JUR fahrlässig **αμελώ** vernachlässigen **άμεμπτος** ⟨-η, -ο⟩ [-mpt-] tadellos, einwandfrei **αμερικανικός** ⟨-ή, -ό⟩ amerikanisch **Αμερικανός** (**-ίδα**) M(F) Amerikaner(in) *m(f)* **Αμερική** F Amerika *n* **αμέριμνος** ⟨-η, -ο⟩ sorglos, unbeschwert **άμεσος** ⟨-η, -ο⟩ [-sos] unmittelbar, direkt; *Gefahr* akut **αμέσως** sofort, gleich **αμετάβλητος** ⟨-η, -ο⟩ unveränderlich; unverändert **αμετάκλητος** ⟨-η, -ο⟩ unwiderruflich **αμέτοχος** ⟨-η, -ο⟩ unbeteiligt **αμέτρητος** ⟨-η, -ο⟩ zahllos, unzählig **αμήχανος** ⟨-η, -ο⟩ verlegen **αμμόλιθος** M Sandstein *m* **αμμόλοφος** M Düne *f* **άμμος** F Sand *m*

αμμουδιά [-'ðja] F (Sand-) Strand *m* **αμμώδης** ⟨-ης, -ες⟩ sandig **αμμωνία** F Ammoniak *n* **αμνησία** [-'sia] F Gedächtnisschwund *m* **αμνηστία** F Amnestie *f* **αμοιβαίος** ⟨-α, -ο⟩ gegenseitig **αμοιβή** F Lohn *m*; Honorar *n*; Belohnung *f* **αμόκ** ⟨-⟩ [a'mok] N Amok *m* **αμορτισέρ** ⟨-⟩ N Stoßdämpfer *m* **άμορφος** ⟨-η, -ο⟩ formlos **αμόρφωτος** ⟨-η, -ο⟩ ungebildet **αμπέλι** [am'beli] N Weinberg *m* **αμπελουργία** [-mb-] F Weinbau *m* **αμπελουργός** M,F Winzer(in) *m(f)* **αμπελόφυλλο** [-mb-] N Weinblatt *n* **αμπελώνας** M Weinberg *m* **αμπέρ** ⟨-⟩ [-mb-] N Ampere *n* **άμπωτη** ['amboti] F Ebbe *f* **Άμστερνταμ** ⟨-⟩ N Amsterdam *n* **άμυαλος** ⟨-η, -ο⟩ ['amja-] unvernünftig **αμυγδαλές** [-γða-] FPL ANAT Mandeln *fpl* **αμυγδαλιά** [-'ʎa] F Mandelbaum *m* **αμυγδαλίτιδα** F MED Mandelentzündung *f* **αμύγδαλο** [-γða-] N Mandel *f* **αμυδρός** ⟨-ή, -ό⟩ verschwommen, schwach; vage

άμυλο N CHEM Stärke *f*
άμυνα F Verteidigung *f*, Notwehr *f*; Abwehr *f*
αμύνομαι sich verteidigen; sich wehren **αμυντικός** ⟨-ή, -ό⟩ defensiv
αμυχή [ami'çi] F Schramme *f*
αμφιβάλλω zweifeln (**για** an); bezweifeln (**για** *akk*)
αμφιβολία F Zweifel *m* (**για** an)
αμφίβολος ⟨-η, -ο⟩ zweifelhaft; bedenklich
αμφιθέατρο N Amphitheater *n*
αμφισβητώ [-zv-] bezweifeln, zweifeln (*akk* an)
αν wenn, falls; ob; **~ και** obwohl, obgleich; jedoch
ανά je; pro; **~ ώρα** pro Stunde; **~ δύο/τρεις** zu zweit/dritt
αναβάλλω verschieben; *Pläne* zurückstellen
ανάβαση ⟨-ης⟩ [-si] F *Bergsport* Aufstieg *m*
αναβολή F Verschiebung *f*, Aufschub *m* **αναβοσβήνω** [-zv-] blinken
αναβροχιά [-'ça] F Dürre *f*
ανάβω *Kerze* anzünden; *Licht, Fernseher* anmachen; *fig* reizen, erregen; *fig* sich aufregen
αναγγελία [-ŋg-] F Ankündigung *f*; Bekanntmachung *f*
αναγγέλλω ankündigen; bekannt geben
αναγέννηση ⟨-ης⟩ [-'jenisi] F Wiedergeburt *f*
Αναγέννηση ⟨-ης⟩ F Renaissance *f*
αναγκάζομαι [-ŋ'gazo-] gezwungen sein/werden **αναγκάζω** zwingen, nötigen
αναγκαίος ⟨-α, -ο⟩ [-ŋ'ge-] nötig, notwendig **αναγκασμένος** ⟨-η, -ο⟩ gezwungen
αναγκαστικά ADV gezwungenermaßen, unfreiwillig
αναγκαστικός ⟨-ή, -ό⟩ [-ŋg-] Not-; unfreiwillig; **αναγκαστική προσγείωση** *f* Notlandung *f*
ανάγκη [a'naŋgi] F Bedürfnis *n*; Notfall *m*; **στην ~** im Notfall; **έχω ~** brauchen
ανάγλυφο [-ɣlifo] N Relief *n*
αναγνωρίζω [-zo] (wieder)-erkennen; anerkennen
αναγνώριση ⟨-ης⟩ F Wiedererkennung *f*; Anerkennung *f*
αναγνωρισμένος ⟨-η, -ο⟩ [-zm-] anerkannt
ανάγνωσμα [-zma] N Lektüre *f*
αναγνώστης (**-τρια**) [-'ɣn-] M(F) Leser(in) *m(f)*
αναγούλα F *umg* Übelkeit *f*
ανάγωγος ⟨-η, -ο⟩ [-ɣoɣos] ungezogen, frech
αναδιοργανώνω [-ðiorɣ-] reorganisieren
αναδρομή F Rückblick *m*
αναδρομικός ⟨-ή, -ό⟩ rückwirkend
αναδύομαι [-'ðiome] *a. fig* auftauchen
αναζήτηση ⟨-ης⟩ [-'zitisi] F Suche *f* **αναζητώ** ⟨-άς⟩ su-

chen
αναζωογόνηση ‹-ης› [-si] F MED Wiederbelebung *f* **αναζωογονώ** [-zoo-] MED wiederbeleben
αναθέτω übertragen, beauftragen (**σε** *akk*)
αναθεώρηση ‹-ης› F Überprüfung *f*; *a.* JUR Revision *f* **αναθεωρώ** überprüfen; revidieren
αναίδεια [a'neðia] F Unverschämtheit *f* **αναιδής** ‹-ής, -ές› unverschämt, frech
αναιμία F Blutarmut *f*
αναιρώ [ane'ro] widerrufen
αναισθησία [anesθi'sia] F Gefühllosigkeit *f*; MED Anästhesie *f* **αναισθητικό** N MED Betäubungsmittel *n*
αναισθητοποίηση ‹-ης› [-'piisi] F Narkose *f*
αναίσθητος ‹-η, -ο› [a-'nesθi-] bewusstlos; gefühllos
ανακαινίζω renovieren **ανακαίνιση** ‹-ης› F Renovierung *f*
ανακαλύπτω entdecken; herausfinden **ανακάλυψη** ‹-ης› F Entdeckung *f*; Fund *m*
ανακαλώ *Auftrag, Beleidigung* zurücknehmen; widerrufen
ανακατεύομαι [-'tevo-] sich einmischen **ανακατεύω** (ver)mischen; *Sachen* durcheinanderbringen; *fig* verwickeln (**σε** in)
ανακάτωμα N *umg* Durcheinander *n*; Übelkeit *f*
ανακατώνω → ανακατεύω
ανακεφαλαιώνω zusammenfassen **ανακεφαλαίωση** ‹-ης› [-si] F Zusammenfassung *f*
ανακοινώνω bekannt machen, mitteilen (**σε** *dat*); berichten
ανακοίνωση ‹-ης› Durchsage *f*, Mitteilung *f*, Bekanntmachung *f*
ανακουφίζω [-zo] *Schmerz* erleichtern, lindern **ανακούφιση** ‹-ης› [-si] F Erleichterung *f*; Linderung *f*
ανακρίβεια [-via] F Ungenauigkeit *f* **ανακριβής** ‹-ής, -ές› ungenau; unzutreffend
ανακρίνω JUR verhören **ανάκριση** ‹-ης› [-si] F Verhör *n*
ανάκτορο N Palast *m*
ανακτώ ‹-άς› wiedererlangen
ανακυκλώνω recyclen **ανακύκλωση** ‹-ης› F Recycling *n*
ανακύπτω *fig* auftauchen
ανακωχή [-'çi] F Waffenstillstand *m* **αναλαμβάνω** übernehmen; *Amt* antreten; *Auftrag* annehmen
ανάλατος ‹-η, -ο› ungesalzen; *fig* fad(e) **ανάλαφρος** ‹-η, -ο› leicht; *fig* graziös
αναλήθεια [-θia] F Unwahrheit *f* **αναληθής** ‹-ής, -ές› unwahr
ανάληψη ‹-ης› F Übernahme *f*; *Amt* Antritt *m*; *Geld* Abhe-

ben *n*; **Ανάληψη (του Σωτήρος)** (Christi) Himmelfahrt *f*
αναλογία [-'jia] F Analogie *f*; Entsprechung *f*; **σε ~** im Verhältnis (**με** zu)
αναλογίζομαι [-'jizo-] bedenken, überlegen; nachdenken
ανάλογος ⟨-η, -ο⟩ [-γos] entsprechend (**προς**; **με** *dat*)
αναλογώ [-'γo] entsprechen (**με** *dat*); entfallen (*dat* auf)
αναλόγως [-γos] ADV entsprechend (**με** *dat*); je (**με** nach)
ανάλυση ⟨-ης⟩ [-si] F Analyse *f*
αναλύω analysieren **αναλφάβητος** M,F Analphabet(in) *m(f)*
αναμειγνύομαι sich einmischen **αναμειγνύω** [-'γnio] (ver)mischen; *fig* verwickeln
αναμένω erwarten
ανάμεσα [-sa] dazwischen; zwischen (**σε** *dat*; *akk*); unter (**σε** *dat*; *akk*); **~ σ' άλλα** unter anderem
ανάμικτος ⟨-η, -ο⟩ gemischt
αναμμένος ⟨-η, -ο⟩ *Licht* an; *Motor* eingeschaltet; glühend; *fig* aufgeheizt; **είμαι ~** an sein
ανάμνηση ⟨-ης⟩ [-si] F Erinnerung *f*; **σε ~** zur Erinnerung (*gen* an)
αναμνηστικός ⟨-ή, -ό⟩ Erinnerungs-
αναμονή F Warten *n*; **αίθουσα** *f* **~ς** Wartesaal *m*
αναμορφώνω *Bauten* umbauen; umgestalten, neu gestalten **αναμόρφωση** ⟨-ης⟩ [-si] F Umbau *m*; Um-, Neugestaltung *f*
αναμφίβολος ⟨-η, -ο⟩ zweifellos; eindeutig
ανανάς ⟨-άδες⟩ M Ananas *m*
ανανεώνω erneuern; *Vertrag* verlängern; *fig* auffrischen
ανανέωση ⟨-ης⟩ [-si] F Erneuerung *f*; Verlängerung *f*
αναντικατάστατος ⟨-η, -ο⟩ [-nd-] unersetzlich **αναξιόλογος** ⟨-η, -ο⟩ belanglos
αναξιόπιστος ⟨-η, -ο⟩ unzuverlässig, unglaubwürdig
ανάξιος ⟨-α, -ο⟩ unwürdig (*gen gen*); unfähig (**να** zu)
αναπάντεχος ⟨-η, -ο⟩ [-ndexos] unerwartet
αναπαραγωγή F Reproduktion *f*; Fortpflanzung *f*
αναπαύομαι [-'pavo-] ruhen; sich ausruhen (**από** von)
ανάπαυση ⟨-ης⟩ [-afsi] F Erholung *f*
αναπαυτικά ADV, **αναπαυτικός** ⟨-ή, -ό⟩ [-pafti-] bequem; gemütlich
αναπαύω [-'pavo] zur Ruhe bringen, entspannen
αναπηρία F (Körper-) Behinderung *f*; Invalidität *f*
ανάπηρος ⟨-η⟩ M(F) Behinderte(r) *m,f*; Invalide *m,f*
αναπληρώνω vertreten; ersetzen **αναπνέω** (ein)atmen; *fig* aufatmen **αναπνοή** F

Atem *m*; Atmung *f*
ανάποδα ADV verkehrt (herum)
ανάποδη F *Stoff* Rückseite *f*
αναποδιά F Missgeschick *n*
αναποδογυρίζω [-ji'rizo] umkippen
ανάποδος ‹-η, -ο› umgekehrt; verkehrt; *fig* eigenwillig
αναποφάσιστος ‹-η, -ο› unentschlossen **αναπόφευκτος** ‹-η, -ο› [-fefktos] unvermeidlich
αναπτήρας M Feuerzeug *n*
ανάπτυξη ‹-ης› F Entwicklung *f*; HANDEL Wachstum *n*; *e-s Themas* Darstellung *f*
αναπτύσσομαι [-so-] sich entwickeln; *fig* sich entfalten **αναπτύσσω** entwickeln; *Thema* darlegen
αναρίθμητος ‹-η, -ο› unzählig
αναρμόδιος ‹-α, -ο› unbefugt; inkompetent
ανάρμοστος ‹-η, -ο› unangemessen, unangebracht
αναρρώνω genesen
ανάρτηση ‹-ης› F AUTO Federung *f*
αναρχία [-'çia] F Anarchie *f* **αναρχικός** ‹-ή, -ό› anarchistisch; *m,f* Anarchist(in) *m(f)*
αναρωτιέμαι [-'tjeme] sich fragen (**αν**; **μήπως** ob)
ανάσα F Atem(zug) *m*
ανασαίνω [-'se-] atmen; *fig* aufatmen **ανασηκώνω** anheben
ανασκαφή F Ausgrabung *f*
ανάσκελα ADV auf dem Rücken
ανασκόπηση ‹-ης› [-si] F Rückblick *m*
ανάσταση ‹-ης› [-si] F Auferstehung *f*; **καλή Ανάσταση!** frohe Ostern!
ανάστατος ‹-η, -ο› wüst; aufgebracht **αναστατωμένος** ‹-η, -ο› aufgeregt, aufgewühlt
αναστατώνω aufregen; erregen; aufwühlen **αναστάτωση** ‹-ης› F Aufregung *f*; Aufruhr *m* **αναστέλλω** *Verfahren* einstellen
αναστενάζω [-zo] seufzen, ächzen
ανάστημα N *Körper* Wuchs *m*, Gestalt *f*; *fig* Format *n*
ανασφάλεια F Unsicherheit *f* **ανασφαλής** ‹-ής, -ές› unsicher
αναταραχή [-'çi] F Aufruhr *m*, Trubel *m*
ανατέλλω *Sonne* aufgehen
ανατίμηση ‹-ης› [-si] F Preiserhöhung *f*; *Währung* Aufwertung *f* **ανατιμώ** ‹-άς› den Preis erhöhen; *Währung* aufwerten
ανατινάζω [-zo] sprengen
ανατίναξη ‹-ης› F Sprengung *f*
ανατολή F Ost(en) *m*; Sonnenaufgang *m*
Ανατολή F Orient *m*

Ανατολικοευρωπαίος (-α) M(F) Osteuropäer(in) *m(f)* **ανατολικός** ‹-ή, -ό› östlich, Ost-; **(στα) ανατολικά** *adv* östlich (*gen* von); **Ανατολική Ευρώπη** *f* Osteuropa *n*
ανατολίτικος ‹-η, -ο› orientalisch **ανατομία** F Anatomie *f*
ανατρέπομαι *Auto* sich überschlagen **ανατρέπω** umstürzen, umkippen; *Regierung* stürzen **ανατρέφω** erziehen; *Kind* aufziehen
ανατριχιαστικός ‹-ή, -ό› grus(e)lig
ανατροπή F Umsturz *m*; *Regierung* Sturz *m* **ανατροφή** F Erziehung *f*
άναυδος ‹-η, -ο› [-vð-] verdutzt, sprachlos
αναφέρομαι sich beziehen (**σε** auf); erwähnt werden **αναφέρω** erwähnen; melden
αναφλεκτήρας M AUTO Zündkerze *f* **ανάφλεξη** ‹-ης› F *a.* AUTO Zündung *f*
αναφορά F Bericht *m*; Bezugnahme *f*; Erwähnung *f* **αναφορικά** ADV bezüglich (**με** *gen*)
αναχρονιστικός ‹-ή, -ό› unzeitgemäß
αναχώρηση ‹-ης› [-si] F Abfahrt *f*; Abreise *f*; Abflug *m*
αναχωρώ [-xo-] ab-, fortfahren; aufbrechen, abreisen (**για** nach; **από** von); *Schiff* ablegen; *Flieger* abfliegen **αναψυκτικό** N Erfrischungsgetränk *n*
άνδρας M → άντρας; **ανδρών** Herrentoilette *f*
ανδρεία F Tapferkeit *f* **ανδρείος** ‹-α, -ο› tapfer
ανδρισμός M Männlichkeit *f*
ανεβάζω hinaufbringen, hinauftragen; erhöhen; THEAT aufführen
ανεβαίνω [-'veno] (hinauf)-steigen, -gehen, -fahren; besteigen (**σε** *akk*); *Weg* ansteigen; *in Bus* ein-, zusteigen
ανεβοκατεβαίνω auf und ab gehen; *Preis* schwanken
ανέγγιχτος ‹-η, -ο› [-ŋgixt-] unberührt **ανεγείρω** *Denkmal* errichten
ανειδίκευτος ‹-η, -ο› [-keft-] *Arbeiter* ungelernt **ανειλικρινής** ‹-ής, -ές› unaufrichtig
ανέκαθεν ADV seit eh und je
ανέκδοτο N Witz *m*
ανεκτικός ‹-ή, -ό› duldsam; tolerant **ανεκτικότητα** F Toleranz *f*
ανεκτίμητος ‹-η, -ο› unschätzbar; wertvoll **ανεκτός** ‹-ή, -ό› erträglich; passabel
ανέκφραστος ‹-η, -ο› ausdruckslos **ανελέητος** ‹-η, -ο› erbarmungslos
ανελκυστήρας M Lift *m*
ανελλιπής ‹-ής, -ές› vollständig, lückenlos
ανέλπιστος ‹-η, -ο› unerwartet **ανέμελος** ‹-η, -ο› sorglos

ανεμίζω [-zo] *Flagge* flattern
ανεμιστήρας M Ventilator *m*
ανεμοβλογιά F MED Windpocken *fpl*
ανεμόμυλος M Windmühle *f*
ανεμόπτερο N Segelflugzeug *n*
άνεμος M Wind *m*
ανένδοτος ‹-η, -ο› unnachgiebig **ανενόχλητος** ‹-η, -ο› [-xl-] ungestört
ανεξαρτησία F Unabhängigkeit *f*, Selbstständigkeit *f* **ανεξάρτητος** ‹-η, -ο› unabhängig (**από** von), selbstständig
ανεξέλεγκτος ‹-η, -ο› unkontrollierbar **ανεξήγητος** ‹-η, -ο› unerklärlich
ανέξοδος ‹-η, -ο› kostenlos
ανεπαίσθητος ‹-η, -ο› unerheblich **ανεπανάληπτος** ‹-η, -ο› einmalig, einzigartig **ανεπάντεχος** ‹-η, -ο› [-nd-] unerwartet
ανεπάρκεια F Mangel *m*, Unzulänglichkeit *f* **ανεπαρκής** ‹-ής, -ές› ungenügend, unzulänglich
ανεπιθύμητος ‹-η, -ο› unerwünscht **ανεπίπλωτος** ‹-η, -ο› unmöbliert **ανεπίσημος** ‹-η, -ο› [-si-] inoffiziell **ανεπίτρεπτος** ‹-η, -ο› unzulässig
ανεπιφύλακτος ‹-η, -ο› vorbehaltlos **ανεπτυγμένος** ‹-η, -ο› entwickelt
ανεργία F Arbeitslosigkeit *f*
άνεργος ‹-η, -ο› [-rɣ-] arbeitslos; *m,f* Arbeitslose(r) *m,f*
ανέρχομαι *beruflich* aufsteigen; *Summe* betragen (**σε** *akk*)
άνεση ‹-ης› [-si] F Bequemlichkeit *f*; *mst pl* Komfort *m*
άνετα ADV, **άνετος** ‹-η, -ο› bequem; gemütlich, behaglich
ανεύθυνος ‹-η, -ο› [-fθi-] verantwortungslos
ανέφελος ‹-η, -ο› *Himmel* wolkenlos
ανέχομαι [-xo-] dulden, zulassen; ertragen
ανήθικος ‹-η, -ο› unsittlich, unmoralisch
άνηθο N, **άνηθος** M Dill *m*
ανήκω (an)gehören (**σε** *dat*); **σε ποιον ανήκει**; wem gehört das?
ανήλικος ‹-η, -ο› minderjährig; unmündig
ανήξερος ‹-η, -ο› unwissend
ανησυχητικός ‹-ή, -ό› [anisiçi-] beunruhigend **ανησυχία** [-si'çia] F Unruhe *f*; Besorgnis *f*
ανήσυχος ‹-η, -ο› [-sixos] unruhig; besorgt
ανησυχώ [-si'xo] (sich) beunruhigen; sich Sorgen machen (**για** um)
ανηφόρα F Steigung *f* **ανηφορίζω** [-zo] hinaufgehen, -steigen; ansteigen **ανηφορικός** ‹-ή, -ό› steil (nach oben), ansteigend
ανήφορος M Steigung *f*
ανθεκτικός ‹-ή, -ό› widerstandsfähig; stabil, haltbar

ανθίζω [-zo] *a. fig* (auf)blühen **ανθοδέσμη** [-zm-] F Blumenstrauß *m* **ανθοδοχείο** [-'çio] N Blumenvase *f* **ανθοκήπιο** N Gärtnerei *f* **ανθολογία** F Anthologie *f*
ανθοπωλείο N Blumengeschäft *n*
ανθοπώλης (**-ισσα**) M(F) Blumenhändler(in) *m(f)*
άνθος N *a. fig* Blüte *f*; Blume *f*; *fig* Elite *f* **άνθρακας** M Kohle *f*; CHEM Kohlenstoff *m*
ανθρακικό N *in Getränk* Kohlensäure *f*
ανθρακωρυχείο [-'çio] N (Kohlen-)Bergwerk *n* **ανθρακωρύχος** [-xos] M *Kohle* Bergmann *m*
ανθρωπιά [-'pja] F Menschlichkeit *f* **ανθρώπινος** ‹-η, -ο› menschlich; human
ανθρωπισμός [-zm-] M Menschlichkeit *f*; HIST Humanismus *m*
ανθρωπιστικός ‹-ή, -ό› humanitär **ανθρωπολόγος** M, F Anthropologe *m*, -in *f*
άνθρωπος M Mensch *m*; **άνθρωποι** Leute *pl*
ανθρωπότητα F Menschheit *f*
ανθυγιεινός ‹-ή, -ό› [anθijii-] gesundheitsschädlich
ανία F Langeweile *f*
ανιαρός ‹-ή, -ό› langweilig
ανίατος ‹-η, -ο› unheilbar
ανικανοποίητος ‹-η, -ο› unbefriedigt; unzufrieden
ανίκανος ‹-η, -ο› unfähig (**να** zu) **ανικανότητα** F Unfähigkeit *f* **ανίκητος** ‹-η, -ο› unbesiegt; unbesiegbar
άνισος ‹-η, -ο› [-sos] ungleich
ανισότητα [-'so-] F Ungleichheit *f* **ανίσχυρος** ‹-η, -ο› [-sçi-] machtlos; kraftlos
ανιψιός (**-ά**) [-'psjos] M(F) Neffe *m*, Nichte *f*
Ανόβερο N Hannover *n*
άνοδος F Anstieg *m*; *a. fig* Aufstieg *m*; *Preis* Erhöhung *f*
ανοησία F Unsinn *m*; Dummheit *f*; **ανοησίες!** Unsinn!
ανόητος ‹-η, -ο› unsinnig; dumm; **ανόητε!** du Idiot!
άνοιγμα ['aniɣma] N *a. fig* Öffnung *f*; *Konto* Eröffnung *f*
ανοίγομαι [-ɣo-] sich öffnen
ανοίγω [-ɣo] (er)öffnen; aufmachen; *Hahn* aufdrehen; *Licht, Radio* anmachen; *Fernseher* einschalten; *Weg* frei machen; *Tür* aufgehen
ανοικοδόμηση ‹-ης› [-si] F Wiederaufbau *m* **ανοικοδομώ** wieder aufbauen
άνοιξη ‹-ης› ['aniksi] F Frühling *m*; **την ~** im Frühjahr
ανοιξιάτικος ‹-η, -ο› [ani'ksja-] Frühlings-
ανοιχτήρι [-'xti-] N Flaschen-, Dosenöffner *m*
ανοιχτός ‹-ή, -ό› offen, geöffnet, auf; *Haut, Augen, Farbe* hell; *Licht* an; **ανοιχτό μπλε** *n* Hellblau *n*
ανομβρία F Dürre *f*

ανόμοιος ‹-α, -ο› unähnlich **ανοξίδωτος** ‹-η, -ο› rostfrei **ανόργανος** ‹-η, -ο› anorganisch **ανορεξία** F Appetitlosigkeit *f* **ανορθογραφία** [-ɣr-] F Rechtschreibfehler *m* **άνοστος** ‹-η, -ο›, **ανούσιος** ‹-α, -ο› [-sios] geschmacklos; *fig* fad(e), schal **ανοχή** F Duldung *f*; Toleranz *f* **ανταγωνίζομαι** [andaɣo'nizo-] wetteifern; HANDEL konkurrieren (*akk* mit) **ανταγωνισμός** [-z-] M Wettbewerb *m*; Konkurrenz *f* **ανταγωνιστής** (**-τρια**) [andaɣɔ-] M(F) Konkurrent(in) *m(f)* **ανταλλαγή** [-nd-] F (Aus-, Um-)Tausch *m* **ανταλλακτικό** N Ersatzteil *n* **ανταλλάσσω** [-so] (aus-, um)tauschen (**με** gegen) **ανταμείβω** [anda-] belohnen **ανταμοιβή** F Belohnung *f* **αντάμωση** [an'damosi] F: **καλή ~!** *vor e-r Reise* auf Wiedersehen! **αντανάκλαση** ‹-ης› [-si] F Reflexion *f* **αντανακλαστικό** N MED Reflex *m* **αντανακλώ** ‹-άς› widerspiegeln **αντανακλώμαι** sich widerspiegeln **αντάξιος** ‹-α, -ο› würdig (*gen gen*) **ανταποδίδω** vergelten; *Besuch* erwidern **ανταπόδοση** ‹-ης› F Vergeltung *f*; Erwiderung *f* **ανταποκρίνομαι** entsprechen; zutreffen; *e-m Wunsch* nachkommen **ανταπόκριση** ‹-ης› F Reportage *f*, Bericht *m*; *Bus*, BAHN Anschluss *m* **ανταποκριτής** (**-τρια**) [-nd-] M(F) Korrespondent(in) *m(f)* **Ανταρκτική** [-nd-] F Antarktis *f* **ανταρσία** [andar'sia] F Aufstand *m* **αντάρτης** (**-ισσα**) M(F) Partisan(in) *m(f)* **άντε**: **~!** *vorwärts* los!; *wirklich?* im Ernst?; **~ να φάμε!** lass uns essen! **αντένα** [-nd-] F Antenne *f* **αντέχω** [an'dexo] ertragen; aushalten; überdauern; **δεν ~ άλλο!** ich halt's nicht mehr aus! **αντήχηση** [an'diçisi] F Widerhall *m* **αντηχώ** widerhallen **αντί** [an'di] (an)statt (*gen*; **για**; **να** *gen*; dass; zu) **αντιβιοτικό** N Antibiotikum *n* **αντίγραφο** [an'diɣ-] N Kopie *f*, Abschrift *f* **αντιγράφω** abschreiben; *a. fig* kopieren **αντιδημοκρατικός** ‹-ή, -ό› [-nd-] undemokratisch **αντίδι** [-nd-] N *Art* Endivie *f* **αντίδραση** ‹-ης› [-nd-] F *a.* PHYS Reaktion *f* **αντιδραστήρας** M Reaktor *m* **αντιδραστικός** ‹-ή, -ό› reaktionär

αντιδρώ ⟨-άς⟩ [-nd-] reagieren (**σε** auf)
αντιζηλία [andiz-] F Rivalität *f*
αντίζηλος M,F Rivale *m*, -in *f*
αντιηλιακός ⟨-ή, -ό⟩: **αντιηλιακό γαλάκτωμα** N Sonnenmilch *f*
αντίθεση ⟨-ης⟩ F Gegensatz *m*; **σε ~** im Gegensatz (**με** zu)
αντίθετο [-nd-] N Gegenteil *n* (*gen* von)
αντίθετος ⟨-η, -ο⟩ [-nd-] entgegengesetzt; Gegen- **αντιθέτως** ADV im Gegenteil
αντίκα [-nd-] F Antiquität *f*
αντικαθιστώ ⟨-άς⟩ ersetzen; vertreten; *j-n* ablösen
αντικαταβολή [-nd-] F Nachnahme *f*; **επί/με ~** per Nachnahme **αντικατάσταση** ⟨-ης⟩ [-si] F Ersatz *m*; Vertretung *f*
αντικαταστάτης (**-τρια**) M(F) (Stell-)Vertreter(in) *m(f)*
αντικειμενικός ⟨-ή, -ό⟩ [-nd-] objektiv; sachlich **αντικειμενικότητα** F Objektivität *f*
αντικείμενο [-nd-] N *a.* GRAM Objekt *n*; Gegenstand *m* **αντικλείδι** N Dietrich *m*
αντικοινωνικός ⟨-ή, -ό⟩ unsozial
αντικρινός ⟨-ή, -ό⟩ [-nd-] gegenüberliegend
αντίκτυπος [-nd-] M *fig* Auswirkung *f*
αντιλαμβάνομαι wahrnehmen, (be)merken; begreifen
αντιλέγω widersprechen (**σε** *dat*)
αντιληπτός ⟨-ή, -ό⟩ wahrnehmbar, bemerkbar **αντίληψη** ⟨-ης⟩ [-nd-] F Ansicht *f*; Auffassung *f*; Wahrnehmung *f*
αντιλογία [-'jia] F Widerrede *f*
αντιμετωπίζω [-zo] *Gefahr* gegenübertreten; *Probleme* konfrontiert werden (*akk* mit)
αντιμιλώ ⟨-άς⟩ [-nd-] widersprechen
αντίο [a'dio]: **~!** auf Wiedersehen!
αντιοξιδωτικό [andi-] N Rostschutzmittel *n*
αντιπάθεια F Abneigung *f* (**για** gegen)
αντιπαθής ⟨-ής, -ές⟩, **αντιπαθητικός** ⟨-ή, -ό⟩ [-nd-] unsympathisch
αντίπαλος M,F Gegner(in) *m(f)*
αντιπολίτευση ⟨-ης⟩ [-tefsi] F POL Opposition *f*
αντιπροσωπία [andi-] F Vertretung *f*; Delegation *f*
αντιπρόσωπος [-so-] M,F Vertreter(in) *m(f)*
αντιπυρετικό [-nd-] N fiebersenkende(s) Mittel *n*
αντίρρηση ⟨-ης⟩ [-risi] F Einwand *m*; **δεν έχω ~** ich habe nichts dagegen
αντίσταση ⟨-ης⟩ [-si] F Gegenwehr *f*, *a.* PHYS Wider-

stand *m* (**κατά** *gen* gegen)
αντιστέκομαι sich widersetzen (**σε** *dat*); widerstehen (**σε** *dat*)
αντιστοιχία [-'çia] F Entsprechung *f* **αντίστοιχος** ‹-η, -ο› [-xos] entsprechend **αντιστοιχώ** [andi-] entsprechen
αντίστροφος ‹-η, -ο› umgekehrt **αντιστρόφως** [andi-] ADV umgekehrt, im Gegenteil
αντισυλληπτικό χάπι [andisi-] N Antibabypille *f*
αντισύλληψη ‹-ης› F Verhütung *f*
αντισώματα NPL Antikörper *mpl*
αντίτιμο [-nd-] N Gegenwert *m*; *fig* Preis *m* **αντίτυπο** N (Druck-)Exemplar *n*
αντίφαση ‹-ης› [-si] F Widerspruch *m* **αντιφατικός** ‹-ή, -ό› [-nd-] widersprüchlich
αντίχειρας [an'diçi-] M Daumen *m* **αντιψυκτικό** N Frostschutzmittel *n*
αντλία [-nd-] F Pumpe *f* **αντλώ** (aus)pumpen; *a. fig* schöpfen
αντοχή [-'çi] F Ausdauer *f*; Belastbarkeit *f*; *Sport* Kondition *f*
άντρας ['andras] M Mann *m*; Ehemann *m*
αντρικός ‹-ή, -ό› [-nd-] männlich; Herren- **αντρόγυνο** [-ji-] N Ehepaar *n*, Eheleute *pl*
ανυπακοή F Ungehorsam *m*
ανυπάκουος ‹-η, -ο› ungehorsam **ανύπαντρος** ‹-η, -ο› unverheiratet, ledig
ανυπεράσπιστος ‹-η, -ο› wehrlos **ανυπέρβλητος** ‹-η, -ο› unüberwindlich; unübertrefflich **ανυπολόγιστος** ‹-η, -ο› unschätzbar; unermesslich
ανυπομονησία F Ungeduld *f*
ανυπόμονος ‹-η, -ο› ungeduldig **ανυπομονώ** ungeduldig sein; gespannt sein
ανυπόφορος ‹-η, -ο› unerträglich
άνω oben; *adj* obere, Ober-; **~-κάτω** durcheinander; **~ των εκατό** über hundert
Άνω Ober-; **~ Βαυαρία** *f* Oberbayern *n*
ανώδυνος ‹-η, -ο› schmerzlos
ανωμαλία F Unregelmäßigkeit *f*; *Straße* Unebenheit *f*; BIOL, MED Anomalie *f*
ανώμαλος ‹-η, -ο› GRAM unregelmäßig; *Straße* uneben; BIOL, MED abnorm(al)
ανωνυμία F Anonymität *f*
ανώνυμος ‹-η, -ο› anonym
ανώριμος ‹-η, -ο› unreif
ανώτατος ‹-η, -ο› oberste; höchste **ανώτερος** ‹-η, -ο› obere; höhere; überlegen
ανωτερότητα F Überlegenheit *f*
αξεπέραστος ‹-η, -ο› unüberwindlich; unübertrefflich
άξεστος ‹-η, -ο› *Person, Ver-*

halten grob, plump, taktlos
αξέχαστος ‹-η, -ο› [-xa-] unvergesslich; unvergessen
αξία F a. *fig* Wert *m*
αξιαγάπητος ‹-η, -ο› [-'ɣa-] liebenswert
αξίζω [-zo] wert sein; verdienen; taugen; **(δεν) αξίζει** es lohnt sich (nicht) (**να** zu)
αξιοθαύμαστος ‹-η, -ο› [-'θavma-] bewunderswert
αξιοθέατα NPL Sehenswürdigkeiten *fpl* **αξιοθέατος** ‹-η, -ο› sehenswert
αξιολόγηση ‹-ης› F Be-, Auswertung *f* **αξιόλογος** ‹-η, -ο› bemerkenswert; beachtlich **αξιολογώ** be-, auswerten
αξιολύπητος ‹-η, -ο› bedauernswert, erbärmlich
αξιοπιστία F Glaubwürdigkeit *f*; Zuverlässigkeit *f*
αξιόπιστος ‹-η, -ο› zuverlässig; glaubwürdig **αξιοποίηση** ‹-ης› [-'piisi] F Verwertung *f*
αξιοποιώ [-pi'o] verwerten
αξιοπρέπεια F Anstand *m*; Würde *f* **αξιοπρεπής** ‹-ής, -ές› anständig; würdevoll
άξιος ‹-α, -ο› würdig, wert; fähig, tüchtig
αξιοσημείωτος ‹-η, -ο› [-si-'mio-] bemerkenswert
αξιοσύνη F Tüchtigkeit *f*, Fleiß *m*
αξιότιμος ‹-η, -ο›: *Schreiben* **αξιότιμε κύριε** ... sehr geehrter Herr ...; **αξιότιμη κυρία** ... sehr geehrte Frau ...
αξιωματικός M Offizier *m*
αξιώνω (an)fordern **αξίωση** ‹-ης› [-si] F Anspruch *m*
άξονας M a. AUTO Achse *f*; **~ καρντάν** Kardanwelle *f*
αξύριστος ‹-η, -ο› unrasiert
αόρατος ‹-η, -ο› unsichtbar
αόριστος ‹-η, -ο› unbestimmt; *m* GRAM Aorist *m*
άοσμος ‹-η, -ο› geruchlos
απ' → από; **~ έξω** → απέξω
απαγορεύεται [-ɣo'reve-] (es ist) verboten (**να** zu); **~ το κάπνισμα!** Rauchen verboten!
απαγορευμένος ‹-η, -ο› [-ev'me-] unerlaubt **απαγόρευση** ‹-ης› [-refsi] F Verbot *n* **απαγορεύω** [-evo] verbieten (**σε** *dat*)
απάγω entführen **απαγωγέας** ‹-είς› [-ɣo'je-] M,F Entführer(in) *m(f)*
απαγωγή [-ɣo'ji] F Entführung *f* **απάθεια** F Apathie *f*
απαθής ‹-ής, -ές› apathisch
απαισιοδοξία [-si-] F Pessimismus *m* **απαισιόδοξος** ‹-η, -ο› pessimistisch
απαίσιος ‹-α, -ο› scheußlich
απαίτηση ‹-ης› [-si] F Anspruch *m*, (An-)Forderung *f*
απαιτητικός ‹-ή, -ό› anspruchsvoll **απαιτώ** (an)fordern, verlangen; erfordern
απαλλαγή [-'ji] F *v. Pflicht* Entbindung *f*, Befreiung *f*

απαλλάσσομαι [-so-] *v. Pflicht, Mitarbeiter* sich entledigen (**από** von) **απαλλάσσω** entbinden, befreien; JUR freisprechen
απαλός ⟨-ή, -ό⟩ sanft, zart, weich **απαλότητα** F Weichheit *f*; Zartheit *f*
απαλύνω *a. fig* mildern
απανεμιά [-'mja] F Windstille *f* **απάνεμος** ⟨-η, -ο⟩ windgeschützt **απάνθρωπος** ⟨-η, -ο⟩ unmenschlich
απάντηση ⟨-ης⟩ [-nd-] F Antwort *f*; **δίνω/παίρνω μια ~** e-e Antwort geben/bekommen
απαντώ ⟨-άς⟩ antworten (**σε** auf); *Telefon* sich melden
απάνω → πάνω
απαραίτητος ⟨-η, -ο⟩ nötig, unentbehrlich **απαρατήρητος** ⟨-η, -ο⟩ unbemerkt
απαριθμώ aufzählen
απασχολημένος ⟨-η, -ο⟩ beschäftigt **απασχόληση** ⟨-ης⟩ [-si] F Beschäftigung *f*; Ablenkung *f* **απασχολώ** [-sxo-] *a. als Arbeitgeber* beschäftigen
απατεώνας (**-ισσα**) M(F) Betrüger(in) *m(f)* **απάτη** F Betrug *m*
απατώ ⟨-άς⟩ (be)trügen; täuschen **απατώμαι** ⟨-άσαι⟩ sich irren, sich täuschen
άπαχος ⟨-η, -ο⟩ [-xos] fettarm, mager
απείθαρχος ⟨-η, -ο⟩ [-xos] ungehorsam, undiszipliniert
απεικονίζω [-zo] abbilden
απειλή F (Be-)Drohung *f*
απειλητικός ⟨-ή, -ό⟩ bedrohlich, Droh-
απειλώ (be-, an)drohen (*akk dat*)
απειρία F Unerfahrenheit *f*
άπειρο N Unendlichkeit *f*
άπειρος[1] ⟨-η, -ο⟩ unerfahren (**σε** in)
άπειρος[2] ⟨-η, -ο⟩ unendlich; unzählig
απελαύνω [-'lavno] ausweisen, abschieben
απελευθερώνω [-lefθe-] freilassen; befreien (**από** von)
απελευθέρωση ⟨-ης⟩ [-si] F Freilassung *f*; Befreiung *f*
απελπίζομαι verzweifeln
απελπίζω zur Verzweiflung bringen
απελπισία [-'sia] F Verzweiflung *f* **απελπισμένος** ⟨-η, -ο⟩ [-zm-] verzweifelt
απέναντι [-ndi] ADV gegenüber; *präp* gegenüber (**από** von); *adj* gegenüberliegend
απεναντίας ADV hingegen
απέξω draußen; von draußen (her); auswendig
απέραντος ⟨-η, -ο⟩ [-nd-] unendlich, endlos
απεργία [-'jia] F Streik *m*; **κάνω ~** streiken
απεργός M,F Streikende(r) *m,f*
απεργώ [-'ɣo] streiken
απερίγραπτος ⟨-η, -ο⟩ unbeschreiblich
απεριποίητος ⟨-η, -ο⟩ unge-

pflegt **απερίσκεπτος** ⟨-η, -ο⟩ unbedacht; leichtsinnig **απερισκεψία** F Leichtsinn *m*

απεριτίφ ⟨-⟩ N Aperitif *m*

απευθύνομαι [-'fθi-] *a. Brief* sich wenden (**σε** an) **απευθύνω** *Frage, Bitte* richten (**σε** an)

απεχθάνομαι [-xθ-] verabscheuen **απέχθεια** F Abscheu *m*

απέχω [-xo] sich fernhalten (**από** von); sich enthalten (*gen*; **από** *gen*); **πόσο απέχει;** wie weit ist es?

απήχηση ⟨-ης⟩ [-çisi] F Resonanz *f*, Echo *n*

απίθανος ⟨-η, -ο⟩ unwahrscheinlich; unglaublich; *umg* irre **απίστευτος** ⟨-η, -ο⟩ [-eft-] unglaublich, unfassbar

απιστία F Treulosigkeit *f*

άπιστος ⟨-η, -ο⟩ untreu; ungläubig

απλήρωτος ⟨-η, -ο⟩ unbezahlt

απλησίαστος ⟨-η, -ο⟩ unnahbar

απληστία F Habgier *f*

άπληστος ⟨-η, -ο⟩ habgierig

απλοϊκός ⟨-ή, -ό⟩ [-oi-] naiv **απλοϊκότητα** F Naivität *f* **απλοποιώ** vereinfachen

απλός ⟨-ή, -ό⟩ *a. Fahrkarte* einfach; schlicht **απλότητα** F Einfachheit *f*; Schlichtheit *f*

άπλυτα NPL Schmutzwäsche *f* **άπλυτος** ⟨-η, -ο⟩ ungewaschen

απλώνω ausbreiten; *Hand* reichen; *Hände* ausstrecken; *Wäsche* aufhängen

απλώς ADV einfach; bloß

απλώστρα F Wäscheständer *m*

άπνοια [-ia] F Windstille *f*

από seit (*akk dat*); *zeitlich, räumlich* von, aus, ab (*akk dat*); *Material* aus; wegen; durch (*akk akk*); *vor Zahlen* je; *nach Komparativ* als; *in Passivsätzen* von; **~ χθες** seit gestern; **~ τις οχτώ** ab 8 Uhr; **~ την Αθήνα** aus von Athen; **~ χαρά** aus Freude

αποβάθρα F BAHN Bahnsteig *m*; SCHIFF Anlegestelle *f* **αποβάλλω** *a. Gewohnheit* ablegen; e-e Fehlgeburt haben; von der Schule weisen

αποβιβάζομαι [-zo-] *aus Bus* aussteigen **αποβίβαση** ⟨-ης⟩ [-si] F *aus Bus* Ausstieg *m* **αποβλέπω** streben (**σε** nach); bezwecken (**σε** *akk*)

απόβλητα NPL (Industrie-)Abfall *m* **αποβολή** F *Gewohnheit* Ablegen *n*; Fehlgeburt *f*

απογειώνομαι *Flugzeug, a. fig* starten **απογείωση** ⟨-ης⟩ [-'jiosi] F Abflug *m*, Start *m*

απόγε(υ)μα [a'poje(v)ma] N Nachmittag *m*; **το ~** am Nachmittag; nachmittags

απογε(υ)ματινός ⟨-ή, -ό⟩ Nachmittags-

απόγνωση ‹-ης› [-ɣnosi] F Verzweiflung *f* **απογοητευμένος** ‹-η, -ο› [-vm-] enttäuscht **απογοητεύομαι** [-ɣoi'tevo-] enttäuscht sein (**από** von) **απογοήτευση** ‹-ης› [-tefsi] F Enttäuschung *f* **απογοητεύω** enttäuschen
απόγονος M,F Nachkomme *m*
απογραφή F Bestandsaufnahme *f*; HANDEL Inventur *f*; **~ του πληθυσμού** Volkszählung *f*
αποδεικνύομαι sich erweisen; sich herausstellen **αποδεικνύω** beweisen, nachweisen
απόδειξη ‹-ης› F Beweis *m*, Nachweis *m*; Quittung *f*
αποδίδω *Bericht, Ton* wiedergeben; beimessen; zurückführen, erklären; *Gewinn* einbringen; *Arbeit* leisten
αποδοκιμάζω [-zo] missbilligen
απόδοση ‹-ης› F *Ton* Wiedergabe *f*; *a. Maschine* Leistung *f*
αποδοτικός ‹-ή, -ό› leistungsfähig; ergiebig **αποδοτικότητα** F Leistungsfähigkeit *f*
αποδοχές [-'çes] FPL Einnahmen *fpl*, Bezüge *mpl* **αποδοχή** F Annahme *f*, Akzeptanz *f*
αποζημιώνω [-zi-] entschädigen **αποζημίωση** ‹-ης› F Entschädigung *f*; Schadenersatz *m*
αποθαρρυμένος ‹-η, -ο› entmutigt **αποθαρρύνω** entmutigen, abschrecken
απόθεμα N Vorrat *m*, Reserve *f*
αποθέτω (nieder)legen, absetzen; HANDEL deponieren
αποθεώνω vergöttern
αποθηκεύω [-'kevo] lagern; IT (ab)speichern **αποθήκη** F Lager(haus) *n*; Abstellraum *m*
αποικία F Kolonie *f*
αποκαθιστώ ‹-άς› wiederherstellen; rehabilitieren
αποκαλύπτω enthüllen; offenbaren
αποκάλυψη ‹-ης› F Enthüllung *f*; Offenbarung *f*
αποκατάσταση ‹-ης› [-si] F Wiederherstellung *f*
απόκεντρος ‹-η, -ο› *Ort* abgelegen
αποκλεισμός [-zm-] M Blockade *f*; Boykott *m*; *aus Partei* Ausschluss *m*; *Sport* Sperre *f*
αποκλειστικά ADV, **αποκλειστικός** ‹-ή, -ό› exklusiv; ausschließlich
αποκλείομαι *Sport* ausscheiden; **αποκλείεται!** ausgeschlossen! **αποκλείω** ‹-είεως› *a. aus Partei* ausschließen (**από** aus); *Sport* sperren; *Straße* absperren; boykottieren
αποκλίνω *a. fig* abweichen
απόκλιση ‹-ης› [-si] F Abweichung *f*
αποκοιμάμαι, αποκοιμιέ-

μαι [-'mje-] einschlafen
απόκομμα N *Zeitung* Ausschnitt *m*; Kontrollabschnitt *m*
αποκορύφωμα N Höhepunkt *m*
Αποκριά F Karneval *m*
αποκρίνομαι antworten
απόκρυφος ⟨-η, -ο⟩ verborgen; geheim **απόκρυψη** ⟨-ης⟩ F Verheimlichung *f*
απόκτηση ⟨-ης⟩ [-si] F Erwerb *m*
αποκτώ ⟨-άς⟩ erwerben; erlangen, gelangen (*akk* zu); *Kind* bekommen
απολαμβάνω genießen
απόλαυση ⟨-ης⟩ [-lafsi] F Genuss *m*
απολεσθέντα [-nd-] NPL Fundsachen *fpl*; **γραφείο** *n* **απολεσθέντων αντικειμένων** Fundbüro *n* **απολίτιστος** ⟨-η, -ο⟩ unzivilisiert
απολογία [-'jia] F JUR Verteidigungsrede *f* **απολογισμός** [-zm-] M *fig* Bilanz *f* **απολογούμαι** [-'ɣume] JUR sich verteidigen
απολυμαίνω desinfizieren
απολυμαντικό [-nd-] N Desinfektionsmittel *n*
απόλυση ⟨-ης⟩ [-si] F Kündigung *f*, Entlassung *f*
απολυτήριο N Schulabschluss *m*; ~ **λυκείου** Abi(tur) *n*
απόλυτος ⟨-η, -ο⟩ absolut, uneingeschränkt **απολύτως** ADV vollkommen, absolut
απολύω kündigen (*akk dat*), entlassen
απομακρύνομαι sich entfernen (**από** von); sich distanzieren **απομάκρυνση** [-si] F Entfernung *f*; Entfernen *n*
απομακρύνω entfernen
απομεινάρι N Überbleibsel *m*
απομένω übrig bleiben
απόμερος ⟨-η, -ο⟩ entlegen
απομίμηση ⟨-ης⟩ [-si] F Imitation *f* **απομιμούμαι** imitieren
απομνημονεύματα [-mnimo'nevm-] NPL Memoiren *pl* **απομνημονεύω** [-'nevo] auswendig lernen
απομονωμένος ⟨-η, -ο⟩ isoliert **απομονώνω** isolieren
απομόνωση ⟨-ης⟩ F *a.* PHYS Isolierung *f*; Isolation *f*
απονέμω *Preis* verleihen
απονομή F *Preis* Verleihung *f*
άπονος ⟨-η, -ο⟩ herzlos
αποξενώνω entfremden
αποξένωση ⟨-ης⟩ F Entfremdung *f*
αποξηραίνω austrocknen; entwässern; trockenlegen
αποπαίρνω *umg* anschnauzen
απόπειρα F Versuch *m*; Anschlag *m*; ~ **(δολοφονίας)** Attentat *n*
αποπλάνηση ⟨-ης⟩ F Verführung *f* **αποπλανώ** verführen
αποπλέω *Schiff* auslaufen

αποπληξία F Schlaganfall *m*
απόπλους ⟨-ου⟩ M *Schiff* Ablegen *n*
αποπνικτικός ⟨-ή, -ό⟩ *Wetter, Hitze* drückend
απορία F Frage *f*; Ratlosigkeit *f*; (Er-)Staunen *n*
άπορος ⟨-η, -ο⟩ bedürftig, mittellos
απορρέω hervorgehen, resultieren (**από** aus); entstehen
απόρρητο N Geheimnis *n*
απορρίμματα NPL Müll *m*, Abfall *m* **απορρίπτω** zurückweisen; *Antrag, Vorschlag* ablehnen
απόρροια F Folge *f*, Konsequenz *f*
απορροφώ ⟨-άς⟩ aufsaugen, absorbieren
απορρυπαντικό [-nd-] N Putz-, Wasch-, Spülmittel *n*
απορώ sich fragen, sich wundern (**με** über), staunen
αποσκευή [-ske'vi] F Gepäck (-stück) *n*; *pl* Gepäck *n* **αποσμητικό** [-zm-] N Deo (-dorant) *n*
απόσπασμα N *Text* Ausschnitt *m*, Auszug *m*; MIL Truppe *f*; **~ λογαριασμού** Kontoauszug *m*
αποσπώ ⟨-άς⟩: **~ την προσοχή** ablenken (**από** von)
απόσταση ⟨-ης⟩ [-si] F Abstand *m*; Entfernung *f*; *fig* Distanz *f*
αποστολέας ⟨-είς⟩ M,F Absender(in) *m(f)* **αποστολή** F Ab-, Versendung *f*; *fig* Mission *f*; Expedition *f*
Απόστολος M Apostel *m*
αποστροφή F Abneigung *f*
αποσύρομαι [-'si-] sich zurückziehen, abtreten **αποσύρω** ab-, zurückziehen; *Geld* abheben
αποταμίευση ⟨-ης⟩ [-efsi] F Sparen *n*; *pl* Ersparnisse *fpl*
αποταμιεύω [-'evo] *Geld* sparen, zurücklegen
αποτείνομαι sich wenden (**σε** an)
αποτέλεσμα [-zma] N (End-) Ergebnis *n*; Wirkung *f*
αποτελεσματικός ⟨-ή, -ό⟩ [-zm-] wirksam; effektiv
αποτελούμαι bestehen, sich zusammensetzen (**από** aus)
αποτελώ bilden; ausmachen
απότομος ⟨-η, -ο⟩ plötzlich, abrupt; *Straße* steil; *Kurve* scharf; *fig* barsch, schroff
αποτραβηγμένος ⟨-η, -ο⟩ [-ɣm-] zurückgezogen
αποτραβιέμαι [-'vjeme] sich zurückziehen **αποτρέπω** abraten (**από** von); abbringen; *Gefahr* abwenden
αποτυγχάνω [-tiŋ'xa-] scheitern **αποτύπωμα** N Abdruck *m*; **δακτυλικά αποτυπώματα** Fingerabdrücke *mpl*
αποτυχαίνω [-'çe-] scheitern, misslingen
αποτυχημένος ⟨-η, -ο⟩ [-çi-] erfolglos; missglückt **αποτυχία** F Misserfolg *m*

απουσία [-'sia] F Abwesenheit *f* **απουσιάζω** [-si'azo] fehlen, abwesend sein
απόφαση ‹-ης› [-si] F Entschluss *m*; *a.* JUR Urteil *n*; **παίρνω μια ~** e-n Entschluss fassen
αποφασίζω [-'sizo] sich entscheiden (**να** zu); beschließen
αποφασισμένος ‹-η, -ο› [-sizm-] entschlossen **αποφασιστικός** ‹-ή, -ό› *Person* entschlossen; entscheidend
αποφεύγω [-'fevɣo] (ver)meiden, umgehen **απόφοιτος** M,F Abiturient(in) *m(f)*; Absolvent(in) *m(f)* **αποφοιτώ** *(Hoch-)Schule* absolvieren
αποφυλακίζω [-zo] *Häftling* entlassen
αποχαιρετισμός [-zm-] M Abschied *m* **αποχαιρετώ** ‹-άς› (sich) verabschieden (*akk* von)
αποχέτευση [-'çetefsi] F Kanalisation *f*
αποχή [-'çi] F Verzicht *m*; *Wahlen* Enthaltung *f*
απόχρωση ‹-ης› [-xrosi] F (Farb-)Nuance *f*
αποχώρηση ‹-ης› F Austritt *m*, Abgang *m*
αποχωρίζομαι *v. e-m Menschen* sich trennen **αποχωρώ** austreten; *aus Amt* ausscheiden
απόψε heute Abend/Nacht
άποψη ‹-ης› F Ansicht *f*, Meinung *f*; Gesichtspunkt *m*; **απ' αυτή την ~** in dieser Hinsicht
απόψυξη ‹-ης› F Abtauen *n*; Auftauen *n*
απραξία F Untätigkeit *f*
απρεπής ‹-ής, -ές› unanständig
Απρίλης M, **Απρίλιος** M April *m*
απρόβλεπτος ‹-η, -ο› unvorhergesehen; unvorhersehbar
απροετοίμαστος ‹-η, -ο› unvorbereitet
απρόθυμα ADV ungern
απροθυμία F Widerwille *m*
απρόθυμος ‹-η, -ο› abgeneigt; widerwillig
απροκατάληπτος ‹-η, -ο› unvoreingenommen
απρόσβλητος ‹-η, -ο› [-zv-] immun (**απο** gegen)
απροσδόκητος ‹-η, -ο› unerwartet, überraschend
απρόσεκτος ‹-η, -ο› [-se-] unaufmerksam; unvorsichtig
απροσεξία F Unaufmerksamkeit *f*; **από ~** aus Versehen
απρόσιτος ‹-η, -ο› unzugänglich; *Preis* unerschwinglich
απροστάτευτος ‹-η, -ο› [-teftos] schutzlos; unbewacht
απρόσωπος ‹-η, -ο› *a.* GRAM unpersönlich
άπταιστος ‹-η, -ο› *Sprache* fehlerlos; perfekt
απτόητος ‹-η, -ο› unerschrocken
απωθητικός ‹-ή, -ό› abstoßend **απωθώ** zurückstoßen;

abstoßen, anwidern
απώλεια F Verlust *m*
απών ⟨-ούσα, -όν⟩ abwesend
άρα somit, also, folglich
Άραβας M Araber *m*
αραβικός ⟨-ή, -ό⟩ arabisch
αραβοσιτέλαιο [-si-] N Maisöl *n* **αραβόσιτος** M Mais *m*
άραγε ob (… wohl)?; **τι να ήθελε** ~; was kann er/sie wohl gewollt haben?
αράζω SCHIFF landen, anlegen
αραιός ⟨-ή, -ό⟩ dünnflüssig; *Haar* licht **αραιώνω** *Flüssigkeit* verdünnen; *Haar* sich lichten
αρακάς M Erbsen *fpl*
αράχνη [-xni] F Spinne *f*
αργά [ar'ɣa] ADV langsam; *Zeit* spät; **είναι (πολύ)** ~ es ist (zu) spät; ~ **ή γρήγορα** früher oder später
αργαλειός [-ɣa'ʎos] M Webstuhl *m* **αργία** F Feiertag *m*
άργιλος M,F Ton(erde) *m(f)*
αργοκίνητος ⟨-η, -ο⟩ träge **αργοπορία** [-ɣo-] F Verspätung *f* **αργοπορώ** sich verspäten
αργός ⟨-ή, -ό⟩ [ar'ɣos] langsam; untätig **αργόστροφος** ⟨-η, -ο⟩ schwerfällig **αργόσχολος** (-η) [-sx-] M(F) Müßiggänger(in) *m(f)*
αργότερα [ar'ɣo-] ADV später
αργότερο: **το** ~ spätestens
άργυρος ['arji-] M Silber *n*
αργώ [ar'ɣo] sich verspäten
αρδεύω [-'ðevo] bewässern
αρέσω [-so] gefallen (**σε** *dat*), mögen (*nom akk*); **(δε) μου αρέσει** es schmeckt/gefällt mir (nicht)
αρετή F Tugend *f*; Vorzug *m*
Άρης M Mars *m*
αρθρίτιδα F, **αρθριτικά** NPL MED Arthritis *f*
άρθρο N *a.* GRAM Artikel *m*; JUR Paragraf *m*
άρθρωση ⟨-ης⟩ [-si] F Artikulation *f*; ANAT Gelenk *n*
αριθμητική F Rechnen *n*; Arithmetik *f* **αριθμητικό** N Zahlwort *n*
αριθμός M Zahl *f*; Nummer *f*; Ziffer *f*; Anzahl *f*; ~ **τηλεφώνου** Telefonnummer *f*; ~ **κυκλοφορίας** Kennzeichen *n*; ~ **λογαριασμού** Kontonummer *f*
αριθμώ zählen; nummerieren
άριστα ADV ausgezeichnet
αριστερά[1] F POL Linke *f*
αριστερά[2] ADV links (**από** von) **αριστερός** ⟨-ή, -ό⟩ *a.* POL linke
αριστερόχειρας [-çi-] M,F Linkshänder(in) *m(f)*
αριστοκράτης (**-ισσα**) M(F) Aristokrat(in) *m(f)* **αριστοκρατία** F Aristokratie *f* **αριστοκρατικός** ⟨-ή, -ό⟩ aristokratisch
άριστος ⟨-η, -ο⟩ ausgezeichnet
αριστούργημα [-ji-] N Meis-

terwerk *n*
αρκετά ADV genug; ziemlich
αρκετός ⟨-ή, -ό⟩ genügend, ziemlich (viel); *pl* mehrere
αρκούδα F Bär *m* **αρκούμαι** sich begnügen (**σε** mit)
Αρκτική F Arktis *f*
άρκτος F Bär *m*
αρκώ genügen, (aus)reichen; **δεν αρκεί** es genügt nicht (**να** zu)
αρμόδιος ⟨-α, -ο⟩ zuständig (**για** für), befugt; kompetent
αρμόζει [-zi] sich gehören (**σε** für); passen (**σε** zu)
αρμονία F *a.* MUS Harmonie *f* **αρμονικός** ⟨-ή, -ό⟩ harmonisch
αρμυρός → **αλμυρός**
αρνάκι N Lämmchen *n*; GASTR Lamm(fleisch) *n*
άρνηση ⟨-ης⟩ F Verneinung *f*; (Ver-)Weigerung *f*; Leugnen *n*
αρνητικό N FOTO Negativ *n*
αρνητικός ⟨-ή, -ό⟩ negativ; **αρνητική απάντηση** *f* Absage *f*
αρνί N Lamm *n*; **ψητό ~** Lammbraten *m*
αρνιέμαι [-'ɲe-], **αρνούμαι** verneinen; ablehnen; (ver)-leugnen; verweigern; sich weigern
άροτρο N Pflug *m*
άρπα F Harfe *f*
αρπαγή [-'ji] F Raub *m*
αρπάζομαι sich klammern (**από** an) **αρπάζω** (an)packen; rauben; (er)greifen; *Speisen* anbrennen; *Krankheit* sich zuziehen
αρπακτικός ⟨-ή, -ό⟩ räuberisch, Raub-; **αρπακτικό ζώο** *n*/**πτηνό** *n* Raubtier *n*/Raubvogel *m*
αρραβώνας M Verlobung *f*
αρραβωνιάζομαι [-'ɲazo-] sich verloben **αρραβωνιασμένος** ⟨-η, -ο⟩ [-ɲazm-] verlobt **αρραβωνιαστικός** ⟨--ιά⟩ M(F) Verlobte(r) *m,f*
αρρωσταίνω erkranken (**από** an); krank machen **αρρώστια** [-stja] F Krankheit *f* **αρρωστιάρης** ⟨-α, -ικο⟩ [aro'stja-] kränklich
άρρωστος ⟨-η, -ο⟩ krank; erkrankt; *m,f* Kranke(r) *m,f*
αρσενικό N GRAM Maskulinum *n*; ZOOL Männchen *n*
αρσενικός ⟨-ή, -ό⟩ männlich
αρτηρία F ANAT Arterie *f* **αρτηριοσκλήρωση** ⟨-ης⟩ [-si] F Arterienverkalkung *f*
αρτοποιείο [-pi'io] N Bäckerei *f* **αρτοποιός** M,F Bäcker(in) *m(f)* **αρτοπωλείο** N Bäckerei *f*
άρτος M Brot *n*; REL Hostie *f*
αρχαία NPL Altertümer *npl*
αρχαϊκός ⟨-ή, -ό⟩ archaisch
αρχαιολογία [arçeo-] F Archäologie *f* **αρχαιολογικός** ⟨-ή, -ό⟩ [-ji-] archäologisch
αρχαιολόγος [-ɣos] M,F Archäologe *m*, -in *f*
αρχαίος ⟨-α, -ο⟩ [-'çe-] antik,

alt; **οι αρχαίοι** die alten Griechen *mpl*; **αρχαία Ελληνικά** *npl* Altgriechisch *n*
αρχαιότητα F Altertum *n*
αρχαιότητες FPL Altertümer *npl*
αρχάριος (-α) [-'xa-] M(F) Anfänger(in) *m(f)*
αρχείο [-'çio] N Archiv *n*, Ablage *f*; IT Datei *f*
αρχή [ar'çi] F Anfang *m*; Ursprung *m*; Prinzip *n*; Behörde *f*; **στην ~** anfangs; **στις αρχές** zu Beginn (*gen gen*); **αρχές Μαΐου** Anfang Mai
αρχηγία [-'jia] F Führung *f*
αρχηγός M,F (An-)Führer(in) *m(f)*
αρχίατρος [ar'çia-] M,F Chefarzt *m*, -ärztin *f*
αρχιεπίσκοπος [arçi-] M Erzbischof *m* **αρχιεργάτης** (**--τρια**) [-'γa-] M(F) Vorarbeiter(in) *m(f)*
αρχίζω [-'çizo] anfangen, beginnen (*akk*; **με**; **από** mit) **αρχικός** ⟨-ή, -ό⟩ ursprünglich; anfänglich; Anfangs-
αρχιτέκτονας [-çi-] M,F Architekt(in) *m(f)*
αρχιτεκτονική F Architektur *f* **αρχιτεκτονικός** ⟨-ή, -ό⟩ architektonisch
αρχιτεχνίτης [-xn-] M *im Beruf* Meister(in) *m(f)*
άρχοντας (**-ισσα**) M(F) vornehme(r) Herr(in) *m(f)*
αρχοντικός ⟨-ή, -ό⟩ [-nd-] vornehm
άρωμα N Parfüm *n*; Duft *m*; Aroma *n*
αρωματίζω [-z-] parfümieren; *Speise* würzen **αρωματικός** ⟨-ή, -ό⟩ aromatisch; duftend; *im Speise* würzig
ας *als Aufforderung, Wunsch + Konjunktiv*: **~ έρθουν** sollen sie doch kommen! **~ είναι!** meinetwegen!
ασανσέρ ⟨-⟩ [asan'ser] N Aufzug *m*, Fahrstuhl *m*
ασάφεια F Unklarheit *f*
ασαφής ⟨-ής, -ές⟩ [asa-] unklar, undeutlich
ασβέστης [a'zve-] M Kalk *m*; Tünche *f* **ασβέστιο** N Kalzium *n*
ασβεστόλιθος M Kalkstein *m*
ασβεστώνω kalken; tünchen
άσε! ['ase] lass!; **άσ' το!** lass es!; → αφήνω
ασεβής ⟨-ής, -ές⟩ respektlos
άσεμνος ⟨-η, -ο⟩ obszön
ασετόν ⟨-⟩ [ase'ton] N Nagellackentferner *m*
ασήμαντος ⟨-η, -ο⟩ [a'simand-] unbedeutend, geringfügig
ασημένιος ⟨-α, -ο⟩ [asi'meɲos] Silber-; silbern
ασήμι [a'si-] N Silber *n*
ασθένεια F Krankheit *f*
ασθενής ⟨-ής, -ές⟩ krank; schwach; *m,f* Patient(in) *m(f)*
ασθενικός ⟨-ή, -ό⟩ kränklich
ασθενοφόρο N Krankenwagen *m*
άσθμα ['asθma] N Asthma *n*

ασθμαίνω keuchen, schnaufen
Ασία [a'sia] F Asien *n*; **Μικρά ~** Kleinasien *n*
άσκηση ⟨-ης⟩ [-si] F Übung *f*, Hausaufgabe *f*; Training *n*; *pl* Manöver *n*
ασκητής (-τρια) M(F) Asket(in) *m(f)* **ασκητικός** ⟨-ή, -ό⟩ asketisch
άσκοπος ⟨-η, -ο⟩ sinnlos
ασκούμαι sich üben **ασκώ** *a. Kritik* üben; *Beruf, Druck, Gewalt* ausüben; *Pflicht* erfüllen
άσος ['asos] M *a. fig* Ass *n*
ασπίδα F (Schutz-)Schild *m*
ασπιρίνη F Aspirin® *n*
άσπλαχνος ⟨-η, -ο⟩ [-xnos] unbarmherzig
ασπράδι N *Ei* Eiweiß *n*
ασπρίζω kalken; bleich werden
άσπρο N Weiß *n*
ασπρόμαυρος ⟨-η, -ο⟩ [-mavros] schwarz-weiß
ασπρόρουχα [-xa] NPL Weißwäsche *f*
άσπρος ⟨-η, -ο⟩ weiß
ασταθής ⟨-ής, -ές⟩ unbeständig, schwankend; *fig* labil
αστακός M Hummer *m*
ασταμάτητα ADV, **ασταμάτητος** ⟨-η, -ο⟩ ununterbrochen
άστατος ⟨-η, -ο⟩ *Leben, Wetter* unbeständig, labil
άστεγος ⟨-η, -ο⟩ obdachlos
αστειεύομαι [-'evome] Spaß machen, scherzen
αστείο N Witz *m*, Scherz *m*; Spaß *m*; **για ~** zum Spaß
αστείος ⟨-α, -ο⟩ witzig, lustig; lächerlich; **στ' αστεία** im Scherz
αστέρας M Stern *m*, Gestirn *n* **αστέρι** N Stern *m*
αστεροσκοπείο N Sternwarte *f*
αστικό N Stadtbus *m* **αστικός** ⟨-ή, -ό⟩ städtisch; bürgerlich
άστοργος ⟨-η, -ο⟩ lieblos
αστοχώ fehlschlagen; verfehlen
αστράγαλος M Knöchel *m*
αστραπή F Blitz *m*
αστραφτερός ⟨-ή, -ό⟩ strahlend; glänzend
αστράφτω funkeln, strahlen; **αστράφτει** es blitzt
άστρο N Stern *m*
αστρολογία F Astrologie *f* **αστρολόγος** M,F Astrologe *m*, -in *f*
αστροναύτης (-ισσα) [astro'naftis] M(F) Astronaut(in) *m(f)*
αστρονομία F Astronomie *f* **αστρονομικός** ⟨-ή, -ό⟩ astronomisch
αστυνομία F Polizei *f*
αστυνομικός[1] ⟨-ή, -ό⟩ polizeilich; Polizei-; **αστυνομικό τμήμα** *n* Polizeirevier *n*
αστυνομικός[2] M,F Polizist(in) *m(f)*
ασυγκέντρωτος ⟨-η, -ο⟩ [asiŋ'gend-] unkonzentriert

ασυγκράτητος ⟨-η, -ο⟩ unbeherrscht, hemmungslos
ασύγκριτος ⟨-η, -ο⟩ [a'siŋgr-] unvergleichlich
ασυγχώρητος ⟨-η, -ο⟩ [asiŋ'xori-] unverzeihlich
ασυλία [asi-] F POL Immunität *f*
ασυλλόγιστος ⟨-η, -ο⟩ unbesonnen; unbedacht
άσυλο ['asi-] N Asyl *n*; (Kinder-, Alters-)Heim *n*
ασυλούχος M,F Asylant(in) *m(f)*
ασύμμετρος ⟨-η, -ο⟩ [a'si-] asymmetrisch; ungleichmäßig
ασυμφωνία F Uneinigkeit *f*
ασύμφωνος ⟨-η, -ο⟩ [a'si-] uneinig; unvereinbar
ασυναγώνιστος ⟨-η, -ο⟩ [-si-] konkurrenzlos; unschlagbar **ασυναίσθητος** ⟨-η, -ο⟩ unbewusst
ασυνείδητο [asi-] N PSYCH Unbewusste(s) *n* **ασυνείδητος** ⟨-η, -ο⟩ unbewusst; *fig* gewissenlos
ασυνέπεια [asi-] F Inkonsequenz *f*; Unzuverlässigkeit *f* **ασυνεπής** ⟨-ής, -ές⟩ inkonsequent; unzuverlässig
ασύνετος ⟨-η, -ο⟩ [a'si-] unvernünftig **ασυνήθιστος** ⟨-η, -ο⟩ ungewöhnlich; ungewohnt
ασύρματος ⟨-η, -ο⟩ [a'si-] drahtlos; *m* Funk(gerät) *m(n)*
ασφάλεια F Sicherheit *f*; Geborgenheit *f*; *a.* ELEK Sicherung *f*; Versicherung *f*; **~ ζωής** Lebensversicherung *f*; **νομική ~** Rechtsschutzversicherung *f*
ασφαλής ⟨-ής, -ές⟩ sicher; geborgen **ασφαλίζομαι** [-zo-] sich versichern **ασφαλίζω** (ver)sichern
ασφάλιση ⟨-ης⟩ [-si] F Versicherung *f*; **ταξιδιωτική ~** Reiseversicherung *f*; **~ κατά των ατυχημάτων** Unfallversicherung *f*
ασφαλισμένος ⟨-η, -ο⟩ [-zm-] versichert
ασφαλιστικός ⟨-ή, -ό⟩: **ασφαλιστική εταιρεία** F Versicherungsgesellschaft *f*
άσφαλτος F Asphalt *m*
ασφυξία F Ersticken *n*
άσχετα ['asçe-] ADV unabhängig (**από** von) **άσχετος** ⟨-η, -ο⟩ unabhängig; irrelevant
άσχημα ADV schlecht, übel
ασχήμια [a'sçi mja] F Hässlichkeit *f*
άσχημος ⟨-η, -ο⟩ ['asçi-] hässlich; übel; *Wetter* schlecht
ασχολία [asxo-] F Beschäftigung *f* **ασχολούμαι** sich beschäftigen (**με** mit)
αταίριαστος ⟨-η, -ο⟩ [-rja-] unpassend, unangebracht
άτακτος ⟨-η, -ο⟩ *Puls* unregelmäßig; *Kind* unartig
αταξία F Unordnung *f*, Durcheinander *n*; Ungezogenheit *f*
αταραξία F Gelassenheit *f*

ατάραχος ⟨-η, -ο⟩ [-xos] gelassen
ατελείωτος ⟨-η, -ο⟩ [-'lio-], **ατέλειωτος** ⟨-η, -ο⟩ [-ʎo-] unvollendet; unendlich
ατελής ⟨-ής, -ές⟩ unvollkommen, unvollendet; gebührenfrei
ατελιέ ⟨-⟩ [-'ʎe] N Atelier *n*
ατζέντα [a'dzenda] F Adressbuch *n*, Terminkalender *m*
ατίθασος ⟨-η, -ο⟩ [-sos] aufsässig **ατιμάζω** [-zo] entehren, schänden **ατιμία** F Schandtat *f*
άτιμος ⟨-η, -ο⟩ ehrlos; schändlich
ατίμωση ⟨-ης⟩ F Entehrung *f*, Schändung *f* **ατιμωτικός** ⟨-ή, -ό⟩ schändlich
άτλας ⟨-αντος⟩ M Atlas *m*
ατμόπλοιο N Dampfer *m*
ατμός M Dampf *m*; Dunst *m*
ατμόσφαιρα F *a. fig* Atmosphäre *f*; *fig* Stimmung *f*
άτολμος ⟨-η, -ο⟩ mutlos; zaghaft, schüchtern
ατομικός ⟨-ή, -ό⟩ persönlich; PHYS Atom-; atomar; **ατομική βόμβα** *f* Atombombe *f*; **ατομική ενέργεια** *f* Atomenergie *f*
άτομο N Person *f*; Individuum *n*; PHYS Atom *n*; **κατ' ~, το ~** pro Person
άτονος ⟨-η, -ο⟩ matt, schlapp; *Wind* flau; GRAM unbetont
ατραυμάτιστος ⟨-η, -ο⟩ [-vm-] unverletzt **ατρόμητος** furchtlos
ατσάλι N Stahl *m* **ατσάλινος** ⟨-η, -ο⟩ Stahl-; stählern
Αττική F Attika *n*
ατύχημα [-çi-] N Unfall *m*; **παθαίνω ~** verunglücken; **αυτοκινητιστικό ~** Autounfall *m*; **τροχαίο ατύχημα** *n* Verkehrsunfall *m*
ατυχία F Pech *n*; Unglück *n*
άτυχος ⟨-η, -ο⟩ [-xos]: **είμαι ~** Pech haben
αυγή [a'vji] F Morgendämmerung *f*; *fig* Beginn *m*
αυγό [a'vɣo] N Ei *n*; **σφιχτό/μελάτο ~** hart/weich gekochte(s) Ei *n*; **αυγά μάτια** Spiegeleier *npl*; **χτυπητά αυγά** etwa Rühreier *npl*
αυγοθήκη [avɣo-] F Eierbecher *m*; **αυγολέμονο** N Ei-Zitronensaft-Soße *f*
Αύγουστος [-vɣ-] M August *m*
αυθάδεια [a'fθaðia] F Frechheit *f* **αυθάδης** ⟨-ης, -ες⟩ frech
αυθαδιάζω [-'azo] frech sein
αυθαιρεσία [afθere'sia] F Willkür(akt) *f(m)* **αυθαίρετος** ⟨-η, -ο⟩ willkürlich
αυθεντικός ⟨-ή, -ό⟩ authentisch; unverfälscht
αυθορμητισμός [-z-] M Spontaneität *f* **αυθόρμητος** ⟨-η, -ο⟩ [a'fθo-] spontan, impulsiv
αυλάκι N Rinne *f*; Furche *f*
αυλή [a'vli] F Hof *m*
αυξάνομαι [af'ksa-] zuneh-

men; *Preise, Fieber* (an)steigen; sich vermehren; *fig* wachsen **αυξάνω** *Lohn* erhöhen; steigern; vermehren

αύξηση ⟨-ης⟩ ['afksisi] F *Lohn* Erhöhung *f*; Zunahme *f*; Zuwachs *m*; Vermehrung *f*

αϋπνία [ai-] F Schlaflosigkeit *f*

άυπνος ⟨-η, -ο⟩ ['ai-] schlaflos; wach

αύρα ['avra] F (See-)Brise *f*

αυριανός ⟨-ή, -ό⟩ [av-] morgig

αύριο ['avrio] morgen; **~ το πρωί/βράδυ** morgen früh/Abend

αυστηρός ⟨-ή, -ό⟩ [af-] streng **αυστηρότητα** F Strenge *f*

Αυστραλία [afstra-] F Australien *n* **Αυστραλός** (-ή) M(F) Australier(in) *m(f)*

Αυστρία [afst-] F Österreich *n*

αυστριακός ⟨-ή, -ό⟩ [afst-] österreichisch **Αυστριακός** (--ή) M(F) Österreicher(in) *m(f)*

αυταπάτη [afta-] F Illusion *f*

αυτάρκεια [a'fta-] F Autarkie *f* **αυτάρκης** ⟨-ης, -ες⟩ autark

αυταρχικός ⟨-ή, -ό⟩ autoritär

αυτή [a'fti] F *nom* diese *f nom*, sie *f nom*

αυτί [af'ti] N Ohr *n*

αυτό [a'fto] dieses, das, es

αυτοάμυνα [afto-] F Selbstverteidigung *f*; Notwehr *f*

αυτοβιογραφία [-ʝr-] F Autobiografie *f*

αυτόγραφο [a'ftoɣr-] N Autogramm *n* **αυτοδίδακτος** (--η) M(F) Autodidakt(in) *m(f)*

αυτοεξυπηρέτηση ⟨-ης⟩ [-si] F Selbstbedienung *f*

αυτοθυσιάζομαι [-'siazo-] sich aufopfern

αυτοκινητιστής (-τρια) [aft-] M(F) *Sport* Autofahrer(in) *m(f)*

αυτοκίνητο [afto'kinito] N Auto *n*; **επιβατικό ~** PKW *m*

αυτοκινητοδρομία [afto-] F Autorennen *n* **αυτοκινητόδρομος** M Autobahn *f*, Autostraße *f*

αυτοκόλλητο N Aufkleber *m*

αυτοκριτική F Selbstkritik *f*

αυτοκτονία F Selbstmord *m* **αυτοκτονώ** Selbstmord begehen

αυτοκυριαρχία [-'çi-] F Selbstbeherrschung *f*

αυτόματος ⟨-η, -ο⟩ [a'fto-] automatisch; **αυτόματο μηχάνημα** *n* Automat *m*

αυτονόητος ⟨-η, -ο⟩ [afto-] selbstverständlich **αυτονομία** F Autonomie *f* **αυτόνομος** ⟨-η, -ο⟩ autonom

αυτοπεποίθηση ⟨-ης⟩ [-si] F Selbstvertrauen *n*; **με ~** selbstbewusst **αυτοπροσώπως** [afto-] ADV persönlich

αυτός ⟨-ή, -ό⟩ [a'ftos]: **~ (ο), αυτή (η), αυτό (το)** (d)er, sie, es; diese(r, -s); **~ που** wer ...

αυτοσυγκεντρώνομαι sich konzentrieren (**σε** auf) **αυτοσυγκέντρωση** ⟨-ης⟩ [-ŋg-]

F *mental* Konzentration *f*
αυτοσυγκράτηση ⟨-ης⟩ [aftosiŋ'gratisi] F Selbstbeherrschung *f* **αυτοσυγκρατιέμαι** [-'tje-], **αυτοσυγκρατούμαι** sich beherrschen
αυτοσχεδιάζω [-sçeði'azo] improvisieren **αυτοσχεδιασμός** [-zm-] M Improvisation *f*
αυχένας [af'çe-] M Nacken *m*
αφ' → από; **αφ' ενός ..., αφ' ετέρου ...** einerseits ... and(e)rerseits ...
αφαίρεση ⟨-ης⟩ [-si] F Wegnahme *f*; Entwendung *f*; *Preis* Abzug *m*; *Kunst* Abstraktion *f*; MATH Subtraktion *f*
αφαιρούμαι in Gedanken versinken; zerstreut sein
αφαιρώ wegnehmen; *Preis* abziehen; MATH subtrahieren
αφαλός M Nabel *m*
αφανίζω ausrotten **αφανισμός** M Ausrottung *f*; Verderben *n*
αφάνταστος ⟨-η, -ο⟩ [-nd-] unvorstellbar
αφέλεια [a'felia] F Naivität *f*
αφελής ⟨-ής, -ές⟩ naiv
αφέντης ⟨-άδες⟩ (**-τρα**) [-nd-] M(F) Herr(in) *m(f)*
αφεντικό [-nd-] N Chef(in) *m(f)*
άφεση ⟨-ης⟩ F REL Vergebung *f*
αφή F Tastsinn *m*
αφήγηση ⟨-ης⟩ [-jisi] F Schilderung *f*
αφηγητής (**-τρια**) [-ji-] M(F) Erzähler(in) *m(f)* **αφηγούμαι** [-'ɣume] erzählen, schildern
αφήνω (liegen/stehen) lassen; loslassen; verlassen; hinterlassen; überlassen (**σε** *dat*)
αφηρημένος ⟨-η, -ο⟩ geistesabwesend; *a. Kunst* abstrakt
αφθονία F Überfluss *m* (**σε** an)
άφθονος ⟨-η, -ο⟩ reichlich
αφιέρωμα N Hommage *f*
αφιερώνω widmen (**σε** *dat*); *Zeit* aufwenden **αφιέρωση** ⟨-ης⟩ [-si] F Widmung *f*
αφιλοκερδής ⟨-ής, -ές⟩ uneigennützig
αφιλόξενος ⟨-η, -ο⟩ ungastlich
άφιξη ⟨-ης⟩ F Ankunft *f*
αφίσα [-sa] F Plakat *n*, Poster *n*
άφοβος ⟨-η, -ο⟩ furchtlos
αφομοιώνω assimilieren; eingliedern **αφομοίωση** ⟨-ης⟩ [-si] F Assimilation *f*; Eingliederung *f*
αφόρητος ⟨-η, -ο⟩ unerträglich
αφορμή F Anlass *m*; *fig* Auslöser *m*; **με ~** aus Anlass (*akk gen*)
αφορολόγητος ⟨-η, -ο⟩ [-ji-] steuerfrei; zollfrei
αφορώ ⟨-άς⟩ betreffen, sich beziehen (**σε**; *akk* auf); **δε με αφορά** das betrifft mich nicht; **τι σε αφορά;** was geht dich das an?

αφοσιωμένος ⟨-η, -ο⟩ [-si-] anhänglich **αφοσιώνομαι** sich widmen (**σε** an), sich hingeben
αφοσίωση ⟨-ης⟩ [-'siosi] F Hingabe *f*, Aufopferung *f*
αφού *zeitlich* nachdem; *kausal* da, zumal, weil
αφρίζω [-zo] *a. fig* schäumen
αφρικανικός ⟨-ή, -ό⟩ afrikanisch **Αφρικανός** ⟨-ή⟩ M(F) Afrikaner(in) *m(f)* **Αφρική** F Afrika *n*
αφρός M Schaum *m*
άφταστος ⟨-η, -ο⟩ unerreichbar **άφτειαχτος** [-jaxtos] nicht fertig; *Wohnung* unaufgeräumt
αφτί → αυτί
αφύλακτος ⟨-η, -ο⟩ unbewacht **αφύσικος** ⟨-η, -ο⟩ [-si-] unnatürlich
άφωνος ⟨-η, -ο⟩ stumm
αχαριστία F Undankbarkeit *f*
αχάριστος ⟨-η, -ο⟩ [a'xa-] undankbar
αχάτης M Achat *m*
αχινός [açi-] M Seeigel *m*
αχλάδι [ax-] N Birne *f* **αχλαδιά** [-'ðja] F Birnbaum *m*
αχνάρι [axn-] N (Fuß-)Spur *f*
αχνίζω [a'xnizo] dampfen
αχόρταγος ⟨-η, -ο⟩ [a-'xortaγos] unersättlich, gierig
αχούρι [a'xu-] *umg* (Sau)stall *m*
αχρείος ⟨-α, -ο⟩ [a'xri-] gemein, niederträchtig
αχρειότητα F Gemeinheit *f*
αχρησιμοποίητος ⟨-η, -ο⟩ [axrisi-] unbenutzt
άχρηστος ⟨-η, -ο⟩ unbrauchbar; unnütz; *Person* unfähig (**να** zu); *m,f* Nichtsnutz *m*
άχρωμος ⟨-η, -ο⟩ *a. fig* farblos
άχυρο ['açiro] N Stroh *n*, Heu *n*
αχυρώνας [açi-] M Scheune *f*
αχώνευτος ⟨-η, -ο⟩ [a-'xoneft-] *fig* unausstehlich **αχώριστος** ⟨-η, -ο⟩ unzertrennlich
αψίδα F ARCH Bogen *m*
άψογος ⟨-η, -ο⟩ [-γos] fehlerfrei, makellos; einwandfrei

B

Βαυαρία F Bayern *n*
Βαυαρός ⟨-ή⟩ M(F) Bayer(in) *m(f)*
βαγκόν-λι N ⟨-⟩ Schlafwagen *m*
βαγόνι [-'γo-] N Wag(g)on *m*
Βάδη-Βυρτεμβέργη F Baden-Württemberg *n*
βαδίζω [-zo] (zu Fuß) gehen, marschieren; schreiten
βαζελίνη [-ze-] F Vaselin(e) *n(f)*
βάζο [-zo] N Blumenvase *f*; Dose *f*, Gefäß *n*
βάζω ⟨έβαλα⟩ ['vazo] setzen;

stellen; (hin)legen, ablegen; *a. CD* auflegen; *Hut, Brille* aufsetzen; *Kleidung* anziehen; *Zutaten* hinzufügen; *Wein* einschenken; *Farbe, Creme* auftragen; **~ μπρος** *Motor* anlassen
βαθαίνω (sich) vertiefen; tief(er) werden
βαθμολογία [-'ji-] F *Schule* Benotung *f*, Zensur *f* **βαθμολογώ** [-'ɣo] benoten, zensieren; werten
βαθμός M Grad *m*; (Aus-)Maß *n*; MIL Rang *m*; *Schule* Note *f*, Zensur *f*; *Sport* Punkt *m*
βάθος N *a. fig* Tiefe *f*; *Meer* Grund *m*; Hintergrund *m*; **σε ~** gründlich; **στο ~** *räumlich* am Ende (*gen gen*)
βαθύς ⟨-ιά, -ύ⟩ *a. fig* tief; *Farbe* dunkel **βαθύτητα** F *fig* Tiefe *f*
βακτηρίδιο N Bakterie *f*
βαλανίδι N Eichel *f* **βαλανιδιά** [-'ðja] F Eiche *f* **βαλβίδα** F TECH Ventil *n*; ANAT Klappe *f*
βαλεριάνα F Baldrian *m*
βαλίτσα [-tsa] F (Hand-)Koffer *m*; **κάνω/φτειάχνω τη ~ μου** den Koffer packen
Βαλκάνια [-nia] NPL Balkan *m*
βαλς ⟨-⟩ N Walzer *m*
βάλσαμο [-lsa-] N Balsam *m*
βάλτος M Sumpf *m*, Moor *n*
βαμβάκι [-mv-] N Baumwolle *f*; Watte *f*
βάναυσος ⟨-η, -ο⟩ [-nafsos] *Person* gewalttätig, grob
βανίλια [-ʎa] F Vanille *f*
βαπόρι N Dampfer *m*
βαραίνω *fig* belasten; schwerer werden; *fig* lasten
βάρβαρος ⟨-η, -ο⟩ barbarisch; *m,f* Barbar(in) *m(f)*
βαρβαρότητα F Barbarei *f*
βάρδια [-ðja] F *Arbeit* Schicht *f*
βαρέλι N Fass *n*, Bottich *m*
βαρελίσιος ⟨-α, -ο⟩ [-sjos] vom Fass; Fass-; **βαρελίσια μπίρα** *f* Fassbier *n*
βαρεμένος ⟨-η, -ο⟩ *umg* bekloppt **βαρετός** ⟨-ή, -ό⟩ langweilig; öde; lästig
βαρήκοος ⟨-η, -ο⟩ schwerhörig
βαριέμαι [-'rje-] sich langweilen; keine Lust haben (**να** zu); **βαρέθηκα!** ich habe es satt!
βάρκα F Boot *n*, Kahn *m*
βαρκάδα F Bootsfahrt *f*
βαρομετρικό N: **χαμηλό ~** Tief *n*; **υψηλό ~** Hoch *n*
βαρόμετρο N Barometer *n*
βάρος N Gewicht *n*; *fig* Schwere *f*, Last *f*; Belastung *f*; **τι/πόσο ~ έχεις;** wie schwer bist du?; **παίρνω ~** zunehmen; **χάνω ~** abnehmen
βαρύγλυκος ⟨-η, -ο⟩ [-ɣli-] *Kaffee* stark gezuckert
βαρύς ⟨-ιά, -ύ⟩ schwer; *Kaffee* stark; *Schlaf, Stimme* tief; *Winter* streng, hart
βαρυστομαχιά [-'ça] F Magenverstimmung *f* **βαρυστομαχιάζω** [-zo] sich überes-

sen

βαρύτητα F Schwere *f*; PHYS Schwerkraft *f*; *fig* Gewicht *n*

βασανίζω [-sa'nizo] plagen; *a. fig* quälen; foltern **βασανιστήριο** N Folter *f*

βάσανο [-sa-] N Qual *f*; Sorge *f*; Plage *f*

βάσει → βάση

βάση ⟨-ης⟩ [-si] F Grundlage *f*; Basis *f*; **~ δεδομένων** Datenbank *f*; **με ~/βάσει** gemäß, auf Grund (*gen gen*)

βασίζομαι [-'sizo-] sich stützen, sich verlassen (**σε** auf); basieren (**σε** auf) **βασίζω** *Meinung* gründen (**σε** auf)

βασικά [-si-] ADV grundsätzlich, prinzipiell **βασικός** ⟨-ή, -ό⟩ grundlegend; Grund-

Βασιλεία [-si-] F Basel *n*

βασίλειο N (König-)Reich *n*

βασιλεύω [-si'levo] herrschen; *Sonne* untergehen

βασιλιάς ⟨-άδες⟩ (**-ισσα**) [-si'ʎas] M(F) König(in) *m(f)*; *Schach* König *m*; Dame *f*

βασιλικός ⟨-ή, -ό⟩ [-si-] königlich; *m* Basilikum *n*

βασιλόπιτα F Art Neujahrskuchen *m*

βάσιμος ⟨-η, -ο⟩ stichhaltig; zuverlässig

βαστιέμαι [-'stje-] sich festhalten **βαστώ** ⟨-άς⟩ (fest)halten; tragen; *Hitze* aushalten; *Lachen, Tränen* zurückhalten

βατ ⟨-⟩ N ELEK Watt *n*

βάτα F Schulterpolster *n*

βατόμουρο N Brombeere *f*

βατός ⟨-ή, -ό⟩ gangbar

βατραχοπέδιλο N Schwimmflosse *f*

βάτραχος [-xos] M Frosch *m*

βαφή F Färben *n*; **~ μαλλιών** Haarfärbemittel *n*

βάφομαι sich schminken

βαφτίζω [-zo] taufen

βάφτιση ⟨-ης⟩ [-si] F Taufe *f*

βαφτίσια [-sja] NPL Taufe *f*

βαφτιστήρι N Patenkind *n*

βάφω färben, anmalen; *Wand* (an)streichen; *Augen* schminken; *Fingernägel, Auto* lackieren

βάψιμο N Färben *n*; Streichen *n*; Anstrich *m*; Schminke *f*

βγάζω ⟨έβγαλα⟩ ['vɣazo] (heraus)holen, -ziehen; hinausbringen; herstellen; *Zeitung* herausgeben; *Buch, Worte, Ware* herausbringen; *Kleidung, Schuhe* ausziehen, ablegen; *Geld* verdienen; *Fahrkarte* lösen; *Fleck* entfernen

βγαίνω ⟨βγήκα⟩ ['vjeno] hinausgehen; herauskommen; *zum Vergnügen* ausgehen; *Fleck* abgehen; *Zeitung* erscheinen; *Foto* gelingen; *Sonne* aufgehen

βγήκα ['vjika] → βγαίνω

βδέλλα F Blutegel *m*

βδομάδα F → εβδομάδα

βέβαια ADV natürlich, gewiss; zwar; **και ~!** sicher doch! **βέβαιος** ⟨-η, -ο⟩ sicher (**για** für)

βεβαιότητα F Gewissheit *f*,

Sicherheit *f*, Klarheit *f*
βεβαιώνομαι sich vergewissern; sich überzeugen (**για** von) **βεβαιώνω** versichern (*akk dat*); bestätigen
βεβαίως ADV natürlich, gewiss, allerdings **βεβαίωση** ⟨-ης⟩ [-'veosi] F Bestätigung *f*; *Urkunde* Bescheinigung *f*
βελανιδιά F Eiche *f*
βελγικός ⟨-ή, -ό⟩ belgisch
Βέλγιο N Belgien *n* **Βέλγος** (--**ίδα**) M(F) Belgier(in) *m(f)*
βελόνα F *a.* BOT Nadel *f*
βελονάκι N Häkelnadel *f*
βελόνι N (Näh-)Nadel *f*
βελονιά [-'ɲa] F Nähstich *m*
βελονισμός [-z-] M Akupunktur *f*
βέλος N Pfeil *m*
βελούδο N Samt *m*
βελτιώνομαι sich (ver)bessern **βελτιώνω** (ver)bessern
βελτίωση ⟨-ης⟩ [-si] F (Ver-) Besserung *f*
βενζίνα F → βενζίνη
βενζινάδικο [-nz-] N Tankstelle *f* **βενζινάκατος** F Motorboot *n*
βενζίνη [ven'zini] F Benzin *n*; **βάζω ~** tanken; **απλή ~** Normalbenzin *n*; **αμόλυβδη ~** bleifreie(s) Benzin *n*
βεντάλια [-ʎa] F Fächer *m*
βεράντα [-nda] F Veranda *f*
βέργα F Gerte *f*; Stock *m*
βερικοκιά [-'kja] F Aprikosenbaum *m* **βερίκοκο** N Aprikose *f*
βερμούτ ⟨-⟩ N Wermut *m*
Βέρνη F Bern *n*
βερνίκι N Lack *m*, Firnis *m*; **~ νυχιών** Nagellack *m*
βερνικώνω lackieren
Βερολίνο N Berlin *n*
βέσπα F Motorroller *m*
βήμα N Schritt *m*, Tritt *m*; Gang(art) *m(f)*; Podium *n*;
βηματίζω [-zo] schreiten **βηματοδότης** M Herzschrittmacher *m*
βήχας [-xas] M Husten *m* **βήχω** [-xo] husten; sich räuspern
βία F Gewalt *f*; Eile *f*; **με τη ~** mit Gewalt
βιάζομαι ['vjazome] sich beeilen; hetzen **βιάζω** [vi'azo] zwingen; vergewaltigen
βίαιος ⟨-η, -ο⟩ ['vieos] gewaltsam, gewalttätig; *fig* heftig
βιασμός [via'zmos] M Vergewaltigung *f* **βιαστής** M Vergewaltiger *m*
βιαστικός ⟨-ή/-ιά, -ό⟩ [vja-] eilig, hektisch; **είμαι ~** es eilig haben **βιασύνη** [-'si-] F Eile *f*; Hektik *f*
βιβλιάριο N Heft *n*; **~ καταθέσεων** Sparbuch *n*; **~ επιταγών** Scheckheft *n*
βιβλίο [vi'vlio] N Buch *n*; **~ τσέπης** Taschenbuch *n*; **ηλεκτρονικό ~** E-Book *n*
βιβλιογραφία F Bibliografie *f*
βιβλιοθήκη F Bibliothek *f*;

Bücherei *f*; Bücherregal *n*
βιβλιοπωλείο [-po'lio] N Buchhandlung *f* **βιβλιοπώλης** M,F Buchhändler(in) *m(f)*
Βίβλος F Bibel *f*
βίδα F Schraube *f*
βιδώνω (an-, zu)schrauben
Βιένη [vi'eni] F Wien *n*
βίζα F Visum *n* **βίλα** F Villa *f*
βίντεο ⟨-⟩ ['video] N Video (-film) *n(m)*; Videorekorder *m*
βιντεοθήκη F Videothek *f* **βιντεοκάμερα** F Videokamera *f*
βιντεοκασέτα [-'se-] F Videokassette *f* **βιντεοταινία** F Videoband *n*; Videofilm *m*
βίντσι [-tsi] N (Seil-)Winde *f*
βιογραφικό σημείωμα [si-'mioma] N Lebenslauf *m*
βιοκαλλιέργεια [vio-] F ökologische(r) Anbau *m*
βιολέτα [vjo-] F Veilchen *n*
βιολί N Geige *f*, Violine *f*
βιολογία [-'jia] F Biologie *f*
βιολογικός ⟨-ή, -ό⟩ biologisch; Bio-
βιολόγος M,F Biologe *m*, -in *f*
βιομηχανία [vio-] F Industrie *f* **βιομηχανικός** ⟨-ή, -ό⟩ [-xa-] Industrie-; industriell
βιομηχανοποιώ [-pi'o] industrialisieren
βίος ['vios] M Leben *n*
βιοτεχνία [-'xnia] F *etwa* Gewerbe *n*; *etwa* Handwerk *n*
βιότοπος M Biotop *m*
βισκόζη [-zi] F Viskose *f*
βιταμίνη F Vitamin *n*
βιτρίνα F Schaufenster *n*
βίωμα N Erlebnis *n*
βλ. (βλέπε) s. (*siehe*)
βλαβερός ⟨-ή, -ό⟩ schädlich
βλάβη F TECH Schaden *m*, Störung *f*; Defekt *m*; ~ **ελαστικού** Reifenpanne *f*; ~ **μηχανής** Motorschaden *m*
βλάκας M doof; Dummkopf *m*
βλακεία F Dummheit *f*; **(τι) βλακείες!** (so ein) Quatsch!
βλάπτω (be)schädigen; schaden (*akk dat*); **δε βλάπτει** das schadet nichts
βλασταίνω, **βλαστάνω** sprießen **βλαστάρι** N Spross *m*, Keim *m*
βλαστήμια [-mja] F Fluch *m* **βλαστημώ** ⟨-άς⟩ (ver)fluchen
βλάστηση ⟨-ης⟩ F Vegetation *f*
βλέμμα N Blick *m*; **ρίχνω ένα** ~ e-n Blick werfen (**σε** auf)
βλέννα F Schleim *m*
βλεννόρροια [-ria] F Tripper *m*
βλέπω ⟨είδα⟩ (an)sehen; betrachten; *Arzt* untersuchen
βλεφαρίδα F Wimper *f*
βλέφαρο N (Augen-)Lid *n*
βογγώ ⟨-άς⟩ [-ŋgo] stöhnen
βόδι N Rind *n*; Ochse *m*
βοδινό N Rindfleisch *n* **βοδινός** ⟨-ή, -ό⟩ Rind(s)-, Rinder-
βοή F Dröhnen *n*; *Wind, Meer* Brausen *n* **βοήθεια** [vo'iθia] F Hilfe *f*; **φωνάζω** ~ um Hilfe

rufen
βοήθημα N Unterstützung *f*; Hilfsmittel *n*
βοηθός M,F Helfer(in) *m(f)*; Assistent(in) *m(f)*
βοηθώ ⟨-άς⟩ helfen (*akk dat*)
βολβός M Knolle *f*; Augapfel *m*
βόλεϊ(-μπολ) ⟨-⟩ N Volleyball *m*
βολεύω [-'levo] erledigen, regeln; recht sein, passen;
βολή F Wurf *m*
βολικός ⟨-ή/-ιά, -ό⟩ bequem; gelegen; *Person* umgänglich
βολτ ⟨-⟩ N Volt *n*
βόλτα F Spaziergang *m*; Spazierfahrt *f*; Runde *f*; **πάω/κάνω ~** spazieren gehen
βόμβα F Bombe *f*
βομβαρδίζω bombardieren **βομβαρδισμός** M Bombardierung *f*
Βόννη F Bonn *n*
Βόρεια Ρηνανία-Βεστφαλία F Nordrhein-Westfalen *n*
βορεινός ⟨-ή, -ό⟩ nördlich; Nord- **βορειοανατολικός** ⟨-ή, -ό⟩ nordöstlich **βορειοδυτικός** ⟨-ή, -ό⟩ nordwestlich
βόρειος ⟨-α, -ο⟩ nördlich; Nord-; **(στα) βόρεια** *adv* nördlich (*gen* von)
βοριάς ⟨-άδες⟩ [-'rjas] M Nordwind *m*
βορράς M Nord(en) *m*
βοσκή F Viehweide *f* **βοσκός** M Hirt *m*
βόσκω weiden, grasen
βοτάνι N (Heil-)Kraut *n*
βοτανική F Botanik *f*
βότανο N Heilpflanze *f*
βότκα ['votka] F Wodka *m*
βότσαλα [-ts-] NPL *Fluss* Kies *m* **βότσαλο** N Kiesel(stein) *m*
βουβαίνομαι verstummen
βουβάλι N Büffel *m*
βουβαμάρα F Schweigen *n* **βουβός** ⟨-ή, -ό⟩ stumm; sprachlos
Βουδαπέστη F Budapest *n*
Βουδισμός M Buddhismus *m*
βουητό N Getöse *n* **βουίζω** [-zo] dröhnen; *Wind* brausen; *Fluss* rauschen; *Kopf* brummen
βουλευτής [-eft-] M,F Abgeordnete(r) *m,f* **Βουλή** F Parlament *n*
βουλιάζω [-'ʎazo] versenken; untergehen, (ver-, ein-) sinken
βουλιμία F Essgier *f*, -sucht *f*
βουλωμένος ⟨-η, -ο⟩ verstopft **βουλώνω** *a. Loch* stopfen; verstopfen; *vulg* **βούλωσέ το!** halt die Klappe!
βουνό N Berg *m*
βούρτσα [-tsa] F Bürste *f*
βουρτσίζω [-zo] (ab)bürsten
βουτήματα NPL (Kaffee-) Gebäck *n* **βουτιά** F Kopfsprung *m*
βούτυρο N Butter *f*
βουτυρόγαλα N Buttermilch *f*
βουτώ ⟨-άς⟩ (ein)tauchen; ins Wasser springen; *Brot* tunken; *umg* klauen

βραβείο N Preis *m*, Auszeichnung *f*; **δίνω ~** e-n Preis verleihen; **παίρνω ~** e-n Preis (verliehen) bekommen

βράβευση ⟨-ης⟩ [-vefsi] F Preisverleihung *f*

βραβεύω [-'vevo] Preis, Titel verleihen; auszeichnen

βράγχια [-ŋç-] NPL Kiemen *fpl*

βραδάκι N frühe(r) Abend *m*; **κατά το ~** gegen Abend

βραδιά [-'ðja] F Nacht *f*; Abend *m* **βραδιάζει** [-zi] es wird Abend

βραδινό N Abendbrot *n*, Abendessen *n* **βραδινός** ⟨-ή, -ό⟩ abendlich; Abend-

βράδυ ⟨-υα⟩ N Abend *m*; Nacht *f*; **το ~** am Abend; nachts

βραδύς ⟨-εία, -ύ⟩ langsam

βράζω [-zo] kochen, sieden

Βρανδεμβούργο [-ɣo] N Brandenburg *n*

βράσιμο N Sieden *n*, Kochen *n*

βρασμένος ⟨-η, -ο⟩ [-zm-] gekocht **βραστήρας** M Wasserkocher *m* **βραστός** ⟨-ή, -ό⟩ gekocht

βραχιόλι [-'ço-] N Armband *n* **βραχίονας** [-'çi-] M Oberarm *m*

βραχνιάζω [-x'ɲazo] heiser werden **βραχνός** ⟨-ή, -ό⟩ heiser; *Stimme* rau

βράχος (PL *a.* τα βράχια) [-xos] M Fels(en) *m*; Klippe *f*

βραχυκύκλωμα [-çi-] N Kurzschluss *m* **βραχυπρόθεσμος** ⟨-η, -ο⟩ [-zm-] kurzfristig

βραχώδης ⟨-ης, -ες⟩ felsig

βρε *umg* he!; Mensch!; **~, τι κάνεις;** Mensch, wie geht es dir?

βρε(γ)μένος ⟨-η, -ο⟩ [-(ʝ)'me-] nass, durchnässt

Βρέμη F Bremen *n*

Βρετανία F Britannien *n*; **Μεγάλη ~** Großbritannien *n*

βρετανικός ⟨-ή, -ό⟩ britisch **Βρετανός** ⟨-ή⟩ M(F) Brite *m*, -in *f*

βρέφος N Säugling *m*

βρέχομαι [-xo-] nass werden

βρέχω nass machen; anfeuchten; **βρέχει** [-çi] es regnet

βρήκα → βρίσκω

βρίζω [-zo] (be)schimpfen (*akk* auf; **για** über); fluchen

βρισιά [-'sja] F Schimpfwort *n*; Beschimpfung *f*; Fluch *m*

βρίσκομαι ⟨βρέθηκα⟩ sich befinden; liegen

βρίσκω ⟨βρήκα⟩ (auf)finden; (an)treffen; herausfinden; finden, meinen; *Kraft, Geduld* aufbringen; **πού μπορώ να βρω ...;** wo bekommt man ...?

βρογχίτιδα [-ŋ'çi-] F Bronchitis *f*

βρόμα F Gestank *m*; Dreck *m*

βρομερός ⟨-ή, -ό⟩ stinkend; dreckig **βρόμη** F Hafer *m*

βρομιά [-'mja] F Schmutz *m*, Dreck *m*; *fig* Schweinerei *f*

βρομιάρης ‹-α, -ικο› [-'mja-] dreckig; *m,f* Schmutzfink *m*; Dreckskerl *m* **βρομίζω** [-zo] (sich) dreckig machen
βρόμικος ‹-η, -ο› dreckig
βρομόκαιρος M *umg* Sauwetter *n* **βρομόσκυλο** N Dreckskerl *m*
βρομώ ‹-άς› stinken (*akk* nach)
βροντή [-n'di] F Donner *m*
βροντώ ‹-άς› dröhnen; *an Tür* laut klopfen; *Tür* zuschlagen; **βροντάει** es donnert
βροχερός ‹-ή, -ό› [-çe-] regnerisch
βροχή [-'çi] F Regen *m*; **με (τη) ~** bei Regen; **καταρρακτώδης ~** Wolkenbruch *m*
βροχόνερο [-'xo-] N Regenwasser *n* **βροχόπτωση** ‹-ης› [-si] F Niederschlag *m*
Βρυξέλλες FPL Brüssel *n*; **λαχανάκι** *n* **Βρυξελλών** Rosenkohl *m*
βρύο N Moos *n*
βρύση [-si] F Wasserhahn *m*; Quelle *f*; **νερό** *n* **της ~ς** Leitungswasser *n*
βυζαίνω [-'ze-] stillen; säugen; *Tier* saugen
βυζαντινολόγος [-zandino-'loγos] M,F Byzantinist(in) *m(f)*
βυζαντινός ‹-ή, -ό› [-zandi-] byzantinisch
Βυζάντιο [-'zand-] N Byzanz *n*
βυθίζομαι (ver-, ein)sinken, eintauchen; *fig* sich vertiefen
βυθίζω versenken; eintauchen
βυθός M Meeresboden *m*
βύνη F Malz *n*
βυσσινιά [-si'ɲa] F *Baum* Sauerkirsche *f*
βύσσινο [-si-] N Sauerkirsche *f*
βώλος M (Erd-)Klumpen *m*; Murmel *f*
βωμός M Altar *m*

Γ

γαβγίζω [γa'vjizo] bellen
γάβγισμα [-zma] N Bellen *n*
γάζα [-za] F Mullbinde *f*
γαζί [-'zi] N Steppstich *m*; Naht *f* **γαζώνω** [-'zo-] nähen
γάιδαρος ['γaið-] M Esel *m*
γαϊδουράγκαθο [-ŋg-] N Distel *f* **γαϊδούρι** [γai'ðu-] N Esel *m*; *fig* Rüpel *m*
γάλα ‹-κτος› ['γala] N Milch *f*; **~ σε σκόνη** Milchpulver *n*; **συμπυκνωμένο ~** Kondensmilch *f*; **άπαχο ~** fettarme Milch *f*; **πλήρες ~** Vollmilch *f*
γαλάζιος ‹-α, -ο› [-zjos] hellblau
γαλακτοκομείο N Molkerei *f*
γαλάκτωμα N *Kosmetik* Reinigungsmilch *f* **γαλανός** ‹-ή, -ό› *Augen, Himmel* blau
γαλαξίας M Milchstraße *f*

γαλήνιος ⟨-α, -ο⟩ *Meer* ruhig; *Person* gelassen
Γαλλία [ɣa-] F Frankreich *n*
Γαλλικά NPL Französisch *n*
γαλλικός ⟨-ή, -ό⟩ französisch
Γάλλος (-**ίδα**) M(F) Franzose *m*, Französin *f*
γαλοπούλα [ɣa-] F Pute *f*
γάλος M Truthahn *m*
γάμος M Heirat *f*, Hochzeit *f*; Ehe *f*; Trauung *f*; **πολιτικός/θρησκευτικός ~** standesamtliche/kirchliche Trauung *f*
γάμπα ['ɣamba] F Wade *f*
γαμπρός [-mb-] M Bräutigam *m*; Schwiegersohn *m*; Schwager *m*
γάντι ['ɣandi] N Handschuh *m*; **~ μιας χρήσης** Einweghandschuh *m*
γάντζος ['ɣandzos] M Haken *m*
γαργαλώ ⟨-άς⟩ *a. fig* kitzeln
γαργάρα [ɣar'ɣa-] F Gurgeln *n*; **κάνω γαργάρες** gurgeln
γαρίδα F Garnele *f*
γαρνίρω [ɣa-] garnieren **γαρνιτούρα** F *Speisen* Beilage *f*
γαρύφαλλο [ɣa-] N Nelke *f*
γαστρίτιδα F Gastritis *f*
γαστρονομία F Gastronomie *f*
γάτα F Katze *f* **γάτος** M Kater *m*
γδάρσιμο N Hautabschürfung *f*
γδέρνομαι sich aufschürfen **γδέρνω** aufschürfen; abhäuten
γδύνομαι sich ausziehen **γδύνω** ausziehen, entkleiden
γδυτός ⟨-ή, -ό⟩ nackt
γεγονός ⟨-ότα⟩ [jeɣo-] N Ereignis *n*; **είναι ~** es ist Tatsache (**ότι** dass)
γεια [ja]: **~ σου!** ['jasu], **~ σας!** ['jasas] hallo!; guten Tag!; tschüs(s)!
γείτονας (-**ισσα**) ['ji-] M(F) Nachbar(in) *m(f)*
γειτονεύω [-'nevo] benachbart sein; angrenzen (**με** an)
γειτονιά [-'ɲa] F (Stadt-)Viertel *n*; Nachbarschaft *f* **γειτονικός** ⟨-ή, -ό⟩ benachbart
γείτσες: **~!** *Niesen* Gesundheit!
γελαστός ⟨-ή, -ό⟩ lachend; fröhlich **γελιέμαι** [je'ʎe-] sich täuschen, sich irren
γέλιο ['jeʎo] N Lachen *n*; Gelächter *n*; **βάζω τα γέλια** zu lachen anfangen
γελοιογραφία [-ɣr-] F Karikatur *f* **γελοιογράφος** M,F Karikaturist(in) *m(f)* **γελοιογραφώ** karikieren
γελοιοποιώ [jeliopi'o] lächerlich machen
γελοίος ⟨-α, -ο⟩ [je-] lächerlich, albern
γελώ ⟨-άς⟩ [je'lo] lachen; sich lustig machen (**με** über); *fig* betrügen, hereinlegen
γεμάτος ⟨-η, -ο⟩ voll (*akk*; **από** von); füllig; **~ αγάπη** voller Liebe **γεμίζω** [je'mizo] (sich) füllen, auf-, ausfüllen

γέμιση ['jemisi] F Kissen, GASTR Füllung *f*
γεμιστός ‹-ή, -ό› [je-] gefüllt
Γενάρης [je-] M Januar *m*
γενέθλια [je'neθlia] NPL Geburtstag *m*
γενειάδα F Vollbart *m*
γένεση ‹-ης› ['jenesi] F Entstehung *f*; Genesis *f*
γενετή [je-] F: **εκ ~ς** von Geburt an **γενετική** F Genetik *f* **γενετικός** ‹-ή, -ό› genetisch
Γενεύη [je'nevi] F Genf *n*
γένι ['jeni] N, **γένια** ['jeɲa] NPL Bart *m*
γενιά [je'ɲa] F Generation *f*
γενικά ADV allgemein, generell
γενίκευση ‹-ης› [je'nikefsi] F Verallgemeinerung *f*
γενικεύω [-'kevo] verallgemeinern **γενική** F Genitiv *m*
γενικός ‹-ή, -ό› [je-] allgemein; Haupt-; Gesamt-; General-; **~ (-ή) διευθυντής (-τρια)** *m(f)* Generaldirektor(in) *m(f)*
γενικότητα F Allgemeinheit *f*, Banalität *f*
γέννα ['jena] F Geburt *f*
γενναιόδωρος ‹-η, -ο› [jene'oðo-] großzügig, freigiebig
γενναίος ‹-α, -ο› [je-] tapfer
γενναιότητα F Tapferkeit *f*
γεννηθείς ‹-είσα, -έν› *amtl* geboren **γεννημένος** ‹-η, -ο› geboren
γέννηση ‹-ης› ['jenisi] F Geburt *f*; Entstehung *f*; **τόπος** *m* **γέννησης** Geburtsort *m*
γεννητικά όργανα NPL Geschlechtsorgane *npl*
γεννήτρια F ELEK Generator *m*
γεννιέμαι [-'ɲe-] geboren werden; entstehen **γεννώ** ‹-άς› gebären; *Eier* legen; *Tier* werfen
γένος N (Familien-)Geschlecht *n*; Abstammung *f*; Nation *f*; GRAM Genus *n*; **η κυρία Κ., το ~ ...** Frau K., geborene ...
γεράζω [-zo] alt machen; altern, alt werden **γεράκι** N Falke *m*
γεράματα [je-] NPL hohe(s) Alter *n*; **στα ~** im Alter
γεράνι [je-] N Geranie *f*
γερανός [je-] M Kran *m*; ZOOL Kranich *m*
γερασμένος ‹-η, -ο› [-zm-] gealtert
Γερμανία [jerma'nia] F Deutschland *n* **Γερμανικά** NPL Deutsch *n*; **στα ~** auf Deutsch
γερμανικός ‹-ή, -ό› deutsch; **η γερμανική γλώσσα** *f* Deutsch *n* **Γερμανός (-ίδα)** M(F) Deutsche(r) *m,f*
γέρνω ['jerno] (sich) herabneigen; kippen
γερνώ ‹-άς› [jer'no] alt machen; alt werden, altern
γέροντας (-ισσα) [-nd-] M(F) Greis(in) *m(f)*
γερός ‹-ή, -ό› [je-] gesund, robust; stark, kräftig

γέρος M Alte(r) *m*, Greis *m*; **οι γέροι** die alten Leute *pl*
γεύμα ['jevma] N Mittagessen *n*; Mahlzeit *f*
γευματίζω zu Mittag essen
γεύομαι ['jevome] *Speise, a. fig* probieren; *fig* genießen
γεύση ⟨-ης⟩ ['jefsi] F Geschmack(ssinn) *m*; **έχω ~** schmecken (*gen* nach)
γέφυρα F (*a.* Zahn-)Brücke *f*
γεφυρώνω *a. fig* überbrücken
γεωγραφία [jeo-] F Geografie *f* **γεωγραφικός** ⟨-ή, -ό⟩ geografisch
γεωλογία [jeo-] F Geologie *f* **γεωλογικός** ⟨-ή, -ό⟩ geologisch
γεωλόγος [-ɣos] M,F Geologe *m*, -in *f*
γεωμετρία [jeo-] F Geometrie *f* **γεωμετρικός** ⟨-ή, -ό⟩ geometrisch
γεωργία [jeor'jia] F Landwirtschaft *f*; Ackerbau *m* **γεωργικός** ⟨-ή, -ό⟩ landwirtschaftlich **γεωργός** [-'ɣos] M,F Landwirt(in) *m(f)*; Bauer *m*, Bäuerin *f*
γη [ji] F Erde *f*; Erdboden *m*
γήινος ⟨-η, -ο⟩ ['jii-] irdisch
γήπεδο ['ji-] N Sportplatz *m*; Gelände *n*
γηρατειά [-'tja] NPL hohe(s) Alter *n* **γηροκομείο** [ji-] N Altenheim *n*
γι', για [ja] PRÄP *+akk* für (*+akk*); wegen; *räumlich* nach; *konj* **για να** damit; um ... zu; **για ποιο λόγο;** aus welchem Grund?, weshalb?; **γι' αυτό (το λόγο)** deshalb; weshalb
γιαγιά ⟨-άδες⟩ [ja'ja] F Großmutter *f*; Oma *f*
γιακάς ⟨-άδες⟩ [ja-] M Kragen *m* **γιαλός** M Strand *m*
γιαούρτι [ja'urti] N Jog(h)urt *m*
γιασεμί [-se-] N Jasmin *m*
γιατί [ja'ti] warum, weshalb; weil
γιατρειά F Heilung *f* **γιατρεύω** [ja'trevo] heilen
γιατρικό [ja-] N Heilmittel *n*
γιατρός [ja'tros] M,F Arzt *m*, Ärztin *f*; **στο γιατρό** beim Arzt; zum Arzt
γίγαντας ['jiɣandas] M Riese *m* **γίγαντες** NPL Riesenbohnen *fpl*
γιγαντιαίος ⟨-α, -ο⟩ gigantisch
γίδα ['jiða] F Ziege *f*
γιλέκο N (Herren-)Weste *f*
γίνομαι ⟨έγινα⟩ ['ji-] werden; entstehen; geschehen, stattfinden; **δε γίνεται** das geht nicht; **τι γίνεται εδώ;** was ist hier los?; **τι έγινε;** was ist passiert?
γινωμένος ⟨-η, -ο⟩ *Obst* reif
γιόγκα ['joga] F Yoga *n*, *m*
γιορτάζω [jor'tazo] feiern; Namenstag haben
γιορτή [jor'ti] F Fest *n*, Feier *f*; Feiertag *m*; Namenstag *m*; **εθνική ~** Nationalfeiertag *m*
γιος [jos] M Sohn *m*

γιοτ ⟨-⟩ [jot] N Yacht *f*
γιρλάντα [-nda] F Girlande *f*
γιωταχί ⟨-⟩ N → I.X.
γκάζι ['gazi] N AUTO, *Brennstoff* Gas *n*; **πατάω ~** Gas geben
γκαζιέρα [-'zje-] F Gaskocher *m*
γκαζόζα [-'zoza] F Brauselimonade *f*
γκαζόν ⟨-⟩ N Rasen *m*
γκαλερί ⟨-⟩ F (Kunst-)Galerie *f*
γκαράζ ⟨-⟩ [ga'raz] N Garage *f*; **υπόγειο ~** Tiefgarage *f*
γκαρνταρόμπα [garda-'roba] F Garderobe *f*
γκαρσόν ⟨-⟩ [-'so-] N, **γκαρσόνι** Kellner *m*, Ober *m*; **~!** Herr Ober!
γκαρσονιέρα [-rso'ɲe-] F Einzimmerwohnung *f*
γκέτο N ⟨-⟩ Getto *n*
γ(κ)ιουβέτσι N *Fleisch mit (Reis-)Nudeln aus dem Ofen*
γκολ ⟨-⟩ N *Fußball* Tor *n*; **βάζω ~** ein Tor schießen
γκολφ ⟨-⟩ N Golf *n*
γκουγκλάρω googeln
γκοφρέτα F *Gebäck* Waffel *f*
γκρέιπ-φρουτ ⟨-⟩ N Grapefruit *n*
γκρεμίζομαι sich hinabstürzen **γκρεμίζω** [-zo] hinunterstürzen; *Haus* ab-, niederreißen
γκρι ⟨-⟩ grau; ⟨-⟩ *n* Grau *n*
γκρίζος ⟨-α, -ο⟩ *Augen, Himmel* grau **γκριμάτσα** F Grimasse *f*
γκρινιάζω [-'ɲazo] nörgeln **γκρινιάρης** ⟨-α, -ικο⟩ mürrisch; quengelig; *m,f* Nörgler(in) *m(f)*
γκρουπ ⟨-⟩ [grup] N Gruppe *f*
γλάρος M Möwe *f*
γλάσο [-so] N *Kuchen* Glasur *f*
γλάστρα F Blumentopf *m*
γλείφω ['ɣli-] (ab)lecken
γλέντι ['ɣlendi] N Feier *f*
γλεντώ ⟨-άς⟩ [ɣlen'do] feiern
γλιστερός ⟨-ή, -ό⟩ rutschig, glatt; **~ πάγος** *m* Glatteis *n*
γλιστρώ ⟨-άς⟩ (aus)rutschen; *Straße* rutschig sein
γλοιώδης ⟨-ης, -ες⟩ [ɣli-] klebrig, *a. fig* schmierig
γλόμπος [-mb-] M Glühbirne *f*
γλύκα ['ɣli-] F Süße *f*; *fig* Milde *f*; **~ μου!** Schätzchen!
γλυκαίνω süßen; süßer werden; *fig, a. Wetter* milder werden **γλυκάνισο** [-so] N Anis *m*
γλύκισμα N → γλύκυσμα
γλυκό [ɣli'ko] N Kuchen *m*; Süßigkeit *f*, süße(s) Gebäck *n*
γλυκόζη F Traubenzucker *m*
γλυκός ⟨-ιά, -ό⟩ süß; *fig* mild; *fig* lieb, lieblich
γλύκυσμα [-zma] N Kuchen *m*
γλύπτης (**-τρια**) ['ɣli-] M(F) Bildhauer(in) *m(f)*
γλυπτική [ɣli-] F Bildhauerei *f*
γλυπτό N Skulptur *f*, Plastik *f*
γλυτώνω [ɣli-] (sich) retten; entkommen; loswerden

γλώσσα ['ɣlosa] F ANAT Zunge *f*; Sprache *f*; *Fisch* Seezunge *f*; **μητρική ~** Muttersprache *f*; **ξένη ~** Fremdsprache *f*
γλωσσολόγος [-ɣos] M,F Linguist(in) *m(f)*
γνέθω spinnen **γνέφω** (zu)winken, *ein* Zeichen geben
γνήσιος ⟨-α, -ο⟩ [-s-] echt; rein
γνώμη ['ɣnomi] F Meinung *f*; Ansicht *f*; **κοινή ~** öffentliche Meinung *f*; **κατά τη ~ μου** meiner Meinung nach; **τι ~ έχεις;** was meinst du dazu?
γνωρίζω [ɣno'rizo] (er)kennen; wissen; bekannt geben; kennenlernen; *j-n* vorstellen; **να σου γνωρίσω τη Μαρία** darf ich dir Maria vorstellen?
γνωριμία F Bekanntschaft *f*
γνώριμος ⟨-η, -ο⟩ vertraut
γνώρισμα [-zma] N Merkmal *n*
γνώση ⟨-ης⟩ ['ɣnosi] F (Er-) Kenntnis *f*; Wissen *n* **γνώστης (-τρια)** M(F) Kenner(in) *m(f)*
γνωστικός ⟨-ή, -ό⟩ [ɣno-] vernünftig, besonnen
γνωστοποιώ [-opi'o] bekannt geben
γνωστός ⟨-ή, -ό⟩ [ɣno-] bekannt (**για** für); *m,f* Bekannte(r) *m,f*; **ως γνωστόν** bekanntlich
γόβα ['ɣo-] F Pump *m*
γοητεία [ɣoi'tia] F Charme *m*; Zauber *m*; *fig* Reiz *m*
γοητευτικός ⟨-ή, -ό⟩ [ɣoitefti-] charmant, bezaubernd
γοητεύω bezaubern
γόητρο ['ɣoi-] N Prestige *n*
γονατίζω [-zo] niederknien; *fig* in die Knie zwingen
γόνατο ['ɣo-] N Knie *n*
γονείς [ɣo'nis] MPL Eltern *pl*
γονίδιο [ɣo-] N Gen *n* **γονικός** ⟨-ή, -ό⟩ elterlich
γόνιμος ⟨-η, -ο⟩ fruchtbar
γονιμότητα F Fruchtbarkeit *f*
γοργόνα F Meerjungfrau *f*
γουλιά [-'ʎa] F Schluck *m*
γούνα F Pelz *m*; Pelzmantel *m*
γουργουρίζω [-zo] *Magen* knurren; *Katze* schnurren
γουρούνα [ɣu-] F Sau *f* **γουρούνι** N *a. Person vulg* Schwein *n*
γουρουνόπουλο N Ferkel *n*
γουστάρω [ɣu-] *umg* Appetit, Lust haben (*akk* auf)
γούστο ['ɣu-] N Geschmack *m*
γοφός [ɣo-] M Hüfte *f*
γραβάτα F Krawatte *f*
γράμμα ['ɣra-] N Buchstabe *m*; Brief *m*; Schreiben *n*; **συστημένο ~** Einschreibebrief *m*; **επείγον ~** Eilbrief *m*
γραμμάριο [ɣra-] N Gramm *n*
γραμματέας ⟨-είς⟩ M,F Sekretär(in) *m(f)* **γραμματεία** F Sekretariat *n*
γραμματική F Grammatik *f*
γραμματοκιβώτιο N Briefkasten *m* **γραμματόσημο** [-si-] N Briefmarke *f*; **~ των**

60 λεπτών Briefmarke *f* zu 60 Cent; **βάζω ~** frankieren
γραμμή [ɣra-] F *a. fig* Linie *f*; Strich *m*; Reihe *f*; Zeile *f*; BAHN Strecke *f*; TEL, BAHN Verbindung *f*; BAHN Gleis *n*; TEL **η ~ είναι πιασμένη** es ist besetzt; **αεροπορική ~** Fluglinie *f*
γρανίτης M Granit *m*
γραπτός ⟨-ή, -ό⟩, ADV **γραπτώς** schriftlich
γρασάρω [-'sa-] TECH einfetten, schmieren
γρασσίδι [-'si-] N Rasen *m*
γρατσουνιά [-'ɲa] F Kratzer *m* **γρατσουνίζω** [-zo] (zer)kratzen
γραφείο [ɣra'fio] N Schreibtisch *m*; Büro *n*; Amt *n*; **~ πληροφοριών** Auskunftsstelle *f*; **~ ταξιδίων** Reisebüro *n*
γραφειοκρατία F Bürokratie *f* **γραφειοκρατικός** ⟨-ή, -ό⟩ bürokratisch
γραφή F Schrift *f*
γραφικά NPL Grafik(design) *f(n)*; **κάρτα** *f* **γραφικών** COMPUT Grafikkarte *f*
γραφικός ⟨-ή, -ό⟩ Schreib-; grafisch; *fig* malerisch
γραφίστας (-τρια) [ɣra-] M(F) Grafiker(in) *m(f)*
γραφομηχανή [-xa-] F Schreibmaschine *f*
γράφω (auf)schreiben; MUS aufnehmen; *Arznei* verschreiben; **τι γράφει;** was steht da?
γρήγορα ADV schnell, rasch; **(κάνε) ~!** (mach) schnell!
γρήγορος ⟨-η, -ο⟩ schnell, rasch, zügig
γριά [ɣri'a] F Alte *f*, Greisin *f*
γρίλια ['ɣriʎa] F Jalousie *f*
γρίπη ['ɣripi] F Grippe *f*
γροθιά F Faust(schlag) *f(m)*
γρύλλος M ZOOL Grille *f*; Wagenheber *m*
γυαλάδα [ja-] F Glanz *m*
γυαλί N *Materie* Glas *n*; *Straße* spiegelglatt **γυαλιά** [-'ʎa] NPL (Sonnen-)Brille *f*
γυαλίζω [ja-] glänzen; *Boden* polieren; *Schuhe* putzen
γυάλινος ⟨-η, -ο⟩ ['ja-] gläsern; Glas-; glasig
γυαλιστερός ⟨-ή, -ό⟩ glänzend **γυαλόχαρτο** [-xa-] N Sandpapier *n*
γυμνάζομαι [ji'mnazo-] turnen; trainieren **γυμνάζω** ausbilden, schulen; trainieren; dressieren
γυμνάσιο [-sio] N Gymnasium (*7.-9. Klasse*) *n* **γυμναστήριο** N Turnhalle *f*; Fitnesscenter *n*
γυμναστική [ji-] F Turnen *n*; Gymnastik *f*
γυμνισμός [-zm-] M Nudismus *m* **γυμνιστής (-τρια)** M(F) Nudist(in) *m(f)*; **πλαζ** *f* **γυμνιστών** Nacktbadestrand *m*
γυμνός ⟨-ή, -ό⟩ nackt; *Berg, Raum* kahl; *Auge* bloß
γυναίκα [ji'neka] F (Ehe-)Frau *f*; **γυναικών** Damentoilette *f*
γυναικείος ⟨-α, -ο⟩ [ji-] weiblich; Frauen-; Damen-

γυναικολόγος [-ɣos] M,F Gynäkologe *m*, -in *f*
γύπας ['ji-] M Geier *m*
γυρεύω [ji'revo] suchen; verlangen
γύρη ['ji-] F Pollen *m*
γυρίζω [ji'rizo] (sich) (um)drehen; kreisen (**γύρω από** um); (um)kehren; zurückgeben; sich herumtreiben; *Film* drehen; durchreisen (*akk akk*); *in der Stadt* herumführen
γυρισμός [-zm-] M Rückweg *m*, -kehr *f*, -fahrt *f*
γυρνώ ⟨-άς⟩ → γυρίζω
γύρος ['ji-] M Kreis *m*; Runde *f*; Rundgang *m*, -fahrt *f*; Umweg *m*; GASTR Gyros *m*
γύρω ['jiro] ADV ringsum(her); rund (**από** um); ungefähr; *Zeit* gegen; **~-~** ringsumher; **~ στα 20 ευρώ** ungefähr 20 Euro; **~ στα 30** *Alter* um die 30; **~ στη μία** gegen eins
γύφτος (**-ισσα**) M(F) *pej* Zigeuner(in) *m(f)* **γύψος** M Gips *m*
γωνία [ɣo'nia] F Ecke *f*, Eck *n*; MATH Winkel *m*; **στρίβω στη ~** um die Ecke biegen
γωνιά [ɣo'ɲa] F Ecke *f*
γωνιώδης ⟨-ης, -ες⟩ eckig
γώπα F Zigarettenstummel *m*; ZOOL Gründling *m*

Δ

δαγκωματιά [-ŋgoma-] F Biss(wunde) *m(f)* **δαγκωνιά** [-'ɲa] F Biss *m* **δαγκώνω** (an-, ab)beißen
δαίμονας M Dämon *m*; *fig* Teufel *m*
δάκρυ ⟨-υα⟩ N Träne *f*; **ξεσπώ σε ~α** in Tränen ausbrechen
δακρύζω [-zo] Tränen vergießen; *Augen* tränen
δακτύλιος M TECH, *Straße* Ring *m*
δακτυλογράφος [-ɣr-] M,F Schreibkraft *f* **δακτυλογραφώ** (ein)tippen
δαμάζω [-zo] zähmen; *fig* bändigen **δαμασκηνιά** [-'ɲa] F Pflaumenbaum *m*
δαμάσκηνο N Pflaume *f*
δανείζομαι [-zo-] entleihen, sich (aus)leihen (**από** von) **δανείζω** (aus)leihen (**σε** *dat*)
δάνειο N Darleh(e)n *n*; Kredit *m*; Anleihe *f*
Δανία F Dänemark *n*
Δανικά NPL Dänisch *n*
δανικός ⟨-ή, -ό⟩ dänisch
Δανός (**-ή**) M(F) Däne *m*, -in *f*
δαντέλα [-nd-] F *Stoff* Spitze *f*
δαπάνη F Ausgabe *f*, Kosten *pl*; **~ χρόνου** Zeitaufwand *m*
δαπανηρός ⟨-ή, -ό⟩ kostspie-

lig **δαπανώ** ⟨-άς⟩ ausgeben (**σε**; **για** für); verbrauchen
δάπεδο N Fußboden *m*
δάσκαλος (-άλα) M(F) Lehrer(in) *m(f)*; **~ Ελληνικών** Griechischlehrer *m*
δασμός M Zoll *m*, Abgabe *f*
δασονόμος [-so-] M,F Förster(in) *m(f)* **δασοπυρκαγιά** [-'ja] F Waldbrand *m*
δάσος [-s-] N Wald *m*; Forst *m*
δασώδης ⟨-ης, -ες⟩ [-'so-] waldreich, bewaldet
δάφνη F Lorbeer(baum) *m*
δαχτυλιά [-'ʎa] F Fingerabdruck *m* **δαχτυλίδι** N (Finger-)Ring *m*
δάχτυλο N *Hand* Finger *m*; *Fuß* Zeh(e) *m(f)*; **μεσαίο ~** Mittelfinger *m*; **παράμεσο ~** Ringfinger *m*; **μικρό ~** kleine(r) Finger *m*
δε → δε(ν)
δεδομένο N Tatsache *f*; *pl* IT Daten *pl*; **προσωπικά δεδομένα** persönliche Daten *pl*
δείγμα ['ðiɣma] N HANDEL Probe *f*, *a.* HANDEL Muster *n*; Exemplar *n*
δείκτης M Zeiger *m*; Index *m*; *Hand* Zeigefinger *m*
δειλία [-'lia] F Ängstlichkeit *f*, Feigheit *f* **δειλιάζω** [-'ʎazo] ängstlich, feig(e) sein
δειλινό N frühe(r) Abend *m*
δειλός ⟨-ή, -ό⟩ feig(e), ängstlich; schüchtern; *m* Feigling *m*
δείπνο N Abendessen *n*
δειπνώ zu Abend essen
δεισιδαιμονία [-mo'nia] F Aberglaube *m* **δεισιδαίμων** ⟨-ων, -ον⟩ abergläubisch
δείχνω [-x-] (vor)zeigen; aussehen, wirken
δέκα zehn; *n* Zehn *f*
δεκαεννέα, **δεκαεννιά** [-e-'ɲa] neunzehn **δεκαέξι** sechzehn
δεκαεπτά siebzehn
δεκαετία F Jahrzehnt *n*
δεκαεφτά siebzehn
δεκανίκι N Krücke *f*
δεκάξι sechzehn
δεκαοκτώ, **δεκαοχτώ** achtzehn
Δεκαπενταύγουστος [ðekapen'davɣu-] M Mariä Himmelfahrt *f*
δεκαπέντε [-nd-] fünfzehn
δεκάρα F *fig* Pfennig *m*
δεκατέσσερεις ⟨-εις, -α⟩ [-se-] vierzehn
δέκατο N Zehntel *n* **δέκατον** ADV zehntens **δέκατος** ⟨-η, -ο⟩ zehnte
δεκατρείς ⟨-είς, -ία⟩ dreizehn
Δεκέμβρης M, **Δεκέμβριος** M Dezember *m*
δέκτης (-τρια) M(F) *a. fig* Empfänger(in) *m(f)*
δεκτός ⟨-ή, -ό⟩ annehmbar, **γίνομαι ~** empfangen werden
δελεάζω [-zo] (ver)locken; ködern **δελεαστικός** ⟨-ή, -ό⟩ verlockend, verführerisch
δελτίο N (*a.* Kartei-)Karte *f*; Bericht *m*; Schein *m*; **~ ταυτό-**

τητας Personalausweis *m*; **~ καιρού** Wetterbericht *m*
δελφίνι N Delfin *m*; **ιπτάμενο ~** Tragflächenboot *n*
δέμα N Paket *n*; Bündel *n*
δε(ν) nicht; keine(r,-s); **δεν το ξέρω** ich weiß es nicht
δένομαι sich anschnallen
δέντρο [-nd-] N Baum *m*; **καρποφόρο ~** Obstbaum *m*
δεντρολίβανο N Rosmarin *m*
δένω *a. fig* (an-, zu)binden; schnüren; *Hände* falten
δεξαμενή F Reservoir *n*; Zisterne *f*; (Benzin-)Tank *m*
δεξής ⟨-ιά, -ί⟩ rechte
δεξιά[1] F POL Rechte *f*
δεξιά[2] ADV rechts; *fig* günstig
δεξιός ⟨-ά, -ό⟩ *a.* POL rechte
δεξιοτεχνία F Handfertigkeit *f*
δεξιόχειρας [-çi-] M,F Rechtshänder(in) *m(f)*
δέος N Ehrfurcht *f*
δέρμα N Haut *f*; Fell *n*; *Material* Leder *n*
δερμάτινα NPL Lederwaren *fpl* **δερμάτινος** ⟨-η, -ο⟩ ledern; Leder-
δερματολόγος [-ɣos] M,F Hautarzt *m*, -ärztin *f*
δέρνω verprügeln, schlagen
δες! sieh!; → **βλέπω**
δεσμεύω verpflichten, binden
δεσμός [-zm-] M Bindung *f*, Verbundenheit *f*; Beziehung *f*; (Liebes-)Verhältnis *n*
δέσποινα F Herrin *f*; Dame *f*
δεσποινίδα F, **δεσποινίς** ⟨-ίδος⟩ F Fräulein *n*
δεσπότης M Bischof *m*
Δευτέρα [ðe'ftera] F Montag *m*; **τη ~** am Montag; montags
δευτερεύων ⟨-ουσα, -ον⟩ [ðefte'revon] sekundär **δευτερόλεπτο** N Sekunde *f*
δεύτερον ADV zweitens **δεύτερος** ⟨-η, -ο⟩ zweite; zweitrangig
δέχομαι ['ðexome] *Einladung* annehmen; *a. Arzt* empfangen; hinnehmen; *Gast* aufnehmen
δήθεν ['ðiθen] ADV angeblich
δηλαδή (**δηλ.**) das heißt (d.h.), nämlich; also
δηλητηριάζω [-zo] vergiften
δηλητηρίαση ⟨-ης⟩ [-si] F Vergiftung *f*; **τροφική ~** Lebensmittelvergiftung *f*
δηλητήριο N Gift *n* **δηλητηριώδης** ⟨-ης, -ες⟩ giftig; Gift-
δηλώνομαι sich anmelden
δηλώνω erklären; (an)melden; *Zoll* deklarieren; **έχετε τίποτα να δηλώσετε;** haben Sie etwas zu verzollen?
δήλωση ⟨-ης⟩ [-si] F Erklärung *f*, Aussage *f*; Äußerung *f*; Angabe *f*; Anmeldung *f*
δημαρχείο [-'çio] N Rathaus *n*
δήμαρχος [-xos] M,F Bürgermeister(in) *m(f)*
δημητριακά NPL Getreide *n*
δημιουργία F Erschaffung *f*, Entstehung *f*; Schöpfung *f*
δημιουργικός ⟨-ή, -ό⟩ krea-

tiv **δημιουργικότητα** F Kreativität *f*
δημιουργός M,F Schöpfer(in) *m(f)* **δημιουργούμαι** entstehen **δημιουργώ** (er)schaffen; verursachen
δημοκράτης (-ισσα) M(F) Demokrat(in) *m(f)* **δημοκρατία** F Demokratie *f*; Republik *f* **δημοκρατικός** ⟨-ή, -ό⟩ demokratisch
δημοπρασία F Versteigerung *f*
δήμος M *Verwaltung* Stadt *f*, Gemeinde *f*
δημοσίευση ⟨-ης⟩ [-'siefsi] F Veröffentlichung *f* **δημοσιεύω** [-si'evo] veröffentlichen
δημόσιο [-sio] N Staat *m*
δημοσιογράφος [-sioγra-] M,F Journalist(in) *m(f)*
δημόσιος ⟨-α, -ο⟩ [-si-] öffentlich; staatlich; ~ **υπάλληλος** *m,f* Beamte(r) *m*, -in *f*
δημοτική F Volkssprache *f* **δημοτικό (σχολείο)** N Grundschule *f* **δημοτικός** ⟨-ή, -ό⟩ Volks-; volkstümlich; Gemeinde-
διά [ði'a] MATH durch
διαβάζω [ðja'vazo] (vor)lesen; *für Prüfung* lernen
διαβαίνω [ðja-] vorbeigehen; passieren; überqueren
διάβαση ⟨-ης⟩ [-si] F Überquerung *f*; *Gebirge* Pass *m*; **υπόγεια** ~ Unterführung *f*
διάβασμα ['ðjavazma] N Lesen *n*; Lernen *n*
διαβατήριο [ðiava'tirio] N (Reise-)Pass *m*; **φωτογραφία** *f* **διαβατηρίου** Passbild *n*
διαβάτης (-ισσα) M(F) Passant(in) *m(f)*
διάβημα [ði'a-] N *fig* Schritt *m*
διαβήτης M GEOM Zirkel *m*; MED Diabetes *m* **διαβητικός** ⟨--ή⟩ M(F) Diabetiker(in) *m(f)*
διαβιβάζω [-zo] *Gruß* ausrichten
διαβολιά [ðjavo'ʎa] F Gerissenheit *f*; (Kinder-)Streich *m*
διαβολικός ⟨-ή, -ό⟩ teuflisch
διάβολος ['ðjavo-] M Teufel *m*
διάγνωση ⟨-ης⟩ [-γnosi] F Diagnose *f* **διάγραμμα** N Entwurf *m*, Plan *m*; Diagramm *n*
διαγράφω *Wort* durchstreichen; *Schulden* erlassen; *aus Partei* ausschließen
διαγωγή F Betragen *n*, Führung *f* **διαγωνίζομαι** wetteifern **διαγώνιος** ⟨-α, -ο⟩ diagonal
διαγώνισμα [-zm-] N Examen *n*, Prüfung *f* **διαγωνισμός** M Wettbewerb *m* **διαδεδομένος** ⟨-η, -ο⟩ verbreitet
διαδέχομαι [-xo-] nachfolgen (*akk dat*), aufeinanderfolgen
διαδήλωση ⟨-ης⟩ [-si] F Demonstration *f*; **κάνω** ~ demonstrieren (**για**; **υπέρ** *+gen*

für; **κατά** *+gen*; **εναντίον** *+gen* gegen)

διαδίδω *Gerücht* verbreiten

διαδικασία [-'sia] F Verfahren *n*; Prozedur *f*

διαδίκτυο N Internet *n*

διάδοση ⟨-ης⟩ [-si] F Verbreitung *f*; Gerücht *n*

διαδοχή F Nachfolge *f* **διαδοχικός** ⟨-ή, -ό⟩ aufeinanderfolgend

διάδοχος [-xos] M,F Nachfolger(in) *m(f)*

διαδρομή F Strecke *f*; Fahrt *f*

διάδρομος M Korridor *m*; Flur *f*; Diele *f*; FLUG Startbahn *f*

διαζευγμένος ⟨-η⟩ [-zevɣm-] M(F) *amtl* Geschiedene(r) *m,f*

διαζύγιο [ðia'zijio] N Ehescheidung *f*; **παίρνω ~** sich scheiden lassen

διάθεση ⟨-ης⟩ [-si] F Verfügung *f*; Stimmung *f*; Lust *f* (**για** zu); Bereitschaft *f*; **θέτω στη ~** zur Verfügung stellen (*akk-gen dat-akk*)

διαθέσιμος ⟨-η, -ο⟩ [-si-] verfügbar, vorhanden **διαθέτω** verfügen (*akk* über); zur Verfügung stellen

διαθήκη F Testament *n*

διαίρεση ⟨-ης⟩ [ði'eresi] F Teilung *f*; MATH Division *f*

διαιρώ teilen; MATH dividieren

διαισθάνομαι [-sθ-] ahnen

διαίσθηση ⟨-ης⟩ F Gespür *n*

δίαιτα ['ðieta] F Diät *f*; **κάνω ~** Diät halten

διαιτητής M Schiedsrichter *m*

διακεκριμένος ⟨-η, -ο⟩ renommiert; hervorragend

διακινδυνεύω [-'nevo] riskieren, gefährden **διακλάδωση** ⟨-ης⟩ F *Straße* Abzweigung *f*

διακοπές [ðja-, ðia-] FPL Urlaub *m*; Ferien *pl*; Schulferien *pl*; **κάνω ~, περνώ τις ~** die Ferien verbringen

διακοπή [ðia-] F Unterbrechung *f*; Pause *f*; Abbruch *m*; **~ ρεύματος** Stromausfall *m*

διακόπτης M ELEK Schalter *m*

διακόπτω unter-, abbrechen

διακόσμηση ⟨-ης⟩ [-zmisi] F Dekoration *f*

διακοσμώ [-'zmo] dekorieren, verzieren

διακρίνομαι sich auszeichnen **διακρίνω** unterscheiden

διάκριση ⟨-ης⟩ [-si] F Unterscheidung *f*; Diskriminierung *f*; Auszeichnung *f*

διακριτικός ⟨-ή, -ό⟩ diskret **διακριτικότητα** F Diskretion *f*, Takt *m*

διαλεγμένος ⟨-η, -ο⟩ [ðja-] ausgesucht **διαλέγω** [-ɣo] (aus)wählen, aussuchen

διάλειμμα [ði'a-, 'ðja-] N a. THEAT Pause *f*

διάλεκτος [ði'a-] F Dialekt *m*

διαλεκτός ⟨-ή, -ό⟩ erlesen; *Person* namhaft, angesehen

διάλεξη ⟨-ης⟩ F Vortrag *m*; **δίνω ~** e-n Vortrag halten

διαλλακτικός ⟨-ή, -ό⟩ versöhnlich
διάλογος [-ɣos] M Dialog *m*
διάλυμα N *Flüssigkeit* Lösung *f*
διαλύομαι [-'lio-] auseinanderfallen; sich auflösen
διάλυση ⟨-ης⟩ F Auflösung *f*; CHEM Lösung *f*; Zerfall *m*; Abbau *m*;
διαλυτός ⟨-ή, -ό⟩ löslich
διαλύω [-'lio] *Substanz, Organisation* auflösen; abbauen; demontieren; *Zweifel* zerstreuen
διαμάντι [-ndi] N Diamant *m*
διαμαρτυρία F Protest *m*; Beschwerde *f* **διαμαρτύρομαι** protestieren (**κατά** *+gen* gegen); sich beschwerden
διαμαρτυρόμενος (-η) M(F) REL Protestant(in) *m(f)*
διαμέρισμα [-zma] N Apartment *n*, (Etagen-)Wohnung *f*; Verwaltungsbezirk *m*
διαμετακόμιση ⟨-ης⟩ [-si] F Transit *m*
διάμετρος F Durchmesser *m*
διαμονή F Aufenthalt *m*; Wohnsitz *m* **διαμορφώνομαι** sich herausbilden **διαμορφώνω** formen; *a. Raum* gestalten
διαμόρφωση ⟨-ης⟩ F Gestaltung *f*, Bildung *f*
διανέμω verteilen, ausgeben; zuteilen; *Post* zustellen
διανοητικός ⟨-ή, -ό⟩ mental
διάνοια [ði'ania] F Geist *m*, Scharfsinn *m*; *fig* Genie *n*
διανομή F Verteilung *f*, Ausgabe *f*; *v. Post* Zustellung *f*
διανοούμενος (-η) M(F) Intellektuelle(r) *m,f*
διανυχτέρευση ⟨-ης⟩ [-refsi] F Übernachtung *f* **διανυχτερεύω** [-'revo] übernachten; *Apotheke* Nachtdienst haben
διαπαιδαγώγηση ⟨-ης⟩ F Erziehung *f* **διαπαιδαγωγώ** erziehen
διαπεραστικός ⟨-ή, -ό⟩ durchdringend; *Geruch* penetrant; *Ton* grell, schrill **διαπερνώ** ⟨-άς⟩ (durch)dringen (*akk* durch)
διαπίστωση ⟨-ης⟩ [-si] F Feststellung *f*, Erkenntnis *f*
διαπραγματεύομαι [-'tevo-] verhandeln (*akk* über)
διαπραγμάτευση ⟨-ης⟩ [-tefsi] F Verhandlung *f*
διάρκεια F Dauer *f*; **κατά τη ~** während (*gen gen*)
διαρκής ⟨-ής, -ές⟩ (be)ständig, (an)dauernd, dauerhaft
διαρκώ (an-, fort)dauern, sich hinziehen **διαρκώς** ADV (an)dauernd, ständig
διαρρέω *Luft, Gas* entweichen; durchströmen; auslaufen
διαρρήκτης (-τρια) M(F) Einbrecher(in) *m(f)*
διάρρηξη ⟨-ης⟩ F *Delikt* Einbruch *m*; **κάνω ~** einbrechen
διάρροια [-ria] F Durchfall *m*
διασαφηνίζω [-zo] klären,

klarstellen
διάσειση ⟨-ης⟩ [-si] F: ~ **εγκεφάλου** Gehirnerschütterung *f*
διάσημος ⟨-η, -ο⟩ berühmt
διασκεδάζω [-zo] (sich) vergnügen **διασκέδαση** ⟨-ης⟩ [-si] F Unterhaltung *f*; Vergnügen *n*; **καλή ~!** viel Vergnügen! **διασκεδαστικός** ⟨-ή, -ό⟩ unterhaltsam
διάσκεψη ⟨-ης⟩ F Konferenz *f*
διάσπαση ⟨-ης⟩ [-si] F *a. fig* Spaltung *f*
διασπώ ⟨-άς⟩ *a. fig* spalten **διασπώμαι** ⟨-άσαι⟩ sich spalten
διάσταση ⟨-ης⟩ F Dimension *f*; *fig* Ausmaß *n*; JUR Trennung *f*
διασταυρώνομαι [-vr-] sich kreuzen **διασταυρώνω** BOT kreuzen
διασταύρωση ⟨-ης⟩ [-vrosi] F *a.* BOT Kreuzung *f*
διάστημα N Abstand *m*; Zeitraum *m*; Weltraum *m*
διαστημόπλοιο N Raumschiff *n* **διαστολή** F PHYS Ausdehnung *f*
διάστρεμμα N MED Verstauchung *f*
διαστροφή F Perversion *f*
διασχίζω [-'sçizo] über-, durchqueren
διασώζω [-'sozo] retten; bewahren
διάσωση ⟨-ης⟩ [-si] F Rettung *f*, Bergung *f*
διαταγή [-'ji] F Befehl *m*; **δίνω ~** e-n Befehl erteilen (**σε** *dat*)
διάταγμα [-γma] N Verordnung *f*, Erlass *m*
διατάζω [-zo] befehlen (**να** zu), anordnen
διάταξη ⟨-ης⟩ F Anordnung *f*
διατάραξη ⟨-ης⟩ F *a.* MED Störung *f*
διατεθειμένος ⟨-η, -ο⟩ bereit
διατήρηση ⟨-ης⟩ F (Aufrecht-)Erhaltung *f*; Bewahrung *f*
διατηρήσιμος ⟨-η, -ο⟩ [-si-] *Lebensmittel* haltbar
διατηρούμαι frisch bleiben; *Person* sich gut halten **διατηρώ** er-, behalten, *a. Geduld* bewahren; beibehalten
διατίθεμαι bereit sein *etw* zu tun; **διατίθεται** es ist erhältlich
διατρέφω *Familie* unterhalten
διατριβή F Abhandlung *f*; **διδακτορική ~** Dissertation *f*
διατροφή F Ernährung *f*; Verpflegung *f*; JUR Unterhalt *m*
διατυπώνω formulieren **διατύπωση** ⟨-ης⟩ [-si] F Formulierung *f*; *pl* Formalitäten *fpl*
διαφάνεια F Durchsichtigkeit *f*; *fig* Transparenz *f*; FOTO Dia *n* **διαφανής** ⟨-ής, -ές⟩ durchsichtig; klar; *fig* transparent
διαφέρω sich unterscheiden

(**από-σε** von-in)
διαφεύγω [-vɣo] entfallen, vergessen, entgehen
διαφημίζω werben (*akk* für) **διαφήμιση** ⟨-ης⟩ F Werbung *f*
διαφθείρω *fig* verderben; verführen **διαφθορά** F Korruption *f*
διαφορά F Unterschied *m*; Streitigkeit *f*; *fig* **με μεγάλη ~** mit Abstand
διαφορετικά ADV sonst; anders **διαφορετικός** ⟨-ή, -ό⟩ verschieden
διάφοροι ⟨-ες, -α⟩ *pl* verschiedene *pl*, mehrere *pl*
διάφραγμα [-ɣma] N FOTO Blende *f*; MED Zwerchfell *n*
διαφυλάσσω [-so] aufbewahren
διαφωνία F Uneinigkeit *f*
διαφωνώ nicht einverstanden sein, uneinig sein (**με** mit)
διαφωτίζω [-zo] aufklären **διαφώτιση** ⟨-ης⟩ F Aufklärung *f*
διαφωτιστικός ⟨-ή, -ό⟩ aufschlussreich
διαχειρίζομαι [-çi'rizo-] verwalten, leiten **διαχείριση** ⟨-ης⟩ [-si] F Verwaltung *f* **διαχειριστής** (-τρια) M(F) Verwalter(in) *m(f)*; Hausmeister(in) *m(f)*
διαχωρίζω [-'rizo] abtrennen
διαψεύδω [-'psevðo] dementieren, bestreiten **διάψευση** ⟨-ης⟩ [-psefsi] F Dementi *n*
δίγλωσσος ⟨-η, -ο⟩ [-ɣlosos] zweisprachig
δίδαγμα N Lehre *f*, Moral *f*
διδακτική F Didaktik *f* **διδακτικός** ⟨-ή, -ό⟩ didaktisch, lehrreich; **διδακτικό βιβλίο** *n* Lehrbuch *n*
διδάκτορας M,F *Titel* Doktor *m,f*
διδάκτωρ ⟨-ορος⟩ M,F (**Δρ**) *Titel* Doktor *m,f* (Dr.)
διδάσκω lehren, unterrichten
Δίδυμοι MPL ASTROL Zwillinge *mpl* **δίδυμος** (-η) M(F) Zwilling *m*
διεγείρομαι sich erregen **διεγείρω** [ðie'jiro] erregen; anregen
διεθνής ⟨-ής, -ές⟩ [ðie'θnis], **διεθνώς** ADV international
διεισδύω [ðiiz'ðio] eindringen
διεκδίκηση ⟨-ης⟩ [-si] F Anspruch *m*; Forderung *f* **διεκδικώ** *a.* JUR beanspruchen
διεκπεραιώνω erledigen; *Geschäft* abwickeln **διεκπεραίωση** ⟨-ης⟩ [-si] F Erledigung *f*; Abwicklung *f*
διέλευση ⟨-ης⟩ [ði'elefsi] F Durchgang *f*; **απαγορεύεται η ~!** Durchgang/-fahrt verboten!
διεξάγω durchführen; *Kampf, Spiel* austragen **διεξοδικός** ⟨-ή, -ό⟩ ausführlich
διέξοδος F Ausweg *m*
διερμηνέας ⟨-είς⟩ M,F Dolmetscher(in) *m(f)* **διερμη-**

νεύω [-'nevo] dolmetschen
διευθετώ *Streit* beilegen, schlichten
διεύθυνση ⟨-ης⟩ [ði'efθinsi] F Leitung *f*, Geschäftsführung *f*; Adresse *f*; **ηλεκτρονική ~** E-Mail- Adresse *f*
διευθυντής ⟨**-τρια**⟩ [ðiefθi-n'dis] M(F) Direktor(in) *m(f)*; Leiter(in) *m(f)*; Chef(in) *m(f)*; **~** ⟨**-τρια**⟩ **ορχήστρας** Dirigent(in) *m(f)*
διευθύνω [-'fθino] leiten; lenken; MUS dirigieren
διευκρινίζω [ðief-] erläutern, klarstellen
διευρύνω [ðief-] *fig* erweitern
διεφθαρμένος ⟨-η, -ο⟩ verdorben, korrupt
διήγημα N LIT Novelle *f* **διήγηση** ⟨-ης⟩ [-jisi] F Erzählung *f*
διηγούμαι erzählen, berichten
δίκαιο ['ðikeo] N JUR Recht *n*; **ποινικό ~** Strafrecht *n*
δικαιολογητικά [-ji-] NPL Unterlagen *fpl*
δικαιολογία [-'jia] F Rechtfertigung *f*; Begründung *f* **δικαιολογούμαι** [-'ɣu-] sich rechtfertigen **δικαιολογώ** rechtfertigen, begründen
δίκαιος ⟨-η, -ο⟩ gerecht, recht
δικαιοσύνη [-'si-] F Gerechtigkeit *f*; Justiz *f*
δικαίωμα N (An-)Recht *n*, Anspruch *m* (**σε** auf
δικαστήριο N Gericht *n* **δικαστής** M,F Richter(in) *m(f)*
δικαστικός ⟨-ή, -ό⟩ gerichtlich
δίκη F JUR Prozess *m*
δικηγόρος [-'ɣo-] M,F (Rechts-)Anwalt *m*, -wältin *f*
δίκιο ['ðikjo] N Recht *n*; **έχω ~** recht haben
δικός: **ο ~ μου, η δική/-ιά μου, το δικό μου** eigen; meine(r, -s); **είναι δικό μου/σου** es ist meins/deins, das gehört mir/dir; **οι δικοί μου** meine Angehörigen *mpl*
δικτάτορας M,F Diktator(in) *m(f)* **δικτατορία** F Diktatur *f*
δίκτυο N *fig*, INTERNET Netz *n*; **ασύρματο (τοπικό ~)** WLAN
δίνη F *a. fig* Wirbel *m*, (Wasser-)Strudel *m*
δίνω ⟨έδωσα⟩ (ab)geben; verleihen; *Prüfung* ablegen; *Rat* erteilen; **~ προσοχή** achtgeben
διόδια NPL Maut(gebühren) *f(pl)*
δίοδος F Durchgang *m*, Durchfahrt *f*
διοίκηση ⟨-ης⟩ [ði'ikisi] F Verwaltung *f*; *e-r Firma* Leitung *f*
διοικητής ⟨**-τρια**⟩ M(F) Verwalter(in) *m(f)*; Leiter(in) *m(f)*
διοικώ [ðii-] verwalten; leiten
διοξίδιο N Dioxid *n*
διοργανώνω [-ɣa-] organisieren; veranstalten

διοργάνωση ⟨-ης⟩ [-si] F *Tätigkeit* Organisation *f*
διορθώνομαι sich bessern
διορθώνω korrigieren; reparieren
διόρθωση ⟨-ης⟩ [-si] F Korrektur *f*; Richtigstellung *f*
διορία [ðio'ria] F Frist *f*
διορίζω [-zo] *in Amt* ernennen, berufen
διότι [ði'oti] weil
δίπλα ADV nebenan; daneben; neben (**σε** *dat*; *akk*); **~ μου** neben mir; **~-~** nebeneinander
διπλανός ⟨-ή, -ό⟩ benachbart; Neben-; *m,f* Nachbar(in) *m(f)* **διπλασιάζω** [-si'azo] verdoppeln
διπλάσιος ⟨-α, -ο⟩ [-si-] doppelt (so viel), zweifach; **το διπλάσιο** *n* das Doppelte *n*
διπλός ⟨-ή, -ό⟩ doppelt
δίπλωμα N Diplom *n*; **~ οδήγησης** Führerschein *m*
διπλωμάτης M,F Diplomat(in) *m(f)* **διπλωματία** F *a. fig* Diplomatie *f*
διπλωματικός ⟨-ή, -ό⟩ diplomatisch
διπλώνω falten; *a. fig* einwickeln
δισέγγονος ⟨-η⟩ [-'seŋgo-] M(F) Urenkel(in) *m(f)*
δισεκατομμύριο [-se-] N Milliarde *f* **δισεκατομμυριούχος** [-xos] M,F Milliardär(in) *m(f)*
δισκέτα F COMPUT Diskette *f*
δισκίο N Tablette *f*
δίσκος M Scheibe *f*; Tablett *n*; Schallplatte *f*; *Sport* Diskus *m*; **σκληρός ~** Festplatte *f*; **μεσοσπονδύλιος ~** Bandscheibe *f*
δισταγμός [-ɣm-] M *mst* PL Zögern *n* **διστάζω** [-zo] zögern (**να** zu) **διστακτικός** ⟨-ή, -ό⟩ unschlüssig, zögernd
διυλιστήριο N Raffinerie *f*
διφορούμενος ⟨-η, -ο⟩ zweideutig
διχάζω [-zo] *fig* spalten **διχασμός** M, **διχόνοια** [-'xo-] F Zwietracht *f*
δίχτυ ⟨-υα⟩ [-xti] N *a. fig* Netz *n*
δίψα F Durst *m*; *fig* Hunger *m*
διψασμένος ⟨-η, -ο⟩ [-zm-] durstig **διψώ** ⟨-άς⟩ Durst haben; *fig* sich sehnen (**για** nach)
διωγμός [ð(j)ioɣ-] M Verfolgung *f*; Vertreibung *f*
διώκω [ðio-] *a.* JUR verfolgen; vertreiben
δίωξη ⟨-ης⟩ ['ðio-] F *a.* JUR Verfolgung *f*; Vertreibung *f*
διώρυγα [-ɣa] F Kanal *m*
διώχνω ['ðjoxno] vertreiben
δόγμα [-ɣ-] N *a.* REL Dogma *n*
δοκάρι N Balken *m*, Latte *f*
δοκιμάζω [-zo] (aus)probieren, erproben; versuchen (**να** zu); *Kleid* anprobieren; erleben; **για δοκίμασε!** versuch's mal!; koste mal!
δοκιμασία F *fig* Prüfung *f*; Leid *n* **δοκιμασμένος** ⟨-η, -ο⟩ bewährt

δοκιμαστήριο N Umkleidekabine *f* **δοκιμαστικά** ADV probeweise **δοκιμαστικός** ⟨-ή, -ό⟩ Probe-

δοκιμή F Versuch *m*; *fig* Test *m*; Probe *f*; Anprobe *f*; **με ~** auf Probe

δολάριο N Dollar *m*

δόλιος ⟨-α, -ο⟩ hinterlistig; arm, unglücklich **δόλος** M List *f*

δολοφονία F Ermordung *f*, Mord *m* **δολοφόνος** M,F Mörder(in) *m(f)* **δολοφονώ** (er)morden

δομή F Struktur *f*

δόνηση ⟨-ης⟩ [-si] F Schwingung *f*, Vibration *f*; Erdstoß *m*

δονούμαι vibrieren

δόντι ['ðondi] N Zahn *m*; TECH Zacke(n) *f(m)*

δόξα F Ruhm *m*; **~ τω Θεώ!** Gott sei Dank!

δοξάζω [-zo] *Gott* preisen

δόρυ ⟨-ατος⟩ N Speer *m*

δορυφόρος M Satellit *m*

δόση ⟨-ης⟩ F Ration *f*; Dosis *f*; Rate *f*; **με δόσεις** in Raten

δότης (-τρια) M(F) (Blut-, Organ-)Spender(in) *m(f)*

Δουβλίνο N Dublin *n*

δουλεία [ðu'lia] F Sklaverei *f*

δουλειά [ðu'ʎa] F Arbeit *f*; Beruf *m*; Angelegenheit *f*; **(δεν) έχω ~** (nichts) zu tun haben

δουλειές [ðu'ʎes] FPL Handel *m*, Geschäft *n*

δουλεύω [ðu'levo] arbeiten; *Gerät* funktionieren; bearbeiten; *umg* necken

δούλος (-η) M(F) Sklave *m*, -in *f*

δοχείο [-'çio] N Gefäß *n*; **~ απορριμάτων** Abfalleimer *m*

δράκος M Drache *m*

δράμα [ðra-] N *a. fig* Drama *n*

δραματικός ⟨-ή, -ό⟩ dramatisch **δραματολόγιο** [-jio] N Spielplan *m*

δραματοποιώ [-pi'o] dramatisieren

δραπετεύω [-'tevo] (ent)fliehen, ausbrechen

δράση ⟨-ης⟩ [-si] F Tätigkeit *f*; Wirkung *f*; LIT Handlung *f*

δραστήριος ⟨-α, -ο⟩ tatkräftig **δραστηριότητα** F Aktivität *f*; Tatkraft *f*; Tätigkeit *f*

δράστης (-ις/-τρια) M(F) Täter(in) *m(f)*

δραστικός ⟨-ή, -ό⟩ drastisch

δραχμή [-x-] F HIST Drachme *f*

δρεπάνι N Sense *f*; Sichel *f*

Δρέσδη [-zði] F Dresden *n*

δριμύς ⟨-εία, -ύ⟩ *Kritik* scharf, herb; *Winter* streng

δρομέας ⟨-είς⟩ M,F (Wett-)Läufer(in) *m(f)* **δρομολόγιο** [-jio] N Fahrplan *m*; Reiseroute *f*

δρόμος M *a. fig* Weg *m*; Straße *f*; Fahrt *f*; *Sport* Lauf *m*; **δρόμο!** weg hier!; **στο δρόμο** unterwegs (**για** nach)

δροσερός ⟨-ή, -ό⟩ [-se-] *a. fig* frisch; (angenehm) kühl **δροσιά** [-'sja] F Frische *f*; Kühle

f; Tau *m*
δροσίζομαι [-'sizo-] sich erfrischen; sich abkühlen **δροσίζω** erfrischen; kühlen
δροσιστικός ⟨-ή, -ό⟩ [-si-] erfrischend
δρυμός M (großer) Wald *m*; **εθνικός ~** Nationalpark *m*
δρω ⟨-ας⟩ handeln; *Medikament* wirken
δυάρι N Zweizimmerwohnung *f*
δύναμη ⟨-ης⟩ F Kraft *f*, Macht *f*; Stärke *f*; MATH Potenz *f*; **κινητήρια ~** Triebkraft *f*
δυναμικό N Potenzial *n* **δυναμικός** ⟨-ή, -ό⟩ dynamisch
δυναμικότητα F Dynamik *f*
δυναμίτης M, **δυναμίτιδα** F Dynamit *n* **δυναμό** ⟨-⟩ N Lichtmaschine *f*
δυνάμωμα N Stärkung *f*
δυναμώνω kräftigen; (ver)stärken; stärker werden
δυναστεία F Dynastie *f*
δυνατά ADV: **μιλάω ~** laut reden
δυνατός ⟨-ή, -ό⟩ stark; mächtig; möglich; *Stimme* laut; **είναι δυνατό** es ist möglich (**να** zu); **όσο το δυνατό συντομότερα** möglichst bald
δυνατότητα F Möglichkeit *f*
δύο ['ðio], **δυο** [ðjo] zwei; *n* Zwei *f*; **~-~** zu zweien; **κι οι ~** beide; **(ο) ένας απ' τους ~** einer von beiden
δυόμισι ['ðjomisi] halb drei
δυόσμος ['ðjozm-] M BOT Minze *f*
δυσαρέσκεια [ðisa-] F Missfallen *n*; Unzufriedenheit *f*
δυσαρεστημένος ⟨-η, -ο⟩ [ðisa-] unzufrieden; missmutig
δυσάρεστος ⟨-η, -ο⟩ [ði'sa-] unangenehm; peinlich; *Sache* ärgerlich
δυσαρεστούμαι verdrießlich sein **δυσαρεστώ** verdrießen
δυσεντερία [-sende-] F Ruhr *f*
δύση ⟨-ης⟩ ['ðisi] F West(en) *m*; Sonnenuntergang *m*
Δύση F ⟨-ης⟩ Abendland *n*
δύσθυμος ⟨-η, -ο⟩ schlecht gelaunt; niedergeschlagen
δύσκαμπτος ⟨-η, -ο⟩ [-skamptos] unbiegsam; steif, starr
δυσκίνητος ⟨-η, -ο⟩ schwerfällig
δυσκοιλιότητα F Verstopfung *f*
δύσκολα ADV schwer
δυσκολεύω [-'levo] erschweren; schwierig(er) werden
δυσκολία F Schwierigkeit *f*
δύσκολος ⟨-η, -ο⟩ schwer, *a. Charakter* schwierig; *Mensch* unbequem
δυσμενής ⟨-ής, -ές⟩ [-zm-] ungünstig
δυσνόητος ⟨-η, -ο⟩ [-zn-] unverständlich
δύσπεπτος ⟨-η, -ο⟩ schwer verdaulich
δυσπεψία F Verdauungsstörung *f* **δυσπιστία** F Misstrauen *n*

δύσπιστος ⟨-η, -ο⟩ misstrauisch
δυσπιστώ misstrauen
δυστύχημα [-çi-] N Unfall *m*
δυστυχία [-'çia] F Unglück *n*; Not *f* **δυστυχισμένος** ⟨-η, -ο⟩ [-çizm-] unglücklich
δύστυχος ⟨-η, -ο⟩ [-xos] unglücklich; bedauernswert
δυστυχώς [ðisti'xos] ADV leider, unglücklicherweise
δυσφήμηση F, **δυσφήμιση** ⟨-ης⟩ [-si] F Diffamierung *f* **δυσφημώ** diffamieren
δυσφορία F Unwille *m*; Missfallen *n* **δυσφορώ** ungehalten sein (**για** über)
δύσχρηστος ⟨-η, -ο⟩ ['ðisxri-] unhandlich
δύτης (**-τρια**) ['ðitis] M(F) Taucher(in) *m(f)*
Δυτικοευρωπαίος (**-α**) M(F) Westeuropäer(in) *m(f)*
δυτικός ⟨-ή, -ό⟩ westlich, West-; (**στα**) **δυτικά** *adv* westlich (*gen* von)
δύω *Sonne, fig* untergehen
'δώ [ðo] → **εδώ**
δώδεκα ['ðoðeka] zwölf
δωδεκάδα F Dutzend *n*
δωδεκάμισι halb eins
Δωδεκάνησα [-sa] NPL Dodekanes *m*
δωδέκατος ⟨-η, -ο⟩ zwölfte
δωμάτιο N Zimmer *n*; Raum *m*; **μονόκλινο/δίκλινο** ~ Einzel-/Doppelzimmer *n*
δωρεά F Spende *f*; Stiftung *f*
δωρεάν ADV umsonst, gratis
δωρίζω [-zo] (ver)schenken; spenden, stiften
δώρο N Geschenk *n*; Gabe *f*; **κάνω/παίρνω (ένα)** ~ ein Geschenk machen/bekommen
δωροδοκία F Bestechung *f*
δωροδοκώ bestechen
δώσε! ['ðose] gib! **δώστε!** gebt!; geben Sie!; → δίνω

εάν [e'an] wenn, falls; ob
εαυτός [eaft-]: **ο ~ μου** ich (selbst); **τον εαυτό του/της** *akk* sich; **για τον εαυτό του/της** *dat* sich; **έρχομαι στον εαυτό μου** zu sich kommen
έβαλα → βάζω
έβγαλα → βγάζω
εβδομάδα [evðo'maða] F Woche *f*; **την επόμενη/περασμένη** ~ nächste/letzte Woche; **Μεγάλη Εβδομάδα** Karwoche *f*
εβδομαδιαίος ⟨-α, -ο⟩ [evðomaði'eos] wöchentlich; einwöchig
εβδομήντα [-nda] siebzig
έβδομο N Siebtel *n* **έβδομον** siebtens **έβδομος** ⟨-η, -ο⟩ siebte
Εβραίος (**-α**) M(F) Jude *m*, Jüdin *f*
έγγαμος ⟨-η, -ο⟩ ['eŋɣ-] *amtl*

verheiratet
εγγόνι [eŋ'go-] N Enkelkind *n* **εγγονός** (-ή) M(F) Enkel(in) *m(f)*
εγγραφή [eŋɣ-] F Einschreibung *f*; MUS Aufnahme *f*
έγγραφο ['eŋɣ-] N Dokument *n*; Urkunde *f*
εγγράφομαι [-ŋɣ-] sich einschreiben; *Kurs* belegen **εγγράφω** *Schule* einschreiben; MUS aufnehmen **εγγράφως** ADV schriftlich
εγγύηση ⟨-ης⟩ [eŋ'giisi] F Garantie *f*; Kaution *f* **εγγυητής** (**--τρια**) M(F) Bürge *m*, -in *f*
εγγυούμαι, εγγυώμαι ⟨-άσαι⟩ garantieren, gewährleisten; haften, bürgen (**για** für)
έγινα → γίνομαι
εγκαθίσταμαι [eŋga-] sich niederlassen; *Haus* beziehen **εγκαθιστώ** ⟨-άς⟩ *j-n* unterbringen, ansiedeln; installieren
εγκαίνια [eŋ'genia] NPL Einweihung *f*; Eröffnung *f*
έγκαιρος ⟨-η, -ο⟩ ['eŋge-], **εγκαίρως** ADV (recht)zeitig
εγκάρδιος ⟨-α, -ο⟩ herzlich
εγκαρδιώνω ermutigen (**να** zu)
εγκαταλείπω [eŋg-] verlassen; aufgeben **εγκατα(λε)λειμμένος** ⟨-η, -ο⟩ verlassen
εγκατάσταση ⟨-ης⟩ [-si] F Installation *f*; TECH Anlage *f*; *Wohnung* Bezug *m* **εγκατεστημένος** ⟨-η, -ο⟩ ansässig
έγκαυμα ['eŋgavma] N Verbrennung *f*; **ηλιακό ~** Sonnenbrand *m*
εγκεφαλικό N Schlaganfall *m*
εγκέφαλος M MED Gehirn *n*
έγκλημα [-ŋg-] N Verbrechen *n*
εγκληματίας M,F Kriminelle(r) *m,f* **εγκληματικός** ⟨-ή, -ό⟩ kriminell
εγκλιματίζομαι [eŋgli-] sich akklimatisieren **εγκλιματισμός** [-z-] M Akklimatisierung *f*
εγκρίνω [eŋ'gri-] genehmigen
έγκριση ⟨-ης⟩ ['eŋgrisi] F Genehmigung *f*, Bewilligung *f*
εγκυκλοπαίδεια [eŋgi-] F Enzyklopädie *f* **εγκυμοσύνη** [-'si-] F Schwangerschaft *f*
έγκυος ['eŋgios] F Schwangere *f*; **μένω ~** schwanger werden
έγνοια ['eɣɲa] F Sorge *f*
εγχείρηση ⟨-ης⟩ [eŋ'çirisi] F MED Operation *f*
εγχειρίζω [-zo] MED operieren
έγχρωμος ⟨-η, -ο⟩ ['eŋx-] farbig; Farb-; *m,f* Farbige(r) *m,f*
εγχώριος ⟨-α, -ο⟩ [eŋ'xo-] *Produkt* einheimisch, hiesig
εγώ [e'ɣo] ich; *n* Ich *n*; **κι ~** ich auch
εγωισμός [-z-] M Egoismus *m*
εγωιστικός ⟨-ή, -ό⟩ [eɣoi-] egoistisch

έδαφος N (Erd-)Boden *m*
έδρα F *Firma* Sitz *m*; Lehrstuhl *m*; ANAT Gesäß *n*
εδώ [e'ðo] hier, da; **από ~** von hier (aus); **έλα ~!** komm her!; **~ κι έναν χρόνο** seit einem Jahr; vor einem Jahr; **~ και πολύ καιρό** seit Langem; **από 'δώ κι εμπρός** von jetzt an
έδωσα [-sa] → **δίνω**
Ε.Ε. F (Ευρωπαϊκή Ένωση) EU *f* (*Europäische Union*)
έζησα ['ezisa] → **ζω**
εθελοντής (-τρια) M(F) Freiwillige(r) *m,f* **εθελοντικά** ADV, **εθελοντικός** ‹-ή, -ό› [-nd-] freiwillig
έθιμο N Brauch *m*, Sitte *f*
εθνικιστικός ‹-ή, -ό› nationalistisch **εθνικός** ‹-ή, -ό› national; **εθνική οδός** *f* Autobahn *f*
εθνικοσοσιαλισμός [-zm-] M Nationalsozialismus *m*
εθνικότητα F Nationalität *f*
έθνος N Nation *f*
έθρεψα → **τρέφω**
είδα → **βλέπω**
ειδήσεις [-sis] FPL TV Nachrichten *fpl*; **δελτίο** *n* **ειδήσεων** Nachrichten(sendung) *fpl(f)*
είδηση ‹-ης› ['iðisi] F Nachricht *f*; Meldung *f*
ειδικά ADV besonders; gerade
ειδικευμένος ‹-η, -ο› [iðikev'me-] spezialisiert (**σε** auf)
ειδικεύομαι [-'kevo-] sich spezialisieren (**σε** auf)
ειδικός[1] ‹-ή, -ό› besondere, speziell, Sonder-; **~ όρος** *m* Fachausdruck *m*
ειδικός[2] M,F Experte *m*, -in *f*
ειδοποιώ [-pi'o] benachrichtigen
είδος ['iðos] N Art *f*; HANDEL Artikel *m*; ZOOL Spezies *f*; **τι είδους;** was für (ein)? (*nom nom*); **είδη γραφείου** Bürobedarf *m*
ειδυλλιακός ‹-ή, -ό› [iðilia-] idyllisch
είδωλο ['iðolo] N *a. fig* Idol *n*
εικόνα F Bild *n*; Abbildung *f*; REL Ikone *f*
εικονίζω [-zo] abbilden, darstellen **εικονικός** ‹-ή, -ό› virtuell
εικονογράφηση ‹-ης› F Illustration *f* **εικονογραφώ** illustrieren
είκοσι ['ikosi] zwanzig
ειλικρίνεια F Ehrlichkeit *f* **ειλικρινής** ‹-ής, -ές› ehrlich; offen
είμαι ‹ήμουν› ['ime] sein; sich befinden; herkommen (**από** aus; von); **πώς είσαι/είστε;** wie geht es dir/Ihnen?; **είναι καλά** es geht ihm/ihr/ihnen gut
είπα ich sagte; → **λέω**
ειρήνη [i'rini] F Frieden *m*
ειρηνικός ‹-ή, -ό› friedlich
ειρωνεία [iro'nia] F Ironie *f* **ειρωνικός** ‹-ή, -ό› ironisch
εισαγγελέας ‹-είς› [isaŋge-] M,F Staatsanwalt *m*, -anwältin *f*

εισάγω ⟨εισήγαγα⟩ [i'saɣo] einführen, importieren; *ins Krankenhaus* einweisen
εισαγωγή F Import *m*; Einführung *f*; *in Klinik* Einweisung *f*; MUS Ouvertüre *f*
εισβάλλω [i'zva-] eindringen
εισβολή F Invasion *f*
εισήγηση ⟨-ης⟩ [i'sijisi] F Referat *n*; Bericht *m*
εισιτήριο [isi'ti-] N Eintrittskarte *f*; Fahrkarte *f*; Flugticket *n*; ~ **διαρκείας** Zeitkarte *f*; ~ **μετ' επιστροφής** Rückfahrkarte *f*
εισόδημα N Einkommen *n*
είσοδος ['isoðos] F Eingang *m*, Eintritt *m*; AUTO Einfahrt *f*; **απαγορεύεται η ~** Zutritt verboten
εισπνέω einatmen
εισπράκτορας M,F *Bus* Schaffner(in) *m(f)*
είσπραξη ⟨-ης⟩ F *mst* PL HANDEL Einnahme *f*
εισπράττω einkassieren
εισχωρώ (ein)dringen (**σε** in)
είτε ... είτε entweder ... oder
έιτζ ⟨-⟩ ['eidz] N Aids *n*
είχα ['ixa] ich hatte; **αν ~ ...** hätte ich ...; → *a.* έχω
εκ (*vor Vokal* **εξ**): **εκ μέρους** seitens (*gen gen*); **εκ φύσεως** von Natur aus
εκατό hundert; **40 τοις ~** 40 Prozent; **~ τοις ~** hundertprozentig
εκατομμύριο N Million *f*
εκατομμυριούχος M,F Millionär(in) *m(f)*
εκατοστό(μετρο) N Zentimeter *m* **εκατοστός** ⟨-ή, -ό⟩ hundertste
έκαψα → **καίω**
εκβάλλω *Fluss* (ein)münden
εκβιάζω [-zo] erpressen **εκβιασμός** [-zm-] M Erpressung *f*
εκβιομηχάνιση ⟨-ης⟩ [-si] F Industrialisierung *f*
εκβολή F *Fluss* Mündung *f*
εκδηλώνομαι sich äußern
εκδηλώνω bekunden; äußern
εκδήλωση ⟨-ης⟩ [-si] F Bekundung *f*; Veranstaltung *f*
εκδίδω *Buch* herausgeben; *Pass* ausstellen; *Gesetz* erlassen; *Scheck* ausstellen
εκδίκηση ⟨-ης⟩ [-si] F Rache *f*; **παίρνω ~** sich rächen
εκδικούμαι sich rächen (*akk* an)
εκδορά F Hautabschürfung *f*
εκδόσεις [-sis] FPL Verlag *m*
έκδοση ⟨-ης⟩ [-si] F (Her-) Ausgabe *f*; *Pass* Ausstellung *f*; IT Version *f*
εκδότης (**-τρια**) M(F) Verleger(in) *m(f)*; Herausgeber(in) *m(f)*; *Pass* Aussteller(in) *m(f)*
εκδοχή [-'çi] F *fig* Version *f*
εκδρομή F Ausflug *m*; **πάω ~** e-n Ausflug machen
εκεί [e'ki] ADV dort, da; (dort)hin; **από 'κεί** daher, von dort; **κατά 'κεί** in diese Richtung
εκείνος ⟨-η, -ο⟩ jene(r, -s);

εκείνο τον καιρό damals
έκζεμα ['ekzema] N Ekzem *n*
έκθεση ⟨-ης⟩ [-si] F (Kunst-)Ausstellung *f*; Bericht *m*; (Schul-)Aufsatz *m*
εκθέτω *Ware* ausstellen; berichten; *fig* bloßstellen
εκκεντρικός ⟨-ή, -ό⟩ [-nd-] exzentrisch **εκκενώνω** leeren; evakuieren; *Haus* räumen
εκκένωση ⟨-ης⟩ [-si] F Leerung *f*; Evakuierung *f*; Räumung *f*
εκκίνηση ⟨-ης⟩ [-si] F *Sport, a. fig* Start *m*
έκκληση ⟨-ης⟩ [-si] F Appell *m*
εκκλησία [-'sia] F Kirche *f*
εκκλησιαστικός ⟨-ή, -ό⟩ kirchlich, Kirchen-
εκκρίνω *Schweiß* ausscheiden
έκλαψα → κλαίω
εκλέγω [-γo] POL wählen
έκλειψη ⟨-ης⟩: **~ ηλίου** Sonnenfinsternis *f*
εκλεκτικός ⟨-ή, -ό⟩ wählerisch **εκλεκτός** ⟨-ή, -ό⟩ erlesen
εκλογέας ⟨-είς⟩ [-'je-] M,F Wähler(in) *m(f)* **εκλογές** FPL POL Wahlen *fpl* **εκλογή** [-'ji] F Wahl *f*; Auswahl *f*
εκμεταλλεύομαι [-evo-] (aus)nutzen; ausbeuten
εκμετάλλευση [-lefsi] F Ausnutzung *f*; Ausbeutung *f*
εκνευρίζομαι [-ne'vri-] nervös werden **εκνευρίζω** [-zo] nervös machen; aufregen
εκνευρισμένος ⟨-η, -ο⟩ [-vri-'zme-] genervt **εκνευρισμός** M Nervosität *f* **εκνευριστικός** ⟨-ή, -ό⟩ nervenaufreibend,
εκπαίδευση ⟨-ης⟩ [-ðefsi] F *Schule* Bildung *f*; Schulung *f*
εκπαιδεύω [-'ðevo] (aus)bilden, anlernen; erziehen **εκπέμπω** [-mbo] TV, *Radio* (aus)senden, ausstrahlen
εκπληκτικός ⟨-ή, -ό⟩ erstaunlich; wunderbar
έκπληκτος ⟨-η, -ο⟩ überrascht, erstaunt; **μένω ~** staunen
έκπληξη ⟨-ης⟩ F Überraschung *f*; Erstaunen *n*
εκπληρώνω *Pflicht, Wunsch* erfüllen; *Versprechen* halten
εκπλήσσομαι [-so-] erstaunt sein, sich wundern **εκπλήσσω** in Erstaunen versetzen
εκπνέω ausatmen; HANDEL ablaufen, verstreichen
εκπολιτίζω [-zo] zivilisieren **εκπολιτιστικός** ⟨-ή, -ό⟩ kulturell
εκπομπή F TV, *Radio* Sendung *f*; *Energie* Freisetzung *f*
εκπροσώπηση ⟨-ης⟩ [-si] F Vertretung *f* **εκπρόσωπος** [-so-] M,F Vertreter(in) *m(f)* **εκπροσωπώ** vertreten
εκπτώσεις [-sis] FPL Ausverkauf *m*; **καλοκαιρινές/χειμερινές ~** Winter-/Sommerschlussverkauf *m*
έκπτωση ⟨-ης⟩ F Rabatt *m*

εκρηκτικός ⟨-ή, -ό⟩ *a. fig* explosiv; **εκρηκτική ύλη** *f* Sprengstoff *m*
έκρηξη ⟨-ης⟩ F Explosion *f*; *Krieg, Vulkan* Ausbruch *m*
εκσκαφέας ⟨-είς⟩ M Bagger *m*
έκσταση ⟨-ης⟩ [-si] F Ekstase *f*
εκσυγχρονίζω [eksiŋxro'nizo] modernisieren
εκσυγχρονισμός [-zm-] M Modernisierung *f*
εκσφενδονίζω *Stein* schleudern; *ins All* schießen
έκτακτος ⟨-η, -ο⟩ außerordentlich; **έκτακτη ανάγκη** *f* Ernst-, Notfall *m*
εκτάριο N Hektar *m*
έκταση ⟨-ης⟩ [-si] F Fläche *f*; Ausdehnung *f*, *fig* Ausmaß *n*; *a. fig* Umfang *m*
εκτέλεση ⟨-ης⟩ [-si] F Ausführung *f*; THEAT Darbietung *f*; MUS Aufführung *f*; *Tötung* Hinrichtung *f*
εκτελώ ausführen; THEAT darbieten; MUS aufführen; ausüben; *töten* hinrichten
εκτελωνίζω [-zo] verzollen **εκτελωνισμός** M Zollabfertigung *f*
εκτίθεμαι bloßgestellt werden; **~ σε κίνδυνο** sich e-r Gefahr aussetzen
εκτίμηση ⟨-ης⟩ [-si] F Einschätzung *f*; (Hoch-)Achtung *f* **εκτιμώ** ⟨-άς⟩ (ein-, ab)-schätzen; würdigen
έκτο N Sechstel *n*
έκτον sechstens
έκτος ⟨-η, -ο⟩ sechste
εκτός *räumlich* außerhalb (*gen*); von), außer (*gen dat*; *gen*); außer (**από** *dat*); **~ αυτού** außerdem; **~ από μένα** außer mir; **~ μόδας** aus der Mode
εκτρέφω *Tiere* züchten
εκτροπή F: **~ της κυκλοφορίας** Verkehrsumleitung *f*
εκτροφή F *v. Tieren* Zucht *f*
εκτροχιάζομαι [-çi'azo-] *a. fig* entgleisen
έκτρωση ⟨-ης⟩ [-si] F Abtreibung *f*; **κάνω ~** abtreiben
εκτυπώνω *Buch* drucken; IT ausdrucken **εκτύπωση** ⟨-ης⟩ [-si] F *Buch* Druck *m*; IT Ausdruck *m*
εκτυπωτής M COMPUT Drucker *m*; **~ λέιζερ** Laserdrucker *m*
εκτυφλωτικός ⟨-ή, -ό⟩ *Licht* grell
εκφοβίζω [-zo] abschrecken **εκφοβισμός** M Abschreckung *f*
εκφράζομαι [-zo-] sich ausdrücken, sich äußern **εκφράζω** ausdrücken, äußern
έκφραση ⟨-ης⟩ [-si] F Ausdruck *m*; Bekundung *f*
εκφωνητής (**-τρια**) M(F) Ansager(in) *m(f)*; *Radio* Sprecher(in) *m(f)* **εκφωνώ** verlesen; aufrufen
έλα! komm!; los!; → έρχομαι
έλαβα → λαμβάνω

ελαία [e'lea] F → **ελιά**
έλαιο N Öl *n*
ελαιόδεντρο N Olivenbaum *m* **ελαιόλαδο** N Olivenöl *n*
ελαιοτριβείο N Ölpresse *f*
ελαιόχρωμα [-xr-] N Ölfarbe *f*
ελαιώνας M Olivenhain *m*
ελαστικό N Gummi *m*; Gummireifen *m* **ελαστικός** ⟨-ή, -ό⟩ elastisch; dehnbar; *fig* flexibel; **ελαστικό ωράριο** *n* Gleitzeit *f*
ελαστικότητα F Elastizität *f*; *fig* Flexibilität *f*
ελάτε! kommt!; los!; kommen Sie!; → **έρχομαι**
έλατο N Tanne *f*; **κόκκινο ~** Fichte *f*
ελάττωμα N Mangel *m*; Fehler *m*; Laster *n*
ελαττωματικός ⟨-ή, -ό⟩ mangelhaft; defekt
ελαττώνομαι nachlassen, geringer werden; schrumpfen
ελαττώνω verringern; vermindern; *fig* senken; *Schmerz* lindern
ελάττωση ⟨-ης⟩ [-si] F Verringerung *f*, Verminderung *f*, Abnahme *f* **ελάφι** N Hirsch *m*
ελαφρά ADV leicht, nicht sehr; **~ ντυμένος** leicht bekleidet
ελαφρός ⟨-ιά/-ά, -ό⟩ *Gewicht* leicht; *Kaffee* schwach; *Strafe* mild
ελαφρύς ⟨-ιά, -ύ⟩ → **ελαφρός**
ελαφρώνω leichter machen; sich erleichtert fühlen
ελάχιστα ADV kaum **ελάχιστο** N Minimum *n*, das Mindeste *n* **ελάχιστος** ⟨-η, -ο⟩ minimal
Ελβετία F Schweiz *f*
Ελβετικά NPL Schweizerdeutsch *n* **ελβετικός** ⟨-ή, -ό⟩ Schweizer-, schweizerisch
Ελβετός (**-ίδα**) M(F) Schweizer(in) *m(f)*
ελεγκτής (**-τρια**) [-ŋk-] M(F) Kontrolleur(in) *m(f)*; (Zug-)Schaffner(in) *m(f)*
έλεγχος [-ŋx-] M Kontrolle *f*; Schulzeugnis *n*; **~ διαβατηρίων** Passkontrolle *f*
ελέγχω [-ŋxo] kontrollieren
ελεεινός ⟨-ή, -ό⟩ [elei-] elend, erbärmlich; niederträchtig
ελεημοσύνη [-s-] F Almosen *n*
ελευθερία [elefθe-] F Freiheit *f*; **~ γνώμης** Meinungsfreiheit *f*
ελεύθερος ⟨-η, -ο⟩ frei (**από** von); **~ χρόνος** *m* Freizeit *f*; **έχω ελεύθερο** freihaben
ελευθεροτυπία F Pressefreiheit *f* **ελευθερώνω** befreien (**από** von); frei-, loslassen
ελέφαντας [-nd-] M Elefant *m*
ελεφαντόδοντο [elefan'doðondo] N, **ελεφαντοστό** N Elfenbein *n*
ελιά [e'ʎa] F Olive *f*; Olivenbaum *m*; Muttermal *n*
έλικας M Propeller *m*

ελικόπτερο N Hubschrauber *m*

έλκος N Geschwür *n*; **~ στομάχου** Magengeschwür *n*

ελκυστικός ‹-ή, -ό› attraktiv

ελκύω, **έλκω** *a. fig* (an)ziehen

Ελλάδα F, **Ελλάς** ‹-άδας› F Griechenland *n*

έλλειμμα N HANDEL *a. fig* Defizit *n*, Minus *n*

ελλείψει mangels (*gen gen*)

έλλειψη ‹-ης› F Mangel *m* (*gen* an); GEOM Ellipse *f*

Έλληνας (**-ίδα**) ['elinas] M(F) Grieche *m*, -in *f*

Ελληνικά NPL Griechisch *n*; **Νέα ~** Neugriechisch *n*; **στα ~** auf Griechisch **ελληνικός** ‹-ή, -ό› griechisch; **ελληνική γλώσσα** *f* Griechisch *n*

ελληνιστικός ‹-ή, -ό› hellenistisch

ελλιπής ‹-ής, -ές› mangelhaft

ελονοσία [-'sia] F Malaria *f*

έλος N Sumpf *m*, Moor *n*

Ε.Λ.Π.Α. [el'pa] F (Ελληνική Λέσχη Περιήγησης και Αυτοκινήτου) *entspricht etwa dem* ADAC *m* (*Allgemeiner Deutscher Automobilclub*)

ελπίδα F Hoffnung *f*

ελπίζω [-zo] hoffen (**να**; **ότι**; *akk* auf), erhoffen

Ελσίνκι [-'sin-] N Helsinki *n*

ελώδης ‹-ης, -ες› sumpfig

εμαγιέ ‹-› [-'je] *Topf* emailliert; *n* Email(le) *n(f)*

εμάς uns

εμβαδόν N (Grund-)Fläche *f*

εμβάζω [-zo] *Geld* überweisen

έμβασμα N Banküberweisung *f*

εμβατήριο N MUS Marsch *m*

εμβολή F Embolie *f*

εμβολιάζω impfen **εμβόλιο** N Impfung *f*, Impfstoff *m*

έμβολο N TECH Kolben *m*

έμβρυο N Embryo *m*

έμεινα → μένω

εμείς [e'mis] wir

εμένα mich; mir

εμετός M Erbrechen *n*; **κάνω εμετό** erbrechen

έμμεσος ‹-η, -ο› [-sos], **εμμέσως** ADV indirekt

εμμονή F Hartnäckigkeit *f*

έμμονος ‹-η, -ο› hartnäckig; beständig; **έμμονη ιδέα** *f* fixe Idee *f*

εμπάργκο ‹-› [-mb-] N Embargo *n*

εμπειρία F Erfahrung *f*

εμπειρογνώμονας M,F, **εμπειρογνώμων** ‹-ονος› [embiro'γno-] M,F Sachverständige(r) *m,f*

έμπειρος ‹-η, -ο› ['embi-] erfahren (**σε** in)

εμπιστεύομαι [embi'stevome] (ver)trauen (*akk dat*; auf); sich anvertrauen (**σε** *dat*)

εμπιστευτικά [-efti-] im Vertrauen **εμπιστευτικός** ‹-ή, -ό› vertraulich

έμπιστος ‹-η, -ο› zuverlässig, vertrauenswürdig

εμπιστοσύνη [embisto'sini]

F Vertrauen *n* (**σε** zu)

έμπλαστρο ['embla-] N MED Pflaster *n*

έμπνευση ⟨-ης⟩ ['embnefsi] F Inspiration *f*, Eingebung *f*

εμπνέω inspirieren; *Respekt* einflößen; *Vertrauen* erwecken

εμποδίζω [embo'ðizo] (ver)hindern (**να** an); behindern

εμπόδιο [-mb-] N Hindernis *n*, Hürde *f*, Barriere *f*

εμπόρευμα [-revma] N HANDEL Ware *f*

εμπορικός ⟨-ή, -ό⟩ Handels-; kaufmännisch; geschäftlich

εμπόριο [-mb-] N Handel *m*; *pej* Kommerz *m*; **χοντρικό ~** Großhandel *m*; **λειανικό ~** Einzelhandel *m*

εμποροπανήγυρη ⟨-ης⟩ [-jiri] F Jahrmarkt *m*

έμπορος [-mb-] M,F Kaufmann *m*, -frau *f*; Händler(in) *m(f)*

εμπρησμός [embri'zmos] M Brandstiftung *f* **εμπρηστής** ⟨--τρια⟩ M(F) Brandstifter(in) *m(f)*

εμπρός [-mb-] vorn(e); vor (**σε** *dat*; *akk*); im Vergleich (**σε** zu); **~!** *weiter* vorwärts!, los!; *Tür* herein!; *am Telefon* hallo!

εμφανίζομαι [-zo-] erscheinen **εμφανίζω** präsentieren, offenbaren; FOTO entwickeln

εμφάνιση ⟨-ης⟩ F Erscheinen *n*, *a.* THEAT Auftritt *m*; Aussehen *n*, Äußere(s) *n*; FOTO Entwicklung *f*

έμφαση ⟨-ης⟩ [-si] F *fig* Nachdruck *m*

εμφιαλώνω *Wein* abfüllen

έμφραγμα [-γma] N Infarkt *m*; **καρδιακό ~** Herzinfarkt *m*

εμφύλιος (πόλεμος) M Bürgerkrieg *m*

έμφυτος ⟨-η, -ο⟩ angeboren

ένα ein(s); *n* Eins *f*; **(το) ~ από τα δύο** eins von beiden

εναλλακτικός ⟨-ή, -ό⟩ alternativ; Alternativ-; **εναλλακτική λύση** *f* Alternative *f*

εναλλάξ abwechselnd

ενάμισης ⟨μιάμιση, ενάμισι⟩ [-sis] eineinhalb, anderthalb

ενάντια [-ndia] gegen (**σε** *akk*)

εναντίον [-n'di-] gegen (*gen akk*)

έναρξη ⟨-ης⟩ F Beginn *m*; Eröffnung *f*

ένας ⟨μία/μια, ένα⟩ eine(r, -s); **~-~** einzeln

ένατο N Neuntel *n* **ένατον** neuntens **ένατος** ⟨-η, -ο⟩ neunte

ενδεικτικό N Schulzeugnis *n*

ένδειξη ⟨-ης⟩ F (An-)Zeichen *n*, Hinweis *m*; *Gerät* Anzeige *f*

ένδεκα elf

ενδέκατος ⟨-η, -ο⟩ elfte

ενδέχεται [-çe-] es ist möglich (**να** dass); möglicherweise

ενδεχόμενο N Möglichkeit *f*; **για κάθε ~** für alle Fälle **ενδεχόμενος** ⟨-η, -ο⟩ eventuell

ενδεχομένως ADV eventuell

ενδιάμεσα [-sa] zwischendurch **ενδιάμεσος** ⟨-η, -ο⟩ Zwischen-

ενδιαφέρομαι sich interessieren (**για** für)
ενδιαφερόμενος (-η) M(F) Interessent(in) *m(f)* **ενδιαφέρον** ⟨-οντα⟩ N Interesse *n* (**για** an)
ενδιαφέρω interessieren; (**δε**) **μ' ενδιαφέρει** das interessiert mich (nicht) **ενδιαφέρων** ⟨-ουσα, -ον⟩ interessant
ενδοιασμός [-zm-] M *mst* PL Bedenken *npl*; Hemmung *f*
ενδυμασία [-'sia] F Kleidung *f*; (Volks-, National-)Tracht *f*
ενενήντα [-nda] neunzig
ενέργεια [-jia] F Tat *f*, Aktion *f*; *a.* PHYS Energie *f*; *Medikament* Wirkung *f*
ενεργητικό N HANDEL Guthaben *n*
ενεργητικός ⟨-ή, -ό⟩ [-rji-] energisch; *a.* GRAM aktiv
ενεργητικότητα F Aktivität *f*; *fig* Energie *f*
ενεργοποιώ [-ɣo-] aktivieren
ενεργός ⟨-ή, -ό⟩ [-'ɣos] *a. Vulkan* aktiv
ενεργώ [-'ɣo-] handeln, agieren; sich bemühen; *Medikament* wirken
ένεση ⟨-ης⟩ [-si] F Injektion *f*, Spritze *f*; **κάνω ~** (sich) e-e Spritze geben (lassen)
ενεστώτας M Präsens *n*, Gegenwart *f*
ενέχυρο [-çi-] N Pfand *n*; **βάζω/δίνω ~** verpfänden
ένζυμο [-zi-] N Enzym *n*
ενήλικος ⟨-η, -ο⟩ volljährig; *m,f* Erwachsene(r) *m,f*
ενήμερος ⟨-η, -ο⟩, **ενημερωμένος** ⟨-η, -ο⟩ informiert
ενημερώνομαι sich informieren **ενημερώνω** in Kenntnis setzen, informieren; aktualisieren
ενημέρωση ⟨-ης⟩ [-si] F Information *f*; Aktualisierung *f*
ενημερωτικός ⟨-ή, -ό⟩ informativ
ενθαρρύνω ermutigen
ενθουσιάζομαι sich begeistern (**με** für) **ενθουσιάζω** begeistern
ενθουσιασμένος ⟨-η, -ο⟩ [-z-] begeistert (**με** von) **ενθουσιασμός** M Begeisterung *f*
ενθύμιο N Andenken *n*
ενιαίος ⟨-α, -ο⟩ [eni'eos] einheitlich
ενικός (αριθμός) M Singular *m*; **μιλάω στον ενικό** duzen (**σε** *akk*)
ενίσχυση ⟨-ης⟩ [-çisi] F (Ver-)Stärkung *f*; Unterstützung *f*
ενισχυτής [-çi-] M ELEK Verstärker *m* **ενισχύω** verstärken; unterstützen, (be)stärken
εννέα [e'nea], **εννιά** [e'ɲa] neun; *n* Neun *f*
εννιάμισι halb zehn
έννοια[1] ['enia] F Begriff *m*; Bedeutung *f*, Sinn *m*
έννοια[2] ['eɲa] F Sorge *f*; **~ σου!** keine Sorge!
εννοώ meinen; bedeuten; verstehen; **τι εννοείς;** was meinst

du damit?

ενοικιάζω [eniki'azo] (ver)mieten; **ενοικιάζονται δωμάτια** Zimmer zu vermieten; **ενοικιαζόμενο αυτοκίνητο** *n* Mietwagen *m*

ενοικίαση ⟨-ης⟩ [-si] F Mieten *n*; Vermietung *f*; Verleih *m*; **~ αυτοκινήτων** Autovermietung *f*

ενοικιαστής (**-τρια**) M(F) Mieter(in) *m(f)*

ενοίκιο [e'nikio] N Miete *f*

ενόργανος ⟨-η, -ο⟩ [-ɣa-] CHEM organisch; MUS instrumental

ενότητα F Einheit *f*

ενοχή [-'çi] F JUR Schuld *f*

ενόχληση ⟨-ης⟩ [-xlisi] F Störung *f*; Belästigung *f*; *pl* MED Beschwerden *fpl*

ενοχλητικός ⟨-ή, -ό⟩ [-xli-] störend; aufdringlich, lästig

ενοχλώ [-'xlo] stören; belästigen; *Schuhe* drücken; **σε ενοχλεί;** stört es dich?

ένοχος[1] ⟨-η, -ο⟩ [-xos] schuldig (*gen* an)

ένοχος[2] [-xos] M,F Schuldige(r) *m,f*

ένστικτο N Instinkt *m*, Trieb *m*

ενστικτώδης ⟨-ης, -ες⟩, **ενστικτωδώς** ADV instinktiv

ενσωματώνομαι sich integrieren **ενσωμάτωση** ⟨-ης⟩ F Integration *f*

ένταλμα [-nd-] N (Zahlungs-) Anweisung *f*; Haftbefehl *m*

εντάξει [en'daksi] in Ordnung; **~**; *umg* alles klar?

ένταξη ⟨-ης⟩ [-nd-] F *zur NATO, EU* Beitritt *m*; Eingliederung *f*, Integration *f*

ένταση ⟨-ης⟩ ['endasi] F *a.* POL Spannung *f*; Stress *m*; Intensität *f*; *Radio* Lautstärke *f*

εντάσσομαι [en'daso-] *zur NATO, EU* beitreten; sich integrieren **εντάσσω** eingliedern

εντατικός ⟨-ή, -ό⟩ [-nd-] intensiv; eifrig; **εντατικά μαθήματα** *npl* Intensivkurs *m*

έντεκα ['endeka] elf

εντεκάμισι halb zwölf

εντέκατος ⟨-η, -ο⟩ elfte

εντελώς [-nd-] ADV völlig

έντερο ['ende-] N Darm *m*

έντιμος ⟨-η, -ο⟩ ehrbar; ehrlich

εντολέας ⟨-είς⟩ [-nd-] M,F Auftraggeber(in) *m(f)*

εντολή F Auftrag *m*; Anweisung *f*; REL Gebot *n*; IT Befehl *m*; **κατ' ~ήν** im Auftrag (*gen gen*)

έντομο ['endo-] N Insekt *n*

εντομοκτόνο [endo-] N Insektenbekämpfungsmittel *n*

έντονος ⟨-η, -ο⟩ *Wunsch* stark; *a. Farbe* intensiv; *Verkehr* dicht; *Fantasie* rege

εντός [-nd-] innerhalb (*gen gen*), binnen (*gen gen*); **~ ολίγου** in Kürze

εντόσθια [en'dosθia] NPL Eingeweide *npl*, Innereien *fpl*

έντυπο [-nd-] N Formular *n*

εντύπωση ⟨-ης⟩ [en'di-] F Eindruck *m*, Anschein *m*; **κάνω ~** beeindrucken (**σε** *akk*); **μου κάνει ~** es beeindruckt mich; es wundert mich
εντυπωσιάζομαι [endiposi-'azo-] beeindruckt sein **εντυπωσιάζω** beeindrucken; imponieren (*akk dat*)
εντυπωσιακός ⟨-ή, -ό⟩ [-nd-] beeindruckend
ενώ KONJ während; obwohl
ενώνω verbinden; verein(ig)en
ένωση ⟨-ης⟩ [-si] F *a.* CHEM Verbindung *f*; Vereinigung *f*; Verband *m*; POL Union *f*
εξ → **εκ**; **~ ακοής** vom Hören
εξαγριώνομαι [-ɣri-] wütend werden **εξαγριώνω** wütend machen
εξάγω ⟨εξήγαγα⟩ [-ɣo] herausnehmen; HANDEL exportieren
εξαγωγή [-ɣo'ji] F Herausnahme *f*; HANDEL Export *m*
εξαερίζω TECH entlüften **εξαερισμός** [-zm-] M Entlüftung *f*
εξαίρεση ⟨-ης⟩ [-si] F Ausnahme *f*; **με ~** mit Ausnahme (*akk* von); **κατ' ~** ausnahmsweise
εξαιρετικά ADV äußerst
εξαιρετικός ⟨-ή, -ό⟩, **εξαίρετος** ⟨-η, -ο⟩ ausgezeichnet; außergewöhnlich **εξαιρώ** ausnehmen, ausschließen
εξαιτίας wegen, infolge (*gen* gen); **~ μου/σου** wegen mir/dir
εξακολουθώ fortsetzen, -fahren; anhalten, andauern
εξακριβώνω *a.* *Personalien* feststellen **εξακρίβωση** ⟨-ης⟩ [-si] F Feststellung *f*
έξαλλος ⟨-η, -ο⟩ stürmisch, frenetisch; **γίνομαι ~** außer sich geraten (**από** vor)
εξάλλου außerdem, ferner
εξάμηνο N Halbjahr *n*; Semester *n*
εξαναγκάζω [-ŋ'gazo] nötigen, zwingen **εξαναγκασμός** [-zm-] M Nötigung *f*, Zwang *m*
εξάνθημα N Hautausschlag *m*
εξαντλημένος ⟨-η, -ο⟩ erschöpft; HANDEL vergriffen
εξάντληση ⟨-ης⟩ [-si] F Erschöpfung *f* **εξαντλητικός** ⟨-ή, -ό⟩ anstregend; erschöpfend
εξαντλούμαι [-ndl-] erschöpft sein; *Buch* vergriffen sein **εξαντλώ** erschöpfen; aufbrauchen
εξαπατώ ⟨-άς⟩ betrügen
εξαπλώνομαι *fig* sich ausbreiten **εξαπλώνω** *fig* ausbreiten
εξάπλωση ⟨-ης⟩ F Ausbreitung *f*
εξαργυρώνω [-ji-] *Scheck* einlösen **εξαρθρώνω** *Arm* verrenken
εξάρθρωση ⟨-ης⟩ [-si] F *Arm* Verrenkung *f*; *fig* Zerschla-

gung *f*
εξαρτήματα NPL Zubehör *n*
εξαρτημένος ⟨-η, -ο⟩ abhängig; MED süchtig
εξάρτηση ⟨-ης⟩ [-si] F Abhängigkeit *f* (**από** von)
εξαρτιέμαι [-'tje-], **εξαρτώμαι** ⟨-άσαι⟩ abhängig sein; abhängen (**από** von); **εξαρτάται** es kommt darauf an
εξασθένηση ⟨-ης⟩ [-si] F Schwächung *f*; Abnahme *f*
εξασθενίζω [-zo] (ab)schwächen
εξάσκηση ⟨-ης⟩ [-si] F (Aus-)Übung *f*; Praktikum *n*
εξασκώ ausüben; praktizieren
εξασφαλίζω [-zo] gewährleisten
εξατμίζομαι [-zo-] verdunsten, verdampfen **εξάτμιση** ⟨-ης⟩ F Verdunstung *f*; AUTO Auspuff *m*
εξαφανίζομαι verschwinden; aussterben **εξαφανίζω** [-zo-] verschwinden lassen; ausrotten
εξαφανισμένος ⟨-η, -ο⟩ [-zm-] verschollen; ausgerottet
εξεγείρομαι [-'ji-] rebellieren
εξέγερση ⟨-ης⟩ [-jersi] F Aufstand *m* **εξέδρα** F Podium *n*; *Sport* Tribüne *f*; THEAT Rang *m*
εξέλιξη ⟨-ης⟩ F Entwicklung *f*, Ablauf *m*; **σε ~** im Gange
εξελίσσομαι [-so-] sich entwickeln; *Angelegenheit* ablaufen **εξελίσσω** entwickeln
εξερεύνηση ⟨-ης⟩ [ekse'revnisi] F Erforschung *f* **εξερευνώ** ⟨-άς⟩ [-v'no] erforschen
εξετάζομαι [-zo-] *a.* MED untersucht werden **εξετάζω** *a.* MED untersuchen; (über)prüfen
εξέταση ⟨-ης⟩ [-si] F Prüfung *f*; *a.* MED Untersuchung *f*
εξευτελιστικός ⟨-ή, -ό⟩ erniedrigend
εξέχω [-xo] *a. fig* hervorragen
εξήγηση ⟨-ης⟩ F Erklärung *f*
εξηγώ erklären; *Traum* deuten
εξήντα [-nda] sechzig
εξής ADV: **στο ~** ADV künftig; **ως ~** wie folgt, folgendermaßen; *adj* folgende
έξι ['eksi] sechs; *n* Sechs *f*
εξίμισι [-si] halb sieben
εξίσου [-su] gleichermaßen, genauso, ebenso **εξίσωση** ⟨-ης⟩ [-sosi] F Ausgleich *m*; MATH Gleichung *f*
εξόγκωμα [-ŋgo-] N Beule *f*, Schwellung *f*, Wulst *m*
εξογκώνομαι (an)schwellen
έξοδο N *Geld* Ausgabe *f*; **έξοδα** (Un-)Kosten *pl*, Spesen *pl*, **έξοδα αποστολής** Versandkosten
έξοδος F Ausgang *m*; AUTO Ausfahrt *f*; Exodus *m*; **~ κινδύνου** Notausgang *m*
εξολοθρεύω [-'θrevo] ausrotten, vernichten
εξομολόγηση ⟨-ης⟩ [-jisi] F

Geständnis *n*; Beichte *f* **εξομολογούμαι** beichten; gestehen

εξοντώνω ausrotten, vernichten

εξοπλίζω [-zo] *a. fig* (aus)rüsten; *fig* versehen **εξοπλισμός** [-zm-] M (Aus-)Rüstung *f*

εξοργίζομαι [-'jizo-] sich empören, in Zorn geraten **εξοργίζω** wütend machen

εξορία F Exil *n*, Verbannung *f*

εξορίζω [-zo] verbannen

εξουσία [-'sia] F Macht *f*; Gewalt *f*; Herrschaft *f*

εξουσιοδοτημένος ⟨-η, -ο⟩ befugt, berechtigt

εξουσιοδότηση ⟨-ης⟩ F Ermächtigung *f*, Vollmacht *f*

εξόφληση ⟨-ης⟩ [-si] F *Rechnung* Begleichung *f*; *Schulden* Tilgung *f* **εξοφλώ** begleichen; tilgen, abbezahlen

εξοχή [-'çi] F Vorsprung *m*; **στην ~** auf dem Lande; **κατ' ~ν** schlechthin

εξοχικός ⟨-ή, -ό⟩ [-çi-] ländlich; Land-; **εξοχικό σπίτι** *n* Ferienhaus *n*

έξοχος ⟨-η, -ο⟩ [-xos] hervorragend, ausgezeichnet

έξτρα ADV extra; *n Preis* Aufschlag *m*

εξυπηρέτηση ⟨-ης⟩ [-si] F Gefälligkeit *f*, Dienst *m*; *Geschäft* Service *m*; **~ πελατών** Kundendienst *m*

εξυπηρετικός ⟨-ή, -ό⟩ behilflich; hilfsbereit **εξυπηρετώ** nützlich sein; *Geschäft* bedienen

εξυπνάδα F Klugheit *f*; Intelligenz *f*

έξυπνος ⟨-η, -ο⟩ klug; intelligent; **κάνω τον έξυπνο** sich sehr schlau vorkommen

έξω hinaus; heraus; (dr)außen; auswärts; außerhalb (**από** *gen*); *adj* äußere, Außen-; **απ' ~** von (dr)außen; (**ξέρω**) **απ' ~** auswendig (wissen); **~!** hinaus!

εξώπορτα F Haustür *f*

εξωστρεφής ⟨-ής, -ές⟩ extrovertiert

εξωτερικεύω [-'kevo] äußern

εξωτερικό N Ausland *n*; Äußere(s) *n*; **στο ~** im/ins Ausland

εξωτερικός ⟨-ή, -ό⟩ äußere; äußerlich; Auslands-; Außen

εξωτικός ⟨-ή, -ό⟩ exotisch

επ' → επί

επάγγελμα [-ŋge-] N Beruf *m*

επαγγελματίας [-ŋge-] M,F Profi *m*; **ελεύθερος** (**-η**) **~** Freiberufler(in) *m(f)*

επαγγελματικός ⟨-ή, -ό⟩ beruflich, Berufs-; professionell; **επαγγελματική σχολή** *f* Berufsschule *f*

έπαινος ['epe-] M Lob *n*

επαινώ loben; (an)preisen

επαναλαμβάνομαι sich wiederholen **επαναλαμβάνω** wiederholen

επανάληψη ⟨-ης⟩ F Wieder-

holung *f*; Wiederaufnahme *f*
επανάσταση ⟨-ης⟩ [-si] F Aufstand *m*, Revolution *f*
επαναστάτης (**-τρια**) M(F) Revolutionär(in) *m(f)*
επαναστατικός ⟨-ή, -ό⟩ revolutionär **επαναστατώ** sich erheben; rebellieren (**κατά** *+gen* gegen)
επανειλημμένος ⟨-η, -ο⟩, **επανειλημμένως** ADV wiederholt
επανοικοδόμηση ⟨-ης⟩ [-si] F Wiederaufbau *m* **επανοικοδομώ** wieder aufbauen
επανορθώνω *Fehler, Schaden* wiedergutmachen **επανόρθωση** ⟨-ης⟩ F Wiedergutmachung *f*
επάνω → **πάνω**
επάργυρος ⟨-η, -ο⟩ [-ji-] versilbert
επαρχία [-'çia] F Provinz *f*; *etwa* Landkreis *m* **επαρχιακός** ⟨-ή, -ό⟩ Provinz-; provinziell
έπαυλη ⟨-ης⟩ ['epavli] F Villa *f*
επαφή F Berührung *f*; Kontakt *m*
Ε.Π.Ε. F (εταιρεία περιορισμένης ευθύνης) GmbH *f* (*Gesellschaft mit beschränkter Haftung*)
επείγει [-ji] es eilt, es ist dringend **επειγόντως** ADV dringend **επείγων** ⟨-ουσα, -ον⟩ dringend
επειδή *cj* weil, da, zumal
επεισόδια [-'so-] NPL Krawalle *mpl* **επεισόδιο** N Episode *f*; Zwischenfall *m*; TV Folge *f*
έπειτα ADV *zeitlich* dann; darauf; nach (**από** *dat*)
επέκταση ⟨-ης⟩ [-si] F Erweiterung *f*; POL, HANDEL Expansion *f*; *Gebäude* Ausbau *m*
επεκτείνομαι sich ausdehnen; expandieren **επεκτείνω** ausdehnen; *Gebäude* erweitern, ausbauen
επεμβαίνω eingreifen; sich einmischen (**σε** in)
επέμβαση ⟨-ης⟩ [-si] F Eingreifen *n*, *a.* MED Eingriff *m*; Einmischung *f*; MIL Einsatz *m*
επένδυση ⟨-ης⟩ [-si] F HANDEL Investition *f*
επενδυτής (**-τρια**) M(F) Investor(in) *m(f)* **επενδύω** HANDEL investieren
επεξεργάζομαι [-'ɣazo-] *Text, Rohstoffe* be-, überarbeiten
επεξεργασία [-'sia] F Bearbeitung *f*; Ausarbeitung *f*; **~ κειμένου** IT Textverarbeitung *f* **επεξεργαστής** M COMPUT Prozessor *m*
έπεσα [-sa] → **πέφτω**
επέτειος F Jahrestag *m*; **~ γάμου** Hochzeitstag *m*
επηρεάζω [-zo] beeinflussen; **~ αρνητικά** beeinträchtigen **επηρεασμός** M Beeinflussung *f*
επήρεια F Einfluss *m*
επί ADV MATH mal; **~ Κατοχής** während der Nazibesatzung; **~**

τόπου vor Ort; **~ λέξει** wörtlich; **~ τρεις βδομάδες** drei Wochen lang; **~ δοκιμή** auf Probe
επιβάλλομαι sich durchsetzen **επιβάλλω** durchsetzen; aufzwingen; *Strafe* verhängen
επιβάρυνση ⟨-ης⟩ [-si] F *a. fig* Belastung *f* **επιβαρύνω** *a. fig* belasten
επιβάτης (**-τρια**) M(F) Passagier(in) *m(f)*; Fahr-, Fluggast *m*
επιβατικός ⟨-ή, -ό⟩ Passagier-
επιβεβαιώνω bestätigen, bezeugen, bekräftigen
επιβιβάζομαι [-zo-] *Bus* einsteigen; sich einschiffen
επιβίβαση ⟨-ης⟩ [-si] F *Bus* Einstieg *m*; SCHIFF Einschiffung *f*; **κάρτα** *f* **~ς** FLUG Bordkarte *f*
επιβιώνω *a. fig* überleben
επιβίωση ⟨-ης⟩ F Überleben *n*
επιβλέπω beaufsichtigen
επιβλητικός ⟨-ή, -ό⟩ imposant
επιγραφή [-ɣr-] F Überschrift *f*; Aufschrift *f*; Inschrift *f*
επιδεικνύω vorführen
επίδειξη ⟨-ης⟩ F Vorführung *f*, Demonstration *f*; Schau *f*; **~ μόδας** Modenschau *f*
επιδέξιος ⟨-α, -ο⟩ geschickt
επιδεξιότητα F Geschicklichkeit *f*
επίδεσμος [-zm-] M MED Verband(sstoff) *m*, Bandage *f*
επιδημία F Seuche *f*, Epidemie *f*
επιδιορθώνω reparieren
επιδιόρθωση ⟨-ης⟩ F Reparatur *f*
επιδιώκω (an-, er)streben; trachten **επιδίωξη** ⟨-ης⟩ F Streben *n*; *Ziel* Verfolgung *f*
επιδοκιμάζω [-zo] billigen, gutheißen **επιδοκιμασία** [-'sia] F Billigung *f*; *fig* Beifall *m*
επίδομα N Beihilfe *f*; **~ ανεργίας** Arbeitslosengeld *n*
επιδόρπιο N Nachtisch *m*
επίδοση ⟨-ης⟩ [-si] F *a. Sport* Leistung *f*
επιδότηση ⟨-ης⟩ F Subvention *f* **επιδοτώ** subventionieren
επίδραση ⟨-ης⟩ [-si] F (Ein-)Wirkung *f*; Einfluss *m*
επιδρομή F Invasion *f*
επιδρώ ⟨-άς⟩ beeinflussen (**σε** *akk*); (aus-, ein)wirken (**σε** auf)
επιείκεια [-'ikia] F Nachsicht *f*
επιεικής ⟨-ής, -ές⟩ nachsichtig
επιζώ [-'zo] überleben; überdauern **επιζών** ⟨-όντες⟩ M Überlebende(r) *m,f*
επίθεμα N MED Umschlag *m*
επίθεση ⟨-ης⟩ [-si] F Angriff *m* (**κατά**; **εναντίον** *+gen* auf); Anschlag *m*; Überfall *m*; **τρομοκρατική ~** Terroranschlag *m*
επιθετικός ⟨-ή, -ό⟩ aggressiv
επίθετο N Nach-, Familienname *m*; GRAM Adjektiv *n*

επιθεώρηση ⟨-ης⟩ [-si] F Inspektion f; THEAT, *Zeitschrift* Revue f **επιθεωρώ** inspizieren **επιθυμητός** ⟨-ή, -ό⟩ erwünscht; begehrenswert

επιθυμία F Wunsch m; Sehnsucht f; Begierde f **επιθυμώ** (sich) wünschen, wollen; sich sehnen (*akk* nach)

επίκαιρος ⟨-η, -ο⟩ aktuell, zeitgemäß

επικαιρότητα F Aktualität f

επίκεντρο [-nd-] N Epizentrum n; *fig* Mittelpunkt m

επικερδής ⟨-ής, -ές⟩ lukrativ **επικίνδυνος** ⟨-η, -ο⟩ gefährlich

επικοινωνία F Kommunikation f **επικοινωνώ** sich in Verbindung setzen; kommunizieren (**με** mit)

επικρατώ (vor)herrschen; sich durchsetzen, sich behaupten

επικυρώνω bestätigen; beglaubigen **επικύρωση** ⟨-ης⟩ F Bestätigung f; Beglaubigung f

επιλέγω auswählen

επιληπτικός ⟨-ή, -ό⟩ epileptisch; m,f Epileptiker(in) m(f) **επιληψία** F Epilepsie f

επιλογή [-'ji] F (Aus-)Wahl f

επίλογος [-γos] M Nachwort n

επιμέλεια F Sorgfalt f, Fleiß m

επιμελής ⟨-ής, -ές⟩ fleißig; sorgfältig **επιμελητής** ⟨**--τρια**⟩ M(F) Assistent(in) m(f); wissenschaftliche(r) Mitarbeiter(in) m(f)

επιμένω bestehen (**σε** auf), beharren; drängen (**για** auf)

επιμηκύνω *Gegenstand* verlängern

επιμονή F Beharrlichkeit f, Hartnäckigkeit f, Ausdauer f

επίμονος ⟨-η, -ο⟩ beharrlich; hartnäckig; zäh

επινόηση ⟨-ης⟩ [-isi] F *fig* Erfindung f **επινοητικός** ⟨-ή, -ό⟩ erfinderisch **επινοώ** erfinden

επίπεδο N Fläche f; Ebene f; *fig* Niveau n; **βιοτικό ~** Lebensstandard m

επίπεδος ⟨-η, -ο⟩ flach; eben

έπιπλα NPL Möbel *npl*

επιπλέον darüber hinaus; zusätzlich, zudem **επιπλέω** *nicht sinken* schwimmen

έπιπλο N Möbel(stück) n

επιπλοκή F MED Komplikation f **επιπλωμένος** ⟨-η, -ο⟩ möbliert

επιπλώνω möblieren

επίπλωση ⟨-ης⟩ [-si] F Möblierung f, Einrichtung f

επιπόλαιος ⟨-α, -ο⟩ leichtsinnig; oberflächlich

επίρρημα N Adverb n

επιρροή [-ro'i] F Einfluss m

επίσημος ⟨-η, -ο⟩ offiziell; amtlich; feierlich **επίσης** [-sis] ADV ebenfalls, gleichfalls

επισκέπτης ⟨**-τρια**⟩ M(F) Besucher(in) m(f); Gast m **επισκέπτομαι** besuchen; besichti-

gen
επισκευάζω [-ske'vazo] reparieren, ausbessern **επισκευή** [-e'vi] F Reparatur *f*
επίσκεψη ⟨-ης⟩ F Besuch *m*; Besichtigung *f*; **είμαι σε ~** zu Besuch sein (**σε** bei)
επίσκοπος M Bischof *m*
επιστήμη F Wissenschaft *f*
επιστήμονας M,F Wissenschaftler(in) *m(f)* **επιστημονικός** ⟨-ή, -ό⟩ wissenschaftlich
επιστολή F Schreiben *n*; Brief *m*; **συστημένη ~** Einschreibebrief *m*; **συστατική ~** Empfehlungsschreiben *n* **επιστολόχαρτο** [-xa-] N Briefpapier *n*
επιστρέφω (zurück)erstatten, -geben; zurückkommen; wiederkommen; **το μπουκάλι δεν επιστρέφεται** keine Pfandflasche
επιστροφή F Rückgabe *f*; Rückkehr *f*, -weg *m*; Heimreise *f*; **με ~** hin und zurück
επιταγή [-'ji] F Zahlungsbefehl *m*; Scheck *m*; **ταχυδρομική ~** Postanweisung *f*; **τραπεζική ~** Scheck *m*
Επιτάφιος M Karfreitagsprozession *f*
επιτάχυνση ⟨-ης⟩ [-'çinsi] F Beschleunigung *f*
επιταχύνω [-'çino] beschleunigen
επιτέλους ADV endlich
επιτήδειος ⟨-α, -ο⟩ [epi'tiðios] geschickt, gewandt
επίτηδες ADV absichtlich
επιτήρηση ⟨-ης⟩ [-si] F Aufsicht *f*; Überwachung *f*
επιτηρητής ⟨-τρια⟩ M(F) Aufseher(in) *m(f)* **επιτηρώ** beaufsichtigen; überwachen
επιτίθεμαι angreifen (**κατά** *+gen*; **εναντίον** *+gen*; **σε** *akk*); überfallen; *Sport* stürmen **επιτιθέμενος** ⟨-η⟩ M(F) Angreifer(in) *m(f)*
επιτρέπεται erlaubt sein (**να** zu); **~;** darf ich?; **δεν ~ το κάπνισμα** Rauchen verboten
επιτρεπτός ⟨-ή, -ό⟩ zulässig
επιτρέπω erlauben (**σε** *dat*); zulassen; **(μου) επιτρέπετε;** gestatten Sie? **επιτροπή** F Ausschuss *m*, Kommission *f*
επιτυγχάνω [-tiŋ'xa-] gelingen; *Ziel* erreichen
επιτυχημένος ⟨-η, -ο⟩ [-tiçi-] erfolgreich; gelungen
επιτυχία [-'çia] F Erfolg *m*; Gelingen *n*; Treffer *m*; MUS Hit *m*
επιφάνεια [-nia] F a. *fig* Oberfläche *f*; GEOM Fläche *f*; **~ αφής** Touchpad *n*; **~ της θάλασσας** Meeresspiegel *m*
επιφανειακός ⟨-ή, -ό⟩ a. *fig* oberflächlich **επιφανής** ⟨-ής, -ές⟩ angesehen, berühmt
επιφυλακτικός ⟨-ή, -ό⟩ zurückhaltend, reserviert **επιφυλακτικότητα** F Zurückhaltung *f*
επιφύλαξη ⟨-ης⟩ F Vorbehalt *m*

επιφώνημα N Ausruf *m*; GRAM Interjektion *f* **επιχείρημα** [-'çirima] N Argument *n*

επιχειρηματίας [-çi-] M,F Unternehmer(in) *m(f)*

επιχείρηση ‹-ης› F *a. fig* Unternehmen *n*, Firma *f* **επιχειρώ** unternehmen; versuchen

επίχρυσος ‹-η, -ο› [-xrisos] vergoldet

έπλυνα → **πλένω**

επόμενος ‹-η, -ο› (darauf) folgend; spätere; *a. räumlich* nächste; **την επόμενη φορά** das nächste Mal

επομένως ADV folglich

εποχή [-'çi] F Zeitalter *n*, Epoche *f*; Jahreszeit *f*; Saison *f*; Zeit *f*; **~ λουτρών** Badesaison *f*; **στην ~ μας** in unserer Zeit

επτά sieben; *n* Sieben *f*

Επτάνησα [-sa] NPL Ionische Inseln *fpl*

επώδυνος ‹-η, -ο› schmerzhaft **επώνυμο** N Nachname *m*

επωφελούμαι profitieren (**από**; *gen* von); **~ της ευκαιρίας** die Gelegenheit nutzen

ερασιτέχνης [-xn-] M Laie *m*, Amateur(in) *m(f)* **εραστής** M Geliebte *m*, *a. fig* Liebhaber *m*

εργάζομαι ‹εργάστηκα› [er-'ɣazo-] arbeiten

εργαζόμενος (**-η**) M(F) Berufstätige(r) *m,f*; Arbeitnehmer(in) *m(f)*

εργαλείο [-ɣa-] N Werkzeug *n*; Instrument *n*; *pl* Handwerkszeug *n* **εργασία** [-'sia] F Arbeit *f*

εργαστήριο [-ɣa-] N Werkstatt *f*; Atelier *n*; Labor *n* **εργάτης** (**-τρια**) M(F) Arbeiter(in) *m(f)*

εργατικός ‹-ή, -ό› fleißig; Arbeits-; Arbeiter-

εργένης (**-ισσα**) [er'je-] M(F) Junggeselle *m*, -in *f*

έργο ['erɣo] N Werk *n*; Arbeit *f*; Projekt *n*; THEAT Stück *n*; *Kino* Film *m*; **~ τέχνης** Kunstwerk *n*

εργοδότης (**-τρια**) M(F) Arbeitgeber(in) *m(f)* **εργολάβος** [-ɣo-] M Bauunternehmer *m*

εργοστάσιο N Fabrik *f*, Werk *n*

εργοτάξιο N Baustelle *f*

εργόχειρο [-'ɣoçi-] N *weibliche* Handarbeit *f*

ερεθίζομαι [-zo-] sich erregen; MED sich entzünden **ερεθίζω** (auf)reizen, erregen; aufregen

ερέθισμα [-zma] N Anreiz *m*

ερεθισμός [-'zm-] M Reizung *f*; *a. sexuell* Erregung *f* **ερεθιστικός** ‹-ή, -ό› aufreizend; erregend

ερείπια NPL Trümmer *pl* **ερείπιο** N Ruine *f*; *fig* Wrack *n*

ερειπωμένος ‹-η, -ο› *Gebäude* verkommen

έρευνα ['erevna] F Unter-, Durchsuchung *f*; (Nach-)

Forschung *f*; Umfrage *f*
ερευνητής (-τρια) M(F) Forscher(in) *m(f)* **ερευνητικός** ⟨-ή, -ό⟩ forschend; Forschungs-
ερευνώ ⟨-άς⟩ [erev'no] untersuchen; (er)forschen; durchsuchen
ερημιά [-'mja] F Wildnis *f*, Einöde *f*; *fig* Einsamkeit *f* **ερημικός** ⟨-ή, -ό⟩ einsam, verlassen
έρημος[1] ⟨-η, -ο⟩ unbewohnt, öde; verlassen
έρημος[2] F Wüste *f*
ερημώνω verwüsten; menschenleer werden
ερμηνεία [-'nia] F Interpretation *f* **ερμηνεύω** [-'nevo] erläutern, interpretieren; darstellen
ερπετό N Reptil *n*
έρπης M Herpes *m*
ερυθρά F Röteln *pl* **ερυθρός** ⟨-ά, -ό⟩ rot; **Ερυθρός Σταυρός** *m* Rote(s) Kreuz *n*
έρχομαι ⟨ήρθα, ήλθα⟩ ['erxome] kommen; herkommen; reichen (**ως**; **μέχρι** bis zu); *Kleid* gut sitzen; **~ πρώτος** Erster werden; **από πού έρχεστε;** wo kommen Sie her?
ερχόμενος ⟨-η, -ο⟩ [-'xo-] kommende; **την ερχόμενη εβδομάδα** nächste Woche
ερωμένη F Geliebte *f*
έρως ⟨-ωτος⟩ M, **έρωτας** M Liebe *f*
ερωτευμένος ⟨-η, -ο⟩ [-evm-] verliebt (**με** in) **ερωτεύομαι** [-evo-] sich verlieben (*akk* in)
ερωτηματικό N Fragezeichen *n*
ερωτηματολόγιο [-jio] N Fragebogen *m*
ερώτηση ⟨-ης⟩ [-si] F (An-)Frage *f*; **κάνω/υποβάλλω μια ~** e-e Frage stellen (**σε** *dat*)
ερωτικός ⟨-ή, -ό⟩ Liebes-; erotisch
ερωτώ → **ρωτώ**
εσάς [e'sas] euch; *akk* Sie
εσείς [e'sis] PL *nom* ihr; *nom* Sie
εσένα [e'sena] dich; dir
Έση ['esi] F Hessen *n*
Εσθονία F Estland *n* **Εσθονικά** NPL Estnisch *n* **εσθονικός** ⟨-ή, -ό⟩ estnisch **Εσθονός** ⟨--ή⟩ M(F) Este *m*, -in *f*
έσοδα ['eso-] NPL Einnahmen *fpl*, Einkommen *n*
εσπεριδοειδή [-ðoi'ði] NPL Zitrusfrüchte *fpl*
έστειλα → **στέλνω**
εστία F *a. fig* Herd *m*; Kochplatte *f*; (Wohn-)Heim *n*; **φοιτητική ~** Studentenwohnheim *n*
εστιατόριο N Restaurant *n*, Lokal *n*; *Hotel* Speisesaal *m*
εσύ [e'si] du
εσωκλείω *e-m Schreiben* beifügen **εσώρουχα** [e'so-] NPL Unterwäsche *f* **εσωστρεφής** ⟨-ής, -ές⟩ introvertiert
εσωτερικό [eso-] N Inland *n*; Innere(s) *n*; Binnenland *n* **εσω-**

τερικός ⟨-ή, -ό⟩ innere; Innen-; intern; Inlands-; **εσωτερική πολιτική** *f* Innenpolitik *f*
εταιρεία [ete'ria] F Verband *m*; Gesellschaft *f*; Unternehmen *n*; Firma *f*; **ανώνυμος/ανώνυμη ~** Aktiengesellschaft *f* (AG)
ετήσιος ⟨-α, -ο⟩ [-si-] (all)jährlich; Jahres-
ετησίως [-'sios] ADV jährlich
ετικέτα F Etikett *n*
ετοιμάζομαι [-zo-] sich vorbereiten (**για** für); sich fertig machen **ετοιμάζω** vorbereiten; herrichten; *Speisen* zubereiten
ετοιμασία [-'sia] F Vorbereitung *f*; Zubereitung *f*
ετοιμόλογος ⟨-η, -ο⟩ [-γos] schlagfertig
έτοιμος ⟨-η, -ο⟩ fertig; bereit; **είσαι ~**; bist du fertig?
έτος N *amtl* Jahr *n*; Jahrgang *m*; **~ γέννησης** Geburtsjahr *n*; **τριών ετών** drei Jahre alt
έτσι ['etsi] ADV so; umsonst; einfach so; **~ κι ~** es geht; sowieso; **~ κι αλλιώς** sowieso; **~ δεν είναι;** nicht wahr?
ευαγγελικός ⟨-ή, -ό⟩ [evaŋge-] evangelisch **ευαγγέλιο** N Evangelium *n*
ευαίσθητος ⟨-η, -ο⟩ [e've-] empfindlich (**σε** gegen); sensibel
Εύβοια ['evia] F Euböa *n*
ευγένεια [e'vjenia] F Höflichkeit *f*; Freundlichkeit *f*
ευγενής ⟨-ής, -ές⟩ [evje-] höflich; adlig
ευγενικός ⟨-ή, -ό⟩ höflich; freundlich, nett; **πολύ ευγενικό εκ μέρους σου/σας!** sehr nett von dir/Ihnen!
ευγνωμονώ [evγno-] dankbar sein (*akk dat*) **ευγνωμοσύνη** [-'sini] F Dankbarkeit *f* **ευγνώμων** ⟨-ονος⟩ M,F dankbar
ευδιαθεσία [-'sia] F gute Laune *f*
ευδιάθετος ⟨-η, -ο⟩ [evði'a-] gut gelaunt **ευέλικτος** ⟨-η, -ο⟩ [e've-] flexibel **ευελιξία** F Flexibilität *f*
ευεργέτης (**-ιδα**) M(F) Wohltäter(in) *m(f)*
ευερέθιστος ⟨-η, -ο⟩ [ev-] reizbar, erregbar
ευημερία [evi-] F Wohlstand *m*, Wohl *n* **ευθανασία** [efθana'sia] F Euthanasie *f*
ευθεία[1] [e'fθia] F Gerade *f*; **κατ' ~ν** *Richtung* direkt
ευθεία[2] ADV geradeaus; **πάω όλο ~** immer geradeaus gehen
εύθραυστος ⟨-η, -ο⟩ ['efθrafstos] zerbrechlich; brüchig
εύθυμος ⟨-η, -ο⟩ ['efθimos] fröhlich, heiter, lustig
ευθύνη [e'fθini] F Verantwortung *f*; JUR Haftung *f*; **αναλαμβάνω την ~** die Verantwortung übernehmen/tragen
ευθύνομαι [e'fθi-] verantwortlich sein, haften (**για** für)

ευθύς ⟨-εία, -ύ⟩ [e'fθis] gerade; *a. fig* direkt; *fig* ehrlich

ευκαιρία [efke'ria] F Gelegenheit *f*; Chance *f*; Anlass *m*; **δίνω μια ~** e-e Chance geben (**σε** *dat*); **επ' ~** anlässlich (*gen gen*)

ευκαιρώ [efke'ro] Zeit haben

ευκάλυπτος M Eukalyptus *m*

εύκαμπτος ⟨-η, -ο⟩ ['efkampt-] biegsam; *a. fig* flexibel

ευκινησία [-'sia] F Beweglichkeit *f*, Wendigkeit *f* **ευκίνητος** ⟨-η, -ο⟩ [ef-] beweglich, wendig, agil; flink

ευκοιλιότητα F Durchfall *m*

ευκολία [efko-] F Leichtigkeit *f* **ευκολίες** FPL Komfort *m* **ευκολόπιστος** ⟨-η, -ο⟩ leichtgläubig

εύκολος ⟨-η, -ο⟩ ['efk-] leicht, einfach; *Person* umgänglich

ευκολύνω [efko'li-] erleichtern; aushelfen

ευλογία [evlo'jia] F Segen *m*

ευλογιά [evlo'ja] F Pocken *pl*

ευλογώ [-'γo] segnen, preisen

ευλύγιστος ⟨-η, -ο⟩ [e'vliji-] gelenkig, geschmeidig

ευμένεια [evm-] F Wohlwollen *n* **ευμενής** ⟨-ής, -ές⟩ wohlgesinnt, wohlwollend

ευνόητος ⟨-η, -ο⟩ [ev'noi-] (selbst)verständlich

εύνοια [-vn-] F Wohlwollen *n*

ευνοϊκός ⟨-ή, -ό⟩ [evnoi-] günstig; wohlwollend **ευνοούμενος** **(-η)** M(F) Günstling *m* **ευνοώ** [evno'o] begünstigen

ευπάθεια [ef'pa-] F MED Anfälligkeit *f* **ευπαθής** ⟨-ής, -ές⟩ anfällig, empfindlich

εύπεπτος ⟨-η, -ο⟩ ['efp-] leicht verdaulich, bekömmlich

εύπιστος ⟨-η, -ο⟩ ['efpi-] leichtgläubig

ευπορία [efpo-] F Wohlstand *m*

εύπορος ⟨-η, -ο⟩ wohlhabend

ευρετήριο [evre-] N Register *n*, Index *m*

εύρημα N Fund *m*; *fig* Einfall *m*

ευρύς ⟨-εία, -ύ⟩ [e'vris] breit; weit; *fig* umfassend **ευρύτητα** F Breite *f*; Weite *f*

ευρύχωρος ⟨-η, -ο⟩ [e'vrixo-] geräumig, weiträumig

ευρώ ⟨-⟩ [e'vro] N Euro *n*; **δέκα ~** zehn Euro

ευρωπαϊκός ⟨-ή, -ό⟩ [evropai'kos] europäisch; Europa-

Ευρωπαίος **(-α)** [evro'peos] M(F) Europäer(in) *m(f)*

Ευρώπη [e'vropi] F Europa *n*

ευσέβεια [efs-] F Frömmigkeit *f* **ευσεβής** ⟨-ής, -ές⟩ fromm

ευσπλαχνίζομαι [-zo-] sich erbarmen **ευσπλαχνικός** ⟨-ή, -ό⟩ [-xn-] barmherzig

ευστάθεια [ef'sta-] F Stabilität *f* **ευσταθής** ⟨-ής, -ές⟩ stabil

ευσυνειδησία [efsiniði'sia] F Gewissenhaftigkeit *f* **ευσυνεί-**

δητος ⟨-η, -ο⟩ gewissenhaft
ευτύχημα [eft-] N Glücksfall *m*
ευτυχία [efti'çia] F Glück *n*
ευτυχισμένος ⟨-η, -ο⟩ [-çizm-] glücklich **ευτυχώς** [efti'xos] ADV zum Glück, glücklicherweise
ευφορία [efo-] F *Gefühl* Euphorie *f*; *Boden, a. fig* Fruchtbarkeit *f*
εύφορος ⟨-η, -ο⟩ ['efo-] fruchtbar
ευφυής ⟨-ής, -ές⟩ [efi'is] intelligent, geistreich; begabt **ευφυΐα** F Intelligenz *f*; Begabung *f*
ευχαριστημένος ⟨-η, -ο⟩ [efxa-] zufrieden (**με**; **από** mit)
ευχαρίστηση ⟨-ης⟩ [efxa'ristisi] F Zufriedenheit *f*; Freude *f*; Vergnügen *n*; **με ~** mit Vergnügen
ευχαριστία [efxa-] F Dank *m*
ευχαριστιέμαι [efxari'stje-] sich freuen, erfreut sein (**από**; **με** über); Vergnügen finden (**να** an)
ευχάριστος ⟨-η, -ο⟩ [ef'xa-] angenehm, erfreulich; nett
ευχαριστώ [efxari'sto] danken (**για** für); erfreuen; zufriedenstellen; **(σ'/σας) ~ (πολύ)!** (ich) danke (dir/Ihnen) (sehr)!; **~ πολύ!** danke schön!
ευχαρίστως [efxa-] ADV gern(e); **πολύ ~** sehr gern(e)
ευχέρεια [ef'çeria] F Leichtigkeit *f*; **μιλώ με ~ Ελληνικά** fließend Griechisch sprechen
ευχή [ef'çi] F Wunsch *m*; Segen *m*; **στην ~!** verdammt!
εύχομαι ['efxome] wünschen (**σε** *dat*); **σου ~ καλό ταξίδι** ich wünsche dir gute Reise
εύχρηστος ⟨-η, -ο⟩ ['efxri-] handlich, praktisch; *Wort* gebräuchlich
ευωδία [evo'ðia] F, **ευωδιά** [-'ðja] F Duft *m* **ευωδιάζω** [-ði'azo, -'ðjazo] duften **ευωδιαστός** ⟨-ή, -ό⟩ duftend
έφαγα [-ɣa] ich aß; → **τρώω**
εφαρμογή [-'ji] F Anwendung *f*, Einsatz *m* **εφαρμόζω** [-zo] anwenden; *Kleid* sitzen
εφαρμόσιμος ⟨-η, -ο⟩ [-si-] anwendbar
εφετινός ⟨-ή, -ό⟩ diesjährig
εφέτος ADV in diesem Jahr
εφεύρεση ⟨-ης⟩ [e'fevresi] F Erfindung *f*
εφευρετικός ⟨-ή, -ό⟩ [efevre-] erfinderisch **εφευρίσκω** erfinden
εφηβεία [-i'via] F Pubertät *f* **εφηβικός** ⟨-ή, -ό⟩ pubertär
έφηβος M,F Jugendliche(r) *m,f*
εφημερίδα F Zeitung *f*
εφήμερος ⟨-η, -ο⟩ vergänglich
εφιάλτης M *a. fig* Alptraum *m*
εφικτός ⟨-ή, -ό⟩ machbar
εφοδιάζομαι sich eindecken (**με** mit) **εφοδιάζω** [-zo] versorgen
εφόδιο N *mst* PL Vorrat *m*; Proviant *m*; Hilfsmittel *n*

εφοπλιστής (-τρια) M(F) Reeder(in) *m(f)* **εφορία** F Ausschuss *m*; Behörde *f*; **(οικονομική)** ~ Finanzamt *n*
εφόσον [-son] (in)sofern
εφτά sieben **εφτάμισι** [-si] halb acht
έφυγα [-ɣa] → φεύγω
εχεμύθεια [eçe-] F Verschwiegenheit *f* **εχέμυθος** ⟨-η, -ο⟩ verschwiegen
εχθές [e'xθes] gestern
έχθρα ['exθra] F Feindschaft *f*; **έχω** ~ verfeindet sein (**με** mit)
εχθρικός ⟨-ή, -ό⟩ feindlich **εχθρός** M Feind *m* **εχθρότητα** F Feindschaft *f*; Feindseligkeit *f*
έχιδνα ['eçi-] F Kreuzotter *f*
έχω ⟨είχα⟩ ['exo] haben; besitzen; ~ **να** müssen; **έχει** ['eçi] es gibt (*akk akk*); **πού έχει ...**; wo gibt es ...?; **πόσο έχει;** wie viel kostet das?; **έχει κόσμο** es sind viele Leute da
εψές ADV *umg* gestern Abend
έως ['eos] *zeitlich, räumlich* bis (*akk* zu); ~ **τώρα** bis jetzt; ~ **ότου (να)** ... bis dass ...

Z

ζαβολιά [-'ʎa] F Schummelei *f*, Mogelei *f*; **κάνω ζαβολιές** schummeln, mogeln
ζακέτα [za-] F Jacke *f*, Jackett *n*
ζαλάδα [za-] F, **ζάλη** F Schwindel(gefühl) *m(n)*; **έχω ζαλάδες** mir ist schwindlig
ζαλίζομαι [za'lizo-] *j-m* übel, schwindlig werden **ζαλίζω** schwindlig machen; nerven
ζαμπόν ⟨-⟩ [-mb-] N Schinken *m*
ζάρα ['za-] F *Haut, Stoff* Falte *f*
ζάρι ['za-] F *Spiel* Würfel *m*
ζαρκάδι [za-] N Reh *n*
ζαρωματιά F Falte *f*; Runzel *f* **ζαρωμένος** ⟨-η, -ο⟩ faltig **ζαρώνω** Falten bekommen; (zer)knittern; *Stirn* runzeln
ζαφείρι [za-] N Saphir *m*
ζάχαρη ['zaxari] F Zucker *m*; ~ **άχνη** Puderzucker *m*
ζαχαρίνη [zaxa-] F Süßstoff *m*
ζάχαρο N Zuckerkrankheit *f*
ζαχαροπλαστείο [zaxa-] N Konditorei *f*; Café *n* **ζαχαρότευτλο** [-teftlo] N Zuckerrübe *f*
ζαχαρώνω zuckern; *fig* flirten
ζέβρα ['ze-] F Zebra *n*
ζελατίνα F, **ζελατίνη** [ze-] F Gelatine *f*; Folie *f*
ζελέ ⟨-⟩ N, **ζελές** ⟨-έδες⟩ [ze-] M Gelee *m,n*
ζέστα ['ze-] F → ζέστη
ζεστά ADV warm, behaglich
ζεσταίνομαι [ze-] warm werden; *j-m* ist warm **ζεσταίνω**

(an-, auf-, er)wärmen, erhitzen
ζέστη ['zesti] F Wärme *f*; Hitze *f*; **κάνει ~** es ist heiß; **τι ~!** was für eine Hitze!
ζεστός ⟨-ή, -ό⟩ [ze-] warm; **ζεστό νερό** *n* Warmwasser *n*
ζευγάρι N Paar *n*; Ehepaar *n*
ζεύγος ['zevɣ-] N → ζευγάρι
ζηλεύω [zi'levo] beneiden; eifersüchtig sein; neidisch sein
ζήλια ['ziʎa] F Neid *m*; Eifersucht *f*
ζηλιάρης ⟨-α, -ικο⟩ [zi'ʎa-] eifersüchtig; neidisch
ζήλος [zi-] M Eifer *m*
ζημία [zi'mia] F, **ζημιά** [-'mja] F Schaden *m*, Verlust *m*; **υλική ~** Sachschaden *m*
ζημιώνω [zimi'ono] (be)schädigen; schaden
ζήτημα ['zi-] N Frage *f*, Sache *f* **ζήτηση** ⟨-ης⟩ [-si] F HANDEL Nachfrage *f*
ζητιανεύω [-'nevo] betteln
ζητιάνος (-α) M(F) Bettler(in) *m(f)*
ζητώ ⟨-άς⟩ [zi-] suchen; verlangen; fragen (*akk* nach; um) (an)fordern; bitten (**κ-ν από** j-n um); *Annonce* **ζητείται ...** gesucht: ...
ζητωκραυγάζω [-'vɣa-] jubeln
ζιζάνια [zi'za-] NPL Unkraut *n*
ζόρι ['zo-] N: *umg* **με το ~** mit Gewalt; mit Mühe
ζούγκλα [-ŋgla] F Dschungel *m*
ζουμερός ⟨-ή, -ό⟩ [zu-] *a. fig* saftig **ζουμί** N Saft *m*, Brühe *f* **ζουμός** M → ζωμός
ζυγαριά [ziɣa'rja] F Waage *f*
ζυγίζω [zi'jizo] (ab)wiegen; *fig* abwägen; **πόσο ζυγίζεις;** wie viel wiegst du?
Ζυγός M ASTROL Waage *f*
ζυθοποιείο [ziθopi'io] N Brauerei *f* **ζυθοπωλείο** N Bierlokal *n*
ζυμάρι [zi-] N Teig *m*
ζυμαρικά [zi-] NPL Nudeln *fpl*, Teigwaren *fpl*
ζύμη ['zimi] F Teig *m*
ζυμώνω kneten
ζύμωση ⟨-ης⟩ [-si] F Gärung *f*
Ζυρίχη [zi'riçi] F Zürich *n*
ζω ⟨έζησα⟩ [zo] leben; erleben; ernähren, unterhalten; **όσο ζω** solange ich lebe
ζωγραφιά [-ɣra'fja] F Gemälde *n*; Zeichnung *f*; Bild *n* **ζωγραφίζω** [-zo] (be)malen
ζωγραφική F Malerei *f* **ζωγράφος** M,F (Kunst-)Maler(in) *m(f)*
ζώδιο ['zoðio] N Sternzeichen *n*; **τι ~ είσαι;** was für ein Sternzeichen bist du?
ζωή [zo'i] F Leben *n*; Dasein *n*; Lebensunterhalt *m*
ζωηρός ⟨-ή, -ό⟩ [zoi-] rege; lebhaft; *Farbe* intensiv
ζωικός ⟨-ή, -ό⟩ [zoi-] tierisch
ζωμός [zo-] M Saft *m*; **~ κρέατος** (Fleisch-)Brühe *f*
ζώνη F Gürtel *m*; Zone *f*; **~ ασφαλείας** Sicherheitsgurt *m*
ζωντάνια [-ɲa] F Lebhaftig-

keit *f*; Lebendigkeit *f*, Vitalität *f*

ζωντανός ⟨-ή, -ό⟩ [zond-] lebendig; lebhaft; live; **ζωντανή μετάδοση μέσω ίντερνετ, ζωντανή ροή** INTERNET Livestream *m*

ζώο ['zoo] N Tier *n*; Vieh *n*; **κατοικίδιο ~** Haustier *n*

ζωογονώ [zooγ-] beleben

ζωολογία [-'jia] F Zoologie *f* **ζωοτροφή** F Viehfutter *n*

ζωόφιλος M,F Tierfreund(in) *m(f)*

ζωύφια NPL Ungeziefer *n*

Η

η [i] F ART *nom* die

ή [i] oder; oder auch; **ή ... ή ...** entweder ... oder ...

ηγεμόνας (**-ίδα**) M(F) Herrscher(in) *m(f)*; Fürst(in) *m(f)*

ηγεμονία [ije-] F Herrschaft *f*

ηγεσία [-'sia] F POL Führung *f*

ηγέτης (**-ιδα**) [i'je-] M(F) POL (An-)Führer(in) *m(f)*

ηγούμενος (**-ένη**) M(F) Abt *m*, Äbtissin *f*

ήδη ['iði] ADV schon, bereits

ηδονή F Genuss *m*; Lust *f*

ήθελα ['iθela] ich wollte; **θα ~** ich möchte, ich hätte gern(e); → θέλω

ήθη NPL Sitten *fpl*; **~ και έθιμα** Sitten und Gebräuche *pl*

ηθική F Moral *f*; Ethik *f* **ηθικό** N Selbstvertrauen *n*; Moral *f*

ηθικός ⟨-ή, -ό⟩ moralisch; anständig; sittlich

ηθοποιός M,F Schauspieler(in) *m(f)*

ήθος N Charakter *m*; Ethos *n*

ηλεκτρίζω *a. fig* elektrisieren

ηλεκτρικά (είδη) NPL Elektroartikel *mpl*; **κατάστημα ηλεκτρικών (ειδών)** Elektrogeschäft *n*

ηλεκτρικός ⟨-ή, -ό⟩ elektrisch; *m in Athen: die alte* U-Bahn *f*; **ηλεκτρική συσκευή** *f* Elektrogerät *n* **ηλεκτρισμός** M Elektrizität *f*

ηλεκτρογεννήτρια F ELEK Generator *m* **ηλεκτρόδιο** N Elektrode *f* **ηλεκτροκαρδιογράφημα** N Elektrokardiogramm (EKG) *n*

ηλεκτρολόγος [-γos] M,F Elektriker(in) *m(f)*; **~ μηχανικός** *m,f* Elektroingenieur(in) *m(f)*

ηλεκτρομαγνητικός ⟨-ή, -ό⟩ [-γni-] elektromagnetisch

ηλεκτρονική F Elektronik *f*

ηλεκτρονικός ⟨-ή, -ό⟩ elektronisch; **~ υπολογιστής** *m* Computer *m* **ηλεκτροπληξία** F Stromschlag *m* **ηλεκτροσόκ** ⟨-⟩ [-s-] N Elektroschock *m* **ηλεκτροτεχνία** F Elektrotechnik *f*

ηλιακός ⟨-ή, -ό⟩ Sonnen-; So-

lar-
ηλίαση ⟨-ης⟩ [i'liasi] F Sonnenstich *m*
ηλίθιος ⟨-α, -ο⟩ idiotisch; *m,f* Idiot *m*
ηλιθιότητα [-θi'o-] F Idiotie *f*
ηλικία [ili'kia] F (Lebens-) Alter *n*; **σε ~** im Alter (*gen* von)
ηλικιωμένος (-η) M(F) *Person* alt; *m,f* Senior(in) *m(f)*
ηλιοβασίλεμα [iʎova'si-] N Sonnenuntergang *m* **ηλιοθεραπεία** F Sonnenbad *n*; **κάνω ~** sich sonnen
ηλιοκαμένος ⟨-η, -ο⟩ [iʎo-] (sonnen)gebräunt **ηλιόλουστος** ⟨-η, -ο⟩ sonnig
ήλιος ['iʎos] M Sonne *f*; **ο ~ λάμπει** die Sonne scheint
ηλιοτρόπιο N Sonnenblume *f*
ημέρα F Tag *m*; **όλη την ~** den ganzen Tag; **εργάσιμη (~)** Werktag *m*; → *a.* **μέρα**
ημερήσιος ⟨-α, -ο⟩ täglich; Tages-; **ημερήσιο εισιτήριο** *n* Tageskarte *f*
ημερολόγιο [-jio] N Kalender *m*; Tagebuch *n*; Logbuch *n*
ημερομηνία F Datum *n* **ημερομηνία λήξης** Verfallsdatum *n*; **τι ~ έχουμε/είναι σήμερα;** welches Datum haben wir/ist heute?
ήμερος ⟨-η, -ο⟩ *Tier* zahm; *Person* sanft, mild
ημιδιατροφή F Halbpension *f* **ημικρανία** F Migräne *f*
ημικύκλιο N Halbkreis *m*
ημισέληνος [-'se-] F Halbmond *m*
ημισφαίριο N Halbkugel *f*; Hemisphäre *f* **ημιτελικός** M Halbfinale *n* **ημιυπόγειο** [-jio] N Untergeschoss *n*
ημίχρονο N *Sport* Halbzeit *f*
Η.Π.Α. FPL (Ηνωμένες Πολιτείες [της]Αμερικής) USA *pl*
ηπατίτιδα F Hepatitis *f*
ήπειρος F Kontinent *m*
Ήπειρος F Epirus *n*
ηπειρωτικός ⟨-ή, -ό⟩ kontinental
ήπια [-pja] ich trank; → **πίνω**
ήπιος ⟨-α, -ο⟩ ['ipios] *a. Klima* sanft, mild
ηρεμία F Ruhe *f*, Gelassenheit *f*; Seelenruhe *f* **ηρεμιστικό (φάρμακο)** N Beruhigungsmittel *n*
ήρεμος ⟨-η, -ο⟩ ruhig
ηρεμώ (sich) beruhigen; **ηρέμησε!** beruhige dich!
ήρθα ich kam; → **έρχομαι**
ήρωας (-ίδα) M(F) Held(in) *m(f)*
ηρωικός ⟨-ή, -ό⟩ [-oi-] heldenhaft **ηρωίνη** F Heroin *n*
ησυχάζω [isi'xazo] (sich) beruhigen; (sich) ausruhen
ησυχία [isi'çia] F Ruhe *f*; Stille *f*; **(κάνε) ~!** Ruhe!, sei ruhig!
ήσυχος ⟨-η, -ο⟩ ['isixos] ruhig; still; **άσε με ήσυχο/ήσυχη!** lass mich in Ruhe!
ήττα ['ita] F Niederlage *f*

ηφαίστειο [iˈfestio] N Vulkan *m* **ηφαιστειογενής** vulkanisch
ηχείο [iˈçio] N *Box* Lautsprecher *m* **ηχογράφηση** ⟨-ης⟩ [-si] F (Ton-)Aufzeichnung *f*
ηχογραφώ [-ɣr-] aufzeichnen
ήχος [ˈixos] M Laut *m*, Klang *m*, Ton *m*; Schall *m*
ηχώ[1] ⟨ηχούς⟩ [iˈxo] F Echo *n*
ηχώ[2] (er)tönen; (er)klingen

Θ

θα [θa] *vor Futur* **θα γράψω/ γράφω** ich werde schreiben; *als Ausdruck e-r Möglichkeit* **θα έγραφα** ich würde schreiben; **θα είχα γράψει** ich hätte geschrieben
θάβω beerdigen; vergraben
θαλαμηγός [-ˈɣos] F Yacht *f*
θάλαμος M *a.* TECH Kammer *f*; Kabine *f*; **τηλεφωνικός ~** Telefonzelle *f*
θάλασσα [ˈθalasa] F Meer *n*, See *f*; **τα κάνω ~** alles durcheinanderbringen; **με πειράζει/ πιάνει η ~** seekrank werden
θαλασσινά [-si-] NPL Meeresfrüchte *fpl* **θαλασσινός** ⟨-ή, -ό⟩ See-, Meeres-; *m* Seemann *m*
θαλασσόνερο N Seewasser *n* **θαλασσοταραχή** [-ˈçi] F Seegang *m*
θάμνοι MPL Gebüsch *n* **θάμνος** M Strauch *m*, Busch *m*
θαμπός ⟨-ή, -ό⟩ matt, trüb(e), glanzlos; *Foto* unscharf
θαμπώνω [-mb-] blenden; verblenden; sich trüben; *Glas* beschlagen
θαμώνας M,F Stammgast *m*
θανάσιμος ⟨-η, -ο⟩ tödlich; **~ εχθρός** *m* Todfeind *m*
θάνατος M Tod *m*
θανατώνω töten; hinrichten
θαρραλέος ⟨-α, -ο⟩ mutig
θάρρος N Mut *m*; **δίνω ~** Mut machen (**σε** *dat*); **παίρνω το ~** sich erlauben; **χάνω το ~ μου** den Mut verlieren
θαύμα [ˈθavma] N Wunder *n*; **~!** wunderbar!, bestens!
θαυμάζω [-zo] bewundern
θαυμάσιος ⟨-α, -ο⟩ [θavˈmasi-] wunderbar, herrlich; **θαυμάσια!** wunderbar!
θαυμασμός [-vmazm-] M Bewunderung *f*
θαυμαστής (-τρια) M(F) Verehrer(in) *m(f)*; *Schauspieler* Fan *m* **θαυμαστός** ⟨-ή, -ό⟩ bewundernswert
θεά F Göttin *f*
θέα F (Aus-)Sicht *f* (**προς** auf); Anblick *m*; **στη ~** beim Anblick (*gen* von) **θέαμα** N Anblick *m*; Spektakel *n*
θεαματικός ⟨-ή, -ό⟩ spektakulär **θεατής** M Zuschauer(in) *m(f)* **θεατρικός** ⟨-ή, -ό⟩ Theater-; theatralisch

θέατρο N Theater *n*; **υπαίθριο ~** Freilichtbühne *f*

θειάφι [θi'a-] N Schwefel *m*

θεϊκός ⟨-ή, -ό⟩ [θei-] göttlich

θείο ['θio] N Schwefel *m*

θείος[1] **(-α)** M(F) Onkel *m*, Tante *f*

θείος[2] ⟨-α, -ο⟩ göttlich

θέληση ⟨-ης⟩ [-si] F Wille *m*; Wunsch *m*; Bereitschaft *f*

θέλω wollen, wünschen; verlangen; nötig haben; **τι θέλετε;** was wünschen Sie?

θέμα N Thema *n*; Angelegenheit *f*; Frage *f*; GRAM Stamm *m*

θεμέλιο N *a. fig* Fundament *n* **θεμελιώδης** ⟨-ης, -ες⟩ fundamental; grundlegend; Grund-

θεμελιώνω *fig* (be)gründen

θεολογία F Theologie *f* **θεολογικός** ⟨-ή, -ό⟩ theologisch **θεολόγος** [-γ-] M,F Theologe *m*, -in *f*

θεοποιώ [-pi'o] vergöttern

θεός M Gott *m*; **για τ' όνομα του Θεού!** um Gottes willen!

Θεοφάνια [-nia, -ɲa] NPL *etwa* Dreikönigsfest *n*

θεραπεία F Therapie *f*, Kur *f*

θεραπεύομαι [-'pevo-] genesen, ausheilen **θεραπεύσιμος** ⟨-η, -ο⟩ [-'pefsi-] heilbar

θεραπευτήριο [-pe'fti-] N Sanatorium *n*, Klinik *f* **θεραπευτής (-τρια)** M(F) Therapeut(in) *m(f)*

θεραπευτικός ⟨-ή, -ό⟩ [-fti-] therapeutisch **θεραπεύω** [-'pevo] behandeln, heilen

θερίζω [-zo] mähen; ernten

θερινός ⟨-ή, -ό⟩ sommerlich; Sommer-; **θερινή ώρα** *f* Sommerzeit *f*

θερισμός [-zm-] M Ernte(zeit) *f* **θερμαίνω** (ein)heizen; erwärmen; *fig* beleben

θέρμανση ⟨-ης⟩ [-si] F Erwärmung *f*; Heizung *f*; **κεντρική ~** Zentralheizung *f*

θερμάστρα F (Heiz-)Ofen *m*

θέρμες FPL Thermen *pl*

θερμίδα F Kalorie *f*

θερμοκήπιο N Gewächshaus *n*

θερμοκρασία [-'sia] F Temperatur *f*; **παίρνω/μετρώ τη ~** die Temperatur messen

θερμόμετρο N Thermometer *n*

θερμοπληξία F Hitzschlag *m*

θερμός[1] ⟨-⟩ N Thermosflasche® *f*

θερμός[2] ⟨-ή, -ό⟩ heiß, warm; *fig* feurig; *fig* herzlich

θερμοσίφωνας [-'si-] M, **θερμοσίφωνο** N Boiler *m*

θερμοφόρα F Wärmflasche *f*

θέση ⟨-ης⟩ ['θesi] F Platz *m*; Lage *f*; Stellung *f*, Position *f*; (Sitz-)Platz *m*; BAHN Klasse *f*; Situation *f*; Posten *m*; These *f*; **~ εργασίας** Arbeitsstelle *f*; **στη ~ σου** an deiner Stelle; **στη ~** anstelle (*gen gen*; von)

θεσμός [-zm-] M Institution *f*

Θεσσαλία [-sa-] F Thessalien

n **Θεσσαλονίκη** F Saloniki *n*
θετικός ⟨-ή, -ό⟩ positiv; zuverlässig, sicher
θετός ⟨-ή, -ό⟩: **θετοί γονείς** MPL Stiefeltern *pl*; **θετή κόρη** *f* Stieftochter *f*; **~ γιος** *m* Stiefsohn *m*
θέτω legen; stellen; setzen; **~ όρους** Bedingungen stellen
θεωρείο N THEAT Loge *f*; Tribüne *f*
θεώρηση ⟨-ης⟩ [-si] F *Pass* Visum *n*, Sichtvermerk *m*
θεωρητικός ⟨-ή, -ό⟩ theoretisch **θεωρία** F Theorie *f*
θεωρούμαι gelten als **θεωρώ** halten (für *akk*); *Pass* abstempeln (lassen)
θήκη F Kiste *f*; *Brille* Etui *n*; *CD* Hülle *f*; *in Koffer* Fach *n*
θηλάζω [-zo] stillen **θηλασμός** [-zm-] M Stillen *n*
θηλαστικό (ζώο) N Säugetier *n*
θηλιά [θi'ʎa] F Schlinge *f*; *Stricken* Masche *f*
θηλυκό [θili-] N GRAM Femininum *n*; ZOOL Weibchen *n* **θηλυκός** ⟨-ή, -ό⟩ weiblich; feminin
θήραμα N Wild *n*
θηρίο N wilde(s) Tier *n*; Bestie *f*; **γίνομαι ~** rotsehen
θηριώδης ⟨-ης, -ες⟩ bestialisch **θηριωδία** F Bestialität *f*
θησαυρός [θisav-] M Schatz *m* **θησαυροφυλάκιο** N Tresor *m*
θητεία F Militärdienst *m*; Amtszeit *f*; **υποχρεωτική στρατιωτική ~** Wehrpflicht *f*; **πολιτική ~** Zivildienst *m*
θίασος M THEAT Ensemble *n*
θίγω [-γo] beleidigen, kränken; *Thema* anschneiden
θλάση ⟨-ης⟩ F MED Zerrung *f*
θλιβερός ⟨-ή, -ό⟩ *Sache* betrüblich; traurig; jämmerlich
θλίβω bedrücken, betrüben
θλιμμένος ⟨-η, -ο⟩ traurig, betrübt, bedrückt
θλίψη ⟨-ης⟩ F Betrübnis *f*; Leid *n*, Trauer *f*; Kummer *m*
θνητός ⟨-ή, -ό⟩ sterblich
θόλος M Kuppel *f*, Gewölbe *n*; MED Höhle *f*
θολός ⟨-ή, -ό⟩ trüb(e), glanzlos; verschwommen; dunstig; *Glas, Brille* beschlagen **θολώνω** *a. fig* (sich) trüben
θόρυβος M Lärm *m*, Krach *m*; *fig* Aufsehen *n*; **κάνω θόρυβο** Lärm machen; Aufsehen erregen
θορυβούμαι sich beunruhigen **θορυβώ** lärmen; *fig* beunruhigen
θορυβώδης ⟨-ης, -ες⟩ geräuschvoll; *Person* laut
Θουριγγία [-ŋg-] F Thüringen *n*
Θράκη F Thrakien *n*
θρασύς ⟨-εία, -ύ⟩ [-'sis] dreist; mutwillig
θρεπτικός ⟨-ή, -ό⟩ nahrhaft; Nähr-; **θρεπτική αξία** *f* Nährwert *m*

θρέφω → τρέφω
θρήνος M Wehklage *f*
θρηνώ wehklagen; beklagen, beweinen
θρησκεία F, **θρήσκευμα** [-evma] N Religion *f*
θρησκευτικός ⟨-ή, -ό⟩ [-efti-] religiös; Religions-
θρήσκος (-α) M(F) fromm, gläubig, religiös
θριαμβεύω [-m'vevo] triumphieren
θρίαμβος M Triumph *m*
θρόμβωση ⟨-ης⟩ [-si] F Thrombose *f*
θρόνος M Thron *m*
θρυλικός ⟨-ή, -ό⟩ legendär
θρύλος M Legende *f*
θρύψαλο N Scherbe *f*
θύελλα F Sturm *m*, Gewitter *n*
θυελλώδης ⟨-ης, -ες⟩ *a. fig* stürmisch
θύμα N (Todes-)Opfer *n*
θυμάμαι ⟨-άσαι, θυμήθηκα⟩ sich erinnern (*akk* an); denken
θυμάρι N Thymian *m* **θυμίζω** [-zo] erinnern (**σε** an)
θυμός M Zorn *m*, Wut *f* **θυμούμαι** → θυμάμαι
θυμωμένος ⟨-η, -ο⟩ wütend, böse **θυμώνω** wütend machen, ärgern (**με** über); wütend werden; sich ärgern
θύρα F Tür *f*; COMPUT Schnittstelle *f*
θυρίδα F *Post®*, *Bank* Schalter *m*; **ταχυδρομική ~ (Τ.Θ.)** Postfach *n* (Postf.)
θυρωρός M,F Pförtner(in) *m(f)*
θυσία [-'sia] F Opfer *n*; *mst pl* Aufopferung *f*; **πάση ~** um jeden Preis
θυσιάζομαι [-si'azo-] sich aufopfern (**για** für) **θυσιάζω** opfern
θώρακας M Brustkorb *m*

Ι

ιαματικός ⟨-ή, -ό⟩ [ia-] Heil-; heilkräftig; **ιαματική πηγή** *f* Heilquelle *f*
Ιανουάριος [ianu-] M Januar *m*
ιατρείο [ia'trio] N Arztpraxis *f*
ιατρική F Medizin *f* **ιατρικός** ⟨-ή, -ό⟩ ärztlich; medizinisch
ιατρός M,F Arzt *m*, Ärztin *f*
ιδανικό N Ideal *n* **ιδανικός** ⟨-ή, -ό⟩ ideal; Ideal-; ideell
ιδέα F Idee *f*; Vorstellung *f*; Begriff *m*; *fig* Idee *f*, Spur *f*; **δεν έχω ~** keine Ahnung haben (**από** von)
ιδεαλισμός M Idealismus *m*
ιδεαλιστής (-τρια) M(F) Idealist(in) *m(f)* **ιδεαλιστικός** ⟨-ή, -ό⟩ idealistisch
ιδεολογία F Ideologie *f* **ιδεολογικός** ⟨-ή, -ό⟩ ideologisch
ιδεώδες N Ideal *n* **ιδεώδης** ⟨-ης, -ες⟩ ideal
ιδιαίτερα[1] [iði'e-] NPL Privatangelegenheiten *fpl*

ιδιαίτερα[2] ADV → ιδιαιτέρως
ιδιαίτερος ⟨-η, -ο⟩ besondere, speziell; privat **ιδιαιτερότητα** F Besonderheit *f*, Eigenart *f*
ιδιαιτέρως [iðie-] ADV insbesondere; unter vier Augen
ιδιοκτησία [-'sia] F Eigentum *n*, Besitz *m* **ιδιοκτήτης** (--**τρια**) M(F) Eigentümer(in) *m(f)* **ιδιορρυθμία** F Eigentümlichkeit *f*; Eigenart *f*
ιδιόρρυθμος ⟨-η, -ο⟩ eigentümlich; eigenartig
ίδιος ['iðjos]: **ο ~, η ίδια, το ίδιο** der-, die-, dasselbe; selbst; **εγώ/εσύ/αυτός ο ~/ αυτή η ίδια** ich/du/er/sie selbst; gleich; **το ίδιο μου κάνει!** es ist mir gleich!; eigen; **το ίδιο ... όσο** ebenso ... wie
ιδιότητα F Eigenschaft *f*
ιδιοτροπία F Eigensinn *m*; Laune *f* **ιδιότροπος** ⟨-η, -ο⟩ eigen(sinnig); launisch
ιδιοφυΐα [-'ia] F Begabung *f* **ιδιοχείρως** [-'çi-] ADV eigenhändig
ιδίωμα [i'ðio-] N Mundart *f*
ιδιωματικός ⟨-ή, -ό⟩ idiomatisch, dialektal **ιδιωματισμός** [-zm-] M Redewendung *f*
ιδίως [-ios] ADV insbesondere
ιδιώτης [-i'o-] M Privatmann *m*
ιδιωτικά NPL Privatangelegenheiten *fpl* **ιδιωτικοποίηση** ⟨-ης⟩ [-'piisi] F Privatisierung *f* **ιδιωτικοποιώ** [-pi'o] privatisieren
ιδιωτικός ⟨-ή, -ό⟩ privat
ίδρυμα N Institution *f*, Anstalt *f* **ίδρυση** ⟨-ης⟩ [-si] F Gründung *f*
ιδρυτής (-**τρια**) M(F) Gründer(in) *m(f)* **ιδρύω** [-io] erbauen; gründen; stiften
ιδρωμένος ⟨-η, -ο⟩ verschwitzt **ιδρώνω** schwitzen
ιδρώτας M Schweiß *m*
ιεραρχία [-'çia] F Hierarchie *f* **ιεραρχικός** ⟨-ή, -ό⟩ hierarchisch
ιερέας ⟨-είς⟩ M Priester *m*
ιέρεια F Priesterin *f*
ιερό N Heiligtum *n*
ιερός ⟨-ή, -ό⟩ heilig
Ιησούς [ii'sus] M Jesus *m*
ιθαγένεια [-'jenia] F Staatsangehörigkeit *f*
ικανοποιημένος ⟨-η, -ο⟩ [-pii-] zufrieden; **μένω ~** zufrieden sein (**με**; **από** mit)
ικανοποίηση ⟨-ης⟩ [-'piisi] F Genugtuung *f*; Befriedigung *f*
ικανοποιητικός ⟨-ή, -ό⟩ befriedigend; zufriedenstellend
ικανοποιώ befriedigen; zufriedenstellen
ικανός ⟨-ή, -ό⟩ fähig (**για** zu); imstande; MED potent **ικανότητα** F Fähigkeit *f*; MED Potenz *f*
ικετεύω [-'tevo] anflehen
ίκτερος M Gelbsucht *f*
ιλαρά F Masern *fpl*
ιμάντας M Gepäckband *n*

ιμπεριαλισμός [-zm-] M Imperialismus *m*
ίνα F Faser *f*
ινσουλίνη [-su-] F Insulin *n*
ινστιτούτο N Institut *n*
ίντερνετ ⟨-⟩ N, **ιντερνέτ** ⟨-⟩ [int-] N Internet *n*; **διεύθυνση** *f* **στο ~** Internetadresse *f*
Ιόνια Νησιά [i'onia ni'sja] NPL Ionische(n) Inseln *fpl*
Ιόνιο (Πέλαγος) N Ionische(s) Meer *n*
ιός M *a. Computer* Virus *n*
Ιούλης M, **Ιούλιος** [i'uli-] M Juli *m*
Ιούνης M, **Ιούνιος** [i'u-] M Juni *m*
ιππασία [-'sia] F Reiten *n*; Reitsport *m* **ιππέας** ⟨-είς⟩ (**-εύτρια**) M(F) *a. Sport* Reiter(in) *m(f)*
ιππεύω [i'pevo] reiten
ιπποδύναμη F Pferdestärke (PS) *f* **ιππόκαμπος** [-mb-] M Seepferdchen *n* **ιπποπόταμος** M Flusspferd *n*, Nilpferd *n*
ίππος M Pferd *n*; Pferdestärke (PS) *f*; *Schach* Springer *m*
Ιρλανδία F Irland *n* **ιρλανδικός** ⟨-ή, -ό⟩ irisch
Ιρλανδός (**-ή**) M(F) Ire *m*, Irin *f*
ίσα ['isa]: **~-~** im Gegenteil
ισάξιος ⟨-α, -ο⟩ [i'sa-] gleichwertig; ebenbürtig
Ισημερινός [-si-] M Äquator *m*
ισθμός M Landenge *f*
ίσια ['isja] ADV geradewegs, direkt; gerade
ίσιος ⟨-α, -ο⟩ ['isjos] eben (-mäßig); gleich groß (**με** *dat*); gerade; *Art* direkt; *Haar* glatt
ίσκιος M → ήσκιος
Ισλάμ ⟨-⟩ N Islam *m*
ισλαμικός ⟨-ή, -ό⟩ islamisch
ισλαμισμός [-zm-] M Islam *m*
ισόβιος ⟨-α, -ο⟩ [i'so-] lebenslänglich **ισόγειο** [-jio] N Erdgeschoss *n*, Parterre *n*
ισολογισμός M HANDEL Bilanz *f*
ίσον ['ison] MATH gleich
ισοπαλία [iso-] F *Sport* Unentschieden *n*
ισοπεδώνω [-so-] einebnen; nivellieren; *fig* ausgleichen
ισορροπία F *a. fig* Gleichgewicht *n*; Ausgeglichenheit *f*
ίσος ⟨-η, -ο⟩ ['isos] gleich
ισοτιμία [iso-] F Gleichberechtigung *f* **ισότιμος** ⟨-η, -ο⟩ gleichwertig; gleichberechtigt
ισοφαρίζω *Sport* ausgleichen
Ισπανία F Spanien *n*
Ισπανικά NPL Spanisch *n*
ισπανικός ⟨-ή, -ό⟩ spanisch
Ισπανός (**-ίδα**) M(F) Spanier(in) *m(f)*
ιστίο N Segel *n*
ιστιοδρομία F Segeln *n*; Regatta *f*; **κάνω ~** (wett)segeln
ιστιοπλοΐα [-o'ia] F Segeln *n*, Segelsport *m*; **κάνω ~** segeln
ιστιοσανίδα [-sa-] F Surf-

brett *n* **ιστιοφόρο** N Segelschiff *n*
ιστορία F Geschichte *f*; Erzählung *f*; **ιστορίες** Unannehmlichkeiten *fpl*
ιστορικό N *fig* Vorgeschichte *f*; MED Anamnese *f*
ιστορικός[1] ⟨-ή, -ό⟩ geschichtlich, historisch
ιστορικός[2] M,F Historiker(in) *m(f)*
ιστός M SCHIFF Mast *m*; BIOL Gewebe *n*
ιστοσελίδα [-se-] F Webseite *f*
ισχιαλγία [isçial'jia] F Ischias *m,f* **ισχίο** N Hüfte *f*, Lende *f*
ισχνός ⟨-ή, -ό⟩ [-sx-] *a. fig* hager, mager, dürr
ισχυρίζομαι [isçi-] behaupten **ισχυρισμός** [-z-] M Behauptung *f*
ισχυρογνωμοσύνη [-'si-] F Starrsinn *m* **ισχυρογνώμων** ⟨-ων, -ον⟩ starrsinnig
ισχυρός ⟨-ή, -ό⟩ kräftig; *fig* mächtig, stark
ισχύς ⟨-ύος⟩ [i'sçis] F Stärke *f*; *a.* JUR Kraft *f*; Gültigkeit *f*; *fig* Einfluss **ισχύω** [-io] gelten
ίσως [i'sos] vielleicht
Ιταλία F Italien *n* **Ιταλικά** NPL Italienisch *n* **ιταλικός** ⟨-ή, -ό⟩ italienisch **Ιταλός** (--**ίδα**) M(F) Italiener(in) *m(f)*
ιτιά [i'tja] F *Baum* Weide *f*
I.X. N ([αυτοκίνητο] ιδιωτικής χρήσης) PKW *m* (*Personenkraftwagen*)
ιχθυοπωλείο [ixθi-] N Fischhandlung *f*
Ιχθύες MPL ASTROL Fische *mpl*
ίχνος ['ixn-] N Fußspur *f*; *a. fig* Spur *f*; *fig* Hauch *m*, Anflug *m*
ιώδιο [i'oδio] N Jod *n*
ίωση ⟨-ης⟩ F Virusinfektion *f*

K

κάβα F Getränkemarkt *m*; Weinkeller *m*
καβάλα ADV zu Pferde
καβαλάρης ⟨-ηδες⟩ (-**ισσα**) M(F) Reiter(in) *m(f)* **καβαλέτο** N Staffelei *f* **καβαλιέρος** [-'ʎe-] M Kavalier *m*; *Tanz* Herr *m* **καβαλικεύω** reiten
καβγαδίζω [-zo] streiten
καβγάς ⟨-άδες⟩ [-vγ-] M Streit *m*
κάβος M Kap *n*; Kabel *n*; Tau *n*
καβούρι N Krabbe *f*
καγκελάριος M,F Kanzler(in) *m(f)*
κάγκελο [-ŋg-] N Gitter *n*; Gitterzaun *m*; *pl* Geländer *n*
καγκουρό [-ŋg-] ⟨-⟩ N Känguru *n*
κάδος M Bottich *m*; *Papier, Glas* Container *m* **κάδρο** N Bilderrahmen *m*; (Wand-)Bild *n*
καζάνι [-'za-] N Kessel *m* **κα-**

ζίνο [-'zi-] N (Spiel-)Kasino *n*
κάηκα → καίγομαι
καημένος ⟨-η, -ο⟩ [kai-] arm, bedauernswert **καημός** M Kummer *m*; Sehnsucht *f*
καθαρεύουσα [-'revusa] F *puristisch-archaisierende Sprachform des Neugriechischen*
καθαρίζω putzen, reinigen, säubern; *umg* beseitigen, töten; *umg aufessen* verputzen
καθαριότητα F Sauberkeit *f*
καθάρισμα [-zma] N Reinigung *f*; Rein(e)machen *n*
καθαριστήριο N Reinigung (-sgeschäft) *f(n)*; Wäscherei *f*
καθαριστής ⟨-τρια⟩ M(F) Raumpfleger(in) *m(f)*, Putzfrau *f*
καθαρός ⟨-ή, -ό⟩ sauber, rein; *Gold* echt, pur; *Wasser, Stimme* klar; *Wäsche* frisch; offensichtlich
καθαρτικό N Abführmittel *n*
κάθε ⟨-⟩ jede(r, -s); **~ τρεις μέρες** alle drei Tage; **~ άλλο** im Gegenteil; **~ πότε;** wie oft?; **~ λογής** allerlei; **~ φορά που …** jedes Mal wenn …
καθένας ⟨καθεμιά/-μία, καθένα⟩ jede(r, -s); jedermann; **ο ~ μας** jeder von uns
καθεστώς ⟨-ώτος⟩ N Regime *n*; politische(s) System *n*
κάθετος[1] ⟨-η, -ο⟩ senkrecht
κάθετος[2] F Vertikale *f*
καθέτως ADV senkrecht
καθηγητής ⟨-τρια⟩ [kaθiji-'tis] M(F) Professor(in) *m(f)*; (Gymnasial-)Lehrer(in) *m(f)*
καθήκον ⟨-οντα⟩ N Pflicht *f*, Aufgabe *f*
καθημερινή F Wochentag *m* **καθημερινός** ⟨-ή, -ό⟩ (all)-täglich; Tages- **καθημερινότητα** F Alltag *m*
καθησυχάζω beruhigen
καθιερώνω festlegen; einführen
καθίζω *auf e-n Stuhl* setzen
κάθισμα N Stuhl *m*, Sitzplatz *m*
καθιστικό N Wohnzimmer *n* **καθιστός** ⟨-ή, -ό⟩ sitzend, im Sitzen; **μένω ~** sitzen bleiben
καθοδήγηση ⟨-ης⟩ [-jisi] F Anleitung *f* **καθοδηγώ** anleiten
κάθοδος F Absteigen *n*, Abstieg *m*; Ausstieg *m*
καθολικός ⟨-ή, -ό⟩ allgemein; katholisch; *m,f* Katholik(in) *m(f)*
καθόλου *ohne Verneinung* überhaupt; *Verneinung* gar nicht, überhaupt nicht
κάθομαι ⟨κάθισα⟩ sitzen; sich (hin)setzen; Platz nehmen; wohnen; **κάθισε!** setz dich!; **καθίστε!** setzen Sie sich!
καθορίζω [-zo] festsetzen, -legen; bestimmen
καθόσον [-son] insofern
καθρέφτης M Spiegel *m*
καθρεφτίζομαι sich (wider)-spiegeln; in den Spiegel

schauen **καθρεφτίζω** (wider)spiegeln
καθυστερημένος ‹-η, -ο› verspätet; *Person* unpünktlich; *Land* rückständig; *geistig* zurückgeblieben **καθυστέρηση** ‹-ης› F Verspätung *f*; Verzögerung *f*
καθυστερώ *j-n* aufhalten; verzögern; sich verspäten
καθώς ADV wie; *konj* als; während; **~ και** sowie; **~ μιλούσα** während ich sprach
και [ke] und; auch; **~ … ~** sowohl … als auch; **μία ~ δέκα** zehn nach eins
καίγομαι ‹κάηκα› ['keγome] *Gebäude, a. fig* brennen; (sich) verbrennen; *Speise* anbrennen
καΐκι [ka'iki] N Fischkutter *m*
καϊμάκι [kai-] N *etwa* Rahm *m*
καινούργιος ‹-α, -ο› [-rjos] neu
καιρός [ke'ros] M Zeit *f*; Wetter *n*; **τι καιρό κάνει;** wie ist das Wetter?; **πόσον καιρό;** wie lange?; **εδώ και λίγο καιρό** seit Kurzem; **πολύ(ν) καιρό** lange
καίω ‹καις, έκαψα› ['keo] *a. Feuer, Sonne, Zunge* brennen, (ver-, ab)brennen; heiß sein, glühen; *Speisen* anbrennen
κακάο N *a. Getränk* Kakao *m*
κακία F Bosheit *f*; Schlechtigkeit *f*; **κρατώ ~** es übel nehmen (**σε** *dat*)
κακό N Böse(s) *n*; Übel *n*; Unheil *n*; **(δεν) κάνει ~** es schadet (nicht)
κακόβουλος ‹-η, -ο› böswillig **κακογουστιά** F schlechte(r) Geschmack *m* **κακόγουστος** ‹-η, -ο› geschmacklos
κακοδιάθετος ‹-η, -ο› schlecht gelaunt, verstimmt
κακοκαιρία F schlechte(s) Wetter *n*, Unwetter *n*
κακοκεφιά [-'fja] F schlechte Laune *f* **κακόκεφος** ‹-η, -ο› schlecht gelaunt
κακομαθαίνω verwöhnen
κακομαθημένος ‹-η, -ο› verzogen
κακομεταχειρίζομαι [-çi-'rizome] schlecht behandeln
κακομοίρης ‹-α, -ικο› elend; arm; *m* arme(r) Teufel *m* **κακομοιριά** [-'rja] F Elend *n*, Jammer *m* **κακοποίηση** ‹-ης› [-'piisi] F Misshandlung *f*
κακοποιός M,F Kriminelle(r) *m,f* **κακοποιώ** [-pi'o] misshandeln
κακός ‹-ιά/-ή, -ό› schlecht; schlimm; übel; *Person* böse
κακοσμία [-zm-] F üble(r) Geruch *m* **κακοτυχία** [-'çia] F Unglück *n*, Pech *n*
κάκτος M Kaktus *m*
καλά ADV gut, wohl; richtig, recht; **είσαι ~;** geht's dir gut?; **γίνομαι ~** gesund werden; **να είσαι ~** *etwa* danke
καλάθι N Korb *m*; **~ των αχρήστων** Papierkorb *m*

καλαισθησία F Schönheitssinn *m*, gute(r) Geschmack *m* **καλαμάκι** N Trink-, Strohhalm *m*

καλαμαράκια [-kja] NPL Tintenfischringe *mpl* **καλαμάρι** N Tintenfisch *m*, Kalmar *m*

καλάμι N Rohr *n*, Schilf *n*; Angel(rute) *f*

καλαμπόκι [-mb-] N Mais *m*

καλεσμένος ⟨-η, -ο⟩ [-zm-] eingeladen; *m,f* Gast *m*

καλημέρα! guten Tag!; guten Morgen! **καληνύχτα!** [kali'nixta] gute Nacht! **καλησπέρα!** guten Abend!

καλλιέργεια [-'erjia] F *Feld* Anbau *m*; *Pflanzen* Züchtung *f*; *a.* BIOL, *Anbau* Kultur *f*

καλλιεργημένος ⟨-η, -ο⟩ [-ji-] kultiviert **καλλιεργώ** [-'ɣo] anbauen; *Feld* bestellen; *Pflanzen* züchten; *a. fig* kultivieren

καλλιτέχνημα [-xni-] N Kunstwerk *n* **καλλιτέχνης** (**--ιδα**) M(F) Künstler(in) *m(f)*

καλλιτεχνικός ⟨-ή, -ό⟩ kunstvoll; künstlerisch; Kunst-

καλλυντικά [-nd-] NPL Kosmetikartikel *npl*; **κατάστημα** *n* **καλλυντικών** Kosmetikgeschäft *n*

καλό N Gute(s) *n*; **στο ~!** guten Heimweg!; alles Gute!; **(δεν) κάνει ~** es tut (nicht) gut (**σε** *dat*); **για το ~ σου** dir zuliebe

καλόγερος (**-γρια**) [-je-] M(F) Mönch *m*, Nonne *f*

καλόγουστος ⟨-η, -ο⟩ [-ɣu-] geschmackvoll **καλοδιάθετος** ⟨-η, -ο⟩ gut gelaunt

καλοκαίρι N Sommer *m*; **το ~** im Sommer

καλοκαιρία [-'ria] F, **καλοκαιριά** [-'rja] F schöne(s) Wetter *n* **καλοκαιριάζει** [ke'rjazi] es wird Sommer

καλοκαιριάτικος ⟨-η, -ο⟩ [-'rja-], **καλοκαιρινός** ⟨-ή, -ό⟩ sommerlich; Sommer-

καλόκαρδος ⟨-η, -ο⟩ gutmütig

καλομαθημένος ⟨-η, -ο⟩ verzogen **καλομεταχειρίζομαι** [-çi'rizo-] gut behandeln

καλοντυμένος ⟨-η, -ο⟩ [-nd-] gut angezogen

καλόπιστος ⟨-η, -ο⟩ gutgläubig **καλοριφέρ** ⟨-⟩ N Heizkörper *m*; Zentralheizung *f*

καλός ⟨-ή, -ό⟩ gut; gütig; **καλέ!** hallo!; du!, mein Guter!; **δεν είμαι στα καλά μου** nicht bei Verstand sein **καλοσυνάτος** ⟨-η, -ο⟩ gutmütig

καλοσύνη [-'si-] F Güte *f*; Gefälligkeit *f*; **~ σου/σας!** sehr nett von dir/Ihnen!

καλοτρώω *etwa* schlemmen

καλούπι N (Guss-)Form *f*

καλοφαγάς ⟨-άδες⟩ (**-ού**) [-'ɣas] M(F) Feinschmecker(in) *m(f)*

κάλτσα F Strumpf *m*; Socke *f*

καλτσάκι N Socke *f*

καλτσόν ⟨-⟩ N Strumpfhose *f*
καλύβα F, **καλύβι** N Hütte *f*
κάλυμμα N Abdeckung *f*, Hülle *f*; Decke *f*, (Bett-) Überzug *m*; *Sofa, Sessel* Bezug *m*
καλύπτω ab-, be-, verdecken; *Bedarf, Kosten* decken
καλύτερα ADV besser; lieber; **είμαι ~** es geht mir besser
καλυτέρευση [-refsi] F ⟨-ης⟩ Besserung *f* **καλυτερεύω** [-evo] verbessern; *a. Wetter* sich bessern
καλύτερος ⟨-η, -ο⟩ bessere; **(ο) ~** der beste; **τόσο το καλύτερο** umso besser
καλώ (auf)rufen; *j-n* zu sich bestellen; einladen; auffordern; nennen; **~ σε βοήθεια** zu Hilfe rufen
καλώδιο N Kabel *n*
καλώς ADV gut; **~ τον/την/τους!** willkommen!
καλωσορίζω [-so'rizo] willkommen heißen
καμάκι N Harpune *f*; *umg* Aufreißer *m*
καμάρα F ARCH Gewölbe *n*
κάμαρα F Zimmer *n*; Kammer *f*
καμάρι N Stolz *m*
καμαριέρης ⟨-α⟩ [-'rje-] M(F) Hausdiener *m*; Hotelboy *m*; Zimmermädchen *n*
καμαρίνι N THEAT Umkleidekabine *f* **καμαρότος** M SCHIFF Steward *m*
καμαρώνω stolz sein (**για; με** auf); sich brüsten, sich zieren
καμένος ⟨-η, -ο⟩ an-, abgebrannt, verbrannt
κάμερα F *Film*, TV Kamera *f*
καμήλα F Kamel *n*
καμινέτο N Spirituskocher *m*
καμίνι N *fig* Hitze *f*, Glut *f*
καμουφλάζ ⟨-⟩ [-z] N Tarnung *f*
καμουφλάρω tarnen
καμπάνα F Glocke *f* **καμπαναριό** [-'rjo] N Glockenturm *m*
καμπάνια [-m'baɲa] F Kampagne *f*
καμπαρέ ⟨-⟩ [-ba-] N Kabarett *n*
καμπή [-m'bi] F Kurve *f*, Biegung *f*; *fig* Wende *f*
κάμπια [-mbja] F Raupe *f*
καμπίνα F Kabine *f*, Cockpit *n*; *Strand* Umkleidekabine *f*; **~ ντους** Duschkabine *f*
κάμπινγκ ⟨-⟩ ['kambing] N Camping(platz) *n*(*m*)
κάμπος [-mb-] M Tiefebene *f*, Flachland *n*
κάμποσος ⟨-η, -ο⟩ ziemlich (viel); *pl* mehrere
καμπούρα [-mb-] F Buckel *m* **καμπούρης** ⟨-α, -ικο⟩ buck(e)lig
κάμπτω ['kampto] biegen; *fig* beugen, in die Knie zwingen
καμπύλος ⟨-η, -ο⟩ [-mb-] krumm, gekrümmt
καμώματα NPL Getue
καν KONJ: **ούτε ~** nicht einmal
κανάλι N *a.* TV Kanal *m*

καναπές ⟨-έδες⟩ M Couch *f*
καναρίνι N Kanarienvogel *m*
κανάτα F Krug *m*, Kanne *f*
κανείς, κανένας ⟨καμία/καμιά, κανένα⟩ *ohne Verneinung* irgendeine(r, -s); (irgend)jemand; *Verneinung* (gar) keine(r, -s), niemand; man; **~ άλλος;** sonst jemand?; **~ άλλος** kein anderer; **είναι ~ εδώ;** ist da jemand?; **δεν ήταν ~** es war niemand; **πρέπει ~ να ...** man muss ...
κανέλα F Zimt *m*
κάνναβη F, **καννάβι** N Hanf *m*
κανό N ⟨-⟩ Kanu *n*
κανόνας M Regel *f*; Vorschrift *f*; **κατά κανόνα** in der Regel
κανόνι N Kanone *f*, Geschütz *n*; *umg sehr gut* Kanone *f*
κανονίζω [-zo] regeln, einrichten; erledigen **κανονικός** ⟨-ή, -ό⟩ regelmäßig; normal
κανονικότητα F Regelmäßigkeit *f* **κανονισμός** [-zm-] M Regelung *f*; Verordnung *f*
καντήλα [-nd-] F, **καντήλι** N *Art* Öllampe *f* **καντίνα** F Kantine *f*; Schnellimbiss *m*
κάνω machen, tun, treiben; taugen (**για** für); kosten; hervorbringen, leisten; *Krieg* führen; *Fest* geben; *Frage* stellen; *Vorbereitungen* treffen; *Fehler* begehen; **τι κάνεις/κάνετε;** wie geht es dir/Ihnen?; **πόσο κάνει;** wie viel kostet es/das?
καούρα F *umg* Sodbrennen *n*
καπάκι N *v. Topf* Deckel *m*
καπέλο N Hut *m*
καπετάνιος [-ɲos] M Anführer *m*; SCHIFF Kapitän *m*
καπιταλισμός [-zm-] M Kapitalismus *m* **καπιταλιστικός** ⟨-ή, -ό⟩ kapitalistisch
καπνιά [-'ɲa] F Ruß *m* **καπνίζω** rauchen; qualmen; *Fleisch* räuchern
κάπνισμα [-zm-] N Rauchen *n*
καπνιστής ⟨-τρια⟩ M(F) Raucher(in) *m(f)*; **μη ~** Nichtraucher(in) *m(f)*
καπνιστός ⟨-ή, -ό⟩ geräuchert
καπνοδόχος F Schornstein *m*
καπνοπωλείο N Tabakladen *m*
καπνός M Rauch *m*; Qualm *m*; *pl* **τα καπνά** Tabak(pflanze) *m(f)*
καπό ⟨-⟩ N Motorhaube *f*
κάποιος ⟨-α, -ο⟩ ['kapjos] jemand; (irgend)eine(r, -s), irgendjemand; man; *pl* einige, manche; **~ άλλος** jemand anders; **~ κύριος ...** ein gewisser Herr ...
καπότα F *umg* Präservativ *n*
κάποτε einmal, irgendwann; bisweilen, manchmal **κάπου** irgendwo(hin); **~ αλλού** anderswo(hin)
κάππαρη F Kapern *fpl*

κάπως irgendwie; einigermaßen; ein bisschen, etwas
καραβάνι N Karawane *f*
καράβι N Schiff *n*
καραμέλα F Bonbon *n,m*
καραμπόλα F *Unfall* Karambolage *f*
καραντίνα [-nd-] F Quarantäne *f* **καράτι** N Karat *n*
καράφα F Karaffe *f*
καρβέλι N Laib *m* Brot, Brot *n*
κάρβουνο N Kohle *f*
κάρδαμο N Kresse *f*
καρδιά [-'ðja] F *a. fig* Herz *n*; **με όλη μου την ~** von ganzem Herzen
καρδιακός ⟨-ή, -ό⟩ Herz-; *m, f* Herzkranke(r) *m,f*
καρδιολόγος [-ɣos] M,F Kardiologe *m*, -in *f* **καρδιοπάθεια** [-rðio-] F Herzleiden *n* **καρδιοχτύπι** [-rðjox-] N Herzklopfen *n*
καρέκλα F Stuhl *m*; **αναπηρική ~** Rollstuhl *m*
καριέρα [-'rje-] F Karriere *f*
καρίνα F SCHIFF Kiel *m*
καρκινογόνος [-'ɣo-] ⟨-ος, ο⟩ krebserregend
καρκίνος M MED Krebs *m*; **Καρκίνος** M ASTROL Krebs *m* **καρκίνωμα** N Krebsgeschwür *n*
Καρλσρούη F Karlsruhe *n*
καρμπιρατέρ ⟨-⟩ [-rbi-] N Vergaser *m* **καρμπόν** ⟨-⟩ N Durchschlagpapier *n*
καρναβάλι N Karneval *m*
καρνέ ⟨-⟩ N Notizbuch *n*
καρό ⟨-⟩ kariert; ⟨-⟩ *n* Karo *n*
καροτσάκι N, **καρότσι** N Schubkarre *f*; Kinderwagen *m*; Einkaufswagen *m*; Rollstuhl *m*
καρπός M *a. fig* Frucht *f*; Handgelenk *n* **καρπούζι** [-zi] N Wassermelone *f*
κάρο N Karren *m*
καρότο N Karotte *f*, Mohrrübe *f*
κάρτα F Karte *f*; Ansichtskarte *f*; Visitenkarte *f*; **ευχετήρια ~** Glückwunschkarte *f*; **πιστωτική ~** Kreditkarte *f*; **~ ήχου** Soundkarte *f*
καρτοτηλέφωνο N Kartentelefon *n*
καρτ ποστάλ ⟨-⟩ F Ansichtskarte *f*; Postkarte *f*
καρύδα F Kokosnuss *f* **καρύδι** N (Wal-)Nuss *f*; Adamsapfel *m*
καρυδιά [-'ðja] F (Wal-)Nussbaum *m*
καρύκευμα [-evma] N Gewürz *n*; *a. fig* Würze *f* **καρυκεύω** [-'kevo] *a. fig* würzen
καρφί N (Wand-)Nagel *m*; *fig* Spitzel *m*; *umg* **δε μου καίγεται ~!** das ist mir schnuppe!
καρφίτσα F Steck-, Haarnadel *f*; Brosche *f*
καρφώνω (an)nageln; *umg* verpfeifen **καρχαρίας** M Hai(-fisch) *m*
κασέρι [-'se-] N *Art* Hartkäse *m*
κασέτα [-s-] F MUS Kassette *f*

κασετόφωνο N Kassettenrekorder *m*
κασκόλ ⟨-⟩ N (Winter-)Schal *m*
κασόνι N Kiste *f*, Kasten *m*
κασσίτερος M Zinn *n*
καστανιά [-'ɲa] F Kastanie (-nbaum) *f*(*m*)
κάστανο N *Frucht* Kastanie *f*
καστανός ⟨-ή, -ό⟩ brünett, dunkel; *Augen, Haar* braun
κάστορας M Biber *m*
καστόρ ⟨-⟩ [ka'stor] N, **καστόρι** [ka'stori] N Wildleder *n*
κάστρο N Burg *f*, Festung *f*
κατ' → κατά
κατά gemäß, nach, zufolge (*akk dat*); *zeitlich* während (*akk gen*); *zeitlich* gegen; *räumlich* gegen (*gen akk*); je, pro (*akk akk*); **~ τη γνώμη μου** meiner Meinung nach; **~ το μεσημέρι** gegen Mittag; **είμαι ~** dagegen sein; **~ τύχη** durch Zufall
καταβάλλω *Feind* bezwingen, überwältigen; *Mühe, Kraft* aufwenden; HANDEL einzahlen
κατάβαση ⟨-ης⟩ F *Ski* Abfahrt *f*
καταβρέχω *Rasen* sprengen
καταβροχθίζω [-zo] verschlingen
καταγγελία [-ŋg-] F JUR Anzeige *f*; *Vertrag* Kündigung *f*
καταγγέλλω JUR anzeigen; anklagen; **~ σύμβαση** kündigen
καταγής ADV auf der/die Erde; **πέφτω ~** zu Boden fallen
κάταγμα N Knochenbruch *m*
κατάγομαι [-ɣo-] (ab)stammen (**από** aus; von), herkommen; **από πού κατάγεσαι;** wo stammst du her?
καταγράφω [-ɣr-] registrieren
καταγωγή [-ɣo'ji] F Abstammung *f*; Herkunft *f*
καταδικάζω *a.* JUR verurteilen (**σε** zu) **καταδίκη** F Verurteilung *f*
καταδιώκω [-ði'o-] verfolgen **καταδίωξη** ⟨-ης⟩ F Verfolgung *f*
καταδύομαι (unter)tauchen
κατάδυση ⟨-ης⟩ F Tauchsport *m*
κατάθεση ⟨-ης⟩ [-θesi] F *Bank* Einzahlung *f*; (Zeugen-) Aussage *f*; *Antrag* Einreichung *f*
καταθέτω *Bank* einzahlen; JUR aussagen; *Antrag* einreichen; HANDEL hinterlegen; vorlegen
καταθλιπτικός ⟨-ή, -ό⟩ depressiv; deprimierend **κατάθλιψη** ⟨-ης⟩ F Depression *f*
καταιγίδα [-'jiða] F Gewitter *n*
κατακάθι N Kaffeesatz *m*
κατακλυσμός [-izm-] M Sintflut *f*; *fig* Überschwemmung *f*
κατάκοπος ⟨-η, -ο⟩ todmüde
κατακρίνω verurteilen, missbilligen

κατάκτηση ⟨-ης⟩ [-si] F Eroberung *f*; *fig* Errungenschaft *f*
κατακτώ ⟨-άς⟩ erobern
καταλαβαίνω ⟨κατάλαβα⟩ verstehen; begreifen
καταλαμβάνω erobern, einnehmen, besetzen; *Angst* befallen
καταλήγω [-γο] geraten, enden, ausgehen; *Straße* einmünden; *umg* landen
κατάληξη ⟨-ης⟩ F Ausgang *m*, Ende *n*; GRAM Endung *f*
κατάληψη ⟨-ης⟩ F MIL Besetzung *f*
κατάλληλος ⟨-η, -ο⟩ geeignet, richtig; *Zeit* recht; **είμαι ~** sich eignen (**για** für)
καταλληλότητα F Eignung *f*
καταλογίζω [-'jizo] unterstellen **καταλογισμός** [-zm-] M Anrechnung *f*, Unterstellung *f*
κατάλογος [-γos] M Liste *f*, Verzeichnis *n*; Katalog *m*; **~ (φαγητών)** Speisekarte *f*; **τηλεφωνικός ~** Telefonbuch *n*
κατάλυμα N Quartier *n*, Unterkunft *f* **καταλύτης** M AUTO, CHEM Katalysator *m*
καταναλώνω verbrauchen
κατανάλωση ⟨-ης⟩ [-si] F Verbrauch *m*; Konsum *m* **καταναλωτής (-τρια)** M(F) Verbraucher(in) *m(f)*
κατανόηση [-'noisi] F Einsicht *f*, Verständnis *f*; **δείχνω ~** Verständnis zeigen (**για** für)
κατανοητός ⟨-ή, -ό⟩ verständlich
καταπιέζω [-i'ezo] unterdrücken **καταπίεση** ⟨-ης⟩ [-si] F Unterdrückung *f*
καταπιεστικός ⟨-ή, -ό⟩ unterdrückend; dominant **καταπίνω** ⟨κατάπια⟩ (hinunter)schlucken; *fig* schlucken
καταπλέω *Schiff* einlaufen
καταπληκτικός ⟨-ή, -ό⟩ erstaunlich; großartig, fantastisch
κατάπληκτος ⟨-η, -ο⟩ erstaunt, bestürzt **κατάπληξη** ⟨-ης⟩ F Erstaunen *n*, Bestürzung *f*
καταπλήσσομαι [-so-] staunen, verblüfft sein **καταπλήσσω** verblüffen, erstaunen
καταπολεμώ ⟨-άς⟩ bekämpfen
καταπράυνση ⟨-ης⟩ [-'prainsi] F Linderung *f* **καταπραϋντικός** ⟨-ή, -ό⟩ lindernd **καταπραΰνω** lindern; *fig* besänftigen
κατάρα F Fluch *m* **καταραμένος** ⟨-η, -ο⟩ verflucht
κατάργηση ⟨-ης⟩ [-jisi] F Abschaffung *f*, Aufhebung *f*
καταργούμαι abgeschafft werden **καταργώ** *a.* JUR abschaffen, aufheben **καταριέμαι** [-'rje-] (ver)fluchen
καταρράκτης M Wasserfall *m*
κατάρρευση ⟨-ης⟩ [-refsi] F *Gebäude* Einsturz *m*; *fig* Zu-

sammenbruch *m*, Kollaps *m*
καταρρέω *Gebäude* einstürzen; *fig* zusammenbrechen
κατάρτι N *Schiff* Mast *m*
κατασκευάζω [-e'vazo] herstellen; anfertigen **κατασκεύασμα** [-zma] N Fabrikat *n*, Erzeugnis *n* **κατασκευαστής** (-τρια) M(F) Hersteller(in) *m(f)*
κατασκευή [-ske'vi] F Herstellung *f*; Anfertigung *f*
κατασκηνώνω zelten, kampieren **κατασκήνωση** ⟨-ης⟩ F Camping(platz) *n(m)*, Zeltlager *n*
κατασκοπεύω [-'pevo] ausspionieren **κατασκοπία** F Spionage *f*
κατάσκοπος M,F Spion(in) *m(f)*
κατάσταση ⟨-ης⟩ [-si] F Lage *f*, Situation *f*, Stand *m*; Zustand *m*; **σε καλή/κακή ~** in gutem/schlechtem Zustand
κατάστημα N Laden *m*, Geschäft *n*; Geschäftsstelle *f*, **~ επίπλων** Möbelgeschäft *n*
καταστηματάρχης (**--ισσα**) [-çis] M(F) Geschäftsinhaber(in) *m(f)*
καταστρεπτικός ⟨-ή, -ό⟩ verheerend, katastrophal
καταστρέφομαι sich ruinieren **καταστρέφω** zerstören **καταστροφή** F Zerstörung *f*; Katastrophe *f* **καταστροφικός** ⟨-ή, -ό⟩ katastrophal
κατάστρωμα N SCHIFF Deck *n*
κατάσχω [-sxo] pfänden, beschlagnahmen, sicherstellen
κατατάσσω [-so] (ein-, zu)ordnen; klassifizieren
κατατοπίζω [-zo] vertraut machen (**σε** mit); *in e-e Arbeit* einweisen **κατατοπιστικός** ⟨-ή, -ό⟩ informativ
κατάφαση ⟨-ης⟩ [-si] F Bejahung *f* **καταφατικά** ADV: **απαντώ ~** bejahen
καταφέρνω schaffen; *umg* herumkriegen; **τα ~** es schaffen (**να** zu)
καταφέρω *Schlag* versetzen
καταφεύγω [-'fevɣo] Zuflucht suchen (**σε** bei)
καταφύγιο N Unterschlupf *m*; Zuflucht(sort) *f(m)*; Bunker *m*; **~ σκι** Skihütte *f*; **ορεινό ~** Berghütte *f*
καταχνιά [-'xɲa] F Nebel *m*
κατάχρηση ⟨-ης⟩ [-xrisi] F Missbrauch *m*; *pl* Exzesse *mpl*; *Geld* Unterschlagung *f*
καταχρώμαι ⟨-άσαι⟩ [-'xro-] missbrauchen; *Geld* unterschlagen
καταχωρίζω (ver)buchen; registrieren **καταχώριση** ⟨-ης⟩ F Registrierung *f*, Buchung *f*
καταψύκτης M (Tief-) Kühltrühe *f* **κατάψυξη** ⟨-ης⟩ F Gefrierfach *n* **καταψύχω** [-xo] tiefkühlen, einfrieren
κατεβάζω [-zo] senken; hinunterbringen; *Preise* herabset-

zen, ermäßigen; *Hörer* auflegen; *Fahrgast* absetzen
κατεβαίνω ⟨κατέβηκα⟩ hinabgehen, -steigen; (her)absteigen, herabgehen; *Bus* aussteigen (**από** aus); *Preis* sinken
κατεδαφίζω [-zo] *Haus* abreißen
κατειλημμένος ⟨-η, -ο⟩ *Platz* besetzt
κατεργάρης ⟨-ηδες⟩ (**-α**) M(F) Schlitzohr *n*
κατεστραμμένος ⟨-η, -ο⟩ ruiniert, *umg* erledigt
κατευθείαν [-te'fθian] ADV direkt, geradewegs
κατεύθυνση ⟨-ης⟩ [ka'tefθinsi] F Richtung *f*, Kurs *m*; **σε ποια ~;** in welche Richtung?
κατευθύνω [-te'fθi-] *in e-e Richtung* lenken; leiten
κατέχω [-xo] besitzen, innehaben; besetzen; *Sprache* beherrschen; *Amt* bekleiden
κατεψυγμένος ⟨-η, -ο⟩ tiefgekühlt
κατηγορία [-ɣo-] F Kategorie *f*, Klasse *f*; JUR Anklage *f*
κατήγορος [-ɣo-] M,F Ankläger(in) *m(f)*
κατηγορούμαι [-ɣo-] angeklagt werden (**για** *gen*) **κατηγορούμενος** (**-ένη**) M(F) Angeklagte(r) *m,f*
κατηγορώ [-ɣo-] beschuldigen (**για** *gen*); vorwerfen (**για** *akk*); JUR anklagen (**για** wegen)
κατηφόρα F, **κατηφοριά** [-'rja] F Gefälle *n*; Abhang *m*
κατηφορικός ⟨-ή, -ό⟩ *Weg* abschüssig
κατήφορος M → κατηφόρα
κάτι (irgend)etwas; *mit pl* einige; **~ άλλο** etwas anderes
κατοικημένος ⟨-η, -ο⟩ bewohnt **κατοικία** F Wohnung *f*; Wohnsitz *m*; **τόπος** *m* **~ς** Wohnort *m*
κάτοικος M,F Einwohner(in) *m(f)*; *amtl* wohnhaft; **~ Αθηνών** wohnhaft in Athen
κατοικώ wohnen (**σε**; **με** in; bei); bewohnen
κατολίσθηση ⟨-ης⟩ F Erdrutsch *m*
κατόπι(ν) danach, nachher
κατοπινός ⟨-ή, -ό⟩ (nach)folgend
κατορθώνω erreichen, leisten, vollbringen, schaffen
κάτουρο N Urin *m*
κατουρώ ⟨-άς⟩ *umg* pinkeln
κατοχή [-'çi] F a. JUR Besitz *m*; MIL Besetzung *f*
Κατοχή F *die Zeit der Besetzung Griechenlands durch die Nazis*
κάτοχος M,F Besitzer(in) *m(f)*
κατσαβίδι N Schraubenzieher *m* **κατσαρίδα** F Kakerlak(e) *m(f)*
κατσαρόλα F Koch-, Schmortopf *m*
κατσαρός ⟨-ή, -ό⟩ lockig
κάτσε! setz dich!; → κάθομαι
κατσίκα F Ziege *f* **κατσικάκι** N Zicklein *n* **κατσίκι** N

Ziege *f* **κατσούφης** ⟨-α, -ικο⟩ mürrisch
κάτω ADV hinab, herab, (nach) unten, unter (**από** *dat; akk*), nieder; unterhalb (**από** *gen*); *adj* untere, Unter-; **από ~** von unten; darunter; **~-~** ganz unten
Κάτω Nieder-, Unter-; **~ Βαυαρία** *f* Niederbayern *n*; **~ Σαξονία** *f* Niedersachsen *n*
κατώτατος ⟨-η, -ο⟩ unterste
κατώτερος ⟨-η, -ο⟩ untere; minder(wertig)
κατώφλι N (Tür-)Schwelle *f*
καυσαέρια NPL, **καυσαέριο** [kafsa'e-] N Abgase *npl*
καύσιμα ['kafsi-] NPL Treib-, Brennstoff *m* **καύσιμος** ⟨-η, -ο⟩: **καύσιμη ύλη** F Brennstoff *m*
καύσωνας ['kafso-] M Hitze (-welle) *f*
καυτερός ⟨-ή, -ό⟩ [kafte-] *Speisen* scharf
καυτός ⟨-ή, -ό⟩ brennend heiß; *fig* heiß, scharf
καυχησιάρης ⟨-α, -ικο⟩ [kafçi'sja-] prahlerisch; *m,f* Angeber(in) *m(f)* **καυχιέμαι** [kaf'çe-] angeben (**για** mit), prahlen
καφέ ⟨-⟩ braun; *n* Braun *n*
καφεΐνη F Koffein *n*
καφενείο N Kaffeehaus *n*; Café *n*
καφές ⟨-έδες⟩ M Kaffee *m*; **σκέτος ~** schwarze(r) Kaffee *m*; **~ με γάλα** Kaffee mit Milch; **ελληνικός ~** griechische(r) Mokka(kaffee) *m*; **~ φίλτρου** Filterkaffee *m*
καφεστιατόριο N Café-Restaurant *n* **καφετέρια** F Café *n*
καφετιέρα [-'tje-] F Kaffeekanne *f*; Kaffeemaschine *f*
καχύποπτος ⟨-η, -ο⟩ argwöhnisch
κάψα F (Mords-)Hitze *f*, Glut *f*
κάψουλα F Kapsel *f*
'κεί → εκεί
κέικ ⟨-⟩ ['keik] N *Art* Kuchen *m*
κείμενο N Text *m*
κελαηδώ ⟨-άς⟩ [-lai-] *Vogel* zwitschern, singen
κελάρι N Keller(raum) *m*
κελί N *Gefängnis, Kloster* Zelle *f*
κενό N *a. fig* Leere *f*; Lücke *f*; Vakuum *n* **κενός** ⟨-ή, -ό⟩ *a. fig* leer, hohl; *Posten* frei, vakant
κέντημα [-ndi-] N Stickerei *f*
κεντρί [-nd-] N *Insekt* Stachel *m* **κεντρίζω** [-zo] *fig* anstacheln
κεντρικός ⟨-ή, -ό⟩ [-nd-] zentral; Haupt-; **κεντρική είσοδος** *f* Haupteingang *m*
κέντρο [-nd-] N Zentrum *n*, Mitte *f*; *a. fig* Mittelpunkt *m*; TEL Zentrale *f*; Lokal *n*; **~ (της πόλης)** Stadtmitte *f*
κεντώ ⟨-άς⟩ [-nd-] sticken
κένωση ⟨-ης⟩ [-si] F Leerung *f*; Räumung *f*; Stuhlgang *m*
κεραία [-'rea] F Antenne *f*
κεραμίδι N Dachziegel *m*

κεραμικά NPL Keramik(ware) *f* **κεραμική** F Keramik(kunst) *f*
κεράσι [-si] N (Süß-)Kirsche *f* **κερασιά** [-'sja] F (Süß-)Kirsche *f*, Kirschbaum *m*
κέρατο N Horn *n*; *pl* Geweih *n*
κεραυνός [-ravn-] M Blitz *m*
κέρδη NPL Erlös *m*; Gewinn *m*
κερδίζω [-zo] gewinnen; siegen; *Geld* verdienen
κέρδος N Gewinn *m*; Vorteil *m*
κερδοσκοπία F Wucher *m*; Spekulation *f* **κερδοσκόπος** M,F Wucherer *m*, -in *f*; Spekulant(in) *m(f)*
κερδοσκοπώ Wucher treiben; spekulieren **κερδοφόρος** ⟨-α, -ο⟩ lukrativ
κερί N Wachs *n*; Kerze *f*
Κέρκυρα F Korfu *n*
κέρμα N Münze *f*, Geldstück *n*
κερνώ ⟨-άς⟩ einschenken; bewirten; spendieren
κεφάλαιο N Kapital *n*; *Buch* Kapitel *n* **κεφαλαίο (γράμμα)** N Großbuchstabe *m*
κεφαλή F *a.* TECH Kopf *m*; *a. fig* Haupt *n*; **επί ~ς** an der Spitze (*gen gen*); **κατά ~(ν)** pro Kopf
κεφάλι N Kopf *m*; **με το ~** kopfüber; **σπάζω το ~ μου** sich den Kopf zerbrechen
κέφαλος M Meeräsche *f*
κεφαλοτύρι N *Art* Hartkäse *m*
κεφάτος ⟨-η, -ο⟩ gut gelaunt
κέφι N gute Laune *f*, gute Stimmung *f*, Spaß *m*; Lust *f*; **δεν έχω ~** keine Lust haben (**για** auf; zu)
κεφτές ⟨-έδες⟩ M gebratene Hackfleischklößchen *n*, gebratene Frikadelle *f*
κεχρί [-'xri] N Hirse *f* **κεχριμπάρι** [-'ba-] N *Schmuck* Bernstein *m*
κηδεία [ki'ðia] F Beerdigung *f*
κηδεμόνας M,F Vormund *m*
κηδεύω [ki'ðevo] beerdigen
κήλη F MED Leistenbruch *m*
κήπος M Garten *m*; **ζωολογικός ~** Zoo *m*
κηπουρός M,F Gärtner(in) *m(f)*
κηρύσσω [-so], **κηρύττω** verkünden; predigen; *Krieg* erklären
κι → **και**
κιάλια ['kjaʎa] NPL Fernglas *n*
κιβώτιο N Kiste *f*; Kasten *m*; **~ ταχυτήτων** AUTO Getriebe *n*
Κίελο N Kiel *n*
κιθάρα F Gitarre *f*
κιλό N Kilo(gramm) *n*; **μισό ~** Pfund *n*; **με το ~** kiloweise
κιλότα F Schlüpfer *m*
κιμάς ⟨-άδες⟩ M Hackfleisch *n*
κιμωλία F Kreide *f*
κινδυνεύω [-'nevo] in Gefahr sein; Gefahr laufen; riskieren
κίνδυνος M Gefahr *f*; Risiko *n*; **έξοδος** *f* **κινδύνου** Notausgang *m*; **~ ζωής, ~ θανάτου** Lebensgefahr *f*; **εκτός κινδύνου** außer Gefahr
κίνημα N POL Bewegung *f*;

Aufstand *m*
κινηματογράφος [-ɣr-] M a. *Gebäude* Kino *n*
κίνηση ⟨-ης⟩ [-si] F Bewegung *f*; Ruck *m*; Geste *f*; (Auto-)Verkehr *m*; *fig* Schritt *m*, Zug *m*
κινητήρας M Motor *m*; Triebwerk *n*; **δίχρονος/τετράχρονος ~** Zwei-/Viertaktmotor *m*
κινητό N Handy *n*
κινητοποιώ [-pi'o] *Leute* mobilisieren
κινητός ⟨-ή, -ό⟩ beweglich; **κινητή σκάλα** *f* Rolltreppe *f*
κίνητρο N Motiv(ation) *n(f)*
κινίνη F, **κινίνο** N Chinin *n*
κινούμαι sich bewegen **κινώ** bewegen; *Neugier* wecken
κιόλας schon, bereits; **~;** schon?; **σήμερα ~** heute noch
κίονας M ARCH Säule *f*
κιρσοί MPL Krampfadern *fpl*
κισσός [-'sos] M Efeu *m*
κιτρινίζω erblassen; vergilben
κίτρινο N Gelb *n* **κίτρινος** ⟨-η, -ο⟩ gelb; bleich, blass
κλαδευτήρι [-ðeft-] N Gartenschere *f* **κλαδεύω** [-'ðevo] *Baum* beschneiden
κλαδί N Ast *m*, Zweig *m*
κλάδος M *fig* Zweig *m*; *fig* (Lehr-)Fach *n*; *fig* Branche *f*
κλαίγομαι jammern **κλαίω** ⟨-αις, έκλαψα⟩ (be)weinen
κλάμα N Weinen *n*; **βάζω τα ~τα** anfangen zu weinen
κλάξον ⟨-⟩ N Hupe *f*
κλαρί N Ast *m*, Zweig *m*
κλαρινέτο N Klarinette *f*
κλασικός ⟨-ή, -ό⟩ [-si-] klassisch
κλάσμα [-zm-] N MATH Bruch *m*
κλαψιάρης ⟨-α, -ικο⟩ weinerlich, quengelig
κλάψιμο N Weinen *n*
κλέβω (be)stehlen
κλειδαράς ⟨-άδες⟩ M Schlosser *m* **κλειδαριά** [-'rja] F (Tür-)Schloss *n*; **~ ασφαλείας** Sicherheitsschloss *n*
κλειδί N a. MUS Schlüssel *m*; **~ του σπιτιού** Hausschlüssel *m*
κλειδωμένος ⟨-η, -ο⟩ verschlossen **κλειδώνω** (ab-, ver-, zu)schließen; einsperren
κλείδωση ⟨-ης⟩ F Gelenk *n*
κλείνω (ein)schließen, zumachen; stilllegen; *Straße* sperren; *Licht* ausmachen; *Radio* abstellen; *Vertrag* (ab)schließen; *Reise, Zimmer* buchen; *Gespräch* beenden; *Telefon* einhängen; *Konto* auflösen; *Lebensjahr* vollenden; *Tür* zugehen
κλεισμένος ⟨-η, -ο⟩ [-zm-] verschlossen, zu; *Zimmer* gebucht; *Tisch* reserviert
κλειστός ⟨-ή, -ό⟩ geschlossen, zu; *Person* verschlossen
κλείστρο N FOTO Verschluss *m*
κλεμμένος ⟨-η, -ο⟩ gestohlen
κλέφτης (-τρα) M(F) Dieb(in)

m(f)
κλεψιά [-'psja] F Diebstahl *m*
κλήμα N Weinstock *m*, Rebe *f*
κληματαριά [-'rja] F Weinlaube *f* **κληματόφυλλο** N Weinblatt *n*
κληρικός M Geistliche(r) *m*
κληροδοτώ vererben **κληρονομιά** [-'mja] F Erbschaft *f*; Nachlass *m*; Erbe *n*
κληρονομικός ⟨-ή, -ό⟩ Erb-; (ver)erblich **κληρονόμος** M, F Erbe *m*, -in *f* **κληρονομώ** erben
κληρώνω (aus)losen
κλήρωση ⟨-ης⟩ [-si] F Verlosung *f*; *Lotto* Ziehung *f*
κλήση ⟨-ης⟩ [-si] F Anruf *m*; JUR Vorladung *f*; Strafzettel *m*; TEL **αστική/υπεραστική ~** Orts-/Ferngespräch *n*
κλικ ⟨-⟩ N Klick *m*; **κάνω ~** (an)klicken **κλικα** F Clique *f*, Bande *f*
κλίμα N *a. fig* Klima *n*; **μεσογειακό ~** mediterrane(s) Klima *n* **κλίμακα** F PHYS Skala *f*; MUS Tonleiter *f*; GEOG Maßstab *m*
κλιμακτήριος F Wechseljahre *npl*
κλιματιζόμενος ⟨-η, -ο⟩ [-'zo-] klimatisiert **κλιματισμός** [-zm-] M Klimaanlage *f*
κλινάμαξα F Schlafwagen *m*
κλινική F Klinik *f*
κλίνω neigen (**προς** zu); (sich) neigen; *Gelände* abfallen; GRAM beugen, deklinieren
κλισέ ⟨-⟩ N Klischee *n*
κλίση ⟨-ης⟩ [-si] F Gefälle *n*; *a. fig* Neigung *f* (**προς** zu); GRAM Beugung *f*, Deklination *f*
κλονίζω [-zo] *a. fig* erschüttern; *Gesundheit* angreifen
κλονισμός M Erschütterung *f*
κλόουν ⟨-⟩ ['kloun] M Clown *m*
κλοπή F Diebstahl *m*
κλοτσιά [-'tsja] F (Fuß-)Tritt *m*
κλουβί N Käfig *m*
κλούβιος ⟨-α, -ο⟩ [-vjos] hohl; *Ei* faul; *fig* dumm
κλωνάρι N Ast *m* **κλωνοποίηση** ⟨-ης⟩ [-'piisi] F Klonen *n* **κλωνοποιώ** [-'pio] klonen
κλώνος M BIOL Klon *m*
κλωστή F Zwirn *m*; Faden *m*
κνήμη F Wade *f*; Schienbein *n*
κόβομαι ⟨κόπηκα⟩ sich (zer)schneiden; durch-, abreißen; *Strom* ausfallen; *Appetit* vergehen; *Wind* sich legen
κόβω (ab-, auf)schneiden; (ab)hacken; *Blumen* pflücken; *Gewohnheit* aufgeben; *Kontakt* abbrechen; *Strom* abstellen; *Weg* (ab)kürzen; *Schuhe* drücken; *Kleid* zwicken; *vulg* **κόφ' το!** halt's Maul!
κοιλάδα F Tal *n* **κοιλιά** [-'ʎa] F Bauch *m* **κοιλόπονος** M Bauchschmerzen *mpl*
κοίλος ⟨-η, -ο⟩ hohl; konkav
κοιλότητα F Vertiefung *f*, Mulde *f*; MED Höhle *f*

κοίλωμα N Vertiefung *f*

κοιμάμαι ⟨-άσαι, κοιμήθηκα⟩ [ki'mame] schlafen **κοιμίζω** zu Bett bringen

κοιμούμαι → κοιμάμαι

κοινό N Publikum *n*; Öffentlichkeit *f* **κοινοβούλιο** N Parlament *n* **κοινός** ⟨-ή, -ό⟩ gemeinsam; gewöhnlich, geläufig; öffentlich

κοινότητα F Gemeinde *f*; Gemeinschaft *f*; **Ευρωπαϊκή Κοινότητα** Europäische Gemeinschaft *f*

κοινόχρηστα [-xri-] NPL (Miet-)Nebenkosten *pl*

κοινωνία F Gesellschaft *f*; REL Kommunion *f*

κοινωνικός ⟨-ή, -ό⟩ gesellschaftlich; sozial; *Person* gesellig; **κοινωνικές ασφαλίσεις** *fpl* Sozialversicherung *f*

κοιτάζω (an)blicken; (an-, zu)schauen; betrachten; sich kümmern, zusehen (**να** dass)

κοίτη F Flussbett *n*

κοιτώ ⟨-άς⟩ → κοιτάζω

κοκκαλάκι N Haarspange *f*

κοκκαλιάρης ⟨-α, -ικο⟩ [-'ʎa-] knochig, hager

κόκκαλο N Knochen *m*; Fischgräte *f*; **μένω ~** erstarren

κοκκινέλι N Roséwein *m*

κοκκινίζω [-zo] erröten, rot werden

κόκκινο N Rot *n*

κοκκινογούλι N Rote Bete *f*

κόκκινος ⟨-η, -ο⟩ rot

κόκκος M Korn *n*

κοκκύτης M Keuchhusten *m*

κόκορας M Hahn *m*

κοκτέιλ ⟨-⟩ N Cocktail *m*

κολακεία F Schmeichelei *f*

κολακευτικός ⟨-ή, -ό⟩ [-eft-] schmeichelhaft **κολακεύω** [-'kevo] schmeicheln (*akk dat*)

κολαρίζω [-zo] *Wäsche* stärken

κόλαση ⟨-ης⟩ F Hölle *f*

κολέγιο [-jio] N Internat *n*

κολιέ ⟨-⟩ N, **κολιές** ⟨-έδες⟩ [-'ʎes] M Halskette *f*, Collier *n*

κόλλα F Klebstoff *m*; Leim *m*; (Wäsche-)Stärke *f*; *Papier* Blatt *n*; **μια ~ χαρτί** ein Blatt *n* Papier

κολλάν [ko'lan] ⟨-⟩ N Leggings *pl*

κολλητικός ⟨-ή, -ό⟩ MED ansteckend **κολλητικότητα** F Ansteckungsgefahr *f* **κολλητός** ⟨-ή, -ό⟩ *Freund* eng; *Kleid* hauteng

κολλύριο N Augentropfen *mpl*

κολλώ ⟨-άς⟩ (an)kleben; leimen; haften; MED anstecken; *Verkehr umg* sich stauen; **κολλάει** es ist klebrig

κολοκύθα F Kürbis *m* **κολοκυθάκια** [-kja] NPL Zucchini *pl* **κολοκύθι** N Kürbis *m*

κολόνα F Säule *f* **κολόνια** [-ɲa] F kölnisch Wasser *n*

κόλπο N Kniff *m*, Trick *m*

κόλπος M Bucht *f*; ANAT Scheide *f*

κολύμβηση ⟨-ης⟩ F Schwim-

men *n*
κολυμβητήριο N Schwimmbad; **ανοιχτό ~** Freibad *n*; **κλειστό ~** Hallenbad *n*
κολυμβητής (**-τρια**) M(F) Schwimmer(in) *m(f)*; **μη ~** Nichtschwimmer(in) *m(f)*
κολύμπι [-mbi] N Schwimmen *n*; **πάω (για) ~** schwimmen gehen
κολυμπώ ⟨-άς⟩ schwimmen
Κολωνία F Köln *n*
κόμβος M *a. fig* Knoten *m*
κομήτης M Komet *m*
κόμμα N POL Partei *f*; GRAM Komma *n*
κομμάτι N *a.* MUS Stück *n*, Teil *m,n*; Brocken *m*; **ένα ~ ψωμί** ein Stück *n* Brot
κομματιάζω [-'tjazo] zerstückeln; zerkleinern
κομμένος ⟨-η, -ο⟩ geschnitten
κομμουνισμός [-zm-] M Kommunismus *m* **κομμουνιστής** (**-τρια**) M(F) Kommunist(in) *m(f)* **κομμουνιστικός** ⟨-ή, -ό⟩ kommunistisch
κόμμωση ⟨-ης⟩ [-si] F Frisur *f*
κομμωτήριο N (Damen-) Friseursalon *m* **κομμωτής** (**--τρια**) M(F) Friseur *m*, Friseuse *f*
κομπιάζω [-zo] *beim Reden* stocken **κομπιούτερ** ⟨-⟩ [kom'bjuter] N Computer *m* **κομπιουτεράκι** N Taschenrechner *m*
κομπλεξικός ⟨-ή, -ό⟩: **είμαι ~** Komplexe haben
κομπλιμέντο [-nd-] N Kompliment *n*; **κάνω ~** ein Kompliment machen (**σε** *dat*)
κομπολόι ⟨-γιού, *pl* -για⟩ N *e-e Art Perlenkette für Männer zum Spielen in der Hand*
κόμπος [-mb-] M *a.* MED Knoten *m*
κομπόστα [-mb-] F Kompott *n*
κομπρέσα [-m'bresa] F Kompresse *f*, Wickel *m*, Packung *f*
κομφόρ ⟨-⟩ N, *mst* PL Komfort *m*
κομψός ⟨-ή, -ό⟩ elegant, fein; schick **κομψότητα** F Eleganz *f*
κονιάκ ⟨-⟩ [ko'ɲak] N Cognac® *m*
κονσέρβα F Dose *f*, Büchse *f*
κοντά [kon'da] nah(e) (**σε** an *dat*; *akk*), in der Nähe (**σε** von); bei (**σε** *dat*); **από ~** aus der Nähe; (**είναι**) **εδώ ~** (es liegt/ist hier) in der Nähe
κονταίνω [-nd-] *Länge* kürzen; kürzer werden
κοντέρ ⟨-⟩ N Tacho(meter) *n*
κοντεύω [kon'devo] nahen; **κοντεύουν εννιά** es ist bald neun Uhr
κοντινός ⟨-ή, -ό⟩ [-nd-] *räumlich* nahe (liegend), benachbart; *zeitlich* nahe **κοντινότερος** ⟨-η, -ο⟩ *räumlich* nächste
κοντός ⟨-ή, -ό⟩ [-nd-] klein (-wüchsig); kurz
κοντσέρτο [-nts-] N Konzert

n
κοντύτερος ⟨-η, -ο⟩ kürzere; *Körpergröße* kleinere
κοπάδι N *a. fig* Herde *f*
κοπάζω [-zo] *Wind, Sturm, a. fig* abflauen, nachlassen
κοπανώ ⟨-άς⟩ (zer)stampfen; *umg* **την κοπανάω** kneifen
Κοπεγχάγη [-ŋ'xaji] F Kopenhagen *n*
κοπέλα F Mädchen *n*
κοπιάζω [-'pjazo] sich bemühen **κοπιαστικός** ⟨-ή, -ό⟩ anstrengend, mühsam
κοπιράιτ ⟨-⟩ N Copyright *n*
κόπος M Mühe *f*, Anstrengung *f*, Umstände *mpl*; **δεν αξίζει τον κόπο** es lohnt sich nicht
κοπριά F Mist *m*; Dünger *m*
κόρα F Brotrinde *f*, *a. v. Wunde* Kruste *f*
κόρακας M, **κοράκι** N Rabe *m*
κοράλλι N Koralle *f*
κορδέλα F *Stoff* Band *n* **κορδόνι** N Schnur *f*; Schnürsenkel *m*
κόρη F Tochter *f*; Mädchen *n*; ANAT Pupille *f*
κοριός [-'rjos] M *a. Apparat* Wanze *f* **κορίτσι** N Mädchen *n* **κορμάκι** N Body *m* **κορμί** N Körper *m* **κορμός** M *Baum* Stamm *m*
κόρνα F Hupe *f*
κορνάρω hupen
κόρνερ ⟨-⟩ N Eckball *m*
κορνέτα F, **κορνέτο** N MUS Horn *n*
κορνίζα F (Bilder-)Rahmen *m*
κοροϊδεύω [-i'ðevo] (ver)spotten; hänseln; hereinlegen
κοροϊδία F Spott *m*; Betrug *m*
κορόιδο N Gespött *n*; **κάνω το ~** sich dumm stellen; *umg* **πιάνω ~** (he)reinlegen
κορυφαίος ⟨-α, -ο⟩ höchste, oberste **κορυφή** F *a. fig* Gipfel *m*
κορύφωμα N Höhepunkt *m*
κορώνα F *a. Zahn* Krone *f*
κορωνοϊός [koronoi'os] M MED Coronavirus *m, n*
κοσκινίζω [-zo] sieben
κόσκινο N (Mehl-)Sieb *n*
κόσμημα [-zm-] N Schmuck(-stück) *m(n)*; Juwel *n*
κοσμήματα NPL Juwelen *npl*
κοσμητική [-zm-] F Kosmetik *f* **κοσμητικός** ⟨-ή, -ό⟩ kosmetisch
κοσμήτορας [-zm-] M,F *Universität* Dekan(in) *m(f)*
κοσμικός ⟨-ή, -ό⟩ [-zm-] weltlich; mondän; ASTRON kosmisch
κοσμοθεωρία [-zm-] F Weltanschauung *f*
κοσμοπολίτης (-ισσα) [-zm-] M(F) Kosmopolit(in) *m(f)*
κόσμος [-zm-] M Welt *f*; Weltall *n*; Leute *pl*; **είχε πολύ/λίγο κόσμο** es waren viele/wenige Leute (da)
κοστίζω [-zo] *a. fig* kosten
κόστος N Kosten *pl*

κοστούμι N (Herren-)Anzug *m*
κότα F Henne *f*; Huhn *n*
κοτέτσι N Hühnerstall *m*
κοτλέ ⟨-⟩ N Cord *m*
κοτόπουλο N Hühnchen *n*
κοτσάνι N Stängel *m* **κοτσίδα** F Zopf *m* **κοτσύφι** N Amsel *f*
κουβαλώ ⟨-άς⟩ tragen; schleppen
κουβάρι N Knäuel *n,m*
κουβάς ⟨-άδες⟩ M Eimer *m*
κουβέντα [-nd-] F Unterhaltung *f*, Gespräch *n*; Wort *n*; **ούτε ~!** kommt nicht infrage!
κουβεντιάζω [-n'djazo] sich unterhalten; besprechen **κουβέρτα** F (Bett-)Decke *f*
κουδούνι N Glocke *f*, Klingel *f*; **χτυπάει το ~** es läutet/klingelt; **χτυπώ το ~** klingeln
κουζίνα [-'zi-] F *a. Einrichtung* Küche *f*; (Koch-)Herd *m*; **ηλεκτρική ~** Elektroherd *m*; **εντοιχισμένη ~** Einbauküche *f*
κουκέτα F BAHN Liegeplatz *m*
κουκκιά NPL Saubohnen *fpl*
κούκκος M Kuckuck *m*
κούκλα F Puppe *f*
κουκουβάγια [-ja] F Eule *f*
κουκούλα F Kapuze *f*; Plane *f*
κουκουνάρι N (Tannen-)Zapfen *m* **κουκουναριά** F Pinie *f*, Kiefer *f* **κουκούτσι** N *Pfirsich, Pflaume* (Obst-)Kern *m*
κουλούρα F *e-e Art* Brotring *m* **κουλουράκι** N *Art* (Kaffee-)Gebäck *n* **κουλούρι** N Sesamkringel *m*
κουμπαράς ⟨-άδες⟩ [-mb-] M Sparbüchse *f*
κουμπάρος ⟨-α⟩ [-mb-] M(F) Trauzeuge *m*, -in *f*; Pate *m*, -in *f*
κουμπί [-m'bi] N Knopf *m*
κούμπωμα N Verschluss *m*
κουμπώνω [-mb-] (zu)knöpfen **κουνάβι** N Marder *m*
κουνέλι N Kaninchen *n*
κούνια ['kuɲa] F Wiege *f*; Schaukel *f*; Hängematte *f*
κουνιάδος ⟨-α⟩ [-'ɲa-] M(F) Schwager *m*, Schwägerin *f*
κουνιέμαι [ku'ɲeme] sich bewegen; *a. Stuhl* wackeln
κουνούπι N (Stech-)Mücke *f*
κουνουπίδι N Blumenkohl *m*
κουνουπιέρα [-'pje-] F Moskitonetz *n*
κουνώ ⟨-άς⟩ bewegen; schütteln; schwenken, schwingen; schaukeln, wiegen
κούπα F Tasse *f*
κουπέ ⟨-⟩ N BAHN Abteil *m*; **~ καπνιστών** Raucherabteil *n*
κουπί N Ruder *n*; Paddel *n*
κουπόνι N Coupon *m*; Bon *m*, Gutschein *m*
κούρα F Kur *f*
κουράγιο [-jo] N Mut *m*
κουράζομαι ⟨κουράστηκα⟩ müde werden; sich anstrengen **κουράζω** ermüden, anstrengen
κουράρω kurieren
κούραση [-si] F Müdigkeit *f*,

Ermüdung *f*; Mühe *f*
κουρασμένος ⟨-η, -ο⟩ [-zm-] müde **κουραστικός** ⟨-ή, -ό⟩ ermüdend, anstrengend; lästig
κουρδίζω [-zo] MUS stimmen; *Uhr* aufziehen; *umg* necken
κουρέας ⟨-είς⟩ M (Herren-)Friseur *m* **κουρείο** N Herren(frisier)salon *m*
κουρέλι N Lumpen *m*; Fetzen *m*
κουρελιάζω [-'ʎazo] *a. fig* zerfetzen
κούρεμα N Haarschneiden *n*
κουρεύομαι [-'revo-] sich die Haare schneiden (lassen) **κουρεύω** *j-m* die Haare schneiden; *Baum, Pflanze* stutzen
κουρτίνα F Vorhang *m*, Gardine *f* **κουτάβι** N Welpe *m*
κουτάλα F Kochlöffel *m* **κουταλάκι** N Teelöffel *m* **κουτάλι** N Löffel *m* **κουταλιά** [-'ʎa] F *Menge* Löffel *m*, Löffel *m* voll
κουταμάρα F Dummheit *f*, Albernheit *f*; Blödsinn *m*
κουτί N Schachtel *f*; *Zigaretten* Päckchen *n*; *Milch* Packung *f*
κουτός ⟨-ή, -ό⟩ doof, dumm
κουτσαίνω hinken, humpeln
κουτσομπολεύω [-mbo-'levo] klatschen, schwätzen **κουτσομπολιό** N Klatsch *m*, Geschwätz *n*
κουτσός ⟨-ή, -ό⟩ hinkend; **είμαι ~** hinken
κούφιος ⟨-α, -ο⟩ [-fjos] *a. fig* hohl, leer
κουφόβραση [-si] F Schwüle *f*
κουφός ⟨-ή, -ό⟩ taub
κοφτερός ⟨-ή, -ό⟩ *Messer* scharf **κοχλάζω** [-zo] brodeln
κοχύλι [-'çili] N Muschel *f*
κόψιμο N *a. Kleid* Schnitt *m*; Haarschnitt *m*
κραγιόν ⟨-⟩ N Lippenstift *m*
κράμπα F Muskelkrampf *m*
κρανίο N Schädel *m*
κράνος N Helm *m*
κρασί [kra'si] N Wein *m*; **λευκό/κόκκινο** (*od* **μαύρο**) **~** Weiß-/Rotwein *m*; **ροζέ ~** Roséwein *m*; **ημίγλυκο ~** liebliche(r) Wein *m*; **αρετσίνωτο ~** ungeharzte(r) Wein *m*; **επιτραπέζιο ~** Tischwein *m*
κρατήρας M Krater *m*
κράτηση ⟨-ης⟩ [-si] F Haft *f*, Arrest *m*; *Lohn* Abzug *m*; Buchung *f*, Reservierung *f*
κρατίδιο N Kleinstaat *m*; **ομόσπονδο ~** Bundesland *n*
κρατιέμαι [-'tje-] sich festhalten; sich gut halten **κρατικοποιώ** [-pi'o] verstaatlichen
κρατικός ⟨-ή, -ό⟩ staatlich; Staats-
κράτος N Staat *m*
κρατούμενος (-η) M(F) Gefangene(r) *m,f*, Häftling *m*
κρατώ ⟨-άς⟩ halten; *Zimmer* reservieren; (ein)behalten; aufbewahren; aufhalten; festhalten; dauern; *Bücher, Tagebuch* führen; *Abstand* einhal-

ten
κραυγή [-'vji] F (Auf-)Schrei m
κρέας ⟨-ατος⟩ N Fleisch n; **κοκκινιστό ~** *etwa* Gulasch n
κρεατοελιά [-'ʎa] F Warze f
κρεβάτι N Bett n; **πάω στο ~** schlafen gehen, zu Bett gehen
κρεβατοκάμαρα F Schlafzimmer n
κρεμ ⟨-⟩ cremefarben
κρέμα F Sahne f, Rahm m; Creme f; **υδατική ~** Feuchtigkeitscreme f; **βάζω ~** sich eincremen
κρεμαστός ⟨-ή, -ό⟩ hängend
κρεμάστρα F Kleiderbügel m
κρεμιέμαι [-'mje-] sich erhängen **κρεμμύδι** N Zwiebel f
κρέμομαι hängen (**από**; **σε** an), schweben; *fig* abhängen
κρεμώ ⟨-άς⟩ *Bild* hängen (**σε** an); *Wäsche* aufhängen; *Person* erhängen
κρεοπωλείο N Fleischerei f, Metzgerei f **κρεοπώλης** (**--ισσα**) M(F) Fleischer(in) m(f), Metzger(in) m(f)
Κρήτη ['kriti] F Kreta n
κριάρι N Widder m; Hammel m
κριθαράκι N *Nudeln in Reisform*; MED Gerstenkorn n
κριθάρι N, **κριθή** F BOT Gerste f
κρίκος M *allg* Ring m; (Ketten-)Glied n
κρίμα N Sünde f; (**είναι**) **~!** (es ist) schade!
κρίνο N, **κρίνος** M BOT Lilie f
κρίνω glauben, meinen; (be)urteilen, richten
Κριός M ASTROL Widder m
κρίση ⟨-ης⟩ [-si] F Urteil n; Beurteilung f; Krise f; MED Anfall m **κρίσιμος** ⟨-η, -ο⟩ *Lage* kritisch
κριτήριο N Kriterium n; Maßstab m
κριτικάρω kritisieren **κριτική** F Kritik f
κριτικός[1] ⟨-ή, -ό⟩ kritisch
κριτικός[2] M,F Kritiker(in) m(f)
κροκόδειλος M Krokodil n
κρόκος M Eidotter n; BOT Krokus m
κρόσσι [-si] N *Stoff* Franse f
κρόταφος M Schläfe f
κρότος M Geräusch n; Knall m
κρουαζιέρα [-'zje-] F Kreuzfahrt f
κρούστα F Kruste f
κρύβομαι sich verstecken; *fig* untertauchen **κρύβω** verstecken; verbergen, verheimlichen
κρυμμένος ⟨-η, -ο⟩ verdeckt, versteckt
κρύο ['krio] N Kälte f; **κάνει** (**πολύ**) **~** es ist (sehr) kalt
κρυολόγημα N Erkältung f
κρυολογώ [-'ɣo] sich erkälten
κρύος ⟨-α, -ο⟩ kalt, a. *fig* kühl
κρύσταλλο N Kristall m; Kristallglas n
κρυφά ADV heimlich **κρυφα-**

κούω ⟨-ούς⟩ [-a'kuo] (be)lauschen **κρυφογελώ** ⟨-άς⟩ [-je-] schmunzeln
κρυφομιλώ ⟨-άς⟩ tuscheln
κρυφός ⟨-ή, -ό⟩ heimlich, geheim
κρυψώνας M Versteck *n*
κρύωμα N Erkältung *f*
κρυωμένος ⟨-η, -ο⟩ erkältet
κρυώνω [kri'o-] frieren; kalt werden; sich erkälten; *Speisen* abkühlen; *Wetter* kühler werden; **κρυώνεις;** ist dir kalt?
κτ-, -κτ- → χτ-, -χτ-
κτήμα ['ktima] N Besitz *m*; Grundstück *n*; (Land-)Gut *n*
κτηματίας M,F Grund-, Gutsbesitzer(in) *m(f)*
κτηνίατρος M,F Tierarzt *m*, -ärztin *f*
κτήνος N Vieh *n*; *fig* Bestie *f*
κτηνοτροφία F Viehzucht *f*
κτηνώδης ⟨-ης, -ες⟩ brutal, grausam
κτήριο N Gebäude *n*
κτίζω (be)bauen; *fig* schaffen
κτίριο N → κτήριο **κτίση** ⟨-ης⟩ F Erbauung *f*; Erschaffung *f*; Schöpfung *f* **κτίσιμο** N Bau *m*, Bauen *n*
κτίσμα [-zm-] N Bauwerk *n*
κτισμένος ⟨-η, -ο⟩ gebaut
κτίστης M Maurer *m*; Bauarbeiter *m*
κ.τ.λ. (και τα λοιπά) usw. (*und so weiter*)
κυβέρνηση ⟨-ης⟩ F Regierung *f*
κυβερνήτης M POL Regierende(r) *m*; SCHIFF, FLUG Kapitän *m*
κυβερνώ ⟨-άς⟩ regieren; SCHIFF, FLUG steuern
κύβος M Würfel *m*
κυδώνι N Quitte *f* **κυδωνιά** [-'ɲa] F Quittenbaum *m*
Κυκλάδες FPL Kykladen *pl*
κυκλικός ⟨-ή, -ό⟩ kreisförmig
κύκλος M *a. fig* Kreis *m*, Zirkel *m*; MED Zyklus *m*; **~ μαθημάτων** Kurs *m*
κυκλοφορία F (Auto-)Verkehr *m*; *Geld, Produkt* Umlauf *m*; Vertrieb *m*; MED Kreislauf *m*; **~ του αίματος** Blutkreislauf *m*; **οδική ~** Straßenverkehr *m*
κυκλοφοριακός ⟨-ή, -ό⟩ Verkehrs- **κυκλοφορικός** ⟨-ή, -ό⟩ Kreislauf-; **κυκλοφορικές διαταραχές** *fpl* Kreislaufstörungen *fpl*
κυκλοφορώ AUTO verkehren; in Umlauf sein/setzen; *Buch* erscheinen; *Blut* zirkulieren
κυκλώνας M Wirbelsturm *m*
κυκλώνω einkreisen; umzingeln
κύκνος M Schwan *m*
κυλικείο N Cafeteria *f*, Bar *f*
κύλινδρος M Zylinder *m*
κυλώ ⟨-άς⟩ (hinunter)rollen; *Lawine* sich wälzen; *Fluss* strömen
κύμα N *a. fig* Welle *f*; Woge *f*; **~ καύσωνα** Hitzewelle *f*; **~ ψύχους** Kältewelle *f*
κυματίζω [-zo] *Flagge, Haar*

flattern, wehen
κύμινο N Kümmel *m*
κυνήγι [-ji] N Jagd *f*; Wild (-bret) *n* **κυνηγός** M,F Jäger(in) *m(f)*
κυνηγόσκυλο [-'ɣo-] N Jagdhund *m* **κυνηγώ** ⟨-άς⟩ *a. fig* jagen
κυνικός ⟨-ή, -ό⟩ zynisch
κυπαρίσσι [-si] N Zypresse *f*
κύπελλο N Becher *m*; Kelch *m*; *Sport* Pokal *m*
κυπριακός ⟨-ή, -ό⟩ zypriotisch
κυπρίνος M Karpfen *m*
Κύπριος (-α) M(F) Zypriot(in) *m(f)* **Κύπρος** F Zypern *n*
κυρία [ki'ria] F Herrin *f*; *Anrede* Frau *f*; Dame *f*; ~ ...! Frau ...!; **κυρίες και κύριοι!** meine Damen und Herren!
Κυριακή [-rja-] F Sonntag *m*; **την** ~ am Sonntag; sonntags
κυριαρχία [-'çia] F Herrschaft *f*; Souveränität *f*; Dominanz *f*
κυρίαρχος [-xos] M,F Herrscher(in) *m(f)*
κυριαρχώ [-'xo] *a. fig* (be-) herrschen; dominieren **κυριεύω** [-'evo] *a. fig* erobern; befallen
κύριος[1] ⟨-α, -ο⟩ Haupt-; wesentlich; Grund-
κύριος[2] M *a. Anrede* Herr *m*; **κύριε** ...! Herr ...!
κυριότερος ⟨-η, -ο⟩ hauptsächlich; Haupt-; **το κυριότερο είναι να** ... Hauptsache ist zu ... **κυρίως** ADV hauptsächlich; vor allem
κυρτός ⟨-ή, -ό⟩ krumm, gebogen; konvex **κυρτώνομαι** sich wölben **κυρτώνω** krümmen
κύστη ⟨-ης⟩ F Zyste *f*; **ουροδόχος** ~ Harnblase *f*
κυστίτιδα F Blasenentzündung *f*
κύτταρο N (Körper-)Zelle *f*
κυψέλη F Bienenstock *m*
κώδικας M Code *m*; Kodex *m*; Gesetzbuch *n*; ~ **οδικής κυκλοφορίας (Κ.Ο.Κ.)** Straßenverkehrsordnung *f* (StVO); **ταχυδρομικός** ~ **(Τ.Κ.)** Postleitzahl *f* (PLZ)
κωλικός M Kolik *f*
κώλος M *umg* Hintern *m*
κώμα N MED Koma *n*
κωμικός[1] ⟨-ή, -ό⟩ komisch, lustig, drollig
κωμικός[2] M,F Komiker(in) *m(f)*
κωμωδία F *a. fig* Komödie *f*
κώνος M GEOM Kegel *m*
Κωνσταντινούπολη F HIST Konstantinopel *n*; Istanbul *n*
κωπηλασία [-'sia] F Rudern *n* **κωπηλάτης** (-ισσα) M(F) Ruderer *m*, -in *f* **κωπηλατώ** rudern, paddeln

λάβα F Lava *f* **λαβή** F (Hand-)Griff *m*; Henkel *m* **λαβίδα** F Zange *f*; Pinzette *f* **λαβύρινθος** M Labyrinth *n*

λαγάνα [-'ɣa-] F Fladenbrot (besonders zu Beginn der Fastenzeit vor Ostern) *n*

λαγός [-ɣo-] M Hase *m*

λαδερός ⟨-ή, -ό⟩ ölig; *Speise* fett(ig); in Öl zubereitet

λάδι N Öl *n*; **~ μηχανής** Motoröl *n*; **~ ηλίου** Sonnenöl *n*

λαδιά [-'ðja] F Öl-, Fettfleck *m*; Mauschelei *f*

λαδώνω *a.* TECH (ein)ölen, *a.* *fig* schmieren; *umg* bestechen

λαζάνια [-'zaɲa] NPL breite Nudeln *fpl*

λάθος N Irrtum *m*, Fehler *m*; **ορθογραφικό ~** Rechtschreibfehler *m*; **κάνω ~** sich irren; **είναι ~** es ist falsch; TEL **κάνατε ~!** falsch verbunden!

λαθραία ADV: **ταξιδεύω ~** schwarzfahren; **εισάγω ~** einschmuggeln

λαθρεμπόρευμα [laθrem'borevma] N Schmuggelware *f*

λαθρέμπορος M,F Schmuggler(in) *m(f)* **λαθρεπιβάτης (-ισσα)** M(F) blinde(r) Passagier *m*

λαϊκός ⟨-ή, -ό⟩ [lai-] Volks-; volkstümlich

λαίμαργος ⟨-η, -ο⟩ [-ɣos] gefräßig; *fig* gierig

λαιμός M Hals *m*; **με πονά ο ~** Halsschmerzen haben

λακ ⟨-⟩ F Haarspray *m*

λάκκος M Grube *f*, Graben *m*

λακκούβα F Mulde *f*; *Straße* Schlagloch *n*; Pfütze *f*

λαλώ *Hahn* krähen

λάμα F (Rasier-)Klinge *f*

λαμαρίνα F Blech *n*

λαμβάνω nehmen; bekommen; *Maßregeln* treffen; **~ μέρος** teilnehmen (**σε** an); **~ υπ' όψη** berücksichtigen; **~ χώρα** stattfinden

λάμπα F Lampe *f*; Glühbirne *f*

λαμπάδα F Fackel *f*; Kerze *f*

λαμπερός ⟨-ή, -ό⟩ leuchtend, strahlend

Λαμπρή [-mb-] F Ostern *n*

λαμπρός ⟨-ή, -ό⟩ hervorragend; herrlich; *fig* glänzend

λαμπτήρας M Glühbirne *m*

λαμπυρίζω [-zo] schimmern

λάμπω [-mbo] strahlen; leuchten, funkeln; glänzen

λάμψη ⟨-ης⟩ F Glanz *m*, Schein *m*; Aufleuchten *n*

λανθασμένος ⟨-η, -ο⟩ [-nθa'zme-] falsch, verkehrt

λαξεύω [-'ksevo] meißeln

λαός M Volk *n*; Leute *pl*

λαρδί [lar'ði] N Speck *m*

λάρυγγας M MED Kehlkopf *m*

λαρύγγι N Kehle *f*
λασπερός ⟨-ή, -ό⟩ *a. Speisen* matschig
λάσπη F Schlamm *m*; Lehm *m*
λασπωμένος matschig; verdreckt
λάστιχο [-xo] N Gummi *m*; (Auto-)Reifen *m*; (Wasser-)Schlauch *m*; *umg* **μένω από ~** e-n Platten haben
Λατινικά NPL Latein *n*
λατομείο N Steinbruch *m*
λατρεία F Verehrung *f* **λατρεύω** [-'trevo] verehren, anbeten
λαχαναγορά [-ɣo-] F Gemüsemarkt *m* **λαχανιάζω** [-xa-'ɲazo] keuchen, außer Atem sein
λαχανιασμένος ⟨-η, -ο⟩ [-xaɲa'zm-] atemlos, außer Atem
λαχανικά [-xa-] NPL Gemüse *n*
λάχανο [-xa-] N (Weiß-, Rot-)Kohl *m*; *pl* Gemüse *n*
λαχανοσαλάτα [-sa-] F Krautsalat *m* **λαχείο** [-'çio] N (Lotterie-)Los *n*; Lotterie *f*
λαχτάρα F Sehnsucht *f* **λαχταρώ** ⟨-άς⟩ sich sehnen (*akk* nach)
λεβάντα [-nda] F Lavendel *m*
λεβέντης [-nd-] M ganze(r) Kerl *m*; stramme(r) Bursche *m*
λέγομαι ['leɣome] heißen (*nom nom*); genannt werden; **πώς λέγεσαι;** wie heißt du?; **πώς λέγεται στα Ελληνικά;** wie heißt das auf Griechisch?
λεγόμενος ⟨-η, -ο⟩ sogenannt
λεηλασία [leila'sia] F Plünderung *f* **λεηλατώ** (aus)plündern
λεία ['lia] F Beute *f*
λειανίζω [ʎa-] (zer)hacken
λείος ⟨-α, -ο⟩ glatt, eben
λείπω fehlen; abwesend sein; **λείπει** er/sie ist nicht da; es mangelt (*nom* an), es fehlt; **μου λείπει** vermissen (*nom akk*)
λειτουργία [litur'jia] F Funktion *f*; Betrieb *m*; REL Messe *f*; **ώρες** *fpl* **~ς** Öffnungszeiten *fpl*
λειτουργικός ⟨-ή, -ό⟩ funktional; **λειτουργικό σύστημα** *n* IT Betriebssystem *n*
λειτουργώ [-'ɣo] funktionieren, gehen; in Betrieb sein
λειχουδιά [-'ðja] F Delikatesse *f*, Leckerei *f*
λειψός ⟨-ή, -ό⟩ unvollständig
λειώνω ['ʎo-] (ein)schmelzen; zerlassen; *Schnee* (auf)tauen; zerquetschen; (sich) abnutzen
λεκάνη F (Wasch-)Schüssel *f*; ANAT, GEOG Becken *n*
λεκές ⟨-έδες⟩ M Fleck *m*
λεκιάζω [-'kjazo] fleckig machen; Flecken bekommen
λέμβος F Boot *n*; **ναυαγοσωστική ~** Rettungsboot *n*
λεμονάδα F (Zitronen-)Limonade *f* **λεμόνι** N Zitrone *f*
λεμονιά [-'ɲa] F Zitronen-

baum *m* **λεμονόζουμο** [-zu-] N Zitronensaft *m*
λέξη ⟨-ης⟩ F Wort *n*; Vokabel *f*; **κατά ~** wörtlich; **~ προς ~** Wort für Wort
λεξικό N Wörterbuch *n*; Lexikon *n* **λεξιλόγιο** [-jio] N Wortschatz *m*; Vokabular *n*
λέπι N (Fisch-)Schuppe *f*
λεπίδα F Klinge *f*, Schneide *f*
λεπτό[1] N Minute *f*; Moment *m*; **ένα ~!** eine Minute!
λεπτό[2] N *Münze* Cent *m*
λεπτομέρεια F Einzelheit *f*; Detail *n*; **με κάθε ~** detailliert
λεπτομερής ⟨-ής, -ές⟩, ADV **λεπτομερώς** ausführlich, detailliert
λεπτός ⟨-ή, -ό⟩ *a. Person* dünn, schmal; zierlich; *fig* fein; taktvoll; *Frage* heikel; *Stoff* zart
λεπτότητα F Feinheit *f*; *fig* Takt *m*, Feingefühl *n*
λερωμένος ⟨-η, -ο⟩ schmutzig, dreckig, verschmutzt
λερώνομαι sich schmutzig machen **λερώνω** schmutzig machen, beschmutzen
λέσχη [-çi] F Verein *m*, Klub *m*
Λεττονία F Lettland *n* **λεττονικός** ⟨-ή, -ό⟩ lettisch **Λεττονός** ⟨-ή⟩ M(F) Lette *m*, -in *f*
λεύκα ['lefka] F Pappel *f*
λευκαίνω bleichen **λευκοπλάστης** M (Heft-)Pflaster *n*
λευκός ⟨-ή, -ό⟩ [lef'kos] weiß; *fig* untadelig **λευκόχρυσος** [-xrisos] M Platin *n*
λεύκωμα ['lefkoma] N Album *n*; BIOL Eiweiß *n*
Λευκωσία [-fko's-] F Nikosia *n*
λευχαιμία [-fçe-] F Leukämie *f*
λεφτά NPL Geld *n*
λέω ⟨λες, είπα⟩ sagen, sprechen; erzählen (**για** von); meinen; nennen; beabsichtigen (**να** zu); **πώς σε λένε;** wie heißt du?; **με λένε** ich heiße (*akk nom*); **εσύ τι λες;** was meinst du?; **ας πούμε** sozusagen; **θα τα πούμε!** wir sehen uns!
Λέων ⟨-οντος⟩ M ASTROL Löwe *m*
λεωφορείο [leofo'rio] N (Auto-)Bus *m*; **αστικό/υπεραστικό ~** Stadt-/Regionalbus *m*
λεωφόρος F Boulevard *m*
λήγω ['liɣo] enden; HANDEL fällig werden; *Frist* ablaufen
λήξη ⟨-ης⟩ F Beendigung *f*; *Frist* Ablauf *m*
ληξιαρχείο [-'çio] N Standesamt *n* **ληξιαρχική πράξη** F **γέννησης/γάμου** Geburts-/Heiratsurkunde *f*
λησμονώ (*a.* -άς) vergessen
ληστεία F Raub(überfall) *m*
ληστεύω [-evo] aus-, berauben
ληστής M Räuber(in) *m(f)*
λήψη ⟨-ης⟩ F Erhalt *m*; TECH Empfang *m*; FOTO Aufnahme *f*; *Medikament* Einnahme *f*

λιακάδα F Sonnenschein *m* **λιβάδι** N Wiese *f* **λιγάκι** [-'ɣa-] ADV ein wenig, etwas **λιγνός** ⟨-ή, -ό⟩ [-ɣn-] *Person* mager, dürr; dünn **λίγο** ['liɣo] ADV wenig; etwas; **~ αργά** etwas spät; **σε ~** bald; **πριν από ~** vor Kurzem **λίγος** ⟨-η, -ο⟩ wenig; *Zeit* kurz **λιγοστεύω** [-evo] (sich) verringern, nachlassen **λιγοστός** ⟨-ή, -ό⟩ gering; knapp, spärlich **λιγότερο** ADV, **λιγότερος** ⟨-η, -ο⟩ weniger **λίθος** M Stein *m* **λιθόστρωτο** N Steinpflaster *n* **Λιθουανία** F Litauen *n* **λιθουανικός** ⟨-ή, -ό⟩ litauisch **Λιθουανός** ⟨-ή⟩ M(F) Litauer(in) *m(f)* **λικέρ** ⟨-⟩ N Likör *m* **λίμα** F Feile *f*; **~ νυχιών** Nagelfeile *f* **λιμάνι** N Hafen *m* **λιμάρω** feilen **λιμεναρχείο** [-'çio] N Hafenamt *n* **λιμενική αστυνομία** F Hafenpolizei *f* **λίμνη** F See *m* **λινάρι** N Flachs *m* **λινό** N Leinen *n* **λινός** ⟨-ή, -ό⟩ leinen **λιοντάρι** [ʎon'da-] N Löwe *m* **λιπαίνω** düngen; *Maschine* einfetten **λιπαρά** NPL BIOL Fett *n* **λιπαρός** ⟨-ή, -ό⟩ *Haar, Haut* fettig

λίπασμα [-zma] N Dünger *m*; **χημικό ~** Kunstdünger *m* **λιποθυμία** F Bewusstlosigkeit *f*, Ohnmacht *f* **λιπόθυμος** ⟨-η, -ο⟩ ohnmächtig **λιποθυμώ** ⟨-άς⟩ ohnmächtig werden **λίπος** N Fett *n*; Speck *m* **Λισαβόνα** [-sa-] F Lissabon *n* **λίστα** F Liste *f*, Katalog *m*, Verzeichnis *n*; **~ επιβατών/αναμονής** Passagier-/Warteliste *f* **λιτανεία** F Prozession *f* **λιτός** ⟨-ή, -ό⟩ schlicht, einfach **λίτρο** N Liter *m* **λογαριάζω** [-'rja-] (be-, aus-)rechnen; *fig* rechnen (**με** mit); Rücksicht nehmen (*akk* auf) **λογαριασμός** [-rja'zmos] M (Ab-)Rechnung *f*; *fig* Rechenschaft *f*; **τραπεζικός λογαριασμός** Bankkonto *n*; **τον λογαριασμό παρακαλώ!** die Rechnung, bitte! **λόγια** [-ja] NPL Worte *npl*; Liedtext *m* **λογική** [-ji-] F Logik *f*; Vernunft *f* **λογικό** N Verstand *m* **λογικός** ⟨-ή, -ό⟩ logisch; vernünftig **λογισμικό** [-zm-] N Software *f* **λογιστής** ⟨-τρια⟩ M(F) Buchhalter(in) *m(f)* **λογιστική** F Logistik *f*; Buchhaltung *f* **λογοκρίνω** zensieren **λογοκρισία** [-'sia] F Zensur *f* **λόγος** [-ɣos] M Wort *n*; Rede *f*; Grund *m*; **βγάζω λόγο** e-e

Rede halten; **για ποιο λόγο;** aus welchem Grund?; **δίνω το λόγο μου** sein Wort geben; **λόγου χάριν (λ.χ.)** zum Beispiel (z. B.)

λογοτέχνης (-ιδα) M(F) Schriftsteller(in) *m(f)*; Literat(in) *m(f)*

λογοτεχνία F Literatur *f* **λογοτεχνικός** ⟨-ή, -ό⟩ literarisch

λόγω ['loɣo] PRÄP *+gen* wegen (*+gen*); **~ υγείας** aus gesundheitlichen Gründen

λοίμωξη ⟨-ης⟩ F Infektion *f*; **(λοίμωξη) Covid-19, COVID-19** F MED (*corona virus disease 2019*) Covid-19, COVID-19 *f*

λοιπόν [li'pon] also; nun; **~;** und?; **και ~;** na und?

λοιπός ⟨-ή, -ό⟩ übrig; **και τα λοιπά (κ.τ.λ.)** und so weiter (usw.)

lockdown N Lockdown *m*

Λονδίνο [-nð-] N London *n*

λοξός ⟨-ή, -ό⟩ *a. fig* schräg, schief, krumm

λόξυγγας M Schluckauf *m*

λοσιόν ⟨-⟩ [-'sjon] F Lotion *f*

λότο ⟨-⟩ N Lotto *n*

λούζομαι [-zo-] sich die Haare waschen **λούζω** *j-m* die Haare waschen

λουκάνικο N Wurst *f* **λουκανικόπιτα** F *Wurst in Blätterteig*

Λουκέρνη F Luzern *n*

λουκέτο N Vorhängeschloss *n*

λουκουμάς ⟨-άδες⟩ M *etwa* Honigkrapfen *m*

λουλούδι N Blume *f*, Blüte *f*

λουξεμβουργιανός ⟨-ή, -ό⟩ luxemburgisch

Λουξεμβούργιος (-α) M(F) Luxemburger(in) *m(f)* **Λουξεμβούργο** [-ɣo] N Luxemburg *n*

λουρί N Riemen *m*, Gurt *m* **λουρίδα** F Band *n*, Streifen *m*

λούσιμο N Haarwaschen *n*

λουστράρω *Möbel, Schuhe* polieren **λουστρίνι** N Lackleder *n*; Lackschuh *m*

λουτρά NPL Badeanstalt *f*; Badeort *m*

λουτρό N Bad *n*; Badezimmer *n*; **κάνω ~** baden

λούτσος M Hecht *m*

λουφάρω *umg* sich drücken

λόφος M Hügel *m*

λοφώδης ⟨-ης, -ες⟩ hügelig

λυγερός ⟨-ή, -ό⟩ [-je-] schlank; graziös; biegsam

λυγίζω [-zo] (sich) (ab-, ver)biegen; *fig* (sich) beugen

λυθρίνι N Dorade *f*

λύκειο ['likio] N Gymnasium (*10.-12. Klasse*) *n*

λυκίσκος M Hopfen *m*

λύκος M Wolf *m*

λυκόσκυλο N Schäferhund *m*

λύματα NPL Abwässer *n*

λύνω *Problem, Knoten* lösen; auf-, losbinden; *Möbel* zerlegen

λυπάμαι ⟨-άσαι, λυπήθηκα⟩

betrübt sein; bedauern (**για** *akk*); bemitleiden; **~ (πολύ)** es tut mir (sehr) leid
λύπη F Kummer *m*; Leiden *n*; Trauer *f*; Bedauern *n*
λυπημένος ‹-η, -ο› traurig, betrübt **λυπηρός** ‹-ή, -ό› *Sache* bedauerlich, traurig
λυπούμαι → λυπάμαι **λυπώ** betrüben, traurig stimmen
λύρα F Lyra *f*
λυρικός ‹-ή, -ό› lyrisch
λύση ‹-ης› F *Problem* Lösung *f*
λύσσα F Tollwut *f*; *fig* Wut *f*
λυτρώνω *a.* REL erlösen
λύτρωση ‹-ης› [-si] F *a.* REL Erlösung *f*
λυχνάρι [-xn-] N (Petroleum-, Öl-)Lampe *f*; Laterne *f*
Λωζάννη [-'za-] F Lausanne *n*
λωποδύτης (**-τρια**) M(F) (Taschen-)Dieb(in) *m(f)*; Gauner *m*
λωρίδα F Band *n*, Streifen *m*; **~ (πορείας)** (Fahr-)Spur *f*

M

μ' → με¹; με²
μα aber; *als Verstärkung* ja, doch; *Eid* bei (*akk dat*); **~ φυσικά!** aber ja!; **~ πού είσαι;** wo bist du denn?
μαγαζί [-ɣa'zi] N Laden *m*, Geschäft *n*; **μαγαζιά** Markt *m*
μαγεία [-'jia] F Zauber(ei) *m(f)*, *a. fig* Magie *f*
μάγειρας (**-ισσα**) [-ji-] M(F) Koch *m*, Köchin *f*
μαγείρεμα [-'ji-] N Kochen *n*
μαγειρεύω [-'revo] kochen
μαγειρική [-ji-] F Kochkunst *f*
μάγειρος [-ji-] M Koch *m*
μαγευτικός ‹-ή, -ό› [-jefti-] bezaubernd, zauberhaft
μαγεύω [-'jevo] (be-, ver)zaubern, faszinieren
μαγιά [-'ja] F Hefe *f* **μαγικός** ‹-ή, -ό› zauberhaft; magisch
μαγιό ‹-› N Badeanzug *m*; Badehose *f*
μαγιονέζα [-za] F Mayonnaise *f*
μάγκας M Kerl *m*; schlauer Kerl *m*; **κάνω τον μάγκα** den schlauen Kerl spielen
μαγκώνω [-ŋg-] (ein)-quetschen, (ein-)klemmen
μαγνήσιο [-'ɣnisio] N Magnesium *n* **μαγνήτης** M Magnet *m*
μαγνητικός ‹-ή, -ό› [-ɣn-] *a. fig* magnetisch; Magnet-
μαγνητοταινία F Tonband *n*
μαγνητόφωνο N Tonbandgerät *n* **μαγνητοφωνώ** auf Tonband aufnehmen
μάγος (**-ισσα**) [-ɣos] M(F) Zauberer *m*, -in *f*; Hexe *f*
μαγουλάδες FPL Mumps *m*
μάγουλο N Wange *f*, Backe *f*
Μαδρίτη F Madrid *n*
μαδώ ‹-άς› rupfen
μαέστρος M Dirigent *m*
μάζα [-za] F *a.* PHYS Masse *f*

μαζεύω [-'zevo] (ein)sammeln; schrumpfen; *vom Boden* aufheben; *Blumen* pflücken; *Stoff* einlaufen; *Segel* einholen

μαζί [ma'zi] ADV zusammen, gemeinsam; miteinander; dabei, bei sich; mit (**με** *dat*); **~ μου** mit mir; bei mir; **έχω ~ μου** bei sich haben

μαζικός ‹-ή, -ό› [-zi-] massenhaft, Massen-

Μάης ['mais] M Mai *m*

μαθαίνω ‹έμαθα› lernen; lehren (**κ-ι σε** j-n etw), beibringen (**κ-ι σε** j-m etw); erfahren (**για** über); *Beruf* ergreifen; **~ Ελληνικά** ich lerne Griechisch

μάθημα N Unterricht *m*; Schulaufgabe *f*; *Schule* (Lehr-)Fach *n*; *fig* Lektion *f*; **μαθήματα γλώσσας** Sprachkurs *m*

μαθηματικά NPL Mathematik *f*

μαθηματικός[1] ‹-ή, -ό› mathematisch

μαθηματικός[2] M,F Mathematiker(in) *m(f)*

μαθητευόμενος (**-η**) [-te-'vome-] M(F) Lehrling *m* **μαθητής** (**-τρια**) M(F) Schüler(in) *m(f)*; REL Jünger *m*

μαία ['mea] F Hebamme *f*

μάνα F Mutter *f*; *umg* Mama *f*

μαϊδανός [maið-] M Petersilie *f*

μαϊμού ‹-ούδες› F Affe *m*

μαϊντανός [maid-] M Petersilie *f*

Μάιος ['maios] M Mai *m*

μακάβριος ‹-α, -ο› makaber

μακάρι: **~ (και) να** wenn doch

μακαρίτης (**-ισσα**) M(F) Verstorbene(r) *m,f*

μακαρόνια [-ɲa] NPL *allg* Nudeln *fpl*; Spaghetti *fpl*

Μακεδονία F Mazedonien *n*

μακιγιάζ ‹-› [-'jaz] N Make-up *n* **μακιγιάρομαι** sich schminken

μακό ‹-› N T-Shirt *n*

μακραίνω *Kleid* länger machen; länger werden

μακριά ADV weit (weg); weit entfernt, fern; **είναι ~;** ist es weit?; **πιο ~** weiter

μακρινός ‹-ή, -ό› fern, entfernt; *Reise* weit **μακροπρόθεσμος** ‹-η, -ο› [-z-] langfristig

μάκρος N Länge *f*

μακρουλός ‹-ή, -ό› länglich

μακρύς ‹-ιά, -ύ› lang; weit **μακρύτερος** ‹-η, -ο› längere(r, -s)

μαλακός ‹-ή/-ιά, -ό› weich; sanft **μαλακώνω** *a. fig* erweichen; lindern; weich werden

μάλιστα ja(wohl); sogar

μαλλί N Wolle *f*; Strickwolle *f*; Haar *n* **μαλλιά** [-ʎa] NPL Haare *npl*

μάλλινος ‹-η, -ο› wollen, Woll-

μάλλον vielmehr; eher; wohl, vielleicht; vermutlich

Μάλτα F Malta *n*

μαλτέζικος ⟨-η, -ο⟩ maltesisch **Μαλτέζος** (**-α**) M(F) Malteser(in) *m(f)*

μαλωμένος ⟨-η, -ο⟩ zerstritten **μαλώνω** ausschelten; sich streiten (**για** über)

μαμά ⟨-άδες⟩ F Mama *f*

μαμμή F Hebamme *f*

μανάβης ⟨-ηδες⟩ (**-ισσα**) M(F) Obst- und Gemüsehändler(in) *m(f)*

μανάβικο N Gemüseladen *m*

μάνατζερ ⟨-⟩ [-dzer] M,F Manager(in) *m(f)*

μανία F Manie *f*; Wut *f*; Leidenschaft *f*, Besessenheit *f*

μανιακός ⟨-ή, -ό⟩ wahnsinnig; leidenschaftlich; besessen

μανικέτι N *Ärmel* Manschette *f*

μανίκι N Ärmel *m* **μανικιούρ** ⟨-⟩ [-'kjur] N Maniküre *f*

μανιτάρι N GASTR Pilz *m*

μανούβρα F Manöver *n*

μανουβράρω manövrieren

μανταλάκι [-nd-] N Wäscheklammer *f* **μανταλώνω** *Tür* abriegeln **μανταρίνι** N Mandarine *f*

μανταρινιά [-'ɲa] F Mandarinenbaum *m*

μαντάρω flicken; stopfen

μαντείο N Orakel *n* **μαντεύω** [-n'devo] voraussagen; (er)raten

μάντης (**-ισσα**) [-nd-] M(F) Wahrsager(in) *m(f)*

μαντίλι N (Hals-, Taschen-) Tuch *n*

μαντολίνο N Mandoline *f*

μαξιλάρι N (Kopf-)Kissen *n*

μαξιλαροθήκη F Kissenbezug *m*

μαραγκός [-ŋg-] M Tischler(in) *m(f)*

μάραθο N Fenchel *m*

μαραθώνιος M Marathonlauf *m* **μαραίνομαι** verblühen, (ver)welken, eingehen

μαραμένος ⟨-η, -ο⟩ welk, verwelkt

μαργαρίνη [-ɣa-] F Margarine *f*

μαργαρίτα [-ɣa-] F Margerite *f*

μαργαριτάρι [-ɣa-] N Perle *f*

μαρινάτος ⟨-η, -ο⟩ mariniert

μάρκα F HANDEL Marke *f*; *Zigaretten* Sorte *f*

μαρκαδόρος M Filzstift *m*

μαρκάρω markieren

μάρκο N HIST *Währung* Mark *f*

μάρμαρο N Marmor *m*

μαρμελάδα F Marmelade *f*

μαρούλι N *Art* Kopfsalat *m*, Römersalat *m*

Μάρτης M März *m*

Μάρτιος M März *m*

μάρτυρας M,F *a.* JUR Zeuge *m*, -in *f*; Märtyrer(in) *m(f)*

μαρτυρία F (Zeugen-) Aussage *f*

μαρτύριο N Martyrium *n*; *fig* Qual *f*

μαρτυρώ *a.* ⟨-άς⟩ (be)zeugen; verraten

μάρτυς ⟨-υρος⟩ M,F JUR Zeuge

m, -in *f*
μας¹ PERS PR uns *dat, akk*
μας² POSS PR PR unsere(r, -s)
μασάζ ⟨-⟩ [-'saz] N Massage *f*; **κάνω ~** massieren; sich massieren lassen
μασέλα F *künstliches* Gebiss *n*
μάσκα F Maske *f*; **αντιασφυξιογόνος ~** Gasmaske *f*, **~ προστασίας** Schutzmaske *f*
μάσκαρα ⟨-⟩ N Wimperntusche *f*
μαστίγιο [-jio] N Peitsche *f*
μαστίχα [-xa] F Mastix *m*
μάστορας (-ισσα) M(F) Handwerker(in) *m(f)*; geschickt
μαστορεύω [-'revo] basteln
μαστοριά [-'rja] F Geschick(-lichkeit) *n(f)* **μαστορικός** ⟨-ή, -ό⟩ geschickt
μαστός M *Frau* Brust *f*; *Tier* Euter *n*
μασώ ⟨-άς⟩ [-'so] kauen
μάταια ADV vergebens, umsonst
ματαιοδοξία F Eitelkeit *f*
ματαιόδοξος ⟨-η, -ο⟩ eitel
μάταιος ⟨-α, -ο⟩ vergeblich, zwecklos
ματαιώνω vereiteln; ausfallen lassen; *Termin* absagen
ματζουράνα [-ndzu-] F Majoran *m*
μάτι N Auge *n*; BOT Knospe *f*; fluchabweisendes blaues Glasauge *n*; **ηλεκτρικό ~** Kochplatte *f*; **~ να μη σε πιάσει** damit dich kein böser Blick trifft; **με τα ~α μου** mit eigenen Augen; **~α μου!** Liebling!
ματιά [-'tja] F Blick *m*
ματόκλαδο N Wimper *f*
ματς ⟨-⟩ [mats] N Fußballspiel *n*
μάτσο N *Blumen* Strauß *m*, Bund *n*; *Scheine* Bündel *n*
ματώνω *aus Nase, Finger* bluten
μαυρίζω [-vr-] sich bräunen
μαυρισμένος ⟨-η, -ο⟩ [-vrizm-] gebräunt
μαύρο ['mavro] N Schwarz *n*
μαύρος ⟨-η, -ο⟩ schwarz; gebräunt; *fig* düster, traurig; *m,f* Schwarze(r) *m,f*
μαχαίρι [-'çeri] N Messer *n*
μαχαιροπίρουνα NPL (Ess-)Besteck *n* **μαχαιρώνω** erstechen
μάχη [-çi] F Kampf *m*; Schlacht *f*; Gefecht *n*
μαχητής (-τρια) [-çi-] M(F) Kämpfer(in) *m(f)* **μαχητικός** ⟨-ή, -ό⟩ kämpferisch
μάχομαι [-xo-] kämpfen
με¹ PRÄP *+akk* mit (*+dat*); per; durch (*+akk*); bei (*+dat*); wegen; **με τι;** womit?; **με το λεωφορείο/τρένο** mit dem Bus/per Bahn
με² PERS PR mich; mir
μεγαλείο [-ɣa-] N Größe *f*, Erhabenheit *f* **μεγαλειώδης** ⟨-ης, -ες⟩ [-li'oðis] grandios
μεγαλόκυκλος M Megahertz *n*
μεγαλομανία F Größenwahn *m*

μεγαλοποιώ aufbauschen
μεγαλοπρεπής ⟨-ής, -ές⟩ [-γa-] prächtig; majestätisch
μεγάλος ⟨-η, -o⟩ [-'γa-] groß; *Person* erwachsen, alt; *Straße* lang; **οι μεγάλοι** die Erwachsenen *pl*; die alten Leute *pl*
μεγαλοφυής ⟨-ής, -ές⟩ genial **μεγαλοφυΐα** F Genie *n*; Genialität *f*
μεγαλόψυχος ⟨-η, -o⟩ großmütig **μεγαλύτερος** ⟨-η, -o⟩ größere; ältere; **o ~** der größte/Größte
μεγαλώνω vergrößern; *Kind* großziehen; (heran)wachsen; älter werden
μεγάφωνο N Lautsprecher *m*
μέγεθος [-je-] N *a. Kleid* Größe *f*; Format *n*; Umfang *m*, Ausmaß *n*; *e-r Schuld* Schwere *f*
μεγέθυνση ⟨-ης⟩ F Vergrößerung *f* **μεγεθύνω** vergrößern
μέγιστο [-ji-] N Maximum *n*
μέγιστος ⟨-η, -o⟩ größte, höchste
μέδουσα [-sa] F Qualle *f*
μεζές ⟨-έδες⟩ [-'zes] M Imbiss *m*; Vorspeise *f*, *pl* Häppchen *npl zu alkoholischem Getränk*
μεζούρα [-'zu-] F Meterband *n*
μεθ' → μετά
μεθαύριο [-'θavr-] übermorgen
μεθοδικός ⟨-ή, -ό⟩ methodisch
μέθοδος F Methode *f*
μεθύσι [-si] N Trunkenheit *f*; *fig* Rausch *m*
μεθυσμένος ⟨-η, -o⟩ [-zm-] betrunken, *umg* besoffen
μεθύστακας M Säufer(in) *m(f)*
μεθώ ⟨-άς⟩ betrunken machen; *a. fig* berauschen; (sich be)trinken, *umg* saufen
μείγμα [-γma] N Mischung *f*
μεϊκάπ ⟨-⟩ N Make-up *n*
μείον MATH minus, weniger
μειονέκτημα N Nachteil *m*
μειονεκτικός ⟨-ή, -ό⟩ nachteilig
μειονότητα F Minderheit *f*
μειωμένος ⟨-η, -o⟩ ermäßigt
μειώνομαι *Preis, Wert* sinken; *fig* zurückgehen **μειώνω** (ver)mindern; *Preis* ermäßigen; *fig* herabsetzen
μείωση ⟨-ης⟩ F Rückgang *m*, Verringerung *f*, Abnahme *f*
μελαγχολία [-ɲxo-] F Melancholie *f*, Schwermut *f* **μελαγχολικός** ⟨-ή, -ό⟩ melancholisch
μελάνη F, **μελάνι** N Tinte *f*
μελανιά F blaue(r) Fleck *m*
μελαχρινός ⟨-ή, -ό⟩ [-xri-] dunkel(häutig, -haarig)
μέλει: **τι σε ~**; was kümmert dich das?
μελέτη F Lernen *n*; *e-s Themas* Studium *n*; Studie *f*
μελετώ ⟨-άς⟩ *für Prüfung* lernen; einstudieren; durchdenken
μέλι N Honig *m*; **μήνας** *m* **του ~τος** Flitterwochen *fpl* **μέλισ-**

σα F Biene *f*; **άγρια ~** Hummel *f*
μελισσοκόμος M,F Imker(in) *m(f)*
μελιτζάνα F Aubergine *f* **μελιτζανοσαλάτα** F Auberginenmus *m*
μέλλον ⟨-οντος⟩ N *a.* GRAM Zukunft *f*; **στο ~** in Zukunft
μελλοντικός ⟨-ή, -ό⟩ [-nd-] (zu)künftig
μέλλων¹ ⟨-ουσα, -ον⟩ künftig
μέλλων² ⟨-οντος⟩ M Futur *n*
μελόδραμα N Oper *f*
μέλος N *a.* ANAT Glied *n*; *e-r Organisation* Mitglied *n*
μελτέμι N *Wind* Meltemi *m*
μελωδία F Melodie *f*; Lied *n* **μελωδικός** ⟨-ή, -ό⟩ melodisch
μεμβράνη F Membran(e) *f*, Folie *f*
μεμιάς [-'mjas] auf einmal
μένα mich; mir; **με ~** mit mir
μενού ⟨-⟩ N *a.* IT Menü *n*
μέντα [-nda] F Pfefferminze *f*
μένω ⟨έμεινα⟩ (übrig) bleiben; wohnen; *Schule* sitzen bleiben; **πού μένεις;** wo wohnst du?; *umg* **έχω μείνει!** ich bin platt!
μέρα F Tag *m*; **~ (και) νύχτα** Tag und Nacht; **τι ~ έχουμε/είναι σήμερα;** was für ein Tag ist heute?; **όλη τη ~** den ganzen Tag; **κάθε ~** jeden Tag; → *a.* ημέρα
μερίδα F (An-)Teil *m*; GASTR Portion *f* **μερίδιο** N Anteil *m*
μερικοί ⟨-ές, -ά⟩ PL einige *pl*, gewisse *pl*, manche *pl*; mehrere *pl*; ein paar; **μερικές φορές** ein paar Mal; **πριν μερικές (η)μέρες** vor ein paar Tagen; **σε μερικές μέρες** in einigen Tagen
μερικός ⟨-ή, -ό⟩ Teil-; teilweise
μέρος N Teil *m*; Stelle *f*; Ort(-schaft) *m(f)*; Stätte *f*; Gegend *f*; Seite *f*; *umg* Toilette *f*; **κατά ~** beiseite; **εν μέρει** zum Teil, teilweise; **εκ μέρους** seitens (*gen gen*)
μες ADV → μέσα²; **~ στη νύχτα** mitten in der Nacht
μέσα¹ NPL (Geld-)Mittel *npl*, Möglichkeit *f*
μέσα² [-sa] ADV innen, drinnen; herein, hinein; in (**σε** *dat*; *akk*); innerhalb (**σε** *gen*); *adj* innere, Innen-; **~ από** aus ... heraus; durch (*akk akk*); **~ σε μια βδομάδα** binnen einer Woche
μεσαίος ⟨-α, -ο⟩ [me'seos] mittlere, Mittel-
Μεσαίωνας [me'seo-] M Mittelalter *n* **μεσαιωνικός** ⟨-ή, -ό⟩ mittelalterlich
μεσάνυχτα [-xta] NPL Mitternacht *f*; **τα ~** um Mitternacht
μέση [-si] F Mitte *f*; ANAT Kreuz *n*; Taille *f*; **στη ~** mitten in auf
μεσημέρι [-si-] N Mittag(szeit) *m(f)*; **το ~** mittags
μεσημεριανός ⟨-ή, -ό⟩ [-rja-] Mittag(s)-

μεσίτης (-τρια) M(F) Vermittler(in) *m(f)*, Makler(in) *m(f)*
μέσο [-so] N Mitte *f*; *a. Geld* Mittel *n*; **στα μέσα του μηνός** Mitte des Monats; **δια μέσου** durch (*gen akk*), über (*gen akk*)
μεσογειακός ⟨-ή, -ό⟩ [-sojia-] mediterran
Μεσόγειος [me'sojios] **(Θάλασσα)** F Mittelmeer *n*
μεσολαβητής (-τρια) [-so-] M(F) Vermittler(in) *m(f)*
μεσολαβώ [-so-] vermitteln; *Ereignis* dazwischenkommen
μέσο(ν) [-son] N Beziehungen *fpl*, vorteilhafte(r) Kontakt *m*
μέσος ⟨-η, -ο⟩ [-sos] mittlere; Mittel-; durchschnittlich
μέσω [-so] PRÄP (+*gen*) durch (+*akk*), mittels (+*gen*)
μετ' → **μετά**
μετά PRÄP (+*akk*) *zeitlich* nach (+*dat*); *räumlich* nach (+*dat*), hinter (+*dat*); *adv* danach, nachher
μεταβάλλομαι sich (ver)ändern **μεταβάλλω** (ver)ändern
μετάβαση ⟨-ης⟩ [-si] F Hinweg *m*, -fahrt *f*
μεταβιβάζω [-zo] *Recht* übertragen
μεταβλητός ⟨-ή, -ό⟩ veränderlich; *Wetter* unbeständig **μεταβολή** F (Ver-)Änderung *f*, Wandel *m*
μεταγλωττίζω [-ɣlo'tizo] *Film* synchronisieren
μεταγλώττιση ⟨-ης⟩ [meta-'ɣlotisi] F *Film* Synchronisation *f*
μεταδίδω TV übertragen; MED anstecken; *Wissen* vermitteln
μετάδοση ⟨-ης⟩ [-si] F TV Übertragung *f*; *Krankheit* Ansteckung *f*, Verbreitung *f*
μεταδοτικός ⟨-ή, -ό⟩ ansteckend, übertragbar
μεταθέτω *j-n* versetzen
μετακινώ versetzen, verschieben, (ver)rücken, umstellen
μετακομίζω [-zo] umziehen **μετακόμιση** ⟨-ης⟩ [-si] F *Wohnungswechsel* Umzug *m*
μεταλλαγμένος ⟨-η, -ο⟩ [-ɣm-] genmanipuliert
μεταλλικός ⟨-ή, -ό⟩ Metall-; metallisch; Mineral-; **μεταλλικό νερό** *n* Mineralwasser *n*
μέταλλο N Metall *n*
μεταμορφώνω ver-, umwandeln; *in etw* verzaubern
μεταμόρφωση ⟨-ης⟩ [-si] F Um-, Verwandlung *f*
μεταμφιέζομαι [-i'ezo-] sich verkleiden
μετανάστευση ⟨-ης⟩ [-stefsi] F Ein-, Aus-, Zuwanderung *f*
μεταναστεύω [-'stevo] ein-, auswandern **μετανάστης** (--τρια) M(F) Ein-, Auswanderer *m*, -in *f*
μετανιώνω [-'ɲono] bereuen (**για** *akk*) **μετάνοια** [-nia] F Reue *f*
μετάξι N Seide *f*
μεταξύ zwischen (*gen dat; akk*); unter; zueinander; ~

μας/σας/τους unter uns/euch/ihnen; untereinander; **στο/ εν τω ~** inzwischen
μεταρρυθμίζω reformieren
μεταρρύθμιση ⟨-ης⟩ [-si] F Reform *f* **Μεταρρύθμιση** F REL Reformation *f*
μετασκευάζω [-e'vazo] umbauen
μετάσταση ⟨-ης⟩ F Metastase *f* **μετασχηματίζω** [-sçi-] umformen, umbilden **μετασχηματιστής** M ELEK Transformator *m*
μετατοπίζω [-zo] umstellen; *Interessen* verlagern; *Schrank* verrücken **μετατόπιση** ⟨-ης⟩ [-si] F Verlagerung *f*
μετατρέπω umwandeln (**σε** in); ändern **μετατροπή** F Umwandlung *f*; Änderung *f*
μεταφέρω übertragen; transportieren; *Ware* befördern
μεταφορά F Übertragung *f*; Beförderung *f*; Transport *m*; LIT Metapher *f*; **γραφείο** *n* **μεταφορών** Spedition *f*
μεταφορικός ⟨-ή, -ό⟩ Transport-; metaphorisch, bildlich
μεταφράζω [-zo] *Text* übersetzen (**από-σε** aus-in)
μετάφραση ⟨-ης⟩ [-si] F Übersetzung *f* **μεταφραστής (-τρια)** M(F) Übersetzer(in) *m(f)*
μεταχειρίζομαι [-çi'rizome] gebrauchen; behandeln
μεταχείριση ⟨-ης⟩ [-'çirisi] F Behandlung *f*
μετεκπαίδευση ⟨-ης⟩ [metek'pedefsi] F Fort-, Weiterbildung *f*; Umschulung *f*
μετεκπαιδεύω [-'ðevo] fort-, weiterbilden, umschulen
μετεωρίτης M Meteorit *m*
μετέωρος ⟨-η, -ο⟩ schwebend, in der Schwebe
μετονομάζω [-zo] umbenennen
μετοχή [-'çi] F HANDEL Aktie *f*
μέτοχος [-xos] M,F Teilhaber(in) *m(f)*; Aktionär(in) *m(f)*
μέτρα NPL Maßnahmen *fpl*; Maße *npl*, Abmessungen *fpl*; **παίρνω (τα) ~** Maß nehmen; **παίρνω/λαμβάνω ~** Maßnahmen ergreifen
μέτρημα N Zählung *f*, Zählen *n*
μετρημένος ⟨-η, -ο⟩ ausgemessen; gezählt; *fig* maßvoll
μέτρηση ⟨-ης⟩ [-si] F (Ab-)Messung *f*
μετρητά NPL Bargeld *n*
μετρητής M ELEK Zähler *m*
μετρητοίς: **τοις ~** (in gegen) bar; **πληρωμή** *f* **τοις ~** Barzahlung *f*
μετριάζω mäßigen; *Schmerz* lindern **μετρίαση** ⟨-ης⟩ F, **μετριασμός** [-zm-] M Mäßigung *f*
μετριοπάθεια F Zurückhaltung *f*, Mäßigkeit *f* **μετριοπαθής** ⟨-ής, -ές⟩ gemäßigt
μέτριος ⟨-α, -ο⟩ mäßig; mittelmäßig, durchschnittlich

μετριοφροσύνη [-'si-] F Bescheidenheit *f* **μετριόφρων** ‹-ονος› M,F bescheiden
μετρό ‹-› N U-Bahn *f*
μέτρο N Meter *m*; Maß *n*; MUS Takt *m*, Tempo *n*; Maßnahme *f*; Versmaß *n*; **τετραγωνικό ~** Quadratmeter *m*; **κυβικό ~** Kubikmeter *m*
μετρώ ‹-άς› (ab)zählen; (ab-, aus)messen; *fig* abwägen
μέτωπο N ANAT Stirn *f*; *im Krieg* Front *f*
μέχρι ['mexri] *zeitlich, räumlich* bis (*akk* zu); **~ εδώ** bis hierher; **~ πότε;** bis wann?; **~ τις οχτώ** bis acht Uhr
μη → μη(ν)
μηδέν ‹-νός› N null; Null *f*; Nichts *n*; **ένα ~** eins zu null; **πάνω απ' το ~** über null (Grad)
μήκος N *a.* GEOM Länge *f*; **κατά ~** entlang (*gen gen od akk*); **κατά ~ του δρόμου** entlang der Straße, die Straße entlang; **γεωγραφικό ~** GEOG Länge *f*
μηλιά [-'ʎa] F Apfelbaum *m*
μήλο N Apfel *m*
μηλόπιτα F *Art* Apfelkuchen *m*
μη(ν) *Aufforderung, Konjunktiv* nicht; *Frage* vielleicht, etwa; **για να ~ ...** damit nicht ...
μήνας ‹*a.* -ός› M Monat *m*; **δυο μήνες** zwei Monate (lang)
μηνιαίος ‹-α, -ο› [mini'eos] monatlich, Monats-
μηνιάτικο [-'ɲa-] N Monatslohn *m*; Monatsmiete *f*
μηνίσκος M Meniskus *m*
μήνυμα N Nachricht *f* **μήνυση** ‹-ης› [-si] F JUR Klage *f*
μηνυτής (**-τρια**) M(F) JUR (An-)Kläger(in) *m(f)* **μηνύω** verklagen
μήπως dass; *Frage* vielleicht, etwa; ob
μηρός M (Ober-)Schenkel *m*
μητέρα F Mutter *f*
μήτρα F Gebärmutter *f*
μητριά [-i'a] F Stiefmutter *f*
μητρόπολη ‹-ης› F Metropole *f*; *Kirche* Kathedrale *f* **μητροπολίτης** M *etwa* Erzbischof *m*
μητρώο N Register *n*; **εμπορικό ~** Handelsregister *n*
μηχανάκι [mixa-] N Moped *n*, Motorroller *m* **μηχανή** F Maschine *f*; Motor *m*; Motorrad *n*
μηχάνημα [-'xa-] N Apparat *m*, Gerät *n*; **~ ανάληψης χρημάτων** Geldautomat *m*
μηχανική [mixa-] F Mechanik *f*
μηχανικός[1] ‹-ή, -ό› maschinell, *a. fig* mechanisch
μηχανικός[2] M,F Ingenieur(in) *m(f)*; Mechaniker(in) *m(f)*
μηχανισμός M Mechanismus *m*, Triebwerk *n*; Vorrichtung *f*
μηχανογράφηση ‹-ης› [mixano'ɣrafisi] F Datenverarbeitung *f*; **ηλεκτρονική ~** elektronische Datenverarbeitung *f* (EDV)

μία, μια[1] [mja] F eine; **από τη μια ..., από την άλλη** einerseits ..., and(e)rerseits; **στη μία** um ein Uhr; → *a.* ένας
μια[2]: **μια που** da ... einmal
μιζέρια [-'zerja] F Misere *f*
μίζερος ⟨-η, -ο⟩ [-ze-] elend, armselig; erbärmlich; geizig
μικραίνω [mi'kreno] verkleinern; kleiner werden
μικρό N *v. Tier* Junge *n*
μικρόβιο N Mikrobe *f*
μικροπρεπής ⟨-ής, -ές⟩ niederträchtig; kleinlich
μικρός ⟨-ή, -ό⟩ klein, gering; *Dauer* kurz; *Alter* jung; *m mst Kind* Hilfskellner *m*
μικροσκόπιο N Mikroskop *n*
μικρότερος ⟨-η, -ο⟩ kleinere, kürzere **μικρούλης** ⟨-α, -ικο⟩, **μικρούλικος** ⟨-η, -ο⟩ winzig
μικρόφωνο N Mikrofon *n*
μικτός ⟨-ή, -ό⟩ gemischt
μίλι N Meile *f*
μιλώ ⟨-άς⟩ reden, sprechen (**για** über)
μιμούμαι nachahmen, nachmachen
μίξερ ⟨-⟩ N Mixer *m*
μισαλλόδοξος ⟨-η, -ο⟩ intolerant
μισητός ⟨-ή, -ό⟩ [-si-] verhasst
μισθός M Lohn *m*; Gehalt *n*
μίσθωμα N Pacht *f*, Miete *f*
μισθώνω pachten, mieten
μισθωτήριο N Mietvertrag *m*
μισθωτής (**-τρια**) M(F) Pächter(in) *m(f)*
μισό [mi'so] N Hälfte *f*
μισοκοιμισμένος ⟨-η, -ο⟩ [-zm-] verschlafen
μισός ⟨-ή, -ό⟩ halb; **τρεις και μισή** halb vier (Uhr); **μισή ώρα** eine halbe Stunde
μίσος [-sos] N Hass *m*
μισοτιμής ADV zum halben Preis
μισοφέγγαρο [-so'feŋga-] N Halbmond *m*
μίσχος [-sx-] M BOT Stiel *m*
μισώ [-'so-] hassen
μ.μ. (**μετά μεσημβρίαν**) nachmittags
μνημείο N Denkmal *n*
μνήμη ['mnimi] F Gedächtnis *n*; Erinnerung *f*; **στη ~** zum Gedenken (*gen* an)
μνημονικό N Gedächtnis *n*
μνησίκακος ⟨-η, -ο⟩ nachtragend **μνησικακώ** grollen (**σε** *dat*)
μοβ violett; *n* Violett *n*
μόδα F Mode *f*; *pej* Trend *m*; **είναι της ~ς** (in) Mode sein
μοδίστρα F Schneiderin *f*
μοιάζω ['mjazo] ähneln (**σε**; **με** *dat*), ähnlich sein; aussehen (**με** wie)
μοίρα F Schicksal *n*, Los *n*; GEOG, GEOM Grad *n*
μοιράζω [-zo] (auf-, aus-, ver-, zu)teilen; *Zeitungen* austragen
μοιραίος ⟨-α, -ο⟩ schicksalhaft
μοιρασιά [-'sja] F, **μοίρα-**

σμα [-zm-] N Verteilung *f*
μοιρολατρία F Fatalismus *m*
μοιρολατρικός ⟨-ή, -ό⟩ fatalistisch
μοιρολόι ⟨-για⟩ N Klagelied *n*
μοιχεία [-'çia] F Ehebruch *m*
μοκέτα F Teppichboden *m*
μόλις ADV kaum; *zeitlich* soeben; *konj* sobald; wenn; **~ χθες** erst gestern
μόλος M Mole *f*
μόλυβδος M Blei *n*
μολύβι N Blei *n*; (Blei-)Stift *m*
μόλυνση ⟨-ης⟩ [-si] F Infektion *f*; Verschmutzung *f*; **~ του περιβάλλοντος** Umweltverschmutzung *f*
μολύνω infizieren; verseuchen; verunreinigen **μολυσμένος** ⟨-η, -ο⟩ verseucht
μονάδα F (Maß-)Einheit *f* **μοναδικός** ⟨-ή, -ό⟩ einzig, alleinig; einmalig, einzigartig
μοναξιά [-'ksja] F Einsamkeit *f*
μονάρχης M Monarch(in) *m(f)*
μοναρχία [-'çia] F Monarchie *f*
μοναστήρι N Kloster *n*
μονάχα [-xa], **μοναχά** ADV nur
μοναχικός ⟨-ή, -ό⟩ [-çi-] einsam; Kloster-, Mönchs-
Μόναχο [-xo] N München *n*
μονάχος ⟨-η, -ο⟩ [-xos] allein
μοναχός[1] ⟨-ή/-ιά, -ό⟩ [-'xos] allein
μοναχός[2] **(-ή)** M(F) Mönch *m*, Nonne *f* **μονή** F Kloster *n*
μόνιμος ⟨-η, -ο⟩ dauerhaft; fest angestellt; *Arbeit* fest
μόνο ADV nur; allein; bloß; *konj* jedoch; **όχι ~ … αλλά και** … nicht nur … sondern auch …
μονόγραμμα N Monogramm *n*
μονόδρομος M Einbahnstraße *f* **μονοήμερος** ⟨-η, -ο⟩ eintägig
μονοιάζω [-'ɲazo] versöhnen; sich vertragen, sich versöhnen
μονοκατοικία F Einfamilienhaus *n*
μονόλογος [-ɣ-] M Monolog *m*
μονομαχία [-'çia] F Duell *n*
μονοπάτι N Pfad *m*, Wander-, Fußweg *m* **μονόπλευρος** ⟨-η, -ο⟩ [-plevr-] *a. fig* einseitig
μονοπώλιο N Monopol *n*
μόνος ⟨-η, -ο⟩ allein, einsam; einzig; **(από) ~ μου** von selbst, von allein
μονός ⟨-ή, -ό⟩ *Zahl* ungerade; **μονό δωμάτιο** *n* Einzelzimmer *n* **μονοτονία** F Monotonie *f*
μονότονος ⟨-η, -ο⟩ monoton
μοντάζ ⟨-⟩ [-z] N Montage *f*
μοντάρισμα [-n'darizma] N Montage *f* **μοντάρω** montieren
μοντέλο [-'de-] N *a. Kunst, Mode* Modell *n*; *Typ* Ausfüh-

rung *f*
μόντεμ [-dem] ⟨-⟩ N Modem *n*
μοντέρνος ⟨-α, -ο⟩ modern
μονώνω isolieren
μόνωση ⟨-ης⟩ F Isolierung *f*
μόριο N Teilchen *n*; Molekül *n*
μορφάζω grinsen; Grimassen schneiden **μορφασμός** M Grimasse *f* **μορφή** F Form *f*; Gestalt *f*
μορφίνη F Morphium *n*
μορφωμένος ⟨-η, -ο⟩ gebildet
μορφώνομαι sich bilden **μορφώνω** (aus)bilden
μόρφωση ⟨-ης⟩ [-si] F Bildung *f*, Wissen *n*
μοσχάρι N Kalb *n*; GASTR Rindfleisch *n* **μοσχοβολώ** ⟨-άς⟩ duften (*akk* nach) **μοσχοκάρυδο** N Muskatnuss *f* **μοσχοκάρφι** N BOT Gewürznelke *f*
μοτέρ ⟨-⟩ N Motor *m*
μοτίβο N Motiv *n*
μοτοποδήλατο N Mofa *n*
μοτοσακό [-sa-] N Moped *n*
μοτοσικλέτα [-si-] F Motorrad *n*
μου[1] [mu] PERS PR mir; mich
μου[2] POSS PR PR mein(e, -er, -es)
μουγγός ⟨-ή, -ό⟩ [-ŋg-] stumm
μουλάρι N Maulesel *m*; *fig* stur **μουντζουρώνω** [-ndzu-] *fig* beschmutzen
μουντός ⟨-ή, -ό⟩ [-nd-] *Himmel* düster; *Wetter* trübe
μουριά [-'rja] F Maulbeerbaum *m* **μουρμουρίζω** murmeln
μούρο N (Maul-)Beere *f*
μουρούνα F Dorsch *m* **μουρουνέλαιο** N Lebertran *m*
μουσείο [mu'sio] M Museum *n*
μουσική [-si-] F Musik *f*
μουσικός[1] ⟨-ή, -ό⟩ musikalisch; Musik-
μουσικός[2] M,F Musiker(in) *m(f)*
μουσκεμένος ⟨-η, -ο⟩ durchnässt **μουσκεύω** [mu'skevo] nass machen; *Wäsche* einweichen
μούσλι N ⟨-⟩ Müsli *n*
μουσουλμάνος (-α) M(F) Muslim(in) *m(f)* **μουστάκι** N Schnurrbart *m* **μουστάρδα** F Senf *m*
μούστος M Most *m*
μούτρα NPL, **μούτρο** N *umg* Fresse *f*
μούχλα [-xla] F Schimmel *m*
μουχλιασμένος ⟨-η, -ο⟩ [-zm-] schimmelig
μοχέρ ⟨-⟩ [mo'çer] N Mohair *m*
μοχλός M (Schalt-)Hebel *m*
μπαγιάτικος ⟨-η, -ο⟩ [-'ja-] *Brot* altbacken; *Bier* abgestanden
μπαγκαλόου ⟨-⟩ [-ŋg-] N Bungalow *m*
μπάζω [-zo] hereinlassen; ~ **νερά** *Boot* Leck sein
μπαίνω ⟨μπήκα⟩ ['beno] ein-

treten, hineingehen; *Bus* einsteigen; *Raum* betreten; *Partei* beitreten; *Stoff* einlaufen; schrumpfen; **~ στη θέση** *gen* sich in *j-s* Lage versetzen

μπακάλης ⟨-ηδες⟩ **(-ισσα)** M(F) Lebensmittelhändler(in) *m(f)*

μπακαλιάρος [-'ʎa-] M Kabeljau *m*

μπακάλικο N Lebensmittelgeschäft *n*

μπάλα F (Spiel-, Fuß-)Ball *m*; **~ παγωτού** Eiskugel *f*

μπαλαντέζα [-n'deza] F ELEK Verlängerungskabel *n*

μπαλέτο N Ballett *n* **μπαλκόνι** N Balkon *m* **μπαλόνι** N (Luft-)Ballon *m*

μπαλώνω flicken; stopfen

μπάμιες ['bamjes] FPL Okragemüse *n*

μπαμπάκι [-mb-] N → βαμβάκι

μπαμπάς ⟨-άδες⟩ [ba'bas] M *umg* Papa *m*

μπανάνα F Banane *f* **μπανιέρα** [-'ɲe-] F Badewanne *f*

μπάνιο ['baɲo] N Bad *n*; Badezimmer *n*; **κάνω ~** baden

μπαρ ⟨-⟩ [bar] N Bar *f*; Theke *f*

μπαρκάρω *Schiff* ablegen

μπαρμπούνι N Meerbarbe *f*

μπάσκετ ⟨-⟩ N Basketball *m*

μπαστούνι N (Spazier-)Stock *m* **μπαταρία** F Batterie *f*

μπαχαρικό [-xa-] N Gewürz *n*

μπεζ ⟨-⟩ beige; *n* Beige *n*

μπεϊμπισίτερ ⟨-⟩ [-'si-] F Babysitter *m*, Kindermädchen *n*

μπεκρής ⟨-ήδες⟩ **(-ού)** M(F) Säufer(in) *m(f)*, Trinker(in) *m(f)*

μπελάς ⟨-άδες⟩ [be-] M *mst* PL Ärger *m*, Schererei(en) *f(/pl)*

μπέρδεμα N Verwechslung *f*; Verwirrung *f*, Konfusion *f*

μπερδεμένος ⟨-η, -ο⟩ konfus, wirr **μπερδεύω** [-'ðevo] verwechseln; durcheinanderbringen; irritieren, verwirren

μπετόν ⟨-⟩ N Beton *m*

μπήκα → μπαίνω

μπιζέλια [-ʎa] NPL Erbsen *fpl*

μπικίνι ⟨-⟩ N Bikini *m*

μπικουτί ⟨-⟩ N Lockenwickler *m*

μπιλιάρδο [-'ʎa-] N Billard *n*

μπιμπερό ⟨-⟩ [-be-] N *Säugling* Fläschchen *n*

μπίρα ['bira] F Bier *n*

μπιραρία F Bierlokal *n*

μπισκότο N Keks *m*

μπιτόνι N Kanister *m*

μπιφτέκι N gegrillte Hackfleischklößchen *n*, gegrillte Frikadelle *f*

μπλε ⟨-⟩ [ble] blau; *n* Blau *n*

μπλέκω verwickeln (**σε** in), hineinziehen

μπλοκ ⟨-⟩ N (Schreib-)Block *m*

μπλοκάρω blockieren

μπλόκο N Blockade *f*; Polizeisperre *f*

μπλούζα [-za] F Shirt *n*

μπλουζάκι N T-Shirt *n*

μπλουτζίν ⟨-⟩ [-'dzin] N Blue-

jeans *pl*
μπλοφάρω bluffen
μπογιά [-'ja] F Streichfarbe *f*
μποϊκοτάζ ⟨-⟩ [boi-] N Boykott *m* **μποϊκοτάρω** boykottieren
μπολ ⟨-⟩ N Schüssel *f*, Schale *f*
μπόλικος ⟨-η, -ο⟩ reichlich
μποξ ⟨-⟩ N Boxen *n*; **αγώνας** *m* ~ Boxkampf *m*
μπόρα F Platzregen *m*
μπορώ [bo'ro] können; dürfen; **μπορεί** es kann sein, (**να** dass); möglicherweise
μπότα ['bota] F Stiefel *m*
μποτίλια [-ʎa] F Flasche *f*
μποτιλιάρισμα [-zma] N *umg* Stau *m*
μπουγάδα [-'ɣa-] F *zum Waschen* Wäsche *f*; Lauge *f*
μπουγάτσα F Blätterteigtasche *f* mit Vanillecreme
μπουζί [-'zi] N AUTO Zündkerze *f*
μπουζούκι [-'zu-] N Busuki *f*
μπουζουξίδικο N *Art* Lokal *m* mit griechischer Live-Musik
μπουκάλι N Flasche *f*; **επιστρεφόμενο** ~ Pfandflasche *f*
μπουκέτο N Blumenstrauß *m*
μπουκιά F Bissen *m*; Happen *m*
μπούκλα F Haarlocke *f*
μπουμπούκι N Knospe *f*
μπουνάτσα F SCHIFF Flaute *f*
μπουρνούζι [-zi] N Bademantel *m*
μπούτι N GASTR Keule *f*; *umg* (Ober-)Schenkel *m*
μπουτίκ ⟨-⟩ F Modegeschäft *n*, Boutique *f*
μπουφάν ⟨-⟩ N Blouson *n,m*
μπουφές ⟨-έδες⟩ M Büfett *n*; *Möbelstück* Anrichte *f*
μπράβο: ~! bravo!
μπράντι ⟨-⟩ N Weinbrand *m*
μπράτσο N (Ober-)Arm *m*; Armlehne *f*
μπριζόλα [bri'zo-] F Steak *n*; **αρνίσια/μοσχαρίσια/χοιρινή** ~ Lamm-/Kalbs-/Schweinesteak *n*
μπρόκολο N Brokkoli *m*
μπρος → εμπρός
μπροστά [bro-] (nach) vorn(e); voran; vor (**από**; **σε** *akk*; *dat*); **από** ~ von vorn
μπροστινός ⟨-ή, -ό⟩ vordere, Vorder-
μπρούντζος [-ndz-] M Bronze *f*; Messing *n* **μπρούντζινος** ⟨-η, -ο⟩ bronzen; Bronze-
μπρούσκος ⟨-α, -ο⟩ *Wein* herb
μυαλό [mja'lo] N Hirn *n*; Gehirn *n*; Verstand *m*; **βάζω** ~ zur Vernunft kommen
μυαλωμένος ⟨-η, -ο⟩ [mja-lo-] *Person* vernünftig
μύγα [-ɣa] F Fliege *f*
μύδι N Miesmuschel *f*
μυζήθρα [mi'ziθra] F *Art ungesalzener Weichkäse* M, *etwa* Hüttenkäse *m*
μυθικός ⟨-ή, -ό⟩ mythisch
μυθιστόρημα N Roman *m*
μυθολογία [-'jia] F Mythologie *f*
μύθος M Mythos *m*; Sage *f*

μύκητας M BIOL Pilz *f*
μύλος M Mühle *f*
μυρίζομαι [-zo-] wittern, ahnen **μυρίζω** riechen; schnuppern; duften, riechen (*akk* nach)
μυρμήγκι [-ŋgi] N Ameise *f*
μυρτιά [-'tja] F Myrte *f*
μυρωδάτος ⟨-η, -ο⟩ duftend
μυρωδιά [-'ðja] F Geruch *m*; Duft *m* **μυρωδικό** N Gewürz *n*
μυς ⟨-ός, *pl* μύες⟩ M Muskel *m*
μυστήριο [-rio] N Mysterium *n*, Geheimnis *n*; REL Sakrament *n*
μυστηριώδης ⟨-ης, -ες⟩ [-i'o-] geheimnisvoll, mysteriös
μυστικό N Geheimnis *n* **μυστικός** ⟨-ή, -ό⟩ geheim, Geheim-; **κρατώ μυστικό** geheim halten **μυστικότητα** F Heimlichkeit *f*
μυτερός ⟨-ή, -ό⟩ spitz
μύτη F Nase *f*; Schnabel *m*; Spitze *f*; Zacke(n) *f(m)*
μυώδης ⟨-ης, -ες⟩ muskulös
μυωπικός ⟨-ή, -ό⟩ [mio-] kurzsichtig
μ.Χ. (**μετά** Χριστόν) n. Chr. (*nach Christus*)
μώλωπας M Prellung *f*
μωρό N Baby *n*
μωσαϊκό [-sai-] N Mosaik *n*

N

να[1] [na] KONJ dass; damit, (um ...) zu (*Konjunktiv/Infinitiv*)
να[2] hier ist/sind ... (*nom nom*); **να με!** da bin ich!; **να τος/τη!** da ist er/sie!
ναι [ne] ja; doch; **~ μεν ..., αλλά ...** zwar ..., aber ...
νάνος M Zwerg *m*
ναός M Tempel *m*; Kirche *f*; **καθεδρικός ~** Dom *m*
νάρκη F Tiefschlaf *m*; MIL Mine *f*
νάρκισσος [-sos] M Narzisse *f*
ναρκομανής ⟨-είς⟩ M,F Drogenabhängige(r) *m,f* **ναρκώνω** MED betäuben; einschläfern
νάρκωση ⟨-ης⟩ [-si] F Betäubung *f*, Narkose *f*
ναρκωτικό N Droge *f*
νάτριο N Natrium *n*
ναυάγιο [na'vajio] N Schiffbruch *m*; Wrack *n* **ναυαγός** [-ɣ-] M,F Schiffbrüchige(r) *m,f*
ναυαγώ Schiffbruch erleiden; *fig* scheitern
ναυλώνω chartern, mieten
ναυμαχία [navma'çia] F Seeschlacht *f*
ναυπηγείο [nafpi-] N Werft *f*
ναύτης ['naftis] M Matrose *m*, Seemann *m*

ναυτία F Übelkeit *f*; Seekrankheit *f*; **έχω ~** seekrank sein
ναυτικό N Marine *f* **ναυτικός** ⟨-ή, -ό⟩ See-; *m* Seemann *m*; **ναυτικό μίλι** *n* Seemeile *f*
ναυτιλία F Schifffahrt *f*
-νδ- → -ντ-
νεανικός ⟨-ή, -ό⟩ jugendlich
νεαρός (-ή) M(F) Jugendliche(r) *m,f*
νεκρός ⟨-ή, -ό⟩ tot; *m,f* Tote(r) *m,f*; Todesopfer *n*
νεκροταφείο N Friedhof *m*
νεκρώνω *fig* lahmlegen
νέο N Neuigkeit *f*; **τι νέα (έχουμε)**; was gibt's Neues?
Νεοελληνικά NPL Neugriechisch *n* **νεοελληνικός** ⟨-ή, -ό⟩ neugriechisch
νεολαία [-'lea] F Jugend *f*, junge Leute *pl*
νεόνυμφοι MPL Brautpaar *n*
νέος ⟨-α, -ο⟩ neu; jung; *m,f* junge(r) Mann *m*, junge Frau *f*; **οι νέοι** *mpl* die jungen Leute *pl*; **νέο έτος** *n* Neujahr *n*
νεότητα F Jugend(zeit) *f*
νερά NPL Gewässer *n*
νεράιδα [ne'raiða] F Fee *f*
νερό N Wasser *n*; **πόσιμο ~** Trinkwasser *n*; **τρεχούμενο ~** fließende(s) Wasser *n*
νερομπογιά [-bo'ja] F Wasserfarbe *f* **νεροποντή** [-'ndi] F Platzregen *m*
νεροπότηρο N Wasserglas *n*
νερουλός ⟨-ή, -ό⟩ wässrig
νεροχύτης [-'çi-] M (Ab-)Waschbecken *n*, Spüle *f*
νερώνω verwässern
νεύμα ['nevma] N Wink *m*; Nicken *n*; **κάνω ~** winken; nicken
νεύρα ['nevra] NPL Nerven *pl*; **έχω ~** nervös sein
νευριάζω [nevri'azo] (sich) aufregen, (sich) ärgern (**με** über) **νευριασμένος** ⟨-η, -ο⟩ aufgeregt, genervt
νευρικός ⟨-ή/-ιά, -ό⟩ [nevri-] nervös; **νευρική κρίση** *f* Nervenzusammenbruch *m* **νευρικότητα** F Nervosität *f*
νεύρο ['nevro] N MED Nerv *m*
νευρολόγος M,F Neurologe *m*, -in *f*
νεύρωση ⟨-ης⟩ ['nevrosi] F Neurose *f* **νεύω** ['nevo] (zu)nicken; (zu)winken
νέφος N Smog *m*
νεφρό N Niere *f* **νεφρόλιθος** M Nierenstein *m*
νεωτερισμός [-zm-] M Neuerung *f*, Neuheit *f*; Innovation *f* **νεωτεριστικός** ⟨-ή, -ό⟩ innovativ
νήμα N *a. fig* Faden *m*; Garn *n*
νηπιαγωγείο [nipiaγo'jio] N Kindergarten *m* **νηπιαγωγός** [-'γos] F Kindergärtnerin *f*
νήπιο [-pio] N Kleinkind *n*
νησί [ni'si] N, **νήσος** F Insel *f*
νηστεία F Fasten *n*; **κάνω ~** fasten **νηστεύω** [-evo] fasten
νηστικός ⟨-ή/-ιά, -ό⟩ nüchtern

νηφάλιος ⟨-α, -ο⟩ *fig* nüchtern
νιάτα ['ɲata] NPL Jugend(zeit) *f*
νίκη F Sieg *m*
νικητής (**-τρια**) M(F) Sieger(in) *m(f)*, Gewinner(in) *m(f)*
νικοτίνη F Nikotin *n*
νικώ ⟨-άς⟩ (be)siegen
νιπτήρας M Waschbecken *n*
νιώθω ['ɲoθo] (ver)spüren; fühlen, empfinden
Νοέμβρης M, **Νοέμβριος** M November *m*
νόημα N Sinn *m*; Wink *m*; **δεν έχει ~** es hat keinen Sinn
νοθεία F, **νόθευση** ⟨-ης⟩ [-θefsi] F (Ver-)Fälschung *f*
νοθεύω [-'θevo] (ver)fälschen
νόθος ⟨-α, -ο⟩ unehelich
νοιάζει ['ɲazi]: **δε με ~** es interessiert mich nicht; **τι σε ~**; was kümmert dich das? **νοιάζομαι** sich kümmern (**για** um)
νοικάρης ⟨-ηδες⟩ (**-ισσα**) M(F) (Unter-)Mieter(in) *m(f)*
νοίκι ['niki] N Miete *f*
νοικιάζω [-'kjazo] (ver)mieten, (ver)pachten **νοικοκυρά** F Hausfrau *f*; Hausherrin *f*
νοικοκυρεύω [-'revo] *umg* Ordnung schaffen
νοικοκύρης ⟨-ηδες⟩ M Hausherr *m*, Hauswirt *m* **νοικοκυριό** [-'rjo] N Haushalt *m*
νομάρχης [-çis] M,F *etwa* Regionalbezirksrat *m*; Landrat *m*, -rätin *f*; Präfekt(in) *m(f)*
νομαρχία [-'çia] F *etwa* Regionalbezirksamt *m*; Landratsamt *n*; Präfektur *f*
νομίζω [-zo] glauben, meinen; halten (*akk* für)
νομικά NPL, **νομική** F Jura *f*
νομικός[1] ⟨-ή, -ό⟩ juristisch; rechtlich, gesetzlich
νομικός[2] M,F Jurist(in) *m(f)*
νομιμοποίηση ⟨-ης⟩ F Legalisierung *f*
νόμιμος ⟨-η, -ο⟩ gesetzlich
νομιμότητα F Rechtmäßigkeit *f*
νόμισμα N Münze *f*; Währung *f*
νόμος M JUR, PHYS Gesetz *n*
νομός M *etwa* Präfektur *f*, Regionalbezirk *m* (*z.B. Chaniá auf Kreta*)
νονός (**-ά**) M(F) (Tauf-)Pate *m*, -in *f*
νοοτροπία F Mentalität *f*
Νορβηγία [-'jia] F Norwegen *n*
Νορβηγικά NPL Norwegisch *n*
νορβηγικός ⟨-ή, -ό⟩ [-ji-] norwegisch **Νορβηγός** (**-ίδα**) [-'γos] M(F) Norweger(in) *m(f)*
νοσηλευτής (**-τρια**) [-left-] M(F) Krankenpfleger(in) *m(f)*
νόσημα N Krankheit *f*; **αφροδίσιο ~** Geschlechtskrankheit *f*
νοσοκομείο [-so-] N Krankenhaus *n* **νοσοκόμος** (**-α**) M(F) Krankenpfleger(in) *m(f)*, Krankenschwester *f*
νοσταλγία [-'jia] F Sehnsucht *f*; **~ για την πατρίδα**

Heimweh *n* **νοσταλγώ** [-'ɣo] sich sehnen (*akk* nach); Heimweh haben
νόστιμος ⟨-η, -ο⟩ schmackhaft, lecker, *a. Witz* köstlich; *fig* nett, hübsch; **είναι νόστιμο** es schmeckt
νότα F (Musik-)Note *f*
νοτιάς ⟨-άδες⟩ [-'tjas] M Südwind *m* **νοτιοανατολικός** ⟨-ή, -ό⟩ südöstlich **νοτιοδυτικός** ⟨-ή, -ό⟩ südwestlich
νότιος ⟨-α, -ο⟩ [-ti-] südlich, Süd-; *m,f* Südländer(in) *m(f)*; **(στα) νότια** *adv* südlich (*gen* von)
νότος M Süd(en) *m*
νούμερο N Nummer *f*, Zahl *f*; *Kleidung, Schuhe* Größe *f*
νουνός M → νονός
νους ⟨νου⟩ [nus] M Verstand *m*; Geist *m*; **έχε το νου σου!** sei vorsichtig!
-ντ- → -νδ-
ντεκολτέ ⟨-⟩ [dekol'te] N Dekolletee *n*
ντεμπραγιάζ ⟨-⟩ [debra'jaz] N AUTO Kupplung *f*
ντεπόζιτο [de'pozi-] N Tank *m*
ντετέκτιβ ⟨-⟩ M,F Detektiv(in) *m(f)*
ντιβάνι [di-] N Liege *f*; Couch *f*
ντιβιντί ⟨-⟩ [divi'di] N DVD *f*
ντίζελ ⟨-⟩ ['dizel] N Dieselöl *n*; **μηχανή** *f* ~ Dieselmotor *m*
ντισκοτέκ ⟨-⟩ F Diskothek *f*
ντοκουμέντο N HIST Dokument *n*
ντολμαδάκια [dolma'ðakja] NPL *Weinblätter mit Reis- oder Hackfleischfüllung*
ντομάτα [do-] F Tomate *f* **ντοματόζουμο** [-zu-] F Tomatensaft *m* **ντοματοσαλάτα** [-sa-] F Tomatensalat *m*
ντόπιος ⟨-α, -ο⟩ [-pjos] einheimisch; *m,f* Einheimische(r) *m,f*
ντουζ ⟨-⟩ [duz] N Dusche *f*; **κάνω ~** sich duschen
ντουζίνα [-'zi-] F Dutzend *n*
ντουλάπα F Kleiderschrank *m*
ντουλάπι N Schrank *m*; Fach *n*
ντους ⟨-⟩ N → ντουζ
ντρέπομαι ['dre-] sich schämen (**για** über)
ντροπαλός ⟨-ή, -ό⟩ [dro-] schüchtern, scheu
ντροπή F Scham *f*; Schande *f* **ντροπιάζομαι** [-'pjazo-] sich blamieren **ντροπιάζω** blamieren, beschämen **ντροπιαστικός** ⟨-ή, -ό⟩ beschämend
ντυμένος ⟨-η, -ο⟩ angezogen, be-, gekleidet
ντύνομαι ['di-] sich anziehen; sich kleiden **ντύνω** anziehen; (an)kleiden; *mit Stoff* beziehen
Νυρεμβέργη [-ji] F Nürnberg *n*
νυστάζω [-zo] schläfrig sein
νύφη ['nifi] F Braut *f*; Schwiegertochter *f*; Schwägerin *f*

νύχι ['niçi] N Finger-, Fußnagel *m*; Kralle *f*; Huf *m*
νύχτα ['nixta] F Nacht *f*; **τη ~** nachts, in der Nacht
νυχτερίδα [-xt-] F Fledermaus *f*
νυχτερινός ‹-ή, -ό› Nacht-; nächtlich; Abend-; **νυχτερινό κέντρο** *n* Nachtlokal *n*
νυχτικό N Nachthemd *n*
νυχτώνει [-xt-] es wird Nacht
νωρίς ADV früh; zeitig; **πολύ ~** zu früh; **το νωρίτερο** frühestens
νωρίτερα ADV früher, eher

ξαγρυπνώ ‹-άς› wach sein, wach bleiben; wachen
ξάδερφος (-έρφη) M(F) Vetter *m*, Cousin(e) *m(f)*
ξαλαφρωμένος ‹-η, -ο› erleichtert **ξαλαφρώνω** entlasten
ξανά ADV wieder; noch einmal; **~ και ~** immer wieder
ξαναβλέπω wiedersehen **ξαναβρίσκω** wiederfinden
ξαναγυρίζω [-ji-] zurückkehren; zurückgeben **ξαναδίνω** zurückgeben; wiedergeben
ξανακάνω wieder tun
ξαναλέω ‹-ές› noch einmal sagen, wiederholen
ξαναπαίρνω wiederbekommen **ξαναπάω** ‹-άς›, **ξαναπηγαίνω** noch einmal hingehen
ξαναρχίζω [-zo] noch einmal anfangen **ξανάρχομαι** wiederkommen; zurückkommen
ξανασκέφτομαι überdenken
ξανθός ‹-ή/-ιά, -ό› blond; *Bier* hell
ξαπλώνω ausbreiten, legen; sich hinlegen **ξαπλώστρα** F Liegestuhl *m*
ξαστεριά F Sternenhimmel *m*
ξαφνιάζομαι [-f'ɲazo-] überrascht sein **ξαφνιάζω** überraschen
ξαφνικά ADV, **ξαφνικός** ‹-ή, -ό› plötzlich; unerwartet, abrupt
ξεβγάζω [-'vɣazo] (aus)spülen
ξεγελώ ‹-άς› [-je-] beschwindeln, *umg* reinlegen **ξεγλιστρώ** ‹-άς› [-ɣli-] *fig* entwischen
ξε(γ)νοιασιά F Sorglosigkeit *f*
ξέ(γ)νοιαστος ‹-η, -ο› [-(ɣ)ɲa-] sorglos; unbesorgt
ξεδένω auf-, losbinden **ξεδηλώνομαι** sich abmelden **ξεδηλώνω** abmelden
ξεδίνω sich austoben
ξεδιπλώνω entfalten **ξεδιψώ** ‹-άς› den Durst löschen
ξεθωριάζω [-'rjazo] verblassen
ξεκαθαρίζομαι [-zo-] sich klären **ξεκαθαρίζω** ins Reine bringen; *Irrtum* (sich) (auf)-

klären
ξεκάθαρος ‹-η, -ο› *fig* eindeutig, klar **ξεκάνω** *umg* töten **ξεκαρδίζομαι** herzlich lachen
ξεκίνημα N *a. fig* Aufbruch *m*; AUTO Start *m* **ξεκινώ** ‹-άς› aufbrechen; losfahren; anfangen
ξεκλειδώνω aufschließen
ξεκολλώ ‹-άς› abgehen, (sich) ablösen; *a. fig* sich lösen
ξεκουμπώνω [-mb-] aufknöpfen
ξεκουράζομαι sich ausruhen (**από** von) **ξεκουράζω** ausruhen
ξεκούραση [-si] F Erholung *f*
ξελογιάζω [-'jazo] *j-m* den Kopf verdrehen; verführen
ξεμαθαίνω verlernen; sich abgewöhnen **ξεμοντάρω** [-nd-] *Maschine* zerlegen, ausbauen
ξενάγηση ‹-ης› [-jisi] F *Museum, Stadt* Führung *f*
ξεναγός [-'ɣos] M,F Fremdenführer(in) *m(f)* **ξεναγώ** herumführen
ξενιτειά [-'tja] F Fremde *f*
ξενόγλωσσος ‹-η, -ο› [-sos] fremdsprachig
ξενοδοχείο [-'çio] N Hotel *n*; Gasthaus *n* **ξενοδόχος** [-xos] M,F Hotelier *m*, Gastwirt(in) *m(f)*
ξένος ‹-η, -ο› fremd; ausländisch; *m,f* Fremde(r) *m,f*; Ausländer(in) *m(f)*; Gast *m*; **ξένη γλώσσα** *f* Fremdsprache *f*
ξενοφοβία F Ausländerfeindlichkeit *f*
ξεντύνομαι [-nd-] sich ausziehen **ξεντύνω** *j-n* ausziehen
ξενύχτης (**-ισσα**) [-xt-] M(F) Nachtschwärmer(in) *m(f)* **ξενυχτώ** ‹-άς› *über Nacht* aufbleiben; (die Nacht) durchmachen
ξενώνας M Herberge *f*; **~ νεότητας** Jugendherberge *f*
ξεπαγιάζω [-'jazo] durch-, erfrieren **ξεπαγώνω** [-'ɣo-] *Tiefkühlkost, a. fig* auftauen
ξεπερασμένος ‹-η, -ο› überholt; veraltet **ξεπερνώ** ‹-άς› übertreffen (**σε** an); überwinden
ξεπεσμένος ‹-η, -ο› [-zm-] *Person* heruntergekommen
ξεπέφτω *fig* herunterkommen
ξεπλένω (aus-, ab-, weg)spülen **ξεπληρώνω** ab(be)zahlen
ξεπούλημα N Ausverkauf *m*
ξέρα F (Überwasser-)Riff *n*
ξεραίνομαι ver-, eintrocknen **ξεραίνω** [-'reno] (aus)trocknen
ξεριζώνω [-'zo-] entwurzeln; abreißen
ξεροκέφαλος ‹-η, -ο› dickköpfig, stur, trotzig
ξερνώ ‹-άς› *umg* kotzen
ξερός ‹-ή, -ό› trocken; öde
ξεροψημένος ‹-η, -ο› knusprig **ξεροψήνω** rösten
ξέρω wissen (**πως**; **ότι** dass);

verstehen (**από** von); kennen; *gelernt haben* können (*akk*; **να** *akk*; *Infinitiv*); **~ Ελληνικά/κολύμπι** ich kann Griechisch/schwimmen

ξεσηκώνομαι rebellieren, sich auflehnen **ξεσηκώνω** hetzen

ξεσκεπάζομαι [-zo-] sich aufdecken **ξεσκεπάζω** abdecken, *a. fig* aufdecken, entlarven

ξεσκονίζω [-zo] Staub (ab)wischen, abstauben

ξεσπώ ⟨-άς⟩ *Krieg, Feuer* ausbrechen; explodieren, platzen, seine Wut auslassen (**σε** an); **~ σε γέλια/κλάματα** in Gelächter/Tränen ausbrechen

ξεσυνηθίζω [-si-] (sich) abgewöhnen **ξετρελαίνομαι** *umg* schwärmen (**για** für)

ξετυλίγω [-ɣo] auf-, auswickeln, aufrollen

ξεφεύγω [-'fevɣo] entfliehen (**από** vor), entkommen; *vom Thema* abweichen

ξεφλουδίζω [-zo] (ab)schälen

ξεφορτώνομαι *umg* loswerden, abwimmeln **ξεφορτώνω** abladen

ξεφυλλίζω (durch)blättern

ξεφωνίζω [-zo] laut schreien

ξεχασιάρης ⟨-α, -ικο⟩ [-xa'sja-] vergesslich **ξεχασμένος** ⟨-η, -ο⟩ [-zm-] vergessen

ξεχειλίζω [-çi'lizo] *Wasser* überlaufen

ξεχνώ ⟨-άς⟩ [-xn-] vergessen

ξεχωρίζω [-xo'rizo] sortieren; unterscheiden; erkennen; *fig* auffallen

ξεχωριστός ⟨-ή, -ό⟩ [-xo-] getrennt, separat; besondere

ξηλώνομαι *Naht* aufgehen **ξηλώνω** *Naht* auftrennen; *Knopf* abtrennen

ξημερώνει es wird Tag

ξηρά F Festland *n* **ξηρασία** [-'sia] F Trockenheit *f*, Dürre *f*

ξηρός ⟨-ή, -ό⟩ trocken, dürr

ξίγκι ['ksiŋgi] N Schmalz *n*

ξίδι ['ksiði] N Essig *m*

ξινίζω [-zo] sauer werden **ξινόγαλο** N *Art* Buttermilch *f*

ξινολάχανο N Sauerkraut *m* **ξινός** ⟨-ή, -ό⟩ sauer

ξιφίας M Schwertfisch *m*

ξοδεύω [kso'ðevo] ausgeben (**σε**; **για** für); verschwenden; *Zeit* aufwenden

ξύλινος ⟨-η, -ο⟩ hölzern; Holz-

ξύλο N Holz *n*; Rauferei *f*; **ξύλα** Brennholz *n*

ξυλογλυπτική [-ɣli-] F Holzschnitzerei *f*

ξυλοκοπώ ⟨-άς⟩ (ver)prügeln

ξυλουργείο [-'jio] N Schreinerei *f* **ξυλουργός** M Schreiner(in) *m(f)*

ξύνομαι sich kratzen **ξύνω** (ab)kratzen; *Bleistift* spitzen

ξυπνητήρι [-pni-] N Wecker *m*

ξύπνιος ⟨-α, -ο⟩ [-pɲos] wach; *fig* aufgeweckt

ξυπνώ ⟨-άς⟩ (auf)wecken; aufwachen, wach werden

ξυπόλυτος ⟨-η, -ο⟩ barfuß
ξυραφάκι N Rasierklinge *f*
ξυράφι N Rasiermesser *n*; Rasierklinge *f* **ξυρίζομαι** sich rasieren **ξυρίζω** [-zo] (ab)rasieren
ξύρισμα [-zma] N Rasur *f*
ξυριστική μηχανή [-xa-] F Rasierer *m*
ξυστό N Rubbellos *n*

ο [o] M ART *nom* der
όαση ⟨-ης⟩ ['oasi] F Oase *f*
οβάλ ⟨-⟩ oval
οβελίας M Osterlamm *n*
ογδόντα [o'ɣðonda] achtzig
όγδοο N Achtel *n* **όγδοον** ADV achtens **όγδοος** ⟨-η, -ο⟩ achte
όγκος ['oŋgos] M Volumen *n*; Umfang *m*; Masse *f*; MED Tumor *m*
ογκώδης ⟨-ης, -ες⟩ voluminös, umfangreich, massiv
οδήγηση ⟨-ης⟩ F Autofahren *n*
οδηγία [-'jia] F Anweisung *f*; Anleitung *f*; **οδηγίες χρήσης** Gebrauchsanweisung *f*
οδηγός [-'ɣos] M,F (An-) Führer(in) *m(f)*; Reiseleiter(in) *m(f)*; (Auto-)Fahrer(in) *m(f)*; **ταξιδιωτικός ~** *Buch* Reiseführer *m*
οδηγώ [-'ɣo] (an)führen; hinführen; *a. fig* steuern; *Auto* fahren; Straße einmünden
οδικός ⟨-ή, -ό⟩ Straßen-; **οδική βοήθεια** *f* Pannendienst *m*
οδογέφυρα F Überführung *f*
οδοιπορία [oði-] F Wanderung *f*, Fußmarsch *m* **οδοιπόρος** M,F Wanderer *m*, -in *f* **οδοιπορώ** wandern, reisen
οδοντιατρείο [-nd-] N Zahnarztpraxis *f* **οδοντίατρος** M,F Zahnarzt *m*, -ärztin *f*
οδοντόβουρτσα [-nd-] F Zahnbürste *f* **οδοντογλυφίδα** [-ɣli-] F Zahnstocher *m*
οδοντόκρεμα [-nd-] F, **οδοντόπαστα** F Zahnpasta *f*
οδοντοτεχνίτης (-τρια) [-xn-] M(F) Zahntechniker(in) *m(f)* **οδοντωτός (σιδηρόδρομος)** M Zahnradbahn *f*
οδός [o'ðos] F *mit Namen* Straße *f*; **καθ' οδόν** unterwegs
οδόστρωμα N Fahrbahn *f*
οδόφραγμα N Straßensperre *f*
οδυνηρός ⟨-ή, -ό⟩ schmerzhaft
όζον ⟨-ντος⟩ N Ozon *n*; **τρύπα** *f* **(του) όζοντος** Ozonloch *n*
Ο.Η.Ε. M (Οργανισμός Ηνωμένων Εθνών) UNO *f*
οθόνη F Leinwand *f*; Bildschirm *m*; Monitor *m*); **~ αφής** Touchscreen *m*
οι [i] M,FPL ART *nom* die

οικείος ⟨-α, -ο⟩ vertraut; innig
οικειότητα F Vertrautheit *f*
οικία F Haus *n*; Wohnung *f*
οικιακά NPL ANGABE IN FORMULAR Hausfrau *f* **οικιακός** ⟨-ή, -ό⟩ Haus-; **οικιακή συσκευή** *f* Haushaltsgerät *n*; **οικιακή εργασία** *f* Hausarbeit *f*
οικισμός [-zm-] M Siedlung *f*
οικογένεια [-'jenia] F Familie *f*
οικογενειακά [-je-] NPL Familienangelegenheiten *fpl*
οικοδεσπότης (**-δέσποινα**) M(F) Gastgeber(in) *m(f)*
οικοδόμημα N Gebäude *n*
οικοδόμος M Bauarbeiter *m*; Maurer *m* **οικοδόμηση** ⟨-ης⟩ [-si] F Bau *m* **οικοδομώ** (auf-, er)bauen
οικολογία [-'jia] F Ökologie *f*
οικολογικός ⟨-ή, -ό⟩ ökologisch; Umwelt-
οικονομία F *Fach* Wirtschaft *f*; Sparsamkeit *f* **οικονομίες** FPL Ersparnisse *fpl*
οικονομικά NPL Finanzen *fpl*
οικονομικός ⟨-ή, -ό⟩ wirtschaftlich, Wirtschafts-; finanziell; sparsam; preiswert
οικονομολογία [-jia] F Volkswirtschaft(slehre) *f*
οικονόμος[1] (**-α**) M(F) sparsam
οικονόμος[2] F Haushälterin *f*
οικονομώ sparen
οικόπεδο N Grundstück *n*
οίκος M Haus *n*; Heim *n*; Firma *f*; **εκδοτικός ~** Verlag *m*
οικοσύστημα N Ökosystem *n*
οικουμένη [iku-] F Ökumene *f* **οικουμενικός** ökumenisch; Welt-
οινόπνευμα [i'nopnevma] N Alkohol *m*; Spiritus *m*
οινοπνευματώδης ⟨-ης, -ες⟩ [-evma-] alkoholisch; **οινοπνευματώδη** (**ποτά**) *npl* Spirituosen *fpl*
οινοπώλης M Weinhändler *m* **οινοπωλείο** N Weinhandlung *f*; Weinlokal *n*
οίνος ['inos] M Wein *m* **ερυθρός/λευκός ~** Rot-/Weißwein *m*
οισοφάγος M Speiseröhre *f*
οκτώ [o'kto] acht; *n* Acht *f*
Οκτώβρης M, **Οκτώβριος** M Oktober *m*
ολέθριος ⟨-α, -ο⟩ verhängnisvoll, verheerend
ολίγος ⟨-η, -ο⟩ [-ɣos] wenig; **παρ' ολίγο** beinah(e), fast; → *a.* λίγος
ολικός ⟨-ή, -ό⟩ völlig; gesamt; Gesamt-; total
ολισθηρός ⟨-ή, -ό⟩ glatt, rutschig
Ολλανδία F Holland *n*
Ολλανδικά NPL Holländisch *n*
ολλανδικός ⟨-ή, -ό⟩ holländisch **Ολλανδός** (**-ή**) M(F) Holländer(in) *m(f)*
όλο ADV immer, stets; **~ και περισσότερο** immer mehr
ολόασπρος ⟨-η, -ο⟩ schneeweiß **ολόγυρα** ADV rundherum

ολόιδιος ‹-α, -ο› [oˈloiðjos] identisch; ganz (derselbe)
ολοκάθαρα ADV deutlich
ολόκληρος ‹-η, -ο›: ~ (**ο**), **ολόκληρη** (**η**), **ολόκληρο** (**το**) ganz; gesamt; vollständig
ολοκληρώνω fertigstellen; vollenden; zu Ende sprechen
ολοκλήρωση ‹-ης› [-si] F Fertigstellung *f*; Vollendung *f*
όλος ‹-η, -ο›: ~ (**ο**), **όλη** (**η**), **όλο** (**το**) ganz; alle; gesamt; sämtlich; **όλα** alles; **όλα μαζί** alles zusammen; **όλοι οι άνθρωποι** alle Menschen; **όλη τη νύχτα** die ganze Nacht durch; **όλη η Ελλάδα** ganz Griechenland
ολοφάνερα ADV sichtlich
ολοφάνερος ‹-η, -ο› offensichtlich
Ολυμπιάδα F Olympiade *f*
ολυμπιακός ‹-ή, -ό› [-mb-] olympisch; **ολυμπιακοί αγώνες** *mpl* Olympische(n) Spiele *npl* **ολυμπιονίκης** M,F Olympionike *m*, -in *f*
ομάδα F Gruppe *f*; Gemeinschaft *f*; *Sport* Mannschaft *f*; ~ **αίματος** Blutgruppe *f*; **ταξιδιωτική** ~ Reisegesellschaft *f*; **ποδοσφαιρική** ~ Fußballmannschaft *f*
ομαδικός ‹-ή, -ό› kollektiv, gemeinschaftlich; Gruppen-
ομαλός ‹-ή, -ό› glatt, eben; normal; reibungslos **ομαλότητα** F Ebenheit *f*; Normalität *f*

ομελέτα F Omelett *n*
όμηρος M,F Geisel *f*
ομιλητής (**-τρια**) M(F) Sprecher(in) *m(f)*, Referent(in) *m(f)*
ομιλητικός ‹-ή, -ό› gesprächig **ομιλία** F Rede *f*, Vortrag *m*
όμιλος M Gruppe *f*; Verein *m*; **αθλητικός** ~ Sportverein *m*
ομίχλη [-xli] F Nebel *m*; Dunst *m*; **έχει** ~ es ist neblig
ομιχλώδης ‹-ης, -ες› [omiˈxloðis] neblig; dunstig
ομοιόμορφος ‹-η, -ο› gleichmäßig, gleichförmig
ομοιοπαθητική [omio-] F Homöopathie *f* **ομοιοπαθητικός**[1] ‹-ή, -ό› homöopathisch **ομοιοπαθητικός**[2] **(γιατρός)** M,F Homöopath(in) *m(f)*
όμοιος ‹-α, -ο› [ˈom(j)ios] gleich, ähnlich; gleichartig
ομοιότητα F Ähnlichkeit *f*
ομολογία F (Ein-)Geständnis *n* **ομολογώ** zugeben; (ein)gestehen, ein Geständnis ablegen
ομόνοια [-nia] F Eintracht *f*
όμορφα ADV schön, gut; **τι** ~! wie schön!
ομορφαίνω schöner werden; verschönern
ομορφιά [-ˈfja] F Schönheit *f*
όμορφος ‹-η, -ο› hübsch, schön
ομοσπονδιακός ‹-ή, -ό› föderativ; Bundes-; **Ομοσπονδιακή Δημοκρατία** *f* **της Γερ-**

μανίας Bundesrepublik *f* Deutschland (BRD)
ομοφυλοφιλία F Homosexualität *f* **ομοφυλόφιλος** ⟨-η, -ο⟩ homosexuell
ομοφωνία F Einstimmigkeit *f*; Einigkeit *f* **ομόφωνος** ⟨-η, -ο⟩ einstimmig; einmütig
ομπρέλα [om'brela] F (Sonnen-, Regen-)Schirm *m*
ομφαλός M (Bauch-)Nabel *m*; *fig* Nabel *m* **ομώνυμος** ⟨-η, -ο⟩ gleichnamig; GRAM homonym
όμως KONJ jedoch, aber; dennoch
ον ⟨όντα⟩ N (Lebe-)Wesen *n*
ονειρεύομαι [oni'revo-] *a. fig* träumen (*akk* von) **ονειρικός** ⟨-ή, -ό⟩ traumhaft
όνειρο N *a. fig* Traum *m*; **βλέπω ένα ~** e-n Traum haben
online INTERNET online
όνομα N Name *m*; *fig* Ruf *m*; **μικρό ~** Vorname *m*; **πατρικό ~** Mädchenname *m*; **~ χρήστη** INTERNET Benutzername; **εν ονόματι** im Namen (*gen gen*)
ονομάζομαι [-zo-] heißen; genannt werden **ονομαζόμενος** ⟨-η, -ο⟩ (so)genannt
ονομάζω (be)nennen; bezeichnen
ονομασία [-'sia] F Benennung *f*, Bezeichnung *f*
ονομαστική F Nominativ *m*
ονόματι namens
οξεία F *auf e-m Wort* Akzent *m*
οξιά [o'ksja] F Buche *f*
οξύ ⟨-έος⟩ [o'ksi] N Säure *f*; **ανθρακικό ~** Kohlensäure *f*
οξυγόνο [-'ɣo-] N Sauerstoff *m*
οξυθυμία F Jähzorn *m*
οξύθυμος ⟨-η, -ο⟩ jähzornig
οξύνομαι sich zuspitzen **οξύνω** *Verstand* schärfen
οξύς ⟨-εία, -ύ⟩ spitz; *Verstand, Antwort* scharf; *Schmerz* heftig; *Stimme* schrill; *Krankheit* akut
οξύτητα F *Verstand, Antwort* Schärfe *f*; *Schmerz* Heftigkeit *f*
οπαδός M,F Anhänger(in) *m(f)*; *Sport* Fan *m*
όπερα F Oper *f*; Opernhaus *n*
οπερέτα F Operette *f*
όπισθεν ⟨-⟩ [-sθen]: **η ~** F der Rückwärtsgang *m*
οπίσθια NPL Gesäß *n*
οπισθοδρομικός ⟨-ή, -ό⟩ rückschrittlich, rückständig
οπλίζω [-zo] bewaffnen
οπλισμός [-zm-] M Bewaffnung *f*; Ausrüstung *f*
όπλο N Waffe *f*; Gewehr *n*
οπλοφορώ bewaffnet sein
όποιος ⟨-α, -ο⟩ ['opjos] wer …; derjenige (welcher)
οποίος ⟨-α, -ο⟩ [o'pios]: **ο ~, η οποία, το οποίο** der/welcher, die/welche, das/welches; **με το οποίο** womit …
οποιοσδήποτε ⟨οποια-, οποιο-⟩ [opjoz-] irgendeine(r), egal welche(r); (x)- beliebig
όποτε KONJ immer wenn; wann auch immer
οποτεδήποτε jederzeit

όπου ADV *im Relativsatz* wo; wo (-hin) auch immer
οπουδήποτε KONJ wo(hin) auch immer
οπτικός[1] ‹-ή, -ό› optisch
οπτικός[2] M,F Optiker(in) *m(f)*
οπωροπωλείο [-po'lio] N Obstgeschäft *n* **οπωροπώλης** (-ισσα) M(F) Obsthändler(in) *m(f)*
όπως ADV *Vergleich* wie; **~-~** ohne Sorgfalt; **~ θέλεις!** wie du willst!
οπωσδήποτε [opoz'ðipote] auf jeden Fall; unbedingt
όραμα N Vision *f*
όραση ‹-ης› [-si] F Gesichtssinn *m*, Sehvermögen *n*
ορατός ‹-ή, -ό› sichtbar
ορατότητα F Sicht *f*; **καλή/κακή ~** gute/schlechte Sicht *f*
οργανικός ‹-ή, -ό› [-ɣa-] CHEM, MED organisch **οργανισμός** [-zm-] M Organismus *m*; Organisation *f*; **~ τουρισμού** Fremdenverkehrsamt *m*
όργανο [-ɣa-] N *a.* ANAT Organ *n*; *a.* MUS Instrument *n*; MUS Orgel *f*; *fig* Werkzeug *n*
οργανώνω organisieren
οργάνωση ‹-ης› [-si] F Organisation *f*
οργασμός [-ɣazm-] M Orgasmus *m* **οργή** F Zorn *m*, Wut *f* **οργίζομαι** [-zo-] zornig werden
οργισμένος ‹-η, -ο› [-z-] zornig, wütend **οργώνω** pflügen
ορειβασία [-'sia] F Bergsteigen *n* **ορειβάτης** (-ισσα) M(F) Bergsteiger(in) *m(f)* **ορεινός** ‹-ή, -ό› gebirgig; Gebirgs-
ορείχαλκος [-xa-] M Messing *n*; Bronze *f*
ορεκτικό N Vorspeise *f* **ορεκτικός** ‹-ή, -ό› appetitanregend; *a. fig* appetitlich
όρεξη ‹-ης› ['oreksi] F Appetit *m*; Lust *f* (**για** auf); **καλή ~!** guten Appetit
όρθιος ‹-α, -ο› im Stehen; aufrecht, gerade; **είμαι ~** stehen
ορθογραφία [-ɣra-] F Rechtschreibung *f*; *Schule* Diktat *n*
ορθογώνιο [-'ɣo-] N Rechteck *n* **ορθογώνιος** ‹-α, -ο› rechteckig; rechtwinklig
Ορθοδοξία F Orthodoxie *f*
ορθόδοξος ‹-η, -ο› orthodox
ορθοπαιδικός[1] ‹-ή, -ό› orthopädisch
ορθοπαιδικός[2] M,F Orthopäde *m*, -in *f*
ορθός ‹-ή, -ό› richtig; *Winkel* rechte **ορθότητα** F Richtigkeit *f*
ορίζοντας [-zond-] M Horizont *m* **οριζόντιος** ‹-α, -ο›, **οριζοντίως** ADV waagerecht
ορίζω [-zo] bestimmen, festsetzen, -legen; definieren
όριο N *a. fig* Grenze *f*; **ανώτατο ~** Maximum *n*; **κατώτατο ~** Minimum *n*; **~ ηλικίας** Altersgrenze *f*; **~ ταχύτητας** Ge-

schwindigkeitsbegrenzung *f*
ορισμένος ⟨-η, -ο⟩ [-zm-] bestimmt; *nur pl* gewisse **ορισμός** M Bestimmung *f*; Definition *f*
ορίστε: **~!** bitte (schön)!; **~**; (wie) bitte?; *Telefon* ja, bitte!
οριστική F GRAM Indikativ *m* **οριστικός** ⟨-ή, -ό⟩ endgültig; definitiv
ορκίζομαι [-zo-] (be)schwören
όρκος M Eid *m*; Gelübde *n*; **παίρνω όρκο** schwören
ορμή F Schwung *m*; Wucht *f*; Drang *m*; PSYCH Trieb *m*
ορμητικός ⟨-ή, -ό⟩ heftig, wuchtig, ungestüm; *Fluss* reißend **ορμητικότητα** F Heftigkeit *f*
ορμόνη F Hormon *n* **ορμονικός** ⟨-ή, -ό⟩ Hormon-; hormonell
όρμος M kleine Bucht *f*
ορμώ ⟨-άς⟩ stürmen; sich stürzen (**σε** auf)
οροθετικός (-ή) M(F) HIV-positiv
οροπέδιο N Hochebene *f*
όρος[1] N Berg *m*; **το Άγιο Όρος** der heilige Berg *m* Athos
όρος[2] M Bedingung *f*; Terminus *m*; HANDEL Kondition *f*; **μέσος ~** Durchschnitt *m*; **υπό τον όρο** unter der Bedingung, (**ότι** dass)
οροσειρά [-si-] F Gebirge *n*, Gebirgskette *f* **οροφή** F (Zimmer-)Decke *f*
όροφος M Stock(werk) *m*(*n*)
ορυκτό N Mineral *n*
ορφανό N Waisenkind *n*, Waise *f* **ορφανός** ⟨-ή, -ό⟩ verwaist **ορφανοτροφείο** N Waisenhaus *n*
ορχήστρα [-'çi-] F Orchester *n*
ορχιδέα [-çi-] F Orchidee *f*
όρχις ⟨-εις⟩ M Hoden *m*
Ο.Σ.Ε [o'se] M (Οργανισμός Σιδηροδρόμων Ελλάδος) *Griechische Staatsbahnen*
οσμή [o'zmi] F Geruch *m*
όσο ['oso] KONJ solange; *adv* so viel; so sehr; **~ για μένα/σένα** was mich/dich betrifft; **~ ... τόσο** je ... desto
όσον: **~ αφορά** hinsichtlich (*akk gen*); **~ αφορά εμένα/εσένα** was mich/dich betrifft
όσος ⟨-η, -ο⟩ *Relativpronomen* so viel; wer; derjenige, der; **όσοι** wer, diejenigen, die; **όσα** alles, was
οστό N MED Knochen *m*, Bein *n*
οστρακιά [-'kja] F Scharlach *m*
όστρακο N Schale *f*; Muschel *f*
οσφραίνομαι riechen; wittern; *fig* ahnen
όσφρηση ⟨-ης⟩ [-si] F Geruchssinn *m*
οσφυαλγία [-'jia] F Kreuzschmerzen *mpl*
όταν *Zukunft, Gegenwart* wenn;

Vergangenheit als
O.T.E. [o'te] M (Οργανισμός Τηλεπικοινωνιών Ελλάδος) *Griechische(s) Fernmeldeamt*
ότι KONJ dass; **μου είπε ότι …** er/sie sagte mir, dass …
ό,τι PRON (das), was; was auch (immer), alles was; **απ' ~ ξέρω** … soweit ich weiß …
οτιδήποτε PRON was auch immer, egal was
οτοστόπ ⟨-⟩ N: **ταξιδεύω με ~** per Anhalter fahren, trampen
Ουγγαρία [uŋga-] F Ungarn *n*
Ουγγρικά NPL Ungarisch *n* **ουγγρικός** ⟨-ή, -ό⟩ ungarisch
Ούγγρος (**Ουγγαρέζα**) ['uŋgros] M(F) Ungar(in) *m(f)*
ουδέτερο N GRAM Neutrum *n*
ουδέτερος ⟨-η, -ο⟩ neutral; GRAM sächlich
ουδετερότητα F Neutralität *f*
ούζο ['uzo] N Ouzo *m*
ουίσκι ⟨-⟩ [u'iski] N Whisky *m*
ουλή [u'li] F Narbe *f*
ούρα NPL Harn *m*, Urin *m*
ουρά F Schwanz *m*; *Brautkleid* Schleppe *f*; *fig* Schlange *f*; **περιμένω/στέκομαι στην ~** Schlange stehen, anstehen; **μπαίνω στην ~** sich anstellen
ουράνιο N Uran *n*
ουρανίσκος M Gaumen *m*
ουρανοξύστης M Wolkenkratzer *m*, Hochhaus *n* **ουρανός** M Himmel *m*
ουρλιάζω [-'ʎazo] brüllen; grölen; *Sirene* heulen **ουρλιαχτό** [-'xto] N Brüllen *n*; Heulen *n*
ουρολόγος [-ɣos] M,F Urologe *m*, -in *f* **ουρώ** urinieren
ουσία F Substanz *f*; *fig* Kern *m*; **στην ~** im Grunde, eigentlich; **χρωστική ~** Farbstoff *m*
ουσιαστικό [usia-] N Substantiv *n* **ουσιαστικός** ⟨-ή, -ό⟩ wesentlich, maßgeblich; grundsätzlich
ουσιώδης ⟨-ης, -ες⟩ wesentlich; Grund-
ούτε ['ute] KONJ: **~ … ~ …** weder … noch …; **~ κι εγώ** ich auch nicht; **~ ένας** kein Einziger
ουτοπικός ⟨-ή, -ό⟩ utopisch
οφείλεται zurückzuführen sein; **πού ~;**, **σε τι ~;** woran liegt das?
οφείλω schulden; verdanken (**κ-ι σε** j-m etw); **πόσα σας ~;** *an Geld* was bekommen Sie?
όφελος N Profit *m*; Nutzen *m*, Vorteil *m*; **προς ~** zugunsten (*gen gen*; von)
οφθαλμίατρος M,F Augenarzt *m*, -ärztin *f* **οφθαλμός** M MED Auge *n*
όχημα [-çi-] N Kraftfahrzeug *n*; BAHN Wag(g)on *m*; **επιβατικό ~** Personenkraftwagen *m* (PKW); **φορτηγό ~** Last(kraft)wagen *m* (LKW)
όχθη ['oxθi] F Ufer *n*
όχι ['oçi] nein; nicht; **~;** nicht?;

~ **μόνο ... αλλά και** nicht nur ..., sondern auch
οχταπόδι N → χταπόδι
οχτώ [o'xto] acht **οχτώμισι** [-si] halb neun
οχύρωμα N MIL Befestigung *f*
οχυρώνομαι [-çi-] sich verschanzen **οχυρώνω** MIL befestigen
όψη ⟨-ης⟩ F Aussehen *n*; Anblick *m*; **εκ πρώτης όψεως** auf den ersten Blick; **εξ όψεως** vom Sehen

παγάκια NPL Eiswürfel *mpl*
παγερός ⟨-ή, -ό⟩ [-je-] *a. fig* eisig, eiskalt **παγετός** M Frost *m*
παγίδα [-'ji-] F Falle *f*; **στήνω** ~ e-e Falle stellen (**σε** *dat*)
παγκάκι [-ŋg-] N (Sitz-)Bank *f*
πάγκος [-ŋg-] M (Sitz-)Bank *f*; Theke *f*; Ladentisch *m*
παγκοσμιοποίηση ⟨-ης⟩ [-'piisi] F Globalisierung *f*
παγκόσμιος ⟨-α, -ο⟩ [paŋ'gɔzmiɔs] Welt-; weltweit; global; ~ **ιστός** *m* Web *n*
παγκοσμίως ADV weltweit
παγοδρομία F Eislauf *m*
παγοδρόμιο N Eislaufstadion *n*
παγόνι [-'γo-] N Pfau *m* **παγοπέδιλο** N Schlittschuh *m*
πάγος [-γos] M Eis *n*; Frost *m*
παγωμένος ⟨-η, -ο⟩ vereist; (eis)gekühlt, eiskalt; eisig
παγωνιά [-γo'ɲa] F Frost *m*; **κάνει** ~ es herrscht Frost
παγώνω [-'γo-] tiefkühlen; (ge-, ein-, er)frieren
παγωτό [-γo-] N (Speise-)Eis *n*; ~ **ξυλάκι** Eis *n* am Stiel
παζαρεύω [-za'revo] feilschen **παζάρι** N (Jahr-)Markt *m*
παθαίνω ⟨έπαθα⟩ erleiden; **την** ~ hereinfallen auf; **τι έπαθες;** was ist dir passiert?
πάθηση ⟨-ης⟩ F MED Leiden *n*; ~ **της καρδιάς** Herzleiden *n*
παθητικός ⟨-ή, -ό⟩ passiv; pathetisch **παθητικότητα** F Passivität *f*
παθιασμένος ⟨-η, -ο⟩ leidenschaftlich
παθολογικός ⟨-ή, -ό⟩ krankhaft, pathologisch **παθολόγος** M,F Allgemeinarzt *m*, -ärztin *f*
πάθος N *Krankheit* Leiden *n*; *fig* Leidenschaft *f*; **τα πάθη του Χριστού** das Leiden *n* Christi
παιδαγωγικά [-γoji-] NPL, **παιδαγωγική** F Pädagogik *f* **παιδαγωγικός** ⟨-ή, -ό⟩ pädagogisch
παιδαγωγός [-'γos] M,F Erzieher(in) *m(f)*; Pädagoge *m*, -in *f*

παϊδάκι [pai-] N Rippchen *n*
παιδάκι [pe-] N Kindchen *n*
παιδεία F Bildung *f*
παιδεύομαι [-'ðevo-] sich bemühen **παιδεύω** *fig* quälen; schikanieren
παιδί [pe'ði] N Kind *n*; *pl umg* Leute *pl*; **από ~** von klein an; **παιδιά τι κάνετε;** wie geht's euch, Leute?
παιδιάστικος ⟨-η, -ο⟩ [-'ðja-] kindisch **παιδίατρος** [-'ðia-] M,F Kinderarzt *m*, -ärztin *f*
παιδικός ⟨-ή, -ό⟩ kindlich; Kinder-; **παιδική χαρά** *f* Kinderspielplatz *m*
παίζω ['pezo] *a. Karten, Rolle, Instrument* spielen; *CD* abspielen; *fig* scherzen; *umg* **τα ~** schlappmachen **παίκτης** (--**τρια**) M(F) Spieler(in) *m(f)*
παίρνω ⟨πήρα⟩ (weg)nehmen; *a. Gehalt* bekommen; kaufen; *Medikament* einnehmen; **~ μαζί μου** mitnehmen; **~ μέρος** teilnehmen; **τι θα πάρετε;** *im Restaurant* was bekommen Sie?
παιχνίδι [-'xni-] N Spiel(zeug) *n*; **είναι ~** es ist kinderleicht
πακετάρω ein-, abpacken
πακέτο N Paket *n*; Päckchen *n*; **~ τσιγάρα** Schachtel *f* Zigaretten
παλαιοπωλείο N Antiquitätengeschäft *n*
παλαιός ⟨-ά, -ό⟩ → **παλιός**
παλάτι N Palast *m*, Schloss *n*
παλεύω [-'levo] ringen; kämpfen
πάλη F Ringkampf *m*; *fig* Kampf *m*
πάλι wieder; wiederum; schon wieder; **~ καλά!** immerhin!
παλιάνθρωπος [-'ʎa-] M Kerl *m*, Schuft *m*, Halunke *m*
παλικάρι N → **παλληκάρι**
παλιός ⟨-ά, -ό⟩ [-'ʎos] alt; *Ansicht, PC* veraltet
παλιότερος ⟨-η, -ο⟩ [-'ʎo-] *Gegenstand* ältere
παλίρροια [-ria] F Gezeiten *fpl*, Ebbe und Flut *f*
παλληκάρι N *stark, tapfer* ganze(r) Kerl *m*; Bursche *m*
παλμός M MED Herzschlag *m*; *fig* Puls *m*
παλούκι N Pfahl *m*
παλτό N (Winter-)Mantel *m*
παν N: **το ~** die Hauptsache; alles; **το ~ είναι** das Wichtigste ist (**να** zu)
πάνα F Windel *f*
Παναγία [-'jia] F Muttergottes *f*
πανδημία [panði'mia] F MED Pandemie *f*
πανέ ⟨-⟩ paniert **πανέμορφος** ⟨-η, -ο⟩ wunderschön
πανεπιστήμιο N Universität *f*
πανηγύρι [-'ji-] N Volksfest *n*, Jahrmarkt *m*
πανί N Tuch *n*, Stück *n* Stoff; Lappen *m*; SCHIFF Segel *n*
πανικός M Panik *f*
πανόραμα N Panorama *n*
πανσέληνος [-'seli-] F Vollmond *m* **πανσιόν** ⟨-⟩ [pan-

'sjon] F (Miet-)Pension *f*
πάντα[1] ['panda] NPL: **τα ~** alles (Mögliche)
πάντα[2] ['panda] ADV immer; **για ~** für immer
πανταλόνι N, **παντελόνι** N Hose *f*
πάντες [-nd-] MPL: **οι ~** alle
παντζάρι [-ndz-] F Rote Bete *f* **παντζούρι** N Fensterladen *m*
παντοπωλείο [-nd-] N Lebensmittelgeschäft *n*
πάντοτε [-nd-] immer
παντού [pan'du] überall; **από ~** von überall her
παντόφλα [-nd-] F Pantoffel *m*
παντρεμένος ⟨-η, -ο⟩ [-nd-] verheiratet **παντρεύομαι** [-n'drevome] heiraten
πάντως jedenfalls; immerhin
πάνω ADV herauf, hinauf, (nach) oben; auf (**σε** *dat*); oberhalb (**από** *gen*); über (**από** *dat*; *akk*); *adj* obere, Ober-; **από ~** von oben (her); **προς τα ~** nach oben; **~-κάτω** halbwegs; auf und nieder
παξιμάδι N Zwieback *m*
παπαγάλος [-'ɣa-] M Papagei *m* **παπαρούνα** F Mohnblume *f*
παπάς ⟨-άδες⟩ M Pfarrer *m*
πάπας M Papst *m*
πάπια [-pja] F Ente *f*
πάπλωμα N Steppdecke *f*
παπλωματοθήκη F Bettbezug *m* **παπούτσι** N Schuh *m*
παππούδες MPL Großeltern *pl*
παππούς ⟨-ούδες⟩ M Großvater *m*, Opa *m*; alte(r) Mann *m*
παρ' → παρά
πάρα: **~ πολύ** zu viel, zu sehr; *adv* unheimlich (viel); **~ πολύ αργά** viel zu spät; **ευχαριστώ ~ πολύ!** danke schön!
παρά trotz (*akk gen*); gegen (*akk akk*); *Uhrzeit* vor; *zwischen Handlungsmöglichkeiten* als; **μία ~ τέταρτο** (ein) Viertel vor ein Uhr; **~ λίγο** beinah(e); **παρ' όλ' αυτά** trotzdem; **καλύτερα να ... ~ να ...** besser ..., als ...
παραβαίνω *Gesetz* übertreten, verletzen, verstoßen (*akk* gegen); *Eid* brechen
παράβαση ⟨-ης⟩ [-si] F *Straftat* Vergehen *n*; *Gesetz* Verstoß *m*
παραβιάζω [-vi'azo] *Tür* aufbrechen; *Auto* knacken; *Gesetz* verletzen, übertreten **παραβίαση** ⟨-ης⟩ [-si] F Aufbrechen *n*; *Gesetz* Verletzung *f*
παραβλέπω übersehen
παραγγελία F Bestellung *f*; Auftrag *m*
παραγγέλλω, **παραγγέλνω** [-ŋg-] (zu sich) bestellen; *Karte* vorbestellen; ausrichten (**σε** *dat*)
παράγκα [-ŋga] F Baracke *f*
παράγοντας M Faktor *m*
παράγραφος F Paragraf *m*; JUR *Text* Absatz *m*; Abschnitt *m*

παράγω ⟨παρήγαγα⟩ [-ɣo] erzeugen, produzieren; ableiten
παραγωγή [-ɣo'ji] F Produktion *f*; Erzeugung *f*; Ableitung *f* **παραγωγικός** ⟨-ή, -ό⟩ produktiv
παραγωγικότητα [-ɣoji-] F Produktivität *f* **παραγωγός** M,F Produzent(in) *m(f)*
παράδειγμα [-ɣma] N Beispiel *n*; **για ~, παραδείγματος χάριν (π.χ.)** zum Beispiel (z. B.)
παράδεισος [-s-] M Paradies *n*
παραδέχομαι [-xo-] akzeptieren, annehmen; eingestehen
παραδίδομαι sich ergeben **παραδίδω** überreichen, über-, abgeben; *Ware* anliefern; *Gepäck* aufgeben; *Unterricht* erteilen
παραδίνομαι → παραδίδομαι **παραδίνω** → παραδίδω
παράδοξο N Paradox *n* **παράδοξος** ⟨-η, -ο⟩ absurd, paradox
παράδοση ⟨-ης⟩ [-si] F Übergabe *f*; *Ware* (An-)Lieferung *f*; *Universität* Vorlesung *f*; Überlieferung *f* **παραδοσιακός** ⟨-ή, -ό⟩ traditionell
παραδοχή [-'çi] F Akzeptanz *f*; *Fehler* Eingeständnis *n*
παράθεμα N Zitat *n*
παραθερίζω [-zo] Sommerurlaub machen
παράθυρο N Fenster *n* **παραθυρόφυλλο** N Fensterladen *m*
παραινώ [-e'no] ermahnen
παραίσθηση ⟨-ης⟩ [-si] F Halluzination *f*
παραίτηση ⟨-ης⟩ [-si] F *durch Arbeitnehmer* Kündigung *f*; Rücktritt *m*; Verzicht *m* **παραιτούμαι** kündigen; *v. Amt* zurücktreten; verzichten (**από** auf)
παρακαλώ bitten (**κ-ν για** j-n um); (**σε/σας**) **~!** (ich) bitte (dich/Sie)!; *auf Dank* **~!** bitte!
παρακαμπτήριος [-m'pti-] F Umgehungsstraße *f* **παρακάμπτω** [-mpto] *a. fig* umgehen; biegen um **παράκαμψη** ⟨-ης⟩ F Umleitung *f*; Umgehung *f*
παρακάνω: **το ~** übertreiben, es zu weit treiben **παρακάτω** weiter unten; weiter drüben
παρακίνηση ⟨-ης⟩ [-si] F Anregung *f* **παρακινώ** anregen, bewegen, veranlassen
παράκληση ⟨-ης⟩ [-si] F Bitte *f*; Anliegen *n*
παρακμάζω [-zo] untergehen; *fig* verfallen **παρακμή** F Verfall *m*
παρακολουθώ verfolgen; *a. fig* folgen (*akk dat*); überwachen; *Sprachkurs* besuchen
παρακούω ⟨-ούς⟩ sich verhören; nicht gehorchen

παραλαβή F Erhalt *m*, Empfang *m*, Entgegennahme *f*
παραλαμβάνω empfangen, entgegennehmen; *a. Person* abholen
παραλείπω aus-, weglassen; versäumen; nicht erwähnen
παράλειψη ⟨-ης⟩ F Auslassung *f*; Versäumnis *f*
παραλέω: **τα παραλές** *verbal* du übertreibst
παραλήπτης **(-τρια)** M(F) Empfänger(in) *m(f)*
παραλία F Strand *m*; Küste *f*
παραλίγο [-γo] beinah(e); ~ **να το ξεχάσω** ich hätte es beinahe vergessen
παραλλαγή [-'ji] F Variante *f*
παράλληλα ADV gleichzeitig; nebenbei
παράλληλος[1] ⟨-η, -ο⟩ *a. fig* parallel; gleichzeitig
παράλληλος[2] F MATH, GEOG Parallele *f*
παράλογος ⟨-η, -ο⟩ [-γos] unvernünftig; absurd, unlogisch
παράλυση ⟨-ης⟩ F Lähmung *f* **παράλυτος** ⟨-η, -ο⟩ gelähmt
παραλύω [-'lio] lähmen; erstarren; *fig* lahmlegen; *Verkehr* zum Erliegen kommen
παραμάνα F Sicherheitsnadel *f*; Amme *f*
παραμελώ vernachlässigen; ~ **τον εαυτό μου** sich gehen lassen **παραμένω** bleiben
παράμερα beiseite; abseits
παραμερίζω beiseitelegen; *a. fig* beseitigen; *fig* verdrängen; ausweichen, beiseitetreten
παραμικρός ⟨-ή, -ό⟩ geringste
παραμιλητό N Delirium *n*
παραμιλώ ⟨-άς⟩ *im Schlaf* fantasieren **παραμονεύω** [-evo] (auf)lauern
παραμονή F Aufenthalt *m*; Vorabend *m*; ~ **Χριστουγέννων** Heiligabend *m*; ~ **Πρωτοχρονιάς** Silvester *m*
παραμορφώνω verunstalten
παραμόρφωση ⟨-ης⟩ [-si] F *a. fig* Entstellung *f*; Missbildung *f* **παραμύθι** N Märchen *n*; *umg* **~α!** Quatsch!
παρανοϊκός ⟨-ή, -ό⟩ [-noi-] paranoid
παράνομος ⟨-η, -ο⟩ ungesetzlich, gesetzwidrig, illegal
παραξενεύομαι [-'nevo-] sich wundern (**που**; **με** dass; über)
παράξενος ⟨-η, -ο⟩ eigen(-artig); seltsam
παραπάνω ADV weiter oben; mehr **παράπτημα** N Fehltritt *m* **παραπατώ** ⟨-άς⟩ *a. fig* fehltreten
παραπλάνηση ⟨-ης⟩ [-si] F Irreführung *f*; Verführung *f*
παραπλανητικός ⟨-ή, -ό⟩ irreführend; verführerisch
παραπληγικός **(-ή)** [-ji-] M(F) querschnitt(s)gelähmt

παραποίηση ⟨-ης⟩ [-'piisi] F *Tatsache* Fälschung *f* **παραποιώ** [-pi'o] (ver)fälschen
παραπονιέμαι [-'ɲe-] jammern, (sich be)klagen, sich beschweren (**για** über)
παράπονο N Beschwerde *f*; Reklamation *f*; **κάνω παράπονα** sich beschweren
παραπόταμος M Nebenfluss *m* **παράπτωμα** N Vergehen *n* **παράρτημα** N Filiale *f*
παρασέρνω [-'se-] → **παρασύρω** **παράσημο** [-si-] N Orden *m*, Medaille *f*, Auszeichnung *f*
παράσιτο N *a. fig* Parasit *m*
Παρασκευή [-e'vi] F Freitag *m*; **την ~** am Freitag; freitags; **Μεγάλη ~** Karfreitag *m*
παρασκήνια NPL *a. fig* Kulissen *fpl* **παράσταση** ⟨-ης⟩ F Darstellung *f*; THEAT Vorstellung *f*
παρασύρω [-'si-] *a. fig* mitreißen; *fig* verleiten, verführen
παράταση ⟨-ης⟩ [-si] F *zeitlich* Verlängerung *f*; *Fußball* Nachspielzeit *f*
παρατάσσω [-so] aufstellen
παρατείνω *zeitlich* verlängern; hinausziehen **παρατήρηση** ⟨-ης⟩ [-si] F Beobachtung *f*; Be-, Anmerkung *f*; Rüge *f*
παρατηρητής ⟨-τρια⟩ M(F) Beobachter(in) *m(f)* **παρατηρώ** beobachten; (an-, be)merken
παρατσούκλι N Spitzname *m*
παρατώ ⟨-άς⟩ aufgeben; verlassen, im Stich lassen; **τα ~** ich gebe auf!; **παράτα με!** lass mich zufrieden!
παραφυλάω ⟨-άς⟩ (auf)lauern
παραχώρηση ⟨-ης⟩ [para'xorisi] F Zugeständnis *n* **παραχωρώ** zugestehen; *Recht* einräumen
πάρε! nimm!; → **παίρνω**
παρέα F Freundeskreis *m*; Gesellschaft *f*; Umgang *m*; **κάνω ~** Gesellschaft leisten (**σε** *dat*)
παρεκκλήσι [-si] N Kapelle *f*, Kirche *f* **παρεκκλίνω** *vom Kurs*, *a. fig* abweichen (**από** von)
παρέκκλιση ⟨-ης⟩ [-si] F Abweichung *f* **παρέλαση** ⟨-ης⟩ [-si] F Festzug *m*; Parade *f*
παρελθόν ⟨-όντος⟩ N *a.* GRAM Vergangenheit *f*
παρεμβαίνω sich einmischen; intervenieren **παρέμβαση** ⟨-ης⟩ F Intervention *f*
παρενέργεια [-jia] F Nebenwirkung *f* **παρένθεση** ⟨-ης⟩ [-si] F *im Text* Klammer *f*
παρεξήγηση ⟨-ης⟩ [-si] F Missverständnis *n* **παρεξηγώ** missverstehen; übel nehmen
παρέχω [-xo] gewähren; *Hilfe* leisten; *Genehmigung* erteilen
παρηγοριά [-ɣo'rja] F Trost *m* **παρηγοριέμαι** [-'rje-]

Trost finden **παρηγορώ** trösten
παρθένα F Jungfrau *f*
Παρθένος F ASTROL Jungfrau *f*
Παρθενώνας M Parthenon *m*
Παρίσι [-si] N Paris *n*
παρίσταμαι anwesend sein
παριστάνω darstellen
παρκάρισμα [-zm-] N Parken *n*; **απαγορεύεται το ~!** Parken verboten! **παρκάρω** parken
πάρκινγκ ⟨-⟩ [-iŋg] N Parkplatz *m*; Parkhaus *n*
πάρκο N Park(anlage) *m(f)*; **εθνικό ~** Nationalpark *m*
παρκόμετρο N Parkuhr *f*
παρμπρίζ ⟨-⟩ [par'briz] N Windschutzscheibe *f*
παροδικός ⟨-ή, -ό⟩ vorübergehend
πάροδος F Seitenstraße *f*
παροιμία F Sprichwort *n*
παρόλο: **~ που** obwohl
παρομοίως gleichfalls
παρόν ⟨-όντος⟩ N *a.* GRAM Gegenwart *f*; **προς το ~** zurzeit, momentan; vorläufig
παρότρυνση ⟨-ης⟩ F Ansporn *m* **παροτρύνω** *fig* anspornen
παρουσία [-'sia] F Anwesenheit *f*; Gegenwart *f*; *adv* im Beisein (*gen* von)
παρουσιάζομαι [-si'azo-] erscheinen; sich melden; *Problem* auftreten **παρουσιάζω** vorlegen, -stellen, -führen; darstellen; aufweisen
παρουσίαση ⟨-ης⟩ F Präsentation *f*; Vorführung *f* **παρουσιαστής** ⟨-τρια⟩ M(F) Moderator(in) *m(f)*
παρουσιαστικό [-sia-] N *Person* Äußere(s) *n*, Gestalt *f*
πάρτε! nehmt!; nehmen Sie!; → παίρνω
πάρτι ⟨-⟩ N Party *f*
παρτίδα F *Spiel* Partie *f*
παρωδία F Parodie *f*
παρών ⟨-ούσα, -όν⟩ anwesend; gegenwärtig; **~!** hier!; **οι παρόντες** die Anwesenden *pl*
πάστα F Torte(nstück) *f(n)*; Kuchen *m*; Paste *f*
παστέλι N Sesamschnitte *f*
παστίτσιο N *Art* Nudelauflauf *m*
παστός ⟨-ή, -ό⟩ gepökelt
Πάσχα ⟨-⟩ ['pasxa] N Ostern *n*; **το ~** an Ostern; **καλό ~!** frohe Ostern!
πασχαλιά [-sxa'ʎa] F Flieder *m*
πάσχω [-sxo] leiden (**από** an)
πατάκι N Fußabstreifer *m*
πατάτα F Kartoffel *f*; **βραστές πατάτες** Pell-, Salzkartoffeln *fpl*; **τηγανιτές πατάτες** Bratkartoffeln *fpl*, Pommes frites *pl*
πατατάκια [-kja] NPL Kartoffelchips *mpl* **πατατοσαλάτα** [-sa-] F Kartoffelsalat *m*
πατέρας ⟨*a.* -άδες⟩ M Vater *m*

πατημασιά [-'sja] F Fußspur *f* **πατίνι** N (Tret-)Roller *m*
πάτος M *Flasche, Meer* Grund *m*, Boden *m*; Schuheinlage *f*
πατούσα [-sa] F Fußsohle *f*
πατρίδα F Vaterland *n*; Heimat(land) *f*(*n*)
πατριός [-i'os] M Stiefvater *m*
πατριώτης (-ισσα) [-i'otis] M(F) Patriot(in) *m*(*f*); Landsmann *m*
πατριωτικός ⟨-ή, -ό⟩ patriotisch **πατριωτισμός** [-zm-] M Patriotismus *m*
πάτσι: **είμαστε ~** wir sind quitt
πατώ ⟨-άς⟩ den Fuß setzen (*akk* auf); *Boden* betreten; *auf Bremse* treten; *Zigarette* austreten; *mit der Hand* pressen, drücken; *Fußgänger umg* überfahren
πάτωμα N (Fuß-)Boden *m*; Stock(werk) *m*(*n*)
παύλα ['pavla] F Binde-, Gedankenstrich *m*
παύση ⟨-ης⟩ ['pafsi] F *a.* MUS Pause *f*
παυσίπονο N Schmerzmittel *n*
παύω ['pavo] aufhören
παχαίνω [-'çe-] zunehmen, dick werden; *Tier* mästen
πάχνη ['paxni] F (Rau-)Reif *m*
πάχος N Dicke *f*, Stärke *f*
παχουλός ⟨-ή, -ό⟩ pummelig
παχύς ⟨-ιά, -ύ⟩ *a. Person* dick; fett
πάψε! hör auf!, sei still!; → παύω
πάω ⟨πας⟩ → πηγαίνω
πεδιάδα [-ði'a-, -'ðja-] F Tiefebene *f*, Tal *n*, Flachland *n*
πέδιλο N Sandale *f*
πεδίο N Ebene *f*; Feld *n*; *fig* Gebiet *n*
πεζογραφία [-zo-] F Prosa *f*
πεζοδρόμιο [-zo-] N Geh-, Bürgersteig *m* **πεζόδρομος** M Fußgängerzone *f*
πεζοπορία F Fußmarsch *m*
πεζοπόρος M,F Wanderer *m*, -in *f*
πεζός (-ή) [-'zos] M(F) Fußgänger(in) *m*(*f*); MIL Infanterist *m*
πεθαίνω sterben (**από** an; vor); *umg* schwärmen (**για** für) **πεθαμένος** ⟨-η, -ο⟩ tot, verstorben
πεθερικά NPL Schwiegereltern *pl* **πεθερός (-ά)** M(F) Schwiegervater *m*, -mutter *f*
πειθαρχία F Disziplin *f* **πειθαρχώ** gehorchen
πείθομαι sich überzeugen
πείθω überzeugen (**για** von)
πείνα ['pina] F Hunger *m*
πεινασμένος ⟨-η, -ο⟩ [-zm-] hungrig **πεινώ** ⟨-άς⟩ [pi'no] Hunger haben; hungern; **πείνασα** ich habe Hunger
πείρα F Erfahrung *f*
πειράζομαι beleidigt sein; sich ärgern (**με** über) **πειράζω** ärgern; aufregen; schaden; stören; *umg* necken; **δεν πειράζει** das macht nichts

(aus)
Πειραιάς [pire'as] M, **Πειραιεύς** ‹-ώς› [-'efs] M Piräus *m*
πείραμα N Experiment *n*
πειραματίζομαι [-zo-] experimentieren
πειρασμός M Versuchung *f*, Verlockung *f* **πειρατής** M Pirat *m*
πείσμα ['pizma] N Trotz *m*; **από ~** aus Trotz
πεισματάρης ‹-α, -ικο› [-zm-] trotzig; stur **πεισματώνω** trotzen; trotzig werden; trotzig sein
πειστικός ‹-ή, -ό› überzeugend, zwingend
πέλαγος N offene(s) Meer *n*
πελαργός [-'ɣos] M Storch *m*
πελατεία F Kundschaft *f*
πελάτης (**-ισσα**) M(F) Kunde *m*, -in *f*; Patient(in) *m(f)*; Mandant(in) *m(f)*; *Restaurant* Gast *m*
πελεκάνος M Pelikan *m*
πέλμα N Fußsohle *f*
Πελοπόννησος [-sos] F Peloponnes *m,f*
Πέμπτη ['pempti] F Donnerstag *m*; **την ~** am Donnerstag; donnerstags; **Μεγάλη ~** Gründonnerstag *m*
πέμπτο N Fünftel *n* **πέμπτον** fünftens **πέμπτος** ‹-η, -ο› fünfte
πέναλτι N Strafstoß *m*
πενήντα [-nd-] fünfzig
πένθος N Trauer *f*
πενθώ (be)trauern
πεντάλ ‹-› N, **πεντάλι** [pe-'dal(i)] N Pedal *n*; **~ φρένων** Bremspedal *n*
πέντε [-nd-] fünf; *n* Fünf *f*
πεντέμισι [-nd-] halb sechs
Πεντηκοστή F Pfingsten *n*
πέος N Penis *m*, Glied *n*
πέπλο N Schleier *m*
πεποίθηση ‹-ης› [-si] F Überzeugung *f*; Meinung *f*
πεπόνι N Zuckermelone *f*
πέρα ADV drüben; *präp* jenseits (**από** *gen*); **εδώ ~** hier; **εκεί ~** da hinten/drüben; **πιο ~** weiter; **από 'δώ και ~** von nun an
πέρασμα [-zm-] N Durchgang *m*; *im Gebirge* Überquerung *f*
περασμένος ‹-η, -ο› [-zm-] vergangen; **είναι περασμένες δύο** es ist zwei Uhr vorbei; **τον περασμένο μήνα** im vergangenen Monat
περαστικός ‹-ή/-ιά, -ό› vorübergehend, vergänglich; *m,f* Passant(in) *m(f)*; **περαστικά (σου/σας)!** gute Besserung!
περγαμηνή F Pergament *n*
πέρδικα F Rebhuhn *n*
περηφανεύομαι stolz sein (**για** auf) **περηφάνια** F Stolz *m*
περήφανος ‹-η, -ο› stolz
περί über, um (*gen akk*); um (*akk akk*); **~ τίνος πρόκειται;** worum handelt es sich?
περιβάλλον ‹-οντος› N Umwelt *f*; Umgebung *f* **περι-**

βάλλω umgeben (**με** mit), umfassen
περιβόλι N (Obst-)Garten *m*
περιγραφή [-γr-] F Beschreibung *f*; Schilderung *f* **περιγράφω** beschreiben; schildern **περιεργάζομαι** [-zo-] mustern
περιέργεια [-ji-] F Neugier(de) *f* **περίεργος** ⟨-η, -ο⟩ [-γos] neugierig, gespannt; seltsam; **περίεργο!** eigenartig!
περιεχόμενο [-'xo-] N Inhalt *m* **περιέχω** [-xo] enthalten
περιζήτητος ⟨-η, -ο⟩ [-'zi-] begehrt
περιθώριο N *a. fig* Rand *m*; *fig* Spielraum *m*
περιλαμβάνω (um)fassen; ent-, beinhalten, einschließen
περίληψη ⟨-ης⟩ F Zusammenfassung *f*
περιμένω warten (*akk* auf); erwarten; abwarten; **ποιον περιμένεις;** auf wen wartest du?
περίμετρος F *Kreis* Umfang *m*
περιοδεία F Rundreise *f*; Tournee *f* **περιοδικό** N Zeitschrift *f*
περιοδικός ⟨-ή, -ό⟩ periodisch
περίοδος F Zeitabschnitt *m*, *a.* MED Periode *f*; Phase *f*
περιορίζομαι [-zo-] sich beschränken (**σε** auf) **περιορίζω** ein-, beschränken; einengen
περιορισμένος ⟨-η, -ο⟩ [-zm-] beschränkt **περιορισμός** M Begrenzung *f*; Ein-, Beschränkung *f*; **~ κυκλοφορίας** Ausgangsbeschränkung *f*
περιουσία [-'sia] F Vermögen *n* **περιοχή** [-'çi] F Gegend *f*, Region *f*; *a. fig* Gebiet *n*; Revier *n*
περίπατος M Spaziergang *m*; Spazierfahrt *f*; **πάω/πηγαίνω περίπατο** spazieren gehen
περιπέτεια F Abenteuer *n*, Erlebnis *n*; **ερωτική ~** Affäre *f*
περιπετειώδης ⟨-ης, -ες⟩ [-ti'oðis] abenteuerlich
περιπλανιέμαι [-ɲe-], **περιπλανώμαι** umherirren, herumirren
περιπλέκω kompliziert machen **περιπλοκή** F Komplikation *f* **περίπλοκος** ⟨-η, -ο⟩ kompliziert; umständlich
περιποιημένος ⟨-η, -ο⟩ gepflegt **περιποίηση** ⟨-ης⟩ [-'piisi] F Pflege *n*; Betreuung *f*
περιποιούμαι [-pi'ume] *a. Kranken* pflegen; betreuen
περιπολία F Patrouille *f*; (Polizei-)Streife *f* **περιπολικό** N Streifenwagen *m*
περίπου etwa, ungefähr, zirka
περίπτερο N Kiosk *m*; *Messe* Stand *m*, Pavillon *m*
περίπτωση ⟨-ης⟩ [-si] F Fall *m*; **σε κάθε ~** auf jeden Fall; **σε καμιά ~** auf keinen Fall; **σε ~ που …** falls …
περίσσευμα [-sevma] N Überschuss *m*; Reste *mpl*

περίσσιος ⟨-α, -ο⟩ überschüssig; üppig, reichlich
περισσότερο [-'so-] ADV mehr; *Zeit* länger; **τώρα ακόμη ~** jetzt erst recht; **~ από ποτέ** mehr denn je
περισσότερος ⟨-η, -ο⟩ meiste; mehr; *Zeit* länger; **οι περισσότεροι** die meisten *pl*
περίσταση ⟨-ης⟩ F Gelegenheit *f*; *pl* Umstände *mpl*
περιστατικό N Vorfall *m*
περιστέρι N Taube *f*
περιστροφή F (Um-)Drehung *f*; Umkreisung *f*
περίστροφο N Revolver *m*
περισυλλέγω bergen, retten
περιττεύω [-evo] sich erübrigen **περιττός** ⟨-ή, -ό⟩ überflüssig
περιφέρεια F *Kreis* Umfang *m*; Bezirk *m*, Gebiet *n*; *a. fig* Peripherie *f*
περίφημος ⟨-η, -ο⟩ berühmt; fantastisch
περίφραγμα [-ɣ-] N Um-, Einzäunung *f* **περιφράζω** um-, einzäunen
περίφραση ⟨-ης⟩ [-si] F Umschreibung *f*
περιφρόνηση ⟨-ης⟩ [-si] F Missachtung *f*; Verachtung *f*
περιφρονητικός ⟨-ή, -ό⟩ verächtlich, abwertend **περιφρονώ** missachten; verachten
περίχωρα [-x-] NPL Umland *n*
πέρκα F Barsch *m*
περμανάντ ⟨-⟩ N,F Dauerwelle *f*
περνώ ⟨-άς⟩ überqueren; hinübergehen; durchdringen; vorbeigehen, vorbeikommen; *j-n* übertreffen; *Grenze* passieren; *Zeit* verbringen; *Zeit, Schmerz* vergehen; *Prüfung* bestehen; *Kabel* auslegen; durchstehen, erleben; **περάστε!** treten Sie näher!; herein!; **πέρασε η ώρα** die Zeit ist um
περούκα F Perücke *f*
περπατώ ⟨-άς⟩ (zu Fuß) gehen, laufen; spazieren gehen
πέρ(υ)σι [-si] ADV voriges Jahr
πέσιμο [-si-] N Sturz *m*, Fall *m*
πέστροφα F Forelle *f*
πεταλούδα F Schmetterling *m*
πετεινός M Hahn *m*
πετονιά [-'ɲa] F Angelschnur *f*
πέτρα F Stein *m*
πετρέλαιο [-leo] N Erdöl *n*
πέτρινος ⟨-η, -ο⟩ steinern
πετρώδης ⟨-ης, -ες⟩ steinig
πέτρωμα N Gestein *n*
πετσέτα [-'tse-] F Handtuch *n*; Serviette *f*; Geschirrtuch *n*; **~ μπάνιου** Badetuch *n*
πετυχαίνω [-'çe-] schaffen; *Ziel* erreichen; zufällig treffen; *Kugel, Ziel* treffen; gelingen
πετυχημένος ⟨-η, -ο⟩ [-çi-] gelungen; *Person* erfolgreich
πετώ ⟨-άς⟩ (weg)werfen, *umg* schmeißen; fliegen; flattern
πεύκο N Pinie *f*, Kiefer *f*
πέφτω (hin-, um)fallen, stür-

zen; einstürzen; sich stürzen (**σε** auf); stoßen (**σε** auf); zufällig treffen (**σε** *akk*); *Preis* sinken; *im Krieg* fallen; *Knopf* abgehen; *Blitz* einschlagen; *Flugzeug* abstürzen; *Wind* nachlassen; *Nacht* hereinbrechen

πέψη ⟨-ης⟩ F Verdauung *f*

πηγάδι N (Schöpf-)Brunnen *m*; BERGB Schacht *m* **πηγάζω** [-'ɣazo] *Fluss, a. fig* entspringen

πηγαίνω ⟨πήγα⟩ [-'je-] gehen; fahren (**σε** nach); *j-n* (hin)bringen, (hin)fahren; *Kleidung* passen (**σε** *dat*)

πηγή [-'ji] F *a. fig* Quelle *f*

πηδάλιο [-lio] N SCHIFF Steuer *n*

πήδημα [-ði-] N Sprung *m*

πηδώ ⟨-άς⟩ springen; überspringen

πήζω gerinnen, fest werden

πήλινα NPL Töpferwaren *fpl*

πήλινος ⟨-η, -ο⟩ tönern; Ton-

πηλός M Ton *m*; Lehm *m*

πήρα → παίρνω

πια [pja] *bei Verneinung* mehr; schon; endlich; **όχι ~** nicht mehr

πιανίστας (-τρια) [pja-] M(F) Pianist(in) *m(f)*

πιάνο ['pjano] N Klavier *n*

πιάνομαι ['pja-] sich (fest)halten; hängen bleiben; **~ στα χέρια** in Streit geraten

πιάνω ['pjano] nehmen, greifen; (fest)halten; (an)fassen; packen; *a. Verbrecher* schnappen; erwischen; einklemmen; *umg* mitkriegen; mieten; *Platz* besetzen, reservieren; *Freundschaft* schließen; **σ' έπιασα!** ertappt!

πιάσιμο ['pjasi-] N: **~ των μυών** Muskelkater *m*; **~ της μέσης** Hexenschuss *m*

πιασμένος ⟨-η, -ο⟩ [pjaz-] besetzt; *Zimmer* belegt; *Tisch* reserviert; *Glieder* verspannt

πιατάκι [pja-] N Untertasse *f*

πιατέλα F Platte *f*, Schale *f*

πιατικά NPL (Ess-)Geschirr *n*

πιάτο ['pja-] N Teller *m*; *Speise* Gang *m*, Gericht *n*; **~ ημέρας** Tagesgericht *n*, -menü *n*, **κυρίως ~** Hauptgericht *n*

πιγούνι [-'ɣu-] N Kinn *n*

πιέζω [pi'ezo] drücken; (zusammen)pressen; *fig* drängen

πιές! [pjes] trink!; → πίνω

πίεση ⟨-ης⟩ [-si] F PHYS, *a. fig* Druck *m*; **ατμοσφαιρική ~** Luftdruck *m*; **(αρτηριακή) ~** Blutdruck *m*

πιέστε! ['pjeste] trinkt!; trinken Sie!; → πίνω

πιεστικός ⟨-ή, -ό⟩ [pie-] eindringlich

πιέτα ['pje-] F *Kleidung* Falte *f*

πιθανόν vermutlich **πιθανός** ⟨-ή, -ό⟩ wahrscheinlich; mutmaßlich **πιθανότητα** F Wahrscheinlichkeit *f*; *fig* Aussicht *f*, Chance *f* **πιθανώς** möglicherweise

πίθηκος M *a. iron* Affe *m*

πικάντικος ⟨-η, -ο⟩ [-nd-] pi-

kant, würzig
πικάπ ⟨-⟩ N Plattenspieler *m*
πίκρα F Bitterkeit *f*; *fig* Verbitterung *f*
πικράδα F Bitterkeit *f*
πικροδάφνη F Oleander *m*
πικρός ⟨-ή, -ό⟩ *a. fig* bitter
πιλάφι N *Art* gekochte(r) Reis *m* **πιλότος** M,F Pilot(in) *m(f)*
πίνακας M (Schul-)Tafel *f*; *Buch* Tabelle *f*; Verzeichnis *n*; Gemälde *n*; **~ περιεχομένων** Inhaltsverzeichnis *n*
πινακίδα F Schild *n*; AUTO Nummernschild *n*
πινγκ-πονγκ ⟨-⟩ N Tischtennis *n*
πινέζα [-za] F Reißzwecke *f*
πινέλο N Pinsel *m*
πίνω ⟨ήπια⟩ trinken; *Tier* saufen; *umg* **τα ~** sich betrinken
πιο [pjo] KOMPARATIONSPARTIKEL; **~ καλός** besser (**από** *+akk* als *+nom*); **~ πάνω/κάτω** weiter oben/unten; **~ πολύ** am meisten
πίπα F (Tabaks-)Pfeife *f*
πιπέρι N Pfeffer *m* **πιπεριά** [-'rja] F Paprika(schote) *m(f)*
πιπερόριζα [-za] F Ingwer *m*
πιπερώνω pfeffern
πιπίλα F Schnuller *m*
πιρούνι [pi'runi] N Gabel *f*
πισίνα [-'si-] F Schwimmbecken *n*; Swimmingpool *m* **πισινός** M *umg* Hintern *m*, Po *m*
πίσσα [-sa] F Teer *m*
πίστα F Piste *f*
πιστευτός ⟨-ή, -ό⟩ [-eft-] glaubhaft **πιστεύω** [-evo] glauben (*akk dat*; **σε** an); meinen, denken; *a. Augen* trauen
πίστη ⟨-ης⟩ F *a.* REL Glaube *m* (**σε** an); Vertrauen *n*; Treue *f*
πιστολάκι N Haartrockner *m*
πιστόλι N Pistole *f* **πιστοποίηση** ⟨-ης⟩ [-'piisi] F Beglaubigung *f*
πιστοποιητικό [-pii-] N Bescheinigung *f*; Attest *n*; **~ γέννησης** Geburtsurkunde *f*; **~ ασθενείας** Krankenschein *m*
πιστοποιώ [-pi'o] bescheinigen; beglaubigen; attestieren
πιστός ⟨-ή, -ό⟩ treu (**σε** *dat*); *m,f* REL Gläubige *m,f*
πίσω [-so] ADV hinten; Hinter-; zurück; hinter (**από** *akk*; *dat*); *adj* hintere, Hinter-; **από ~** von hinten; **πάει ~** *Uhr* geht nach
πίτα F *Blätterteig mit Käse- oder Spinatfüllung*; *Art* Fladenbrot *n*; **~ με σουβλάκι** Fladenbrot-Wrap mit Fleischspieß
πιτζάμα [-zd-] F Pyjama *m*
πίτσα F Pizza *f*
πιτσαρία F Pizzeria *f*
πιτυρίδα F (Kopf-)Schuppen *pl*
πιωμένος ⟨-η, -ο⟩ [pjo-] betrunken
πλαγιά [-'ja] F Abhang *m*, Bergwand *f* **πλαγιάζω** [-zo] (sich) hinlegen; sich schlafen legen
πλάγιος ⟨-α, -ο⟩ [-ji-] seitlich;

indirekt **πλαγίως** ADV indirekt
πλαδαρός ‹-ή, -ό› *a. fig* schlaff, schwabb(e)lig
πλαζ ‹-› [plaz] F Badestrand *m*
πλάθω kneten; *fig* (er)schaffen
πλάι N Seite *f*; *adv* neben; **στο ~** daneben; **~ μου** neben mir
πλαϊνός ‹-ή, -ό› nebenstehend, Neben-, benachbart
πλάκα F (Stein-)Platte *f*; *Schokolade* Tafel *f*; *umg* Spaß *m*, Jux *m*; *umg* **έχει ~** es ist sehr lustig; **για ~** zum Spaß
πλακάκι N Kachel *f*; Fliese *f*
πλακί N *Art* Fischgericht *n*
πλακώνω zerdrücken, zerquetschen; *umg* plattmachen
πλάνη F Irrtum *m*
πλανήτης M Planet *m*
πλάσμα [-zma] N Geschöpf *n*; Lebewesen *n*; MED Plasma *n*
πλασματικός ‹-ή, -ό› fiktiv
πλαστικό N Plastik *f*, Kunststoff *m* **πλαστικός** ‹-ή, -ό› plastisch; Plastik-; **πλαστική σακούλα** *f* Plastiktüte *f*
πλαστογραφία [-ɣr-] F (Urkunden-)Fälschung *f* **πλαστογράφος** M,F Fälscher(in) *m(f)*
πλαστογραφώ (ver)fälschen
πλαταίνω [-'teno] erweitern; breiter/weiter machen; breiter/weiter werden
πλατάνι N, **πλάτανος** M Platane *f*
πλατεία F Platz *m*; THEAT Parkett *n*; **κεντρική ~** Hauptplatz *m*
πλάτη F Rücken *m*; Schulter (-blatt) *f(n)*; (Rücken-)Lehne *f*
πλατίνα F Platin *n*
πλάτος N *a.* GEOG Breite *f*, *a. fig* Weite *f*; **γεωγραφικό ~** GEOG Breite *f*; **πόσο ~ έχει;** wie breit ist es?
πλατσουλώ ‹-άς› plan(t)schen
πλατύς ‹-ιά, -ύ› breit; *fig* weit
πλειονότητα F Mehrheit *f*, Mehrzahl *f*
πλειστηριασμός [-zm-] M Versteigerung *f*, Auktion *f*
πλείστον: **ως επί το ~** meist (ens); größtenteils
πλεκτά NPL Strickwaren *fpl*
πλεκτό N Strickzeug *n*; Trikot *n*
πλέκω stricken; häkeln; flechten **πλεμόνι** N Lunge *f*
πλένομαι sich waschen; **πλένεται** es ist waschbar **πλένω** (ab)waschen; *Zähne* putzen; **~ τα πιάτα** Geschirr (ab)spülen
πλέξιμο N Stricken *n*
πλεξούδα [-'ksuða] F Zopf *m*
πλεόνασμα [-zma] N Überschuss *m*, Plus *n*
πλεονέκτημα N Vorteil *m*
πλεονέκτης (**-τρια**) M(F) habgierig **πλεονεκτικός** ‹-ή, -ό› vorteilhaft **πλεονεξία** F Habgier *f*
πλευρά [-evr-] F *a. fig* Seite *f*
πλευρίτιδα F Rippenfellentzündung *f* **πλευρό** N Seite *f*;

Rippe(nfell) *f(n)*
πλέω *Schiff* fahren; *nicht einsinken* schwimmen; segeln
πληγή [-'ji] F *a. fig* Wunde *f*; *fig* Plage *f* **πληγωμένος** ⟨-η, -ο⟩ [-ɣo-] verletzt; wund
πληγώνομαι *a. fig* sich verletzen **πληγώνω** *a. fig* verletzen, treffen
πληθαίνω (sich) vermehren; *fig* sich häufen
πλήθος N *a. Menschen* Menge *f*
πληθυντικός [pliθindi-] **(αριθμός)** M Plural *m*; **μιλάω στον πληθυντικό** siezen (**σε** *akk*)
πληθυσμός M Bevölkerung *f*
πληθωρισμός M Inflation *f*
πληκτικός ⟨-ή, -ό⟩ langweilig
πλήκτρο N Taste *f* **πληκτρολόγιο** [-jio] N Tastatur *f*
πλημμύρα F Überschwemmung *f*; Hochwasser *n*; *fig* Flut *f*
πλημμυρίδα F *Gezeiten* Flut *f*
πλημμυρίζω überschwemmen; überschwemmt werden
πλην MATH minus
πλήξη ['pliksi] F Langeweile *f*
πληρεξουσιότητα [plireksusi'o-] F Vollmacht *f*
πλήρης ⟨-ης, -ες⟩ vollständig, komplett; voll (*gen* von); *fig* ganz; *Hotel* belegt; **~ διατροφή** *f* Vollpension *f*
πληροφορημένος ⟨-η, -ο⟩ informiert **πληροφορία** F Information *f*, Auskunft *f*
πληροφορική F Informatik *f*
πληροφορικός M,F Informatiker(in) *m(f)*
πληροφορούμαι sich erkundigen (**για** nach) **πληροφορώ** informieren; aufklären
πλήρωμα N SCHIFF, FLUG Mannschaft *f*, Besatzung *f*
πληρωμή F (Be-, Ein-, Aus-) Zahlung *f*; Honorar *n*; **επί ~** gegen Bezahlung
πληρώνω (aus-, be-, ein)zahlen; *Tat* büßen
πλησιάζω [plisi'azo] sich nähern (*akk dat*); annähern; zugehen (*akk* auf); nahen
πλήττω sich langweilen
πλοίαρχος [-x-] M (Schiffs-) Kapitän *m* **πλοίο** N Schiff *n*
πλοκή F LIT Handlung *f*
πλούσιος ⟨-α, -ο⟩ [-si-] reich (**σε** an); reichlich
πλουταίνω reich machen; reich werden **πλουτίζω** [-zo] reich werden; *fig* bereichern **πλουτισμός** [-zm-] M Bereicherung *f*
πλούτος (PL **τα πλούτη**) M Reichtum *m*
πλυντήριο [-nd-] N Waschmaschine *f*; Waschsalon *m*; **~ αυτοκινήτων** Autowaschanlage *f*; **~ πιάτων** Spülmaschine *f*
πλύσιμο [-si-] N (Ab-) Waschen *n*; Spülen *n*
πλώρη ['plori] F Bug *m*
π.μ. (προ **μεσημβρίας**) vormittags

πνεύμα [-evma] N Geist *m*; **το Άγιο Πνεύμα** der Heilige Geist *m*
πνευματικός ‹-ή, -ό› [pnevma-] geistig **πνευματώδης** ‹-ης, -ες› geistreich
πνεύμονας [-evm-] M Lunge *f*
πνευμόνι [-evm-] N Lunge *f*
πνευμονία F Lungenentzündung *f*
πνέω *Wind* wehen, blasen
πνιγερός ‹-ή, -ό›, **πνιγηρός** ‹-ή, -ό› [-ji-] schwül, stickig
πνίγομαι [-γo-] *a. fig* ersticken; ertrinken; sich verschlucken **πνίγω** ersticken; erwürgen; ertränken
πνοή [pno'i] F *Wind, Atem* Hauch *m*; Atem(zug) *m*
ποδηλάτης M, **ποδηλατιστής** (-ισσα) M(F) (Fahr-) Radfahrer(in) *m(f)* **ποδήλατο** N Fahrrad *n*; **ηλεκτρικό ~** E-Bike *n*; **κάνω ~** Rad fahren
πόδι N Fuß *m*; Bein *n*; Pfote *f*; **πηγαίνω με τα ~α** zu Fuß gehen
ποδιά [-'ðja] F Schürze *f*
ποδοπατώ ‹-άς› (zer)trampeln, stampfen **ποδοσφαιριστής** (-τρια) M(F) Fußballspieler(in) *m(f)*
ποδόσφαιρο N *Sport* Fußball *m*; **παίζω ~** Fußball spielen
ποδόφρενο N Fußbremse *f*
πόθος M Verlangen *n*; Sehnsucht *f*; Begierde *f*
ποθώ begehren
ποίημα ['piima] N Gedicht *n*
ποίηση ‹-ης› ['piisi] F Poesie *f*
ποιητής (-τρια) M(F) Dichter(in) *m(f)* **ποιητικός** ‹-ή, -ό› poetisch
ποικιλία [piki-] F Vielfalt *f*; GASTR gemischte(r) Vorspeisenteller *m*
ποικίλλω [pi'kilo] variieren
ποικίλος ‹-η, -ο› vielfältig
ποινή F JUR Strafe *f*; **χρηματική ~** Geldstrafe *f*; **θανατική ~** Todesstrafe *f*
ποιος ‹-α, -ο; *gen* τίνος› [pjos] welche(r, -s); wer; **~ είναι;** wer ist da?
ποιότητα [pi'o-] F Qualität *f*
πολεμικός ‹-ή, -ό› kriegerisch; Kriegs-; polemisch **πολεμιστής** (-τρια) M(F) Krieger(in) *m(f)*; Kämpfer(in) *m(f)*
πόλεμος M Krieg *m*; Kampf *m*
πολεμώ ‹-άς› Krieg führen (*akk*; **κατά** *+gen* gegen); MIL, *a. fig* kämpfen; *fig* bekämpfen
πόλη ‹-ης› F Stadt *f*; **παλιά ~** Altstadt *f*
πολιομυελίτιδα F Kinderlähmung *f* **πολιορκία** F *a. fig* Belagerung *f* **πολιορκώ** *a. fig* belagern
πολιτεία F Staat *m*; Stadt *f*
πολίτης M Bürger(in) *m(f)*; Zivilist(in) *m(f)*
πολιτικά NPL, **πολιτική** F Politik *f* **πολιτικός**[1] ‹-ή, -ό› politisch; zivil
πολιτικός[2] M,F Politiker(in)

m(f)

πολιτισμένος ⟨-η, -ο⟩ [-zm-] zivilisiert; kultiviert **πολιτισμός** M Kultur *f*, Zivilisation *f* **πολιτιστικός** ⟨-ή, -ό⟩ Kultur-; kulturell

πολλά → πολύ

πολλαπλασιάζομαι BOT sich fortpflanzen **πολλαπλασιάζω** [-si'azo] MATH multiplizieren **πολλαπλασιασμός** [-zm-] M BOT Fortpflanzung *f*; MATH Multiplikation *f*

πολλαπλάσιος ⟨-α, -ο⟩ [-si-] vielfach **πολλαπλός** ⟨-ή, -ό⟩ vielfach, mehrfach

πολλή → πολύς

πόλος M *a. fig* Pol *m*; **Βόρειος/Νότιος Πόλος** Nord-/Südpol *m*

πολτός M Brei *m*, Mus *n*

πολύ [po'li] ADV sehr; viel; ganz; **πάρα ~** sehr (viel); (all)zu; **το ~** (~) höchstens, allenfalls; **πάει ~** das geht zu weit

πολυάριθμος ⟨-η, -ο⟩ zahlreich **πολυβόλο** N Maschinengewehr *n*

πολυδάπανος ⟨-η, -ο⟩ kostspielig **πολυέξοδος** ⟨-η, -ο⟩ kostspielig

πολυθρόνα F Sessel *m*

πολυκατάστημα N Kauf-, Warenhaus *n* **πολυκατοικία** F Hochhaus *n*; Mehrfamilienhaus *n*

πολυλογία F Geschwätz *n*, Gelaber *n*

πολυμέσα [-sa] NPL Multimedia *pl* **πολύπλευρος** ⟨-η, -ο⟩ vielseitig

πολύπλοκος ⟨-η, -ο⟩ kompliziert, komplex

πολυπολιτισμικός ⟨-ή, -ό⟩ [-zm-] multikulturell

πολύς ⟨-λλή, -ύ; *pl* -λλοί, -λλές, -λλά⟩ viel; *Zeit* lang

πολυσύχναστος ⟨-η, -ο⟩ [poli'sixn-] *Straße* belebt

πολυτέλεια F Luxus *m*, Pracht *f* **πολυτελής** ⟨-ής, -ές⟩ luxuriös

πολυτεχνείο [-'xnio] N technische Hochschule *f*

πολύτιμος ⟨-η, -ο⟩ kostbar; **~ λίθος** *m* Edelstein *m*

πολύχρωμος ⟨-η, -ο⟩ bunt

Πολωνία F Polen *n* **Πολωνικά** NPL Polnisch *n* **πολωνικός** ⟨-ή, -ό⟩ polnisch **Πολωνός** (-ή) M(F) Pole *m*, -in *f*

πόμολο N (Tür-)Klinke *f*

πομπή [pom'bi] F Prozession *f*, Festzug *m*

πομπός [-mb-] M Sender *m*

πονηριά [-'rja] F Schlauheit *f*; List *f* **πονηρός** ⟨-ή, -ό⟩ schlau; listig, gerissen

πονόδοντος [-ndos] M Zahnschmerzen *mpl* **πονοκέφαλος** M Kopfschmerzen *mpl*

πονόλαιμος M Halsschmerzen *mpl* **πονόματος** M Augenschmerzen *mpl*

πόνος M Schmerz *m*; Leid *n*

ποντίκι [-nd-] N *a.* COMPUT Maus *f*

ποντικοπαγίδα [-nd-] F Mausefalle *f* **ποντικός** M Maus *f*; Ratte *f* **ποντικοφάρμακο** N Rattengift *n*

πόντος [-nd-] M GEOG Meer *n*; Zentimeter *m*; Punkt *m*; *bei Strümpfen* Laufmasche *f*

πονώ ⟨-άς⟩ wehtun; *a. fig* schmerzen; Schmerzen haben; **με πονάει το κεφάλι μου** mein Kopf tut mir weh

πορεία F Marsch *m*; Gang *m*, Weg *m*; Verlauf *m*; SCHIFF, FLUG Kurs *m*; **~ σκι** Skitour *f*

πορεύομαι [po'revome] marschieren, gehen

πόρισμα [-zma] N Befund *m*

πορνεία F Prostitution *f*

πόρνη F Prostituierte *f*

πόρος M Pore *f*

πορσελάνη [-se-] F Porzellan *n*

πόρτα F Tür *f*; Pforte *f*

πορτατίφ ⟨-⟩ N Tischlampe *f*

πορτ-μπαγκάζ ⟨-⟩ [ba'gaz] N Kofferraum *m*

Πορτογαλία [-ɣa-] F Portugal *n* **Πορτογαλικά** NPL Portugiesisch *n* **πορτογαλικός** ⟨-ή, -ό⟩ portugiesisch **Πορτογάλος** (-ίδα) M(F) Portugiese *m*, -in *f*

πορτοκαλάδα F Orangenlimonade *f*

πορτοκαλής ⟨-ιά, -ί⟩ orange (-farben) **πορτοκάλι** N Orange *f* **πορτοκαλιά** [-'ʎa] F Orangenbaum *m*

πορτοφολάς M ⟨-άδες⟩ Taschendieb *m* **πορτοφόλι** N Geldbeutel *m*

πορτρέτο N Porträt *n*

πορώδης ⟨-ης, -ες⟩ porös

πόσιμος ⟨-η, -ο⟩ trinkbar

ποσό [-'so] N (Geld-)Summe *f*

πόσο ADV wie viel; wie groß; wie hoch; wie weit; **~** ...! wie ...!; **~**; wie lange?; **~ κάνει;** wie viel kostet das?; **κάθε ~;** wie oft?

πόσος ⟨-η, -ο⟩ wie viel; wie groß; wie hoch; wie weit; **πόσες φορές;** wie oft?

ποσοστό [-so-] N Quote *f*; Anteil *m*; Prozentsatz *m*; **~ μόλυνσης** Infektionsquote *f*

ποσότητα [-'so-] F Menge *f*; Quantität *f* **ποσοτικός** ⟨-ή, -ό⟩ quantitativ

πόστο N Posten *m*

ποστρεστάντ ⟨-⟩ N postlagernd

ποτάμι N Fluss *m* **ποταμός** M Fluss *m*, Strom *m*

πότε wann; **από ~;** seit wann?; ab wann?; **κάθε ~;** wie oft?; **ως/μέχρι ~;** bis wann?

ποτέ (μου) *ohne Verneinung* jemals, je; *Verneinung* nie, niemals; **πήγες ~ (σου) εκεί;** warst du jemals dort?; **δεν τρώω ~ (μου) παγωτό** ich esse niemals Eis; **~ πια** nie mehr/wieder

ποτήρι N (Trink-)Glas *n*; Becher *m*; **ένα ~ μπίρα** ein Glas *n* Bier; **~ νερού/μπίρας** Wasser-/Bierglas *n*

πότης (-τρια) M(F) Trinker(in) *m(f)*
ποτίζω [-zo] *Tieren* zu trinken geben; *Tiere, Stoff* tränken; *Blumen* gießen; bewässern
ποτιστήρι N Gießkanne *f*
ποτό N Getränk *n*; Drink *m*
που [pu] *im Relativsatz* der, die, das; welche(r, -s); *konj* dass; **τι ζέστη ~ κάνει!** wie warm es ist!
πού [pu]: **~;** wo(hin)?; **από ~;** woher?; **για ~;** wohin?; **~ και ~** ab und zu
πούδρα F *Kosmetik* Puder *n*
πουθενά *ohne Verneinung* irgendwo(hin); *Verneinung* nirgendwo(hin), nirgends
πουκάμισο [-so] N (Ober-)Hemd *n*; Damenbluse *f*
πουλάκι N Vogeljunge(s) *n*
πουλάρι N Fohlen *n*
πουλερικά NPL Geflügel *n*
πουλί N Vogel *m*; **αποδημητικό ~** Zugvogel *m*
πούλμαν ⟨-⟩ N Reisebus *m*
πουλόβερ ⟨-⟩ N Pullover *m*, *umg* Pulli *m* **πουλώ** ⟨-άς⟩ verkaufen; *fig* verraten
πούπουλο N Daune *f*
πουρές ⟨-έδες⟩ M Püree *n*
πουρμπουάρ ⟨-⟩ N Trinkgeld *n*
πούρο N Zigarre *f*
Πράγα [-ɣa] F Prag *n*
πρά(γ)μα [-(ɣ)ma] N Ding *n*; Sache *f*; *pl a. pej* Zeug *n*, Kram *m*
πράγματι, πραγματικά [-ɣm-] ADV in der Tat, wirklich
πραγματικός ⟨-ή, -ό⟩ wirklich, real, tatsächlich; wahr
πραγματικότητα [-ɣma-] F Wirklichkeit *f*, Realität *f*
πραγματοποίηση ⟨-ης⟩ [-si] F Verwirklichung *f*; *Wunsch* Erfüllung *f*
πραγματοποιούμαι in Erfüllung gehen **πραγματοποιώ** [-pi'o] verwirklichen
πρακτική F *Verfahrensweise* Praxis *f*; Methode *f*
πρακτικός ⟨-ή, -ό⟩ praktisch
πράκτορας M,F Agent(in) *m(f)*
πρακτορείο N Agentur *f*
πράξη ⟨-ης⟩ F Tat *f*; Praxis *f*, Übung *f*; THEAT Akt *m*
πρασιά [-'sja] F Beet *n* **πρασινάδα** [-si-] F Rasen *m*, Grün *n* **πρασινίζω** [-zo] grünen
πράσινο [-si-] N Grün *n*
πράσινος ⟨-η, -ο⟩ *a.* POL grün
πράσο [-so] N Lauch *m*
πρατήριο N: **~ βενζίνης** Tankstelle *f*
πρεμιέρα [-'mje-] F Premiere *f*
πρέπει ['prepi] es ist nötig; müssen; sollen; dürfen; **~ να φύγω** ich muss gehen
πρεσβεία [-'zvia] F Botschaft *f* **πρεσβευτής** [-ft-] M, **πρέσβυς** (-ειρα) M(F) Botschafter(in) *m(f)*
πρεσβυωπικός ⟨-ή, -ό⟩ weitsichtig
πρήζομαι [-zo-] (an)schwel-

len **πρήζω** *fig* nerven; **με έπρηξες!** du nervst!
πρήξιμο N Schwellung *f*
πρησμένος ‹-η, -ο› [-zm-] MED geschwollen, aufgedunsen
πρίγκιπας (-ισσα) [-ŋg-] M(F) Prinz(essin) *m(f)*; Fürst(in) *m(f)*
πρίζα [-za] F Steckdose *f*
πριν ADV vorher, zuvor; vorhin; früher; **~ από** *zeitlich, räumlich* vor (*akk dat*); *konj* **~ (να)** bevor, ehe; **~ από λίγο, λίγο πιο ~** kurz zuvor
πριόνι N Säge *f*
πριονίδια [-ðja] NPL Sägespäne *mpl* **πριονίζω** [-zo] (zer)sägen
προ: **~ παντός, ~ πάντων** vor allem; **προ πολλού** längst
προαγωγή [-ɣo'ji] F *im Beruf* Beförderung *f* **προαιρετικός** ‹-ή, -ό› freiwillig; fakultativ
προαισθάνομαι ahnen
προαίσθημα N, **προαίσθηση** ‹-ης› [-si] F Ahnung *f*, Gefühl *n*
προάλλες: **τις ~** neulich
προαστιακός M Vorstadtbahn *f*
προάστιο N Vorort *m*, Vorstadt *f*
πρόβα F Anprobe *f*; THEAT Probe *f*
προβάλλω erscheinen; *Film* vorführen; *Entschuldigung* vorbringen
προβάρω *Kleid* anprobieren
πρόβατο N Schaf *n*
πρόβειος ‹-α, -ο› [-vjos] Schafs-; **πρόβειο τυρί** *n* Schafskäse *m*
προβιβάζω befördern; *Schüler* versetzen **προβιβασμός** [-z-] M Beförderung *f*; Versetzung *f*
προβλέπω vorher-, voraussehen; vorsehen; vorsorgen
πρόβλεψη ‹-ης› F Vorhersage *f*, Voraussage *f*; Vorsorge *f*
προβλέψιμος ‹-η, -ο› berechenbar
πρόβλημα N Problem *n*; MATH Aufgabe *f*; **χωρίς ~** ohne Weiteres
προβληματίζομαι [-zo-] sich Gedanken machen (**με** über)
προβληματικός ‹-ή, -ό› problematisch **προβλήτα** F Steg *m*, Anlegestelle *f* **προβολέας** ‹-είς› M *a.* AUTO Scheinwerfer *m*
προβολή F (Film-)Vorführung *f*; MATH Projektion *f*
πρόγευμα ['projevma] N Frühstück *n*
προγευματίζω [-jevma'tizo] frühstücken **προγιαγιά** ‹-άδες› [-ja'ja] F Urgroßmutter *f*
πρόγνωση ‹-ης› F Vorhersage *f*; **~ του καιρού** Wettervorhersage *f*
πρόγονος [-ɣo-] M,F Ahn(in) *m(f)*, Vorfahr(in) *m(f)*
πρόγραμμα [-ɣra-] N Programm *n*; Plan *m*; Projekt *n*;

Stundenplan *m*
προγραμματίζω [-zo] (ein)planen; IT programmieren **προγραμματισμός** [-zm-] M Planung *f* **προγραμματιστής (-τρια)** M(F) IT Programmierer(in) *m(f)*
προδίδω verraten
προδοσία [-'sia] F Verrat *m*; **εσχάτη ~** Hochverrat *m*
προδότης (-τρια/-τισσα) M(F) Verräter(in) *m(f)* **προεγγραφή** [-ηγ-] F Voranmeldung *f*
πρόεδρος M,F Präsident(in) *m(f)*; Vorsitzende(r) *m,f*
προειδοποιώ [-pi'o] vorankündigen; (ver)warnen
προέκταση ⟨-ης⟩ [-si] F *Gebäude* Erweiterung *f* **προεκτείνω** erweitern
προέλευση ⟨-ης⟩ [-lefsi] F *Ware* Herkunft *f* **προεξοφλώ** im Voraus zahlen; voraussagen
προέρχομαι sich herleiten, (ab)stammen; *fig* entspringen
προετοιμάζομαι [-zo-] sich vorbereiten **προετοιμάζω** vorbereiten
προετοιμασία [-'sia] F Vorbereitung *f*
πρόζα [-za] F Prosa *f*
προηγμένος ⟨-η, -ο⟩ *Land* fortschrittlich, entwickelt
προηγούμαι vorausgehen (*gen dat*); Vorrang haben
προηγούμενος ⟨-η, -ο⟩ [proi'γu-] vorhergehend, vor(her)ig; Vor-; **την προηγούμενη μέρα** am Tag zuvor
προηγουμένως [-iγu-] ADV vorher; vorhin; zuvor
πρόθεση ⟨-ης⟩ [-si] F Absicht *f*; JUR Vorsatz *m*; MED Prothese *f*; GRAM Präposition *f*
προθεσμία [-zm-] F Frist *f*; Termin *m*; **βάζω ~** e-e Frist setzen
πρόθημα N TEL Vorwahl *f*
προθυμία F Bereitwilligkeit *f*; Freundlichkeit *f*
πρόθυμος ⟨-η, -ο⟩ (bereit)willig; freundlich
προίκα ['prika] F Mitgift *f*
προικισμένος ⟨-η, -ο⟩ [-zm-] begabt, begnadet
προϊόν ⟨-όντα⟩ [proi'on] N Produkt *n* **προϊστάμενος (--ένη)** M(F) Chef(in) *m(f)*, Vorgesetzte(r) *m,f*
προϊστορία F HIST Vorgeschichte *f* **προϊστορικός** ⟨-ή, -ό⟩ prähistorisch
προκαλώ herausfordern; hervorrufen, erregen; bewirken; aufreizen
προκαταβάλλω an-, vorauszahlen **προκαταβολή** F Vorschuss *m*; An-, Vorauszahlung *f* **προκαταβολικά** ADV im Voraus
προκατάληψη ⟨-ης⟩ F Vorurteil *n* **προκατειλημμένος** ⟨-η, -ο⟩ voreingenommen, befangen
προκάτοχος [-xos] M,F Vorgänger(in) *m(f)*
πρόκειται ⟨επρόκειτο⟩ es

handelt sich (**για** um); **για ποιον ~;** um wen geht es?
προκήρυξη ⟨-ης⟩ F Aufruf *m*; Bekanntmachung *f*; *Stelle* Ausschreibung *f*
πρόκληση ⟨-ης⟩ [-si] F Herausforderung *f*; Provokation *f*
προκλητικός ⟨-ή, -ό⟩ herausfordernd; provokativ **προκόβω** vorankommen, gedeihen, Fortschritte machen
προκομμένος ⟨-η, -ο⟩ tüchtig
προκυμαία F Kai *m*, Seepromenade *f* **προκύπτω** entstehen, sich ergeben, folgen (**από** aus)
προλαβαίνω ⟨πρόλαβα⟩ *zeitlich* dazu kommen; *mit dem Auto* einholen; *Zug* erreichen
προλαμβάνω vorbeugen
προλέγω [-ɣo] voraussagen
προληπτικός ⟨-ή, -ό⟩ vorbeugend; abergläubisch
πρόληψη ⟨-ης⟩ F Vorbeugung *f*; Aberglaube *m*
πρόλογος [-ɣos] M Vorwort *n*
προμήθεια F Lieferung *f*; Provision *f*; *pl* Vorrat *m*
προμηθεύομαι [-'θevo-] *Ware* beziehen; (sich) anschaffen **προμηθεύω** besorgen, beschaffen; (be)liefern
πρόνοια F Fürsorge *f*; Vorsorge *f*; **κοινωνική ~** Sozialfürsorge *f*
προνόμιο N Vorrecht *n*, Privileg *n*
προνοώ (vor)sorgen (**για** für)
προξενείο [-'nio] N Konsulat *n*
πρόξενος M,F Konsul(in) *m(f)*
προξενώ verursachen, bewirken, hervorrufen
προοδευτικός ⟨-ή, -ό⟩ [-ðefti-] fortschrittlich **προοδεύω** [-evo] Fortschritte machen
πρόοδος F Fortschritt *m*
προοπτική F Perspektive *f*
προορίζω [-zo] bestimmen, vorsehen **προορισμός** [-zm-] M (Reise-)Ziel *n*; *Brief* Bestimmungsort *m*
προπαντός, προπάντων [-nd-] vor allem
προπάππος M Urgroßvater *m*
προπέλα F FLUG Propeller *m*; SCHIFF Schiffsschraube *f*
πρόπερσι, προπέρυσι [-si] vorletztes Jahr
προπόνηση ⟨-ης⟩ [-si] F Training *n* **προπονητής** (**-τρια**) M(F) Trainer(in) *m(f)*
προπονούμαι, προπονώ trainieren
προπώληση ⟨-ης⟩ [-si] F Vorverkauf *m*
προς zu, nach; an; *Richtung* gegen; *Schreiben* **~ τον κύριο/την κυρία ...** (an) Herrn/Frau ...; **~ το παρόν** zurzeit; **~ το βράδυ** gegen Abend
προσανατολίζομαι [-sa-] sich orientieren **προσανατολισμός** [-zm-] M Orientie-

rung *f*
προσαρμογή F Anpassung *f* **προσαρμόζομαι** sich anpassen (**σε** *dat*) **προσαρμόζω** anpassen
προσβάλλω [-zv-] *a.* MED angreifen; beleidigen, kränken
πρόσβαση ⟨-ης⟩ [-zvasi] F *a. Computer* Zugang *m*
προσβεβλημένος ⟨-η, -ο⟩ [-zv-] beleidigt **προσβλητικός** ⟨-ή, -ό⟩ beleidigend **προσβολή** F Beleidigung *f*; MED Anfall *m*; **καρδιακή ~** Herzanfall *m*
προσγειώνομαι [-zji-] FLUG landen **προσγείωση** ⟨-ης⟩ [-si] F Landung *f* **προσδένομαι** [-zð-] sich anschnallen
προσδιορίζω [-zo] näher bestimmen, definieren **προσδοκία** [-zð-] F Erwartung *f*
προσεκτικός ⟨-ή, -ό⟩ vorsichtig; aufmerksam; sorgfältig
προσευχή [-sef'çi] F Gebet *n* **προσεύχομαι** [-fxo-] beten (**σε** zu) **προσέχω** aufpassen (*akk* auf); (be)achten; *Sachen* schonen **προσεχώς** ADV demnächst
πρόσθετος ⟨-η, -ο⟩ zusätzlich, extra
προσθέτω (hin)zufügen; dazugeben; MATH addieren **προσθήκη** F Zusatz *m*
προσιτός ⟨-ή, -ό⟩ um-, zugänglich; *Preis* erschwinglich
προσκαλώ einladen
πρόσκληση ⟨-ης⟩ [-si] F Einladung *f*; Freikarte *f*
πρόσκοπος (-ίνα) M(F) Pfadfinder(in) *m(f)* **πρόσκρουση** ⟨-ης⟩ [-si] F Aufprall *m*
προσκρούω aufprallen (**σε** auf), anstoßen (**σε** an)
προσκυνητής (-τρια) M(F) Pilger(in) *m(f)* **προσκυνώ** ⟨-άς⟩ REL anbeten
προσλαμβάνω [-zl-] *Arbeitskraft* an-, einstellen
πρόσληψη ⟨-ης⟩ [-zl-] F *v. Arbeitskraft* An-, Einstellung *f*
προσόν ⟨-όντα⟩ [-'son] N Fähigkeit *f*; *pl* Qualifikation *f*
προσοχή [-so'çi] F Aufmerksamkeit *f*; Vorsicht *f*; Sorgfalt *f*; **~!** Achtung!; Vorsicht!
πρόσοψη ⟨-ης⟩ [-so-] F ARCH Fassade *f*, (Vorder-)Front *f*
προσπάθεια F Bemühung *f*; Versuch *m* **προσπαθώ** sich bemühen; versuchen (**να** zu)
προσπερνώ ⟨-άς⟩ überholen
προσποίηση ⟨-ης⟩ [-piisi] F Heuchelei *f*; Vortäuschung *f*
προσποιητός ⟨-ή, -ό⟩ heuchlerisch; vorgetäuscht
προσποιούμαι [-pi'u-] so tun als ob, sich verstellen, vortäuschen; **~ τον άρρωστο** sich krank stellen
προστάζω [-zo] befehlen (**κ-ν να** j-m zu)
προστασία [-'sia] F Schutz *m*; Obhut *f*; **~ του περιβάλλοντος** Umweltschutz *m*
προστατεύομαι [-'tevo-]

sich schützen **προστατεύω** schützen (**από** vor); beschützen
προστάτης (-**τρια**) M(F) Beschützer(in) *m(f)*; Förderer *m*, -in *f*; MED Prostata *f* **προστίθεμαι** *Sache* hinzukommen
πρόστιμο N Geldstrafe *f*
προστυχιά [-'ça] F Gemeinheit *f*
πρόστυχος ⟨-η, -ο⟩ [-xos] gemein, gewöhnlich; ordinär
πρόσφατα ADV neulich **πρόσφατος** ⟨-η, -ο⟩ *Ereignis* jüngste
προσφέρομαι sich anbieten **προσφέρω** (an)bieten (**σε** *dat*); überreichen, geben; *Blut* spenden
προσφορά F Angebot *n*; Spende *f*; **ειδική ~** Sonderangebot *n*
πρόσφυγας M,F Flüchtling *m*
προσωπικά [-so-] NPL Privatangelegenheiten *fpl*; Meinungsverschiedenheiten *fpl*
προσωπικό N Personal *n* **προσωπικός** ⟨-ή, -ό⟩ persönlich; intim **προσωπικότητα** F Persönlichkeit *f*
πρόσωπο [-so-] N Gesicht *n*; *a.* JUR Person *f*
προσωρινός ⟨-ή, -ό⟩ [-so-] vorläufig; provisorisch
πρόταση ⟨-ης⟩ [-si] F Vorschlag *m*; Antrag *m*; GRAM Satz *m*; **~ γάμου** Heiratsantrag *m*
προτείνω [-'tino] vorschlagen; empfehlen; JUR beantragen
προτελευταίος ⟨-α, -ο⟩ [-left-] vorletzte **προτεραιότητα** F Vorrang *m*; AUTO Vorfahrt *f* **προτέρημα** N Vorzug *m*, Vorteil *m*
πρότερος ⟨-η, -ο⟩: **εκ των προτέρων** im Voraus
προτεστάντης (-**ισσα**) M(F) Protestant(in) *m(f)* **προτεσταντικός** ⟨-ή, -ό⟩ [-nd-] protestantisch
προτίμηση ⟨-ης⟩ [-si] F Bevorzugung *f*; Vorliebe *f*
προτιμότερος ⟨-η, -ο⟩ vorzuziehen(d) **προτιμώ** ⟨-άς⟩ vorziehen; **~ να κάνω** *etw* lieber tun
προτού KONJ: **~ (να)** bevor, ehe; *adv* vorher
προτρέπω ermuntern, anregen
πρότυπο N Muster *n*; Modell *n*; Form *f*; *fig* Vorbild *n*
προϋπόθεση ⟨-ης⟩ [-si] F Voraussetzung *f*, Bedingung *f*; **με/υπό την ~** unter der Voraussetzung (**ότι** dass)
προϋποθέτω [-oi-] voraussetzen **προϋπολογίζω** veranschlagen
προϋπολογισμός [-jizm-] M Kostenvoranschlag *m*; Haushalt(splan) *m*, Etat *m*
πρόφαση ⟨-ης⟩ [-si] F Vorwand *m*; Ausrede *f*
προφασίζομαι [-'si-] vortäuschen; vorgeben **προφέρω**

aussprechen; *Wort* hervorbringen

προφητεία F Prophezeiung *f*

προφητεύω [-'tevo] prophezeien

προφήτης M Prophet *m*

προφίλ ⟨-⟩ N Profil *n*

προφορά F Aussprache *f*

προφορικά NPL mündliche Prüfungen *fpl* **προφορικός** ⟨-ή, -ό⟩ mündlich

προφταίνω *j-n* einholen; *Zug* erreichen; **δεν πρόφτασα** ich bin nicht dazu gekommen

προφυλάγομαι [-ɣo-] → προφυλάσσομαι

προφυλακτήρας M Stoßstange *f*

προφυλακτικό N Präservativ *n* **προφυλακτικός** ⟨-ή, -ό⟩ vorbeugend

προφύλαξη ⟨-ης⟩ F Vorbeugung *f*; Schonung *f*; *pl* Vorsichtsmaßnahmen *fpl*

προφυλάσσομαι [-so-] sich schützen; sich schonen **προφυλάσσω** schützen (**από** vor)

πρόχειρος ⟨-η, -ο⟩ [-çi-] griffbereit, zur Hand; improvisiert; provisorisch; *n reg* Kladde *f*

προχθές [-xθ-] vorgestern

προχθεσινός ⟨-ή, -ό⟩ [-si-] vorgestrig **προχτές** [-xt-] vorgestern

προχωρημένος ⟨-η, -ο⟩ *Alter, Sprachkurs* fortgeschritten

προχωρώ ⟨-άς⟩ [-xo-] vorgehen; weitergehen; vorrücken; *fig* vorankommen

προώθηση ⟨-ης⟩ F *a. Person* Förderung *f* **προωθώ** fördern

πρόωρος ⟨-η, -ο⟩ vorzeitig

πρύμνη F Heck *n* **πρύτανης** ⟨-εις⟩ M,F Rektor(in) *m(f)*

πρώην ⟨-⟩ ADJ Ex-, ehemalig; **η ~ γυναίκα μου** *f* meine Exfrau *f*

πρωθυπουργός [-'ɣos] M,F Ministerpräsident(in) *m(f)*

πρωί [pro'i] N Morgen *m*; Vormittag *m*; **το ~** morgens, vormittags; **~-~** in aller Frühe

πρωινό [proi'no] N Frühstück *n*; *Tageszeit* Morgen *m*; **παίρνω ~** frühstücken **πρωινός** ⟨-ή, -ό⟩ Früh-; Morgen-

πρώτα ADV (zu)erst; vorher; früher

πρωταγωνιστής ⟨**-τρια**⟩ M(F) Hauptdarsteller(in) *m(f)*

πρωτάθλημα N *Sport* Meisterschaft *f* **πρωταθλητής** ⟨**--τρια**⟩ M(F) *Sport* Meister(in) *m(f)*

Πρωταπριλιά [-'ʎa] F erste(r) April *m*

πρωτεΐνη [-te'i-] F Protein *n*

πρωτεύουσα [-'tevusa] F Hauptstadt *f*

πρωτοβουλία F Initiative *f*

πρωτοβρόχια [-ça] NPL Herbstregen *m* **πρωτόγονος** ⟨-η, -ο⟩ [-ɣo-] Ur-; primitiv

Πρωτομαγιά [-ma'ja] F Erste(r) Mai *m*; Maifeier *f*

πρώτον ADV erstens

πρωτοπορία F *fig* Avantgarde *f* **πρωτοπόρος** M,F Vorreiter(in) *m(f)*, Vorkämpfer(in) *m(f)*
πρώτος ‹-η, -ο› erste; **την πρώτη Αυγούστου** am ersten August; **για πρώτη φορά** zum ersten Mal; **πρώτες βοήθειες** *fpl* Erste Hilfe *f*
πρωτοσέλιδο N Schlagzeile *f*
πρωτοτυπία F Originalität *f*
πρωτότυπο N Original *n*
πρωτότυπος ‹-η, -ο› Original-; originell
πρωτοφανής ‹-ής, -ές› phänomenal; beispiellos; unerhört
Πρωτοχρονιά [-'ɲa] F Neujahr *n* **πρωτοχρονιάτικος** ‹-η, -ο› Neujahrs-
πτ-, -πτ- → **φτ-, -φτ-**
πτέρυγα [-ɣa] F *a.* ARCH Flügel *m* **πτερύγιο** [-jio] N Flügel *m*; Flosse *f* **πτηνό** N Vogel *m*
πτήση ‹-ης› F Flug *m*; **πτήσεις εσωτερικού/εξωτερικού** Inlands-/Auslandsflüge *mpl*
πτυσσόμενος ‹-η, -ο› [-'so-] klappbar, ausziehbar
πτυχίο N Diplom *n*; Magister *m*; Staatsexamen *n* **πτυχιούχος** M,F Hochschulabsolvent(in) *m(f)*; diplomiert, Diplom-
πτώμα N Leiche *f*; Kadaver *m*; *umg* **είμαι ~** todmüde sein
πτώση ‹-ης› ['ptosi] F Fall *m*, *a. Preis* Sturz *m*; *Flugzeug* Absturz *m*; GRAM Fall *m*
πτώχευση ‹-ης› ['ptoçefsi] F Bankrott *m*, Konkurs *m*
πυγμαχία [piɣma'çia] F Boxkampf *m* **πυγμάχος** [-xos] M,F Boxer(in) *m(f)* **πυγμαχώ** boxen
πυθμένας M (Meeres-)Grund *m*, Boden *m*
πυκνός ‹-ή, -ό› dicht; prägnant **πυκνότητα** F Dichte *f*; Prägnanz *f* **πυκνώνω** verdichten; dicht werden; *fig* häufiger werden
πύλη F Tor *n*; Portal *n*; Pforte *f*
πυξίδα F Kompass *m*
πύο(ν) ['pio(n)] N Eiter *m*
πυραμίδα F Pyramide *f*
πυρασφάλεια F Feuerversicherung *f*
πύραυλος [-ravlos] M Rakete *f* **πύργος** [-ɣos] M Burg *f*; Turm *m*; Schloss *n*
πυρετός M *a. fig* Fieber *n*; **έχω πυρετό** Fieber haben
πυρήνας M PHYS, BIOL, *a. fig* Kern *m*; Atomkern *m*
πυρηνικός ‹-ή, -ό› Kern-; Atom-; atomar; **πυρηνική βόμβα** *f* Atombombe *f*; **πυρηνική ενέργεια** *f* Kernenergie *f*
πυρίτιδα F Schießpulver *n*
πυρκαγιά [-'ja] F Brand *m*
πυροβολισμός [-zm-] M *Waffe* Schuss *m*
πυροβολώ (an-, er)schießen **πυρομαχικά** [-çi-] NPL Munition *f*
πυροσβεστήρας [-zve'sti-] M Feuerlöscher *m* **πυροσβέ-**

στης M Feuerwehrmann *m* **πυροσβεστική (υπηρεσία)** F Feuerwehr *f*
πυροτεχνήματα [-'xni-] NPL Feuerwerk *n*
π.χ. (παραδείγματος χάριν) z. B. (*zum Beispiel*)
π.Χ. (προ Χριστού) v. Chr. (*vor Christus*)
πωλείται zu verkaufen
πώληση ⟨-ης⟩ [-si] F Verkauf *m*; **πωλήσεις** HANDEL Absatz *m*
πωλητήριο N Kaufvertrag *m*
πωλητής (**-τρια**) M(F) Verkäufer(in) *m(f)*
πώμα N Stöpsel *m*, Pfropfen *m*
πως [pos] KONJ dass
πώς wie; **~!** sicher!, doch!; **~ κι έτσι;** wieso denn das?

P

ραβδί [-'vði] N Stock *m*; Stab *m*
ράβω (an)nähen; schneidern
ραγίζω [-'jizo] *Glas* zerspringen; *Herz* brechen
ράγισμα [-z-] N *Glas* Sprung *m*
ραδιενέργεια F Radioaktivität *f* **ραδιενεργός** ⟨-ή, -ό⟩ radioaktiv
ραδίκι N Endivie *f*
ράδιο ['raðio] N Radio(-apparat) *n(m)*; CHEM Radium *n*
ραδιογράφημα [-γr-] N Röntgenaufnahme *f*
ραδιοθεραπεία F Strahlentherapie *f* **ραδιοσήμα** N Funksignal *n* **ραδιοσταθμός** M Radiosender *m* **ραδιοταξί** ⟨-⟩ N Funktaxi *n*
ραδιούργος (**-α**) M(F) Intrigant(in) *m(f)* **ραδιουργώ** intrigieren
ραδιόφωνο [raði'o-, ra'ðjo-] N Radio(apparat) *n(m)*
ρακέτα F Tennisschläger *m*
ρακή F, **ρακί** N Raki *m*, *Art* Tresterschnaps *m*
ράμφος N Schnabel *m*
ραντάρ ⟨-⟩ [-'dar] N Radar *n*, *m*
ραντεβού ⟨-⟩ [rande'vu] N Verabredung *f*; Termin *m*; **δίνω ~** sich verabreden
ραντίζω *Rasen* (be)sprengen
ραπανάκι N Radieschen *n* **ραπτομηχανή** F Nähmaschine *f*
ράτσα F *a. Tier* Rasse *f*
ρατσισμός M Rassismus *m* **ρατσιστής** (**-τρια**) M(F) Rassist(in) *m(f)*
ραφείο N Schneiderwerkstatt *f* **ραφή** F Naht *f*; Nähen *n*
ράφι N Regal(boden) *n(m)*
ράφτης (**-τρα**) M(F) Schneider(in) *m(f)*
ράψιμο N Nähen *n*
ρεαλισμός [-zm-] M Realis-

mus *m* **ρεαλιστής** ‹-τρια› M(F) Realist(in) *m(f)* **ρεαλιστικός** ‹-ή, -ό› realistisch
ρεβίθια NPL Kichererbsen *fpl*
ρέγγα, **ρέγκα** ['reŋga] F Hering *m*
ρεζέρβα [-'ze-] F Reserve *f*; Reserverad *n* **ρεζερβουάρ** ‹-› N Benzintank *m*
ρεζιλεύω [-zi'levo] blamieren
ρεζίλι [-'zi-] N Blamage *f*; **κάνω ~** blamieren; **γίνομαι ~** sich blamieren
ρεκόρ ‹-› N Rekord *m*; **χρόνος** *m* **~** Rekordzeit *f*
ρεπάνι N Rettich *m*
ρεπερτόριο N *a. fig* Repertoire *n* **ρεπορτάζ** ‹-› [-z] N Reportage *f*
ρεπόρτερ ‹-› M,F Reporter(in) *m(f)*
ρεσεψιόν ‹-› [-se'psjon] F *Hotel* Rezeption *f*, Empfang *m*
ρέστα NPL Rest(geld) *m(n)*; **δίνω ~** herausgeben
ρετιρέ ‹-› N *etwa* Dachwohnung *f*
ρετσίνα [-ts-] F Harzwein *m* **ρετσίνι** N (Baum-)Harz *n*
ρεύμα ['revma] N ELEK Strom *m*; *a. fig* Strömung *f*; (Luft-)Zug *m*; **κάνει ~** es zieht
ρευματικά [revm-] NPL Rheuma(tismus) *n(m)* **ρευματικός** ‹-ή, -ό› rheumatisch; Rheuma- **ρευματισμοί** [-z-] MPL Rheuma *n*
ρευματολήπτης M ELEK Stecker *m*
ρεύομαι aufstoßen, rülpsen
ρευστό [ref'sto] N Flüssigkeit *f*; Bargeld *n*; **σε ~** in bar
ρευστός ‹-ή, -ό› flüssig; *fig* unbeständig
ρέω ['reo] fließen, strömen
ρήγμα [-ɣma] N *Boden* Riss *m*; *a. fig* Bruch *m*; SCHIFF Leck *m*
ρήμα N Verb *n*
Ρηνανία-Παλατινάτο F Rheinland-Pfalz *n*
Ρήνος M Rhein *m*
ρήξη ‹-ης› F *a. fig* Bruch *m*; **~ συνδέσμου** Bänderriss *m*
ρήση ‹-ης› [-si] F, **ρητό** N (Aus-)Spruch *m*
ρήτορας M Redner(in) *m(f)*
ρητός ‹-ή, -ό› ausdrücklich
ρηχά [-'xa] NPL seichte(s) Wasser *n*, Untiefe *f* **ρηχός** ‹-ή, -ό› seicht; *Teller, a. fig* flach
ρίγα [-ɣa] F *Stoff* Streifen *m*
ρίγανη [-ɣa-] F Oregano *m*
ριγέ ‹-› [-'je] *Stoff* gestreift
ρίγος [-ɣos] N Schauder *m*; Schüttelfrost *m*
ριγώ ‹-άς› [-'ɣo] (er)schaudern
ρίζα [-za] F Wurzel *f*; GRAM Stamm *m*
ριζικό N Schicksal *n* **ριζικός** ‹-ή, -ό› grundlegend; radikal
ριζοσπαστικός ‹-ή, -ό› radikal **ριζοσπαστισμός** M Radikalismus *m*
ριζώνω [-'zo-] wurzeln
ρίμελ ‹-› N Wimperntusche *f*
ρισκάρω riskieren

ρίσκο N Risiko *n*
ρίχνομαι ['rixno-] sich stürzen (**σε** auf); herfallen (**σε** über) **ρίχνω** (zu)werfen; stürzen; kippen; *Wasser* (ein)gießen; *Salz* streuen; *Brief* einwerfen
ρόδα F Rad *n*, Reifen *m*
ροδακινιά [-'ɲa] F Pfirsichbaum *m* **ροδάκινο** N Pfirsich *m*
ροδέλαιο N Rosenöl *n*
ρόδι N Granatapfel *m*
ροδιά F Granatapfelbaum *m*
ρόδο N Rose *f*
ροδοδάφνη F Oleander *m*
ροδόδεντρο N Rhododendron *m*
ροζ ⟨-⟩ rosa(rot); *n* Rosa *n*
ροκ ⟨-⟩ N MUS Rock *m*
ρόκα F Rucola(salat) *m*
ρολό N (Papier-)Rolle *f*; Rollladen *m*; Lockenwickler *m*
ρολόι ⟨-για, *gen* -γιού⟩ [ro'loi] N Uhr *f*; **~ του χεριού/τοίχου** Armband-/Wanduhr *f*
ρόλος M THEAT, *a. fig* Rolle *f*
ρομαντικός ⟨-ή, -ό⟩ romantisch; *m,f* Romantiker(in) *m(f)*
ρομαντισμός [-z-] M Romantik *f*
ρόμβος M Rhombus *m*
ρόμπα ['roba] F Hauskleid *n*; Morgenrock *m*
ρομπότ ⟨-⟩ [ro'bot] N Roboter *m*
ρόπαλο N Keule *f*, Knüppel *m*
ροπή F *fig* Neigung *f* (**προς** zu)
ροσμπίφ ⟨-⟩ [roz'bif] N Roastbeef *n*
ρουζ ⟨-⟩ [ruz] N Rouge *n*
ρούμι N Rum *m*
ρουτίνα F Routine *f*
ρουφηξιά [-'ksja] F Schluck *m*; *beim Rauchen* Zug *m* **ρουφώ** ⟨-άς⟩ schlürfen; auf-, aussaugen
ρούχα ['ruxa] NPL Kleider *npl*; Kleidung *f*; **κοντομάνικα/μακρυμάνικα ~** kurzärmlige/langärmlige Kleidung *f* **ρούχο** N Kleidungsstück *n*
ροχαλητό [-xa-] N Schnarchen *n* **ροχαλίζω** [-zo] schnarchen
ρυάκι [ri'aki] N Bach *m*
ρύζι ['rizi] N Reis *m*
ρυζόγαλο [-ɣa-] N Milchreis *m*
ρυθμίζω [-zo] regeln, regulieren; *Gerät* einstellen
ρυθμικός ⟨-ή, -ό⟩ rhythmisch
ρύθμιση ⟨-ης⟩ [-si] F Regelung *f*, Regulierung *f*
ρυθμιστής M TECH Regler *m*
ρυθμός M Rhythmus *m*; MUS Takt *m*; Tempo *n*; ARCH Stil *m*
ρυμούλκα F *Wagen* Anhänger *m* **ρυμούλκηση** ⟨-ης⟩ [-si] F AUTO Abschleppen *n*
ρυμουλκώ AUTO (ab)schleppen
ρυπαίνω verschmutzen; *Umwelt* belasten
ρύπανση ⟨-ης⟩ [-si] F Verunreinigung *f*; **~ του περιβάλλοντος** Umweltverschmut-

zung *f*
ρυτίδα F Falte *f*
ρώγα F Beere *f*; Brustwarze *f*
ρωγμή F Riss *m*; Spalt(e) *m(f)*
ρωμαϊκός ⟨-ή, -ό⟩ [-ai-] römisch **Ρωμαίος** ⟨-α⟩ M(F) Römer(in) *m(f)*
Ρώμη F Rom *n*
ρωτώ ⟨-άς⟩ (be)fragen

σ' → σε¹; σε²
Σάαρη F Saarland *n*
Σάββατο ['savato] N Samstag *m*, Sonnabend *m*; **το ~** am Samstag; samstags
Σαββατοκύριακο [-rja-] N Wochenende *n*; **το ~** am Wochenende
σαγανάκι [saγa-] N gebratene(r) Käse *m*; kleine Pfanne *f*
σαγόνι N ANAT Kiefer *m*; Kinn *n*
σάκα ['sa-] F Schultasche *f*
σακάκι N Jackett *n*; Sakko *m*
σακάτης ⟨-ηδες⟩ ⟨-ισσα⟩ M(F) Krüppel *m*
σακί [sa-] N Sack *m*
σακίδιο [sa-] N Rucksack *m*
σάκος ['sa-] M Sack *m*, Beutel *m*; **~ ύπνου** Schlafsack *m*
σακούλα [sa-] F Tüte *f*; (Plastik-, Stoff-)Beutel *m*
σαλάμι [sa-] N Salami *f*
σαλάτα F Salat *m*; **~ ντομάτες** Tomatensalat *m*; *umg* **τα κάνω ~** alles durcheinanderbringen
σαλέ N Lodge *f*
σαλεύω [sa'levo] sich rühren
σαλιγκάρι [-ŋg-] N Schnecke *f*
σάλια NPL, **σάλιο** ['saʎo] N Speichel *m*, Spucke *f*
σαλμονέλες FPL Salmonellen *fpl* **σαλόνι** N Wohnzimmer *n*
σάλπιγγα ['salpiŋga] F Trompete *f*; BIOL Eileiter *m*
σάλτσα ['saltsa] F Soße *f*; **~ ντομάτας** Tomatensoße *f*
σαμπάνια [-ɲa] F Sekt *m*
σαμποτάζ ⟨-⟩ [sabo'taz] N Sabotage *f* **σαμποτάρω** sabotieren
σαμπουάν ⟨-⟩ N Shampoo *n*
σαμπρέλα [sa-] F AUTO Schlauch *m*
σα(ν) [san] *Vergleich* wie; als; **σα να** als ob
σανδάλι N Sandale *f*
σανίδα F, **σανίδι** N Brett *n*, Latte *f*
σανό N, **σανός** [sa-] M Heu *n*
σαντιγί ⟨-⟩ [-nd-] F Schlagsahne *f*
σάντουιτς ⟨-⟩ N Sandwich *n*
Σαξονία-Άνχαλτ F Sachsen-Anhalt *n*
σαξόφωνο [sa-] N Saxofon *n*
σάουνα ['sauna] F Sauna *f*
σαπίζω [sa'pizo] (ver)faulen; *a. fig* verrotten **σαπίλα** F

Fäulnis *f*; *fig* Verfall *m*
σάπιος ‹-α, -ο› ['sapjos] faul, verfault; *Holz* morsch
σαπούνι [sa-] N Seife *f*
σαπουνίζω [-zo] einseifen
σαράβαλο [sa-] N *Auto pej* (Klapper-)Kiste *f*; Wrack *n*
Σαρακοστή [sa-] F Fastenzeit *f*
σαράντα [sa'randa] vierzig
σαρδέλα [sa-] F Sardine *f*
σάρκα ['sa-] F *Mensch* Fleisch *n*; *Obst* (Frucht-)Fleisch *n*
σαρκαστικός ‹-ή, -ό› [sa-] sarkastisch
σαρκώδης ‹-ης, -ες› fleischig
σαρώνω COMPUT scannen
σαρωτής M COMPUT Scanner *m*
σας[1] PERS PR *dat, akk* euch; *dat* Ihnen; *akk* Sie; **για ~** für euch/Sie
σας[2] POSS PR PR euer, eure(r, -s); Ihr(e, -er, -es); **τα παιδιά σας** eure/Ihre Kinder
σαστίζω [sa'stizo] verblüffen; aus der Fassung geraten
σατανάς ‹-άδες› [sa-] M Satan *m*
σατιρικός ‹-ή, -ό› satirisch
σαύρα ['savra] F Eidechse *f*
σαφήνεια [sa-] F Klarheit *f*, Deutlichkeit *f* **σαφής** ‹-ής, -ές›, **σαφώς** ADV klar, deutlich
σαχλαμάρα [saxla-] F, **σαχλαμάρες** FPL Quatsch *m*
σαχλός ‹-ή, -ό› [saxl-] albern; *Witz* faul; *fig* schal
σβέλτος ‹-η, -ο› ['zve-] flink
σβελτοσύνη [-'si-] F Flinkheit *f*
σβήνω ['zvi-] *Durst, Feuer* löschen; *Geräte, Licht* ausschalten; tilgen; *a. fig* ausradieren; *Feuer* erlöschen; *fig* vergehen, sterben
σβησμένος ‹-η, -ο› [zvizm-] *Licht* aus, erloschen; **είμαι ~** *Licht, Radio* aus sein
σβηστήρα [zvi'stira] F, **σβήστρα** F Radiergummi *m*
σγουρός ‹-ή, -ό› [zɣu-] kraus, lockig
σε[1] PRÄP *+akk räumlich* zu; in; bei; an, nach; *zeitlich* in, an, auf, zu; *Uhrzeit* um; **στην Αθήνα** in/nach Athen; **στο δωμάτιο** im/ins Zimmer; **στις οχτώ** um acht (Uhr)
σε[2] PERS PR *akk* dich; *dat* dir
σεβασμός [seva'zmos] M Respekt *m*, Achtung *f* (**προς** vor) **σεβαστός** ‹-ή, -ό› respektiert
σέβομαι respektieren, achten
σεζλόνγκ ‹-› [sez'loŋg] F Liegestuhl *m*
σεζόν ‹-› F Saison *f*
σείομαι ['si-] beben; wanken
σειρά [si'ra] F Reihe *f*; (Reihen-)Folge *f*; Zeile *f*; *a.* TV Serie *f*; **~ μαθημάτων** Kurs *m*; **με τη ~** der Reihe nach; **είναι η ~ μου** ich bin an der Reihe
σειρήνα [si-] F Sirene *f*
σεισμός [sizm-] M Erdbeben *n*

σείω ['sio] erschüttern, schütteln, rütteln; schwingen
σέλα ['se-] F *Reiten* Sattel *m*
σελήνη [se'lini] F Mond *m*
σελίδα [se-] F (Buch-)Seite *f*; **γυρίζω ~** umblättern
σέλινο ['se-] N Sellerie *m*
σελφ-σέρβις ‹-› [self'servis] N Selbstbedienung *f*
selfie F Selfie *n*
σεμινάριο [se-] N Seminar *n*; **επιμορφωτικό ~** Fort-, Weiterbildungsseminar *n*
σεμνός ‹-ή, -ό› [se-] bescheiden; *gekleidet* züchtig
σεμνότητα [se-] F Bescheidenheit *f*; Schüchternheit *f*
σεμνότυφος ‹-η, -ο› prüde
σένα dich; dir; **με ~** mit dir
σενάριο [se-] N Drehbuch *n*
σεντόνι [se'ndo-] N Bettlaken *n* **σεντόνια** [-ɲa] NPL Bettzeug *n*
σεξ ‹-› [seks] N Sex *m* **σεξουαλικός** ‹-ή, -ό› sexuell; Sexual-
Σεπτέμβρης M, **Σεπτέμβριος** [se-] M September *m*
σερβιέτα [-'vje-] F (Damen-)Binde *f* **σερβίρω** servieren
σερβιτόρος (-α) M(F) Kellner(in) *m(f)*
σερβίτσιο N (Tafel-)Service *n*
σέρνομαι kriechen **σέρνω** ziehen; zerren, schleppen
σερφάρω *a. Internet* surfen
σέρφερ ‹-› M,F Windsurfer(in) *m(f)* **σέρφινγκ** ‹-› N (Wind-)Surfen *n*
σεσουάρ ‹-› [sesu'ar] N Haartrockner *m*, Föhn *m*
σετ ‹-› [set] N Set *n*, Garnitur *f*
σηκώνομαι [si-] aufstehen; *Haare* sich sträuben; *Wind* aufkommen **σηκώνω** erheben; *umg* wecken; *Tisch* abdecken; *Hörer* abnehmen; *Alkohol* vertragen; *Klima* bekommen; *vom Boden* aufheben
σήμα ['sima] N Zeichen *n*; Signal *n*; Abzeichen *n*; **~ κινδύνου** Notsignal *n*
σημαδεύω [sima'ðevo] kennzeichnen; *Waffe* zielen (*akk* auf)
σημάδι [si-] N (An-)Zeichen *n*; Ziel *n*; Narbe *f*; **καλό/κακό ~** gute(s) / schlechte(s) Zeichen *n*
σημαδούρα F Boje *f* **σημαία** [si'mea] F Fahne *f*, Flagge *f*
σημαίνω [si-] bedeuten, heißen; *Alarm* schlagen
σημαντικός ‹-ή, -ό› [simandi-] bedeutend, erheblich
σημασία [sima'sia] F Bedeutung *f*, Sinn *m*; Wichtigkeit *f*; **(δεν) έχει ~** es ist (nicht) wichtig
σηματοδότης [si-] M Ampel *f*
σημείο [si-] N Stelle *f*, Punkt *m*; Zeichen *n*; *fig* Grad *m*; **~ του ορίζοντα** Himmelsrichtung *f*
σημείωμα [si'mio-] N Notiz *f*; *beschrieben* Zettel *m*

σημειωματάριο [simi-] N Notizbuch *n* **σημειώνω** notieren, aufschreiben; vormerken

σημείωση ⟨-ης⟩ [si'miosi] F Notiz *f*; Vermerk *m*

σήμερα ['simera] ADV heute; heutzutage; **από ~** ab heute; **~ το πρωί/βράδυ** heute Morgen/Abend

σημερινός ⟨-ή, -ό⟩ [si-] heutig

σημύδα [si-] F Birke *f*

σηψαιμία F Blutvergiftung *f*

σήψη ⟨-ης⟩ ['sipsi] F Fäulnis *f*, Verwesung *f*; *fig* Verfall *m*

σιγά [si'ɣa] ADV in Ruhe, langsam; *lautlos* leise; **~-~!** (immer) langsam!; **~-~** nach und nach

σιγανά [siɣa-] ADV, **σιγανός** ⟨-ή, -ό⟩ *Person, Stimme* leise; langsam

σιγή [si'ji] F Stille *f*; Schweigen *n*; Ruhe *f* **σιγοβράζω** [-zo] *Gemüse* schmoren

σίγουρα ADV sicher, gewiss

σίγουρος ⟨-η, -ο⟩ ['siɣu-] sicher; geborgen

σιδεράκια [-kja] NPL Zahnspange *f* **σιδερένιος** ⟨-α, -ο⟩ [-ɲos] *a. fig* eisern; Eisen-

σίδερο N Eisen *n*; Bügeleisen *n*

σιδερώνω bügeln **σιδερώστρα** F Bügelbrett *n*

σιδηροδρομικός ⟨-ή, -ό⟩ [si-] Eisenbahn-; **~ σταθμός** *m* Bahnhof *m* **σιδηρόδρομος** [si-] M (Eisen-)Bahn *f*

σίδηρος ['si-] M *a.* BIOL Eisen *n*

σιδηροτροχιά F BAHN Schiene *f*

σικ ⟨-⟩ [sik] schick

σίκαλη ⟨-ης⟩ ['si-] F Roggen *m*

Σικελία [si-] F Sizilien *n*

σιλουέτα [si-] F Silhouette *f*

σιμιγδάλι [-ɣ-] N Grieß *m*

σινεμά ⟨-⟩ N, **σινεμάς** ⟨-άδες⟩ [si-] M Kino *n*; **πάω (στο) σινεμά** ins Kino gehen

σιντριβάνι [sindri-] N (Spring-)Brunnen *m*

σιρόπι [si-] N *a.* MED Sirup *m*

σιτάρι N Weizen *m*; Getreide *n* **σιτηρά** NPL Getreide *n*

σιχαίνομαι [si'çe-] verabscheuen; sich ekeln (*akk* vor)

σιχαμερός ⟨-ή, -ό⟩ [six-] ekelhaft

σιωπή [sio-, sjo-] F Schweigen *n*; Stille *f*; **~!** (sei) still!

σιωπηλός ⟨-ή, -ό⟩ [sjo-] still, stumm; wortlos; schweigsam

σκ-, -σκ- → σχ-, -σχ-

σκάβω (aus)graben

σκάζω [-zo] → σκάω

σκαθάρι N Käfer *m*

σκάκι N Schach(spiel) *n*

σκάλα F Treppe *f*; Leiter *f*; MUS Tonleiter *f*

σκαλί N (Treppen-)Stufe *f*

σκαλίζω einritzen, schnitzen; durchwühlen; *Wunde* kratzen; *Erde* lockern; *Feuer* schüren

σκαλιστήρι N Hacke *f* **σκα-**

λιστός ⟨-ή, -ό⟩ geschnitzt
σκαλοπάτι N (Treppen-)Stufe *f* **σκαλώνω** stecken bleiben, hängen bleiben
σκαλωσιά [-'sja] F Baugerüst *n*
σκαμνί N Fußbank *f*; Hocker *m*
σκάνδαλο N Skandal *m*
σκαντζόχοιρος [-n'dzoçi-] M Igel *m*
σκαρπίνι N Halbschuh *m* **σκαρφαλώνω** klettern (**σε** auf)
σκασίλα [-'si-] F: *umg* ~ **μου!** mir schnuppe!
σκασμός [-zm-] M: *vulg* ~! halt's Maul!
σκατά NPL *vulg* Scheiße *f*
σκάφη F Trog *m*; Wanne *f*
σκάω ⟨-ας⟩ zum Platzen bringen; (zer)platzen; *Haut* aufspringen; *umg* **το** ~ sich aus dem Staub machen; ~ **από τη ζέστη** vor Hitze umkommen
σκελετός M Skelett *n*; *Schiff* Rumpf *m*; *Brille* Gestell *n*
σκεπάζομαι [-zo-] sich zudecken **σκεπάζω** (be-, ver-, zu)-decken; *fig* vertuschen
σκέπασμα N Abdeckung *f*; Bettdecke *f*; Deckel *m*; Plane *f*
σκεπή F Dach *n*; AUTO Verdeck *n*
σκεπτικός → σκεφτικός
σκέπτομαι → σκέφτομαι
σκέτος ⟨-η, -ο⟩ *Getränk* pur; *Kaffee* schwarz; *Brot* trocken
σκετς ⟨-⟩ N Hörspiel *n*; Sketch *m*
σκεύος ['skevos] N: **μαγειρικά σκεύη** (Koch-)Geschirr *n*
σκεφτικός ⟨-ή, -ό⟩ nachdenklich; skeptisch
σκέφτομαι denken (*akk* an); nachdenken; erwägen; bedenken; sich ausdenken
σκέψη ⟨-ης⟩ F Gedanke *m*; Überlegung *f*; Erwägung *f*
σκηνή F Zelt *n*; Bühne *f*; *a. fig*, THEAT Szene *f*
σκηνοθεσία [-'sia] F Regie *f*; *a. fig* Inszenierung *f* **σκηνοθέτης (-τρια)** M(F) Regisseur(in) *m(f)*
σκι ⟨-⟩ N Ski *m*; Skilaufen *n*; **θαλάσσιο** ~ Wasserski *m*; **κάνω** ~ Ski laufen
σκιά [ski'a] F *a. fig* Schatten *m*; ~ **ματιών** Lidschatten *m*
σκιέρ ⟨-⟩ M,F Skifahrer(in) *m(f)*
σκιερός ⟨-ή, -ό⟩ [-ie-] schattig
σκίζω → σχίζω
σκίουρος M Eichhörnchen *n*
σκίτσο [-tso] N Skizze *f*
σκλαβιά [-'vja] F Sklaverei *f*
σκλάβος (-α) M(F) Sklave *m*, -in *f* **σκλαβώνω** unterjochen; *fig* faszinieren
σκληραίνω *a. fig* härten; hart werden, sich (ver)härten
σκληρός ⟨-ή, -ό⟩ *a. fig* hart, rau; grausam; *Fleisch* zäh
σκοινί N → σχοινί
σκόνη F Pulver *n*; Staub *m*
σκονισμένος ⟨-η, -ο⟩ [-zm-] staubig; verstaubt **σκοντά-**

φτω [-nd-] *a. fig* stolpern (**σε** über)
σκόπελος M Klippe *f*, Riff *n*
σκοπεύω [-'pevo] *mit Waffe* zielen (*akk* auf); vorhaben, beabsichtigen (**να** zu)
σκόπιμος ⟨-η, -ο⟩ bewusst, absichtlich; sinnvoll
σκοπός M Ziel *n*, Absicht *f*; Zweck *m*; Vorsatz *m*; Wache *f*; **με σκοπό** zwecks (*akk gen*)
σκορδαλιά [-'ʎa] F *Knoblauchpaste* F **σκόρδο** N Knoblauch *m* **σκόρος** M Motte *f*
σκορπίζω [-zo] (aus-, zer-, ver)streuen; verbreiten; *Geld* verschwenden
σκόρπιος ⟨-α, -ο⟩ [-pjos]: **είμαι ~** *Sachen* herumliegen
σκορπιός [-'pjos] M ZOOL Skorpion *m* **Σκορπιός** M ASTROL Skorpion *m*
σκοτάδι N, **σκοτεινιά** [-'ɲa] F Finsternis *f*, Dunkelheit *f*
σκοτεινιάζω [-'ɲazo] verdunkeln; *fig* sich verfinstern; **σκοτεινιάζει** es wird dunkel
σκοτεινός ⟨-ή, -ό⟩ dunkel; *a. fig* finster, düster, obskur; **στα σκοτεινά** im Dunkeln
σκοτούρα F Schererei *f*
σκοτωμός M Massaker *n*; *fig* Getümmel *n*; *fig* Strapaze *f*; *umg* **γίνεται ~!** es ist die Hölle los!
σκοτώνομαι umkommen; *umg* sich abmühen, sich plagen **σκοτώνω** umbringen, töten
σκουλαρίκι N Ohrring *m*
σκουλήκι N Wurm *m*, Made *f*
σκουμπρί [-mb-] N Makrele *f*
σκουντώ ⟨-άς⟩ schubsen, stoßen
σκούπα F Besen *m*; **ηλεκτρική ~** Staubsauger *m*
σκουπίδια [-ðja] NPL Müll *m*
σκουπιδιάρης ⟨-ηδες⟩ M *umg* Müllmann *m* **σκουπιδοτενεκές** ⟨-έδες⟩ M Mülleimer *m*
σκουπίζομαι [-zo-] sich abtrocknen **σκουπίζω** fegen; *Hände, Tränen* abwischen; *Schweiß* wischen; **~ τα χέρια μου** sich die Hände abtrocknen
σκουριά [-'rja] F Rost *m*
σκουριάζω [-zo] (ver-, ein)-rosten
σκουριασμένος ⟨-η, -ο⟩ [-rja'zm-] rostig, verrostet
σκούρος ⟨-α, -ο⟩ dunkel
σκουφάκι N Mütze *f*, Kappe *f*; **~ του μπάνιου** Badekappe *f*
σκουφί N, **σκούφος** M Mütze *f*
σκύβω sich (vor)beugen; sich bücken; *fig* sich ducken
σκυλί N Hund *m*
σκύλος ['skilos] M Hund *m*
σκυλόψαρο N Hai(fisch) *m*
σκυφτός ⟨-ή, -ό⟩ gebückt
σκωληκοειδίτιδα [skolikoi-] F Blinddarmentzündung *f*
σλάιντ(ς) ⟨-⟩ ['slait(s)] N Dia *n*
σλιπ ⟨-⟩ N, **σλιπάκι** N Slip

m; Schlüpfer *m*; Unterhose *f*
Σλοβακία F Slowakei *f* **Σλοβάκικα** NPL Slowakisch *n* **σλοβακικός** ⟨-ή, -ό⟩ slowakisch **Σλοβάκος** (-α) M(F) Slowake *m*, -in *f*
Σλοβενία F Slowenien *n* **Σλοβένικα** NPL Slowenisch *n* **σλοβενικός** ⟨-ή, -ό⟩ slowenisch **Σλοβένος** (-α) M(F) Slowene *m*, -in *f*
σμάλτο ['zma-] N *Schmuck* Email(le) *n(f)*; Zahnschmelz *m*
σμαράγδι [-ɣ-] N Smaragd *m*
σμίκρυνση ⟨-ης⟩ [-nsi] F Verkleinerung *f*
σνίτσελ ⟨-⟩ ['sni-] N Schnitzel *n*
σοβαρά [so-] ADV ernsthaft, im Ernst; ~ **άρρωστος** schwer krank
σοβαρός ⟨-ή, -ό⟩ ernst; seriös; **στα σοβαρά** im Ernst **σοβαρότητα** F Ernst *m*; Seriosität *f*
σοβατίζω [-zo] verputzen
σόγια ['soja] F Soja(bohne) *f*
σόδα ['so-] F Soda *n,f*
σοδειά [so'ðja] F Ernte *f*
σοκ ⟨-⟩ [sok] N Schock *m*
σοκάρω schockieren
σοκολάτα F *a. Getränk* Schokolade *f* **σοκολατάκι** N Praline *f*
σόλα ['so-] F (Schuh-)Sohle *f*
σολομός [so-] M Lachs *m*
σόμπα ['soba] F (Heiz-)Ofen *m*
σόου ⟨-⟩ ['sou] N Show *f*
σορτς ⟨-⟩ [sorts] N Shorts *pl*
σοσιαλισμός [sosializm-] M Sozialismus *m* **σοσιαλιστικός** ⟨-ή, -ό⟩ sozialistisch
σου¹ [su] PERS PR dir; dich
σου² [su] POSS PR dein(e, -er, -es); **η βαλίτσα** ~ dein Koffer
σουβενίρ ⟨-⟩ N Reiseandenken *n*
σούβλα ['su-] F (Brat-)Spieß *m*
σουβλάκι [su-] N Fleischspieß *m* **σουβλερός** ⟨-ή, -ό⟩ spitz
σουβλίζω [-zo] aufspießen; *Schmerz* stechen
σουγιάς ⟨-άδες⟩ [su'jas] M Taschenmesser *n*
Σουηδία [sui-] F Schweden *n*
Σουηδικά NPL Schwedisch *n* **σουηδικός** ⟨-ή, -ό⟩ schwedisch **Σουηδός** (-ή) M(F) Schwede *m*, -in *f*
σούπα ['su-] F Suppe *f*
σουπερμάρκετ ⟨-⟩ N Supermarkt *m* **σουπιά** [su'pja] F Tintenfisch *m*, Sepie *f*
σούρουπο ['su-] N Abenddämmerung *f*
σουρουπώνει [su-] es wird dunkel **σουρώνω** abseihen **σουρωτήρι** N Sieb *n*
σουσάμι [-'sa-] N Sesam *m*
σουτιέν ⟨-⟩ [su'tjen] N Büstenhalter *m* (BH)
σοφία [so-] F Weisheit *f*
σοφίτα [so-] F Dachgeschoss *n*; Dachkammer *f*, Mansarde *f*
σοφός ⟨-ή, -ό⟩ [so-] weise

σπάγκος [-ŋgos] M Bindfaden *m*, Schnur *f*; *fig* Geizhals *m*
σπάζω [-zo] (zer-, ab)brechen, knicken; knacken; *Fenster* einschlagen; *Tür* aufbrechen; **~ το χέρι/πόδι μου** sich den Arm/das Bein brechen
σπαθί N Schwert *n*; *fig umg* aufrichtig **σπανάκι** N Spinat *m*
σπανακόπιτα F *Blätterteigpastete mit Spinatfüllung*
σπάνια [-nia] ADV selten
σπανίζω [-zo] selten, knapp, rar sein **σπάνιος** ⟨-α, -ο⟩ [-nios] selten, rar; knapp
σπανιότητα F Seltenheit *f*
σπαράγγι [-ŋgi] MEIST NPL Spargel *m*
σπαρταρώ ⟨-άς⟩ zappeln; (zusammen)zucken
σπασμένος ⟨-η, -ο⟩ [-zm-] zerbrochen; gebrochen
σπασμός [-zm-] M Krampf *m*; Zuckung *f* **σπασμωδικός** ⟨-ή, -ό⟩ *a. fig* krampfhaft, krampfartig
σπατάλη F Verschwendung *f*
σπάταλος ⟨-η, -ο⟩ verschwenderisch; *m,f* Verschwender(in) *m(f)*
σπαταλώ ⟨-άς⟩ verschwenden
σπάτουλα F Spachtel *m*
σπάω ⟨-ας⟩ → σπάζω
σπείρα F Spirale *f*; Bande *f*
σπέρνω säen; *fig* verbreiten
σπεσιαλιτέ ⟨-⟩ [-sia-] F GASTR Spezialität *f*
σπήλαιο ['spileo] N, **σπηλιά** [-'ʎa] F Höhle *f*, Grotte *f*
σπίθα F, **σπινθήρας** M Funke *m* **σπινθηροβολώ** funkeln
σπιούνος (**-α**) ['spju-] M(F) Spitzel *m*
σπίρτο N Streich-, Zündholz *n*
σπίτι N Haus *n*; Zuhause *n*; **στο ~** zu/nach Hause; **πάω/πηγαίνω ~** nach Hause gehen
σπιτικό N Zuhause *n*
σπιτικός ⟨-η/-ιά, -ό⟩ [-kos] häuslich; **σπιτικό γλυκό** *n* hausgemachte(r) Kuchen *m*
σπιτονοικοκύρης ⟨-ηδες⟩ (**-ά**) M(F) Vermieter(in) *m(f)*
σπλήνα F Milz *f*
σπόγγος M Schwamm *m*
σπονδυλική στήλη F Wirbelsäule *f*; *fig* Rückgrat *n*
σπόνδυλος M ANAT Wirbel *m*
σπορ ⟨-⟩ N Sport *m*; **κάνω ~** Sport treiben
σποραδικός ⟨-ή, -ό⟩ sporadisch **σπορέλαιο** N Pflanzenöl *n*
σπόρι N *Apfel, Melone* (Obst-)Kern *m* **σπόρος** M Samen *m*; (Obst-)Kern *m*; *fig* Keim *m*
σπουδάζω [-'ðazo] studieren
σπουδαίος ⟨-α, -ο⟩ wichtig; besondere; **τίποτα το σπουδαίο** nichts Besonderes
σπουδαστής (**-τρια**) M(F) *Fachschule* Student(in) *m(f)*
σπουδές FPL Studium *n*
σπουργίτι [-'ji-] N Spatz *m*

σπρέι ⟨-⟩ ['sprei] N Spray *n*
σπρώχνω ['zbroxno] stoßen; schubsen; dränge(l)n; *Auto* anschieben; *fig* antreiben
σπυρί N (Samen-)Korn *n*; (Haut-)Pickel *m*
στάβλος M Stall *m*
σταγόνα [-'γo-] F Tropfen *m*; **σταγόνες** MED Tropfen *mpl*
σταδιακά ADV, **σταδιακός** ⟨-ή, -ό⟩ [-ðia-] allmählich
στάδιο N Stadion *n*; Stadium *n*
σταδιοδρομία F Karriere *f*
στάζω tröpfeln, (ab)tropfen
σταθεροποιώ [-opi'o] *a. fig* (be)festigen
σταθερός ⟨-ή, -ό⟩ beständig; standhaft **σταθερότητα** F; Beständigkeit *f*; Standhaftigkeit *f*
στάθμευση ⟨-ης⟩ [-efsi] F AUTO Parken *n*; AUTO Halten *n*; **χώρος** *m* **στάθμευσης** Parkplatz *m*; **απαγόρευση** *f* **στάθμευσης** Park-/Halteverbot *n*
σταθμεύω [-'mevo] AUTO parken; AUTO halten; *Boot* anlegen
σταθμός M Bahnhof *m*; *a. fig* Station *f*; *Radio* Sender *m*; **κεντρικός ~** Hauptbahnhof *m*; **παιδικός ~** Kinderhort *m*; **~ πρώτων βοηθειών** Unfallstation *f*
στάλα F Tropfen *m*
σταλαγμίτης M Stalagmit *m*
σταλάζω [-zo] tröpfeln, tropfen
σταλακτίτης M Stalaktit *m*
σταματώ ⟨-άς⟩ aufhören, beend(ig)en; stehen bleiben, *a. Auto* anhalten; *Maschine* abstellen
στάμνα F, **σταμνί** N Krug *m*
στάση ⟨-ης⟩ [-si] F Halt *m*; AUTO Halten *n*; Haltestelle *f*, Station *f*; Haltung *f*, Position *f*
στατικός ⟨-ή, -ό⟩ statisch
στατιστική F Statistik *f*
στατιστικός ⟨-ή, -ό⟩ statistisch
σταυροδρόμι [-avro-] N (Straßen-)Kreuzung *f* **σταυρόλεξο** N Kreuzworträtsel *n*
σταυρός M Kreuz *n* **σταυρώνω** kreuzigen; *a. Arme, Beine* kreuzen
σταφίδα F Rosine *f* **σταφύλι** N Traube *f*, Weintraube *f*
στάχτη F Asche *f* **σταχτοδοχείο** [-'çio] N Aschenbecher *m*
στεγανός ⟨-ή, -ό⟩ [-γa-] dicht, undurchlässig
στέγη [-ji] F Dach *n*; Obdach *n*
στεγνός ⟨-ή, -ό⟩ [-γn-] *a. fig* trocken **στεγνώνω** (ab-, aus-, ein)trocknen **στεγνωτήριο** N Wäschetrockner *m*
στείβω (aus)wringen; *Obst* auspressen
στέικ ⟨-⟩ ['steik] N Steak *n*
στείρος ⟨-α, -ο⟩ *Person, a. fig* unfruchtbar, steril
στειρώνω sterilisieren
στέκι N Stammlokal *n*

στέκομαι ⟨στάθηκα⟩, **στέκω** (da-, herum)stehen; stehen bleiben, stillhalten

στέλεχος [-xos] N BOT Stängel *m*; *fig* Führungskraft *f*

στέλνω ⟨έστειλα⟩ (ab-, zu-, ver)schicken, (ab-, ein)senden

στενάζω [-zo] seufzen; stöhnen

στενεύω [-'nevo] enger machen; *a. fig* enger werden; *Hose* spannen; *Schuhe* drücken

στενό N Gasse *f*; (Eng-)Pass *m*

στενογραφία [-ɣr-] F Stenografie *f* **στενογραφώ** stenografieren

στενοκέφαλος ⟨-η, -ο⟩ engstirnig **στενόμυαλος** ⟨-η, -ο⟩ [-mja-] engstirnig

στενός ⟨-ή, -ό⟩ *a. fig* eng, knapp; schmal; *Freund* eng

στενότητα F Enge *f*; Knappheit *f*

στενοχωρημένος ⟨-η, -ο⟩ bedrückt, besorgt **στενοχώρια** [-rja] F Kummer *m*

στενοχωριέμαι [-xor'jeme] sich Sorgen machen **στενοχωρώ** traurig stimmen, bedrücken

Στερεά Ελλάδα F Mittelgriechenland *n*

στερεός ⟨-ή, -ό⟩ fest, stabil; haltbar **στερεότητα** F Festigkeit *f*; Stabilität *f*

στερεοφωνικός ⟨-ή, -ό⟩ Stereo-; **στερεοφωνικό συγκρότημα** *n* Stereoanlage *f*

στερεώνω befestigen, festmachen, heften

στεριά [-'rja] F Festland *n*

στερούμαι entbehren (*akk*; *gen akk*; *gen*) **στερώ** *fig* berauben

στεφάνι N Kranz *m*; Felge *f*

στεφανώνω bekränzen; *Brautpaar* trauen

στήθος N Brust *f*; Busen *m*

στήλη F Säule *f*; *Zeitung* Spalte *f*, Kolumne *f*

στήνω (auf)stellen; *Monument* errichten; *Möbel* montieren

στήριγμα N Stütze *f*, Halt *m*

στηρίζομαι sich stützen, sich anlehnen (**σε** an); basieren

στηρίζω stützen

στητός ⟨-ή, -ό⟩ stramm

στίβος M (Sport-)Arena *f*; **αθλητισμός** *m* **στίβου** Leichtathletik *f*

στιγμή [stiɣ'mi] F Moment *m*; Zeitpunkt *m*; **μια ~!** einen Augenblick! **στιγμιαίος** ⟨-α, -ο⟩ [-ɣmi'eos] momentan

στιφάδο N *Art Gulasch mit Zwiebeln und Soße*

στίχος [-xos] M Vers *m*

στοά F Säulenhalle *f*; ARCH Galerie *f*; Passage

στοίβα F Stapel *m*; Haufen *m*

στοιβάζω [-zo] (auf)stapeln, aufhäufen; verstauen

στοιχεία [-'çia] NPL Personalien *pl*; Daten *npl*

στοιχείο N *a.* CHEM Element *n*; Bestandteil *m*

στοιχειώδης ⟨-ης, -ες⟩ [-çi'o-] grundlegend; elementar

στοίχημα ['stiçima] N Wette *f*; **βάζω ~** wetten
στοιχηματίζω [-zo] wetten
στοιχίζω [-'çizo] *a. fig* kosten; **πόσο στοιχίζει;** was/ wie viel kostet das?
Στοκχόλμη [-x-] F Stockholm *n*
στολή F Uniform *f*; Tracht *f*
στολίδι N *a. fig* Schmuck (-stück) *m(n)* **στολίζομαι** [-zo-] sich schmücken; sich fein anziehen **στολίζω** (aus)-schmücken
στόλος M Flotte *f*
στόμα N Mund *m*; *Tier* Maul *n*
στομάχι [-çi] N Magen *m*; *umg* **έχω στο ~** *j-n* nicht leiden können **στομαχόπονος** [-'xo-] M Magenschmerzen *mpl*
στοργή [-'ji] F Liebe *f*, Fürsorge *f* **στοργικός** ‹-ή, -ό› liebevoll, fürsorglich, zärtlich
στούντιο ‹-› ['studio] N Studio *n*
Στουτγκάρδη F Stuttgart *n*
στόχος [-xos] M Ziel *n*, Vorsatz *m*
στραβός ‹-ή, -ό› schief, krumm; *umg* blind; *umg* **πάω στραβά** schiefgehen **στραβώνω** (sich) verbiegen; *umg* blenden
στραγγαλίζω [-ŋga'lizo] erwürgen, erdrosseln
στραγγίζω [-ŋg-] auswringen; filtern; abtropfen (lassen)
στραγγιστήρι N Sieb *n*
στραμπούλιγμα [-ɣma] N Verrenkung *f* **στραμπουλίζω** [-mb-] ausrenken, sich verstauchen
στραπατσάρω *umg* strapazieren **στραπάτσο** [-tso] N Strapaze *f*
στράτευμα [-evma] N Heer *n*
στρατηγική F Strategie *f* **στρατηγικός** ‹-ή, -ό› strategisch
στρατηγός [-'ɣos] M General *m*, Feldherr *m* **στρατιώτης** [-ti'o-] M Soldat *m*
στρατιωτικός ‹-ή, -ό› militärisch; Militär-; *m* Militär *m*
στρατόπεδο N MIL Lager *n* **στρατός** M Militär *n*; Armee *f*
στρατώνας M Kaserne *f*
στρείδι ['striði] N Auster *f*
στρέμμα N *Fläche von 10 Ar (= 1000 m²)*
στρες ‹-› N Stress *m*
στρέφομαι sich drehen; sich (zu)wenden (**προς** *dat*) **στρέφω** drehen; wenden
στρίβω *a. Kopf* drehen; AUTO abbiegen; **~ στη γωνία** um die Ecke biegen
στρίγγλα [-gla, -ɣla] F Hexe *f*
στρίφωμα N Saum *m*
στρόβιλος M MECH Turbine *f*; *Wind, Wasser* Wirbel *m*
στρογγυλεύω [-ŋgi'levo] rund machen; ab-, aufrunden; rund werden **στρογγυλός** ‹-ή, -ό› rund
στροφή F *Straße* Biegung *f*;

Kurve *f*; (Um-)Drehung *f*; Strophe *f*; *fig* Wendung *f*
στρώμα N Matratze *f*; *a.* GEOL Schicht *f*, Lage *f*; **κοινωνικό ~** soziale Schicht *f*
στρώνω ausbreiten; *Fußboden* auslegen; *Bett* machen; *Tisch* decken
στυλό ⟨-⟩ N, **στυλός** M Kugelschreiber *m*
στύλος M ELEK Mast *m*, Pfeiler *m*
στυφός ⟨-ή, -ό⟩ herb, säuerlich
συγγένεια [siŋ'genia] F Verwandtschaft *f*
συγγενής[1] ⟨-ής, -ές⟩ verwandt
συγγενής[2] ⟨-είς⟩ [siŋge-] M,F Verwandte(r) *m,f*; **οι στενοί συγγενείς** die Angehörigen *mpl*
συγγνώμη [si(ŋ)'ɣnomi] F Verzeihung *f*, Entschuldigung *f*; **~!** Entschuldigung!; **ζητώ ~** sich entschuldigen (**από-για** bei; für)
συγγραφέας ⟨-είς⟩ [siŋɣra'feas] M,F Schriftsteller(in) *m(f)* **συγγράφω** verfassen, schreiben
συγκαταβατικός ⟨-ή, -ό⟩ [siŋg-] nachgiebig
συγκατάθεση ⟨-ης⟩ [-si] F Einwilligung *f*, Zustimmung *f*
συγκατοίκηση ⟨-ης⟩ F Zusammenwohnen *n*; Wohngemeinschaft *f* **συγκάτοικος** [siŋ'ga-] M,F Mitbewohner(in) *m(f)*
συγκεκριμένος ⟨-η, -ο⟩ [siŋge-] konkret, bestimmt
συγκεντρώνομαι [-nd-] sich versammeln; *a. mental* sich konzentrieren **συγκεντρώνω** ein-, versammeln
συγκέντρωση ⟨-ης⟩ [siŋ'gendrɔsi] F Versammlung *f*
συγκινημένος ⟨-η, -ο⟩ [siŋg-] bewegt, gerührt
συγκινητικός ⟨-ή, -ό⟩ [siŋgi-] rührend; ergreifend **συγκινούμαι** gerührt sein
συγκλονίζω [-zo] erschüttern **συγκλονισμένος** ⟨-η, -ο⟩ [-zm-] erschüttert
συγκοινωνία [siŋgino-] F BAHN, *Bus* Verbindung *f*, (Bus-, Zug-)Verkehr *m*; **αλλάζω ~** umsteigen
συγκρατιέμαι, **συγκρατούμαι** sich beherrschen **συγκρατώ** im Gedächtnis behalten; *Gefühl* zurückhalten; *Nerven* behalten
συγκρίνω [siŋg-] vergleichen
σύγκριση ⟨-ης⟩ F Vergleich *m*; **σε ~** im Vergleich (**με** zu)
συγκρότημα [siŋgr-] N *a.* HANDEL Gruppe *f*, Konzern *n*; **μουσικό ~** Musikgruppe *f*
συγκρούομαι [siŋ'gru-] zusammenstoßen; AUTO auffahren
σύγκρουση ⟨-ης⟩ [-si] F Zusammenstoß *m*; *fig* Konflikt *m*
συγυρίζω [siji'rizo] aufräumen, Ordnung schaffen

συγχαίρω [siŋ'çero] gratulieren (**κ-ν για** j-m zu)
συγχαρητήρια [siŋxari-] NPL Glückwunsch *m*; **~!, τα συγχαρητήριά μου!** gratuliere!
συγχίζομαι [siŋ'çizo-] sich aufregen **συγχίζω** verwirren, irritieren; aufregen; ärgern
σύγχιση ⟨-ης⟩ F psychische Verwirrung *f*; Konfusion *f*
συγχισμένος ⟨-η, -ο⟩ [-zm-] *psychisch* verwirrt, irritiert
συγχρονίζω [siŋx-] TECH synchronisieren
σύγχρονος ⟨-η, -ο⟩ ['siŋxr-] gleichzeitig; zeitgenössisch
συγχρόνως [siŋ'xro-] ADV gleichzeitig, zugleich
σύγχυση ⟨-ης⟩ ['siŋçi-] F mentale Verwirrung *f*, Konfusion *f*
συγχώνευση [-nefsi] F Fusion *f*
συγχωρώ [siŋxo-] entschuldigen; vergeben (*akk dat*); **με συγχωρείτε!** verzeihen Sie!
συζήτηση ⟨-ης⟩ [si'zitisi] F Gespräch *n*; Besprechung *f*
συζητώ ⟨-άς⟩ [sizi-] ein Gespräch führen; besprechen (**για** *akk*), diskutieren (**για** über)
συζυγικός ⟨-ή, -ό⟩ ehelich
σύζυγοι ['siziji] MPL Eheleute *pl*, Ehepaar *n* **σύζυγος** [-ɣos] M,F Gatte *m*, -in *f*
συζώ [si'zo] zusammenleben
συκιά [si'kja] F Feigenbaum *m*
σύκο ['si-] N Feige *f*
συκοφαντία F Verleumdung *f* **συκοφαντώ** [-nd-] verleumden
συκώτι [si'koti] N Leber *f*
συλλαβή [si-] F Silbe *f* **συλλαβίζω** [-zo] buchstabieren
συλλαμβάνω verhaften
συλλέγω sammeln **συλλέκτης** ⟨-τρια⟩ M(F) Sammler(in) *m(f)*
σύλληψη ⟨-ης⟩ F Verhaftung *f*; BIOL Empfängnis *f*
συλλογή [-'ji] F Sammlung *f*; (Mode-)Kollektion *f* **συλλογίζομαι** [-zo-] (nach)denken
συλλογικός ⟨-ή, -ό⟩ kollektiv **συλλογισμένος** ⟨-η, -ο⟩ [-jizm-] nachdenklich **συλλογισμός** M Überlegung *f*
σύλλογος ['si-] M Verein *m*
συλλυπητήρια [sili-] NPL Beileid *n*; **τα συλλυπητήριά μου!** mein herzliches Beileid!
συμβαίνει ⟨συνέβη⟩ [sim-'veni] sich ereignen; geschehen; **τι ~;** was ist los?; **τι συνέβη;** was ist passiert?
συμβάν ⟨-άντα⟩ [si-] N Zwischenfall *m*, Ereignis *n*
συμβατικός ⟨-ή, -ό⟩ konventionell **συμβατός** ⟨-ή, -ό⟩ IT kompatibel
συμβιβασμός M Kompromiss *m* **συμβιώνω** zusammenleben
συμβίωση ⟨-ης⟩ [si-] F Zusammenleben *n*; BIOL Symbiose *f* **συμβόλαιο** N Ver-

trag *m*
συμβολαιογράφος M,F Notar(in) *m(f)*
συμβολίζω [-zo] symbolisieren **συμβολικός** ‹-ή, -ό› symbolisch
σύμβολο ['si-] N Symbol *n*
συμβουλεύομαι [simvu'levo-] um Rat fragen; *Arzt* konsultieren **συμβουλεύω** e-n Rat geben
συμβουλή [si-] F Rat(schlag) *m*
συμβούλιο N *Gremium* Rat *m*
σύμβουλος ['si-] M,F Berater(in) *m(f)*; Rat *m*, Rätin *f*
συμμαζεύω [sima'zevo] aufräumen **συμμαθητής** (**--τρια**) [si-] M(F) Mitschüler(in) *m(f)* **συμμαχία** [-çia] F Bündnis *n*
σύμμαχος [-xos] M,F Verbündete(r) *m,f*; Alliierte(r) *m,f*
συμμαχώ [si-] sich verbünden
συμμετέχω [-xo] teilnehmen (**σε** an); mitwirken **συμμετέχων** (**-ουσα**) M(F) Teilnehmer(in) *m(f)*
συμμετοχή [-'çi] F Teilnahme *f* (**σε** an); Mitwirkung *f* **συμμέτοχος** M,F Teilhaber(in) *m(f)*
συμμετρία [si-] F Symmetrie *f* **συμμετρικός** ‹-ή, -ό› symmetrisch
συμμορία [simo-] F Bande *f*
συμπαγής ‹-ής, -ές› [simba'jis] kompakt; massiv
συμπάθεια [simb-] F Sympathie *f*; Mitgefühl *n* **συμπαθητικός** ‹-ή, -ό› sympathisch
συμπαθώ [simba'θo] mögen, gernhaben; Mitleid haben
σύμπαν ‹-αντος› ['simban] N (Welt-)All *n*, Universum *n*
συμπατριώτης (**-ισσα**) M(F) Landsmann *m*, -männin *f*
συμπεραίνω [simbe-] (schluss)folgern, schließen (**από** aus)
συμπεριλαμβανομένου ‹-ης, -ου› [simbe-] einschließlich (*gen gen*)
συμπεριλαμβάνω enthalten; einbeziehen
συμπεριφέρομαι sich benehmen **συμπεριφορά** F Benehmen *n*, Verhalten *n*
συμπιέζω [simbi'ezo] pressen; IT komprimieren **συμπίπτω** *zeitlich* zusammenfallen, -treffen; sich überschneiden
συμπλέκτης [simb-] M AUTO Kupplung *f*
συμπληρωματικός ‹-ή, -ό› ergänzend; zusätzlich
συμπληρώνω ergänzen; *Formular* ausfüllen **συμπλήρωση** ‹-ης› [-si] F Ergänzung *f*
συμπλοκή [simblo-] F Schlägerei *f* **συμπολίτης** M Mitbürger(in) *m(f)*
συμπόνια [sim'boɲa] F Mitleid *n*; Mitgefühl *n*
συμπονώ *a.* ‹-άς› bemitleiden
σύμπτωμα ['simpt-] N Anzei-

chen *n*, *a.* MED Symptom *n*
σύμπτωση ⟨-ης⟩ ['simptosi] F Zufall *m*; **κατά ~** zufällig
συμφέρει [sim-] es lohnt sich, es ist von Vorteil; **δε με ~** es ist nicht zu meinem Vorteil
συμφέρον ⟨-οντα⟩ N Vorteil *m*; Interesse *n*
συμφιλιώνομαι sich versöhnen **συμφιλιώνω** versöhnen **συμφιλίωση** ⟨-ης⟩ [-si] F Versöhnung *f*
συμφοιτητής (**-τρια**) [simfi-] M(F) Kommilitone *m*, -in *f*
συμφορά [si-] F Unheil *n*, Unglück *n* **συμφόρηση** ⟨-ης⟩ [-si] F: **κυκλοφοριακή ~** (Verkehrs-)Stau *m*
συμφωνία [si-] F Einigung *f*; Übereinstimmung *f*; Vereinbarung *f*; MUS Sinfonie *f*
σύμφωνο ['si-] N Abkommen *n*; GRAM Konsonant *m*
σύμφωνος ⟨-η, -ο⟩ einverstanden, einig; **σύμφωνοι!** einverstanden!, abgemacht!
συμφωνώ [simfo'no] sich einig sein; zustimmen (**με** *dat*), einverstanden sein (**με** mit); übereinstimmen
συν [sin] *a.* MATH plus
συναγερμός [sinaje-] M Alarm *m*
συναγρίδα [-ɣ-] F Meerbrasse *f*
συναγωγή [sinaɣo'ji] F Synagoge *f* **συναγωνίζομαι** [-zo-] konkurrieren
συναγωνισμός [-z-] M Wettbewerb *m*, Konkurrenz *f* **συναγωνιστής** (**-τρια**) M(F) Konkurrent(in) *m(f)*
συναδελφικός ⟨-ή, -ό⟩ kollegial **συναδελφικότητα** F Kollegialität *f*
συνάδελφος [si-] M,F Kollege *m*, -in *f*
συναίνεση ⟨-ης⟩ F Einwilligung *f* **συναινώ** einwilligen
συναίσθημα N Gefühl *n*, Empfindung *f* **συναισθηματικός** ⟨-ή, -ό⟩ sentimental
συναίσθηση ⟨-ης⟩ [-si] F Bewusstsein *n*
συναλλαγή [-'ji] F Geschäftsverkehr *m*; **συναλλαγές** Handel *m*; **λογαριασμός** *m* **συναλλαγών** Girokonto *n*
συνάλλαγμα [-ɣma] N Devisen *fpl* **συνάμα** ADV zugleich
συναναστρέφομαι [si-] Umgang haben (**με** mit)
συναναστροφή F *mit Leuten* Umgang *m*
συνάντηση ⟨-ης⟩ [si'nandisi] F Treffen *n*; Begegnung *f*
συναντιέμαι [-n'dje-] sich treffen (**με** mit) **συναντώ** ⟨-άς⟩ treffen; begegnen (*akk dat*)
συνάπτω *e-m Schreiben* beifügen; *Ehe, Vertrag* schließen
συναρμολόγηση ⟨-ης⟩ [-jisi] F Zusammenbau *m*, Montage *f*
συναρμολογώ [-'ɣo] montieren
συναρπάζω [-zo] faszinieren, hinreißen, *fig* fesseln

συναρπαστικός ⟨-ή, -ό⟩ [si-] faszinierend, hinreißend **συναυλία** [sinavl-] F Konzert n
συνάχι [si'naçi] N Schnupfen m; **αρπάζω ~** Schnupfen bekommen
συνδεδεμένος ⟨-η, -ο⟩ verbunden **συνδέομαι** in Verbindung stehen; liiert sein
σύνδεση ⟨-ης⟩ F TEL Verbindung f; TEL Anschluss m **σύνδεσμος** [-z-] M Verband m, Verein m; GRAM Konjunktion f
συνδέω a. TEL verbinden; ELEK anschließen
συνδιάλεξη ⟨-ης⟩ F Telefongespräch n; **αστική/υπεραστική ~** Orts-/Ferngespräch n
συνδικαλιστής ⟨-τρια⟩ M(F) Gewerkschaft(l)er(in) m(f)
συνδικάτο [sinði-] N Gewerkschaft f **συνδρομή** F Beistand m; Beitrag m; Abonnement n
συνδρομητής ⟨-τρια⟩ M(F) Abonnent(in) m(f)
συνδυάζω [-ði'azo] kombinieren **συνδυασμός** [-zm-] M Kombination f, Verbindung f
συνεδριάζω [-zo] tagen, e-e Sitzung abhalten **συνεδρίαση** ⟨-ης⟩ [-si] F Tagung f, Sitzung f
συνέδριο [si-] N Kongress m
συνείδηση ⟨-ης⟩ [si'niðisi] F Bewusstsein n; Gewissen n
συνειδητός ⟨-ή, -ό⟩ bewusst
συνέλευση ⟨-ης⟩ [si'nelefsi] F Versammlung f
συνεννόηση ⟨-ης⟩ [sine'noisi] F Verständigung f; Absprache f **συνεννοούμαι** sich verständigen; sich absprechen (**με** mit; **για** über)
συνένοχος [si-] M,F Komplize m, -in f **συνέντευξη** ⟨-ης⟩ [-ndef-] F Interview n
συνέπεια [si-] F Folge f, Konsequenz f; (Aus-)Wirkung f; **κατά ~(ν)** infolgedessen
συνεπής ⟨-ής, -ές⟩ [si-] konsequent **συνεπώς** ADV folglich
συνεργάζομαι zusammenarbeiten; mitwirken **συνεργασία** [-'sia] F Zusammenarbeit f; Mitwirkung f
συνεργάτης ⟨-ιδα⟩ M(F) Mitarbeiter(in) m(f)
συνεργείο [siner'jio] N (Auto-)Werkstatt f
συνέρχομαι [-xo-] zu sich kommen
σύνεση ⟨-ης⟩ ['sinesi] F Einsicht f, Vernunft f
συνεταιρισμός [-zm-] M Genossenschaft f **συνέταιρος** M,F Geschäftspartner(in) m(f)
συνετός ⟨-ή, -ό⟩ umsichtig, vernünftig
συνέχεια[1] [-çia] F Fortsetzung f; Folge f; Kontinuität f; **στη ~, εν συνεχεία** anschließend
συνέχεια[2] [-çia] ADV ständig, andauernd
συνεχής ⟨-ής, -ές⟩ [sine'çis] ständig, andauernd; Dauer-

συνεχίζομαι [-'çizo-] fortdauern; weitergehen; **συνεχίζεται** Fortsetzung folgt **συνεχίζω** fortsetzen; fortfahren
συνέχιση ⟨-ης⟩ [-çisi] F Fortsetzung *f*, Fortdauer *f*
συνεχώς [sine'xos] ständig
συνήγορος M,F (Straf-)Verteidiger(in) *m(f)*
συνήθεια [si-] F (An-)Gewohnheit *f*; Brauch *m*
συνηθίζω [-zo] (sich) (ein-, an)gewöhnen (*akk*; **σε**; **με** an); pflegen (**να** zu); **συνηθίζεται** es ist üblich
συνηθισμένος ⟨-η, -ο⟩ [-zm-] üblich, gewöhnlich; **είμαι ~** ich bin es gewohnt
συνήθως ADV gewöhnlich, meistens **συνημμένος** ⟨-η, -ο⟩ *Brief* beiliegend; *n* Anlage *f*
σύνθεση ⟨-ης⟩ ['sinθesi] F Zusammenstellung *f*; Synthese *f*; MUS Komposition *f*
συνθέτης (-τρια) [si-] M(F) Komponist(in) *m(f)*
συνθετικό [si-] N Bestandteil *m* **συνθετικός** ⟨-ή, -ό⟩ synthetisch
συνθέτω zusammensetzen, -stellen; MUS komponieren
συνθήκες [sin'θi-] FPL Bedingungen *fpl*; Umstände *mpl*; **καιρικές ~** Wetterlage *f*
συνθήκη F Pakt *m*, Vertrag *m*
σύνθημα N Signal *n*, Parole *f*
συνθλίβω [sin-] zerdrücken
συνιστώ ⟨-άς⟩ [si-] empfehlen, anraten
συννεφιά [sine'fja] F Bewölkung *f*; **έχει ~** es ist bewölkt
συννεφιασμένος ⟨-η, -ο⟩ [-fjazm-] bewölkt, wolkig
σύννεφο ['si-] N Wolke *f*
συνοδεία F Begleitung *f*; Gefolge *n* **συνοδεύω** [sino'ðevo] begleiten; mitgehen
συνοδηγός M,F Beifahrer(in) *m(f)* **συνοδός** M,F Begleiter(in) *m(f)*
συνοικία [si-] F Stadtteil *m*
συνολικά ADV insgesamt **συνολικός** ⟨-ή, -ό⟩ [si-] gesamt
σύνολο ['si-] N Gesamtheit *f*; Gesamtbetrag *m*
συνομήλικος ⟨-η, -ο⟩ [sino-] gleichaltrig **συνομιλητής** (**-τρια**) M(F) Gesprächspartner(in) *m(f)*
συνομιλία [si-] F Gespräch *n*
σύνορα NPL (Staats-)Grenze *f*
συνορεύω [sino'revo] (an)grenzen (**με** an)
συνουσία [sinu'sia] F JUR Geschlechtsverkehr *m*
συνοχή [-'çi] F *Text* Zusammenhang *m*
συνταγή [sinda'ji] F MED, GASTR Rezept *n*; **με ~** auf Rezept
σύνταγμα N POL Verfassung *f*
συντάκτης (**-τρια**) [sind-] M(F) Redakteur(in) *m(f)*
σύνταξη ⟨-ης⟩ [-nd-] F Redaktion *f*; Rente *f*; GRAM Syntax *f*

συνταξίδευση ⟨-ης⟩ [-ðefsi] F: **δυνατότητα** F **~ς** Mitfahrgelegenheit *f* **συνταξιδιώτης** (**-ισσα**) [sinda-] M(F) Mitreisende(r) *m,f*
συνταξιούχος [-xos] M,F Rentner(in) *m(f)*
συντήρηση ⟨-ης⟩ [-si] F Erhaltung *f*; *Lebensmittel* Aufbewahrung *f*; *Familie* Unterhalt *m*; *Auto* Wartung *f*
συντηρητικό [-nd-] N Konservierungsstoff *m* **συντηρητικός** ⟨-ή, -ό⟩ konservativ; *pej* bieder
συντηρώ [sindi-] erhalten; *Familie* unterhalten; *Auto* warten; *Lebensmittel* konservieren
σύντομα ['sind-] ADV bald
συντόμευση ⟨-ης⟩ [si-n'dɔmɛfsi] F Abkürzung *f*
συντομεύω [-ndo'mevo] *Dauer, Weg* abkürzen; *Text* kürzen **συντομία** F *zeitlich* Kürze *f* **συντομογραφία** [-ɣra-] F Abkürzung *f*
σύντομος ⟨-η, -ο⟩ *Zeit* kurz
συντονίζω [-zo] koordinieren **συντονισμός** M Koordination *f*
συντρίβω [sin'dri-] *a. fig* zertrümmern, zerschmettern **συντρίμμια** [-mja] NPL Trümmer *pl*
συντροφεύω [sindro'fevo] Gesellschaft leisten (*akk dat*)
συντροφιά [sindro'fja] F Gesellschaft *f*; **κρατώ/κάνω ~** Gesellschaft leisten (**σε** *dat*)
σύντροφος (*a.* **-ισσα** F) ['sind-] M,F Kamerad *m*; Genosse *m*, -in *f*; Gefährte *m*, -in *f*; Lebenspartner(in) *m(f)*
συνωμοσία [sinomo'sia] F Verschwörung *f* **συνωμότης** (**--τρια**) M(F) Verschwörer(in) *m(f)* **συνωμοτώ** sich verschwören
συνωστίζομαι [si-] sich drängen
σύρμα ['si-] N Draht *m*
συρματόσχοινο N Drahtseil *n*
συρτάκι [si-] N *Art Tanz* Sirtaki *m* **συρτάρι** N Schublade *f*
συσκευάζω [-ev-] verpacken **συσκευασία** [-'sia] F (Ver-)Packung *f* **συσκευή** F Gerät *n*, Apparat *m*; **~ πλοήγησης** Navigationsgerät *n*, *umg* Navi *n*
συσσωρευτής [-ft-] M ELEK Akku(mulator) *m*
σύσταση ⟨-ης⟩ ['sistasi] F Zusammensetzung *f*; Gründung *f*; Empfehlung *f*; Referenz *f*
συστατικό N Bestandteil *m*
σύστημα ['sistima] N System *n*; Methode *f*
συστηματικός ⟨-ή, -ό⟩ [si-] systematisch **συστημένος** ⟨-η, -ο⟩ *Brief* eingeschrieben
συστήνομαι *beim Kennenlernen* sich vorstellen **συστήνω** [si-] vorstellen, bekannt machen (**σε** mit); empfehlen; **να σου συστήσω τη Μαρία** darf ich dir Maria vorstellen?

σύφιλη ['si-] F Syphilis *f*
συχνά [si'xna] ADV oft **συχνός** ⟨-ή, -ό⟩ häufig, ständig **συχνότητα** F Häufigkeit *f*; PHYS Frequenz *f*
σφαγείο [-'jio] N Schlachthof *m* **σφαγή** [-'ji] F *fig* Massaker *n*
σφάζω [-zo] (ab)schlachten
σφαίρα F *a. Gewehr* Kugel *f*; *fig* Bereich *m*, Sphäre *f*
σφαιρικός ⟨-ή, -ό⟩ kugelförmig; rund; *fig* global **σφαιροβολία** F Kugelstoßen *n*
σφάλμα N Irrtum *m*; Versehen *n*; *den man macht* Fehler *m*
σφεντόνα [-nd-] F Schleuder *f*
σφήκα F Wespe *f*
σφίγγομαι ['sfiŋgome] sich schmiegen (**πάνω σε** an) **σφίγγω** drücken, pressen; festbinden; *Kleidung* einengen; *Faust* ballen; *Haut* straffen
σφιχτός ⟨-ή, -ό⟩ fest, prall; hart; *Haut* straff
σφοδρός ⟨-ή, -ό⟩ heftig, gewaltig **σφοδρότητα** F Heftigkeit *f*
σφουγγάρι [-ŋ'g-] N Schwamm *m* **σφουγγαρίζω** (auf)wischen, schrubben **σφουγγαρόπανο** N Scheuerlappen *m*
σφραγίδα [-'ji-] F Stempel *m*; Siegel *m* **σφραγίζω** stempeln; versiegeln; *Zahn* plombieren
σφράγισμα N (Zahn-)Plombe *f*
σφυγμός M Puls(schlag) *m*
σφυρί N Hammer *m*
σφυρίζω [-zo] (aus)pfeifen; *j-n* verpfeifen (**σε** bei); zischen **σφυρίχτρα** [-xtra] F (Triller-)Pfeife *f*
σχ-, -σχ- → **σκ-, -σκ-**
σχάρα ['sxa-] F Grill-, Bratrost *m*; **της ~ς** gegrillt
σχεδία [sçe'ðia] F Floß *n*
σχεδιάγραμμα [sçeði-] N Plan *m*, Grundriss *m* **σχεδιάζω** zeichnen, entwerfen; *fig* planen
σχεδιασμός [-zm-] M Planung *f* **σχεδιαστής (-τρια)** [sçeði-] M(F) Zeichner(in) *m(f)*
σχέδιο ['sçe-] N Skizze *f*; Plan *m*; Entwurf *m*, Konzept *n*; *Stoff* Muster *n*
σχεδόν [sçe-] fast, beinah(e)
σχέση ⟨-ης⟩ ['sçesi] F *menschliche* Beziehung *f*; Bezug *m*; Zusammenhang *m*
σχετικά [sçe-] ADV in Bezug (**με** auf), bezüglich (**με** *gen*) **σχετικός** ⟨-ή, -ό⟩ betreffend; relativ; entsprechend
σχήμα ['sçi-] N Form *f*; Schema *n*; Format *n*
σχηματίζομαι [sçima'tizo-] sich bilden, entstehen **σχηματίζω** bilden; formen
σχίζομαι ['sçizo-] *von selbst* aufreißen; sich spalten **σχίζω** *etw* ab-, auf-, ein-, *a. Seele* zer-, durchreißen; spalten

σχισμένος ⟨-η, -ο⟩ [sçi'zme-] zerrissen **σχισμή** F Ritze *f*, Riss *m*
σχιστόλιθος M Schiefer *m*
σχοινί [sçi-] N Seil *n*, Strick *m*; (Wäsche-)Leine *f* **σχοινόπρασο** [-so] N Schnittlauch *m*
σχόλασμα N Feierabend *m*
σχολαστικός ⟨-ή, -ό⟩ pedantisch; *m,f* Pedant(in) *m(f)*
σχολείο N Schule *f*; **πάω (στο) ~** zur/ in die Schule gehen
σχολή [sxo'li] F Akademie *f*, Fachschule *f*; Fakultät *f*; **~ οδηγών** Fahrschule *f*
σχολιάζω [sxoli'azo] kommentieren
σχολικός ⟨-ή, -ό⟩ Schul-; schulisch
σχόλιο ['sxo-] N Kommentar *m*
σώβρακο N (Herren-) Unterhose *f*
σώζομαι sich retten **σώζω** ['sozo] retten (**από** vor)
σωληνάριο [-rio] N Tube *f*
σωλήνας M Rohr *n*; Röhre *f*; Wasserleitung *f*
σώμα ['soma] N Körper *m*; Körperschaft *f*; **~ του καλοριφέρ** Heizkörper *m*
σωματείο [so-] N Verband *m*, Verein *m*
σωματικός ⟨-ή, -ό⟩ [so-] körperlich **σωματώδης** ⟨-ης, -ες⟩ korpulent
σώος ⟨-α, -ο⟩ heil, unversehrt
σωπαίνω (still)schweigen; **σώπα!** schweig!; was du nicht sagst!
σωρός M Haufen *m*; Menge *f*; **ένα σωρό λεφτά** ein Haufen Geld
σωσίας [so'si-] M,F Doppelgänger(in) *m(f)* **σωσίβιο** N Rettungsring *m*; Schwimmweste *f*
σωστά [so-] ADV richtig, recht
σωστός ⟨-ή, -ό⟩ richtig; korrekt, recht; **(δεν) είναι σωστό** das stimmt (nicht)
σωτήρας [so-] M,F Retter(in) *m(f)* **Σωτήρας** M REL Erlöser *m*
σωτηρία [so-] F Rettung *f*; REL Erlösung *f*

Τ

τα¹ [ta] NPL ART *nom, akk* die
τα² [ta] NPL PERS PR sie
ταβάνι N (Zimmer-)Decke *f*
ταβέρνα F Taverne *f*
τάβλι N Backgammon *n*
ταγγός ⟨-ή, -ό⟩ [-ŋg-] ranzig
ταγέρ ⟨-⟩ N (Damen-)Kostüm *n*
ταγκό ⟨-⟩ [taŋ'go] N Tango *m*
τάδε: **ο ~** der und der; **η ~** die und die; **το ~** das und das; *Person* Soundso
ταΐζω [ta'izo] füttern

ταινία F Band *n*; (Kino-)Film *m*; ~ **κινουμένων σχεδίων** Zeichentrickfilm *m*; **ελαστική** ~ Gummiband *n*

ταιριάζω [te'rjazo] passen (**με** zu); zusammenpassen

ταιριαστός ‹-ή, -ό› passend

τακούνι N (Schuh-)Absatz *m*

τακτ ‹-› N Takt *m*, Feingefühl *n*

τακτικά ADV regelmäßig **τακτική** F Taktik *f* **τακτικός** ‹-ή, -ό› regelmäßig; ordentlich

τακτοποιώ in Ordnung bringen; *Bücher* einräumen; *Wohnung* aufräumen; (ein)ordnen; regeln; erledigen

ταλαιπωρία F Strapaze *f* **ταλαιπωρούμαι** sich plagen **ταλαιπωρώ** plagen, strapazieren

ταλαντεύομαι [-n'devo-] schwingen; schwanken

ταλέντο N Talent *n* (**για** für)

ταλκ ‹-› N Babypuder *m*

τάμα N Gelübde *n*; Weihgabe *f*

ταμείο N Kasse *f*; ~ **υγείας** Krankenkasse *f* **ταμιευτήριο** [-e'ftirio] N Sparkasse *f*; **ταχυδρομικό** ~ Postsparkasse *f*

ταμπέλα [-'be-] F Schild *n* **ταμπεραμέντο** [-mb-] N Temperament *n* **tablet** N Tablet *n*, Tablet-PC *m* **ταμπλό** ‹-› [-'blo] N Armaturenbrett *n*

ταμπόν ‹-› [-mb-] N Tampon *m*

ταμπούρλο [-'bu] N Trommel *f*

τανάλια [-ʎa] F (Kneif-)Zange *f*

τάξη ‹-ης› F Ordnung *f*; *Schule, Steuer* Klasse *f*; Stand *m*; **πρώτης τάξης** erstklassig

ταξί ‹-› N Taxi *n*

ταξιδεύω [-i'ðevo] reisen (**για** nach), verreisen, fahren

ταξίδι N Reise *f*; Fahrt *f*; **καλό ~!** gute Reise!; **πάω** ~ verreisen; **είμαι** ~ verreist sein; **γαμήλιο** ~ Hochzeitsreise *f*

ταξιδιώτης (**-ισσα**) [-'ðjotis] M(F) Reisende(r) *m,f*

ταξίμετρο N Taxameter *n*

ταξιτζής ‹-ήδες› [-'dzis] (**-ού, -ίνα**) M(F) Taxifahrer(in) *m(f)*

τάπα F Korken *m*; Stöpsel *m*

ταπεινός ‹-ή, -ό› bescheiden *f*

ταπεινοφροσύνη [-'si-] F Bescheidenheit *f* **ταπεινώνω** erniedrigen, demütigen

ταπέτο N *Teppich* Läufer *m*

ταπετσαρία [-ts-] F Tapete *f*; **καθίσματος** Sitzpolster *n*

ταραγμένος ‹-η, -ο› *Person* aufgeregt; *Meer, Zeit* bewegt

ταράζομαι [-zo-] sich aufregen **ταράζω** erschüttern

ταραμοσαλάτα [-sa-] F Fischrogencreme *f*

ταράτσα [-tsa] F Terrasse *f*

ταραχή [-'çi] F Bewegung *f*; Unruhe *f*; Aufruhr *f*, Aufregung *f*

ταρίφα F Tarif *m*

ταςάκι [-s-] N Aschenbecher *m*

τάση ⟨-ης⟩ [-si] F Tendenz *f*; ELEK Spannung *f*

ταύρος ['tavros] M Stier *m*

Ταύρος M ASTROL Stier *m*

ταυτίζω identifizieren

ταύτιση ⟨-ης⟩ ['taftisi] F Identifizierung *f*

ταυτότητα [ta'fto-] F Identität *f*; Personalien *pl*; (Personal-)Ausweis *m*

ταυτόχρονος ⟨-η, -ο⟩, **ταυτοχρόνως** ADV gleichzeitig

ταφή F Beerdigung *f*

ταφόπετρα F Grabstein *m*

τάφος M Grab *n*

τάχα ADV angeblich; vielleicht

ταχεία [-'çia] (**αμαξοστοιχία**) F Schnellzug *m*

ταχυδρομείο [taçiðro'mio] N Post(amt) *f*(*n*); **κεντρικό ~** Hauptpostamt *n*; **με το ~** mit der Post; **ηλεκτρονικό ~** E-Mail *f* **ταχυδρομικώς** [-çi-] ADV mit der Post®, per Post® **ταχυδρόμος** [-çi-] M,F Briefträger(in) *m*(*f*)

ταχύμετρο N Tachometer *n*

ταχύς ⟨-εία, -ύ⟩ [-'çis] schnell; beschleunigt **ταχύτερος** ⟨-η, -ο⟩ schnellere; **το ταχύτερο (δυνατό)** möglichst bald

ταχύτητα [-'çi-] F Geschwindigkeit *f*; Schnelligkeit *f*; Tempo *n*; AUTO Gang *m*; **αλλάζω ~** den Gang wechseln

τείνω tendieren (**προς** zu); *Hand* ausstrecken

τείχος ['tixos] N Mauer *f*

τελεία F GRAM Punkt *m*

τελειοποιώ vollenden; vervollkommnen

τέλειος ⟨-α, -ο⟩ vollkommen; vollendet; perfekt

τελειότητα F Vollkommenheit *f*, Vollendung *f*; Perfektion *f*

τελειωμένος ⟨-η, -ο⟩ fertig, beendet; *umg* fertig, erledigt

τελειώνω [-li'o-, -'ʎo-] beend(ig)en; enden (**σε** auf), aufhören; *Geld* ausgehen; **τέλειωσε** es ist vorbei; es ist alle

τελείως [te'lios] ADV vollkommen, völlig

τελειωτικός ⟨-ή, -ό⟩ endgültig

τελευταία [tele'ftea] ADV neulich, kürzlich **τελευταίος** ⟨-α, -ο⟩ letzte; *Ereignis* jüngste, neu

τελεφερίκ ⟨-⟩ N Seilbahn *f*

τέλη NPL Gebühren *fpl*; **ταχυδρομικά ~** Porto *n*

τελικά ADV letztendlich; schließlich **τελικός** ⟨-ή, -ό⟩ End-; **~ αγώνας** *m* Finale *n*

τέλος[1] N *a. räumlich* Ende *n*; (Ab-)Schluss *m*; **στο ~** zum Schluss, *a. zeitlich* am Ende; **τέλη Μαΐου** Ende Mai

τέλος[2] N Gebühr *f*; Zoll *m*

τελωνειακός M,F Zollbeamte(r) *m*, -in *f* **τελωνείο** N Zollamt *n*

τεμπέλης ⟨-α, -ικο⟩ [-mb-] faul; träge; Nichtstuer *m*

τεμπελιά [-'ʎa] F Faulheit *f*; **από ~** aus Faulheit

τεμπελόσκυλο N Faulpelz *m*

τέμπο ‹-› [-mbo] N Tempo *n*

τενεκές ‹-έδες› M Blech *n*; Blechdose *f*

τένις ‹-› N Tennis *n*

τένοντας [-nd-] M Sehne *f*

τέντα [-nda] F Markise *f*

τεντώνω spannen; (aus)strecken, (aus)dehnen

τέρας ‹-ατα› N Ungeheuer *n*

τεράστιος ‹-α, -ο› enorm, riesig; *fig* ungeheuer

τερηδόνα F MED Karies *f*

τέρμα N Ende *n*; Ziel *n*; Endhaltestelle *f*; *Sport* Tor *n*

τερματοφύλακας M,F Torwart *m*

τέσσερα [-se-] vier; *n* Vier *f*

τέσσερεις ‹-εις, -α› [-se-] vier

τεστ ‹-› N Test *m*; **~ ταχείας διάγνωσης κορωνοϊού** MED Corona-Schnelltest *m*

Τετάρτη F Mittwoch *m*; **την ~** am Mittwoch; mittwochs

τέταρτο N *Uhrzeit*, MATH Viertel *n*; Viertelstunde *f*; **(είναι) έξι και ~** (es ist) Viertel nach sechs **τέταρτον** ADV viertens

τέταρτος ‹-η, -ο› vierte

τέτοιος ‹-α, -ο› ['tetjos] solch eine(r, -s) solche(r, -s); derart(ig), so (**που** dass)

τετράγωνο [-ɣo-] N Viereck *n*; Quadrat *n* **τετράγωνος** ‹-η, -ο› viereckig; quadratisch

τετράδιο N (Schreib-)Heft *n*

τετραπλάσιος ‹-α, -ο› [-si-] vierfach

τεύχος ['tefxos] N (Lese-)Heft *n*, Broschüre *f*

τέχνασμα ['texnazma] N Kniff *m*, Trick *m*, List *f*

τέχνη ['texni] F Kunst *f*; Geschick *n*; Handwerk *n*; **έργο** *n* **~ς** Kunstwerk *n*

τεχνητός ‹-ή, -ό› künstlich

τεχνική F Technik *f* **τεχνικός¹** ‹-ή, -ό› Fach-; technisch

τεχνικός² M,F Techniker(in) *m(f)*

τεχνίτης (**-τρια**) M(F) Handwerker(in) *m(f)*; *fig* geschickt, Meister(in) *m(f)*

τεχνολογία F Technologie *f*

τεχνολογικός ‹-ή, -ό› technologisch

τεχνοτροπία F *Kunst* Stil *m*

τέως ADV Ex-; ehemalig; **ο ~ βασιλιάς** *m* der Exkönig *m*

τζαζ ‹-› [dzaz] F Jazz *m*

τζάκι ['dzaki] N Kamin *m*

τζάμι ['dzami] N Glasscheibe *f*; Fensterscheibe *f*

τζαμί [dza-] N Moschee *f*

τζάμπα ['dzaba] umsonst, gratis; *Mühe* vergebens

τζατζίκι [dza'dziki] N *Knoblauchcreme mit Joghurt*

τζετ ‹-› [dzet] N Düsenflugzeug *n*

τζιν¹ ‹-› [dzin] N Jeans *pl*; **παντελόνι ~** Jeanshose *f*

τζιν² ‹-› [dzin] N *Getränk* Gin *m*

τζιπ ‹-› [dzip] N Jeep® *m*

τζίτζικας ['dzidzi-] M, **τζι-**

τζίκι N Grille *f*, Zikade *f*
τζόγκινγκ ⟨-⟩ ['dzoging] N Jogging *n*; **κάνω ~** joggen
τηγανητός ⟨-ή, -ό⟩ in der Pfanne gebraten
τηγάνι N (Brat-)Pfanne *f*
τηγανίτα F *Art* Pfannkuchen *m*
τηλεθεατής M Fernsehzuschauer(in) *m(f)*
τηλεκάρτα F Telefonkarte *f*
τηλεοπτικός ⟨-ή, -ό⟩ Fernseh-; **τηλεοπτικό πρόγραμμα** *n* Fernsehprogramm *n*
τηλεόραση ⟨-ης⟩ [-si] F Fernsehen *n*; Fernsehapparat *m*; **βλέπω ~** fernsehen; **καλωδιακή ~** Kabelfernsehen *n*
τηλεπάθεια F Telepathie *f*
τηλεπαθητικός ⟨-ή, -ό⟩ telepathisch **τηλεπαρουσιαστής** (**-τρια**) M(F) Fernsehansager(in) *m(f)*
τηλεπικοινωνία F Telekommunikation *f* **τηλεσκόπιο** N Teleskop *n*
τηλεφακός M Teleobjektiv *n*
τηλεφώνημα N Telefonat *n*, Anruf *m*; **αστικό/υπεραστικό ~** Orts-/Ferngespräch *n*
τηλεφωνητής (**-τρια**) M(F) Telefonist(in) *m(f)*; **αυτόματος ~** Anrufbeantworter *m*
τηλεφωνικός ⟨-ή, -ό⟩ telefonisch; Telefon-; **~ κατάλογος** *m* Telefonbuch *n*
τηλέφωνο [ti'lefono] N Telefon *n*; **παίρνω ~** anrufen (*akk akk*); **πάρε με ~!** ruf mich an!
τηλεφωνώ anrufen (*akk akk*), telefonieren (**σε** mit) **τηλεχειριστήριο** N Fernbedienung *f*
τη(ν)[1] [ti(n)] F ART *akk* sie
τη(ν)[2] F PERS PR sie *f*; ihr *f*
τηρώ einhalten; bewahren; *Wort* halten; *Anweisung* befolgen; *Ordnung* aufrechterhalten
της[1] [tis] F ART *gen* der
της[2] F PERS PR ihr; sie
της[3] F POSS PR ihr(e, -er, -es)
τι was für eine(r, -s), was für ...?; **~**; was?
τίγρη ⟨-ης⟩ F Tiger *m*
τιμή F Preis *m*; Ehre *f*; MED, PHYS Wert *m*; HANDEL Kurs *m*; **~ς ένεκεν** ehrenhalber; **μετά ~ς** hochachtungsvoll
τίμιος ⟨-α, -ο⟩ ehrlich
τιμιότητα F Ehrlichkeit *f*
τιμοκατάλογος [-γos] M Preisliste *f* **τιμολόγιο** [-jio] N Preisliste *f*; Rechnung *f*
τιμόνι N Steuer *n*; Lenkrad *n*
τιμώ ⟨-άς⟩ ehren; schätzen
τιμωρία F Strafe *f* **τιμωρούμαι** bestraft werden **τιμωρώ** (be)strafen
τινάζω [-zo] (ab-, aus)schütteln; *Teppich* ausklopfen; *umg* **τα ~** krepieren, abkratzen
τίνος wessen; **~ είναι ...;** wem gehört ...?; **περί ~ πρόκειται;** worum handelt es sich?; → **ποιος**
τίποτα, **τίποτε** *ohne Verneinung* etwas; *Verneinung* gar nichts; **~ άλλο;** noch etwas?;

~ **άλλο** sonst nichts; *auf Dank* ~! keine Ursache!, nichts zu danken!

τιρμπουσόν ⟨-⟩ [tirbu'son] N Korkenzieher *m*

τις[1] [tis] FPL ART *akk* die

τις[2] [tis] FPL PERS PR *akk* sie *fpl*

τίτλος M *Buch* Titel *m*; *Zeitung* Schlagzeile *f*

τμήμα N Teil *m*; Abschnitt *m*; *Behörde, Geschäft* Abteilung *f*

τμηματάρχης [-çis] M,F Abteilungsleiter(in) *m(f)*

το[1] [to] N ART *nom, akk* das; ~ **και** ~ dies und das

το[2] N PERS PR es; **το ξέρεις;** kennst du es?; weißt du es?

τοιχογραφία F Wandmalerei *f*

τοίχος [-x-] M Wand *f*, Mauer *f*

τοκετός M Entbindung *f*, Geburt *f* **τοκίζω** [-zo] verzinsen

τοκογλυφία F Wucher *m*

τόκοι MPL, **τόκος** M Zinsen *mpl*

τόλμη F Kühnheit *f* **τόλμημα** N Wagnis *n*

τολμηρός ⟨-ή, -ό⟩ kühn **τολμώ** ⟨-άς⟩ wagen (**να** zu)

τομάρι N Fell *n*; *umg* Schuft *m*

τομέας ⟨-είς⟩ M Sektor *m*; (Fach-)Gebiet *n*, Bereich *m*

τομή F (Ein-)Schnitt *m*

τόμος M *Buch* Band *m*

το(ν) [to(n)] M ART *akk* den

τον [ton] M PERS PR ihn; ihm

τονίζω *a.* GRAM betonen **τονισμός** [-z-] M GRAM Betonung *f*

τόνος[1] M T(h)unfisch *m*

τόνος[2] M MUS Ton *m*; Tonfall *m*; GRAM Akzent *m*

τόνος[3] M *Maß* Tonne *f*

τονώνω *a. Moral* stärken

τόνωση ⟨-ης⟩ [-si] F Kräftigung *f*; *Moral* Stärkung *f*

τοξικομανής ⟨-είς⟩ M,F Drogensüchtige(r) *m,f* **τοξικός** ⟨-ή, -ό⟩ toxisch, giftig

τόξο N Bogen *m*; Pfeil *m*; **ουράνιο** ~ Regenbogen *m*

Τοξότης M ASTROL Schütze *m*

τοπικός ⟨-ή, -ό⟩ örtlich; hiesig; regional; **τοπική ώρα** *f* Ortszeit *f*

τοπίο N Landschaft *f*

τοποθεσία [-'sia] F *e-s Ortes* Lage *f*; Gegend *f* **τοποθετώ** (auf)stellen, legen; *j-n* anstellen

τόπος M Ort *m*, Platz *m*; Stelle *f*; **επί τόπου** an Ort und Stelle; **κατά τόπους** stellenweise

τόσο ['toso] *vor* ADJ *u.* ADV so; so viel, so sehr, dermaßen, derart(ig) (**που** dass); desto; ~ ... **όσο** so ... wie; ~ **το καλύτερο** umso besser

τόσος ⟨-η, -ο⟩ ['tosos] so viel; solche(r, -s)

τοστ ⟨-⟩ [tost] N Toast(brot) *m(n)*

τότε dann; damals; *adj* damalig; **από** ~ seitdem; **από** ~ **που** seitdem ...; ~ **που** ... damals, als ...

του[1] [tu] M,N ART *gen* des
του[2] [tu] PERS PR ihm; ihn
του[3] POSS PR sein(e, -er, -es)
τουαλέτα [tua'leta] F Klo *n*, Toilette *f*
τούβλο N Ziegel(stein) *m*
τουλάχιστον [tu'laxi-] wenigstens, mindestens
τουλίπα F Tulpe *f*
τούνελ ⟨-⟩ N Tunnel *m*
τουρισμός [-zm-] M Tourismus *m* **τουρίστας (-τρια)** M(F) Tourist(in) *m(f)* **τουριστικός** ⟨-ή, -ό⟩ touristisch; Touristen-
Τουρκία F Türkei *f* **Τουρκικά** NPL Türkisch *n* **τουρκικός** ⟨-ή, -ό⟩, **τούρκικος** ⟨-η, -ο⟩ türkisch **Τούρκος (-άλα)** M(F) Türke (-in) *m(f)*
τουρμπίνα [-'bi-] F Turbine *f*
τουρνέ ⟨-⟩ F Tournee *f* **τουρσί** [-'si] N eingelegte(s) Gemüse *n*
τούρτα F Torte *f*
τους[1] [tus] ART MPL *akk* die
τους[2] [tus] PERS PR PL sie *pl*
τους[3] POSS PR ihr
τούφα F (Haar-)Büschel *n*
τουφέκι N Gewehr *n*
τουφεκίζω [-zo] erschießen
τραβώ ⟨-άς⟩ (heraus)ziehen (**από** an), reißen; zerren; *fig* (er)leiden; *umg* verlocken; *Geld* abheben; *Messer* ziehen; *Vorhang* zuziehen; *Foto* machen
τραγανίζω [-zo] knabbern
τραγανός ⟨-ή, -ό⟩ knusprig
τραγικός ⟨-ή, -ό⟩ [-ji-] tragisch **τραγικότητα** F Tragik *f*
τράγος [-ɣ-] M Ziegenbock *m*
τραγούδι [-'ɣuði] N Lied *n*; **λέω ένα ~** ein Lied singen
τραγουδιστής (-τρια) M(F) Sänger(in) *m(f)* **τραγουδώ** ⟨-άς⟩ singen
τραγωδία F *a. fig* Tragödie *f*
τρακάρισμα [-zma] N *Auto umg* Zusammenstoß *m* **τρακάρω** *Auto* zusammenstoßen, auffahren
τρακτέρ ⟨-⟩ N Traktor *m*
τραμ ⟨-⟩ N Straßenbahn *f*
τραμπολίνο N Trampolin *n*
τραντάζω [-'ndazo] (durch)rütteln; erschüttern
τράπεζα [-za] F Bank *f*; **Αγία Τράπεζα** Altar *m*; **~ πληροφοριών** Datenbank *f*
τραπεζαρία [-za-] F Esszimmer *n*
τραπέζι [-zi] N Tisch *m*; **στο ~** bei Tisch
τραπεζίτης [-'zi-] M Bankier *m*; *Zahn* Backenzahn *m* **τραπεζογραμμάτιο** [-zo-] N Banknote *f* **τραπεζομάντιλο** N Tischdecke *f*
τράπουλα F Spielkarten(satz *m*) *fpl*
τραυλίζω [tra'vlizo] stottern
τραύλισμα [-zma] N Stottern *n*
τραύμα ['travma] N Verletzung *f*, Wunde *f*
τραυματίας [travm-] M,F Verletzte(r) *m,f* **τραυματίζομαι**

[-zo-] sich verletzen **τραυματίζω** verletzen
τραυματισμένος ⟨-η, -ο⟩ [-zm-] verletzt **τραυματισμός** M Verwundung *f*, Verletzung *f*
τραχεία [-'çia] F Luftröhre *f*
τραχύς ⟨-εία, -ύ⟩ [-'çis] rau; *fig* barsch, schroff; derb
τρεις ⟨τρεως, τρία⟩ [tris] drei
τρεισήμισι [-si] halb vier
τρέλα F Wahnsinn *m*; Dummheit *f*; *umg* **είναι ~!** es ist irre!
τρελαίνομαι verrückt, wahnsinnig werden; verrückt sein (**για** nach) **τρελαίνω** verrückt machen
τρελός ⟨-ή, -ό⟩ verrückt, irre
τρεμοσβήνω [-zv-] flackern
τρέμω zittern (**από** vor); *a. Erde* beben
τρένο N Zug *m*, Eisenbahn *f*
τρέπω: **~ σε φυγή** in die Flucht schlagen
τρέφομαι sich ernähren **τρέφω** ⟨έθρεψα⟩ mästen; *a. Familie* (er)nähren
τρέχω ['trexo] laufen; rennen; schnell fahren; *Wasser* fließen; **τι τρέχει;** was ist los?
τρία N drei; *n* Drei *f*
τριάντα [-nd-] dreißig
τριαντάφυλλο [-nd-] N Rose *f*
τριάρι N Dreizimmerwohnung *f*
τριβή F TECH, *a. fig* Reibung *f*
τρίβομαι sich abnutzen, verschleißen **τρίβω** (ab)- reiben; verschleißen; *Kleidung* abnutzen; MED einreiben
τριγυρίζω, **τριγυρνώ** ⟨-άς⟩ umhergehen; sich herumtreiben
τρίγωνο N Dreieck *n* **τρίγωνος** ⟨-η, -ο⟩ dreieckig
τρίζω [-zo] knarren; *mit den Zähnen* knirschen
τρικλίζω [-zo] torkeln
τρίκυκλο N Dreirad *n*
τρικυμία F Sturm *m* **τρικυμιώδης** ⟨-ης, -ες⟩ *Meer* stürmisch
τρίμματα NPL Krümel *mpl*
τριμμένος ⟨-η, -ο⟩ gerieben; *Kleid* abgetragen; abgenutzt
τριπλάσιος ⟨-α, -ο⟩, **τριπλός** ⟨-ή, -ό⟩ dreifach
τρίποδο N Stativ *n*
Τρίτη ['triti] F Dienstag *m*; **την ~** am Dienstag; dienstags
τρίτο N Drittel *n* **τρίτον** ADV drittens **τρίτος** ⟨-η, -ο⟩ dritte
τριφύλλι N Klee *m*
τρίχα ['trixa] F Haar *n*; **παρά ~** um ein Haar; **στην ~** piekfein
τριχόπτωση ⟨-ης⟩ [-si] F Haarausfall *m* **τριχοφυΐα** F Haarwuchs *m*
τρίχωμα [-xo-] N Fell *n*
τρίψιμο N Reiben *n*; MED Einreibung *f*; *Kleid* Abnutzung *f*
τρόλεϊ ⟨-⟩ [-lei] N Oberleitungsbus *m*
τρομάζω [-zo] *a. j-n* erschrecken, e-n Schreck bekommen
τρομακτικός ⟨-ή, -ό⟩ ent-

setzlich, erschreckend
τρομάρα F Schreck(en) *m*
τρομερός ‹-ή, -ό› schrecklich; *fig* fantastisch, gewaltig
τρομοκράτης (-ισσα) M(F) Terrorist(in) *m(f)* **τρομοκρατία** F Terror(ismus) *m* **τρομοκρατικός** ‹-ή, -ό› terroristisch; Terror- **τρομοκρατώ** terrorisieren
τρόμος M Schreck(en) *m*, Entsetzen *n*; Gräuel *m*
τρόμπα [-mba] F Pumpe *f*
τρομπέτα F Trompete *f*
τρομπόνι [-mb-] N Posaune *f*
τροπή F *fig* Wendung *f*
τροπικός ‹-ή, -ό› tropisch; **τροπικές χώρες** *fpl* Tropen *pl*
τρόποι MPL Umgangsformen *fpl*, Manieren *fpl*
τροποποίηση ‹-ης› F Abänderung *f*; Modifikation *f* **τροποποιώ** abändern; modifizieren
τρόπος M Art und Weise *f*; *fig* Mittel *n*, Weg *m*; **με κάθε τρόπο** unter allen Umständen; **με τον τρόπο αυτό** auf diese Weise
τρούλος M Kuppel *f*
τροφή F Nahrung *f*; Kost *f*
τρόφιμα NPL Lebensmittel *npl*
τροχαία [-'çea] F Verkehrspolizei *f* **τροχίζω** [-'çizo] schleifen **τροχονόμος** [-xo-] M,F Verkehrspolizist(in) *m(f)*
τροχοπέδη [-xo-] F Fußbremse *f* **τροχοπέδιλο** N Rollschuh *m*
τροχός [-'xos] M Rad *n*; **οδοντωτός ~** Zahnrad *n*
τροχόσπιτο N Wohnwagen *m* **τροχοφόρο** N *amtl* Fahrzeug *n*
τρύγος [-γos] M Weinlese *f*
τρυγώ ‹-άς› [-'γo] Wein lesen; *fig* ernten
τρύπα F Loch *n*; *umg* Bude *f*
τρυπάνι N Bohrer *m* **τρυπητήρι** N (Papier-)Locher *m*
τρύπιος ‹-α, -ο› [-pjos]: **είμαι ~** ein Loch haben
τρυπώ ‹-άς› (durch)bohren; lochen; stechen; *Kleid* ein Loch bekommen **τρυπώνω** schlüpfen; *Stoff* heften
τρυφερός ‹-ή, -ό› zart; zärtlich **τρυφερότητα** F Zartheit *f*; Zärtlichkeit *f*
τρώγομαι *umg* sich zanken; **δεν τρώγεται** es ist nicht genießbar/essbar
τρώ(γ)ω ‹τρως, έφαγα› ['tro(γ)o] essen; *Tier* fressen; *umg Geld* verbraten; *Kummer* verzehren; *umg* abkaufen; *umg* quälen; **με τρώει** es juckt mich
τσαγιέρα [-'je-] F Teekanne *f*
τσαγκάρης ‹-ηδες› [-ŋ'ga-] M Schuster *m*
τσάι ‹τσαγιού, *pl* τσάγια› ['tsai] N Tee *m*; **~ του βουνού** *etwa* Bergkräutertee *m*
τσακίζομαι [-zo-] *umg* sich abmühen; *umg* **τσακίσου!** hau ab! **τσακίζω** zerbrechen; zerdrücken; *Papier* kni-

cken
τσάκιση [-si] F (Bügel-)Falte *f*
τσακωμός M Zank *m*
τσακώνομαι sich zanken **τσακώνω** schnappen; ertappen
τσαλακώνω (zer)knittern **τσαλαπατώ** ⟨-άς⟩ zertrampeln, zertreten
τσάντα ['tsanda] F (Hand-)Tasche *f* **τσάπα** F Hacke *f*
τσαπατσούλης ⟨-α, -ικο⟩ schlampig **τσαπατσουλιά** [-'ʎa] F Schlamperei *f*
τσάρτερ ⟨-⟩ N Chartermaschine *f*; **πτήση** *f* ~ Charterflug *m*
τσεκ ⟨-⟩ [tsek] N Scheck *m*; **ταξιδιωτικό** ~ Reisescheck *m*
τσεκάρω checken
τσεκούρι N Axt *f*, Beil *n*
τσέπη F (Kleider-)Tasche *f*
τσεπώνω *umg* in die (eigene) Tasche stecken
Τσεχία [-'çia] F Tschechien *n* **Τσεχικά** NPL Tschechisch *n* **τσεχικός** ⟨-ή, -ό⟩ tschechisch
Τσέχος ⟨-α⟩ M(F) Tscheche *m*, -in *f*
τσηρώτο N MED Heftpflaster *n*
τσιγάρο [tsi'ɣaro] N Zigarette *f*; ~ **φίλτρου** Filterzigarette *f*
τσιγαρόχαρτο [-xa-] N Zigarettenpapier *n* **τσιγγάνος** ⟨--α⟩ [tsiŋ'ga-] M(F) *pej* Zigeuner(in) *m(f)*
τσιγγουνεύομαι [-ŋgu'nevo-] knausern **τσιγγούνης** ⟨-α, -ικο⟩ geizig
τσιγκέλι [tsiŋ'ge-] N Haken *m*
τσίγκος ['tsiŋgos] M Zink *n*
τσιμέντο [-ndo] N Zement *m*
τσίμπημα N (Insekten-)Stich *m*
τσιμπιδάκι N, **τσιμπίδι** N Pinzette *f*
τσιμπούρι N ZOOL Zecke *f*
τσιμπώ ⟨-άς⟩ zwicken; picken; *Insekt* stechen; *Fisch, a. fig* anbeißen
τσιπ ⟨-⟩ [tsip] N COMPUT Chip *m*
τσιπούρα F Goldbrasse *f*
τσίπουρο N Tresterschnaps *m*
τσιππούρα F Goldbrasse *f*
τσίρκο N *a. fig* Zirkus *m*
τσίχλα [-xla] F Kaugummi *m*
τσο(μ)πάνος M Hirt *m*
τσουβάλι [tsu-] N Sack *m*
τσουγκράνα [-ŋg-] F Harke *f*; Rechen *m* **τσουγκρίζω** [-zo] *Gläser* anstoßen
τσούζω ['tsuzo] *Wunde, Augen* brennen; *umg j-m* wehtun
τσουκνίδα F Brennnessel *f*
τσουρέκι N *Art* Hefezopf *m*; **πασχαλινό** ~ Osterhefezopf
τσουχτερός ⟨-ή, -ό⟩ [-xt-] *Kälte* schneidend; *Worte* beißend; *Schmerz* brennend
τσούχτρα [-xt-] F Feuerqualle *f*
τσόφλι N *Ei, Nuss* Schale *f*
τσυρίζω [-zo] kreischen
τυλίγω [-ɣo-] (ein)wickeln; einpacken; einrollen; (auf)spu-

len; *fig* verwickeln
τύμπανο [-mb-] N Trommel *f*; Pauke *f*; ANAT Trommelfell *n*
τυπικός ⟨-ή, -ό⟩ typisch; formell, förmlich **τυπικότητα** F Formalität *f*, Förmlichkeit *f*
τυπογραφείο N Druckerei *f*
τύπος M Presse *f*; Art *f*, Typ *m*; CHEM, MATH Formel *f*; *fig* Typ *m*, Kerl *m*
τυπώνω drucken; veröffentlichen; prägen; sich einprägen
τύραννος M,F Tyrann(in) *m(f)*
τυραννώ ⟨-άς⟩ tyrannisieren; *fig* quälen
τυρί N Käse *m*; **χλωρό ~** Frischkäse *m* **τυρόπιτα** F *Blätterteigtasche mit Käse*
τυφλοπόντικας M Maulwurf *m* **τυφλός** ⟨-ή, -ό⟩ *a. fig* blind
τυφλώνομαι erblinden
τύφος M Typhus *m*
τυφώνας M Taifun *m*, Orkan *m*
τυχαία ADV [-'çea] zufällig
τυχαίνω [ti'çeno] zufällig da sein; **έτυχε** es war ein Zufall
τυχαίος ⟨-α, -ο⟩ [-'çe-] zufällig, beiläufig **τυχερός** ⟨-ή, -ό⟩ Glück bringend; Glücks-; **είμαι ~** Glück haben
τύχη [-çi] F Schicksal *n*; Glück *n*; Zufall *m*; **καλή ~!** viel Glück!; **κατά ~** zufällig
τυχόν [ti'xon]: **αν ~** falls
τυχοδιώκτης (**-τρια**) [tixo-'ðjo-] M(F) Abenteurer(in) *m(f)*
τύψεις FPL (**συνείδησης**) Gewissensbisse *mpl*
των [ton] M,F,NPL ART *gen* der
τώρα ['tora] jetzt, nun; **από ~** von jetzt an; **(έ)ως ~** bis jetzt; **έλα ~!** na komm schon!
τωρινός ⟨-ή, -ό⟩ jetzig

Υ

υάκινθος [i'a-] M Hyazinthe *f*
υαλοκαθαριστήρας M Scheibenwischer *m*
υγεία [i'jia] F Gesundheit *f*
υγειά [i'ja] F Gesundheit *f*; **στην ~ σου/σας!** [stini-'jasu/-sas] auf dein/Ihr Wohl!; **στην ~ μας!** prost allerseits!
υγειονομική υπηρεσία F Gesundheitsamt *n*
υγιαίνω [iji'eno] gesund sein
υγιεινή [ijii'ni] F Hygiene *f*, Gesundheitspflege *f* **υγιεινός** ⟨-ή, -ό⟩ hygienisch; *Sache* gesund
υγιής ⟨-ής, -ές⟩ [iji'is] *a. Person* gesund
υγραίνομαι [i'ɣre-] feucht werden **υγραίνω** befeuchten
υγρασία [iɣra'sia] F Feuchtigkeit *f*, Nässe *f*
υγρό N Flüssigkeit *f* **υγρόμετρο** N Hygrometer *n* **υγρός** ⟨-ή, -ό⟩ feucht, nass; flüssig
ύδατα NPL Gewässer *npl*
υδατάνθρακες MPL Kohlen-

hydrate *npl* **υδατογραφία** [-ɣr-] F Aquarell *n* **υδατοστεγής** ⟨-ής, -ές⟩ [-'jis] wasserdicht

υδράργυρος [-ji-] M Quecksilber *n*

υδραυλικός [-avl-] M Installateur *m*

ύδρευση ⟨-ης⟩ ['iðrefsi] F Wasserversorgung *f*

υδρόγειος [i'ðrojios] F Erdball *m*, Globus *m* **υδρογόνο** [-'ɣo-] N Wasserstoff *m*

υδροθεραπεία F Hydrotherapie *f*; Kneippkur *f* **υδροπλάνο** N Wasserflugzeug *n*

υδροφράκτης M Schleuse *f*

Υδροχόος [-'xo-] M ASTROL Wassermann *m*

υιοθετώ [io-] adoptieren

ύλη F (*a.* Unterrichts-)Stoff *m*, Materie *f*; Material *n*; **τεχνητή ~** Kunststoff *m*

υλικά NPL GASTR Zutaten *fpl*

υλικό N Material *n* **υλικός** ⟨-ή, -ό⟩ materiell; **υλική ζημιά** *f* Sachschaden *m*

υλισμός [-zm-] M Materialismus *m* **υλιστής** **(-τρια)** M(F) Materialist(in) *m(f)*

ύμνος M Hymne *f*; **εθνικός ~** Nationalhymne *f*

υπ' → υπό

υπαγορεύω [-ɣo'revo] *a. fig* diktieren

ύπαιθρο N: **στο ~** im Freien

υπαινιγμός M Anspielung *f* (**για** auf *+akk*); Andeutung *f*

υπαίτιος ⟨-α, -ο⟩ schuldig; verantwortlich (*gen* für)

υπάκουος ⟨-η, -ο⟩ gehorsam

υπακούω ⟨-ούς⟩ [-uo] gehorchen (**σε** *dat*)

υπάλληλος M,F Angestellte(r) *m,f* **υπανάπτυκτος** ⟨-η, -ο⟩ unterentwickelt

ύπαρξη ⟨-ης⟩ F Existenz *f*, Sein *n*, Dasein *n*

υπάρχοντα [-xonda] NPL Hab und Gut *n*, Vermögen *n*

υπάρχω [i'parxo] existieren, bestehen; **υπάρχει, υπάρχουν** es gibt (*nom akk*)

υπενθυμίζω [-zo] erinnern (**σε** an); HANDEL mahnen

υπενθύμιση ⟨-ης⟩ [-si] F Erinnerung *f*; HANDEL Mahnung *f*

υπέρ [i'per] für (*gen akk*); **είμαι ~** für *etw* sein, dafür sein

υπεραγορά [-ɣo-] F (sehr großer) Supermarkt *m*

υπεράσπιση ⟨-ης⟩ F *a.* JUR Verteidigung *f* **υπερασπιστής** **(-τρια)** M(F) Verteidiger(in) *m(f)*

υπερβαίνω überschreiten, -steigen, -treffen

υπερβάλλω übertreiben

υπέρβαρος ⟨-η, -ο⟩ übergewichtig

υπερβολή F Übertreibung *f*

υπερβολικά ADV, **υπερβολικός** ⟨-ή, -ό⟩ extrem; übertrieben; **είμαι ~** übertreiben

υπέργειος ⟨-α, -ο⟩ oberirdisch

υπερδεσμός M Hyperlink *n*

υπερευαίσθητος ⟨-η, -ο⟩ [-e'νe-] überempfindlich
υπερέχω [-'rexo] überragen, überlegen sein (**σε** in; an)
υπερηφανεύομαι [iperifa-'nevome] stolz sein (**για** auf) **υπερηφάνεια** [-ɲa] F Stolz *m* **υπερήφανος** ⟨-η, -ο⟩ stolz **υπερηχογράφος** M Ultraschallgerät *n*
υπερθετικό N Superlativ *m*
υπερκόπωση ⟨-ης⟩ [-si] F Übermüdung *f* **υπεροπτικός** ⟨-ή, -ό⟩ überheblich
υπέροχος ⟨-η, -ο⟩ [-xos] unübertroffen; überragend; *Wetter* herrlich
υπεροψία F Hochmut *m*
υπερπέραν ⟨-⟩ N Jenseits *n*
υπερπληθυσμός [-zm-] M Über(be)völkerung *f*
υπέρταση ⟨-ης⟩ [-si] F Hypertonie *f*; hohe(r) Blutdruck *m*
υπερτιμώ ⟨-άς⟩ *Preis* erhöhen; überschätzen
υπερωρίες FPL Überstunden *fpl*
υπεύθυνος ⟨-η, -ο⟩ [i'pefθi-] verantwortlich (**για** für)
υπηκοότητα F Staatsangehörigkeit *f*
υπηρεσία [-'sia] F Dienst *m*; Dienststelle *f*, Amt *n*, Behörde *f*; **σε ~** im Dienst; **εκτός ~ς** außer Dienst
υπηρέτης ⟨**-τρια**⟩ M(F) Diener(in) *m(f)*; Dienstmädchen *n*
υπναράς ⟨-άδες⟩ (**-ού**) M(F) Langschläfer(in) *m(f)* **υπνοδωμάτιο** N Schlafzimmer *n*
ύπνος ['ipnos] M Schlaf *m*; **πάω για ύπνο** schlafen gehen
υπνόσακος M Schlafsack *m*
ύπνωση ⟨-ης⟩ F Hypnose *f*
υπνωτικό N Schlafmittel *n*
υπό [i'po] *hierarchisch* unter (*akk dat*); **τρεις βαθμοί ~ το μηδέν** drei Grad unter Null
υποβάλλομαι sich unterziehen (**σε** *dat*) **υποβάλλω** vorlegen; *Antrag* stellen, einreichen
υποβιβάζομαι [-zo-] *Sport* absteigen **υποβιβάζω** herabsetzen **υποβιβασμός** [-zm-] M Herabstufung *f*; *Sport* Abstieg *m*
υποβρύχιο [-çio] N U-Boot *n*
υπογάστριο [-'γa-] N Unterleib *m* **υπογεγραμμένος** ⟨-η, -ο⟩ [-jeγra-] unterschrieben
υπόγειο [i'pojio] N Keller *m*
υπόγειος ⟨-α, -ο⟩ [-jios] unterirdisch; **~ (σιδηρόδρομος)** *m* U-Bahn *f*
υπογραμμίζω [-zo] *a. fig* unterstreichen
υπογραφή [-γ-] F Unterschrift *f* **υπογράφω** unterschreiben
υπόδειγμα [-γma] N Vorbild *n*, Muster *n* **υποδειγματικός** ⟨-ή, -ό⟩ vorbildlich
υποδεικνύω [-'knio] hinweisen (*akk* auf); vorschlagen
υποδέχομαι [-'ðexome] empfangen; *Gast* aufnehmen

υποδηματοπωλείο [-po'lio] N Schuhgeschäft *n*
υποδιαιρώ [-ðie'ro] unterteilen; gliedern
υποδομή F *fig* Infrastruktur *f*
υποδοχή [-'çi] F *Besuch* Empfang *m*; TECH Buchse *f*
υπόθεση ⟨-ης⟩ [-si] F Annahme *f*, Vermutung *f*; Hypothese *f*; Angelegenheit *f*
υπόθετο N MED Zäpfchen *n*
υποθέτω annehmen, vermuten
υποθήκη F Hypothek *f* **υποκατάστημα** N Filiale *f*
υποκειμενικός ⟨-ή, -ό⟩ subjektiv
υποκείμενο N GRAM Subjekt *n*
υποκινητής (-τρια) M(F) Anstifter(in) *m(f)*
υποκλίνομαι sich verneigen
υποκρίνομαι heucheln; ~ **το βλάκα** sich dumm stellen
υποκριτής (-τρια) M(F) Heuchler(in) *m(f)*
υποκύπτω sich beugen, sich fügen (**σε** *dat*); nachgeben
υπόλειμμα N Rest *m*; Überbleibsel *n*; *pl* Reste *mpl*
υπόληψη ⟨-ης⟩ [-lipsi] F Hochachtung *f*; Ansehen *n*
υπολογίζω [-'jizo] be-, ausrechnen; berücksichtigen; *fig* rechnen (**με** mit)
υπολογισμός [-zm-] M MATH (Be-)Rechnung *f* **υπολογιστής** M Rechner *m*, Computer *m*
υπόλοιπο N Rest *m* **υπόλοιπος** ⟨-η, -ο⟩ übrig, restlich
υπομένω ertragen, erdulden
υπόμνημα N *Landkarte* Legende *f*
υπομονετικός ⟨-ή, -ό⟩ geduldig **υπομονή** F Geduld *f*; **κάνω** ~ Geduld haben
υπόξινος ⟨-η, -ο⟩ säuerlich
υποπτεύομαι [ipo'ptevome] verdächtigen
ύποπτος ⟨-η, -ο⟩ verdächtig
υποσημείωση ⟨-ης⟩ [-si-'miosi] F Fußnote *f*, Anmerkung *f*
υπόσταση ⟨-ης⟩ [-si] F Existenz *f*; Grundlage *f*
υποστηρίζω unterstützen, fördern; behaupten
υποστήριξη ⟨-ης⟩ F Unterstützung *f*; Förderung *f*
υποσυνείδητο [-si-] N Unterbewusstsein *n*
υπόσχεση ⟨-ης⟩ [-sçesi] F Versprechen *n*; **δίνω/κρατώ μια** ~ ein Versprechen geben (**σε** *dat*)/halten
υπόσχομαι ⟨υποσχέθηκα⟩ [-sxome] versprechen (**σε** *dat*)
υποταγή [-'ji] F Unterwerfung *f* **υποτακτική** F Konjunktiv *m*
υπόταση ⟨-ης⟩ [-si] F niedrige(r) Blutdruck *m*
υποτάσσω unterwerfen
υποτίμηση ⟨-ης⟩ [-si] F Unterschätzung *f*; *Geld* Abwertung *f* **υποτιμητικός** ⟨-ή, -ό⟩ abfällig **υποτιμώ** ⟨-άς⟩

unterschätzen; *Preis* senken; *Geld* abwerten
υπότιτλος M Untertitel *m*
υποτροφία F Stipendium *n*
ύπουλος ⟨-η, -ο⟩ *Person* hinterlistig; *Krankheit* tückisch
υπουργείο [ipur'jio] N Ministerium *n*; **Υπουργείο Εσωτερικών** Innenministerium *n*; **Υπουργείο Εξωτερικών** Außenministerium *n*
υπουργός [-'γos] M,F Minister(in) *m(f)* **υποφερτός** ⟨-ή, -ό⟩ erträglich; passabel
υποφέρω ertragen; leiden (**από** an; *fig* unter)
υποχόνδριος (-α) [-'xonð-] M(F) Hypochonder *m*
υποχρεώνομαι [-xre-] gezwungen sein; zu Dank verpflichtet sein **υποχρεώνω** zwingen (**να** zu); verpflichten
υποχρέωση ⟨-ης⟩ [ipo'xreosi] F Verpflichtung *f*; Pflicht *f*
υποχρεωτικός ⟨-ή, -ό⟩ obligatorisch; verbindlich
υποχώρηση ⟨-ης⟩ [-si] F MIL Rückzug *m*; Zugeständnis *n*
υποχωρητικός ⟨-ή, -ό⟩ [-xo-] nachgiebig **υποχωρώ** zurückweichen; nachgeben; MIL sich zurückziehen; *Fieber* nachlassen
υποψήφιος (-α) M(F) Kandidat(in) *m(f)*; Bewerber(in) *m(f)*
υποψηφιότητα F Kandidatur *f*; Bewerbung *f*
υποψιάζομαι [-psi'azo-] verdächtigen; argwöhnen
ύστερα ADV dann, danach, später; *zeitlich* nach (**από** *dat*)
υστερικός ⟨-ή, -ό⟩ [is-] hysterisch
υστεροβουλία F Hintergedanke *m* **υστερόβουλος** ⟨-η, -ο⟩ hinterhältig
ύστερος ⟨-η, -ο⟩: **εκ των υστέρων** nachträglich
υστερώ unterlegen sein (*gen dat*)
υφαίνω [i'feno] weben
ύφαλος M Unterwasserriff *n*
υφαντός ⟨-ή, -ό⟩ [-nd-] gewebt
ύφασμα [-zma] N Stoff *m*, Gewebe *n*
υφάσματα NPL Textilien *pl*
ύφεση ⟨-ης⟩ [-si] F POL Entspannung *f*; HANDEL Rezession *f*
υφίσταμαι ⟨υπέστην⟩ erleiden; bestehen, existieren
ύφος ['ifos] N *a.* LIT Stil *m*; Gesichtsausdruck *m*
υψηλός ⟨-ή, -ό⟩ hoch; Hoch-; *fig* erhaben; **υψηλή τεχνολογία** *f* Hochtechnologie *f*
υψίπεδο N Hochebene *f*
υψόμετρο N Höhe(nangabe) *f*; Höhenmesser *m*
ύψος N Höhe *f*; (Körper-)Größe *f*; *fig* Erhabenheit *f*; **τι ~ έχεις;** wie groß bist du?; *Summe* **ύψους** *gen* ... in Höhe von ... **ύψωμα** N Anhöhe *f*
υψώνομαι sich erheben
υψώνω (er)heben; *Preise* er-

höhen

φαβορί ⟨-⟩ N Favorit *m*
φαβορίτες FPL Koteletten *fpl*
φαγάς (-ού) M(F) gefräßig
φάε! ['fae] iss!; → τρώω
φαγητό [faji'to] N Essen *n*; Gericht *n*; **μεσημεριανό/βραδινό ~** Mittag-/Abendessen *n*
φαγκότο [-'go-] N Fagott *n*
φαγοπότι [-ɣo-] N Gelage *n*
φαγούρα F Juckreiz *m*
φαγώνομαι [-'ɣo-] *Material* verschleißen; *umg* sich in den Kopf setzen
φαγώσιμα [-'ɣosi-] NPL Nahrungsmittel *npl*
φαΐ ⟨φαγιά⟩ N → φαγητό
φαίνομαι ⟨φάνηκα⟩ ['fenome] sichtbar sein/werden; aussehen; (er)scheinen; **δε φαίνεται** man kann es nicht sehen
φαινόμενο N Phänomen *n*; Erscheinung *f*; **κατά τα φαινόμενα** allem Anschein nach
φακελάκι N: **~ του τσαγιού** Teebeutel *m*
φάκελος M (Brief-)Umschlag *m*; Akte *f*; Ordner *m*
φακές FPL Linsen(gericht *n*) *fpl*
φακίδες FPL Sommersprossen *fpl*
φακός M FOTO Linse *f*, Objektiv *n*; Lupe *f*; Taschenlampe *f*; **φακοί επαφής** Kontaktlinsen *fpl*
φάλαινα ['falena] F Wal *m*
φαλάκρα F Glatze *f* **φαλακρός** ⟨-ή, -ό⟩ glatzköpfig; kahl
φανάρι N Laterne *f*; Verkehrsampel *f*; AUTO Scheinwerfer *m*
φανατικός ⟨-ή, -ό⟩ fanatisch; *m,f* Fanatiker(in) *m(f)*
φανέλα F Flanell *m*; Unterhemd *n*; *Fußball* Trikot *n*
φανερά ADV sichtlich **φανερός** ⟨-ή, -ό⟩ offenkundig, ersichtlich, klar **φανερώνω** offenbaren; *fig* zeigen, verraten
φάνηκα → φαίνομαι
φαντάζομαι [-n'dazo-] sich vorstellen, sich ausdenken; sich einbilden; annehmen
φαντάζω [-zo] Effekt machen, hervorstechen
φαντασία [-nda'sia] F Fantasie *f*; Einbildung *f*; Fiktion *f*; **είναι ~ σου!** das bildest du dir ein!
φαντασίωση ⟨-ης⟩ F Wahn(-vorstellung) *m(f)*
φάντασμα [-ndazma] N Gespenst *n*; Phantom *n*
φαντασμένος ⟨-η, -ο⟩ [-zm-] eingebildet **φανταστικός** ⟨-ή, -ό⟩ imaginär; fantastisch; *umg* irre
φανταχτερός ⟨-ή, -ό⟩ [-ndaxt-] *Farbe, Schmuck* auf-

fällig
φαξ ⟨-⟩ N *a. Gerät* Fax *n*; **στέλνω ~** (zu)faxen
φαράγγι [-ŋgi] N Schlucht *f*
φαράσι [-si] N Kehrschaufel *f*
φαρδαίνω breiter machen; erweitern; breiter werden
φάρδος N Breite *f*
φαρδύς ⟨-ιά, -ύ⟩ breit; weit
φαρμακείο N Apotheke *f*
φάρμακο N Medikament *n*
φαρμακοποιός [-pi'os] M,F Apotheker(in) *m(f)*
φάρος M Leuchtturm *m*
φάρυγγας [-ŋg-] M Rachen *m*
φαρυγγίτιδα [-ŋg-] F Halsentzündung *f*
φασαρία F Lärm *m*, Krach *m*, *fig* Wirbel *m*; *pl* Umstände *mpl*; **τι ~!** was für ein Krach!
φάση ⟨-ης⟩ [-si] F Phase *f*
φασιανός [-sia-] M Fasan *m*
φασισμός [-sizm-] M Faschismus *m* **φασίστας** (**-τρια**) M(F) Faschist(in) *m(f)*
φασκόμηλο N Salbei *m*
φασολάδα [-so-] F Bohneneintopf *m* **φασολάκια** NPL Brechbohnen *fpl*
φασόλι [-'so-] N Bohne *f*
φάτε! esst!; essen Sie!; → τρώω
φάτνη ['fatni] F Krippe *f*
Φεβρουάριος M Februar *m*
φεγγάρι [feŋ'gari] N Mond *m*
φεγγαρόφωτο N Mondschein *m*
φέγγω [-ŋgo] leuchten; scheinen; **φέγγει** es wird hell
φελλός M *Material* Kork *m*; *Flasche* Korken *m*
φεμινισμός [-zm-] M Feminismus *m* **φεμινιστής** (**--τρια**) M(F) Feminist(in) *m(f)*
φέρετρο N Sarg *m*
φεριμπότ ⟨-⟩ [feri'bot] N (Auto-)Fähre *f* **φερμουάρ** ⟨-⟩ N Reißverschluss *m*
φέρνομαι sich benehmen, sich betragen **φέρνω** tragen; (her)bringen; *Gewinn* einbringen
φέρομαι sich benehmen
φέρσιμο N → συμπεριφορά
φεστιβάλ ⟨-⟩ N Festival *n*
φέτα F Scheibe *f*, Schnitte *f*; Schafskäse *m*; **μια ~ ψωμί** eine Scheibe *f* Brot
φετινός ⟨-ή, -ό⟩ diesjährig
φέτος ADV dieses Jahr, heuer
φεύγω ⟨έφυγα⟩ ['fevɣo] (weg)gehen; (ab)fahren (**για** nach); (ab)reisen
φήμη F Gerücht *n*; Ruf *m*; Berühmtheit *f*; **καλή ~** Ansehen *n*
φημίζομαι [-zo-] berühmt sein (**για** für) **φημισμένος** ⟨-η, -ο⟩ [-zm-] berühmt, bekannt
φθαρμένος ⟨-η, -ο⟩ abgenutzt
φθείρομαι verschleißen, sich abnutzen **φθείρω** verschleißen, abnutzen; *fig* verderben
φθινοπωριάτικος ⟨-η, -ο⟩ [-'rja-], **φθινοπωρινός** ⟨-ή,

-ό⟩ herbstlich; Herbst-
φθινόπωρο [fθi'noporo] N Herbst *m*; **το ~** im Herbst
φθονερός ⟨-ή, -ό⟩ neidisch
φθόνος M Neid *m*, Missgunst *f*
φθονώ beneiden; neidisch sein (*akk* auf)
φιδές M Fadennudeln *fpl*
φίδι N Schlange *f*
φίλαθλος M,F Sportfan *m*
φιλάνθρωπος M,F Menschenfreund(in) *m(f)*; Wohltäter(in) *m(f)*
φιλάσθενος ⟨-η, -ο⟩ kränklich
φιλελεύθερος ⟨-η, -ο⟩ [-efθ-] liberal **φιλέλληνας** M,F Philhellene *m*, -in *f*
φιλέτο N Filet *n*
φιλεύω [-'levo] bewirten
φιλί N Kuss *m*; **δίνω ένα ~** e-n Kuss geben (**σε** *dat*)
φιλία F Freundschaft *f*; **πιάνω ~** sich anfreunden (**με** mit)
φιλικός ⟨-ή, -ό⟩ freundschaftlich; freundlich, nett
φιλμ ⟨-⟩ N *a.* FOTO Film *m*
φιλοδοξία F Ehrgeiz *m*
φιλόδοξος ⟨-η, -ο⟩ ehrgeizig
φιλοδώρημα N Trinkgeld *n*
φιλολογία [-'jia] F Philologie *f*
φιλόλογος M,F Philologe *m*, -in *f*
φιλομαθής ⟨-ής, -ές⟩ lerneifrig, wissbegierig
φιλοξενία F Gastfreundschaft *f*
φιλόξενος ⟨-η, -ο⟩ gastfreundlich **φιλοξενούμενος** ⟨-η⟩ M(F) Gast *m*
φίλος ⟨-η⟩ M(F) Freund(in) *m(f)*; **είμαστε φίλοι/φίλες** wir sind befreundet
φιλοσοφία F Philosophie *f*
φιλοσοφικός ⟨-ή, -ό⟩ philosophisch
φιλόσοφος M,F Philosoph(in) *m(f)*
φιλοτιμία F *etwa* Ehrgefühl *n*
φιλότιμο N: **έχω ~** *etwa* Ehrgefühl haben
φιλοφρόνηση ⟨-ης⟩ [-si] F Kompliment *n* **φιλοχρήματος** ⟨-η, -ο⟩ [-'xri-] geldgierig
φιλτράρω filtern, filtrieren
φίλτρο N Filter *m*
φιλύρα F Linde *f*
φιλώ ⟨-άς⟩ küssen
φίμωτρο N Maulkorb *m*
Φι(ν)λανδία F Finnland *n*
Φι(ν)λανδικά NPL Finnisch *n*
φι(ν)λανδικός ⟨-ή, -ό⟩ finnisch **Φι(ν)λανδός** ⟨-ή⟩ M(F) Finne *m*, -in *f*
φιόγκος ['fjoŋg-] M Schleife *f*
φίρμα F Firma *f*
φις ⟨-⟩ N ELEK Stecker *m*
φιστίκι N Pistazie *f*; **αράπικο ~** Erdnuss *f*
φλαμουριά [-'rja] F Linde *f*
φλάουτο N (Quer-)Flöte *f*
φλας ⟨-⟩ N FOTO Blitzlicht *n*; AUTO Blinker *m*
φλέβα F Vene *f*; Ader *f*
Φλεβάρης M Februar *m*
φλέγμα [-γma] N Schleim *m*;

fig Phlegma *n*
φλεγματικός ⟨-ή, -ό⟩ phlegmatisch **φλεγμονή** F MED Entzündung *f*
φλερτ ⟨-⟩ N Flirt *m* **φλερτάρω** flirten
φλιτζάνι [-dz-] N Tasse *f*; **ένα ~ του καφέ** eine Kaffeetasse *f*
φλόγα ['floɣa] F Flamme *f*
φλογέρα F (Hirten-)Flöte *f*
φλογερός ⟨-ή, -ό⟩ *fig* feurig
φλοκάτη F *Art* langhaarige Wolldecke *f*; Hirtenteppich *m*
φλούδα F *Baum* Rinde *f*; *Obst* Schale *f* **φλούδι** N *Obst* Schale *f*
φλυαρία [flia-] F Geschwätz *n*
φλύαρος ⟨-η, -ο⟩ geschwätzig; *m,f* Schwätzer(in) *m(f)*
φοβάμαι ⟨-άσαι, φοβήθηκα⟩ [fo'vame] Angst haben (*akk* vor); (be)fürchten (**μην; μήπως** dass); sich fürchten
φοβέρα F Einschüchterung *f*, Drohung *f* **φοβερίζω** [-zo] drohen; einschüchtern
φοβερός ⟨-ή, -ό⟩ schrecklich, fürchterlich; *fig* hervorragend
φοβητσιάρης ⟨-α, -ικο⟩ ängstlich; *m,f* Feigling *m*
φοβίζω [-zo] Angst machen (*akk dat*) **φοβισμένος** ⟨-η, -ο⟩ verängstigt
φόβος M Furcht *f*, Angst *f* (*gen* vor; **για** um); **υπάρχει ~** es besteht die Gefahr (**να** dass)
φοβούμαι → φοβάμαι
φοίνικας M Palme *f*; Phönix *m*
φοινίκι N Dattel *f* **φοινικιά** [-'kja] F Dattelpalme *f*
φοιτητής (-τρια) [fiti'tis] M(F) *Hochschule* Student(in) *m(f)*
φοιτητικός ⟨-ή, -ό⟩ studentisch
φονιάς ⟨-άδες⟩ **(-ισσα)** [-'ɲas] M(F) Mörder(in) *m(f)*
φόνος M Mord *m*
φονταμενταλιστής (-τρια) M(F) Fundamentalist(in) *m(f)*
φόντο [-ndo] N Hintergrund *m*
φόρα F Schwung *m*; *Sport* Anlauf *m*
φορά F Mal *n*; **αυτή τη ~** diesmal; **(μια) άλλη ~** ein anderes Mal; **άλλη μια ~** noch einmal; **μια ~** einmal; **δύο φορές (την ημέρα)** zweimal (täglich); **καμιά ~** *ohne Verneinung* manchmal; *Verneinung* niemals; **πολλές φορές** oft
φοράδα F Stute *f*
φόρεμα N (Frauen-)Kleid *n*
φορεσιά [-'sja] F (Volks-, National-)Tracht *f*
φορητός ⟨-ή, -ό⟩ tragbar; **~ υπολογιστής** *m* Laptop *m*; Notebook *n*
φόρμα F *a. Kuchen* Form *f*; Trainingsanzug *m*; Overall *m*; *Sport* Kondition *f*
φορολογία [-'jia] F Besteuerung *f*; Steuer *f* **φορολογικός** ⟨-ή, -ό⟩ Steuer-; **φορολογική υπηρεσία** *f* Finanzamt *n*
φορολογούμενος [-'ɣu-] M

Steuerzahler *m* **φορολογώ** besteuern
φόρος M Steuer *f*; Gebühr *f*; **~ εισοδήματος/αποδοχών** Einkommensteuer *f*; **~ προστιθέμενης αξίας (Φ.Π.Α.)** Mehrwertsteuer *f* (MwSt.)
φοροτεχνικός [-x-] M,F Steuerberater(in) *m(f)*
φορτηγό N Last(kraft)wagen *m* (LKW)
φορτίζω ELEK, *fig* (auf)laden
φορτικός ⟨-ή, -ό⟩ aufdringlich **φορτίο** N Ladung *f*; Fracht *f*, *a. fig* Last *f*
φορτιστής M ELEK Ladegerät *n*
φορτώνω *Ware* (be-, ein)laden; *Unangenehmes* aufbürden
φορώ ⟨-άς⟩ tragen; *Kleid* anziehen; *Brille, Hut* aufsetzen
φουγάρο [-ɣ-] N Schornstein *m*
φουκαράς ⟨-άδες⟩ M arme(r) Schlucker *m* **φουλάρι** N Schal *m*
φουντούκι [-nd-] N Haselnuss *f* **φουντώνω** *Pflanze* wuchern; *fig* aufbrausen
φούρναρης ⟨-ηδες⟩ **(-ισσα)** M(F) Bäcker(in) *m(f)*
φούρνος M Backofen *m*; Bäckerei *f*; **~ μικροκυμάτων** Mikrowellenherd *m*; **του φούρνου** im Ofen gebacken
φουρτούνα F (See-)Sturm *m*; **έχει ~** es ist stürmisch
φουσκάλα F (Haut-)Bläschen *n*
φουσκώνω aufblasen; aufpumpen; *Teig* aufgehen
φουσκωτός ⟨-ή, -ό⟩ aufblasbar; **φουσκωτό στρώμα** *n* Luftmatratze *f*
φούστα F (Damen-)Rock *m*
φουστάνι N (Frauen-)Kleid *n*
Φ.Π.Α. M (φόρος προστιθέμενης αξίας) MwSt. *f* (*Mehrwertsteuer*)
Φράγκος (-ισσα) [-ŋg-] M(F) HIST Katholik(in) *m(f)*; HIST Westeuropäer(in) *m(f)*
φραγκοστάφυλο [-ŋg-] N Johannisbeere *f*
φράγμα [-ɣma] N Sperre *f*, Absperrung *f*; Staudamm *m*
φράζω [-zo] einzäunen; *Straße* abriegeln; *Loch* verstopfen
Φρανκφούρτη F Frankfurt *n*
φραντζόλα [-ndz-] F Baguette *f*
φράουλα ['frau-] F Erdbeere *f*
φραπέ ⟨-⟩ N, **φραπές** ⟨-έδες⟩ M eisgekühlte(r) Kaffee *m*
φράση ⟨-ης⟩ ['frasi] F Satz *m*; Ausdruck *m*; Wendung *f*
φράχτης M Zaun *m*; Hecke *f*
φρένα NPL AUTO Bremse *f*
φρενάρω bremsen
φρενιάζω [-'ɲazo] wahnsinnig machen; toben
φρένο N AUTO Bremse *f*; **πατώ ~** bremsen
φρεσκάδα F *a. fig* Frische *f*
φρεσκάρομαι sich erfrischen
φρεσκάρω erfrischen; *fig* auffrischen

φρέσκο ⟨-⟩ N Fresko *n*
φρέσκος ⟨-ια, -ο⟩ frisch
φρίκη F Entsetzen *n*
φρικιαστικός ⟨-ή, -ό⟩ [-kja-], **φρικτός** ⟨-ή, -ό⟩ grauenvoll
φριτέζα F Fritteuse *f*
φρόνημα N Gesinnung *f*, Ansicht *f* **φρόνηση** ⟨-ης⟩ F Vernunft *f*
φρόνιμος ⟨-η, -ο⟩ vernünftig; artig; *Kind* brav
φροντίδα [-nd-] F (Für-)Sorge *f*; Betreuung *f* **φροντίζω** sorgen (**για**; *akk* für); betreuen; sich kümmern (**για** um)
φροντιστήριο [-nd-] N private Nachhilfeschule *f*
φρουρά F Wache *f*; Garde *f*
φρούριο N Festung *f*
φρουρός M,F Wächter(in) *m(f)*
φρουρώ (be)wachen
φρουτιέρα F Obstschale *f*
φρούτα NPL Obst *n*
φρούτο N Frucht *f*
φρυγανιά ['-ɲa] F Zwieback *m*
φτ-, -φτ- → φθ-, -φθ-
φταίξιμο N Schuld *f*, Fehler *m*
φταίω ⟨φταις⟩ schuld sein (**για** an); **ποιος φταίει;** wer ist schuld (daran)?
φτάνω ankommen; *Ort, Alter* erreichen; *j-n* einholen; (aus)reichen; reichen (**μέχρι**/bis)
φταρνίζομαι [-zo-] niesen
φτειά(χ)νομαι ['ftja-] sich zurechtmachen **φτειά(χ)νω** machen; herstellen; reparieren
φτελιά [-'ʎa] F Ulme *f*
φτέρη F Farn(kraut) *m(n)*
φτέρνα F Ferse *f*
φτερό N Flügel *m*; Feder *f*
φτερούγα [-ɣa] F *Vogel* Flügel *m* **φτερουγίζω** [-'jizo] flattern
φτηναίνω verbilligen; billiger werden **φτηνός** ⟨-ή, -ό⟩ *a. fig* billig; preisgünstig
φτιάχνω → φτειάχνω
φτυάρι ['ftjari] N Spaten *m*
φτύμα N Speichel *m*, Spucke *f*
φτύνω (aus-, be)spucken
φτωχαίνω [-'çe-] verarmen
φτωχικός ⟨-ή, -ό⟩ [-çi-] ärmlich, dürftig **φτωχός** ⟨-ή/-ιά, -ό⟩ [-'xos] arm (**σε** an)
φυγάς ⟨-άδες⟩ M Flüchtling *m*
φυγή [fi'ji] F Flucht *f*
φύκια ['fikja] NPL Algen *fpl*
φυλάγομαι sich in Acht nehmen (**από** vor) **φυλάγω** [-ɣo] bewachen; *a. Geheimnis, Vieh* hüten; behüten; (auf)bewahren
φύλακας M,F Wächter(in) *m(f)*
φυλακή F Gefängnis *n* **φυλακίζω** [-zo] inhaftieren
φυλάκιση ⟨-ης⟩ [-si] F Haft (-strafe) *f*
φυλακισμένος ⟨-η, -ο⟩ gefangen; *m,f* Gefangene(r) *m,f*
φύλαξη ⟨-ης⟩ F Bewachung *f*; Schutz *m*; Aufbewahrung *f*
φυλαχτό [-xt-] N *Art* religiöser Talisman *m*

φυλάω ⟨-άς⟩ → φυλάγω
φυλετικός ⟨-ή, -ό⟩ Rassen-; **φυλετικές διακρίσεις** *fpl* Rassendiskriminierung *f*
φυλή [fi'li] F Stamm *m*; Rasse *f*
φυλλάδιο N Broschüre *f*; **διαφημιστικό ~** (Werbe-)Prospekt *m*
φύλλο N *a.* BOT Blatt *n*; Spielkarte *f*; **φύλλα** *auf dem Boden* Laub *n*; **~ ζύμης** Blätterteig *m*; **~ οδηγιών** Beipackzettel *m*
φύλο N Geschlecht *n*
φυματίωση ⟨-ης⟩ [-si] F Tuberkulose *f* (Tbc)
φυσαρμόνικα [-sa-] F (Mund-)Harmonika *f*
φύση ⟨-ης⟩ ['fisi] F Natur *f*; Wesen *n*, Charakter *m*; **εκ φύσεως, φύσει** von Natur aus
φυσίγγι [-ŋgi] N MIL Patrone *f*
φυσικά [-si-] ADV natürlich
φυσική F Physik *f*
φυσικοθεραπεία F Physiotherapie *f*
φυσικός[1] ⟨-ή, -ό⟩ [-si-] natürlich; Natur-; physikalisch
φυσικός[2] M,F Physiker(in) *m(f)*
φυσιολάτρης (-ισσα) [-sio-] M(F) Naturfreund(in) *m(f)*
φυσιολογικά [-ji-] ADV normal(erweise) **φυσιολογικός** ⟨-ή, -ό⟩ *a.* MED normal
φυσώ ⟨-άς⟩ (an)blasen; *Wind* wehen; **φυσάει** es ist windig
φυτεία F Plantage *f*
φυτεύω [-'tevo] anpflanzen
φυτικός ⟨-ή, -ό⟩ pflanzlich; Pflanzen-; **φυτικό προϊόν** *n* pflanzliche(s) Produkt *n*
φυτό N Pflanze *f*, Gewächs *n*
φυτοφαγικός ⟨-ή, -ό⟩ vegetarisch **φυτοφάγος** [-ɣos] M,F Vegetarier(in) *m(f)*
φυτρώνω sprießen, wachsen; *umg* auftauchen
φώκια [-kja] F Seehund *m*
φωλιά [-'ʎa] F Nest *n*
φωνάζω [-zo] rufen; schreien
φωναχτά [-xt-] ADV: **μιλάω ~** laut reden
φωνή F Stimme *f*; Schrei *m*; **φωνές** Geschrei *n*
φωνήεν ⟨-εντα⟩ [-'nien] N Vokal *m* **φωνητική** F Phonetik *f*
φως ⟨φωτός, *pl* φώτα⟩ [fos] N Licht *n*; Augenlicht *n*; **στο ~** bei Licht
φώσφορο N Phosphor *m*
Φώτα NPL → Θεοφάνια
φωταγωγός M Lichtschacht *m*
φωτεινός ⟨-ή, -ό⟩ hell, sonnig **φωτεινότητα** F Helligkeit *f*
φωτιά [-'tja] F Feuer *n*; **βάζω ~** Feuer legen; *fig* hetzen
φωτίζω [-zo] beleuchten; **φωτίζει** es wird hell
φωτισμός [-zm-] M Beleuchtung *f* **φωτοαντίγραφο** N Fotokopie *f*
φωτογένεια [-'je-] F: **έχω ~** fotogen sein
φωτογραφείο N Fotoatelier *n*

φωτογράφηση ‹-ης› [-si] F Fotografieren *n*
φωτογραφία [-ɣra-] F Foto (-grafie) *n(f)*; **βγάζω φωτογραφίες** Fotos machen **φωτογραφίζω** [-zo] fotografieren
φωτογραφικός ‹-ή, -ό› fotografisch; Foto-; **φωτογραφική μηχανή** *f* Fotoapparat *m*
φωτογράφος [-ɣr-] M,F Fotograf(in) *m(f)* **φωτοτυπία** F Fotokopie *f* **φωτοτυπώ** fotokopieren

χαβιάρι [xa'vja-] N Kaviar *m*
χαδιάρης ‹-α, -ικο› [xa'ðja-] verspielt; Schmuser(in) *m(f)*
χαζεύω [xa'zevo] gaffen; herumbummeln; verblöden
χαζός ‹-ή, -ό› [xa'zos] albern, dumm; **κοιτώ σα ~** gaffen
Χαϊδελβέργη F Heidelberg *n*
χαϊδεύω [-'ðevo] streicheln; liebkosen
χαιρεκακία [çere-] F Schadenfreude *f*
χαίρετε ['çerete]: **~!** guten Tag!; auf Wiedersehen!
χαιρετίσματα [-zma-] NPL: **πολλά ~** viele Grüße (**σε** an)
χαιρετισμός M Gruß *m*; Begrüßung *f*; **πολλούς χαιρετισμούς** viele Grüße (**σε** an)
χαιρετώ ‹-άς› [çe-] (be)grüßen
χαίρομαι ‹χάρηκα› ['çerome] sich freuen (**για**; **με** über; auf; *akk* an); genießen; **χάρηκα!** es hat mich gefreut (dich/Sie kennenzulernen)!
χαίρω: **~ πολύ!** sehr angenehm!, sehr erfreut!
χαλάζι [xa'lazi] N Hagel *m*; **πέφτει ~** es hagelt
χαλάκι N (Fuß-)Matte *f*
χαλαρός ‹-ή, -ό› [xa-] lose, locker; entspannt **χαλαρώνω** sich lockern; (auf)lockern; (sich) entspannen; erschlaffen
χαλάρωση ‹-ης› [-si] F (Auf-) Lockerung *f*; Entspannung *f*
χαλασμένος ‹-η, -ο› defekt, *umg* kaputt; *Speise* verdorben
χαλβάς ‹-άδες› M Halwa *n* (*Grießkuchen mit Öl*)
χαλί [xa'li] N Teppich *m*
χάλι N, **χάλια** [-ʎa] NPL schlechte(r) Zustand *m*; **είμαι χάλια** mir geht's ganz schlecht
χαλίκι N *Straße* Kiesel(stein) *m*
χαλίκια [-kja] NPL Kies *m*
χαλινάρι [xa-] N *a. fig* Zügel *m*, *mst pl* Zaumzeug *m*
χαλκογραφία [-ɣr-] F Kupferstich *m* **χαλκός** M Kupfer *n*
χάλυβας ['xa-] M Stahl *m*
χαλώ ‹-άς› *umg* kaputt machen; *Speise, Laune* verderben; *Geld* wechseln; *umg* kaputtge-

hen; **τα ~** sich verkrachen (**με** mit)
χαμένος ⟨-η, -ο⟩ verloren; ruiniert; *Mühe* umsonst; weg
χαμηλός ⟨-ή, -ό⟩ [xa-] niedrig, flach; *Stimme* leise
χαμηλόφωνα ADV leise **χαμηλώνω** niedriger machen; *a. Preis* senken; *Radio* leiser stellen
χαμόγελο N Lächeln *n* **χαμογελώ** ⟨-άς⟩ (an)lächeln
χαμομήλι N Kamille(ntee) *f(m)*
χάμπουργκερ ⟨-⟩ ['xamburger] N GASTR Hamburger *m*
χάνομαι ⟨χάθηκα⟩ ['xa-] verloren gehen; sich verlaufen; *Hoffnung* schwinden
χαντάκι N (Straßen-)Graben *m*
χάνω ['xano] verlieren; *Zug* verpassen; versäumen; **~ το δρόμο** sich verlaufen
χάος ['xaos] N Chaos *n*
χαοτικός ⟨-ή, -ό⟩ chaotisch
χάπι N Pille *f*; **αντισυλληπτικό ~** Antibabypille *f*
χαρά [xa'ra] F Freude *f* (**για** über); *umg* **γεια ~!** hallo!; mach's gut!; **μια ~** sehr gut
χαρα(γ)ματιά [-(y)ma'tja] F Kerbe *f*; Spalt *m*
χαράδρα F Schlucht *f*
χαράζω eingravieren; einritzen; **χαράζει** es dämmert
χάρακας M Lineal *n*
χαρακτήρας M Charakter *m*
χαρακτηρίζω [-zo] charakterisieren, bezeichnen **χαρακτηρισμός** [-zm-] M Charakterisierung *f*
χαρακτηριστικά [xa-] NPL Gesichtszüge *mpl* **χαρακτηριστικό** N Merkmal *n*; Charakterzug *m* **χαρακτηριστικός** ⟨-ή, -ό⟩ charakteristisch, typisch
χαραμάδα [xa-] F (Tür-)Spalt *m* **χαράματα** NPL Morgendämmerung *f*
χαραμίζω [-zo] vergeuden; *Geld* verschwenden **χαραυγή** [xara'vji] F Tagesanbruch *m*
χάρη[1] ['xari] F Anmut *f*; Charme *m*; Gefallen *m*; **για ~ μου/σου** mir/dir zuliebe; **ζητώ μια ~** um e-n Gefallen bitten (**από** *akk*)
χάρη[2] ['xari] PRÄP dank (**σε** *gen*)
χάρηκα → χαίρομαι
χαρίζω (ver)schenken (**σε** *dat*)
χάριν: **παραδείγματος~ (π.χ.)** zum Beispiel (z. B.)
χάρισμα [-zma] N Charisma *n*
χαρισματικός ⟨-ή, -ό⟩ [-zma-] charismatisch
χαριτωμένος ⟨-η, -ο⟩ anmutig; niedlich; charmant
χαρούμενος ⟨-η, -ο⟩ [xa-] froh, fröhlich; lustig
χαρταετός M (Papier-)Drachen *m*
χαρτάκι N Zettel *m*
χαρτζιλίκι N Taschengeld *n*
χάρτης ['xartis] M Landkarte *f*; **~ της πόλης** Stadtplan *m*;

οδικός ~ Straßenkarte *f*
χαρτί N Papier *n*; Blatt *n* Papier; *umg* Zeugnis *n*; **~ αλληλογραφίας** Briefpapier *n*; **~ υγείας/τουαλέτας** Klopapier *n*
χαρτιά [xar'tja] NPL Spielkarten *fpl*; (Ausweis-)Papiere *npl*; **παίζω ~** Karten spielen
χαρτομάντιλο [-ndi-] N Papiertaschentuch *n*
χαρτόνι N Pappe *f*; Karton *m*
χαρτοπετσέτα [-ts-] F (Papier-)Serviette *f* **χαρτοπωλείο** N Schreibwarengeschäft *n*
χαρτοσακούλα F Papiertüte *f*
χασάπης ⟨-ηδες⟩ **(-ισσα)** M(F) Fleischer *m*, Metzger *m* **χασάπικο** N Fleischerei *f*, Metzgerei *f*
χάσιμο ['xasi-] N Verlust *m*
χασμουριέμαι [xazmu'rjeme] gähnen
χασομερώ ⟨-άς⟩ [-so-] herumbummeln; Zeit verlieren
χαστούκι N Ohrfeige *f*
χαστουκίζω [-zo] ohrfeigen
χατίρι N Gefallen *m*; **κάνω ένα ~** e-n Gefallen tun (**σε** *dat*)
χείλι ['çili] N Lippe *f* **χείλος** N Lippe *f*; Rand *m*
χειμερινός ⟨-ή, -ό⟩ [çi-] winterlich; Winter-; **χειμερινή ώρα** *f* Winterzeit *f*
χειμώνας [çi'monas] M Winter *m*; **το χειμώνα** im Winter
χειμωνιάτικος ⟨-η, -ο⟩ [çimo'ɲa-] winterlich; Winter-
χειραποσκευή [çiraposke'vi] F Handgepäck *n*
χειρίζομαι [çi-] handhaben; *Gerät* bedienen **χειρισμός** [-z-] M Handhabung *f*; Bedienung *f*
χείριστος ⟨-η, -ο⟩ ['çi-] schlechteste, schlimmste
χειροβομβίδα [çi-] F Handgranate *f* **χειρόγραφο** N Manuskript *n*, Handschrift *f*
χειροκρότημα [çi-] N Applaus **χειροκροτώ** applaudieren
χειρονομία [çi-] F Gebärde *f*, Geste *f* **χειρονομώ** gestikulieren
χειροπέδη [çi-] F Handschelle *f*
χειροποίητος ⟨-η, -ο⟩ [-'pii-] handgearbeitet
χειροσφαίριση F Handball *m* **χειρότερα** ADV schlechter
χειροτέρευση [-refsi] F Verschlechterung *f* **χειροτερεύω** [-'revo] (sich) verschlechtern
χειρότερος ⟨-η, -ο⟩ [çi-] schlechtere, schlimmere; **τόσο το χειρότερο** umso schlimmer
χειροτέχνημα [-xn-] N *Gegenstand* Handarbeit *f* **χειροτέχνης** M,F (Kunst-)Handwerker *m* **χειροτεχνία** F (Kunst-)Handwerk *n*
χειρούργος M,F Chirurg(in) *m(f)* **χειρουργώ** MED operieren **χειρόφρενο** N Hand-

bremse *f*
χέλι ['çeli] N Aal *m*
χελιδόνι [çe-] N Schwalbe *f*
χελώνα [çe-] F Schildkröte *f*
χέρι ['çeri] N Hand *f*; Arm *m*; Henkel *m*; **δίνω/βάζω ένα ~** helfen; **~-~** Hand in Hand
χερούλι [çe-] N (Hand-)Griff *m*; Henkel *m*; (Tür-)Klinke *f*
χερσόνησος F Halbinsel *f*
χημεία [çi'mia] F Chemie *f* **χημείο** N Labor *n* **χημειοθεραπεία** F Chemotherapie *f*
χημικός¹ ⟨-ή, -ό⟩ chemisch
χημικός² M,F Chemiker(in) *m(f)*
χήνα ['çina] F Gans *f*; **ψητή ~** Gänsebraten *m*
χήρος (**-α**) M(F) Witwe(r) *f(m)*
χθες [xθes] gestern; **~ το βράδυ** gestern Abend
χθεσινός ⟨-ή, -ό⟩ [-si-] gestrig
χίλια ['çiʎa] tausend; → **χίλιοι**
χιλιάδα [çi'ʎa-] F Tausend *n*; **δύο χιλιάδες** zweitausend
χιλιετία [çilietia] F Jahrtausend *n*
χιλιόγραμμο [çili'o-, çi'ʎo-] N Kilo(gramm) *n*
χίλιοι ⟨-ες, -α⟩ ['çiʎi] PL tausend; **χίλιες φορές** x-mal
χιλιόμετρο [çi'ʎo-] N Kilometer *m*; **τετραγωνικό ~** Quadratkilometer *n*
χιλιοστό [çiʎo-] N Millimeter *m* **χιλιοστόγραμμο** N Milligramm *n* **χιλιοστόμετρο** N Millimeter *m* **χιλιοστός** ⟨-ή, -ό⟩ tausendste
χιόνι ['çoni] N Schnee *m*
χιονίζει [ço'nizi] es schneit
χιονισμένος ⟨-η, -ο⟩ [çonizm-] verschneit **χιονόβροχο** [-xo] N Schneeregen *m*
χιονοδρομία [ço-, çio-] F Skilauf *m* **χιονοδρομικός** ⟨-ή, -ό⟩ Ski-
χιονοδρόμος [çio-] M,F Skiläufer(in) *m(f)*
χιονόνερο N Schneeregen *m*
χιονόπτωση ⟨-ης⟩ F Schneefall *m*
χιονοστιβάδα [ço-] F (Schnee-)Lawine *f*
χιούμορ ⟨-⟩ ['çu-] N Humor *m*
χλιαρός ⟨-ή, -ό⟩ [xlia-] lauwarm; *fig* lau, fad(e)
χλόη ['xloi] F Rasen *m*, Gras *n*
χλομιάζω [-'mjazo] blass werden, erblassen
χλομός ⟨-ή, -ό⟩ blass, bleich
χλώριο ['xlo-] N Chlor *n*
χλωρός ⟨-ή, -ό⟩ *Pflanze* grün; frisch
χνούδι ['xnuði] N Flaum *m*
χοιρινό (κρέας) N Schweinefleisch *n* **χοιρινός** ⟨-ή, -ό⟩ Schweine-
χολ ⟨-⟩ ['xol] N Diele *f*
χολέρα F Cholera *f* **χολή** F Galle *f* **χοληστερίνη** F Cholesterin *n*
χόμπι ⟨-⟩ ['xobi] N Hobby *n*
χόνδρος ['xonð-] M Knorpel *m*
χοντροκομμένος ⟨-η, -ο⟩ grob, plump **χοντρός** ⟨-ή,

-ό⟩ [xon'dros] dick, fett; *a. fig* grob; *Stimme* tief
χορδή F Saite *f*; *Bogen* Sehne *f*
χορευτής (-τρια) [-reft-] M(F) Tänzer(in) *m(f)*
χορεύω [xo'revo] tanzen
χορηγός [xo-] M,F Sponsor *m* **χορηγώ** gewähren; sponsern
χορογραφία [-ɣr-] F Choreografie *f* **χοροπηδώ** ⟨-άς⟩ hüpfen
χορός [xo-] M Tanz *m*; Ball *m*
χορταίνω satt machen; satt werden; genug haben (*akk* von); **~ ύπνο** sich ausschlafen
χορτάρι N Gras *n*; Unkraut *n*
χορταρικά [xo-] NPL Gemüse *n*
χορτάτος ⟨-η, -ο⟩ satt
χόρτο ['xo-] N Gras *n*; Heu *n*; Kraut *n*; **χόρτα** Gemüse *n*
χορτόσουπα [-su-] F Gemüsesuppe *f* **χορτοφαγικός** ⟨-ή, -ό⟩ vegetarisch; **αυστηρά ~** vegan **χορτοφάγος** [-ɣ-] M,F Vegetarier(in) *m(f)*; **αυστηρά ~** Veganer(in) *m(f)*
χορωδία [xoro'ðia] F Chor *m*
χουρμαδιά [-'ðja] F Dattelpalme *f* **χουρμάς** ⟨-άδες⟩ M Dattel *f*
χούφτα F Handfläche *f*, Handteller *m*; Handvoll *f*
χρέη ['xrei] NPL Schulden *fpl*
χρειάζομαι [-zo-] brauchen, benötigen; **(δε) χρειάζεται** es ist (nicht) nötig (**να** zu)
χρέος N Schulden *fpl*; Schuldigkeit *f*; Pflicht *f*
χρεωκοπία [xreo-] F Bankrott *m* **χρεωκοπώ** Bankrott machen
χρήμα N, **χρήματα** ['xri-] NPL Geld *n*; **πλαστά χρήματα** Falschgeld *n*
χρηματιστήριο [xri-] N Börse *f*
χρηματοδότης (-τρια) M(F) Geldgeber(in) *m(f)* **χρηματοδότηση** ⟨-ης⟩ [-si] F Finanzierung *f*
χρηματοδοτώ finanzieren
χρηματοκιβώτιο N Safe *m*
χρήση ⟨-ης⟩ ['xrisi] F Gebrauch *m*, (Be-)Nutzung *f*, Einsatz *m*; **οδηγίες** *fpl* **χρήσης** Gebrauchsanweisung *f*
χρησιμεύω [-'mevo] dienen (**σε** zu; **ως** als), nützlich sein
χρησιμοποίηση ⟨-ης⟩ [-si] F Gebrauch *m* **χρησιμοποιώ** [xri-] gebrauchen, *a. fig* benutzen
χρήσιμος ⟨-η, -ο⟩ ['xrisi-] nützlich, dienlich
χρησμός [-zm-] M Orakel *n*
χρήστης (-τρια) ['xri-] M(F) Benutzer(in) *m(f)*
χριστιανικός ⟨-ή, -ό⟩ [xrist-ja-] christlich **χριστιανισμός** [-z-] M Christentum *n*
χριστιανός (-ή) M(F) Christ(in) *m(f)*
Χριστός [xri-] M Christus *m*
Χριστούγεννα [-jena] NPL Weihnachten *n*; **καλά ~!** frohe Weihnachten!
χριστουγεννιάτικος ⟨-η, -ο⟩

[-'ɲa-] weihnachtlich; **χριστουγεννιάτικο δώρο** *n* Weihnachtsgeschenk *n*
χρόνια [-ɲa] NPL → χρόνος
χρονιά [xro'ɲa] F Jahr *n*; Jahrgang *m*; **καλή ~!** pros(i)t Neujahr! **χρονικός** ⟨-ή, -ό⟩ Zeit-; zeitlich; **χρονικό διάστημα** *n* Zeitraum *m*
χρόνιος ⟨-α, -ο⟩ MED chronisch
χρόνος ⟨*pl a.* τα χρόνια⟩ ['xro-] M Zeit *f*; Jahr *n*; MUS Takt *m*; **του χρόνου** nächstes Jahr; **πόσων χρονών είσαι;** wie alt bist du?; **είμαι … χρονών** ich bin … Jahre alt; **χρόνια πολλά!** *Geburtstag* herzlichen Glückwunsch!, alles Gute!; *Weihnachten* frohe Weihnachten!
χρυσάφι [-'sa-] N Gold *n*
χρυσαφικά NPL Juwelen *npl*
χρυσός[1] [xri'sos] M Gold *n*
χρυσός[2] ⟨-ή, -ό⟩ [-'sos] golden; *fig* goldig; **Χρυσός Οδηγός** *m* Gelbe Seiten® *fpl*
χρυσόψαρο N Goldfisch *m*
χρώμα ['xro-] N Farbe *f*
χρωματίζω färben **χρωματισμός** [-zm-] M Färbung *f*
χρωματιστός ⟨-ή, -ό⟩ farbig, bunt
χρώμιο ['xromio] N Chrom *n*
χρωστώ ⟨-άς⟩ schulden; *fig* verdanken (**σε** *dat*); **τι σου ~;** wie viel bin ich dir schuldig?
χτ-, -χτ- → χθ-, -χθ-
χταπόδι [xta-] N Oktopus *m*
χτένα F, **χτένι** ['xte-] N Kamm *m*
χτενίζομαι [-zo-] sich kämmen **χτενίζω** kämmen; frisieren
χτένισμα [-zma] N Frisur *f*
χτες [xtes] gestern; **~ το βράδυ** gestern Abend **χτεσινός** ⟨-ή, -ό⟩ gestrig
χτύπημα N Schlag *m*; Hieb *m*; Stoß *m*; Aufprall *m*
χτυπητός ⟨-ή, -ό⟩ *Eier* geschlagen; *Farbe* auffällig
χτύπος M (Herz-)Schlag *m*, Klopfen *n*
χτυπώ ⟨-άς⟩ [kti'po] schlagen; *Herz* klopfen; *Tür* (an)klopfen; aufprallen; *Passant* anfahren; *fig* treffen; (sich) verletzen
χυδαίος ⟨-α, -ο⟩ [çi-] vulgär
χυδαιότητα F Obszönität *f*
χυλός [çi-] M Brei *m*, Mus *n*
χύμα ['çi-] ADJ, ADV *Reis, Bohnen* unverpackt; *Wein* offen
χυμός [çi-] M Saft *m*; **~ φρούτων** Fruchtsaft *m*; **φυσικός ~ πορτοκάλι** frisch gepresster Orangensaft *m*
χύνομαι ['çi-] *Milch* überlaufen; *Fluss* (ein)münden (**σε** in)
χύνω (ein)schütten; *Wasser* verschütten
χύτρα [çi-] F Kochtopf *m*
χώμα N Erde *f*, Erdboden *m*
χωματόδρομος M Feldweg *m*
χωνάκι [xo-] N (Eis-)Waffel *f*
χώνευση ⟨-ης⟩ [-efsi] F Ver-

dauung *f*
χωνεύω [xo'nevo] *a. fig* verdauen; *umg* **δεν τον/την ~** ich kann ihn/sie nicht leiden
χωνί [xo-] N Trichter *m*
χώνομαι sich (hinein)drängen; schlüpfen **χώνω** (hinein)stecken
χώρα ['xora] F Land *n*; **Χώρα** *mst auf Insel* Hauptort *m*
χωράφι [xo-] N Feld *n*
χωρητικότητα F Fassungsvermögen *n*; **~ μνήμης** IT Speicherkapazität *f*
χωριάτης (-ισσα) [xo'rja-] M(F) *a. pej* Bauer *m*, Bäuerin *f*
χωριάτικος ⟨-η, -ο⟩ Land-; bäuerlich; **χωριάτικη σαλάτα** *f* Bauernsalat *m*
χωρίζω [xo'rizo] (sich) trennen (**από** von); (auf-, zer)teilen (**σε** in); sich scheiden lassen (**από** von)
χωριό [xo'rjo] N Dorf *n*
χωρίς [xo'ris] PRÄP *+akk* ohne (*+akk*); *konj* **~ να** ohne dass zu
χωρισμένος ⟨-η, -ο⟩ *Person* getrennt; *Ehepaar* geschieden
χωρισμός [-zm-] M Trennung *f*; Teilung *f*; (Ehe-)Scheidung *f*
χωριστός ⟨-ή, -ό⟩ getrennt, separat
χωρίστρα F Scheitel *m*
χώρος M Raum *m*; Platz *m*; *fig* Gebiet *n*
χωρώ ⟨-άς⟩ hineinpassen

Ψ

ψάθα F *Material* Stroh *n*; Strohhut *m*; (Stroh-)Matte *f*
ψαλίδα F Heckenschere *f*
ψαλίδι N Schere *f*; **~ νυχιών** Nagelschere *f*
ψάξιμο N Sucherei *f*
ψαράδικο N Fischhandlung *f*; Fischerboot *n* **ψαράς** ⟨-άδες⟩ M Fischer *m*; Angler *m*; Fischhändler(in) *m(f)*
ψάρεμα N Fischen *n*
ψαρεύω [-'revo] fischen; angeln; *fig* aushorchen
ψάρι ['psari] N Fisch *m*
ψαρόβαρκα F Fischerboot *n*
ψαροκόκαλο N Gräte *f*
ψαρόσουπα F Fischsuppe *f*
ψαροταβέρνα F Fischlokal *n*
ψάχνω [-xno] (durch)suchen
ψείρα F Laus *f*
ψεκάζω [-zo] (be)sprühen
ψελλίζω [-zo] stammeln
ψέμα N Lüge *f*; **λέω ~τα** lügen, belügen (**σε** *akk*); **~τα!** du lügst!
ψες ADV *umg* gestern Abend
ψευδαίσθηση ⟨-ης⟩ [pse'vðesθisi] F Illusion *f*
ψευδάργυρος [pse'vðarji-] M Zink *n* **ψευδίζω** [-'vðizo] lispeln
ψευδορκία [-evðo-] F Meineid *m* **ψευδώνυμο** N Pseu-

donym *n*
ψεύτης (**-τρα**) [-eft-] M(F) Lügner(in) *m(f)*; verlogen
ψευτιά [-'ftja] F Lüge *f*; Betrug *m*, Trick *m*
ψεύτικος ⟨-η, -ο⟩ ['psefti-] falsch, unecht; künstlich
ψηλά ADV hoch, nach oben
ψηλός ⟨-ή, -ό⟩ GEBÄUDE hoch; *Person* groß; → *a.* **υψηλός**
ψηλώνω erhöhen; wachsen, groß werden **ψημένος** ⟨-η, -ο⟩ gebraten, gegrillt
ψήνω braten; grillen; *Kaffee* kochen
ψησταριά [-'rja] F Grillrestaurant *n* **ψηστιέρα** F Grill *m*
ψητό N Braten *m* **ψητός** ⟨-ή, -ό⟩ gebraten; gegrillt
ψηφιακός ⟨-ή, -ό⟩ digital; Digital- **ψηφιδωτό** N Mosaik *n*
ψηφίζω [-zo] wählen; abstimmen; stimmen (*akk* für)
ψήφος F *Wahl* Stimme *f*
ψηφοφόρος M,F Wähler(in) *m(f)*; Stimmberechtigte(r) *m,f*
ψιθυρίζω [-zo] (zu)flüstern; tuscheln; *Lied* summen
ψιλά NPL Klein-, Wechselgeld *n* **ψιλικά** NPL Kurzwaren *fpl*
ψιλοβρέχει [-çi] es nieselt
ψιλοκόβω *Zwiebel* fein hacken; *Kaffee* fein mahlen
ψιλός ⟨-ή, -ό⟩ dünn, fein; *Stimme* schrill, hoch
ψιχαλίζει [-xa'lizi] es nieselt
ψίχουλο N Krümel *m*
ψοφίμι N Kadaver *m*, Aas *n*
ψυγείο [psi'jio] N Kühlschrank *m*; AUTO Kühler *m*
ψύλλος M Floh *m*
ψυχή [psi'çi] F Seele *f*; Psyche *f*; *fig* Mut *m*
ψυχιατρείο [-çi-] N psychiatrische Klinik *f* **ψυχίατρος** M,F Psychiater(in) *m(f)*
ψυχικός ⟨-ή, -ό⟩ psychisch
ψυχολογία [-xo-] F Psychologie *f* **ψυχολογικός** ⟨-ή, -ό⟩ psychologisch **ψυχολόγος** [-ɣos] M,F Psychologe *m*, -in *f*
ψύχος [-xos] N Kälte *f*
ψυχοσωματικός ⟨-ή, -ό⟩ [-so-] psychosomatisch
ψύχρα [-xra] F kühle(s) Wetter *n*; **κάνει ~** es ist kühl
ψύχραιμος ⟨-η, -ο⟩ [-xre-] beherrscht, gefasst, gelassen
ψυχραίνω [-'xre-] (ab)- kühlen; *a. fig* kühler werden
ψυχρός ⟨-ή, -ό⟩ *a. fig* kühl, (gefühls)kalt **ψυχρότητα** F *fig* Kühle *f*, (Gefühls-)Kälte *f*
ψωμάκι N Brötchen *n*
ψωμί [pso'mi] N Brot *n*; **μαύρο/άσπρο ~** Schwarz-/ Weißbrot *n*; **~ ολικής άλεσης** Vollkornbrot *n*
ψωμιέρα [-'mje-] F Brotkorb *m*
ψώνια ['psoɲa] NPL Einkäufe *mpl*; **πάω για ~** einkaufen gehen
ψωνίζω [-zo] einkaufen

Ω

ωκεανός [okea-] M Ozean *m*; **Ατλαντικός (Ωκεανός)** Atlantik *m*; **Ειρηνικός (Ωκεανός)** Pazifik *m*

ώμος M Schulter(blatt) *f(n)*

ωμός ⟨-ή, -ό⟩ roh; *fig* grausam, roh, grob; *Antwort* schroff; **ωμή τροφή** *f* Rohkost

ωμότητα F *fig* Roheit *f*

ώρα ['ora] F Stunde *f*; Tageszeit *f*; Uhrzeit *f*; Zeit *f*; **τι ~;** um wie viel Uhr?; **τι ~ είναι;** wie viel Uhr ist es?; **είναι τρεις (η ~)** es ist drei Uhr; **της ~ς** à la carte

ωραία [o'rea] ADV schön; gut

ωραίος ⟨-α, -ο⟩ schön; gut

ωραιότητα F Schönheit *f*

ωράριο N Arbeitszeit *f*; *Schule* Stundenplan *m*; **~ καταστημάτων** Öffnungszeiten *fpl*

ωριαίος ⟨-α, -ο⟩ [-'eos] stündlich

ωριμάζω [-zo] (aus)reifen

ώριμος ⟨-η, -ο⟩ *a. fig* reif

ωριμότητα F Reife *f*

ωρολογοποιός [-ɣopi'os] M, F Uhrmacher(in) *m(f)*

ωρομίσθιο N Stundenlohn *m*

ωροσκόπιο N Horoskop *n*

ως [os] PRÄP +*akk zeitlich, räumlich* bis (zu); *wie* als; **~ δασκάλα** als Lehrerin

ώσπου KONJ: **~ να** ... bis ...

ώστε ['oste] also; **~ έτσι!** so, so!; **~ να** ... sodass ...

ωστόσο KONJ dennoch, jedoch

ωτασπίδα F Ohr(en)stöpsel *m*

ωτίτιδα F Ohrenentzündung *f*

ωτορινολαρυγγολόγος [otorinolariŋgo'loɣos] M,F Hals-Nasen-Ohrenarzt *m*, -ärztin *f*

ωφέλεια F Nutzen *m* **ωφέλιμος** ⟨-η, -ο⟩ nützlich (**ε** *dat*; für)

ωφελώ nützen (*akk dat*); von Nutzen sein

A

Apotheke

Apotheken (**το φαρμακείο**) sind in ganz Griechenland mit einem großen, grünen Kreuz gekennzeichnet, die während der Öffnungszeiten leuchten. Arzneimittel sind dort generell günstiger als in deutschsprachigen Ländern und außer Schlaf- und Beruhigungsmitteln rezeptfrei erhältlich. Vom Personal bekommt man auf Nachfrage wertvolle Tipps zur Wahl und Einnahme von Arzneimitteln.

Ausgestreckte Hand

Die Mimik und Gestik der Griechen sind im Allgemeinen expressiver als in deutschsprachigen Ländern, Ablehnung und Zustimmung finden durch Gesichtsausdrücke und Handbewegungen stärkeren Ausdruck und man spricht gerne viel und laut. Griechen verleihen ihrem Zorn gerne durch die nach außen gewandte Handfläche mit ausgestreckten Fingern, bekannt als **η μούντζα**, Ausdruck, was als die stärkste Geste der Beleidigung gilt. Beim Autofahren sieht man diese beispielsweise häufig.

Autofahren

Es gelten die üblichen Verkehrsregeln und -vorschriften wie auch in deutschsprachigen Ländern. Fahren Sie jedoch so vorsichtig wie möglich und gehen Sie nicht fest davon aus, dass sich die anderen Verkehrsteilnehmer an die Straßenverkehrsordnung halten. Reagieren Sie flexibel und achten Sie auf Handzeichen und sonstige Signale der anderen Verkehrsteilnehmer. Griechen können beim Autofahren auch sehr temperamentvoll werden. Die Autobahn ist im Großteil des Landes auf dem Festland ausgebaut, Landwege jedoch inmitten von Gebirgen sind recht anspruchsvoll (Serpentinen, Steinschlaggefahr, freilaufende Tiere und Herden). Autos sind besonders auf dem Land notwendig um die Region zu erkunden, da es nicht überall regelmäßig fahrende Busse gibt.

B

Bäckerei

In Griechenland kann man Brot (**το ψωμί**) in den zahlreichen Bäckereien (**ο φούρνος** – mündlich; **το αρτοποιείο** – gebräuchlich als Betriebsnamensschild) kaufen. Beliebt sind vor allem Pasteten (**η πίτα**), wie Spinatpasteten (**η σπανακόπιτα**), Käsepasteten (**η τυρόπιτα**), Blätterteigtaschen mit Vanillecreme (**η μπουγάτσα**), Sesamkringel (**το κουλούρι**) und Hefezopf (**το τσουρέκι**). Brötchen (**το ψωμάκι**) gibt es zwar auch, aber meist in kleinerer Anzahl als in deutschsprachigen Ländern. Meist findet man auch Kuchen und ein paar Süßspeisen. Außerdem gibt es oft Mischformen mit Backwaren- und Konditoreiprodukten (**το αρτοζαχαροπλαστείο**).

Bestellen

Oft gibt es in Essenslokalen, Cafés und Ähnlichem nicht alles, was auf der Karte steht. Seien Sie daher auf Alternativen eingestellt. Besonders in Lokalen mit Fischgerichten lohnt es sich, zu fragen, welche frischen Fische an dem Tag angeboten werden, **Τι ψάρια έχετε σήμερα φρέσκα;**.

Bus

Der Fernbus (**το ΚΤΕΛ**) ist ein bewährtes und günstiges Verkehrsmittel um von Ort zu Ort zu gelangen. Passagiere bekommen eine Sitzplatznummer, die auf dem Busticket und auf der Rückseite des Sitzes zu finden ist. Bei freien Plätzen können Tickets auch im Bus erworben werden. Busse machen normalerweise auf langen Strecken alle drei Stunden eine Pause. Innerhalb von Inseln und Ortschaften eignet sich die Benutzung des lokalen Busses (**το Αστικό ΚΤΕΛ**). Beachten Sie dabei, dass sich diese besonders in Großstädten und auf Inseln während der Hochsaison oft stark verspäten und überfüllt sind. Nicht an allen Orten gibt es regelmäßige Busverbindungen, so dass es hierfür ratsam ist, ein Auto, ein Motorrad oder ein Quad zu mieten um die Region zu erkunden.

C

Café

Das Café ist in Griechenland ein Standard-Treffpunkt, wobei man hier zwischen **η καφετέρια** und **το καφενείο** unterscheidet. Bei Letzterem treffen sich meist ältere Männer. Hierbei werden gerne Backgammon (**το τάβλι**) und Karten gespielt. Dabei sind Sport und Politik beliebte Gesprächsthemen, die oft zu heftigen Debatten führen.

D

Duzen

In Griechenland ist es eher üblich, geduzt zu werden, wenn man etwa im gleichen Alter ist und die Atmosphäre lockerer ist, beispielsweise in einem Café. Wenn eine deutlich ältere Person Sie duzt, drückt das Nähe aus. Umgekehrt sollten Sie die Person siezen, außer sie bietet Ihnen das Du an. Werden Sie von jemandem mit Frau/Herr vorgestellt, wird die Form **η κυρία** (die Frau), **ο κύριος** (der Herr) verwendet, gefolgt von Ihrem Namen. Wenn man jemanden anspricht, sagt man **κυρία** und **κύριε**. Sehr oft verwendet man dabei auch nur den Vornamen, z. B. **κυρία Μαρία, κύριε Γιώργο.**

E

Essen

Die griechische Küche hat viele Einflüsse aus dem Nahen Osten und den umliegenden Ländern und ist reich an Vorspeisen, Salaten, Käsesorten, vor allem Feta, Fisch- und Fleischgerichten, Gemüse, gekochten Speisen, Pasteten und Süßspeisen. Gegessen wird gern in großen Gruppen, Griechen lieben Gesellschaft (**η παρέα**). Darüber hinaus können die Gerichte von Region zu Region und von Insel zu Insel sehr unterschiedlich sein.

Essenslokale

In Griechenland gibt es eine große Auswahl an Essenslokalen, Tavernen (**η ταβέρνα**), Grilltavernen (**η ψησταριά/το σουβλατζίδικο**), Fischtavernen (**η ψαροταβέρνα**), Lokale mit kleinen Speisen (**το μεζεδοπωλείο**), Lokale mit Ouzo-Sorten sowie kleinen Speisen (**το ουζερί**) und Lokale mit Tresterschnaps-Sorten sowie kleinen Speisen (**το τσιπουράδικο**). Häufig gibt es in Lokalen und Bars auch Live-Musik (**η ζωντανή μουσική**).

Essenszeiten

Die Essenszeiten sind anders als in deutschsprachigen Ländern: Gegessen wird eher später, zu Mittag meistens zwischen 13 und 15 Uhr. Abends wird in den Essenslokalen auch noch nach Mitternacht Essen serviert.

F

Ferien

Die Schulferien sind in ganz Griechenland einheitlich, etwa je 2 Wochen an Weihnachten und Ostern und 3 Monate von Mitte Juni bis Mitte September. In der Zeit vom 1. bis zum 15. August legen auch zahlreiche Unternehmen jeder Art und Größe eine Sommerpause ein.

Fisch

Als Mittelmeerstaat gibt es in Griechenland eine große Vielfalt an Fischen (**το ψάρι**) und Meeresfrüchten (**τα θαλασσινά**), die man im Fischgeschäft (**το ιχθυοπωλείο**) kaufen und in Fischtavernen (**η ψαροταβέρνα**) essen kann. So sind vor allem folgende Fischarten üblich: europäische Sardellen (**ο γαύρος**), Sardinen (**η σαρδέλα**), Calamari (**τα καλαμαράκια**), Garnelen (**οι γαρίδες**), Oktopusse (**το χταπόδι**), Streifenbarben (**το μπαρμπούνι**), Goldbrassen (**η τσιπούρα**), Miesmuscheln (**τα μύδια**), Kabeljau (**ο μπακαλιάρος**).

Fladenbrot-Wraps

Beliebt sind Fladenbrot-Wraps mit Gyros/Fleischspießen (**η πίτα με γύρο/σουβλάκι**). Fleischspieße bestehen meist aus Hähnchen- oder Rindfleisch.

Fleisch

Auch Fleischgerichte sind sehr beliebt. Im Allgemeinen sind neben Schweinefleisch (**το χοιρινό κρέας**), Kalbfleisch (**το μοσχαρίσιο κρέας**), Hühnchen (**το κοτόπουλο**) auch Ziegenfleisch (**το κατσικίσιο κρέας**) und Lammfleisch (**το αρνίσιο κρέας**) vor allem auf Feiern üblich. Konkret sind Fleischspieße (**το σουβλάκι**), Gyros (**ο γύρος**), Steaks (**η μπριζόλα**), Bauchspeck (**η πανσέτα**), Lammrippchen (**τα αρνίσια παϊδάκια**), Lamm-Därme (**το κοκορέτσι**) beliebt, die man je nach Art gebraten (**τηγανητός**) oder gegrillt (**ψητός**) genießt. Oft bestellt man gemischte Fleischplatten (**η ποικιλία κρεατικών**) und Vorspeisen und teilt sich diese. Was gekochte Gerichte und Ofengerichte betrifft, sind Frikadellen (**το μπιφτέκι**) und Hackröllchen (**τα σουτζουκάκια**), Nudel-Hackfleischauflauf (**το παστίτσιο**), Moussaka (**ο μουσακάς**), gefüllte Paprika und Tomaten (**τα γεμιστά**), gefüllte Auberginen (**τα παπουτσάκια**) sowie Schmorfleisch mit Tomatensauce (**το κοκκινιστό γιουβέτσι με κριθαράκι**) sehr bekannt.

Frühstück

Die meisten Griechen frühstücken wenig bis gar nicht und begnügen sich mit einem Kaffee und einem Sesamkringel (**το κουλούρι**), einem Zwieback (**η φρυγανιά**), einer Blätterteigtasche mit Vanillecreme (**η μπουγάτσα**) oder einer Käsepastete (**η τυρόπιτα**). Da es keine einheimische Frühstückskultur gibt, fällt auch an den touristisch erschlossenen Orten das Frühstück (**το πρωινό**) oft nicht sehr opulent aus.

G

Griechische Lebensmittel

Es gibt zahlreiche griechische Lebensmittel, von denen viele mit Qualitätssiegeln versehen sind, wobei jede Region für andere Produkte bekannt ist. Neben dem sehr bekannten Feta (**η φέτα**) sind auch Oregano (**η ρίγανη**), Sesammus (**το ταχίνι**), Mastix-Harz (**η μαστίχα**), Feigen (**τα σύκα**), Kaper (**η κάπαρη**), Rosinen (**οι σταφίδες**), Pistazien aus Ägina (**τα φιστίκια Αιγίνης**), Honig (**το μέλι**), Safran aus Kozani (**το σαφράν/ο κρόκος Κοζάνης**) und Bergtee (**το τσάι του βουνού**) beliebt und finden je nach Art in Süßspeisen, Speisen und Likören Anwendung.

H

Historische Stätten

In ganz Griechenland gibt es historisch bedeutende Sehenswürdigkeiten, die von der Antike bis in die moderne Geschichte reichen. Die Akropolis in Athen (**η Ακρόπολη Αθηνών**) ist die wohl bekannteste Vertreterin der als Akropolis („Oberstadt") bezeichneten Stadtfestungen des antiken Griechenlands. Diese besteht aus mehreren Bauwerken, wobei eines der wichtigsten Bauwerke der Tempel des Parthenon (**ο Παρθενώνας**) darstellt. Damit wurde die Göttin und Schutzpatronin Athena geehrt. Weitere wichtige Bauwerke sind der Tempel des Zeus, auch als Olympieion bezeichnet, und das Dionysostheater, was als Geburtsstätte des Dramas gilt. Trotz ihrer langen Geschichte ist die Akropolis in großen Teilen im Original erhalten. Sehenswert sind auch das vor ein paar Jahren errichtete Museum am Fuß des Akropolis-Hügels und die unmittelbar unter der Akropolis gelegene Altstadt Plaka. Die Küstenstadt Lindos auf Rhodos verfügt ebenfalls über eine bedeutende Akropolis. Auf Rhodos sind auch der Großmeisterpalast, der ursprünglich im Mittelalter als Sitz des Johanniterordens diente und heute eine Rekonstruktion ist, und der Koloss, eine Bronzestatue zu Ehren des Helios, griechischer Sonnen- und Stadtgott, sehenswert. Die Statue, die nicht mehr vollständig erhalten ist, ist eines der sieben Weltwunder der Antike. Wichtig sind an dieser Stelle auch das Orakel von Delphi (**το Μαντείο των Δελφών**) in Zentralgriechenland, eine Weissagungsstätte des antiken Griechenlands, die antike Stadt Olympia (**η Ολυμπία**) in Peloponnes, wo die olympischen Spiele der Antike stattfanden ebenso wie der Palast von Knossos (**το παλάτι της Κνωσσού**), der größte minoische Palast auf Kreta. Viele dieser Stätten zählen zum UNESCO-Welterbe.

I

Inseln

In Griechenland gibt es eine Vielzahl an Inseln (**το νησί**), welche im Ionischen Meer (**το Ιόνιο Πέλαγος**) und in der Ägäis (**το Αιγαίο Πέλαγος**) liegen. Diese sind mit unterschiedlichen Landschaften, Architekturstilen, Sehenswürdigkeiten, kulturellen Veranstaltungen und Stränden sehr unterschiedlich. Fast jeder Ort hat sein kleines Museum, auf fast jedem Hügel thront eine Kirche oder eine Kapelle oder Sie finden die Überreste eines Tempels. So gibt es sowohl teure als auch preiswerte Inseln. Dies gilt vor allem für die Unterkünfte, aber auch für Essen, Supermärkte, Strandliegen und Sonnenschirme. In der Vor- und Nachsaison sollten Sie beim Preis der Unterkunft unbedingt verhandeln. Auch wenn Sie länger bleiben, können Sie diesen oft herunterhandeln, es sei denn es wurde Ihnen ohnehin schon ein sehr günstiges Angebot gemacht. Beachten Sie dabei, dass der Preis oft bewusst höher angesetzt wird, um zu tiefe Preise durch ein Herunterhandeln zu vermeiden.

K

Kaffee

Frappé (**ο φραπές**) ist ein Kaffeekaltgetränk, bei dem aufgeschäumter Instantkaffee mit Wasser sowie nach Belieben mit Milch und Zucker gemischt, dann geschüttelt wird und danach Eiswürfel hinzugegeben werden. Beliebt sind auch Varianten mit einer Kugel Vanilleeis oder einem Schuss Alkohol. Auch der Mokka (**ο ελληνικός καφές**) ist sehr beliebt und wird in einem kleinen Kaffeekocher (**το μπρίκι**) zubereitet, indem eine Mischung aus Wasser, Kaffee und Zucker bis kurz vor dem Siedepunkt gekocht wird, wobei der Kaffeeschaum charakteristisch ist. Kaffee wird zusammen mit Wasser serviert.

Käse

In Griechenland gibt es neben dem Feta (**η φέτα**) viele Hart- und Weichkäsesorten. Der Geschmack reicht von süßlich bis würzig. Ein paar Beispiele sind **η γραβιέρα, το κεφαλοτύρι, το κασέρι, η μυζήθρα** und **το μανούρι**. Halloumi (**το χαλούμι**) ist ein bekannter zypriotischer Käse.

Kleingeschäfte

Sehr üblich ist in Griechenland der Kiosk (**το περίπτερο**), wo man verschiedenen Krimskrams, kalte Erfrischungsgetränke (**το αναψυκτικό**), Eis (**το παγωτό**), Bus-, Straßenbahn- bzw. Metrofahrkarten (**το εισιτήριο για λεωφορείο/τραμ/μετρό**) und Kondome (**το προφυλακτικό**) kaufen kann. Viele Kioske sind rund um die Uhr geöffnet. Es gibt auch viele Minimärkte (**το μίνι μάρκετ**), wo das Angebot größer ist und es mehr Lebensmittel gibt. Gemüse und Obst kann man auch in den zahlreichen Gemüse- und Obstläden (**το μανάβικο**) und unter anderem auf dem Wochenmarkt (**η λαϊκή αγορά**) kaufen. Bei letzterem sind die Kulturerlebnisse unbezahlbar.

M

Mariä Himmelfahrt

Mariä Himmelfahrt (**ο Δεκαπενταύγουστος** – 15. August) zählt zu den bedeutendsten Festen der orthodoxen Kirche. Die Feiern hierbei variieren von einfachen Gottesdiensten mit Verkaufsständen vor den Kirchen bis hin zu Volksfesten (**το πανηγύρι**), begleitet von traditioneller Musik, Tanz und lokalen Bräuchen. Viele Griechen fasten zwei Wochen zuvor.

Mastix-Harz

Der Mastix-Harz ist das Harz der Mastixsträucher oder kleiner Mastixbäume. Es entsteht durch Eintrocknen und Aushärten des Harzbalsams, der aus den Sträuchern oder Bäumen austritt. Der Mastix (**η μαστίχα**) ist in Griechenland bekannt als die Tränen von Chios, da dieser in Griechenland nur dort wächst, während Chios weltweit der größte Mastixproduzent ist. Anwendung findet der Mastix beispielsweise bei Lebensmitteln (Kaugummi, Backwaren, Getränke, Süßigkeiten), in Spirituosen und in der Naturkosmetik.

Musik

Die griechische Musik ist so vielfältig wie das Land selbst. Im Laufe der Generationen wurde sie durch die jeweils aktuellen politischen und gesellschaftlichen Ereignisse und Gegebenheiten beeinflusst. Die byzantinische Musik (**η βυζαντινή μουσική**, ab etwa 800 n. Chr.) lebt heute in veränderter Form in der griechischen Kirchenmusik weiter. Die Volksmusik (**η δημοτική μουσική**) ist sehr vielseitig und regional äußerst unterschiedlich. Sie besteht aus den traditionellen Liedern des Volkes, vor allem aus dem ländlichen Raum. Je nach geographischer Lage variieren ihre Texte, Rhythmen und Instrumente und bilden auch die Grundlage für die griechischen Tänze. Unter anderem werden Klarinetten, Gitarren, Geigen, Dudelsäcke, kretische Lyren und Rahmentrommeln mit Schellen als Instrumente verwendet. Die populäre Musik (**η λαϊκή μουσική**) wurzelt im Rembetiko. Dieser entstand in den 20er Jahren als Folge der Vertreibung der Griechen aus Kleinasien, woraufhin diese sich in den Städten niederließen und diesen Musikstil entwickelten. Prägendes Instrument ist die Bouzouki. Die Lieder handeln von den Schwierigkeiten durch die Vertreibung aus dem Heimatort der Griechen und werden wegen ihres schwermütigen Charakters und ihres Ursprungs in den Elendsquartieren häufig als der griechische Blues bezeichnet. Ab den 50er-Jahren entwickelte sich der Rembetiko zur populären (Pop-)Musik weiter und erreichte so ein immer breiteres Publikum. Eine Mischung aus Rembetiko und westlich geprägter Musik sind die Kunstlieder (**το έντεχνο τραγούδι**). Viele dieser Lieder sind Vertonungen von Gedichten bekannter griechischer Dichter. In den 70er-Jahren entstand auch der Griechische Rock. Heutzutage werden von jungen griechischen Musikern alle international vorherrschenden Musikstile interpretiert, wobei diese noch stark durch die Folklore geprägt sind.

N

Namenstage

Für Griechen ist der Namenstag des Heiligen, dessen Namen sie tragen (**η ονομαστική γιορτή**) sehr wichtig. Folgende Namen kommen häufig vor und dementsprechend auch die jeweiligen Namenstagefeiern: Ioannis, Ioanna (7. Januar), Giorgos, Georgia (meist 23. April, beweglicher Ferientag), Konstantinos, Konstantina, Eleni (21. Mai), Maria, Panagiotis, Panagiota (15. August), Christos, Christina (25. Dezember). „Alles Gute" wünscht man mit **Χρόνια πολλά**. Häufig werden auch Kosenamen bzw. Kurzformen des Namens verwendet, z. B. Kostas für Konstantinos und Giota für Panagiota.

Nationalfeiertage

Die Nationalfeiertage (**η εθνική γιορτή**), d. h. der Tag der Unabhängigkeit, der gleichzeitig das Fest der Verkündigung des Herrn ist, **η 25η Μαρτίου** (25. März), sowie der Jahrestag des „Nein" beim 2. Weltkrieg, **η 28η Οκτωβρίου** (28. Oktober), sind bedeutende Feste und werden in ganz Griechenland mit traditionellen Paraden gefeiert.

O

Ostern

Als wichtigster Feiertag im griechischen Kalender und einer der reichsten an Folklore, ist die Feier der orthodoxen Ostern (**το Πάσχα**) einzigartig in ganz Griechenland. Eine Reise nach Griechenland während der Karwoche (**η Μεγάλη Εβδομάδα**) und an Ostern selbst bietet Besuchern die Chance, einiges an traditioneller und festlicher Atmosphäre mitzuerleben. Auch der Beginn der Fastenzeit (**η Καθαρά Δευτέρα**) ist ein wichtiger Feiertag, an dem man traditionell Drachen steigen lässt und vor allem eine Art Fladenbrot (**η λαγάνα**), Fischrogencreme und Ölsamenmus isst. Am Karfreitag wird der geschmückte Sarg Christi um die Kirche getragen (**η περιφορά του Επιταφίου**) und in der Osternacht von Samstag auf Sonntag gehen die Menschen mit Kerzen in der Hand in die Kirche, wo der Priester mit der geweihten Osterflamme das Licht weitergibt. Der Priester verkündet **Χριστός ανέστη** (Christus ist auferstanden) und die Gemeinde antwortet **Αληθώς ανέστη** (Er ist wahrhaftig auferstanden), was man sich auch gegenseitig wünscht.

Gefeiert wird mit der Familie in großem Kreis, wobei ein reichhaltiges Essen ein Muss ist. Neben Ziege/Lamm am Grillspieß (**το κατσίκι/το αρνί στη σούβλα**), was auf Festen allgemein beliebt ist, isst man gerne Suppe mit Lamminnereien (**η μαγειρίτσα**), Hefezopf (**το τσουρέκι**) und eine Art Gebäck (**τα κουλουράκια**).

P

Parken

Grundsätzlich ist das Parken an Vorfahrtsstraßen und an gelb markierten Stellen nicht gestattet. Blaue Markierungen kennzeichnen gebührenpflichtige Parkzonen, weiße dagegen gebührenfreie Parkzonen. Halteverbotsschilder mit senkrechter Linie gelten an ungeraden Monaten, Schilder mit zwei Linien an geraden Monaten. Parkuhren gibt es in vielen Regionen, insbesondere in Großstädten. Häufig wird in zweiter Reihe geparkt, auch wenn es nicht erlaubt ist. Es gibt zahlreiche Parkhäuser und Parkflächen im Freien (**το πάρκινγκ**), die teilweise kostenpflichtig sind.

S

Süßspeisen

Kuchen und Gebäck (**το γλυκό**) sind in Griechenland im Allgemeinen süßer als in deutschsprachigen Ländern. Sehr üblich sind vor allem Süßspeisen mit Sirup (**τα σιροπιαστά**, z. B. **ο μπακλαβάς, το κανταΐφι**), mit Sesam (**το σουσάμι**, z. B. **το παστέλι, ο χαλβάς**), mit viel Zucker (**με πολλή ζάχαρη**, z. B. **το γλυκό του κουταλιού, το λουκούμι**), Kuchen (z. B. **το κέικ**), Eis (**το παγωτό**) und Joghurt mit

Honig (**το γιαούρτι με μέλι**). Auch Sesammus (**το ταχίνι**) ist sehr beliebt. Genießen kann man diese Süßspeisen unter anderem in Konditoreien (**το ζαχαροπλαστείο**) und in Läden mit Backwaren- und Konditoreiprodukten (**το αρτοζαχαροπλαστείο**). Das Wort **γλυκό** bedeutet außerdem auch süß.

T

Taxi

Taxis (**το ταξί**) sind in den meisten Orten von Griechenland deutlich günstiger als in deutschsprachigen Ländern. Teilweise gibt es Zuschläge beispielsweise für Vorbestellungen und Abfahrten vom Flughafen, Bahnhof usw. Es kommt vor, dass Taxifahrer einen höheren als den erlaubten Preis verlangen. Achten Sie für den Fall darauf, dass der Fahrer das Taxameter einschaltet und bestehen Sie ggf. auf eine Quittung, wenn Sie den Eindruck haben, der Preis ist erhöht. Wenn Sie sich ein Taxi mit anderen Fahrgästen teilen, ohne sich zu kennen, sollten Sie das dem Taxifahrer gegenüber nicht signalisieren, da dann oft den vollen Preis von allen Fahrgästen verlangt wird. Auch wenn dies verboten ist, ist es durchaus üblich. Vereinbaren Sie den Fahrpreis am besten vor der Abfahrt mit dem Fahrer.

Telefonieren

In Griechenland meldet man sich am Telefon mit **ναι** (ja) oder **παρακαλώ** (bitte). Ist man nicht sicher, wer am Apparat ist, so fragt man: **Μιλώ με τον/την …;** (Spreche ich mit …?) oder bittet darum, zum gewünschten Gesprächspartner durchgestellt zu werden: **Θα μπορούσα να μιλήσω στον/στην…;** Falls die gewünschte Person bereits am Apparat ist, antwortet sie **ο ίδιος** (männlich)/**η ίδια** (weiblich). Der

Name wird meistens nur genannt, wenn er dem Gespräch dienlich ist. Handynummern beginnen mit 69. Die Vorwahl für Griechenland ist +30.

Trinkgeld

Auch in Griechenland freut man sich über eine kleine Zugabe zum Verdienst. Im Restaurant ist z. B. ein Aufrunden des Betrags um bis zu 10 % üblich.

V

Vorspeisen

Sehr beliebt sind in Griechenland Vorspeisen (**τα ορεκτικά**), die man auch gerne untereinander teilt. Dazu zählen vor allem Tzatziki (**το τζατζίκι**), Feta mit Olivenöl und Oregano (**η φέτα με ελαιόλαδο και ρίγανι**), gebratener/gegrillter Feta (**η τηγανητή/ψητή φέτα σαγανάκι**), scharfe Käsecreme (**η τυροκαυτερή**), Knoblauchpaste (**η σκορδαλιά**), Auberginenmus (**η μελιτζανοσαλάτα**), Fischrogencreme (**η ταραμοσαλάτα**), Platterbsenpüree (**η φάβα**), Riesenbohnen (**τα φασόλια γίγαντες**), Pommes frites (**οι τηγανητές πατάτες**), gebratene Zucchini (**τα τηγανητά κολοκυθάκια**), gebratene Paprika (**οι τηγανητές πιπεριές**) und Tomatenpuffer (**οι ντοματοκεφτέδες**).

W

Wie geht's?

In Griechenland gibt es eine Vielzahl an Möglichkeiten, sich nach dem Befinden zu erkundigen, wobei es sich oft nur um den Austausch förmlicher Floskeln zur Begrüßung handelt. Bei einer längeren Unterhaltung erzählt man dann gerne mehr über den Alltag, die Familie usw. „Wie geht es dir?" heißt auf Griechisch **Τι κάνεις;/Πώς είσαι;** und „Wie geht es Ihnen/euch?" **Τι κάνετε;/Πώς είστε;**. Für die möglichen Antworten „Gut und dir?" sagt man **Καλά, εσύ;** und für „Gut und Ihnen/euch?" **Καλά, εσείς;**.

Z

Zug

Die Züge in Griechenland werden von der Griechischen Eisenbahnorganisation (**Οργανισμός Σιδηροδρόμων Ελλάδος**) betrieben. Das Streckennetz ist derzeit für die Linien von Athen nach Alexandroupoli über Thessaloniki und das Netzwerk in Peloponnes, um von Patras nach Athen zu gelangen, ausgebaut.

Deutsch – Griechisch

Aal M ZOOL χέλι *n*
Aas N *Tierleiche* ψοφίμι *n*; *pej* παλιάνθρωπος *m*
ab[1] PRÄP +DAT *zeitlich, räumlich* από; **~ und zu** πότε- πότε, κάπου-κάπου; **~ Berlin** από το Βερολίνο
ab[2] *Knopf* έπεσε; *Farbe* έφυγε
Abbau M *Reduzierung* μείωση *f*; *Demontage* διάλυση *f*; BERGB εξόρυξη *f* **abbauen** μειώνω; διαλύω, ξεμοντάρω; BERGB εξορύσσω
abbeißen δαγκώνω
abbekommen παίρνω; *Fleck* βγάζω; *beschädigt werden* παθαίνω ζημιά
abbiegen AUTO στρίβω; *krümmen* λυγίζω
abbilden απεικονίζω **Abbildung** F εικόνα *f*, φωτογραφία *f*
abblenden AUTO κατεβάζω τα φώτα **abbrechen** σπάζω; *aufhören* διακόπτω; *Haus* γκρεμίζω, κατεδαφίζω; *Lager* μαζεύω, διαλύω; *Kontakt* κόβω **abbrennen** καίω **abbringen** *abraten* αποτρέπω (**von** από) **Abbruch** M *Beendigung* διακοπή *f*; *Haus* κατεδάφιση *f*; *Lager, Zelt* διάλυση *f*, λύσιμο *n*
Abc N αλφαβήτα *f*
abdecken *aufdecken* ξεσκεπάζω; *Tisch* σηκώνω; *zudecken* σκεπάζω, καλύπτω
Abdruck M εκτύπωση *f*; *Gedrucktes* αντίτυπο *n*; *Fingerabdruck* δακτυλικό αποτύπωμα *n*
Abend M βράδυ *n*; βραδιά *f*; **guten ~!** καλησπέρα!; **am ~** το βράδυ; **heute ~** απόψε; **gestern ~** ψες, εψές; **zu ~ essen** δειπνώ
Abendessen N βραδινό (φαγητό) *n*, δείπνο *n* **Abendkleid** N βραδινό (φόρεμα) *n*
Abendland N Δύση *f*
abends το βράδυ
Abenteuer N περιπέτεια *f*
abenteuerlich περιπετειώδης
aber αλλά, όμως; μα; **~ ja!** μα φυσικά!; **~ nein!** όχι βέβαια!
abergläubisch δεισιδαίμονων *m,f*; προληπτικός
abfahren ξεκινώ, αναχωρώ, φεύγω (**nach** για; **von** από); *Reifen* φθείρω **Abfahrt** F αναχώρηση *f*; *Ski* κατάβαση *f*
Abfahrtszeit F ώρα *f* ανα-

χώρησης
Abfall M, **Abfälle** MPL σκουπίδια *npl*; απορρίμματα *npl*; *Industrieabfall* απόβλητα *npl* **Abfalleimer** M δοχείο *n* απορριμάτων, καλάθι *n* των αχρήστων **abfallen** πέφτω; *Gelände* κλίνω
abfertigen διεκπεραιώνω; *Gepäck* εκτελωνίζω; *Passagiere* ελέγχω **Abfertigung** F διεκπεραίωση *f*; *Gepäck* εκτελωνισμός *m*; *Passagiere* έλεγχος *m*
abfinden: **sich ~** συμβιβάζομαι (**mit** με) **abfliegen** *Flugzeug* απογειώνομαι; *Person* πετώ (**nach** για) **abfließen** *Flüssigkeit* φεύγω, αδειάζω
Abflug M *Start* απογείωση *f*; αναχώρηση *f* **Abflughalle** F αίθουσα *f* αναχωρήσεων **Abflugzeit** F ώρα *f* αναχώρησης
Abführmittel N καθαρτικό *n*
abfüllen *Wein* εμφιαλώνω
Abgabe F παράδοση *f*; *Steuer* φόρος *m*, δασμός *m*
Abgang M αποχώρηση *f*
Abgase NPL καυσαέρια *npl*, καυσαέριο *n*
abgeben παραδίδω, δίνω; *Wärme* εκπέμπω; **sich ~** καταγίνομαι, ασχολούμαι (**mit** με) **abgehen** φεύγω, αναχωρώ; ξεκολλώ; *Knopf* πέφτω; *Farbe* φεύγω; *Fleck* βγαίνω
abgeneigt απρόθυμος
Abgeordnete(r) M,F βουλευτής *m,f*
abgeschlossen κλεισμένος με κλειδί; *beendet* τελειωμένος, ολοκληρωμένος
abgesehen εκτός (**von** από); **~ davon, dass ...** εκτός του ότι ... **abgewöhnen** ξεσυνηθίζω; ξεμαθαίνω; **sich das Rauchen ~** κόβω το κάπνισμα
Abgrund M γκρεμός *m*, χάσμα *n*; *a. fig* άβυσσος *f* **abhalten** *hindern* εμποδίζω (**von** από) **Abhang** M πλαγιά *f*; *abschüssige(r) Weg m* κατηφόρα *f*, κατήφορος *m*
abhängen *Bild* ξεκρεμώ; *Wagen* αποσυνδέω; *fig* εξαρτώμαι (**von** από); **es hängt davon ab, ob ...** εξαρτάται από το αν ... **abhängig** εξαρτημένος; **~ sein** εξαρτιέμαι, εξαρτώμαι (**von** από)
abheben σηκώνω; *Flugzeug, a. fig* απογειώνομαι; *Geld* αποσύρω, τραβώ; *Spielkarten* κόβω **abholen** *a. Person* παραλαμβάνω, πηγαίνω να πάρω
Abi(tur) N απολυτήριο *n* λυκείου
abkaufen αγοράζω **abklingen** *Schmerz* καταπραΰνομαι
abkochen βράζω
abkommen *Weg* χάνω το δρόμο **Abkommen** N συνθήκη *f*, σύμβαση *f*, σύμφωνο *n*
abkühlen: **sich ~** δροσίζομαι; *Wetter, a. fig* ψυχραίνω; *Speisen* κρυώνω
abkürzen συντομεύω; *Weg* κόβω; *Wort* γράφω εν συντομία

Abkürzung F *abgekürztes Wort* συντομογραφία *f*; *kürzerer Weg* σύντομος δρόμος *m*
abladen ξεφορτώνω
Ablage F αρχειοθέτηση *f*
Ablauf M *Ereignis* πορεία *f*, εξέλιξη *f* **ablaufen** *Frist* λήγω; *abfließen* εκρέω, χύνομαι; *Angelegenheit* εξελίσσομαι
ablecken γλείφω
ablegen *hinlegen* ακουμπώ, βάζω; *Gewohnheit* κόβω, αποβάλλω; *Schiff* αναχωρώ, μπαρκάρω; *Prüfung* δίνω
ablehnen *Einladung, Vorschlag* αρνούμαι, δε δέχομαι; *Antrag, Vorschlag* απορρίπτω **Ablehnung** F άρνηση *f*; απόρριψη *f*
ableiten διοχετεύω; GRAM παράγω; *herleiten* συμπεραίνω
ablenken *ausweichen* παρεκκλίνω; *unterhalten* απασχολώ; *zerstreuen* αποσπώ την προσοχή (**von** από) **Ablenkung** F απασχόληση *f*, περισπασμός *m*
abliefern παραδίδω
ablösen αφαιρώ, βγάζω; *Angeklebtes* ξεκολλώ; *j-n* αντικαθιστώ; **sich ~** *abgehen* ξεκολλώ **Ablösung** F *e-r Person* αντικατάσταση *f*; *Wache* αλλαγή *f*
abmachen βγάζω, αφαιρώ; *vereinbaren* συμφωνώ; **abgemacht!** σύμφωνοι!
abmelden ξεδηλώνω; ακυρώνω; **sich ~** ξεδηλώνομαι, ξεγράφομαι
abnehmen παίρνω; *Hut* βγάζω; *Führerschein* αφαιρώ; *Hörer* σηκώνω; *sich vermindern* μειώνομαι, ελαττώνομαι; *weniger werden* λιγοστεύω; *Gewicht* αδυνατίζω, χάνω βάρος
Abneigung F αντιπάθεια *f* (**gegen** για); αποστροφή *f*
abnorm(al) ανώμαλος
abnutzen φθείρω, χαλώ; *Kleidung* τρίβω, λειώνω
Abonnement N συνδρομή *f* **abonnieren** γίνομαι συνδρομητής
abraten αποτρέπω (**von** από), δε συνιστώ (**von** *akk*)
abräumen *Tisch* σηκώνω
abrechnen κάνω το λογαριασμό; *Kasse* κάνω τον απολογισμό; *abziehen* αφαιρώ; *fig* ξεκαθαρίζω τους λογαριασμούς μου
Abreise F αναχώρηση *f* **abreisen** αναχωρώ (**nach** για), φεύγω **Abreisetag** M ημέρα αναχώρησης *f*
abreißen *Blatt Papier* κόβω, σχίζω; *Haus* γκρεμίζω, κατεδαφίζω; *sich lösen* κόβομαι
abrunden στρογγυλεύω προς τα κάτω
Abrüstung F αφοπλισμός *m*
absagen *Einladung* αρνούμαι; *Termin* ακυρώνω, ματαιώνω
Absatz M *Treppenabsatz* πλατύσκαλο *n*; *Schuhabsatz* τακούνι *n*; HANDEL πωλήσεις *fpl*; *Text*, JUR παράγραφος *f*

abschaffen καταργώ
abschalten κλείνω, σβήνω; *fig* χαλαρώνω **Abscheu** M απέχθεια *f*, αηδία *f*, αποστροφή *f* **abschicken** στέλνω; *per Post®* ταχυδρομώ
Abschied M αποχαιρετισμός *m*; ~ **nehmen** αποχαιρετώ (**von** *akk*)
Abschleppdienst M οδική βοήθεια *f* **abschleppen** ρυμουλκώ
abschließen κλειδώνω; *beenden* τελειώνω; *Vertrag* κλείνω
Abschluss M τέλος *n*, αποπεράτωση *f*; *Vertrag* σύναψη *f*; HANDEL ισολογισμός *m*
abschneiden κόβω; *versperren* αποκλείω, μπλοκάρω
Abschnitt M μέρος *n*, τμήμα *n*; *Zeitabschnitt* περίοδος *f*; *Buch* παράγραφος *f*; *Kontrollabschnitt* απόκομμα *n*
abschrecken αποθαρρύνω, εκφοβίζω
abschürfen γδέρνω **Abschürfung** F *Hautabschürfung* γδάρσιμο *n*, MED εκδορά *f*
abschüssig κατηφορικός
abschütteln τινάζω; *fig loswerden* ξεφεύγω (*akk* από)
absehbar προβλεπόμενος; **nicht** ~ απρόβλεπτος
abseits παράμερα; μακριά
Absender(in) M(F) αποστολέας *m,f*
absetzen *Fahrgast* κατεβάζω, αφήνω; *Ware* πουλώ; *entlassen* απολύω; *Medikamente* σταματώ
Absicht F πρόθεση *f*; **mit/ohne** ~ σκόπιμα/άθελα
absichtlich σκόπιμος; *adv* επίτηδες
absolut απόλυτος; *adv* απολύτως, εντελώς
absondern απομονώνω **abspeichern** IT αποθηκεύω
Absperrung F *das Absperren* φράξιμο *n*, κλείσιμο *n*, αποκλεισμός *m*; *Barriere* φράγμα *n*, εμπόδιο *n* **abspielen** *CD* παίζω; **sich** ~ διαδραματίζομαι **absprechen** αρνούμαι; *vereinbaren* συμφωνώ; **sich** ~ συνεννοούμαι (**mit, über** με, για) **abspringen** πηδώ κάτω
abspülen ξεπλένω; *Geschirr* πλένω τα πιάτα
abstammen κατάγομαι (**von** από) **Abstammung** F καταγωγή *f*
Abstand M *a. fig* απόσταση *f*; *zeitlich* (χρονικό) διάστημα *n*
Abstecher M *Ausflug* βόλτα *f*; *Umweg* κύκλος *m*, γύρος *m*
absteigen κατεβαίνω; *Hotel* μένω; *Sport* υποβιβάζομαι
abstellen βάζω κάτω, ακουμπώ; *Auto* παρκάρω; *Radio* κλείνω; *Motor* σβήνω; *Maschine* σταματώ; *Strom, Wasser* κόβω
Abstieg M κάθοδος *f*; *Sport* υποβίβαση *f*
abstimmen ψηφίζω; *koordinieren* συντονίζω **Abstim-**

mung F ψηφοφορία *f*; *Koordination* συντονισμός *m*
abstoßen σπρώχνω; *anwidern* προξενώ αηδία, απωθώ **abstoßend** απωθητικός, αποκρουστικός
abstrakt *fig a. Kunst* αφηρημένος
abstreiten αρνούμαι
Absturz M πτώση *f* **abstürzen** *Flugzeug* πέφτω, συντρίβομαι; *Bergsteiger* πέφτω, γκρεμίζομαι; IT κολλώ
absurd παράλογος
abtasten ψάχνω; MED ψηλαφίζω
Abteil N BAHN κουπέ *n* **Abteilung** F τμήμα *n*
Abtreibung F έκτρωση *f*
abtreten *überlassen* αφήνω, παραδίδω, παραχωρώ; *sich zurückziehen* αποχωρώ, αποσύρομαι **abtrocknen** στεγνώνω, σκουπίζω; **sich ~** σκουπίζομαι
abtropfen στραγγίζω, στάζω; **~ lassen** στραγγίζω
abwarten περιμένω
abwärts (προς τα) κάτω
Abwasch M πλύσιμο *n*; *umg Geschirr* άπλυτα πιάτα *npl* **abwaschen** πλένω
Abwässer NPL λύματα *npl*
abwechseln: **sich ~** αλλάζω, εναλλάσσομαι **abwechselnd** ADV εναλλάξ **Abwechslung** F *Vielfalt* ποικιλία *f*; **zur ~** για αλλαγή
Abwehr F άμυνα *f*, απόκρουση *f* **abwehren** αποκρούω
abweichen αποκλίνω; *Kurs* παρεκκλίνω (**von** από); *Thema* ξεφεύγω; *sich unterscheiden* διαφέρω **abweisen** αποκρούω, απορρίπτω **abwenden** *Blick, Gesicht* στρέφω, γυρίζω; *Gefahr* αποτρέπω **abwerten** HANDEL, *a. fig* υποτιμώ; *fig* περιφρονώ
abwesend απών; *zerstreut* αφηρημένος; **~ sein** λείπω, απουσιάζω **Abwesenheit** F απουσία *f*
abwiegen ζυγίζω **abwimmeln** *umg* ξεφορτώνομαι **abwischen** *a. Hände, Tränen* σκουπίζω; *Staub* ξεσκονίζω
abzahlen εξοφλώ, ξεπληρώνω
abzählen μετρώ
abziehen αποσύρω; MIL αποχωρώ; *Lohn* κρατώ; *Preis*, MATH αφαιρώ; *Bett* αλλάζω τα σεντόνια; *Rauch* βγαίνω
Abzug M *Lohnabzug, Rabatt* κράτηση *f*, αφαίρεση *f*; MIL αποχώρηση *f*; *Gewehr* σκανδάλη *f*; *Dokument* αντίγραφο *n*; FOTO αντίτυπο *n*
abzüglich μείον, αφαιρουμένου, -ων
abzweigen *Straße* στρίβω
Abzweigung F διακλάδωση *f*
Accessoire N αξεσουάρ *n*
Achse F *a.* AUTO άξονας *m*
Achsel F *Achselhöhle* μασχάλη *f*; *Schulter* ώμος *m*

acht οχτώ, οκτώ **achte(r, -s)** όγδοος
Acht F οχτώ *n*, οκτώ *n*
achten *schätzen* εκτιμώ, σέβομαι; προσέχω (**auf** *akk*)
achtgeben δίνω προσοχή (**auf** σε)
Achtung F *Respekt* εκτίμηση *f*; σεβασμός *m*; *Aufmerksamkeit* προσοχή *f*; **~!** προσοχή!
achtzehn δεκαοκτώ, δεκαοχτώ **achtzig** ογδόντα; **die ~er Jahre** *npl* η δεκαετία *f* του ογδόντα
Acker M χωράφι *n*, αγρός *m* **Ackerbau** M γεωργία *f*
ADAC M (*Allgemeiner Deutscher Automobil-Club*) *entspricht* Ε.Λ.Π.Α. *f* (Ελληνική Λέσχη Περιήγησης και Αυτοκινήτου)
Adapter M εξάρτημα *n* προσαρμογής, αντάπτορας *m*
addieren προσθέτω, αθροίζω
Adel M αριστοκρατία *f*
Ader F *a. fig* φλέβα *f*
Adjektiv N επίθετο *n*
Adler M αετός *m*
adlig ευγενής, αριστοκρατικός **Adlige(r)** M,F αριστοκράτης (-ισσα) *m(f)*
adoptieren υιοθετώ
Adressbuch N ατζέντα *f* **Adresse** F διεύθυνση *f*
Adverb N επίρρημα *n*
Aerobic N αερόμπικ *n*
Affäre F υπόθεση *f*; *Liebesaffäre* ερωτική περιπέτεια *f*
Affe M πίθηκος *m*, μαϊμού *f*
Afrika N Αφρική *f* **Afrikaner(in)** M(F) Αφρικανός (-ή) *m(f)* **afrikanisch** αφρικανικός
After M πρωκτός *m*
Ägäis F Αιγαίο (Πέλαγος) *n*
Agentur F πρακτορείο *n*
aggressiv επιθετικός
ahnen προαισθάνομαι, διαισθάνομαι; *vermuten* φαντάζομαι
ähnlich όμοιος (*dat* με), παρόμοιος; **~ sein** μοιάζω (*dat* σε; με); **wir sind uns ~** μοιάζουμε **Ähnlichkeit** F ομοιότητα *f*
Ahnung F προαίσθηση *f*, προαίσθημα *n*; **keine ~ haben** δεν έχω ιδέα **ahnungslos** ανύποπτος
Aids N έιτζ *n* **Aidskranke(r)** M,F ασθενής *m,f* του έιτζ **Aidstest** M τέστ *n* του έιτζ
Airbag M αερόσακος *m*
Akademie F ακαδημία *f*; σχολή *f* **Akademiker(in)** M(F) ακαδημαϊκός *m,f*
Akkordeon N ακορντεόν *n*
Akku M ELEK συσσωρευτής *m*
Akkusativ M αιτιατική *f*
Akrobatik F ακροβασία *f*
Akropolis F Ακρόπολη *f*
Akt M THEAT πράξη *f*, σκηνή *f*; *Kunst* γυμνό *n* **Akte** F φάκελος *m* **Akten** FPL έγγραφα *npl*
Aktie F HANDEL μετοχή *f* **Aktiengesellschaft** F ανώνυμος εταιρεία *f*
Aktion F δράση *f*, ενέργεια *f*
aktiv *a.* GRAM ενεργητικός, δραστήριος; *a. Vulkan* ενεργός

aktivieren ενεργοποιώ
aktualisieren ενημερώνω
aktuell επίκαιρος
akut *Krankheit* οξύς; *Gefahr* άμεσος
Akzent M GRAM τόνος *m*, οξεία *f*; *Aussprache* προφορά *f*
akzeptieren (παρα)δέχομαι
Alarm M συναγερμός *m* **Alarmanlage** F σύστημα *n* συναγερμού **alarmieren** *Polizei* καλώ; *beunruhigen* ανησυχώ
Albaner(in) M(F) Αλβανός (-ή) *m(f)*
Albanien N Αλβανία *f*
albanisch αλβανικός
Albanisch N Αλβανικά *npl*
albern γελοίος, σαχλός, χαζός
Albtraum M *a. fig* εφιάλτης *m*
Album N άλμπουμ *n*, λεύκωμα *n*
Algen FPL φύκια *npl*
Alibi N άλλοθι *n*
Alkohol M οινόπνευμα *n*, αλκοόλ *n* **Alkoholiker(in)** M(F) αλκοολικός (-ή) *m(f)* **Alkoholtest** M αλκοτέστ *n*
all: **vor ~em** προπαντός, προ πάντων, κυρίως
All N σύμπαν *n*, διάστημα *n*
alle PL όλοι (οι) *mpl*, όλες (οι) *fpl*; οι πάντες *mpl*; **~ drei Tage** κάθε τρεις μέρες
allein μόνος, μονάχος, μοναχός; **von ~** από μόνος μου
allerdings *jedoch* αν και; *dennoch* ωστόσο; *gewiss* βέβαια, βεβαίως
Allergie F αλλεργία *f* **allergisch** αλλεργικός (**auf** σε)
alles όλα *npl*, το παν *n*, τα πάντα *npl*; **~ zusammen** όλα μαζί
allgemein γενικός; καθολικός; *adv* γενικά; **im Allgemeinen** γενικά; συνήθως **Allgemeinarzt** M, **Allgemeinärztin** F παθολόγος *m,f* **Allgemeinbildung** F γενική μόρφωση *f* **Allgemeinheit** F γενικότητα *f*; *Gesellschaft* κοινωνικό σύνολο *n*
alljährlich ετήσιος
Alltag M καθημερινή ζωή *f*, καθημερινότητα *f*
allzu: **~ viel/sehr** πάρα πολύ
Almosen N ελεημοσύνη *f*
Alpen PL Άλπεις *fpl*
Alphabet N αλφάβητο *n* **alphabetisch** αλφαβητικός
als *zeitlich, Vergangenheit* όταν, καθώς, άμα; *wie* σα(ν), ως; *bei Vergleichen* από; *bei, lieber/eher ... als* 'παρά; **~ ob** σαν να; **~ Lehrerin** ως δασκάλα; **~ Mutter** σαν μητέρα
also λοιπόν; δηλαδή; ώστε
alt παλιός; *antik* αρχαίος; *Person* μεγάλος (-η *f*) *m*, ηλικιωμένος (-η *f*) *m*; **~ machen/werden** γερνώ; **wie ~ bist du?** πόσων χρονών είσαι, τι ηλικία έχεις; **ich bin 50 Jahre ~** είμαι 50 χρονών; **die ~en Griechen** *mpl* οι αρχαίοι (Έλληνες) *mpl*
Altar M *Kirche* Αγία Τράπεζα

f; βωμός m
Alte(r) M,F γέρος m, γριά f
Alter N ηλικία f; hohes Alter γηρατειά npl; γεράματα npl
ältere(r, -s) Gegenstand παλιότερος; Person älter als μεγαλύτερος; alt geworden γερασμένος
alternativ εναλλακτικός **Alternative** F εναλλακτική λύση f
Altersgrenze F όριο n ηλικίας **Altersheim** N γηροκομείο n
Altertum N αρχαιότητα f **altertümlich** αρχαϊκός
Altgriechisch N αρχαία Ελληνικά npl
Altstadt F παλιά πόλη f, ιστορικό κέντρο n της πόλης
Alufolie F αλουμινόχαρτο n
Aluminium N αλουμίνιο n
am (an dem): ~ **Meer** στη θάλασσα; ~ **Tag** την ημέρα; ~ **Abend** το βράδυ
Amateur(in) M(F) ερασιτέχνης m
Ameise F μυρμήγκι n
Amerika N Αμερική f **Amerikaner(in)** M(F) Αμερικανός (-ίδα) m(f)
amerikanisch αμερικανικός
Amok M αμόκ n; ~ **laufen** με πιάνει αμόκ
Ampel F φανάρι n τροχαίας, σηματοδότης m
Amphitheater N αμφιθέατρο n
amputieren ακρωτηριάζω
Amsel F κοτσύφι n
Amt N Posten αξίωμα n; Dienststelle (δημόσια) υπηρεσία f, γραφείο n **amtlich** επίσημος; behördlich υπηρεσιακός
amüsieren: **sich** ~ διασκεδάζω
an[1] räumlich, zeitlich σε; räumlich προς; ~ **Ostern** το Πάσχα; **der Tag,** ~ **dem** ... την ημέρα που ...; Schreiben (~) **Herrn/Frau** ... προς τον κύριο/την κυρία ...
an[2] Licht, Radio αναμμένος, ανοιχτός
Analphabet(in) M(F) αναλφάβητος m,f
Analyse F ανάλυση f **analysieren** αναλύω
Ananas M ανανάς m
Anarchie F αναρχία f
Anatomie F ανατομία f
Anbau M Feld καλλιέργεια f; Gebäude επέκταση f **anbauen** καλλιεργώ; Gebäude επεκτείνω
anbehalten κρατώ, δε βγάζω
anbei συνημμένως **anbeißen** Fisch, a. fig τσιμπώ **anbieten** προσφέρω (dat σε)
anbinden δένω **Anblick** M όψη f; **beim** ~ στη θέα (**von** gen) **anbrennen** ανάβω; Speise καίγομαι, αρπάζω
Anbruch M Tag ξημέρωμα n; Nacht σούρουπο n
andauern διαρκώ **andauernd** διαρκής; adv διαρκώς, συνεχώς

Andenken N ενθύμιο *n*; **zum ~** στη μνήμη (**an** *gen*)
andere(r, -s) άλλος, διαφορετικός; **jemand ~s/~r** κάποιος άλλος; **etwas ~s** κάτι άλλο; *Besonderes* κάτι το διαφορετικό
and(e)rerseits από την άλλη
ändern αλλάζω; μεταβάλλω; **sich ~** αλλάζω; μεταβάλλομαι
anders διαφορετικά, αλλιώς
anderswo(hin) αλλού
anderthalb ενάμισης
Änderung F αλλαγή *f*; μεταβολή *f*
andeuten υπαινίσσομαι **Andeutung** F υπαινιγμός *m*
Andrang M συνωστισμός *m*
aneinander ο ένας τον άλλο
anerkennen αναγνωρίζω
Anerkennung F αναγνώριση *f*
Anfall M MED κρίση *f*, προσβολή *f* **anfallen** *angreifen* επιτίθεμαι; *entstehen* προκύπτω, απορρέω
anfällig ευπαθής, φιλάσθενος; *geneigt* επιρρεπής (**für** σε)
Anfang M αρχή *f*; **am/zu ~** στην αρχή **anfangen** αρχίζω, ξεκινώ (**mit** *akk*; με)
Anfänger(in) M(F) αρχάριος (-α) *m(f)*
anfangs στην αρχή **anfassen** αγγίζω, πιάνω **anfeuern** ενθαρρύνω
anfordern ζητώ, απαιτώ, αξιώνω **Anforderung** F απαίτηση *f*, αξίωση *f*
Anfrage F ερώτηση *f* **anfragen** ρωτώ, ζητώ πληροφορίες
anfreunden: **sich ~** πιάνω φιλία (**mit** με) **anfühlen**: **sich hart/weich ~** είμαι σκληρός/μαλακός στην αφή
anführen *leiten* οδηγώ, διευθύνω; *Worte* αναφέρω; *umg foppen* κοροϊδεύω
Angabe F δήλωση *f*; *Information* στοιχείο *n*, πληροφορία *f*
angeben δηλώνω; *anzeigen* καταγγέλλω, κάνω αναφορά; *prahlen* καυχιέμαι (**mit** για)
Angeber(in) M(F) καυχησιάρης (-α) *m(f)* **angeblich** ADV δήθεν, τάχα
angeboren έμφυτος
Angebot N προσφορά *f*
angebracht κατάλληλος
angebrannt καμένος
angehen *betreffen* αφορώ; *Licht* ανάβω
angehören ανήκω **Angehörige(r)** M,F στενός (-ή) συγγενής *m(f)*
Angeklagte(r) M,F κατηγορούμενος (-ένη) *m(f)*
Angel F καλάμι *n*
Angelegenheit F υπόθεση *f*, θέμα *n*
Angelhaken M αγκίστρι *n*
angeln ψαρεύω **Angelrute** F καλάμι *n* **Angelschnur** F πετονιά *f*
angemessen κατάλληλος
angenehm ευχάριστος **angenommen** υποτιθέμενος;

~, dass ... ας υποθέσουμε ότι ... **angesichts** ενόψει (*gen* *gen*); ~ **der Tatsache** δεδομένου (**dass** ότι)
Angestellte(r) M,F υπάλληλος *m,f*
angetrunken ελαφρά μεθυσμένος **angewiesen**: ~ **sein** εξαρτώμαι (**auf** από) **angewöhnen**: **sich** ~ συνηθίζω, αποκτώ τη συνήθεια **Angewohnheit** F συνήθεια *f*
Angler M ψαράς *m*
angreifen επιτίθεμαι (*akk* κατά *+gen*; εναντίον *+gen*; σε); MED βλάπτω, κλονίζω **Angriff** M επίθεση *f* (**auf** κατά *+gen*; εναντίον *+gen*)
Angst F φόβος *m* (**vor** *gen*; **um** για); αγωνία *f*; ~ **haben** φοβάμαι (**vor** *akk*)
ängstlich φοβητσιάρης, δειλός **Ängstlichkeit** F δειλία *f*
anhaben φορώ **anhalten** σταματώ; *stehen bleiben* σταματώ; *andauern* κρατώ
Anhalter M άτομο *n* που ταξιδεύει με οτοστόπ
anhand βάσει (*gen* *gen*)
anhängen κρεμώ; *ankuppeln* συνδέω; *fig* φορτώνω **Anhänger(in)** M(F) οπαδός *m,f*; *Wagen* ρυμούλκα *f*; *Kettenanhänger* κρεμαστό *n* **anhänglich** αφοσιωμένος
anheben *Last* σηκώνω; *Preise* αυξάνω, υψώνω
anhören ακούω; **sich** ~ ακούγομαι
Animateur(in) M(F) ψυχαγωγός *m,f*
Anis M γλυκάνισο *n*
Ankauf M αγορά *f*
Anker M άγκυρα *f* **ankern** αγκυροβολώ, αράζω
Anklage F κατηγορία *f* **anklagen** κατηγορώ (**wegen** για)
ankleben κολλώ **anklicken** κάνω κλικ **ankommen** φτάνω; **es kommt darauf an, ob** ... εξαρτάται από το αν ...
ankreuzen σημειώνω με σταυρό **ankündigen** ανακοινώνω, αναγγέλλω
Ankunft F άφιξη *f*; ερχομός *m* **Ankunftszeit** F ώρα *f* άφιξης
anlächeln χαμογελώ
Anlage F TECH εγκατάσταση *f*; ARCH κατασκευή *f*; HANDEL επένδυση *f*; *Parkanlage* πάρκο *n*, κήπος *m*; *Fähigkeit* ταλέντο *n*; *Veranlagung* διάθεση *f*, τάση *f*
Anlass M αφορμή *f*; *Gelegenheit* ευκαιρία *f* **anlassen** *Motor* βάζω μπρος **Anlasser** M AUTO εκκινητήρας *m*, μίζα *f*
anlässlich επ' ευκαιρία (*gen* *gen*)
Anlauf M *Sport* φόρα *f*; *Versuch* προσπάθεια *f*; ~ **nehmen** παίρνω φόρα
anlegen *gestalten* κατασκευάζω; *Geld* τοποθετώ, επενδύω; SCHIFF αράζω; *umg* **sich** ~ τα βάζω (**mit** με) **Anlege-**

stelle F αποβάθρα *f*
anlehnen ακουμπώ; *Tür* μισοκλείνω
Anleitung F καθοδήγηση *f*, οδηγία *f*; *Gebrauchsanleitung* οδηγίες *fpl* χρήσης **Anliegen** N επιθυμία *f*; παράκληση *f*
anmachen *Licht, Fernseher* ανάβω, ανοίγω; *befestigen* στερεώνω **anmalen** βάφω
Anmeldeformular N έντυπο *n* δήλωσης **Anmeldefrist** F προθεσμία *f* δήλωσης/εγγραφής **Anmeldegebühr** F τέλη *npl* δήλωσης/εγγραφής **anmelden** *Auto, Unfall* δηλώνω; *Schüler* εγγράφω; *Besucher* αναγγέλλω; **sich ~** δηλώνομαι, εγγράφομαι
Anmeldung F δήλωση *f*; *Einschreibung* εγγραφή *f*
anmerken *notieren* σημειώνω; *bemerken* παρατηρώ, καταλαβαίνω **Anmerkung** F σημείωση *f*; *Bemerkung* παρατήρηση *f*; *Fußnote* υποσημείωση *f*
annähern πλησιάζω **annähernd** κατά προσέγγιση, περίπου
Annahme F παραλαβή *f*; *v. Vorschlag* αποδοχή *f*; *Vermutung* υπόθεση *f*
annehmen δέχομαι, παίρνω; *Auftrag* αναλαμβάνω; *vermuten* υποθέτω
Annonce F αγγελία *f*
anonym ανώνυμος
anordnen διατάζω; *aufstellen* τοποθετώ **Anordnung** F διαταγή *f*; *Aufstellung* τοποθέτηση *f*
anpacken *helfen* βοηθώ; *Problem* αντιμετωπίζω
anpassen προσαρμόζω; **sich ~** προσαρμόζομαι (*dat*; **an** σε)
Anpassung F προσαρμογή *f*
anprobieren δοκιμάζω; *Kleid* προβάρω, κάνω πρόβα
anrechnen λογαριάζω; *berücksichtigen* λαμβάνω υπ' όψη **Anrecht** N δικαίωμα *n* (**auf** σε)
Anrede F προσφώνηση *f* **anreden** μιλώ; **mit Du ~** μιλώ στον ενικό
anregen τονώνω; *vorschlagen* προτείνω; *ermutigen* παρακινώ, προτρέπω; *Appetit* ανοίγω
Anregung F τόνωση *f*; *Impuls* ερέθισμα *n*; *Ermutigung* παρακίνηση *f*, προτροπή *f*
Anreise F ταξίδι *n* του πηγαιμού; *Ankunft* άφιξη *f* **Anreisetag** M ημέρα *f* άφιξης
Anreiz M *Reiz* ερέθισμα *n*; *Ansporn* κίνητρο *n*
anrichten *Speisen* ετοιμάζω; σερβίρω; *verursachen* προξενώ, κάνω
Anruf M TEL τηλεφώνημα *n*, κλήση *f* **Anrufbeantworter** M αυτόματος τηλεφωνητής *m* **anrufen** τηλεφωνώ (*akk* σε), παίρνω (στο) τηλέφωνο (*akk akk*)
Ansage F ανακοίνωση *f* **ansagen** ανακοινώνω

anschaffen αγοράζω, αποκτώ **Anschaffung** F αγορά *f* **anschalten** *Radio*, TV ανοίγω; *Licht* ανάβω **anschauen** κοιτάζω **anscheinend** όπως/απ' ό,τι φαίνεται, μάλλον **anschieben** σπρώχνω **Anschlag** M επίθεση *f*; απόπειρα *f* δολοφονίας; *Aushang* ανακοίνωση *f*, τοιχοκόλληση *f* **anschließen** ELEK συνδέω; *folgen* ακολουθώ; **sich ~** *Partei* προσχωρώ; *zustimmen* συμφωνώ **anschließend** ADV στη συνέχεια, εν συνεχεία **Anschluss** M BAHN, FLUG ανταπόκριση *f*; TEL σύνδεση *f* **anschnallen**: **sich ~** (προσ)δένομαι **anschneiden** κόβω; *Thema* θίγω **anschreien** βάζω τις φωνές, φωνάζω **Anschrift** F διεύθυνση *f* **ansehen** κοιτάζω, βλέπω; *erachten* θεωρώ (**als** ως); **man sieht dir dein Alter nicht an** δε σου φαίνεται η ηλικία σου **Ansicht** F *Abbildung* άποψη *f*; *Meinung* γνώμη *f*, άποψη *f*; **meiner ~ nach** κατά τη γνώμη μου **Ansichtskarte** F κάρτα *f*, καρτ ποστάλ *f* **ansonsten** κατά τα άλλα; *andernfalls* αλλιώς **Anspannung** F (υπερ)ένταση *f* **Anspielung** F υπαινιγμός *m* **Ansprache** F αγόρευση *f*; ομιλία *f*

ansprechen απευθύνω το λόγο, απευθύνομαι (*akk* σε); *gefallen* αρέσω; MED αντιδρώ θετικά **ansprechend** ευχάριστος, ωραίος **anspringen** *Motor* παίρνω μπρος **Anspruch** M *Forderung* αξίωση *f*, απαίτηση *f*, διεκδίκηση *f*; *Recht* δικαίωμα *n* (**auf** σε) **anspruchslos** ολιγαρκής **anspruchsvoll** απαιτητικός **Anstalt** F ίδρυμα *n* **anständig** αξιοπρεπής; ευπρεπής **anstarren** καρφώνω με τα μάτια **anstatt** PRÄP *+gen* αντί (*+gen*; για *+akk*); *konj* αντί (**dass**; **zu** να) **anstecken** MED κολλώ, μεταδίδω **ansteckend** κολλητικός, μεταδοτικός **Ansteckungsgefahr** F κίνδυνος *m* μετάδοσης, κολλητικότητα *f* **ansteigen** *Weg* ανηφορίζω, ανεβαίνω; *fig* αυξάνω **anstelle** αντί, στη θέση (*gen*; **von** *gen*) **anstellen** *Arbeitskraft* προσλαμβάνω; *Beamten* διορίζω; *Radio*, *Heizung* ανοίγω, ανάβω; **sich ~** μπαίνω στην ουρά **Anstieg** M ανηφόρα *f*; *Zunahme* αύξηση *f*, άνοδος *f* **anstoßen** *gegen etw* χτυπώ, προσκρούω (**an** σε); *Gläser* τσουγκρίζω; πίνω στην υγεία (**auf** *gen*) **anstreichen** *Wand* βάφω;

markieren σημειώνω
anstrengen κουράζω; **sich ~** κουράζομαι, κοπιάζω **anstrengend** κουραστικός, κοπιαστικός, εξαντλητικός **Anstrengung** F κούραση *f*, κόπος *m*
Ansturm M *v. Besuchern* συνωστισμός *m*
Antarktis F Ανταρκτική *f*
Anteil M μερίδιο *n*, ποσοστό *n*; **~ nehmen** συμμετέχω (**an** σε); *Interesse* δείχνω ενδιαφέρον
Antenne F κεραία *f*, αντένα *f*
Antibabypille F αντισυλληπτικό χάπι *n* **Antibiotikum** N αντιβιοτικό *n*
antik αρχαίος **Antike** F αρχαιότητα *f* **Antiquität** F αντίκα *f*
Antrag M αίτηση *f*; *Formular* αίτηση *f*, έντυπο *n* αίτησης
antreffen συναντώ, βρίσκω
antreiben *fig* σπρώχνω; *fig* παρακινώ, ωθώ; TECH κινώ
antreten *beginnen* αρχίζω; *Reise* ξεκινώ, αναχωρώ; *Amt* αναλαμβάνω
Antrieb M TECH κίνηση *f*, ώθηση *f*; *Impuls* κίνητρο *n*
Antritt M έναρξη *f*, αρχή *f*; *Amt* ανάληψη *f*
Antwort F απάντηση *f*, απόκριση *f* **antworten** απαντώ, αποκρίνομαι (**auf** σε)
Anwalt M, **Anwältin** F δικηγόρος *m,f*; *Strafverteidiger* συνήγορος *m,f*
Anweisung F οδηγία *f*, εντολή *f*
anwenden εφαρμόζω; *benutzen* μεταχειρίζομαι, χρησιμοποιώ **Anwendung** F εφαρμογή *f*; χρησιμοποίηση *f*
anwesend παρών **Anwesenheit** F παρουσία *f*
Anzahl F αριθμός *m* **anzahlen** προκαταβάλλω **Anzahlung** F προκαταβολή *f*
Anzeichen N ένδειξη *f*, σημάδι *n*; MED σύμπτωμα *n*
Anzeige F αγγελία *f*; *Werbung* διαφήμιση *f*; *Gerät* ένδειξη *f*; JUR καταγγελία *f*, μήνυση *f*
anzeigen γνωστοποιώ; *Gerät* δείχνω; JUR καταγγέλλω
anziehen ντύνω; *Kleidung* βάζω, φορώ; *Handbremse* τραβώ; *Schraube* σφίγγω; *fig* τραβώ, ελκύω; **sich ~** ντύνομαι
anziehend ελκυστικός, γοητευτικός
Anzug M κοστούμι *n*
anzüglich άσεμνος
anzünden ανάβω; *in Brand stecken* βάζω φωτιά
Aorist M αόριστος *m*
Apartment N διαμέρισμα *n* ενός δωματίου, γκαρσονιέρα *f*
Aperitif M απεριτίφ *n*
Apfel M μήλο *n* **Apfelbaum** M μηλιά *f* **Apfelkuchen** M *Art* μηλόπιτα *f* **Apfelmus** N πολτός *m* μήλου **Apfelsaft** M χυμός *m* μήλου **Apfelsine** F πορτοκάλι *n*
Apostel M Απόστολος *m*

Apotheke F φαρμακείο *n*
Apparat M μηχάνημα *n*, συσκευή *f*
Appetit M όρεξη *f*; **guten ~!** καλή όρεξη! **appetitlich** ορεκτικός
Applaus M χειροκρότημα *n*
Aprikose F βερίκοκο *n*
April M Απρίλιος *m*, Απρίλης *m*; **der erste ~** Πρωταπριλιά *f* **Aprilscherz** M πρωταπριλιάτικο ψέμα *n*
Aquarium N ενυδρείο *n*
Äquator M Ισημερινός *m*
Araber M Άραβας *m*
arabisch αραβικός
Arbeit F δουλειά *f*, εργασία *f*; *Werk* έργο *n* **arbeiten** δουλεύω, εργάζομαι **Arbeiter(in)** M(F) εργάτης (-τρια) *m(f)*
Arbeitsamt N γραφείο *n* εύρεσης εργασίας **Arbeitserlaubnis** F άδεια *f* εργασίας
arbeitslos άνεργος **Arbeitslosengeld** N επίδομα *n* ανεργίας **Arbeitslose(r)** M,F άνεργος (-η) *m(f)*
Arbeitsplatz M *Arbeitsstätte* χώρος *m* εργασίας, εργασιακός χώρος *m*; *Stelle* θέση *f* εργασίας **Arbeitstag** M εργάσιμη ημέρα *f* **Arbeitszeit** F ωράριο *n* εργασίας **Arbeitszimmer** N γραφείο *n*
Archäologe M, **Archäologin** F αρχαιολόγος *m,f* **Archäologie** F αρχαιολογία *f* **archäologisch** αρχαιολογικός
Architekt M, **Architektin** F αρχιτέκτονας *m,f* **Architektur** F αρχιτεκτονική *f*
Archiv N αρχείο *n*
Arena F *Sportarena* στίβος *m*
arg *schlimm* κακός; *sehr* πολύ
Ärger M θυμός *m*; *Unannehmlichkeiten* μπελάς *m*, μπελάδες *mpl*, ιστορίες *fpl*, τραβήγματα *npl* (**mit** με) **ärgerlich** *wütend* θυμωμένος; *genervt* εκνευρισμένος; *unangenehm* δυσάρεστος, εκνευριστικός **ärgern** νευριάζω, εκνευρίζω, θυμώνω; **sich ~** νευριάζω, εκνευρίζομαι, θυμώνω (**über** *akk* με)
Argument N επιχείρημα *n*
aristokratisch αριστοκρατικός
Arktis F Αρκτική *f*
arm φτωχός (**an** σε); *bedauernswert* καημένος, δύστυχος
Arm M χέρι *n*; *Oberarm* μπράτσο *n*, βραχίονας *m*
Armband N βραχιόλι *n* **Armbanduhr** F ρολόι *n* του χεριού
Armee F στρατός *m*
Ärmel M μανίκι *n* **ärmellos** αμάνικος
Armut F φτώχια *f*
Aroma N άρωμα *n*
arrogant *Person* αλαζόνας *m*; *Verhalten* αλαζονικός, υπεροπτικός, ακατάδεκτος
Arsch M *vulg* κώλος *m*
Art F *Weise* τρόπος *m*; *Sorte* είδος *n*, τύπος *m*

Arterie F αρτηρία *f*
artig φρόνιμος
Artikel M HANDEL είδος *n*; GRAM, *Zeitungsartikel* άρθρο *n*
Artischocke F αγκινάρα *f*
Arznei(mittel) F(N) φάρμακο *n*; φαρμακευτικό προϊόν *n*
Arzt M, **Ärztin** F γιατρός *m*, *f*, ιατρός *m,f*
ärztlich ιατρικός
Asche F στάχτη *f* **Aschenbecher** M σταχτοδοχείο *n*, τασάκι *n*
Asiat(in) M(F) Ασιάτης (-ισσα) *m(f)* **Asien** N Ασία *f*
Asphalt M άσφαλτος *f*
Aspirin® N ασπιρίνη *f*
Ass N *a. fig* άσος *m*
Assistent(in) M(F) βοηθός *m,f*; επιμελητής (-τρια) *m(f)*
Ast M κλαδί *n*, κλωνάρι *n*
ästhetisch αισθητικός
Asthma N άσθμα *n*
Astrologie F αστρολογία *f*
Astronaut(in) M(F) αστροναύτης (-ισσα) *m(f)*
Astronomie F αστρονομία *f*
Asyl N άσυλο *n* **Asylant(in)** M(F) ασυλούχος *m,f*
asymmetrisch ασύμμετρος
Atem M ανάσα *f*, αναπνοή *f*; **den ~ anhalten** κρατώ την αναπνοή μου; **außer ~ sein** λαχανιάζω **Atemnot** F δύσπνοια *f*
Atheist(in) M(F) άθεος (-η) *m(f)*
Athen N Αθήνα *f*, Αθήναι *fpl*
Athlet(in) M(F) αθλητής (-τρια) *m(f)*
athletisch αθλητικός
Atlantik M Ατλαντικός (Ωκεανός) *m*
Atlas M άτλας *m*
atmen ανασαίνω, αναπνέω
Atmung F αναπνοή *f*
Atmosphäre F *a. fig* ατμόσφαιρα *f*
Atom N άτομο *n* **Atombombe** F ατομική/πυρηνική βόμβα *f* **Atomwaffe** F πυρηνικό όπλο *n*
Attentat N επίθεση *f*; απόπειρα *f* (δολοφονίας)
Attest N ιατρικό πιστοποιητικό *n*
Attika N Αττική *f*
attraktiv ελκυστικός; *interessant* ενδιαφέρων
ätzend CHEM καυστικός
Aubergine F μελιτζάνα *f*
auch επίσης, και; *sogar* ακόμα και; **ich ~ (nicht)** (ούτε) κι εγώ; **oder ~** ή
auf[1] σε, (ε)πάνω σε; **~ und ab gehen** ανεβοκατεβαίνω; *hin und her* πηγαινοέρχομαι
auf[2] *offen* ανοιχτός
aufbauen *errichten* κτίζω, ανεγείρω; *fig* δημιουργώ, κτίζω **aufbewahren** φυλά(γ)ω, κρατώ; διαφυλάσσω; *Lebensmittel* συντηρώ
aufblasbar φουσκωτός **aufblasen** φουσκώνω
aufbrechen *fortgehen* ξεκινώ, αναχωρώ; *Tür* σπάζω, παραβιάζω **Aufbruch** M *Abreise* αναχώρηση *f*, *a. fig* ξεκίνημα

n **aufdecken** ξεσκεπάζω; *fig* αποκαλύπτω **aufdrängen** επιβάλλω; *unangenehme Aufgabe* φορτώνω **aufdringlich** φορτικός, ενοχλητικός
aufeinander *zeitlich* ο ένας μετά τον άλλο; *räumlich* ο ένας πάνω στον άλλο **aufeinanderfolgend** διαδοχικός **aufeinanderprallen** συγκρούομαι
Aufenthalt M παραμονή *f*; διαμονή *f*; BAHN στάση *f* **Aufenthaltserlaubnis** F άδεια *f* παραμονής **Aufenthaltsort** M τόπος *m* διαμονής
aufessen τελειώνω όλο το φαγητό
Auffahrt F *Autobahnauffahrt* είσοδος *f* (οχημάτων)
auffallen *sich abheben* ξεχωρίζω, προξενώ εντύπωση, χτυπώ στο μάτι **auffallend** χτυπητός
auffällig *Farbe* χτυπητός, φανταχτερός
auffangen αρπάζω, πιάνω
Auffassung F γνώμη *f*, αντίληψη *f*
auffordern ζητώ **Aufforderung** F πρόσκληση *f*
aufführen THEAT ανεβάζω; MUS εκτελώ **Aufführung** F THEAT παράσταση *f*; MUS εκτέλεση *f*
Aufgabe F *Schule* μάθημα *n*, εργασία *f* (για το σπίτι), άσκηση *f*; MATH πρόβλημα *n*; *Verzicht* παραίτηση *f*, εγκατάλειψη *f*; *Pflicht* καθήκον *n*, αποστολή *f*
aufgeben *Post* στέλνω, ταχυδρομώ; *Gepäck* παραδίδω; *Bestellung* κάνω; *Rätsel, Anzeige* βάζω; *verzichten* εγκαταλείπω, παρατώ
aufgehen *Sonne* βγαίνω, ανατέλλω; *Saat* φυτρώνω; *Tür* ανοίγω; *Teig* φουσκώνω; *Naht* ξηλώνομαι
aufgelegt: ~ **sein** έχω όρεξη (**zu** να); **gut/schlecht** ~ **sein** είμαι στις καλές μου/στις κακές μου **aufgeregt** ταραγμένος, αναστατωμένος; νευριασμένος; ~ **sein** *bei Prüfungen* έχω αγωνία **aufgeschmissen** *umg* χαμένος
aufgießen *Tee* κάνω
aufgrund εξαιτίας (*gen*)
aufhalten *anhalten* κρατώ, καθυστερώ; *hindern* εμποδίζω, σταματώ; *offen halten* κρατώ ανοιχτό; **sich** ~ *sich befinden* βρίσκομαι
aufhängen κρεμώ; *Wäsche* απλώνω; **sich** ~ κρεμιέμαι
aufheben *vom Boden* σηκώνω, μαζεύω; *aufbewahren* φυλά(γ)ω, κρατώ; *abschaffen* καταργώ, ακυρώνω
aufheitern διασκεδάζω, ξαλαφρώνω; **sich** ~ *Wetter* ανοίγω **aufholen** *Lernstoff* αναπληρώνω; *Verspätung, Entfernung* καλύπτω **aufhören** σταματώ, τελειώνω; παύω

aufklären *Irrtum* ξεκαθαρίζω; *fig* πληροφορώ, διαφωτίζω; **sich ~** ξεκαθαρίζομαι; *Wetter* ανοίγω **Aufklärung** F εξήγηση *f*; πληροφόρηση *f*, διαφώτιση *f*
Aufkleber M αυτοκόλλητο *n*
aufkommen πληρώνω (**für** για); *Verdacht* γεννιέμαι; *Wind* σηκώνομαι **aufladen** φορτώνω; *Batterie* φορτίζω **Auflage** F *Buch* έκδοση *f*; *Bedingung* όρος *m*; *Schicht* στρώμα *n* **Auflauf** M *Menschenauflauf* συνωστισμός *m*; GASTR είδος φαγητού του φούρνου **auflegen** *a. CD* βάζω; *Hörer* κατεβάζω **aufleuchten** λάμπω, αστράφτω **auflockern** χαλαρώνω
auflösen *Substanz, Organisation* διαλύω; *Rätsel* λύνω; *Konto, Geschäft* κλείνω; **sich ~** διαλύομαι **Auflösung** F διάλυση *f*; *Rätsel* λύση *f*; *Konto* κλείσιμο *n*
aufmachen ανοίγω; *Knoten* λύνω
aufmerksam προσεκτικός; *höflich* ευγενικός **Aufmerksamkeit** F προσοχή *f*; *Freundlichkeit* ευγένεια *f*; *kleines Geschenk* δωράκι *n*
Aufnahme F *Empfang* υποδοχή *f*; *Beitritt* ένταξη *f*; FOTO φωτογραφία *f*, *a. Kredit* λήψη *f*; *Film* πλάνο *n*; *Tonaufnahme* ηχογράφηση *f*, εγγραφή *f* **Aufnahmegebühr** *f* τέλη *npl* εγγραφής **Aufnahmeprüfung(en)** FPL εισαγωγικές εξετάσεις *fpl*
aufnehmen *Gast* (υπο)δέχομαι; FOTO κάνω, τραβώ; MUS (εγ)γράφω, ηχογραφώ; *Kredit* παίρνω **aufopfern**: **sich ~** (αυτο)θυσιάζομαι (**für** για)
aufpassen προσέχω (**auf** *akk*); *sich kümmern* κοιτάζω; **pass auf dich auf!** πρόσεχε τον εαυτό σου!
Aufprall M πρόσκρουση *f*, χτύπημα *n* **Aufpreis** M πρόσθετη επιβάρυνση *f* **aufpumpen** φουσκώνω, τρομπάρω
aufräumen συγυρίζω, συμμαζεύω
aufrecht όρθιος **aufrechterhalten** διατηρώ; *Ordnung* τηρώ
aufregen αναστατώνω, νευριάζω; συγχύζω; ερεθίζω; **sich ~** νευριάζω (**über** με); συγχύζομαι, ταράζομαι; *fig* ανάβω **aufregend** συναρπαστικός **Aufregung** F έξαψη *f*; σύγχυση *f*; αναστάτωση *f*
aufreißen *Tür* ανοίγω διάπλατα; *zerreißen* σχίζω; *Naht* ξηλώνομαι; *umg* καμακώνω; *von selbst* σχίζομαι **aufreizend** προκλητικός, ερεθιστικός
aufrichten ανορθώνω; *seelisch* δίνω κουράγιο; **sich ~** ανασηκώνομαι
Aufruf M *Appell* έκκληση *f*; *v. Namen* εκφώνηση *f* **aufrufen**

φωνάζω; *Fluggäste* καλώ
Aufruhr M *Revolte* εξέγερση *f*; *fig* (ανα)ταραχή *f*, αναστάτωση *f*
aufrunden στρογγυλεύω προς τα πάνω **aufrüsten** εξοπλίζω **Aufrüstung** F εξοπλισμός *m*
Aufsatz M μελέτη *f*; *Schulaufsatz* έκθεση *f*
aufschieben αναβάλλω
Aufschlag M *Preis* έξτρα *n* **aufschlagen** *aufprallen* κτυπώ, προσκρούω; *Buch* ανοίγω; *Zelt* στήνω
aufschließen ξεκλειδώνω **aufschneiden** κόβω; *Brot, Wurst* κόβω σε φέτες
Aufschnitt M αλλαντικά *npl* τυρί *n* σε φέτες
Aufschrei M κραυγή *f*
aufschreiben γράφω; *notieren* σημειώνω
Aufschrift F επιγραφή *f*
aufschürfen γδέρνω
Aufschwung F ανάκαμψη *f*
Aufsehen N *fig* θόρυβος *m*, κρότος *m*; ~ **erregen** κινώ την προσοχή, κάνω κρότο
aufsetzen *Hut, Brille* βάζω, φορώ; *Text* συντάσσω; FLUG προσγειώνομαι
Aufsicht F επίβλεψη *f*; επιτήρηση *f*; *Person* επιτηρητής (-τρια *f*) *m*
aufsperren ανοίγω διάπλατα **aufspießen** σουβλίζω **aufspringen** τινάζομαι, πετιέμαι; *sich öffnen* ανοίγω ξαφνικά; *Haut* σκάω
Aufstand M εξέγερση *f*, ανταρσία *f*
aufstehen σηκώνομαι
aufsteigen ανεβαίνω (**auf** σε); *beruflich* ανέρχομαι
aufstellen τοποθετώ, στήνω; παρατάσσω; *Plan, Liste* συντάσσω; *Maschine* μοντάρω, συναρμολογώ **Aufstellung** F *Tabelle* πίνακας *m*
Aufstieg M ανήφορος *m*; *Bergsport* ανάβαση *f*, *a. fig* άνοδος *f*
auftauchen αναδύομαι; *fig* προβάλλω, εμφανίζομαι; *Problem* ανακύπτω **auftauen** *Tiefkühlkost, a. fig* ξεπαγώνω
aufteilen μοιράζω (**unter** σε); χωρίζω (**in** σε) **Aufteilung** F διανομή *f*; διαχωρισμός *m*
Auftrag M εντολή *f*; HANDEL παραγγελία *f*; **im ~** κατ' εντολήν (*gen gen*) **auftragen** *Farbe, Creme* βάζω; *Essen* σερβίρω
auftreiben *umg* βρίσκω **auftreten** *a. Problem* παρουσιάζομαι; THEAT εμφανίζομαι
Auftritt M THEAT εμφάνιση *f* **aufwachen** ξυπνώ **aufwachsen** μεγαλώνω
Aufwand M δαπάνη *f*, έξοδα *npl*; *Arbeitsaufwand* κόπος *m*
aufwärmen ζεσταίνω **aufwärts** προς τα πάνω **aufwecken** ξυπνώ **aufwenden** *Zeit* αφιερώνω, *a. Geld* ξοδεύω; *Mühe, Kraft* καταβάλλω **auf-**

wendig *kostspielig* δαπανηρός; *zeitaufwendig* χρονοβόρος **aufwerten** *Währung* ανατιμώ **aufwischen** *Fußboden* σφουγγαρίζω **aufwühlen** αναστατώνω, ταράζω **aufzählen** απαριθμώ **Aufzählung** F απαρίθμηση *f*

aufzeichnen σημειώνω; ηχογραφώ **Aufzeichnung** F *Tonaufzeichnung* ηχογράφηση *f*, ηχοληψία *f*

aufziehen *öffnen* ανοίγω; *Uhr* κουρδίζω; *Kind* ανατρέφω; *organisieren* οργανώνω

Aufzug M ασανσέρ *n*; THEAT πράξη *f*

Auge N μάτι *n*; MED οφθαλμός *m*; **unter vier ~n** ιδιαιτέρως; **mit eigenen ~n** με τα μάτια μου

Augenarzt M, **Augenärztin** F οφθαλμίατρος *m,f* **Augenblick** M στιγμή *f* **Augenbraue** F φρύδι *n* **Augenfarbe** F χρώμα *n* των ματιών **Augentropfen** MPL κολλύριο *n*

August M Αύγουστος *m*

Auktion F πλειστηριασμός *m*

aus[1] *räumlich, zeitlich, Material* από (*dat akk*); **~ Berlin** από το Βερολίνο; **~ Holz** από ξύλο; **~ Angst** από φόβο; **~ dem Gedächtnis** απέξω; **~ der Mode** εκτός μόδας

aus[2] *Licht* σβησμένος; **Licht ~!** σβήσε το φως!

aus[3]: *vorbei* **es ist ~** πέρασε

ausarbeiten επεξεργάζομαι **ausatmen** εκπνέω **ausbessern** επισκευάζω, διορθώνω

ausbeuten εκμεταλλεύομαι

ausbilden εκπαιδεύω **Ausbildung** F, εκπαίδευση *f*, κατάρτιση *f* **Ausbildungsplatz** M θέση *f* επαγγελματικής κατάρτισης

ausbrechen *Feuer, Krieg* ξεσπώ; *Gefangene* δραπετεύω; *Vulkan* εκρήγνυμαι; **in Gelächter/Tränen ~** ξεσπώ σε γέλια/κλάματα

ausbreiten *Decke* απλώνω, ανοίγω; *ausstrecken* ανοίγω, τεντώνω; *fig* εξαπλώνω; **sich ~** εξαπλώνομαι, διαδίδομαι

Ausbruch M *Krieg, Vulkan* έκρηξη *f*; *Wut* ξέσπασμα *n*; *Gefangene* απόδραση *f*

Ausdauer F *a. Sport* αντοχή *f*; *Beharrlichkeit* επιμονή *f* **ausdauernd** επίμονος

ausdehnen τεντώνω; *erweitern* επεκτείνω; PHYS διαστέλλω; **sich ~** (επ)εκτείνομαι

ausdenken: **sich ~** σκέφτομαι, επινοώ; *sich vorstellen* φαντάζομαι, σκέφτομαι

Ausdruck[1] M *Wendung* έκφραση *f*

Ausdruck[2] M IT εκτύπωση *f*

ausdrucken IT εκτυπώνω

ausdrücken *Dank* εκφράζω; *Zitrone* στείβω; *Zigarette* σβήνω; **sich ~** εκφράζομαι

ausdrücklich ρητός

ausdruckslos ανέκφραστος

ausdrucksvoll εκφραστικός **Ausdrucksweise** F τρόπος m έκφρασης
auseinander χωριστά
auseinanderbringen χωρίζω **auseinandergehen** χωρίζω; *Ansichten* διαφέρω **auseinanderhalten** ξεχωρίζω **auseinandersetzen**: **sich ~** *mit Problem* αντιμετωπίζω; *mit Worten* συζητώ έντονα, λογομαχώ
Auseinandersetzung F διαφωνία *f*, σύγκρουση *f*; *mit Worten* λογομαχία *f*
Ausfahrt F έξοδος *f* (οχημάτων)
ausfallen *Haare, Zähne* πέφτω; *Flug, Termin* ματαιώνομαι, ακυρώνομαι; *Strom* κόβομαι; **~ lassen** ματαιώνω
ausfindig: **~ machen** βρίσκω
Ausflug M εκδρομή *f*; **e-n ~ machen** πάω εκδρομή **Ausfluss** M εκροή *f*; MED έκκριμα *n* **ausfragen** ρωτώ λεπτομερώς
Ausfuhr F HANDEL εξαγωγή *f*
ausführen *Arbeit* εκτελώ; HANDEL εξάγω **Ausfuhrgenehmigung** F άδεια *f* εξαγωγής **ausführlich** διεξοδικός, λεπτομερής; *adv* λεπτομερώς **Ausfuhrverbot** N απαγόρευση *f* εξαγωγής **ausfüllen** γεμίζω; *Formular* συμπληρώνω
Ausgabe F *Geld* δαπάνη *f*, έξοδο *n*; *Verteilung* διανομή *f*; *Buch* έκδοση *f*; **~n** έξοδα *npl*
Ausgang M έξοδος *f*; *fig Ende* κατάληξη *f*, *Ergebnis* αποτέλεσμα *n* **Ausgangsbeschränkung** F περιορισμός *m* κυκλοφορίας **Ausgangspunkt** M αφετηρία *f*
ausgeben ξοδεύω (**für** σε; για), δαπανώ, *umg* χαλώ; *verteilen* μοιράζω, διανέμω
ausgebildet εκπαιδευμένος **ausgebucht** πλήρης **ausgefallen** πρωτότυπος **ausgeglichen** ισορροπημένος
ausgehen βγαίνω (έξω); *Feuer* σβήνω; *Benzin, Geld* τελειώνω; *enden* καταλήγω; **ich gehe davon aus, dass ...** υποθέτω ότι ...
ausgelassen κεφάτος
ausgenommen εκτός από
ausgerechnet ειδικά; ακριβώς **ausgeruht** ξεκούραστος **ausgeschlossen**: **~!** αποκλείεται! **ausgesprochen** *sehr* πολύ **ausgezeichnet** έξοχος, εξαιρετικός, άριστος
ausgiebig άφθονος
ausgießen *Flüssigkeit* χύνω
ausgleichen εξισορροπώ; *Verlust* καλύπτω; *Sport* ισοφαρίζω; *Unterschiede* εξαλείφω
ausgraben σκάβω **Ausgrabung** F ανασκαφή *f*
Ausguss M νεροχύτης *m*
aushalten υποφέρω, υπομένω, βαστώ; αντέχω
aushändigen παραδίδω
Aushilfe F βοήθεια *f*; *Aushilfs-*

kraft προσωρινός (-ή *f*) βοηθός *m,f*
aushorchen *umg* ψαρεύω
auskennen: **sich ~** έχω γνώσεις (**in** σε), γνωρίζω καλά; *Ort* ξέρω την περιοχή
auskommen *sich vertragen* τα πάω καλά, τα βρίσκω (**mit** με); *zurechtkommen* τα βολεύω, τα βγάζω πέρα (**mit** με)
Auskunft F πληροφορία *f*; *Stelle* γραφείο *n* πληροφοριών; *Schalter* BAHN θυρίδα *f* πληροφοριών **j-m ~ geben** πληροφορώ κ-ν (**über** για), δίνω πληροφορία σε
auslachen κοροϊδεύω
ausladen ξεφορτώνω
Ausland N εξωτερικό *n*; **im/ins ~** στο εξωτερικό
Ausländer(in) M(F) ξένος (-η) *m(f)*, *amtl* αλλοδαπός (-ή) *m(f)* **Ausländerfeindlichkeit** F ξενοφοβία *f*
Auslandsaufenthalt M διαμονή *f* στο εξωτερικό **Auslandsflüge** MPL πτήσεις *fpl* εξωτερικού
auslassen παραλείπω; **seine Wut ~** ξεσπώ (**an** σε) **auslaufen** διαρρέω; *Schiff* αποπλέω; *Vertrag* λήγω; *enden* καταλήγω
ausliefern παραδίδω; JUR εκδίδω **auslosen** κληρώνω
auslösen *hervorrufen* προξενώ; TECH θέτω σε λειτουργία
Auslöser M *fig* αφορμή *f*, αιτία *f*; FOTO κουμπί *n*
ausmachen *Licht, Fernseher* κλείνω, *a. Kerze, Motor* σβήνω; *vereinbaren* συμφωνώ; *Termin* κανονίζω; **das macht nichts aus** δεν πειράζει; **macht es Ihnen was aus, wenn ...?** σας ενοχλεί αν ...
Ausmaß N *a. fig* μέγεθος *n*, διάσταση *f*, έκταση *f*
Ausnahme F εξαίρεση *f*; **mit ~** με εξαίρεση (**von** *akk*); **e-e ~ machen** κάνω μια εξαίρεση **ausnahmsweise** κατ' εξαίρεση
ausnehmen εξαιρώ; *Fisch* καθαρίζω **ausnutzen, ausnützen** εκμεταλλεύομαι; *profitieren* επωφελούμαι **auspacken** αδειάζω τη βαλίτσα; *umg verraten* τα βγάζω στη φόρα **auspressen** στείβω
ausprobieren δοκιμάζω
Auspuff M AUTO εξάτμιση *f*
auspumpen αντλώ; αδειάζω
ausrauben ληστεύω **ausräumen** αδειάζω; *fig* διαλύω
ausrechnen *berechnen* λογαριάζω, *a. erwarten* υπολογίζω
Ausrede F πρόφαση *f*, δικαιολογία *f* **ausreden** ολοκληρώνω; *abbringen* αποτρέπω (**j-m etw** κ-ι από)
ausreichen φτάνω, (επ)αρκώ
ausreichend αρκετός, επαρκής
Ausreise F έξοδος *f* (από τη χώρα) **ausreisen** αναχωρώ στο εξωτερικό **Ausreisevisum** N βίζα *f* εξόδου
ausreißen ξεριζώνω; *umg*

weglaufen το σκάω **ausrenken** στραμπουλίζω, εξαρθρώνω **ausrichten** παραγγέλνω; *Gruß* διαβιβάζω, δίνω **ausrotten** εξολοθρεύω, εξοντώνω, (εξ)αφανίζω
Ausruf M επιφώνημα *n* **ausrufen** φωνάζω; *verkünden* ανακηρύσσω
ausruhen ξεκουράζω; **sich ~** ξεκουράζομαι (**von** από), αναπαύομαι, ησυχάζω
Ausrüstung F εξοπλισμός *m*
ausrutschen γλιστρώ
Aussage F δήλωση *f*; *Zeugenaussage* κατάθεση *f*, μαρτυρία *f* **aussagen** JUR καταθέτω, μαρτυρώ; *fig Bild* εκφράζω, θέλω να πω
ausschalten *Licht, Geräte* σβήνω, κλείνω; *Gegner* εξουδετερώνω
Ausschank M μπαρ *n*
ausscheiden *Schweiß* εκκρίνω; *Amt* αποχωρώ; *Sport* αποκλείομαι **ausschimpfen** μαλώνω, τα ψέλνω
ausschlafen χορταίνω ύπνο
Ausschlag M MED εξάνθημα *n* **ausschlagen** *ablehnen* απορρίπτω; *Zahn* σπάζω; *Pferd* κλοτσώ **ausschlaggebend** αποφασιστικός, καθοριστικός
ausschließen *aussperren* κλειδώνω έξω; *a. aus Partei* αποκλείω, διαγράφω (**aus** από) **ausschließlich** αποκλειστικός; *adv* μόνο
ausschneiden κόβω
Ausschnitt M *Text* απόσπασμα *n*, μέρος *n*; *Zeitung* απόκομμα *n*; *Kleid* ντεκολτέ *n*
ausschreiben *Stelle* προκηρύσσω; *Scheck* εκδίδω
Ausschuss M επιτροπή *f*
ausschütteln τινάζω
ausschütten *Flüssigkeit* χύνω; *Gefäß* αδειάζω; HANDEL διανέμω
aussehen φαίνομαι; *Person* φαίνομαι, δείχνω; *ähneln* μοιάζω (**wie** με); **es sieht nach Regen aus** φαίνεται ότι θα βρέξει **Aussehen** N όψη *f*; εμφάνιση *f*
außen έξω; **nach ~** προς τα έξω; **von ~** από έξω
Außenministerium N Υπουργείο *n* Εξωτερικών **Außenpolitik** F εξωτερική πολιτική *f* **Außenseite** F έξω μέρος *n*, εξωτερική πλευρά *f*
Außenwelt F έξω κόσμος *m*
außer εκτός (*gen*; *dat gen*); *ausgenommen* εκτός (*dat* από); **~ wenn** εκτός εάν; **~ mir** εκτός από μένα; **~ Atem** λαχανιασμένος; **~ Betrieb** εκτός λειτουργίας; **~ sich** έξω φρενών, έξαλλος (**vor** από)
außerdem εκτός αυτού, εξάλλου, άλλωστε
äußere(r, -s) εξωτερικός, έξω
Äußere(s) N *allg* εξωτερικό *n*
außergewöhnlich ασυνήθιστος, εξαιρετικός **außerhalb** (απ)έξω (*gen*; **von** από), εκτός (*gen*; **von** *gen*)

äußerlich εξωτερικός; *fig* επιφανειακός **äußern** εκφράζω; *a. Gefühle* εκδηλώνω, εξωτερικεύω; **sich ~** εκφράζομαι, εκδηλώνομαι
außerordentlich έκτακτος; *außergewöhnlich* εξαιρετικός
äußerst ADV εξαιρετικά, άκρως
äußerste(r, -s) άκρος
Äußerung F δήλωση *f*; *Ausdruck* έκφραση *f*
aussetzen *Kind* εκθέτω; *Belohnung* ορίζω; *unterbrechen* σταματώ; *bemängeln* επικρίνω (**an** *akk*); JUR αναστέλλω; **sich e-r Gefahr ~** εκτίθεμαι σε κίνδυνο
Aussicht F θέα *f*; *fig* προοπτική *f*, πιθανότητα *f* **aussichtslos** μάταιος, χωρίς προοπτικές **aussichtsreich** με καλές προοπτικές
aussperren *ausschließen* κλειδώνω έξω; αποκλείω; **sich ~** κλείνομαι (απ') έξω **ausspionieren** κατασκοπεύω
Aussprache F *e-s Wortes* προφορά *f*; *Gespräch* συζήτηση *f*
aussprechen προφέρω; *Dank, Lob* εκφράζω; *zu Ende* ολοκληρώνω; **sich ~** εξηγούμαι **ausspucken** φτύνω
Ausstattung F εφοδιασμός *m*; επίπλωση *f*
ausstehen *Antwort* λείπω; *Rechnung* εκκρεμώ, είμαι εκκρεμής/ανοιχτός; **nicht ~ können** δε χωνεύω
aussteigen *Bus* κατεβαίνω, αποβιβάζομαι (**aus** από)
ausstellen *Ware* εκθέτω; *Pass* εκδίδω **Ausstellung** F *Veranstaltung* έκθεση *f*; *Pass* έκδοση *f* **Ausstellungsstück** N έκθεμα *n*
aussterben εξαφανίζομαι
Aussteuer F προίκα *f* **Ausstieg** M *fig* παραίτηση *f* **ausstoßen** *Schrei* βγάζω; *ausschließen* αποκλείω **Ausstrahlung** F *Sendung* μετάδοση *f*; *Person* ακτινοβολία *f*
ausstrecken *Zunge* βγάζω; *Hände, Beine* απλώνω, τεντώνω; **sich ~** τεντώνομαι **aussuchen** διαλέγω **austauschen** ανταλλάσσω **austeilen** μοιράζω, διανέμω
Auster F στρείδι *n*
austragen *Zeitungen, Post* μοιράζω, διανέμω; *Kampf, Spiel* διεξάγω
Australien N Αυστραλία *f*
Australier(in) M(F) Αυστραλός (-ή) *m(f)*
austreten *Amt* παραιτούμαι, αποχωρώ (**aus** από); *Zigarette* πατώ; *die Toilette aufsuchen* πηγαίνω στην τουαλέτα **austrinken** αδειάζω (το ποτήρι), (το) πίνω όλο **Austritt** M παραίτηση *f*, αποχώρηση **austrocknen** ξεραίνω, αποξηραίνω; ξεραίνομαι, στεγνώνω **ausüben** *Beruf, Druck, Gewalt* (εξ)ασκώ
Ausverkauf M εκπτώσεις *fpl*, ξεπούλημα *n*, εκποίηση *f*
Auswahl F εκλογή *f*; *v. Werken*

επιλογή *f*; HANDEL ποικιλία *f*
auswandern μεταναστεύω **Auswanderung** F μετανάστευση *f*
auswärtig εξωτερικός; **Auswärtige(s) Amt** *n* Υπουργείο *n* Εξωτερικών **auswärts** έξω
Ausweg M διέξοδος *f*
ausweichen παραμερίζω; *meiden* αποφεύγω, ξεφεύγω
Ausweis M ταυτότητα *f* **ausweisen** απελαύνω **Ausweiskontrolle** F έλεγχος *m* ταυτότητας **Ausweisung** F απέλαση *f*
auswendig απ' έξω, απέξω; **~ lernen** απομνημονεύω, μαθαίνω απ' έξω **auswerten** εκτιμώ, αξιολογώ **auswickeln** ξετυλίγω
auswirken: **sich ~** επιδρώ (**auf** σε); *negativ* έχω επιπτώσεις **Auswirkung** F συνέπεια *f*, αντίκτυπος *m*; *negativ* επίπτωση *f*
auszahlen πληρώνω; **sich ~** συμφέρει, αξίζει
auszeichnen *Waren* βάζω (την) τιμή; *Person* βραβεύω; **sich ~** διακρίνομαι **Auszeichnung** F διάκριση *f*; *Orden* παράσημο *n*; *Preis* βραβείο *n*
ausziehbar πτυσσόμενος
ausziehen *Kleidung* βγάζω; *Person* ξεντύνω, γδύνω; *aus der Wohnung* αλλάζω σπίτι; **sich ~** ξεντύνομαι, γδύνομαι
Auszubildende(r) M,F μαθητευόμενος (-η) *m(f)*
authentisch αυθεντικός
Auto N αυτοκίνητο *n*; **(mit dem) ~ fahren** πάω/ταξιδεύω με (το) αυτοκίνητο
Autobahn F εθνική οδός *f*; αυτοκινητόδρομος *m* **Autobahndreieck** N διασταύρωση *f* αυτοκινητοδρόμων **Autobahngebühr** F διόδια *npl*
Autofähre F φεριμπότ *n* **Autofahren** N οδήγηση *f* **Autofahrer(in)** M(F) οδηγός *m,f* (αυτοκινήτου)
Autogramm N αυτόγραφο *n*
Automat M αυτόματο μηχάνημα *n* **Automatik** F AUTO αυτόματο κιβώτιο *n* ταχυτήτων
automatisch αυτόματος
Autonummer F αριθμός *m* κυκλοφορίας (αυτοκινήτου)
Autor(in) M(F) συγγραφέας *m,f*
autoritär αυταρχικός
Autounfall M αυτοκινητιστικό ατύχημα *n* **Autovermietung** F ενοικίαση *f* αυτοκινήτων **Autowaschanlage** M πλυντήριο *n* αυτοκινήτων
Avantgarde F πρωτοπορία *f*
Axt F τσεκούρι *n*

B

Baby N μωρό *n* **Babynahrung** F παιδική τροφή *f* **babysitten** προσέχω μωρό **Ba-**

bysitter M μπεϊμπισίτερ *f*
Bach M ρυάκι *n*
Backe F μάγουλο *n*
backen ψήνω; *in Öl* τηγανίζω
Backenzahn M τραπεζίτης *m*
Bäcker(in) M(F) φούρναρης (-ισσα) *m(f)*, αρτοποιός *m,f*
Bäckerei F φούρνος *m*, αρτοποιείο *n*, αρτοπωλείο *n*
Backofen M φούρνος *m*
Bad N μπάνιο *n*, λουτρό *n*; *Schwimmbad* κολυμβητήριο *n*
Badeanstalt F λουτρά *npl*
Badeanzug M, **Badehose** F μαγιό *n* **Badekappe** F σκουφάκι *n* του μπάνιου **Bademantel** M μπουρνούζι *n*
Bademeister(in) M(F) επόπτης (-τρια) *m(f)* λουτρών
baden κάνω μπάνιο; *im Freien* κάνω μπάνιο
Baden-Württemberg N Βάδη-Βυρτεμβέργη *f*
Badeort M λουτρόπολη *f*, λουτρά *npl* **Badeschaum** M αφρός *m* μπάνιου **Badetuch** N πετσέτα *f* του μπάνιου **Badezimmer** N μπάνιο *n*, λουτρό *n*
Bagger M φαγάνα *f*, εκσκαφέας *m*
Baguette F φραντζόλα *f*
Bahn F *Weg* δρόμος *m*; BAHN σιδηρόδρομος *m*; ASTRON τροχιά *f*; **mit der ~ fahren** ταξιδεύω με το τρένο **Bahnfahrt** F ταξίδι *n* με το τρένο
Bahnhof M (σιδηροδρομικός) σταθμός *m* **Bahnsteig** M αποβάθρα *f*
Bakterie F βακτηρίδιο *n*
bald σε λίγο, σύντομα; **es ist ~ vier Uhr** κοντεύουν τέσσερεις; **ich bin ~ fertig** κοντεύω να τελειώσω
Balkan M Βαλκάνια *npl*
Balken M δοκάρι *n*
Balkon M μπαλκόνι *n*
Ball[1] M *Spielball* μπάλα *f*, τόπι *n*
Ball[2] M *Tanz* χορός *m*
Ballett N μπαλέτο *n*
Ballon M μπαλόνι *n*
Banane F μπανάνα *f*
Banause M ακαλλιέργητος
Band[1] N ταινία *f*; *Stoffband* κορδέλα *f*, λωρίδα *f*
Band[2] M *Buchband* τόμος *m*
Band[3] F *Musikgruppe* συγκρότημα *n*; μπάντα *f*
Bandage F επίδεσμος *m*
Bande F συμμορία *f*, σπείρα *f*
Bänderriss F ρήξη *f* συνδέσμου
bändigen *a. Person* δαμάζω; *Gefühle* συγκρατώ
Bandscheibe F μεσοσπονδύλιος δίσκος *m*
Bank[1] F *Sitzbank* παγκάκι *n*, πάγκος *m*; *Schulbank* θρανίο *n*
Bank[2] F *Geldinstitut* τράπεζα *f*
Bankanweisung F τραπεζική εντολή *f* **Bankleitzahl** F (*BLZ*) κωδικός αριθμός *m* τράπεζας **Bankraub** M ληστεία *f* τράπεζας σε τράπεζα
Bankrott M χρεωκοπία *f*, πτώχευση *f*; **~ machen** χρεω-

κοπώ

bar: **(in/gegen)** ~ τοις μετρητοίς

Bar F μπαρ *n*, αναψυκτήριο *n*

Bär M αρκούδα *f*; άρκτος *f*

barbarisch βάρβαρος

barfuß ξυπόλυτος

Bargeld N μετρητά *npl*, ρευστό *n*

barmherzig ευσπλαχνικός

Barometer N βαρόμετρο *n*

Barriere F εμπόδιο *n*; *fig* φραγμός *m*

Barscheck M τραπεζική *f* επιταγή μετρητών

Bart M γένεια *npl*

Barzahlung F πληρωμή *f* τοις μετρητοίς

Basel N Βασιλεία *f*

Basilikum N βασιλικός *m*

Basis F βάση *f*

Basketball M μπάσκετ *n*

Bass M *Sänger* βαθύφωνος *m*

basteln μαστορεύω

Batterie F μπαταρία *f*

Bau M κτίσιμο *n*, οικοδόμηση *f*; *Gebäude* κτήριο *n*, οικοδόμημα *n* **Bauarbeiten** FPL οικοδομικές εργασίες *fpl*

Bauch M κοιλιά *f* **Bauchschmerzen** MPL, **Bauchweh** N κοιλόπονος *m*

bauen χτίζω, οικοδομώ; *anfertigen* κατασκευάζω

Bauer M, **Bäuerin** F *a. pej* χωριάτης (-ισσα) *m(f)*; χωρικός (-ή) *m(f)*; *Landwirt* γεωργός *m,f*; αγρότης (-ισσα) *m(f)*

Bauernhaus N αγροτόσπιτο *n* **Bauernhof** M αγρόκτημα *n*

Baujahr N έτος *n* κατασκευής

Baukunst F αρχιτεκτονική *f*

Baum M δέντρο *n*

Baumaterial N οικοδομικά υλικά *npl* **Baumeister** M αρχιτέκτονας *m,f*

Baumschule F φυτώριο *n*

Baumwolle F βαμβάκι *n*

Baustelle F εργοτάξιο *n* **Baustil** M αρχιτεκτονικός ρυθμός *m*

Bauten MPL κτίσματα *npl*

Bauunternehmen N οικοδομική επιχείρηση *f* **Bauwerk** N οικοδόμημα *n*, κτίσμα *n*

Bayern N Βαβαρία *f*

beabsichtigen σκοπεύω, λέω (**zu** να)

beachten προσέχω; *berücksichtigen* λαμβάνω υπ' όψη, δίνω σημασία (*akk* σε); *befolgen* τηρώ

Beamte(r) M, **Beamtin** F δημόσιος (-α) *m(f)*, υπάλληλος *m,f*

beanspruchen *fordern* απαιτώ, ζητώ; *a.* JUR διεκδικώ; *belasten* επιβαρύνω; TECH φθείρω

beanstanden κατακρίνω **Beanstandung** F παράπονο *n*, κριτική *f* **beantragen** υποβάλλω αίτηση (*akk* για)

beantworten απαντώ

bearbeiten *Text, Rohstoffe* επεξεργάζομαι, *umg* δουλεύω; LIT διασκευάζω

Beatmung F: **künstliche ~** τεχνητή αναπνοή *f*
beaufsichtigen επιτηρώ, επιβλέπω **beauftragen** αναθέτω (*akk* σε); **beauftragt werden** λαμβάνω την εντολή
beben τρέμω, σείομαι
Becher M κύπελλο *n*, ποτήρι *n*
Becken N ANAT, GEOG λεκάνη *f*; *Schwimmbecken* πισίνα *f*
bedanken: **sich ~** ευχαριστώ (**bei**; **für** *akk* για)
Bedarf M ανάγκη *f*, ζήτηση *f*; *Bürobedarf* είδη *npl* γραφείου; **je nach ~** ανάλογα με την περίπτωση
bedauerlich λυπηρός **bedauern** λυπάμαι (*akk* για) **bedauernswert** αξιολύπητος, καημένος
bedecken σκεπάζω, καλύπτω **bedeckt** *Himmel* συννεφιασμένος
bedenken αναλογίζομαι, σκέφτομαι **Bedenken** N σκέψη *f*, συλλογισμός *m*; *Zweifel mst pl* δισταγμός *m*; ενδοιασμός *m* **bedenkenlos** χωρίς ενδοιασμούς
Bedenkzeit F: **gib mir ~!** δώσε μου καιρό να σκεφτώ!
bedeuten *heißen* σημαίνω; *wichtig sein* σημαίνω, έχω σημασία; **was bedeutet ...?** τι σημαίνει ... **bedeutend** αξιόλογος, σημαντικός
Bedeutung F *Sinn* σημασία *f*; έννοια *f*; *Wichtigkeit* σημασία *f*, σπουδαιότητα *f* **bedeutungslos** ασήμαντος
bedienen υπηρετώ; *Gerät* χειρίζομαι; *Geschäft* εξυπηρετώ; *Kellner* σερβίρω; **sich ~** χρησιμοποιώ (*gen akk*) **Bedienung** F χειρισμός *m*; εξυπηρέτηση *f*; *Kellner* γκαρσόν(ι) *n*, σερβιτόρος (-α *f*) *m* **Bedienungsanleitung** F οδηγίες *fpl* χρήσης
Bedingung F όρος *m*, προϋπόθεση *f*; *pl* συνθήκες *fpl*; **unter der ~** υπό τον όρο (**dass** ότι); **~en stellen** θέτω όρους **bedingungslos** χωρίς όρους, άνευ όρων
bedrängen πιέζω, δημιουργώ δυσκολίες
bedrohen απειλώ **bedrohlich** απειλητικός **Bedrohung** F απειλή *f*
bedrücken στενοχωρώ, θλίβω **bedrückend** θλιβερός
Bedürfnis N ανάγκη *f*; *Wunsch* επιθυμία *f* **bedürftig** άπορος
Beefsteak N στέικ *n*
beeilen: **sich ~** βιάζομαι; **beeil dich!** βιάσου!
beeindrucken εντυπωσιάζω, κάνω εντύπωση (*akk* σε) **beeindruckt** εντυπωσιασμένος; **~ sein** εντυπωσιάζομαι
beeinflussen επηρεάζω (*akk akk*), επιδρώ (*akk* σε) **beeinträchtigen** επηρεάζω αρνητικά; *vermindern* ελαττώνω, μειώνω; *stören* εμποδίζω
beendet τελειωμένος; έτοιμος

beend(ig)en τελειώνω, σταματώ; *Gespräch* κλείνω
beerdigen θάβω, κηδεύω **Beerdigung** F ταφή *f*, κηδεία *f*
Beere F μούρο *n*; *Weinbeere* ρώγα *f*
Beet N παρτέρι *n*, πρασιά *f*
befangen αμήχανος, ντροπαλός; *voreingenommen* προκατειλημμένος **befassen**: **sich ~** ασχολούμαι, καταπιάνομαι (**mit** με)
Befehl M διαταγή *f*, προσταγή *f*; IT εντολή *f*; **e-n ~ erteilen** δίνω διαταγή **befehlen** διατάζω, προστάζω (**zu** να)
befestigen στερεώνω; *fig* εδραιώνω, σταθεροποιώ; MIL οχυρώνω **Befestigung** F στερέωση *f*; MIL οχύρωμα *n*
befinden: **sich ~** βρίσκομαι, είμαι **Befinden** N υγεία *f*
befolgen ακολουθώ; *Anweisung* τηρώ
befördern *Ware* μεταφέρω; *im Beruf* προάγω, προβιβάζω **Beförderung** F μεταφορά *f*; προαγωγή *f*, προβιβασμός *m*
befragen ρωτώ; *konsultieren* συμβουλεύομαι
befreien (απ)ελευθερώνω (**von** από); *freistellen, Schmerz* απαλλάσσω; *umg* **sich ~** γλυτώνω
befreundet: **~ sein** είμαι φίλος (**mit** με)
befriedigen ικανοποιώ
befristet υπό προθεσμία
befruchten γονιμοποιώ
Befund M πόρισμα *n*; MED διάγνωση *f*
befürchten φοβάμαι **Befürchtung** F φόβος *m*
befürworten υποστηρίζω
begabt ευφυής, προικισμένος **Begabung** F ευφυΐα *f*, ταλέντο *n* (**für** για)
begegnen συναντώ (*dat akk*) **Begegnung** F συνάντηση *f*
begehen *Verbrechen* διαπράττω; *Fest* γιορτάζω
begehren ποθώ, επιθυμώ **begehrenswert** επιθυμητός, ποθητός **begehrt** περιζήτητος
begeistern ενθουσιάζω **begeistert** ενθουσιασμένος (**von** με) **Begeisterung** F ενθουσιασμός *m*
Beginn M αρχή *f*; έναρξη *f*; **zu ~** στην αρχή, στις αρχές (*gen gen*) **beginnen** αρχίζω (**mit** με; από; *akk*)
Beglaubigung F πιστοποίηση *f*; επικύρωση *f*
begleiten συνοδεύω; MUS ακομπανιάρω **Begleitung** F συνοδεία *f*; MUS ακομπανιαμέντο *n*
beglückwünschen συγχαίρω (**zu** για) **begnadigen** δίνω/απονέμω χάρη
begnügen: **sich ~** αρκούμαι (**mit** σε) **begraben** θάβω; *bestatten* κηδεύω **Begräbnis** N ταφή *f*, κηδεία *f* **begreifen** καταλαβαίνω, αντιλαμβάνο-

μαι **begrenzen** περιορίζω
Begriff M *Terminus* όρος *m*, έννοια *f*; *Vorstellung* ιδέα *f*
begründen αιτιολογώ; δικαιολογώ **begründet** δικαιολογημένος **Begründung** F αιτιολογία *f*; δικαιολογία *f*
begrüßen χαιρετώ; *fig* επικροτώ **Begrüßung** F χαιρετισμός *m*
begutachten γνωμοδοτώ
behaart τριχωτός
behaglich άνετος, απολαυστικός; ζεστός; *adv* ζεστά
behalten κρατώ; *erhalten* φυλά(γ)ω, διατηρώ; *Nerven* συγκρατώ
Behälter M δοχείο *n*
behandeln μεταχειρίζομαι; *Thema* χειρίζομαι; MED θεραπεύω; *stationär* νοσηλεύω; **schlecht ~** κακομεταχειρίζομαι; **gut ~** καλομεταχειρίζομαι **Behandlung** F μεταχείριση *f*; *Thema* χειρισμός *m*; MED θεραπεία *f*; *stationär* νοσηλεία *f*
beharren επιμένω **beharrlich** επίμονος
behaupten ισχυρίζομαι, υποστηρίζω **Behauptung** F ισχυρισμός *m*
beheben *Schaden* επιδιορθώνω; *Problem* λύνω
behelfen: **sich ~** βολεύομαι (**mit** με) **behelfsmäßig** πρόχειρος, προσωρινός
beherrschen κυριαρχώ; *Situation* ελέγχω; *Gefühle* συγκρατώ; *Sprache* κατέχω; **sich ~** (αυτο)συγκρατούμαι, κρατιέμαι **beherrscht** ψύχραιμος, συγκρατημένος; **~ sein** κατέχομαι (**von** από) **Beherrschung** F *Selbstbeherrschung* αυτοσυγκράτηση *f*; **die ~ verlieren** χάνω την ψυχραιμία μου
behilflich: **~ sein** βοηθώ (*dat akk*)
behindern (παρ)εμποδίζω **Behinderte(r)** M,F ανάπηρος (-η) *m(f)* **Behinderung** F παρεμπόδιση *f*; *körperlich* αναπηρία *f*
Behörde F αρχή *f*, υπηρεσία *f*
behutsam προσεκτικός
bei κοντά (*dat* σε); σε (*dat akk*); με (*dat akk*); *Eid* μα (*dat akk*); **~ Nacht** τη νύχτα; **~m Arzt** στο γιατρό; **~ e-m Unfall** σε περίπτωση ατυχήματος; **~ sich haben** έχω μαζί μου
beibehalten διατηρώ
beibringen *mitteilen* λέω; *lehren* μαθαίνω, διδάσκω (**j-m etw** κ-ι σε)
Beichte F εξομολόγηση *f*
beichten εξομολογούμαι
beide και οι δύο; **alle ~** και οι δύο; **einer von ~n** (ο) ένας από τους δύο; **eins von ~n** (το) ένα από τα δύο
Beifahrer(in) M(F) συνοδηγός *m,f* **Beifall** M χειροκρότημα *n*; *fig* επιδοκιμασία *f*
beige μπεζ **Beige** N μπεζ *n*
Beigeschmack M *etwa* πρό-

σθετη γεύση *f* **Beilage** F *Essensbeilage* γαρνιτούρα *f*; *Zeitungsbeilage* ένθετο *n*
Beileid N συλλυπητήρια *npl*; **mein herzliches ~!** τα συλλυπητήριά μου!
Bein N πόδι *n*; σκέλος *n*
beinah(e) παραλίγο, παρ' ολίγο, σχεδόν; **ich wäre ~ ...** κόντεψα να ...
beinhalten περιλαμβάνω
Beipackzettel M φύλλο *n* οδηγιών
beiseite παράμερα, κατά μέρος; **Spaß ~!** τέρμα τ' αστεία!
beiseitelegen παραμερίζω, βάζω στην άκρη
Beispiel N παράδειγμα *n*; **zum ~** (*z. B.*) παραδείγματος χάριν (π.χ.), για παράδειγμα
beißen δαγκώνω
Beistand M συμπαράσταση *f*, συνδρομή *f* **beistehen** συμπαραστέκομαι (*dat* σε)
Beitrag M συμβολή *f*; *a. finanziell* (συν)εισφορά *f* **beitragen** συμβάλλω, (συν)εισφέρω (**zu** σε)
beitreten *zur NATO, EU* εντάσσομαι; *e-r Partei* μπαίνω, γίνομαι μέλος (*dat gen*), προσχωρώ (*dat* σε) **Beitritt** M ένταξη *f*; προσχώρηση *f*
bejahen απαντώ καταφατικά
bekämpfen (κατα)πολεμώ
bekannt γνωστός (**für** για); *berühmt* φημισμένος; **~ geben** ανακοινώνω, γνωστοποιώ; **~ machen** γνωρίζω, συστήνω (**mit** σε); **das kommt mir ~ vor** αυτό μου φαίνεται γνωστό
Bekannte(r) M,F γνωστός (-ή) *m(f)* **bekanntlich** ως γνωστόν **Bekanntmachung** F γνωστοποίηση *f*; *Anschlag* ανακοίνωση *f* **Bekanntschaft** F γνωριμία *f*
bekehren *a. fig* προσηλυτίζω
bekennen ομολογώ; **sich ~** ομολογώ; *eintreten für* υποστηρίζω
beklagen θρηνώ, κλαίω; **sich ~** παραπονιέμαι (**über** για)
bekommen *a. Gehalt* παίρνω, λαμβάνω; *Zug* προλαβαίνω; *Kind* αποκτώ; *Krankheit* αρρωσταίνω; **das bekommt mir gut** μου κάνει καλό; **wo bekommt man ...?** πού μπορώ να βρω ...; **was ~ Sie?** *an Geld* πόσα σας οφείλω
bekömmlich εύπεπτος
bekräftigen επιβεβαιώνω, ενισχύω
beladen φορτώνω (**mit** με)
Belag M επίστρωμα *n*; *Straßenbelag* οδόστρωμα *n*; *Bremsbelag* έλασμα *n* **belagern** *a. fig* πολιορκώ **Belagerung** F πολιορκία *f*
Belang M: **von ~** σημαντικός
Belange MPL συμφέροντα *npl*
belangen JUR διώκω ποινικά
belastbar ανθεκτικός **belasten** *bedrücken* βαραίνω; *a. fig* επιβαρύνω; HANDEL χρεώνω; JUR ενοχοποιώ; *Umwelt* ρυπαίνω

belästigen ενοχλώ **Belästigung** F ενόχληση *f*
Belastung F επιβάρυνση *f*; βάρος *n*; HANDEL χρέωση *f*; *Umweltbelastung* ρύπανση *f* του περιβάλλοντος
belauschen κρυφακούω
belebt *Straße* πολυσύχναστος
Beleg M τεκμήριο *n*, αποδεικτικό στοιχείο *n*; *Zahlungsbeleg* απόδειξη *f* **belegen** *besetzen* πιάνω; *Kurs* εγγράφομαι; *beweisen* αποδεικνύω **Belegschaft** F προσωπικό *n* **belegt** πιασμένος; *Hotel* πλήρης; **~e(s) Brötchen** *n* σάντουιτς *n*
belehren δασκαλεύω
beleidigen προσβάλλω, θίγω; *mit Worten* βρίζω **beleidigt** προσβεβλημένος **Beleidigung** F προσβολή *f*; βρισιά *f*
beleuchten φωτίζω, φωταγωγώ **Beleuchtung** F φωτισμός *m*
Belgien N Βέλγιο *n* **Belgier(in)** M(F) Βέλγος (-ίδα) *m(f)*
belichten FOTO εκθέτω στο φως **Belichtung** F έκθεση *f* στο φως *m*
beliebig οποιοσδήποτε, τυχαίος **beliebt** αγαπητός, δημοφιλής
beliefern εφοδιάζω
bellen γαβγίζω
belohnen (αντ)αμείβω **Belohnung** F (αντ)αμοιβή *f*
belüften αερίζω
belügen λέω ψέματα (*akk* σε)
bemerkbar αισθητός, αντιληπτός; **sich ~ machen** κάνω αισθητή την παρουσία μου **bemerken** *wahrnehmen* αντιλαμβάνομαι, παρατηρώ, προσέχω; *äußern* παρατηρώ, σημειώνω **bemerkenswert** αξιόλογος; αξιοσημείωτος, αξιοπαρατήρητος **Bemerkung** F παρατήρηση *f*
bemitleiden συμπονώ, λυπάμαι
bemühen: **sich ~** προσπαθώ, κοπιάζω; **~ Sie sich nicht!** μην κάνετε τον κόπο!
benachrichtigen ειδοποιώ **Benachrichtigung** F ειδοποίηση *f*
benachteiligen αδικώ **Benachteiligung** F αδικία *f*
benehmen: **sich ~** συμπεριφέρομαι, φέρ(ν)ομαι
beneiden ζηλεύω, φθονώ **beneidenswert** αξιοζήλευτος, ζηλευτός
benennen *Namen geben* ονομάζω; *Namen nennen* κατονομάζω; *nominieren* (δι)ορίζω
benommen ζαλισμένος
benötigen χρειάζομαι
Benotung F βαθμολογία *f*
benutzen, **benützen** *a. fig* χρησιμοποιώ; *ausnutzen* εκμεταλλεύομαι
Benutzer(in) M(F) χρήστης (-τρια) *m(f)* **Benutzung** F χρήση *f*, χρησιμοποίηση *f* **Benutzungsgebühr** F τέλη *npl* χρήσης

Benzin N βενζίνη *f*
Benzinkanister M μπιτόνι *n* βενζίνης
beobachten παρατηρώ; *überwachen* παρακολουθώ **Beobachtung** F παρατήρηση *f*; *Überwachung* παρακολούθηση *f*
bequem αναπαυτικός, άνετος; βολικός; **es sich ~ machen** βολεύομαι **Bequemlichkeit** F άνεση *f*; *Faulheit* τεμπελιά *f*
beraten συμβουλεύω (*dat akk*); *besprechen* συζητώ (**über** για) **Berater(in)** M(F) σύμβουλος *m,f* **Beratung** F συζήτηση *f*; *Hilfe* συμβουλή *f*, βοήθεια *f*; *offiziell* σύσκεψη *f*
berechenbar προβλέψιμος
berechnen λογαριάζω, υπολογίζω; *in Rechnung stellen* χρεώνω **Berechnung** F υπολογισμός *m*; *fig* ιδιοτέλεια *f*, υστεροβουλία *f*
berechtigt εξουσιοδοτημένος; *begründet* δικαιολογημένος
Bereich M περιοχή *f*; *fig* πεδίο *n*, τομέας *m*, σφαίρα *f*
bereichern πλουτίζω, πλουταίνω, **sich ~** πλουτίζω **Bereicherung** F πλουτισμός *m*; *fig* όφελος *n*, ωφέλεια *f*
bereit έτοιμος (**zu** για); *gewillt* πρόθυμος, διατεθειμένος, **~ sein** *etw zu tun* διατίθεμαι να
bereithalten έχω έτοιμο
bereits κιόλας, ήδη
Bereitschaft F ετοιμότητα *f*; *Bereitwilligkeit* προθυμία *f*, διάθεση *f* **Bereitschaftsdienst** M MED εφημερία *f*
bereitstellen θέτω στη διάθεση (**für** *gen*)
bereitwillig πρόθυμος
bereuen μετανιώνω (*akk* για)
Berg M βουνό *n*, όρος *n* **bergab** κατηφορικά **bergauf** ανηφορικά **Bergbahn** F ορεινός σιδηρόδρομος *m* **Bergbau** M *Mine* μεταλλωρυχία *f*; *Kohle* ανθρακωρυχία *f*
bergen περισυλλέγω, διασώζω; *herausholen* ανασύρω; **in sich ~** κρύβω
Bergführer(in) M(F) οδηγός *m,f* ορειβατών **Bergkette** F οροσειρά *f* **Bergmann** M *Mine* μεταλλωρύχος *m*, *Kohle* ανθρακωρύχος *m* **Bergschuhe** MPL ορειβατικά παπούτσια *npl* **Bergsteiger(in)** M(F) ορειβάτης (-ισσα) *m(f)* **Bergung** F διάσωση *f* **Bergwacht** F υπηρεσία *f* διάσωσης ορειβατών **Bergwerk** N *Mine* ορυχείο *n*, μεταλλ(ωρυχ)είο *n*; *Kohle* ανθρακωρυχείο *n*
Bericht M έκθεση *f*, αναφορά *f*; *Reportage* ανταπόκριση *f*, ρεπορτάζ *n* **berichten** *erzählen* διηγούμαι; εκθέτω, αναφέρω, ανακοινώνω **Berichterstatter(in)** M(F) ανταποκριτής (-τρια) *m(f)* **berichtigen** διορθώνω

Berlin N Βερολίνο *n*
Bern N Βέρνη *f*
Bernstein M CHEM ήλεκτρο *n*; *Schmuck* κεχριμπάρι *n*
berücksichtigen λαμβάνω υπ' όψη, υπολογίζω
Beruf M επάγγελμα *n*, δουλειά *f*; **sie ist Lehrerin von ~** το επάγγελμά της είναι δασκάλα; **e-n ~ ausüben** ασκώ ένα επάγγελμα
berufen διορίζω; *Zeugen* καλώ; **sich ~** επικαλούμαι (**auf** *akk*)
beruflich επαγγελματικός; **~ unterwegs sein** είμαι σε ταξίδι για δουλειές
Berufsleben N επαγγελματική ζωή *f* **Berufsschule** F επαγγελματική σχολή *f* **Berufstätige(r)** M,F εργαζόμενος (-η) *m(f)* **Berufsverkehr** M ώρα *f* αιχμής
beruhen βασίζομαι (**auf** σε), στηρίζομαι; *etw* **auf sich ~ lassen** αφήνω τα πράγματα όπως είναι
beruhigen ηρεμώ, (καθ)ησυχάζω; **sich ~** ηρεμώ, ησυχάζω
Beruhigungsmittel N ηρεμιστικό (φάρμακο) *n*
berühmt διάσημος, περίφημος, ξακουστός, φημισμένος; **~ sein** φημίζομαι (**für** για)
berühren *a. fig* αγγίζω, ακουμπώ **Berührung** F άγγιγμα *n*, επαφή *f*
besänftigen καταπραΰνω
Besatzung F SCHIFF, FGW πλήρωμα *n*
beschädigen βλάπτω, ζημιώνω; χαλώ **Beschädigung** F βλάβη *f*, ζημιά *f*
beschaffen προμηθεύω
beschäftigen *a. als Arbeitgeber* απασχολώ; **sich ~** ασχολούμαι (**mit** με) **beschäftigt** απασχολημένος **Beschäftigung** F απασχόληση *f*; ασχολία *f*
Bescheid M *Antwort* απάντηση *f*; *Nachricht* είδηση *f*; *Auskunft* ενημέρωση *f*; **~ wissen** είμαι ενημερωμένος (**über** για); **~ sagen/geben** ενημερώνω (*dat akk*)
bescheiden μετριόφρων *m,f*; σεμνός, ταπεινός; *anspruchlos* ολιγαρκής
bescheinigen πιστοποιώ, βεβαιώνω **Bescheinigung** F πιστοποιητικό *n*, βεβαίωση *f*
beschimpfen (εξυ)βρίζω **Beschimpfung** F εξύβριση *f*, βρισιά *f*
beschlagen *Glas, Brille* θολός
beschlagnahmen κατάσχω, δημεύω
beschleunigen επιταχύνω
Beschleunigung F επιτάχυνση *f*
beschließen αποφασίζω (**zu** να); *beenden* τελειώνω
Beschluss M απόφαση *f*
beschränken περιορίζω; **sich ~** περιορίζομαι, αρκούμαι (**auf** σε) **beschränkt** περιορισμένος; *engstirnig* στενοκέφα-

λος

beschreiben περιγράφω **Beschreibung** F περιγραφή *f*

beschuldigen κατηγορώ (*gen* για)

beschützen προστατεύω (**vor** από)

Beschwerde F παράπονο *n*, διαμαρτυρία *f* **Beschwerden** FPL MED ενοχλήσεις *fpl*

beschweren: **sich ~** διαμαρτύρομαι; παραπονιέμαι, κάνω παράπονα (**über** για)

beschwipst *umg* φτιαγμένος, στο κέφι

beseitigen απομακρύνω; *Gefahr* εξαλείφω; *a. fig* παραμερίζω; *Spuren* εξαφανίζω

Besen M σκούπα *f*

besessen παθιασμένος; *verrückt* μανιακός

besetzen *Platz* πιάνω; *erobern* καταλαμβάνω; *besetzt halten* κατέχω **besetzt** TEL κατειλημμένος, *a. Platz* πιασμένος; MIL κατεχόμενος **Besetztzeichen** N σήμα *n* κατειλημμένου

besichtigen βλέπω, επισκέπτομαι; *offiziell* επιθεωρώ **Besichtigung** F επίσκεψη *f*; *offiziell* επιθεώρηση *f*

besiegen νικώ

besinnen: **sich ~** αναλογίζομαι, συλλογίζομαι; *sich erinnern* θυμάμαι **Besinnung** F αισθήσεις *fpl*; *Reflexion* περισυλλογή *f*; **die ~ verlieren** χάνω τις αισθήσεις μου

Besitz M *Eigentum* ιδιοκτησία *f*; *a.* JUR κατοχή *f*; *Grundstück* κτήμα *n* **besitzen** έχω; κατέχω **Besitzer(in)** M(F) κάτοχος *m,f*, ιδιοκτήτης (-τρια) *m(f)*

besondere(r, -s) ιδιαίτερος, ειδικός; *außergewöhnlich* ξεχωριστός, εξαιρετικός; **nichts Besonderes** τίποτα το σπουδαίο

Besonderheit F ιδιαιτερότητα *f*, ιδιορρυθμία *f* **besonders** ιδιαιτέρως; *vor allem* ιδίως, ιδιαίτερα, ειδικά

besorgen *beschaffen* προμηθεύω, εφοδιάζω; *erledigen* τακτοποιώ; **sich** *etw* **~** προμηθεύομαι, αγοράζω **Besorgnis** F ανησυχία *f*, αγωνία *f*

besorgniserregend ανησυχητικός

besorgt *beunruhigt* ανήσυχος; στενοχωρημένος **Besorgung** F: **~en machen** κάνω ψώνια

besprechen συζητώ (*akk* για); *umg* κουβεντιάζω **Besprechung** F συζήτηση *f*

besser ADV καλύτερα; **es geht mir ~** είμαι καλύτερα; **~ werden** καλυτερεύω; **umso ~** τόσο το καλύτερο

bessere(r,-s) καλύτερος, ανώτερος, (ο) πιο καλός

bessern καλυτερεύω, βελτιώνω; **sich ~** *a. Wetter* καλυτερεύω, βελτιώνομαι; *moralisch* διορθώνομαι **Besserung** F καλυτέρευση *f*; βελτίωση *f*; **gute ~!** περαστικά (σου/σας)!

Bestandteil M συστατικό *n*, συνθετικό *n*, στοιχείο *n*
bestätigen (επι)βεβαιώνω; *Zeugnis* επικυρώνω, πιστοποιώ **Bestätigung** F (επι)βεβαίωση *f*; *Zeugnis* επικύρωση *f*; *Bescheinigung* πιστοποιητικό *n*, βεβαίωση *f*
bestatten κηδεύω **Bestattung** F κηδεία *f*
beste(r, -s) ο καλύτερος; **meine ~ Freundin** η καλύτερή μου φίλη; **am ~n** το καλύτερο; καλύτερα; **am ~n gefällt mir ...** πιο πολύ μου αρέσει ...
bestechen δωροδοκώ; *umg* λαδώνω **Bestechung** F δωροδοκία *f*; *umg* λάδωμα *n*
Besteck N μαχαιροπίρουνα *npl*
bestehen *existieren* υπάρχω, υφίσταμαι; *sich zusammensetzen* αποτελούμαι (**aus** από); *beharren* επιμένω (**auf** σε); *Prüfung* περνώ
bestehlen κλέβω
bestellen παραγγέλλω, παραγγέλνω; *reservieren* κλείνω, κρατώ; *Feld* καλλιεργώ **Bestellschein** M δελτίο *n* παραγγελίας **Bestellung** F παραγγελία *f*; *Reservierung* κράτηση *f*
bestenfalls στην καλύτερη περίπτωση **bestens** πολύ καλά, μια χαρά/τέλεια
bestialisch θηριώδης **Bestie** F θηρίο *n*; *fig* κτήνος *n*, τέρας *n*
bestimmen *entscheiden* αποφασίζω; *festlegen* (καθ)ορίζω; προορίζω; **näher ~** προσδιορίζω **bestimmt** ορισμένος; *konkret* συγκεκριμένος; *nur pl gewisse* μερικοί, ορισμένοι; *adv* σίγουρα **Bestimmung** F (καθ)ορισμός *m*; *Vorschrift* κανονισμός *m*, διάταξη *f*; *Zweck* προορισμός *m*;
bestrafen τιμωρώ; **bestraft werden** τιμωρούμαι **Bestrafung** F τιμωρία *f*
bestrahlen MED, PHYS ακτινοβολώ **Bestrahlung** F MED ακτινοβολία *f*
bestreiten *verneinen* αρνούμαι, διαψεύδω; *Kosten* αναλαμβάνω
bestürzt άναυδος, κατάπληκτος **Bestürzung** F κατάπληξη *f*
Besuch M επίσκεψη *f*; **zu ~ sein** είμαι σε επίσκεψη (**bei** σε) **besuchen** επισκέπτομαι; *Schule, Uni* φοιτώ; *Sprachkurs* παρακολουθώ **Besucher(in)** M(F) επισκέπτης (-τρια) *m(f)*
Besuchszeit F ώρα *f*/ώρες *fpl* επισκέψεων
betätigen TECH ενεργοποιώ; **sich ~** ασχολούμαι
betäuben *benommen machen* ζαλίζω; MED ναρκώνω, αναισθητοποιώ **Betäubung** F MED νάρκωση *f*, αναισθησία *f* (**örtliche** τοπική)
Bete F: **Rote ~** κοκκινογούλι *n*, παντζάρι *n*

beteiligen: **sich ~** συμμετέχω (**an** σε) **Beteiligung** F συμμετοχή *f*
beten προσεύχομαι (**zu** σε)
Beton M μπετόν *n*
betonen *a.* GRAM τονίζω **Betonung** F GRAM τονισμός *m*; *fig* έμφαση *f*
Betracht: **in ~ ziehen** λαμβάνω υπ' όψη (μου) **betrachten** κοιτάζω, παρατηρώ; θεωρώ (**als** *akk*)
Betrag M ποσό *n* **betragen** *Summe* ανέρχομαι (*akk* σε)
betreffen αφορώ; **das betrifft mich nicht** δε με αφορά; **was dich betrifft** όσον αφορά εσένα **betreffend** σχετικός; *adv* σχετικά με **betreffs** σχετικά (*gen* με)
betreiben *Geschäft* διατηρώ
betreten μπαίνω (*akk* σε); *Boden, Rasen* πατώ; **Betreten verboten!** απαγορεύεται η είσοδος!
betreuen φροντίζω; περιποιούμαι **Betreuer(in)** M(F) υπεύθυνος (-η) *m(f)*; *e-r Reisegruppe* συνοδός *m,f* **Betreuung** F φροντίδα *f*; περιποίηση *f*
Betrieb M *Betreiben* λειτουργία *f*; *Unternehmen* επιχείρηση *f*; **in ~ sein** λειτουργώ; **außer ~ (setzen)** (θέτω) εκτός λειτουργίας
Betriebssystem N IT λειτουργικό σύστημα *n*
betrinken: **sich ~** μεθώ; *umg* τα πίνω, τα τσούζω
betrübt θλιμμένος, λυπημένος
Betrug M απάτη *f*, εξαπάτηση *f*; *umg* κοροϊδία *f*, ψευτιά *f*
betrügen (εξ)απατώ; *umg* γελώ, κοροϊδεύω **Betrüger(in)** M(F) απατεώνας *m*, ψεύτης (-τρα) *m(f)*
betrunken μεθυσμένος, πιωμένος
Bett N κρεβάτι *n*; ντιβάνι *n*; **zu ~ gehen** πάω για ύπνο; **zu ~ bringen** κοιμίζω
betteln ζητιανεύω
bettlägerig κατάκοιτος
Bettler(in) M(F) ζητιάνος (-α) *m(f)*
Bettruhe F ανάπαυση *f* στο κρεβάτι **Bettwäsche** F, **Bettzeug** N σεντόνια *npl*
beugen *a. fig* λυγίζω, κάμπτω; GRAM κλίνω; **sich ~** σκύβω; *fig* υποκύπτω
Beule F εξόγκωμα *n*; *am Kopf* καρούμπαλο *n*; *Delle* χτύπημα *n*
beunruhigen ανησυχώ, θορυβώ **beunruhigend** ανησυχητικός
beurteilen κρίνω **Beurteilung** F κρίση *f*, εκτίμηση *f*
Beute F λεία *f*
Beutel M σακούλα *f*
Bevölkerung F πληθυσμός *m*
bevor KONJ προτού (να), πριν (να) **bevorstehen** επίκειμαι
bevorzugen προτιμώ
bewachen φρουρώ, φυλά(γ)ω
Bewachung F φρούρηση *f*,

φύλαξη *f*
bewaffnet οπλισμένος, ένοπλος; ~ **sein** οπλοφορώ
bewahren *schützen* φυλά(γ)ω, προφυλάσσω; *erhalten* (δια)τηρώ, διασώζω
bewähren: **sich** ~ δοκιμάζομαι, αποδείχνομαι καλός **Bewährung** F JUR αναστολή *f*
bewaldet δασώδης
bewältigen καταφέρνω, αποπερατώνω; PSYCH αντιμετωπίζω
bewässern ποτίζω, αρδεύω **Bewässerung** F άρδευση *f*
bewegen κουνώ, κινώ; *rühren* συγκινώ; *verleiten* παρακινώ; **sich** ~ κουνιέμαι, κινούμαι **bewegend** συγκινητικός **beweglich** κινητός; *körperlich* ευκίνητος
Bewegung F κίνηση *f*; POL κίνημα *n*; **in** ~ **setzen** κινητοποιώ **bewegungslos** ακίνητος
Beweis M απόδειξη *f* **beweisen** αποδεικνύω
bewerben: **sich** ~ υποβάλλω αίτηση (**um** για) **Bewerber(in)** M(F) υποψήφιος (-α) *m(f)* **Bewerbung** F υποψηφιότητα *f*; *Schreiben* αίτηση *f* πρόσληψης
bewerten αξιολογώ, εκτιμώ **Bewertung** F αξιολόγηση *f*
bewilligen εγκρίνω **Bewilligung** F έγκριση *f*
bewirken προξενώ, προκαλώ
bewirten φιλεύω, κερνώ
bewohnen κατοικώ **Bewohner(in)** M(F) κάτοικος *m,f*; ένοικος *m,f* **bewohnt** κατοικημένος
bewölkt συννεφιασμένος; **es ist** ~ έχει συννεφιά **Bewölkung** F συννεφιά *f*
bewundern θαυμάζω **bewundernswert** θαυμαστός, αξιοθαύμαστος **Bewunderung** F θαυμασμός *m*
bewusst συνειδητός; *absichtlich* σκόπιμος; *adv* επίτηδες, σκόπιμα; **sich** ~ **sein** συνειδητοποιώ (*gen akk*), έχω επίγνωση/συναίσθηση (*gen gen*) **bewusstlos** αναίσθητος; ~ **werden** λιποθυμώ, χάνω τις αισθήσεις μου **Bewusstlosigkeit** F λιποθυμία *f* **Bewusstsein** N συνείδηση *f*, συναίσθηση *f*; MED αισθήσεις *fpl*; **wieder zu** ~ **kommen** ξαναβρίσκω τις αισθήσεις μου
bezahlen πληρώνω **Bezahlung** F πληρωμή *f*; **gegen** ~ επί πληρωμή
bezaubernd γοητευτικός, μαγευτικός
bezeichnen *benennen* ονομάζω; *charakterisieren* χαρακτηρίζω **Bezeichnung** F ονομασία *f*; χαρακτηρισμός *m*
bezeugen μαρτυρώ, επιβεβαιώνω
beziehen *Haus* εγκαθίσταμαι; *Ware* προμηθεύομαι; *Gehalt* παίρνω; *mit Stoff* ντύνω; *Bett* **frisch** ~ αλλάζω σεντόνια;

sich ~ αναφέρομαι (**auf** σε); *betreffen* αφορώ (**auf** *akk*) **Beziehung** F σχέση *f*; *pl vorteilhafter Kontakt* μέσο(ν) *n*; **in dieser ~** απ' αυτή την άποψη **beziehungsweise** και; ή; ανάλογα
Bezirk M περιφέρεια *f*
Bezug M *Sofa, Sessel* κάλυμμα *n*; *Bettbezug* παπλωματοθήκη *f*; *pl Einkommen* αποδοχές *fpl*; **in ~** σχετικά (**auf** με)
bezwecken σκοπεύω, αποβλέπω (*akk* σε) **bezweifeln** αμφισβητώ, αμφιβάλλω (*akk* για)
BH M (*Büstenhalter*) σουτιέν *n*
bibbern τουρτουρίζω
Bibel F βίβλος *f*
Biber M κάστορας *m*
Bibliothek F βιβλιοθήκη *f*
bieder *pej* συντηρητικός
biegen λυγίζω, κάμπτω; AUTO στρίβω
Biene F μέλισσα *f* **Bienenstock** M κυψέλη *f*
Bier N μπίρα *f*, ζύθος *m*; **helles/dunkles ~** ξανθή/μαύρη μπίρα *f* **Biergarten** M υπαίθρια μπιραρία *f*
Biest N *Tier, Mensch* κτήνος *n*; *Person* κάθαρμα *n*
bieten προσφέρω (*dat* σε); **sich ~** *Gelegenheit* παρουσιάζομαι; **sich** *etw* **nicht ~ lassen** δεν ανέχομαι
Bigamie F διγαμία *f*
Bikini M μπικίνι *n*
Bild N εικόνα *f*; FOTO φωτογραφία *f*; *Gemälde* ζωγραφιά *f*; *Wandbild* κάδρο *n*, πίνακας *m* **bilden** *geistig* μορφώνω, εκπαιδεύω; *formen* σχηματίζω; *darstellen* αποτελώ; **sich ~** *geistig* μορφώνομαι; *entstehen* σχηματίζομαι, δημιουργούμαι; **~de Künste** *fpl* εικαστικές τέχνες *fpl*
Bilderbuch N εικονογραφημένο βιβλίο *n* **Bildhauer(in)** M(F) γλύπτης (-τρια) *m(f)* **Bildschirm** M οθόνη *f*
Bildung F *Schule* εκπαίδευση *f*; *Wissen* μόρφωση *f*; παιδεία *f*; γράμματα *npl*; *v. Form* σχηματισμός *m*; *Entstehung* διαμόρφωση *f*, δημιουργία *f*
Billard N μπιλιάρδο *n*
billig *a. fig* φτηνός; **~er werden/machen** φτηναίνω
billigen επιδοκιμάζω, εγκρίνω
Bimsstein M ελαφρόπετρα *f*
Binde F επίδεσμος *m*, γάζα *f*; *Damenbinde* σερβιέτα *f* **binden** δένω; *festbinden* σφίγγω; *verpflichten* δεσμεύω; **sich ~** δεσμεύομαι **Bindestrich** M παύλα *f* **Bindfaden** M σπάγκος *m* **Bindung** F δεσμός *m*; *Heft* δέσιμο *n*
Binnenland N εσωτερικό *n*
Binnenmarkt M εσωτερική αγορά *f*
Biografie F βιογραφία *f*
Bioladen M κατάστημα *n* οικολογικών προϊόντων
Biologie F βιολογία *f* **biologisch** βιολογικός

Biorhythmus M βιορυθμός *m* **Biotop** M βιότοπος *m*
Birke F σημύδα *f*
Birnbaum M αχλαδιά *f* **Birne** F αχλάδι *n*
bis *zeitlich, räumlich* (έ)ως, μέχρι (**zu** *akk*); *konj* ώσπου να; **~ acht Uhr ~** ως τις οχτώ; **~ jetzt** έως τώρα; **~ wann?** ως πότε
Bischof M επίσκοπος *m*
bisher έως τώρα, μέχρι τώρα
Biss M δαγκωνιά *f*; *Bisswunde* δαγκωματιά *f* **bisschen**: **ein/kein ~** λιγάκι/καθόλου; **ein ~ viel** κάπως πολύ **Bissen** M μπουκιά *f* **bissig** *fig* δηκτικός
bitte παρακαλώ; *auf Dank* **~!** παρακαλώ!; (**wie**) **~?** ορίστε; **~** (**schön**)! ορίστε!; *am Telefon* **ja, ~!** ορίστε!, λέγετε!
Bitte F παράκληση *f*; **e-e ~ haben** έχω μια παράκληση
bitten παρακαλώ (**um** για); ζητώ (**um** από)
bitter *a. fig* πικρός **Bitterkeit** F πικράδα *f*; *fig* πίκρα *f*
Blähungen FPL αέρια *npl*
blamieren ντροπιάζω, ρεζιλεύω, κάνω ρεζίλι; **sich ~** ντροπιάζομαι, γίνομαι ρεζίλι
blank γυαλιστερός; *rein, pur* καθαρός, σκέτος **Blankoscheck** M επιταγή *f* εν λευκώ
Blase F φούσκα *f*, φυσαλλίδα *f*; ANAT (ουροδόχος) κύστη *f*
blasen φυσώ; *Wind* πνέω
Blasenentzündung F κυστίτιδα *f* **Blasinstrument** N πνευστό (όργανο) *n*
blass χλομός, ωχρός; **~ werden** χλομιάζω (**vor** από)
Blässe F χλομάδα *f*, ωχρότητα *f*
Blatt N *Papier*, BOT φύλλο *n*
blättern ξεφυλλίζω
Blätterteig M φύλλο *n* ζύμης
blau μπλε; *hellblau* γαλάζιος; *Augen, Himmel* γαλανός; **~e(r) Fleck** *m* μελανιά *f* **Blau** N μπλε *n*; *Hellblau* γαλάζιο *n*
Blaubeere F μύρτιλλο *n*
blaumachen *umg* κάνω κοπάνα
Blech N τενεκές *m*, λευκοσίδηρος *m*, λαμαρίνα *f*; *Backblech* ταψί *n* **Blechdose** F τενεκές *m*, μεταλλικό κουτί *n* **Blechschaden** M AUTO ζημιά *f* του αμαξώματος
Blei N μόλυβδος *m*, μολύβι *n*
bleiben (παρα)μένω; **~ lassen** αφήνω, παρατώ; **es bleibt dabei** όπως είπαμε
bleich χλομός, ωχρός; **~ werden** ασπρίζω **bleichen** ασπρίζω, λευκαίνω
bleifrei: **~e(s) Benzin** N αμόλυβδη βενζίνη *f*
Bleistift M μολύβι *n*
blenden *a. fig* τυφλώνω, *umg* στραβώνω; *fig* θαμπώνω
blendend *fig* θαυμάσιος, υπέροχος
Blick M βλέμμα *n*, ματιά *f*; *Aussicht* θέα *f* (**auf** προς); **e-n ~ werfen** ρίχνω ένα βλέμμα

(**auf** σε); **auf den ersten ~** εκ πρώτης όψεως, με την πρώτη ματιά **blicken** κοιτάζω; **lass dich mal ~!** μη χαθείς! **Blickpunkt** M επίκεντρο *n*, κέντρο *n*

blind *a. fig* τυφλός; *umg* στραβός; *Hass* άγριος

Blinddarm M τυφλό έντερο *n* **Blinddarmentzündung** F MED σκωληκοειδίτιδα *f*

Blindenhund M σκυλί *n* για τυφλούς **Blinde(r)** M,F τυφλός (-ή) *m(f)* **Blindheit** F τύφλωση *f*

blinken αναβοσβήνω; AUTO βγάζω φλας **Blinklicht** N φλας *n*

Blitz M αστραπή *f*, κεραυνός *m*

blitzen: **es blitzt** αστράφτει

Blitzlicht N FOTO φλας *n* **Blitzschlag** M κεραυνός *m*

Block M *Schreibblock* μπλοκ *n*; *Häuserblock* τετράγωνο *n* **blockieren** μπλοκάρω, αποκλείω

blöd(e) ηλίθιος, κουτός, χαζός; **bist du ~?** χάζεψες **blödeln** *umg* λέω χαζομάρες **Blödsinn** M κουταμάρα *f*, βλακεία *f*

blond ξανθός, ξανθομάλλης

bloß μόνος; *unbedeckt, Auge* γυμνός; *adv* μόνο, και μόνο; απλώς; **was hast du ~?** μα τι έχεις

Bluejeans PL μπλουτζίν *n*

bluffen μπλοφάρω

blühen *a. fig* ανθίζω; *fig* ανθώ, ακμάζω

Blume F λουλούδι *n*, άνθος *n*

Blumenbeet N παρτέρι *n* **Blumengeschäft** N ανθοπωλείο *n* **Blumenhändler(in)** M(F) ανθοπώλης (-ισσα) *m(f)* **Blumenkohl** M κουνουπίδι *n* **Blumentopf** M γλάστρα *f*

Bluse F γυναικείο πουκάμισο *n*

Blut N αίμα *n* **Blutabnahme** F λήψη *f* αίματος **Blutdruck** M (αρτηριακή) πίεση *f*; **hohe(r) ~** υπέρταση *f*; **niedrige(r) ~** υπόταση *f*

Blüte F άνθος *n*, λουλούδι *n*; *a. fig* άνθηση *f*; *Blütezeit* ακμή *f*

bluten *aus Nase, Finger* ματώνω; *aus Vene, innerlich* αιμορραγώ, χάνω αίμα

Blütenstaub M γύρη *f*

Bluterguss M αιμάτωμα *n* **Blutgefäß** N αιμοφόρο αγγείο *n* **Blutgruppe** F ομάδα *f* αίματος **blutig** *voll Blut* ματωμένος; *Kampf* αιματηρός **Blutkörperchen** N αιμοσφαίριο *n* **Blutkrebs** M καρκίνος *m* του αίματος **Blutorange** F σαγκουίνι *n* **Blutprobe** F εξέταση *f* αίματος **Blutspende** F αιμοδοσία *f*;

blutstillend: **~e(s) Mittel** N αιμοστατικό φάρμακο *n*

Bluttat F αιματηρή πράξη *f* **Bluttransfusion** F μετάγγιση *f* αίματος **Blutung** F αιμορραγία *f* **Blutuntersuchung** F ανάλυση *f* αίματος **Blutvergiftung** F σηψαιμία *f*

BLZ F → Bankleitzahl

Bock M ZOOL αρσενικό *n*; *Ziegenbock* τράγος *m* **bockig** πεισματάρης

Boden M *Erdboden*, *a. fig* έδαφος *n*, γη *f*, χώμα *n*; *Fußboden* πάτωμα *n*; *Gefäßboden* πάτος *m*; *Meeresboden* βυθός *m*; **zu ~ fallen** πέφτω καταγής **bodenlos** *fig* ανήκουστος **Bodenpersonal** N προσωπικό *n* εδάφους *n* **Bodenschätze** MPL ορυκτός πλούτος *m*

Body M κορμάκι *n*, μπόντι *n*

Bogen M τόξο *n*; ARCH αψίδα *f*; *Weg* στροφή *f*; *Papierbogen* φύλλο *n*, κόλλα *f* (χαρτί)

Bohne F φασόλι *n*; *Kaffeebohne* κόκκος *m* του καφέ; **grüne ~n** φασολάκια *npl* **Bohnensuppe** F, **Bohneneintopf** M φασολάδα *f*

bohren *Loch* ανοίγω τρύπα, τρυπώ; *Brunnen* ανοίγω **Bohrer** M, **Bohrmaschine** F τρυπάνι *n*

Boiler M θερμοσίφωνας *m*

Boje F σημαδούρα *f*

bombardieren βομβαρδίζω

Bombe F βόμβα *f* **Bombenanschlag** M βομβιστική επίθεση *f*

Bon M *Gutschein* κουπόνι *n*; *Kassenbon* απόδειξη *f*

Bonbon M καραμέλα *f*

Bonn N Βόννη *f*

Boot N βάρκα *f*, λέμβος *f* **Bootsfahrt** F βαρκάδα *f* **Bootsverleih** M ενοικίαση *f* βαρκών

Bord M SCHIFF κατάστρωμα *n*; **an ~ gehen** επιβιβάζομαι **Bordkarte** F FLUG κάρτα *f* επιβίβασης

borgen δανείζω (*dat* σε); **sich ~** δανείζομαι (**von** από)

Börse F HANDEL χρηματιστήριο *n*; *Geldbörse* πορτοφόλι *n*

Borste F τρίχα *f* βούρτσας

bösartig *a. Tumor* κακοήθης

böse κακός; *adv* άσχημα; *zornig* θυμωμένος; **~ sein** τα έχω (*dat*; **auf** με)

Böse *n* κακό *n*

boshaft μοχθηρός, κακός **Bosheit** F μοχθηρία *f*, κακία *f*

böswillig κακόβουλος

Bote M, **Botin** F αγγελιαφόρος *m,f* **Botschaft** F *Nachricht* μήνυμα *n*, είδηση *f*; *Landesvertretung* πρεσβεία *f* **Botschafter(in)** M(F) πρεσβευτής *m*, πρέσβυς (-ειρα) *m(f)*

Boulevard M λεωφόρος *f* **Boulevardpresse** F κίτρινος τύπος *m*

Boutique F μπουτίκ *f*

Box F κουτί *n*; *Lautsprecherbox* ηχείο *n* **boxen** πυγμαχώ **Boxkampf** M πυγμαχία *f*, αγώνας *m* μποξ

boykottieren μποϊκοτάρω,

αποκλείω
Brachland N χερσότοπος *m*
Branche F κλάδος *m* **Branchenverzeichnis** N Χρυσός Οδηγός *m*
Brand M πυρκαγιά *f*; **in ~ stecken** βάζω φωτιά
Brandenburg N Βρανδεμβούργο *n*
Brandfleck M κάψιμο *n* **Brandsalbe** F αλοιφή *f* για εγκαύματα **Brandstifter(in)** M(F) εμπρηστής (-τρια) *m(f)* **Brandstiftung** F εμπρησμός *m* **Brandwunde** F έγκαυμα *n*
braten ψήνω; *in der Pfanne* τηγανίζω
Bratpfanne F τηγάνι *n* **Bratrost** M σχάρα *f* **Bratspieß** M σούβλα *f* **Bratwurst** F τηγανητό λουκάνικο *n*
Brauch M έθιμο *n*, συνήθεια *f*
brauchbar χρήσιμος **brauchen** χρειάζομαι, έχω ανάγκη; *gebrauchen* χρησιμοποιώ; *erfordern* απαιτώ; **das braucht Zeit** θέλει χρόνο; *nicht müssen* **das brauchst du nicht** δε χρειάζεται, δεν είναι ανάγκη
Braue F φρύδι *n*
Brauerei F ζυθοποιείο *n*
braun καφέ; *Augen, Haar* καστανός; *gebräunt* μαυρισμένος, ηλιοκαμένος; **~ werden** μαυρίζω **Braun** N καφέ *n*
Bräune F μαύρισμα *n*
bräunen: **sich ~** μαυρίζω
brausen *Wind, Meer* βουίζω
Braut F νύφη *f*
Bräutigam M γαμπρός *m*
Brautkleid N νυφικό *n* **Brautpaar** N νεόνυμφοι *mpl*
brav (φιλ)ήσυχος; τίμιος; *Kind* φρόνιμος
bravo: **~!** μπράβο!
brechen *a. durchbrechen* σπά(ζ)ω, θραύω; *Herz* ραγίζω; *Licht* διαθλώ; *Eid* παραβαίνω; *Wort* αθετώ; **sich den Arm ~** σπάζω το χέρι μου
Brechreiz M τάση *f* για εμετό
Brei M πολτός *m*, χυλός *m*
breit φαρδύς, πλατύς; *fig* ευρύς; **~er werden/machen** πλαταίνω, φαρδαίνω
Breite F φάρδος *n*, *a.* GEOM πλάτος *n*; *fig* ευρύτητα *f*; GEOG γεωγραφικό πλάτος *n*
Bremsbelag M έλασμα *n* **Bremse** F ZOOL αλογόμυγα *f*; AUTO φρένο *n*, φρένα *npl* **bremsen** φρενάρω, πατώ φρένο; *Person* συγκρατώ, ανακόπτω **Bremsflüssigkeit** F υγρό *n* φρένων **Bremslicht** N φως *n* φρένων
brennbar καύσιμος **brennen** *a. Feuer, Sonne, Zunge, CD* καίω; *Zigarette, Licht* είμαι αναμμένος; *Wunde, Augen* τσούζω; *Gebäude, a. fig* καίγομαι **Brennholz** N καυσόξυλα *npl* **Brennnessel** F τσουκνίδα *f* **Brennstoff** M καύσιμη ύλη *f*
brenzlig επικίνδυνος, εύφλεκτος

Brett N σανίδι *n*, σανίδα *f*; **Schwarze(s) ~** πίνακας *m* ανακοινώσεων **Brettspiel** N επιτραπέζιο παιχνίδι *n*
Brief M γράμμα *n*, επιστολή *f* **Briefkasten** M γραμματοκιβώτιο *n* **Briefmarke** F γραμματόσημο *n* **Brieftasche** F πορτοφόλι *n* **Briefträger(in)** M(F) ταχυδρόμος *m,f*, διανομέας *m,f*
Brille F γυαλιά *npl* **Brillenträger(in)** M(F): **~ sein** φορώ γυαλιά
bringen φέρνω; *hinbringen* πηγαίνω; **in Ordnung ~** τακτοποιώ; **mit sich ~** προκαλώ, επιφέρω; **hinter sich ~** τελειώνω, ξεμπερδεύω (*akk* με); **zum Stehen ~** σταματώ
Brise F αεράκι *n*; *Seebrise* αύρα *f*
Brite M, **Britin** F Βρετανός (-ή) *m(f)* **britisch** βρετανικός
bröckeln θρυμματίζομαι
Brocken M κομμάτι *n*; **ein paar ~ Griechisch** λίγα Ελληνικά
brodeln κοχλάζω
Brokkoli M μπρόκολο *n*
Brombeere F βατόμουρο *n*
Bronchien FPL βρόγχοι *mpl* **Bronchitis** F βρογχίτιδα *f*
Bronze F μπρούντζος *m*, ορείχαλκος *m*
Brosche F καρφίτσα *f*
Broschüre F φυλλάδιο *n*
Brot N ψωμί *n*, άρτος *m*; **eine Scheibe ~** μια φέτα ψωμί
Brötchen N ψωμάκι *n*
Brotkorb M ψωμιέρα *f*
Bruch M MED *Knochenbruch* κάταγμα *n*; MATH κλάσμα *n*
brüchig εύθραυστος
Bruchstück N κομμάτι *n*, μέρος *n* **Bruchteil** M ελάχιστο μέρος *n*, κλάσμα *n*
Brücke F *a. Zahnbrücke* γέφυρα *f*
Bruder M αδερφός *m*
brüderlich αδερφικός
Brühe F ζουμί *n*, ζωμός *m* **Brühwürfel** M κύβος *m* από ζωμό κρέατος
brüllen *Tier* μουγκρίζω; *Mensch* ουρλιάζω
brummen *Fliege, Kopf* βουίζω; *Mensch* μουρμουρίζω **brummig** μουρμούρης, γκρινιάρης
brünett καστανός
Brunnen M *Springbrunnen* σιντριβάνι *n*; *Schöpfbrunnen* πηγάδι *n*
Brust F στήθος *n*; *Busen* μαστός *m* **Brustkorb** M θώρακας *m* **Brustkrebs** M καρκίνος *m* του μαστού/στήθους
Brüstung F κάγκελα *npl*
Brustwarze F ρώγα *f*
brutal βίαιος, κτηνώδης **Brutalität** F βιαιότητα *f*, κτηνωδία *f*
brüten κλωσσώ
brutto ακαθάριστος
Buch N βιβλίο *n*;
Buche F οξυά *f*
buchen *Reise, Zimmer* κλείνω
Bücherei F *Buchladen* βιβλιο-

πωλείο *n*; *Bibliothek* βιβλιοθήκη *f* **Bücherregal** N, **Bücherschrank** M βιβλιοθήκη *f*

Buchführung F τήρηση *f* βιβλίων, λογιστική *f* **Buchhaltung** F λογιστική *f*; *Abteilung* λογιστήριο *n* **Buchhandlung** F βιβλιοπωλείο *n* **Buchmesse** F έκθεση *f* βιβλίου

Büchse F *Dose* κουτί *n*; *Konserve* κονσέρβα *f*

Buchstabe M γράμμα *n*; ψηφίο *n*; στοιχείο *n* **buchstabieren** συλλαβίζω

Bucht F κόλπος *m*, όρμος *m*

Buchung F *Reservierung* κράτηση *f* **Buchungsgebühr** F έξοδα *npl* κράτησης

Buckel M καμπούρα *f*

bücken: **sich ~** σκύβω

Buddhismus M βουδισμός *m*

Bude F *umg*, *iron* καλύβα *f*, παράγκα *f*; *Marktbude* πάγκος *m*

Budget N προϋπολογισμός *m*

Büfett N μπουφές *m*; **kalte(s) ~** κρύος μπουφές *m*

Büffel M βουβάλι *n*

Bug M πλώρη *f*

Bügel M *Kleiderbügel* κρεμάστρα *f* **Bügelbrett** N σιδερώστρα *f* **Bügeleisen** N σίδερο *n* **Bügelfalte** F τσάκιση *f*

bügeln σιδερώνω

Bulgare M Βούλγαρος *m*

Bulgarien N Βουλγαρία *f*

Bulgarin F Βουλγάρα *f*

bulgarisch βουλγαρικός, βουλγάρικος

Bulgarisch N Βουλγαρικά *npl*, Βουλγάρικα *npl*

Bühne F σκηνή *f*

Bulle M ταύρος *m*; *pej Polizist* μπάτσος *m*

Bummel M βόλτα *f*, περίπατος *m* **bummeln** κάνω βόλτα, σεργιανίζω; *trödeln* χασομερώ

Bund[1] M *Vereinigung* δεσμός; *Verband* σύνδεσμος *m*, ένωση *f*; *Hosenbund* ζώνη *f*

Bund[2] N *Petersilie* μάτσο *n*

Bündel N *Holz* δεμάτι *n*; *Kleider* μπόγος *m*; *Scheine* μάτσο *n*

Bundeskanzler M καγκελάριος *m* **Bundesland** N ομόσπονδο κρατίδιο *n* **Bundesrat** M ομοσπονδιακό συμβούλιο *n* **Bundesregierung** F ομοσπονδιακή κυβέρνηση *f* **Bundesrepublik** F **Deutschland** (*BRD*) Ομοσπονδιακή Δημοκρατία *f* της Γερμανίας **Bundesstaat** M ομοσπονδία *f* **Bundestag** M ομοσπονδιακό κοινοβούλιο *n* **Bundeswehr** F ομοσπονδιακός στρατός *m*

Bungalow M μπαγκαλόου *n*

Bunker M καταφύγιο *n*

bunt πολύχρωμος, χρωματιστός **Buntstift** M χρωματιστό μολύβι *n*

Burg F κάστρο *n*, φρούριο *n*, πύργος *m*

bürgen εγγυώμαι (**für** για)

Bürger(in) M(F) πολίτης *m* **Bürgerkrieg** M εμφύλιος πόλεμος *m* **bürgerlich** αστικός **Bürgermeister(in)** M(F) δήμαρχος *m,f* **Bürgersteig** M πεζοδρόμιο *n*
Büro N γραφείο *n* **Büroklammer** F συνδετήρας *m* **bürokratisch** γραφειοκρατικός
Bursche M παλληκάρι *n*
Bürste F βούρτσα *f* **bürsten** βουρτσίζω
Bus M λεωφορείο *n*; *Reisebus* πούλμαν *n*; *Stadtbus* αστικό (λεωφορείο) *n*; *Oberleitungsbus* τρόλεϊ *n* **Busbahnhof** M σταθμός *m* λεωφορείων
Busch M θάμνος *m*
Büschel N *Haarbüschel* τούφα *f*, τσουλούφι *n*
Busen M στήθος *n*
Busfahrer(in) M(F) οδηγός *m,f* λεωφορείου **Bushaltestelle** F στάση *f* λεωφορείου/-ων **Buslinie** F γραμμή *f* λεωφορείου/-ων
Buße F μετάνοια *f*; *Geldbuße* πρόστιμο *n*
büßen μετανοιώνω; *Tat* πληρώνω
Bußgeld N πρόστιμο *n*
Büste F προτομή *f* **Büstenhalter** M σουτιέν *n*, στηθόδεσμος *m*
Busverbindung F σύνδεση *f* με λεωφορείο
Butter F βούτυρο *n*; **mit ~ bestreichen** βουτυρώνω **Butterbrot** N ψωμί *n* με βούτυρο
Buttermilch F βουτυρόγαλα *n*
Byte N IT ψηφιολέξη *f*
byzantinisch βυζαντινός

C

Café N καφενείο *n*, καφετερία *f*; *Konditorei* ζαχαροπλαστείο *n*
campen κατασκηνώνω
Camping(platz) N(M) κατασκήνωση *f*, κάμπινγκ *n*
CD F σιντί *n*, δίσκος *m* ακτίνας
CD-Brenner M συσκευή *f* εγγραφής
Cello N βιολοντσέλο *n*
Cent M *Eurocent* λεπτό *n*
Champagner® M σαμπάνια *f*
Champignon M μανιτάρι *n*
Chance F ευκαιρία *f*; *Aussicht* προοπτική *f*; *Gewinnchance* πιθανότητα *f*
Chaos N χάος *n*
chaotisch χαοτικός
Charakter M χαρακτήρας *m*; φύση *f* **charakteristisch** χαρακτηριστικός **Charakterzug** M χαρακτηριστικό *n*
charmant γοητευτικός; χαριτωμένος **Charme** M γοητεία *f*; χάρη *f*
Charterflug M πτήση *f* τσάρτερ **Chartermaschine** F τσάρτερ *n* **chartern** ναυλώνω

Chat M INTERNET chat *n*
Chauffeur M οδηγός *m*, σοφέρ *m*
checken τσεκάρω, ελέγχω
Chef(in) M(F) αφεντικό *n*; διευθυντής (-τρια) *m(f)*, προϊστάμενος (-ένη) *m(f)* **Chefarzt** M, **Chefärztin** F αρχίατρος *m,f*
Chemie F χημεία *f* **Chemiker(in)** M(F) χημικός *m,f* **chemisch** χημικός
Chip M COMPUT τσιπ *n*
Chirurg(in) M(F) χειρούργος *m, f* **Chirurgie** F χειρουργική *f* **chirurgisch** χειρουργικός
Chlor N χλώριο *n*
Cholesterin N χοληστερίνη *f*
Chor M χορωδία *f*
Choreografie F χορογραφία *f*
Christ(in) M(F) χριστιανός (-ή) *m(f)* **Christentum** N χριστιανισμός *m* **christlich** χριστιανικός **Christus** M Χριστός *m*
Chrom N χρώμιο *n*
Chronik F χρονικό *n* **chronisch** χρόνιος; **~ werden** χρονίζω
chronologisch χρονολογικός
circa περίπου
Clique F παρέα *f*; κλίκα *f*
Clown M κλόουν *m*
Cocktail M κοκτέιλ *n*
Code M κώδικας *m*
Cognac® M κονιάκ *n*
Cola N κόλα *f*
Computer M (ηλεκτρονικός) υπολογιστής *m*, κομπιούτερ *n*
Container M *Ware* κιβώτιο *n* εμπορευμάτων; *Papier, Glas* κάδος *m* (ανακύκλωσης)
Copyright N κοπιράιτ *n*
Cord M κοτλέ *n*
Corona-Schnelltest M MED τεστ *n* ταχείας διάγνωσης κορωνοϊού
Coronavirus M,N MED κορωνοϊός *m*
Couch F καναπές *m*
Coupon M κουπόνι *n*
Cousin(e) M(F) ξάδερφος (-έρφη *f*) *m*
Covid-19, COVID-19 F MED (*corona virus disease 2019*) (λοίμωξη) Covid-19, COVID-19 *f*
Creme F κρέμα *f*

D

da¹ ADV *räumlich hier* εδώ; *dort* εκεί; *in diesem Falle* σ' αυτή την περίπτωση, εδώ; **~ sein** υπάρχω, είμαι; **~ bleiben** μένω; **~ bin ich!** να με!; **wer ist ~?** ποιος είναι
da² KONJ *weil* επειδή, γιατί, αφού
dabei κοντά, δίπλα; *währenddessen* συγχρόνως; *bei sich* μαζί (μου); **~ sein** παρευρίσκομαι, είμαι (κι εγώ), είμαι παρών
Dach N σκεπή *f*, στέγη *f*
Dachgeschoss N, **Dach-**

kammer F σοφίτα *f*
dadurch *auf diese Weise* μ' αυτό(ν τον τρόπο), έτσι; *Grund* γι' αυτό (το λόγο); **~, dass ...** λόγω του ότι ...
dafür γι' αυτό; *anstatt* αντί γι' αυτό; **~ sein** είμαι υπέρ; **ich kann nichts ~** δε φταίω εγώ
dagegen εναντίον, κατά; *verglichen mit* σε σύγκριση μ' αυτό; *jedoch* όμως; **~ sein** είμαι κατά
daheim (στο) σπίτι **daher** από εκεί; *deshalb* γι' αυτό(ν το λόγο) **dahin** (προς τα) εκεί; *zeitlich* **bis ~** μέχρι τότε
dahinter πίσω απ' αυτό, από πίσω
damalig ADJ τότε
damals τότε; εκείνο τον καιρό
Dame F κυρία *f*; *Schach* βασίλισσα *f*; **meine ~n und Herren!** κυρίες και κύριοι!
Damentoilette F γυναικών, γυναικεία τουαλέτα *f*
damit μ' αυτό; *konj* για να
Damm M ανάχωμα *n*; *Staudamm* φράγμα *n*
dämmern: **es dämmert** *morgens* ξημερώνει, χαράζει; *abends* σουρουπώνει, σκοτεινιάζει **Dämmerung** F *Morgendämmerung* χαραυγή *f*, χαράματα *npl*; *Abenddämmerung* σούρουπο *n*
Dampf M ατμός *m*, αχνός *m*
Dampfbügeleisen N σίδερο *n* ατμού **dampfen** *Essen* αχνίζω
dämpfen *fig* μετριάζω
Dampfer M ατμόπλοιο *n*, βαπόρι *n*
danach *zeitlich* μετά απ' αυτό; ύστερα, έπειτα, μετά, κατόπι(ν)
Däne M, **Dänin** F Δανός (-ή) *m(f)*
daneben δίπλα, στο πλάι
Dänemark N Δανία *f*
Dank M ευχαριστία *f*; **vielen ~!** ευχαριστώ πολύ!;
dank PRÄP *+gen* χάρη (σε)
dankbar ευγνώμων; **~ sein** ευγνωμονώ (*dat akk*) **danke**: **~ (schön)!** ευχαριστώ (πάρα πολύ)!; **nein, ~!** όχι, ευχαριστώ! **danken** ευχαριστώ (**j-m für** κ-ν για); **ich danke dir/Ihnen (sehr)!** (σ')/σας ευχαριστώ (πολύ)!; **nichts zu ~!** τίποτα!
dann τότε; *nachher* ύστερα, έπειτα
daran *räumlich* κοντά, εκεί; σ' αυτό; **~ denken** το σκέφτομαι
darauf πάνω, πάνω σ' αυτό, από πάνω; **bald ~** μετά από λίγο; **am Tag ~** την επόμενη μέρα **daraufhin** *danach* μετά απ' αυτό; *infolgedessen* με συνέπεια, με αποτέλεσμα
daraus (μέσα) από εκεί; απ' αυτό; **~ folgt** απ' αυτό βγαίνει
Darbietung F παρουσίαση *f*; MUS εκτέλεση *f*
darin μέσα
Darleh(e)n N δάνειο *n*
Darm M έντερο *n* **Darminfektion** F εντερική λοίμωξη *f*

darstellen παρουσιάζω, εκθέτω; *abbilden* παριστάνω, απεικονίζω; THEAT ερμηνεύω; *beschreiben* περιγράφω **Darsteller(in)** M(F) THEAT ηθοποιός *m,f*

darüber *räumlich* από πάνω; *mehr* και πάνω; πάνω σ' αυτό, γι' αυτό; **~ hinaus** εκτός αυτού, επιπλέον, επί πλέον

darum γύρω απ' αυτό; *deshalb* γι' αυτό; **es geht ~, dass ...** πρόκειται για το ότι ...

darunter από κάτω; *weniger* και κάτω; *Kleidung* από μέσα; *dabei* ανάμεσα, μεταξύ αυτών

das[1] N ART το

das[2] N PERS PR το, αυτό; *welches* που, το οποίο; **~, was** αυτό που; **was ist ~?** τι είναι αυτό

dass να; ότι, πως, που; μήπως

dasselbe το ίδιο

dastehen στέκομαι

Datei F IT αρχείο *n*

Daten NPL στοιχεία *npl*; *persönliche*, IT δεδομένα *npl* **Datenbank** F βάση *f* δεδομένων, τράπεζα *f* πληροφοριών **Datenschutz** M προστασία *f* προσωπικών δεδομένων

Dattel F χουρμάς *m* **Dattelpalme** F χουρμαδιά *f*

Datum N ημερομηνία *f*; χρονολογία *f*

Dauer F διάρκεια *f*; **auf die ~** μακροπρόθεσμα **Dauerauftrag** M πάγια εντολή *f*

dauerhaft διαρκής, μόνιμος

dauern διαρκώ, κρατώ, βαστώ; **wie lange dauert es noch?** πόσο θα διαρκέσει ακόμα **dauernd** διαρκής, συνεχής; *adv* διαρκώς, συνεχώς

Dauerwelle F περμανάντ *n,f*

Daumen M αντίχειρας *m*

davon απ' αυτό; *darüber* γι' αυτό **davonkommen** (τη) γλυτώνω **davonlaufen** το σκάω, το βάζω στα πόδια

davor μπροστά απ' αυτό, από μπροστά; *zeitlich* πριν (απ' αυτό)

dazu σ' αυτό; *zusätzlich* επιπλέον; *Zweck* γι' αυτό το σκοπό; *zu diesem Thema* πάνω σ' αυτό; **~ kommen** *zeitlich* προφταίνω, προλαβαίνω **dazugeben** προσθέτω **dazugehören** αποτελώ μέρος, ανήκω **dazurechnen**, **dazutun** προσθέτω

dazwischen ανάμεσα, μεταξύ **dazwischenkommen** *Ereignis* μεσολαβώ

Deck N SCHIFF κατάστρωμα *n* **Decke** F *Bettdecke* κουβέρτα *f*, σκέπασμα *n*, κάλυμμα *n*; *Zimmerdecke* οροφή *f*, ταβάνι *n* **Deckel** M *Topf* καπάκι *n*, σκέπασμα *n*; *Flasche* καπάκι *n*, πώμα *n* **decken** σκεπάζω; *Tisch* στρώνω; *Bedarf, Kosten* καλύπτω

Decoder M TV, COMPUT αποκωδικοποιητής *m*

defekt χαλασμένος; *mangelhaft* ελαττωματικός **Defekt**

M βλάβη *f*; *Mangel* ελάττωμα *n*
Definition F ορισμός *m*
Defizit N έλλειμμα *n*
deftig *a. Witz* πικάντικος
dehnbar ελαστικός **dehnen** τεντώνω; *fig* εκτείνω; **sich ~** τεντώνομαι; *fig* εκτείνομαι
Deich M πρόχωμα *n*
dein(e, -es) POSS PR ο, η, το... σου; *betont* (ο) δικός σου; *pl* οι, τα ... σου
deins: **es ist ~** είναι δικό σου
deklarieren δηλώνω
deklinieren κλίνω
Dekolletee N ντεκολτέ *n*
Dekoration F διακόσμηση *f* **dekorativ** διακοσμητικός
dekorieren διακοσμώ
Delfin M δελφίνι *n*
delikat *lecker* εκλεκτός; *heikel* λεπτός **Delikatesse** F εκλεκτή τροφή *f*; *am Büfett* λειχουδιά *f*
Delikt N JUR αδίκημα *n*
Delle F βαθούλωμα *n*, κοίλωμα *n*
dementsprechend ανάλογος, σχετικός **demnach** συνεπώς, επομένως **demnächst** προσεχώς
Demokratie F δημοκρατία *f* **demokratisch** δημοκρατικός
Demonstration F διαδήλωση *f*; *Vorführung* επίδειξη *f* **demonstrativ** επιδεικτικός
demonstrieren κάνω διαδήλωση (**für** για; υπέρ *gen*; **gegen** κατά *gen*; εναντίον *gen*); *zeigen* επιδεικνύω, δείχνω
Demontage F διάλυση *f* **demontieren** διαλύω
demütigen ταπεινώνω **Demütigung** F ταπείνωση *f*
denken σκέφτομαι (**an** *akk*); *nachdenken* συλλογίζομαι; *sich erinnern* θυμάμαι; *sich vorstellen* φαντάζομαι; *meinen* πιστεύω; **ich denke schon** νομίζω πως ναι
Denkmal N μνημείο *n*
denn *weil* γιατί, διότι, επειδή; **wo bist du ~?** μα πού είσαι
dennoch ωστόσο, όμως, εντούτοις
Deo(dorant) N αποσμητικό *n*
Deponie F χωματερή *f* **deponieren** δίνω για φύλαξη; HANDEL αποθέτω
Depot N αποθήκη *f*, ντεπό *n*
Depression F κατάθλιψη *f* **depressiv** καταθλιπτικός
deprimieren καταθλίβω
der[1] M ART ο
der[2] M PERS PR αυτός; *welcher* που, ο οποίος
derartig τέτοιος, τέτοιου είδους; *adv* τόσο, σε τέτοιο βαθμό
derb *Verhalten, Person* άξεστος, τραχύς; *Witz* χυδαίος, χοντρός
dergleichen τέτοιος, παρόμοιος **derjenige (welcher)** αυτός/εκείνος (που), όποιος
dermaßen τόσο **derselbe** ο ίδιος
deshalb γι' αυτό

Desinfektionsmittel N απολυμαντικό *n*
desinfizieren απολυμαίνω; *Instrument* αποστειρώνω
Dessert N επιδόρπιο *n*, γλυκό *n*
desto τόσο; ~ **besser** τόσο το καλύτερο
deswegen γι' αυτό
Detail N λεπτομέρεια *f* **detailliert** λεπτομερής; *adv* λεπτομερώς, με κάθε λεπτομέρεια
Detektiv(in) M(F) ντετέκτιβ *m,f*
deuten *a. Traum* εξηγώ; δείχνω (**auf** *akk*) **deutlich** καθαρός, σαφής, ρητός; *adv* ολοκάθαρα, σαφώς
deutsch γερμανικός
Deutsch N Γερμανικά *npl*, γερμανική γλώσσα *f*; **auf** ~ στα Γερμανικά **Deutsche(r)** M,F Γερμανός (-ίδα) *m(f)*
Deutschland N Γερμανία *f*
Devisen FPL HANDEL συνάλλαγμα *n*
Dezember M Δεκέμβριος *m*, Δεκέμβρης *m*
d.h. (*das heißt*) δηλ. (δηλαδή)
Dia N FOTO διαφάνεια *f*, σλάιντς *n* **Diabetes** M MED διαβήτης *m* **Diabetiker(in)** M(F) διαβητικός (-ή) *m(f)* **Diagnose** F διάγνωση *f* **diagonal** διαγώνιος **Dialekt** M διάλεκτος *f*, ιδίωμα *n* **Dialog** M διάλογος *m* **Diamant** M διαμάντι *n*
Diät F δίαιτα *f*; ~ **halten** κάνω δίαιτα
dich σε; σου; *betont* εσένα; **für** ~ για σένα; **ohne** ~ χωρίς εσένα
dicht πυκνός; *Verkehr* έντονος; *undurchlässig* στεγανός; *adv* κοντά (**an** σε)
dichten γράφω ποιήματα
Dichter(in) M(F) ποιητής (-τρια) *m(f)*
Dichtung F ποίηση *f*
dick *a. Person* χοντρός, παχύς; *zähflüssig* πηχτός; *geschwollen* πρησμένος; ~**(er) werden** παχαίνω **dickköpfig** ξεροκέφαλος **dicklich** παχουλός
die[1] F ART η
die[2] PL ART οι *m,f*; τα *n*
die[3] F PERS PR αυτή; *welche* που, η οποία
Dieb(in) M(F) κλέφτης (-τρα) *m(f)* **Diebstahl** M κλοπή *f*, κλεψιά *f*
Diele F *Flur* χολ *n*, διάδρομος *m*
dienen *nützlich sein* χρησιμεύω (**zu** σε; **als** ως); MIL υπηρετώ
Dienst M *a. Amt* υπηρεσία *f*; **im** ~ σε υπηρεσία; **außer** ~ εκτός υπηρεσίας
Dienstag M Τρίτη *f*; **am** ~, **dienstags** την Τρίτη
dienstlich υπηρεσιακός
Dienstreise F επαγγελματικό/υπηρεσιακό ταξίδι *n*
Dienststunden FPL ώρες *fpl* υπηρεσίας
dies αυτό; ~ **und jenes** το ένα και το άλλο

diese[1] F αυτή (η)
diese[2] PL αυτοί (οι) *m*, αυτές (οι) *f*, αυτά (τα) *n*
dieselbe η ίδια
Dieselmotor M μηχανή *f* ντίζελ **Dieselöl** N ντίζελ *n*
dieser αυτός (ο) **dieses** αυτό (το)
diesmal αυτή τη φορά
Differenz F *a. fig* διαφορά *f*
Digitalfernsehen N ψηφιακή τηλεόραση *f* **Digitalkamera** F ψηφιακή φωτογραφική μηχανή *f* **Digitaluhr** F ψηφιακό ρολόι *n*
Diktat N υπαγόρευση *f*; *Schule* ορθογραφία *f* **Diktator(in)** M(F) δικτάτορας *m,f* **Diktatur** F δικτατορία *f*
diktieren *a. fig* υπαγορεύω
Dimension F *a. fig* διάσταση *f*
Ding N *Gegenstand, Sache* πράγμα *n*; *Gegenstand* αντικείμενο *n*; **vor allen ~en** προπάντων, προπαντός
Diplom N δίπλωμα *n*; πτυχίο *n*
Diplomat(in) M(F) διπλωμάτης *m,f* **diplomatisch** διπλωματικός
dir σου; σε; *betont* εσένα; σε (ε)σένα; **mit ~** μ' εσένα; **eine Freundin von ~** μια φίλη σου
direkt *unmittelbar* άμεσος; *fig* ευθύς; *adv* ίσια, κατ' ευθείαν; *nah* ακριβώς δίπλα
Direktor(in) M(F) διευθυντής (-τρια) *m(f)*
Dirigent(in) M(F) MUS διευθυντής (-τρια) *m(f)* ορχήστρας, μαέστρος *m*
dirigieren MUS διευθύνω
Diskette F COMPUT δισκέτα *f*
Disko(thek) F ντισκοτέκ *f*
diskret διακριτικός
Diskriminierung F διάκριση *f*, διακριτική μεταχείριση *f*
Diskussion F συζήτηση *f*
diskutieren συζητώ
Distanz F απόσταση *f*
Disziplin F πειθαρχία *f*; *Fachgebiet* κλάδος *m*, ειδικότητα *f*
diszipliniert πειθαρχημένος
dividieren διαιρώ **Division** F MATH διαίρεση *f*
doch *dennoch* (και) όμως, αλλά; *Antwort auf negative Frage* βεβαίως, πώς; **~!** μα ναι!, βέβαια!; **nicht ~!** όχι!
Docht M φιτίλι *n*
Doktor M διδάκτορας *m,f*; *Arzt* γιατρός *m,f*
Dokument N έγγραφο *n*; HIST ντοκουμέντο *n* **Dokumentarfilm** M ντοκιμαντέρ *n*
Dollar M δολάριο *n*
dolmetschen διερμηνεύω, μεταφράζω **Dolmetscher(in)** M(F) διερμηνέας *m,f*
Dom M καθεδρικός ναός *m*
dominant κυριαρχικός; καταπιεστικός
Donner M βροντή *f* **donnern**: **es donnert** βροντάει
Donnerstag M Πέμπτη *f*; **am ~, donnerstags** την Πέμπτη
doof *umg* κουτός, βλάκας *m*
Doppelbett N διπλό κρεβάτι

n **Doppelhaus** N διπλοκατοικία *f* **Doppelpunkt** M άνω και κάτω τελεία *f*
doppelt διπλός, διπλάσιος; **~ so viel** άλλο τόσο; **Doppelzimmer** N δίκλινο/διπλό δωμάτιο *n*
Dorf N χωριό *n* **Dorfbewohner(in)** M(F) χωρικός (-ή) *m(f)*
dörflich χωριάτικος
Dorn M αγκάθι *n*
dort εκεί; **~ drüben** εκεί **dorthin** (προς τα) εκεί
Dose F κουτί *n*, κονσέρβα *f*; βάζο *n* **Dosenmilch** F γάλα *n* σε κουτί **Dosenöffner** M ανοιχτήρι *n* κονσέρβας
dosieren δοσολογώ
Dosis F *Arznei* δόση *f*
Dotter M,N κρόκος *m*
downloaden INTERNET κατεβάζω
Drache M δράκος *m* **Drachen** M *Papierdrachen* χαρταετός *m*
Drachme F HIST δραχμή *f*
Draht M σύρμα *n*
Drama N *a. fig* δράμα *n* **dramatisch** δραματικός
dran → daran
Drang M ορμή *f*; *Sehnsucht* πόθος *m*, επιθυμία *f*
drängeln σπρώχνω
drängen *eilen* επείγω; σπρώχνω, *a. fig* στριμώχνω; *fordern* πιέζω; επιμένω (**auf** για); **sich ~** συνωστίζομαι
drauf → darauf **draufzahlen** πληρώνω παραπάνω
draußen έξω; απέξω; **von ~** απ' έξω, απέξω
Dreck M βρόμα *f*, βρομιά *f*; ακαθαρσία *f* **dreckig** βρόμικος, λερωμένος; *ordinär* βρομερός, χυδαίος; **~ machen** λερώνω, βρομίζω
drehen *a. Film* γυρίζω; *Kopf* στρίβω, στρέφω; **sich ~** (περι)στρέφομαι; *sich handeln* πρόκειται (**um** για)
Drehtür F περιστρεφόμενη πόρτα *f* **Drehung** F (περι)στροφή *f*, γύρος *m*
drei τρεις *m,f*, τρία *n*; **halb ~** δυόμισι **Drei** F τρία *n*
Dreibettzimmer N δωμάτιο *n* με τρία κρεβάτια, τρίκλινο δωμάτιο *n* **Dreieck** N τρίγωνο *n* **dreifach** τριπλός, τριπλάσιος **Dreikönigsfest** N *etwa* Φώτα *npl* **dreimal** τρεις φορές **Dreirad** N τρίκυκλο *n*
dreispurig με τρεις λωρίδες
dreißig τριάντα
dreist θρασύς, αυθάδης
dreistöckig τριώροφος **dreitägig** τριήμερος **dreizehn** δεκατρείς *m,f*, δεκατρία *n*
Dreizimmerwohnung F τριάρι *n*
Dresden N Δρέσδη *f*
dressieren (εκ)γυμνάζω, εκπαιδεύω **Dressur** F εκγύμναση *f* ζώων
drin → darin
dringen εισχωρώ (**in** σε); διαπερνώ (**durch** *akk*) **dringend** επείγων; *adv* επειγόντως; **ich**

brauche ~ χρειάζομαι επειγόντως/οπωσδήποτε
Drink M *Alkohol* ποτό *n*
drinnen μέσα
dritt: **zu ~** τρεις; ανά τρεις
dritte(r, -s) τρίτος **Drittel** N τρίτο *n* **drittens** τρίτον
Droge F ναρκωτικό *n* **Drogensüchtige(r)** M,F ναρκομανής *m,f*, τοξικομανής *m,f*
Drogerie F κατάστημα *n* με είδη καλλυντικών, προσωπικής φροντίδας και οικιακής χρήσης
drohen απειλώ, φοβερίζω
drohend *Blick, Haltung* απειλητικός
dröhnen βροντώ; *rauschen* βουίζω **Dröhnen** N βοή *f*
Drohung F απειλή *f*, φοβέρα *f*
drüben απέναντι; πέρα
drüber → darüber
Druck[1] M PHYS, *Zwang* πίεση *f*; **unter ~ stehen** βρίσκομαι υπό πίεση
Druck[2] M *Buch* εκτύπωση *f*
drucken (εκ)τυπώνω
drücken πιέζω, πατώ; *Hand, Kleidung* σφίγγω; *Schuhe* κόβω; *umg* **sich ~** την κοπανάω, λουφάρω
Drucker M COMPUT εκτυπωτής *m* **Druckerei** F τυπογραφείο *n*
Drüse F ANAT αδένας *m*
Dschungel M ζούγκλα *f*
du εσύ
ducken: **sich ~** *a. fig* σκύβω
Duft M άρωμα *n*, ευωδιά *f*
duften ευωδιάζω, μοσχοβολώ, μυρίζω (**nach** *akk*)
dulden *erlauben* ανέχομαι
dumm κουτός, χαζός, ανόητος
Dummheit F *a. Handlung* κουταμάρα *f*, χαζομάρα *f*, ανοησία *f*, βλακεία *f*; τρέλα *f*
Dummkopf M βλάκας *m*
dumpf *Geräusch* υπόκωφος; *Schmerz* αμβλύς; *Gefühl* αποσδιόριστος
Düne F αμμόλοφος *m*
düngen λιπαίνω **Dünger** M λίπασμα *n*; κοπριά *f*
dunkel *a. fig* σκοτεινός; *Farbe* σκούρος, βαθύς; *Augen, Farbe* σκουρόχρωμος; *Haut* μελαχρινός; **im Dunkeln** στα σκοτεινά; **es wird ~** σκοτεινιάζει, σουρουπώνει **dunkelhäutig** μελαχρινός **Dunkelheit** F σκοτάδι *n*, σκοτεινιά *f*
dünn *schlank* αδύνατος, λεπτός, λιγνός; *fein* λεπτός, ψιλός; *Suppe* αραιός
Dunst M *Dampf* ατμός *m*; *Nebel* ομίχλη *f*, καταχνιά *f*; *Hauch* αχνός *m*
dünsten GASTR βράζω στον ατμό
dunstig θολός, ομιχλώδης
durch *hindurch* μέσα από (*akk akk*), διά μέσου, μέσω (*akk gen*); *mittels* μέσω (*akk gen*); *wegen* από (*akk akk*); MATH διά; **~ Zufall** κατά τύχη; **~ und ~** πέρα για πέρα; **die ganze Nacht ~** όλη τη νύχτα

durchaus *bekräftigend* ασφαλώς; ολότελα, εντελώς; **~ nicht** καθόλου **durchblicken** *verstehen umg* βγάζω άκρη; **~ lassen** αφήνω να εννοηθεί **Durchblutung** F αιμάτωση *f* **durchbohren** τρυπώ **durchbrechen** σπάζω **durchdacht** μελετημένος **durchdrehen** *umg* τρελαίνομαι; μου στρίβει **durchdringen** (δια)περνώ **durcheinander** άνω-κάτω **durcheinanderbringen** *Person* αναστατώνω; *Sachen* ανακατεύω; *verwechseln* μπερδεύω **Durchfahrt** F δίοδος *f*, διέλευση *f*; **~ verboten!** απαγορεύεται η διέλευση!; **auf der ~ sein** είμαι περαστικός **Durchfall** M ευκοίλια *f*, ευκοιλιότητα *f*, *umg* κόψιμο *n* **durchfallen** *Prüfung* κόβομαι, δεν περνώ **durchführen** πραγματοποιώ, διεξάγω **Durchführung** F πραγματοποίηση *f*, διεξαγωγή *f*, εκτέλεση *f* **Durchgang** M δίοδος *f*, διάβαση *f*; *Weg* πέρασμα *n*; **kein ~!** απαγορεύεται η διάβαση! **Durchgangsverkehr** M κυκλοφορία *f* **durchgehen** περνώ; *durchpassen* χωρώ, περνώ; **~d geöffnet** συνεχώς ανοιχτά **durchhalten** αντέχω, υπομένω **durchlassen** αφήνω να περάσει **durchlaufen** *a. fig* περνώ **durchlesen** διαβάζω όλο **durchmachen** *erleiden* υποφέρω, τραβώ **Durchmesser** M διάμετρος *f* **durchnässt** βρε(γ)μένος, μουσκεμένος **Durchreise** F διέλευση *f*; **auf der ~ sein** είμαι περαστικός **Durchsage** F ανακοίνωση *f* **durchschauen** *verstehen* καταλαβαίνω, *umg* μυρίζομαι **durchschlafen** κοιμάμαι χωρίς διακοπή **durchschlagen**: **sich ~** τα βγάζω πέρα **durchschneiden** κόβω (στη μέση/στα δύο) **Durchschnitt** M μέσος όρος *m*; **im ~** κατά μέσο(ν) όρο **durchschnittlich** μέσος; *mittelmäßig* μέτριος **durchsehen** εξετάζω **durchsetzen** επιβάλλω; **sich ~** επιβάλλομαι; επικρατώ **Durchsetzungsvermögen** N επιβολή *f*, ικανότητα *f* επιβολής **durchsichtig** διαφανής **durchstehen** περνώ **durchstreichen** σβήνω, διαγράφω **durchsuchen** ψάχνω, ερευνώ **Durchsuchung** F έρευνα *f* **Durchwahl** F TEL άμεση σύνδεση *f* **durchwühlen** ανακατώνω, κάνω άνω-κάτω **durchzählen** αριθμώ **durchziehen** *hindurchziehen* τραβώ; *Land*

διασχίζω; *Faden* περνώ; *zu Ende bringen* τελειώνω
dürfen μπορώ, επιτρέπεται; πρέπει; **darf ich?** επιτρέπεται; **darf ich rauchen?** μπορώ/κάνει να καπνίσω
dürftig *Unterkunft* φτωχικός, λιτός; *Kenntnisse* ανεπαρκής
dürr ξερός, ξηρός; *mager* λιγνός, ισχνός **Dürre** F αναβροχιά *f*, ανομβρία *f*; ξηρασία *f*
Durst M δίψα *f*; ~ **haben** διψώ (**auf** για) **durstig** διψασμένος
Dusche F ντους *n*
duschen: **sich** ~ κάνω ντους
Duschkabine F καμπίνα *f* ντους
düster *a. fig* σκοτεινός; *Himmel* μουντός; *fig* μαύρος
Dutzend N δωδεκάδα *f*, ντουζίνα *f*
duzen μιλώ στον ενικό (*akk* σε)
DVD F ντιβιντί *n*
Dynamik F δυναμική *f*
Dynamit N δυναμίτης *m*
dynamisch δυναμικός
Dynastie F δυναστεία *f*

E

Ebbe F άμπωτη *f*; ~ **und Flut** *f* παλίρροια *f*
eben[1] *glatt* λείος; *flach, a.* MATH επίπεδος
eben[2] *jetzt* αυτή τη στιγμή, τώρα; *vorhin* μόλις, πριν από λίγο
eben[3] *genau das* ακριβώς
ebenbürtig ισάξιος, αντάξιος
Ebene F επίπεδο *n*; *Tiefebene* κάμπος *m*, πεδιάδα *f*; *Hochebene* υψίπεδο *n*
ebenfalls επίσης; *gleichfalls* επίσης, παρομοίως **ebenso** το ίδιο, εξίσου
E-Bike N ηλεκτρικό ποδήλατο *n*
ebnen *a. fig* ισιώνω, ισοπεδώνω
E-Book N ηλεκτρονικό βιβλίο *n*
Echo N αντίλαλος *m*, ηχώ *f*; *fig* απήχηση *f*
echt γνήσιος; *wahr* αληθινός; *Gold* καθαρός; *adv* πραγματικά
Eck N γωνία *f* **Eckball** M κόρνερ *n* **Ecke** F γωνία *f*, γωνιά *f*
eckig γωνιώδης
edel ευγενής; *fig* μεγαλόψυχος
Edelstein M πολύτιμη πέτρα *f*, πολύτιμος λίθος *m*
EDV F (*Elektronische Datenverarbeitung*) ηλεκτρονική επεξεργασία *f* δεδομένων
Effekt M *Wirkung* εντύπωση *f*; *Ergebnis* αποτέλεσμα *n*; *Film* εφέ *n* **effektiv** αποτελεσματικός
EG F (*Europäische Gemeinschaft*) Ε.Κ. *f* (Ευρωπαϊκή Κοινότητα)
egal ίδιος, όμοιος; **es ist mir** ~ μου είναι αδιάφορο

Egoist(in) M(F) εγωιστής (-τρια) *m(f)* **egoistisch** εγωιστικός
ehe πριν, προτού
Ehe F γάμος *m* **Ehebruch** M μοιχεία *f* **Ehefrau** F γυναίκα *f*, σύζυγος *f* **ehelich** συζυγικός
ehemalig ο, η, το πρώην *adj*
Ehemann M άντρας *m*, σύζυγος *m* **Ehepaar** N αντρόγυνο *n*; (συζυγικό) ζευγάρι *n*; σύζυγοι *mpl*
eher *früher* νωρίτερα; *lieber* καλύτερα; *vielmehr* μάλλον
Ehering M βέρα *f*
Ehre F τιμή *f* **ehren** τιμώ, σέβομαι **Ehrenwort** N λόγος *m* τιμής **Ehrfurcht** F δέος *n*, σεβασμός *m* **Ehrgefühl** N *etwa* φιλοτιμία *f*
Ehrgeiz M φιλοδοξία *f* **ehrgeizig** φιλόδοξος
ehrlich ειλικρινής, τίμιος, έντιμος **Ehrlichkeit** F ειλικρίνεια *f*, τιμιότητα *f*
Ei N αβγό *n*; BIOL *Eizelle* ωάριο *n*; **hart/weich gekochte(s) Ei** σφιχτό/μελάτο αβγό *n*
Eiche F βαλανιδιά *f*, βελανιδιά *f*
Eichel F *Frucht* βαλανίδι *n*
Eichhörnchen N σκίουρος *m*
Eid M όρκος *m*
Eidechse F σαύρα *f*
Eidotter N *Eigelb* κρόκος *m*
Eierbecher M αβγοθήκη *f* **Eierstock** M ANAT ωοθήκη *f*
Eifer M ζήλος *m* **Eifersucht** F ζήλια *f* **eifersüchtig** ζηλιάρης; **~ sein** ζηλεύω (**auf** *akk*)
eifrig *begeistert* ένθερμος, με ζήλο; *intensiv* εντατικός
Eigelb N κρόκος *m*
eigen δικός μου; ίδιος, *sonderbar* ιδιότροπος, παράξενος; **mit ~en Augen** με τα ίδια μου τα μάτια
Eigenart F *Besonderheit* ιδιαιτερότητα *f*; *Eigentümlichkeit* παραξενιά *f*, ιδιοτροπία *f*, ιδιορρυθμία *f* **eigenartig** παράξενος, ιδιότροπος, ιδιόρρυθμος
Eigenbedarf M προσωπική ανάγκη *f* **eigenhändig** ADV ιδιοχείρως **eigenmächtig** αυθαίρετος **eigennützig** ιδιοτελής **Eigenschaft** F ιδιότητα *f* **eigensinnig** ιδιότροπος
eigentlich πραγματικός; *adv* στην πραγματικότητα, στην ουσία
Eigentum N ιδιοκτησία *f* **Eigentumswohnung** F ιδιόκτητο διαμέρισμα *n*
eigenwillig *eigenartig* ιδιόρρυθμος; *eigensinnig* ξεροκέφαλος, ανάποδος
eignen: **sich ~** είμαι κατάλληλος (**für**; **zu** για)
Eilbrief M επείγον γράμμα *n*
Eile F βιασύνη *f*; βία *f*; **in ~** βιαστικός; *adv* βιαστικά; **in ~ sein** βιάζομαι, είμαι βιαστικός
Eileiter M ANAT σάλπιγγα *f*
eilen: **es eilt** επείγει, είναι επείγον **eilig** βιαστικός; *Sache*

επείγων; **es ~ haben** βιάζομαι, είμαι βιαστικός
Eimer M κουβάς *m*, κάδος *m*
ein ένα *n*; ένας *m*
einander ο ένας τον άλλον; *gegenseitig* αλληλ(ο)-
einatmen εισπνέω, αναπνέω; **tief ~** παίρνω βαθιά ανάσα
Einbahnstraße F μονόδρομος *m* **Einband** M εξώφυλλο *n*
einbauen τοποθετώ, εγκαθιστώ
einbeziehen συμπεριλαμβάνω
einbilden: **sich ~** φαντάζομαι **Einbildung** F φαντασίωση *f*, φαντασία *f*
einbrechen κάνω διάρρηξη; *einstürzen* καταρρέω **Einbrecher(in)** M(F) διαρρήκτης (-τρια) *m(f)*
Einbruch M *Delikt* διάρρηξη *f*; *das Einstürzen* κατάρρευση *f*
einchecken περνώ από τον έλεγχο
eincremen βάζω κρέμα
eindeutig ξεκάθαρος, σαφής, αναμφίβολος
eindringen εισβάλλω, εισχωρώ, διεισδύω **eindringlich** πιεστικός, επίμονος; έντονος
Eindruck M εντύπωση *f*; **den ~ haben** έχω την εντύπωση (**dass** ότι) **eindrucksvoll** εντυπωσιακός
eine F μία *f*, μια *f*
eineinhalb ενάμισης *m*, μιάμιση *f*, ενάμισι *n*
einengen περιορίζω
einer ένας *m*
einerlei: **das ist ~** είναι το ίδιο **einerseits**: **~ ..., and(e)rerseits ...** από τη μια ..., από την άλλη ...; αφ' ενός ..., αφ' ετέρου ...
einfach *a. Fahrkarte* απλός; *leicht* εύκολος; *schlicht* λιτός, απέριττος; *adv* απλώς; **~e(s) Leben** *n* λιτή ζωή *f*
einfahren μπαίνω; *Zug* φτάνω **Einfahrt** F είσοδος *f* (οχημάτων)
Einfall M *Gedanke* ιδέα *f* **einfallen** *einstürzen* καταρρέω; MIL εισβάλλω; **es fällt mir nicht ein** δε θυμάμαι, δε μου έρχεται στο νου
einfangen πιάνω
einfarbig μονόχρωμος
Einfluss M επιρροή *f*, επίδραση *f*, ισχύς *f* **einflussreich** με επιρροή, ισχυρός
einfrieren παγώνω, καταψύχω **einfügen** προσθέτω **Einfuhr** F εισαγωγή *f* **einführen** καθιερώνω; *importieren* εισάγω **Einführung** F καθιέρωση *f* **Eingabe** F αίτηση *f*; IT εισαγωγή *f* **Eingang** M είσοδος *f*; *Brief* λήψη *f* **eingeben** δίνω; IT εισάγω; *fig* εμπνέω **eingebildet** φανταστικός; *eitel* φαντασμένος
eingehen *eintreffen* φτάνω; *Verständnis zeigen* δείχνω κατανόηση (**auf** σε); *Stoff* μαζεύω, μπαίνω; *Pflanze* μαραί-

νομαι **Eingeweide** NPL εντόσθια *npl* **eingießen** χύνω, ρίχνω **eingreifen** επεμβαίνω **Eingriff** M *a.* MED επέμβαση *f* **einhalten** *Abstand* κρατώ; *Versprechen* τηρώ
einheimisch ντόπιος; *Produkt* εγχώριος **Einheimische(r)** M,F ντόπιος (-α) *m(f)*
Einheit F ενότητα *f*; *Maßeinheit* μονάδα *f* **einheitlich** ενιαίος **Einheitspreis** M ενιαία τιμή *f*
einheizen θερμαίνω **einholen** *j-n* φτάνω, προφταίνω, προλαβαίνω; *Segel* μαζεύω; *Zeit* κερδίζω
einig σύμφωνος; **sich ~ sein** συμφωνώ **einigen** ενώνω; **sich ~** συμφωνώ (**auf**; **über** σε; για)
einige(r, -s) μερικός, κάποιος; *pl* μερικοί; *mit pl* κάτι; **nach ~r Zeit** μετά από λίγο καιρό; **~s** κάτι; *adv* αρκετά
einigermaßen κάπως, κατά κάποιο τρόπο, λίγο-πολύ
Einigkeit F ομοφωνία *f*, ομόνοια *f* **Einigung** F συμφωνία *f*
einjährig μονοετής; *Kind* ενός έτους
einkalkulieren λαμβάνω υπ' όψη
Einkauf M αγορά *f*, ψώνια *npl*
einkaufen ψωνίζω; αγοράζω; **~ gehen** πάω για ψώνια
Einkaufsbummel M βόλτα *f* στα μαγαζιά **Einkaufspreis** M τιμή *f* αγοράς **Einkaufszentrum** N εμπορικό κέντρο *n*
einkehren *in Gasthof* σταματώ να φάω και να πιω **einklemmen** *einquetschen* πιάνω, μαγκώνω
Einkommen N εισόδημα *n*, έσοδα *npl*, πόροι *mpl*
einkreisen (περι)κυκλώνω
Einkünfte PL εισόδημα *n*, έσοδα *npl*
einladen (προσ)καλώ; *Ware* φορτώνω **einladend** ελκυστικός
Einladung F πρόσκληση *f*
Einlass M είσοδος *f*
einlaufen *Wasser* γεμίζω; *Schiff* καταπλέω; *Stoff* μπαίνω, μαζεύω; *Schuhe* ανοίγω **einleben**: **sich ~** προσαρμόζομαι (**in** σε)
einlegen *hineinlegen* κλείνω μέσα; *Film, Gang* βάζω; *Pause* κάνω; *in Essig* κάνω τουρσί
einleiten *beginnen* αρχίζω, ξεκινώ; *Verfahren* κινώ **Einleitung** F *Buch* εισαγωγή *f*, πρόλογος *m*
einleuchtend φανερός, ευνόητος **einliefern** *ins Krankenhaus* μεταφέρω **einlösen** *Scheck* εξαργυρώνω; *Pfand, Wechsel* εξοφλώ; *Versprechen* κρατώ, τηρώ
einmal μία φορά; *früher* κάποτε, *künftig* μια μέρα, κάποτε; **noch ~** άλλη μια φορά; **nicht ~** ούτε καν; **auf ~** ξαφνι-

κά, μεμιάς **einmalig** μοναδικός; *einzigartig* ανεπανάληπτος
Einmaleins N προπαίδεια *f*
einmischen: **sich ~** ανακατεύομαι, αναμειγνύομαι, επεμβαίνω (**in** σε); *umg* χώνομαι
Einnahme F HANDEL έσοδο *n*; *Medikament* λήψη *f*
Einnahmen FPL HANDEL εισπράξεις *fpl*, αποδοχές *fpl*, έσοδα *npl*
einnehmen HANDEL εισπράττω; *Medikament* παίρνω; *erobern* καταλαμβάνω, κατακτώ
Einöde F *Gegend* ερημιά *f*
einordnen τακτοποιώ; *in Gruppen* κατατάσσω; **sich ~** AUTO μπαίνω στη λωρίδα **einpacken** πακετάρω, τυλίγω, συσκευάζω; *Koffer* ετοιμάζω τη βαλίτσα; *in den Koffer* βάζω στη βαλίτσα **einparken** παρκάρω **einpflanzen** φυτεύω; MED μεταμοσχεύω **einplanen** προγραμματίζω **einquartieren**: **sich ~** κατοικώ, μένω (**bei** σε) **einräumen** *Bücher* τακτοποιώ **einreiben** αλείφω; MED τρίβω; **sich ~** αλείφομαι, τρίβομαι **einreichen** *Antrag* υποβάλλω, καταθέτω
Einreise F είσοδος *f* **Einreiseerlaubnis** F άδεια *f* εισόδου **einreisen** μπαίνω (στη χώρα)
einreißen σχίζω; *Haus* γκρεμίζω, κατεδαφίζω
einrichten *Wohnung* επιπλώνω; *Raum* διαμορφώνω; *Institution* ιδρύω; *regeln* τακτοποιώ, κανονίζω **Einrichtung** F *Wohnung* επίπλωση *f*; *Institution* ίδρυμα *n*
eins ένα; **um ~** στη μία; **halb ~** δωδεκάμισι **Eins** F ένα *n*; *Zensur* άριστα *n*
einsam μοναχικός, μόνος, έρημος; *Gegend* ερημικός **Einsamkeit** F μοναξιά *f*; ερημιά *f*
einsammeln μαζεύω, συγκεντρώνω
Einsatz M *Verwendung* εφαρμογή *f*; *Benutzung* χρήση *f*; POL δράση *f*; MIL επέμβαση *f*; *Spiel* μίζα *f*; **im ~ sein** είμαι σε δράση **einsatzbereit** έτοιμος (για δράση)
einschalten *Licht, Fernseher* ανάβω, ανοίγω **einschätzen** εκτιμώ **einschenken** *Wein* βάζω, κερνώ **einschiffen**: **sich ~** επιβιβάζομαι **einschlafen** αποκοιμιέμαι; *Glieder* μουδιάζω **einschläfern** (απο)κοιμίζω **einschlagen** *Nagel* μπήγω; *Fenster* σπάζω; *Weg* παίρνω; *Blitz* πέφτω
einschließen κλείνω, κλειδώνω; *umzingeln* περικυκλώνω; *umgeben* περιλαμβάνω **einschließlich** συμπεριλαμβανομένου (*gen gen*)
einschneidend καθοριστικός
Einschnitt M (εν)τομή *f*; *fig*

σταθμός *m*
einschränken περιορίζω, μειώνω; **sich ~** *sparsam leben* περιορίζω τα έξοδά μου
einschreiben *Schule* (εγ)γράφω **Einschreiben** N *Brief* συστημένη επιστολή *f*
einschüchtern φοβερίζω
einsehen *begreifen* καταλαβαίνω; *Fehler* παραδέχομαι
einseitig *a. fig* μονόπλευρος, μονομερής
einsetzen *beginnen* αρχίζω; *anwenden* εφαρμόζω; *Kräfte* βάζω; *in e-e Stelle* διορίζω; **sich ~** υποστηρίζω (**für** *akk*)
Einsicht F σύνεση *f*; *Verständnis* κατανόηση *f*
einsinken βουλιάζω, βυθίζομαι **einsperren** φυλακίζω
einspringen αντικαθιστώ (**für** *akk*)
Einspruch M αντίρρηση *f*; JUR ένσταση *f*, ανακοπή *f*
einspurig AUTO με μία λωρίδα
einstecken βάζω, χώνω; *fig* καταπίνω **einsteigen** *Bus* ανεβαίνω (in σε), επιβιβάζομαι
einstellen *Arbeitskraft* προσλαμβάνω; *Gerät* ρυθμίζω; *Verfahren* διακόπτω, αναστέλλω; *aufhören mit* παύω, σταματώ; **sich ~** *sich anpassen* προσαρμόζομαι (**auf** σε) **Einstellung** F *Haltung* στάση *f*; *Arbeitskraft* πρόσληψη *f*; HANDEL αναστολή *f*; *das Aufhören* διακοπή *f*
Einstieg M *fig* είσοδος *f*
einstimmig ομόφωνος **einstöckig** μονώροφος
einstudieren μελετώ
einstufen κατατάσσω
einstündig ωριαίος
Einsturz M κατάρρευση *f*
einstürzen καταρρέω, πέφτω
einstweilen *vorläufig* προσωρινά; εν τω μεταξύ
eintägig μονοήμερος
einteilen χωρίζω, διαιρώ; *Zeit, Arbeit* οργανώνω **Einteilung** F διαίρεση *f*; διοργάνωση *f*
eintönig μονότονος
Eintopf M *etwa* σούπα *f*, φαγητό *n* της κατσαρόλας
Eintrag M καταχώριση *f*; *Vermerk* σημείωση *f* **eintragen** καταχωρίζω, αναγράφω
eintreffen φτάνω; *sich erfüllen* επαληθεύομαι **eintreten** μπαίνω; *geschehen* συμβαίνει; *unterstützen* υποστηρίζω (**für** *akk*)
Eintritt M είσοδος *f*; *Preis* τιμή *f* εισιτηρίου; **~ frei** είσοδος ελεύθερη; **~ verboten** απαγορεύεται η είσοδος **Eintrittskarte** F εισιτήριο *n*
eintrocknen ξεραίνομαι, στεγνώνω
einverstanden σύμφωνος; **~ sein** συμφωνώ (**mit** με); **nicht ~ sein** διαφωνώ
Einwand M αντίρρηση *f*
Einwanderer M, **Einwanderin** F μετανάστης (-τρια) *m(f)*

einwandern μεταναστεύω
einwandfrei *tadellos* άψογος, άμεμπτος; *eindeutig* αναμφίβολος
Einweghandschuh M γάντι n μιας χρήσης
einweichen *Wäsche* μουσκεύω **einweihen** εγκαινιάζω; *fig* μυώ (**in** σε) **einweisen** *ins Krankenhaus* εισάγω, στέλνω; *in e-e Arbeit* δείχνω, κατατοπίζω **einwerfen** *Brief* ρίχνω, ταχυδρομώ **einwickeln** τυλίγω **einwilligen** συναινώ, δίνω τη συγκατάθεσή μου
einwirken επιδρώ; *Medikament* δρω
Einwohner(in) M(F) κάτοικος m,f **Einwohnermeldeamt** N υπηρεσία f καταχώρισης κατοίκων
Einwurf M ρίψη f, ρίξιμο n
Einzahl F ενικός (αριθμός) m
einzahlen πληρώνω; *Bank* καταθέτω **Einzahlung** F πληρωμή f; *Bank* κατάθεση f
Einzelbett N μονό κρεβάτι n **Einzelfall** M ειδική περίπτωση f **Einzelheit** F λεπτομέρεια f **Einzelkind** N μοναχοπαίδι n
einzeln *getrennt* χωριστός; *adv* χωριστά; *verschieden* διάφορος; ένας-ένας, χωριστά; **im Einzelnen** συγκεκριμένα; **jeder/jede Einzelne** (ο) καθένας m, (η) καθεμιά f
Einzelstück N μοναδικό κομμάτι n **Einzelteil** N εξάρτημα n **Einzelzimmer** N μονόκλινο δωμάτιο n
einziehen *Wohnung* μετακομίζω; *Erkundigungen* συγκεντρώνω; *Führerschein* αφαιρώ; *Steuer* εισπράττω; *Creme* απορροφούμαι
einzig μοναδικός, μόνος; *adv* μόνο; **kein Einziger** ούτε ένας
einzigartig μοναδικός, ανεπανάληπτος
Einzimmerwohnung F διαμέρισμα n ενός δωματίου, γκαρσονιέρα f
Eis N πάγος m; *Speiseeis* παγωτό n; **~ am Stiel** παγωτό n ξυλάκι **Eisbär** M πολική αρκούδα f **Eisbecher** M κυπελλάκι n παγωτό **Eisberg** M παγόβουνο n **Eisdiele** F παγωτατζίδικο n
Eisen N σίδερο n; CHEM σίδηρος m **Eisenbahn** F σιδηρόδρομος m, τρένο n; **mit der ~** σιδηροδρομικώς *adv*
eisgekühlt παγωμένος **eisig** παγωμένος, *fig* παγερός
Eiskaffee M καφές m με παγωτό και κρέμα σαντιγί **eiskalt** a. *fig* παγωμένος, παγερός; **mir ist ~** πάγωσα
eislaufen κάνω παγοδρομία
Eisverkäufer M παγωτατζής m **Eiswürfel** MPL παγάκια npl **Eiszeit** F εποχή f των παγετώνων
eitel ματαιόδοξος **Eitelkeit** F ματαιοδοξία f
Eiter M πύον n **eitern** βγάζω

πύον
Eiweiß N BIOL λεύκωμα *n*; *Ei* ασπράδι *n*
Ekel N σιχαμερός (-ή *f*) *m*
Ekel M σιχαμάρα *f*, αηδία *f* **ekelhaft** σιχαμερός, αηδιαστικός **ekeln**: **sich ~** σιχαίνομαι (**vor** *akk*), αηδιάζω (**vor** από; με)
eklig σιχαμερός, αηδιαστικός
Ekstase F έκσταση *f*
Ekzem N έκζεμα *n*
elastisch ελαστικός
Elefant M ελέφαντας *m*
elegant κομψός
Eleganz F κομψότητα *f*
Elektriker(in) M(F) ηλεκτρολόγος *m,f*
elektrisch ηλεκτρικός
Elektrizität F ηλεκτρισμός *m*
Elektrogerät N ηλεκτρική συσκευή *f* **Elektrogeschäft** N κατάστημα *n* ηλεκτρικών **Elektroherd** M ηλεκτρική κουζίνα *f* **Elektrokardiogramm** (*EKG*) N ηλεκτροκαρδιογράφημα *n* **Elektronik** F ηλεκτρονική *f* **elektronisch** ηλεκτρονικός **Elektrotechnik** F ηλεκτροτεχνία *f*
Element N *a.* CHEM στοιχείο *n*
elend ελεεινός, άθλιος **Elend** N κακομοιριά *f*, δυστυχία *f*; *Armut* μιζέρια *f*, αθλιότητα *f*
elf έντεκα, ένδεκα
Elfenbein N ελεφαντόδοντο *n*, φίλντισι *n*
Elite F ελίτ *f*, *fig* άνθος *n*
Ell(en)bogen M αγκώνας *m*
Eltern PL γονείς *mpl*
E-Mail F ηλεκτρονικό ταχυδρομείο *n*
E-Mail-Account M λογαριασμός *m* ηλεκτρονικού ταχυδρομείου
E-Mail-Adresse F ηλεκτρονική διεύθυνση *f*
Emanzipation F χειραφέτηση *f*
Embryo M έμβρυο *n*
Empfang M *Hotel* ρεσεψιόν *f*, υποδοχή *f*; *Besuch* υποδοχή *f*; *Erhalt* παραλαβή *f*; TECH λήψη *f*; *offiziell* δεξίωση *f* **empfangen** *erhalten* παραλαμβάνω; *Brief* παίρνω; *Radio* πιάνω; *Person* υποδέχομαι; *a. Arzt* δέχομαι; **~ werden** γίνομαι δεκτός
Empfänger(in) M(F) παραλήπτης (-τρια) *m(f)*; *Radio, a. fig* δέκτης (-τρια) *m(f)* **empfänglich** *aufgeschlossen* ανοιχτός, δεκτικός **Empfängnis** F σύλληψη *f*
empfehlen συστήνω, προτείνω; συνιστώ **Empfehlung** F σύσταση *f*
empfinden αισθάνομαι, νιώθω **empfindlich** *sensibel* ευαίσθητος (**gegen** σε); *anfällig* ευπαθής
empört αγανακτισμένος, ανάστατος **Empörung** F αγανάκτηση *f*, οργή *f*
Ende N τέλος *n*; τέρμα *n*; *Ausgang* κατάληξη *f*; *räumlich* τέλος *n*, άκρη *f*; **~ Mai** τέλη

Maïou; **zu ~ sein/gehen** τελειώνω; **am ~** *räumlich* στο βάθος, στο τέλος (*gen gen*); *zeitlich* στο τέλος **enden** τελειώνω (**auf** σε); *ausgehen* κατα(λήγω) **Endergebnis** N αποτέλεσμα *n* **endgültig** οριστικός, τελειωτικός **endlich** επιτέλους; πια **endlos** ατελείωτος, ατέλειωτος; *räumlich* απέραντος **Endspiel** N *Sport* τελικός (αγώνας) *m* **Endstadium** N τελικό στάδιο *n* **Endstation** F τέρμα *n*
Endung F GRAM κατάληξη *f*
Energie F *a.* PHYS ενέργεια *f*; *fig* ενεργητικότητα *f*, δυναμικότητα *f*
energisch ενεργητικός, δυναμικός, αποφασιστικός
eng *a. fig* στενός; *Freund* στενός, κολλητός; **~er machen/werden** στενεύω
engagieren *Künstler* προσλαμβάνω; **sich ~** υποστηρίζω (**für** *akk*), ενεργώ (**für** για)
Enge F στενότητα *f*
Engel M άγγελος *m*
England N Αγγλία *f* **Engländer(in)** M(F) Άγγλος (-ίδα) *m(f)* **englisch** αγγλικός **Englisch** N Αγγλικά *npl*
engstirnig στενοκέφαλος, στενόμυαλος
Enkel(in) M(F) εγγονός (-ή) *m(f)*
Enkelkind N εγγόνι *n*
enorm τεράστιος
entbehrlich περιττός
Entbindung F τοκετός *m*, γέννα *f*
entdecken ανακαλύπτω **Entdeckung** F ανακάλυψη *f*
Ente F πάπια *f*
enterben αποκληρώνω **entfallen** *wegfallen* αναβάλλομαι; *entsprechen* αναλογώ, πέφτω; *vergessen* διαφεύγω
entfernen απομακρύνω; MED αφαιρώ; *Fleck* βγάζω; **sich ~** απομακρύνομαι (**von** από)
Entfernung F απόσταση *f*; *das Entfernen* απομάκρυνση *f*; MED αφαίρεση *f*
entführen απάγω **Entführer(in)** M(F) απαγωγέας *m,f*
Entführung F απαγωγή *f*
entgegen PRÄP *+dat* αντίθετα (προς); *in Richtung auf* προς
entgegengehen προϋπαντώ **entgegengesetzt** αντίθετος **entgegenkommen** προϋπαντώ; αντιμετωπίζω; *nachgeben* υποχωρώ **entgegenkommend** ευγενικός, εξυπηρετικός **entgegennehmen** παραλαμβάνω **entgegensehen** αντικρίζω
entgegnen απαντώ **entgehen** *unbemerkt bleiben* ξεφεύγω, διαφεύγω; **sich** *etw* **nicht ~ lassen** δεν αφήνω να μου χαθεί
entgleisen *a. fig* εκτροχιάζομαι
enthaaren αποτριχώνω **Enthaarungsmittel** N αποτριχωτικό *n*
enthalten (συμ)περιλαμβάνω,

περιέχω; **sich ~** απέχω (*gen gen*; από) **Enthaltsamkeit** F εγκράτεια *f*
Enthüllung F αποκάλυψη *f*
Enthusiasmus M ενθουσιασμός *m*
entkalken αφαιρώ τα άλατα **entkoffeiniert** χωρίς καφεΐνη **entkommen** γλυτώνω, ξεφεύγω **entkorken** βγάζω το φελλό
entlang κατά μήκος (*gen gen*); **~ der Straße, die Straße ~** κατά μήκος του δρόμου
entlassen *Arbeiter* απολύω; *Häftling* αποφυλακίζω **Entlassung** F απόλυση *f*, αποφυλάκιση *f* **entlasten** ξαλαφρώνω; JUR απαλλάσσω; *steuerlich* ελαφρύνω **entmutigen** αποθαρρύνω **entnehmen** βγάζω, παίρνω; *folgern* συμπεραίνω **entreißen** αρπάζω
entschädigen αποζημιώνω **Entschädigung** F αποζημίωση *f*
entscheiden αποφασίζω (**zu** να) **entscheidend** καθοριστικός, αποφασιστικός **Entscheidung** F απόφαση *f*
entschließen: **sich ~** αποφασίζω (**zu** να) **entschlossen** αποφασισμένος, αποφασιστικός **Entschluss** M απόφαση *f*; **e-n ~ fassen** παίρνω μια απόφαση
entschuldigen δικαιολογώ; συγχωρώ; **sich ~** ζητώ συγγνώμη (**bei**; **für** από; για) **Entschuldigung** F συγγνώμη *f*
Entsetzen N φρίκη *f*, τρόμος *m* **entsetzlich** φρικτός, τρομακτικός, τρομερός; *sehr* φοβερός **entsetzt** τρομαγμένος; σοκαρισμένος
Entsorgung F εξουδετέρωση *f*
entspannen χαλαρώνω; αναπαύω; **sich ~** χαλαρώνω **Entspannung** F χαλάρωση *f*
entsprechen ανταποκρίνομαι, αντιστοιχώ, αναλογώ **entsprechend** αντίστοιχος, ανάλογος; *diesbezüglich* σχετικός; *adv* ανάλογα, αναλόγως (*dat* με)
entstehen *sich ergeben* προκύπτω; γίνομαι, δημιουργούμαι; *fig* γεννιέμαι **Entstehung** F δημιουργία *f*; γένεση *f*, γέννηση *f*
entstellen παραμορφώνω
enttäuschen απογοητεύω **enttäuscht** απογοητευμένος; **~ sein** απογοητεύομαι (**von** από) **Enttäuschung** F απογοήτευση *f*
entwaffnen *a. fig* αφοπλίζω
entweder ... oder ή ... ή, είτε ... είτε
entweichen *Luft, Gas* διαρρέω **entwerfen** σχεδιάζω **entwerten** υποτιμώ; *Fahrkarte* ακυρώνω
entwickeln εξελίσσω, αναπτύσσω; FOTO εμφανίζω; **sich ~** εξελίσσομαι **Entwicklung**

F εξέλιξη *f*, ανάπτυξη *f*; FOTO εμφάνιση *f*
Entwurf M σχέδιο *n*
entziehen αφαιρώ **entziffern** αποκρυπτογραφώ **entzückend** γοητευτικός, μαγευτικός
Entzug M *Lizenz* αφαίρεση *f*; *Rauschgift* αποτοξίνωση *f*
entzünden ανάβω; MED ερεθίζω; **sich ~** MED ερεθίζομαι **entzündet** ερεθισμένος **Entzündung** F MED φλεγμονή *f*
Enzyklopädie F εγκυκλοπαίδεια *f*
Epidemie F MED επιδημία *f*
Epilepsie F επιληψία *f* **epileptisch** επιληπτικός
Epizentrum N επίκεντρο *n*
Epoche F εποχή *f*
er αυτός; **da ist ~!** να τος!
Erachten N: **meines ~s** κατά τη γνώμη μου
erbärmlich αξιολύπητος; *jämmerlich* ελεεινός, άθλιος
erbarmungslos ανελέητος
erbauen οικοδομώ; ιδρύω
Erbe[1] N κληρονομιά *f*
Erbe[2] M, **Erbin** F κληρονόμος *m,f*
erben κληρονομώ
erblich κληρονομικός
erblicken βλέπω, αντικρίζω
erblinden τυφλώνομαι
erbrechen: **sich ~** κάνω εμετό
Erbrechen N εμετός *m*
Erbschaft F κληρονομιά *f*
Erbsen FPL μπιζέλια *npl*, αρακάς *m*
Erdbeben N σεισμός *m*
Erdbeere F φράουλα *f*
Erde F *Planet, a. Erdboden* γη *f*; *Boden* χώμα *n*; **auf der/die ~** στο χώμα, καταγής
Erdgas N φυσικό αέριο *n* **Erdgeschoss** N ισόγειο *n* **Erdnuss** F αράπικο φιστίκι *n*
Erdkunde F γεωγραφία *f*
Erdöl N πετρέλαιο *n*
erdrücken *Sorgen* συνθλίβω, βαραίνω
Erdrutsch M κατολίσθηση *f*
Erdteil M ήπειρος *f*
erdulden υπομένω, αντέχω
ereignen: **sich ~** συμβαίνει, συμβαίνουν, γίνεται, γίνονται
Ereignis N γεγονός *n*, συμβάν *n*
erfahren[1] μαθαίνω (**über** για); *erleben* δοκιμάζω
erfahren[2] έμπειρος (**in** σε)
Erfahrung F εμπειρία *f*; *Kenntnis* πείρα *f*; **~ haben** έχω πείρα (**in** σε); **in ~ bringen** πληροφορούμαι
erfassen *einbeziehen* συμπεριλαμβάνω; *verstehen* κατανοώ, καταλαβαίνω
erfinden *Maschine* εφευρίσκω; *sich ausdenken* επινοώ **Erfinder(in)** M(F) εφευρέτης (-τρια) *m(f)* **Erfindung** F εφεύρεση *f*; επινόηση *f*
Erfolg M επιτυχία *f*; *Ergebnis* αποτέλεσμα *n* **erfolglos** αποτυχημένος, ανεπιτυχής **erfolgreich** *Person* επιτυχημένος, πετυχημένος

erforderlich απαραίτητος, απαιτούμενος; **es ist (nicht) ~** (δε) χρειάζεται (**dass** να)
erforschen (εξ)ερευνώ
erfreulich ευχάριστος **erfreut** ευχαριστημένος, χαρούμενος; **sehr ~!** χαίρω πολύ!
erfrieren ξεπαγιάζω; πεθαίνω από το κρύο
erfrischen δροσίζω, φρεσκάρω; **sich ~** δροσίζομαι, φρεσκάρομαι **erfrischend** δροσιστικός
Erfrischung F δρόσισμα *n* **Erfrischungsgetränk** N αναψυκτικό *n*
erfüllen γεμίζω; *Pflicht* εκπληρώνω; *Wunsch* ικανοποιώ, πραγματοποιώ **Erfüllung** F: **in ~ gehen** πραγματοποιούμαι
Ergänzung F συμπλήρωμα *n*; συμπλήρωση *f*
ergeben δείχνω; **sich ~** *auftreten* προκύπτω (**aus** από); *kapitulieren* παραδίδομαι
Ergebnis N αποτέλεσμα *n*
ergiebig αποδοτικός
ergreifen πιάνω; *Täter* συλλαμβάνω; *fig* συγκινώ; *Beruf* μαθαίνω; *Angst* κυριαρχώ; *Gelegenheit* εκμεταλλεύομαι
ergriffen συγκινημένος
erhalten παίρνω, λαμβάνω; *bewahren* διατηρώ, διασώζω
erhältlich: **es ist ~** διατίθεται
erhängen κρεμώ; **sich ~** κρεμιέμαι
erheben *hochheben* σηκώνω; *Stimme* υψώνω; *Gebühren, Steuer* επιβάλλω; **sich ~** *aufstehen* σηκώνομαι; *emporragen* υψώνομαι **erheblich** σημαντικός
erheitern διασκεδάζω
erhitzen ζεσταίνω, θερμαίνω
erhöhen υψώνω, ψηλώνω; *Lohn* αυξάνω; *Preis* ακριβαίνω, ανεβάζω
erholen: **sich ~** ξεκουράζομαι, αναπαύομαι (**von** από); *Krankheit* συνέρχομαι **erholsam** αναζωογονητικός **Erholung** F ξεκούραση *f*, ανάπαυση *f*
erinnern (υπεν)θυμίζω (**an** σε); **sich ~** θυμάμαι (**an** *akk*) **Erinnerung** F ανάμνηση *f*; *Andenken* μνήμη *f*; **zur ~** στη μνήμη, στην ανάμνηση (**an** *gen*)
erkälten: **sich ~** κρυώνω, κρυολογώ **Erkältung** F κρύωμα *n*, κρυολόγημα *n*
erkennbar ευδιάκριτος; **schwer ~** δυσδιάκριτος **erkennen** (ανα)γνωρίζω; διακρίνω, ξεχωρίζω **Erkenntnis** F γνώση *f*; *Feststellung* διαπίστωση *f*
erklären *erläutern* εξηγώ; *bekannt machen* δηλώνω, ανακοινώνω; *Krieg* κηρύττω **Erklärung** F εξήγηση *f*; δήλωση *f*, ανακοίνωση *f*
erkranken αρρωσταίνω (**an** από) **erkrankt** άρρωστος **Er-**

krankung F αρρώστια *f*, ασθένεια *f*
erkundigen: **sich ~** ρωτώ, πληροφορούμαι (**nach** για)
Erlass M *Verordnung* διάταξη *f*, διάταγμα *n* **erlassen** *Strafe, Schulden* απαλλάσσω, χαρίζω; *Gesetz* εκδίδω
erlauben επιτρέπω (*dat* σε); **sich ~** παίρνω το θάρρος **Erlaubnis** F άδεια *f*
erleben περνώ, δοκιμάζω, ζω **Erlebnis** N περιπέτεια *f*, εμπειρία *f*, βίωμα *n*
erledigen τακτοποιώ, κανονίζω; *ruinieren* καταστρέφω
erleichtern *leichter machen* ελαφρώνω; *Arbeit* διευκολύνω; *Gewissen* ανακουφίζω **erleichtert** ανακουφισμένος, ξαλαφρωμένος
erleiden παθαίνω, υποφέρω, υφίσταμαι **erlernen** μαθαίνω
Erleuchtung F φώτιση *f*
erlösen *a.* REL λυτρώνω **Erlösung** F *a.* REL λύτρωση *f*
ermächtigen εξουσιοδοτώ
ermahnen παραινώ
ermäßigt μειωμένος **Ermäßigung** F έκπτωση *f*, μείωση *f*
ermitteln προανακρίνω, διεξάγω έρευνα; *Adresse, Täter* εξακριβώνω **Ermittlungen** FPL έρευνα *f*, προανάκριση *f*
ermöglichen καθιστώ δυνατό, επιτρέπω **ermorden** δολοφονώ, σκοτώνω **ermüdend** κουραστικός **ermuntern, ermutigen** ενθαρρύνω
ernähren τρέφω; *Familie* ζω, τρέφω; **sich ~** τρέφομαι
Ernährung F διατροφή *f*
ernennen ανακηρύσσω; *Amt* διορίζω (**zu** *akk*)
erneuern ανανεώνω
erniedrigend ταπεινωτικός; εξευτελιστικός
ernst *a. Krankheit* σοβαρός; **~ nehmen** παίρνω στα σοβαρά; **~ werden** σοβαρεύω
Ernst M σοβαρότητα *f*; **im ~** (στα) σοβαρά **Ernstfall** M έκτακτη ανάγκη *f* **ernsthaft, ernstlich** σοβαρός
Ernte F σοδειά *f*; θερισμός *m* **ernten** θερίζω; *fig* τρυγώ
erobern *a. fig* κατακτώ, κυριεύω **Eroberung** F κατάκτηση *f*
eröffnen ανοίγω; *feierlich* εγκαινιάζω **Eröffnung** F έναρξη *f*, εγκαίνια *npl*; *Konto* άνοιγμα *n*
erörtern συζητώ
Erotik F ερωτισμός *m* **erotisch** ερωτικός
erpressen εκβιάζω **Erpresser(in)** M(F) εκβιαστής (-τρια) *m(f)* **Erpressung** F εκβιασμός *m*
erprobt δοκιμασμένος
erraten μαντεύω, βρίσκω
erregen ερεθίζω, διεγείρω; *fig* ανάβω; *hervorrufen* προξενώ, προκαλώ; *Neid* κινώ **Erregung** F *Aufregung* διέγερση

f, έξαψη *f*; *sexuell* ερεθισμός *m*
erreichbar κατορθωτός
erreichen *Ort, Alter* φτάνω; *Zug* προλαβαίνω, προφταίνω; *Ziel* κατορθώνω; πετυχαίνω, επιτυγχάνω; *Person* βρίσκω
Ersatz M αντικατάσταση *f*; *Schadenersatz* αποζημίωση *f*
Ersatzteil N ανταλλακτικό *n*
erschaffen δημιουργώ
erscheinen εμφανίζομαι, παρουσιάζομαι; *Zeitung* βγαίνω, εκδίδομαι; *Buch* κυκλοφορώ
Erscheinung F *Phänomen* φαινόμενο *n*
erschießen τουφεκίζω, πυροβολώ **erschlagen** σκοτώνω; *umg* **ich bin ~** είμαι πτώμα
erschöpft εξαντλημένος **Erschöpfung** F εξάντληση *f*
erschrecken *a. j-n* τρομάζω, φοβίζω **erschreckend** τρομακτικός
erschrocken τρομαγμένος
erschüttern τραντάζω, σείω; *fig* (συγ)κλονίζω **Erschütterung** F δόνηση *f*; *fig* κλονισμός *m*, συγκίνηση *f*
erschweren δυσκολεύω
erschwinglich *Preis* προσιτός
ersetzen αντικαθιστώ, αναπληρώνω; *Schaden* αποζημιώνω
ersparen *Ärger* γλυτώνω; εξοικονομώ **Ersparnisse** FPL οικονομίες *fpl*
erst *zuerst* πρώτα; *eben* μόλις; *nur* μόνο; **gerade ~** μόλις τώρα; **jetzt ~ recht** τώρα ακόμη περισσότερο
erstarren παραλύω; *umg* μένω κόκκαλο
erstatten *Unkosten* επιστρέφω; *Bericht* κάνω αναφορά; *Anzeige* υποβάλλω μήνυση
Erstaufführung F πρεμιέρα *f*
erstaunlich εκπληκτικός **erstaunt** έκπληκτος, κατάπληκτος
erste(r, -s) πρώτος; **am ~n August** την πρώτη Αυγούστου; **zum ~n Mal** για πρώτη φορά; **fürs Erste** προς το παρόν
erstechen μαχαιρώνω
erstellen *Plan* συντάσσω
erstens ADV πρώτον
ersticken πνίγομαι
erstklassig εξαιρετικός, πρώτης τάξεως **erstmals** για πρώτη φορά
erstrecken: **sich ~** απλώνομαι, εκτείνομαι
ertappen πιάνω, τσακώνω
erteilen *Rat* δίνω; *Genehmigung* παρέχω; *Befehl* εκδίδω; *Unterricht* παραδίδω
Ertrag M απόδοση *f*; κέρδος *n*
ertragen αντέχω, υπομένω, υποφέρω, ανέχομαι
erträglich υποφερτός
ertragreich αποδοτικός
ertränken πνίγω
ertrinken πνίγομαι
erübrigen: **sich ~** περιττεύω
Erwachsene(r) M μεγάλος (-η) *m(f)*; JUR ενήλικος (-η) *m(f)*
Erwägung F εξέταση *f*, σκέψη *f*; **in ~ ziehen** λαμβάνω υπ'

όψη; σκέφτομαι
erwähnen αναφέρω
erwarten περιμένω, αναμένω; **ist zu ~** είναι επόμενο (**dass** να); **es wird erwartet** αναμένεται (**dass** ότι) **Erwartung** F προσδοκία *f*
erwecken *Verdacht* προξενώ; *Vertrauen* εμπνέω; *Eindruck* δημιουργώ **erweisen**: **sich ~** αποδεικνύομαι **erweitern** πλαταίνω, φαρδαίνω; *fig* διευρύνω
erwerben αποκτώ; *kaufen* αγοράζω **erwerbstätig** εργαζόμενος
erwidern απαντώ; *Besuch* ανταποδίδω; *Liebe* ανταποκρίνομαι
erwischen *ertappen* πιάνω, τσακώνω; *Zug* προλαβαίνω
erwünscht επιθυμητός
erwürgen πνίγω, στραγγαλίζω
erzählen διηγούμαι (**von** για), αφηγούμαι **Erzählung** F διήγηση *f*, ιστορία *f*; LIT διήγημα *n*
Erzbischof M αρχιεπίσκοπος *m*
erzeugen παράγω; *hervorrufen* γεννώ, προκαλώ **Erzeuger(in)** M(F) παραγωγός *m* **Erzeugnis** N προϊόν *n*
erziehen *aufziehen* ανατρέφω; *bilden* διαπαιδαγωγώ
Erzieher(in) M(F) παιδαγωγός *m,f* **Erziehung** F ανατροφή *f*, αγωγή *f*; διαπαιδαγώγηση *f* **Erziehungsberechtigte(r)** M,F κηδεμόνας *m,f*
es το; *betont* αυτό; **ich bin es** εγώ είμαι; **es ist spät** είναι αργά; **es gibt** υπάρχει, υπάρχουν (*akk nom*); **es klopft** χτυπά η πόρτα, χτυπάνε την πόρτα
Esel M γαϊδούρι *n*, γάιδαρος *m*
Esoterik F εσωτερισμός *m*
essbar φαγώσιμος; **es ist nicht ~** δεν τρώγεται
essen τρώω; **ich habe nichts gegessen** είμαι νηστικός
Essen N φαγητό *n*, φαΐ *n*; *Mahlzeit* γεύμα *n*
Essig M ξίδι *n* **Essiggurke** F αγγούρι *n* τουρσί
Este M, **Estin** F Εσθονός (-ή) *m(f)* **Estland** N Εσθονία *f*
etablieren καθιερώνω
Etage F πάτωμα *n*, όροφος *m*
Etagenbett N διώροφο κρεβάτι *n*
Etappe F μέρος *n* διαδρομής; *fig* στάδιο *n*, φάση *f*
Etikett N ετικέτα *f*
etliche PL μερικοί *mpl*
Etui N θήκη *f*
etwa περίπου; *Frage* μήπως
etwas κάτι; τίποτα; *ein wenig* κάπως, λίγο, λιγάκι; **so ~** κάτι τέτοιο
EU F (*Europäische Union*) E.E. *f* (Ευρωπαϊκή Ένωση)
euch σας; *betont* εσάς; (σε) σας; **für ~** για σας; **ohne ~** χωρίς εσάς; **ein Freund von ~** ένας φίλος σας

euer(e, -es) POSS PR ο, η, το … … σας; *betont* (ο) δικός σας; *pl* οι, τα … σας
Eule F κουκουβάγια *f*
EU-Mitgliedstaat M κράτος-μέλος *n* της Ευρωπαϊκής Ένωσης
eure(s) → euer(e, -es)
Euro N ευρώ *n*
Europa N Ευρώπη *f* **Europäer(in)** M(F) Ευρωπαίος (-α) *m(f)*
europäisch ευρωπαϊκός
Euter N μαστός *m*
evakuieren εκκενώνω; *Menschen* μεταφέρω **Evakuierung** F εκκένωση *f*; μεταφορά *f*
evangelisch ευαγγελικός
Evangelium N Ευαγγέλιο *n*
eventuell ενδεχόμενος; *adv* ενδεχομένως
ewig αιώνιος
Ewigkeit F αιωνιότητα *f*
Ex- πρώην *adj*; **meine Exfrau** *f* η πρώην γυναίκα μου *f*
exakt ακριβής; *adv* ακριβώς
Examen N διαγώνισμα *n*
Exemplar N δείγμα *n*; *Druckexemplar* αντίτυπο *n*
Exfreund(in) M(F) πρώην φίλος (-η) *m(f)*
Exil N εξορία *f*
Existenz F ύπαρξη *f*, υπόσταση *f* **existieren** υπάρχω, υφίσταμαι
exklusiv αποκλειστικός
Exkursion F εκδρομή *f*
exotisch εξωτικός
Expedition F αποστολή *f*
Experiment N πείραμα *n*
Experte M, **Expertin** F ειδικός *m,f*
explodieren εκρήγνυμαι; *fig* ξεσπώ; *Bombe* σκάω **Explosion** F έκρηξη *f*
Export M HANDEL εξαγωγή *f* **exportieren** HANDEL εξάγω
extern εξωτερικός
extra έξτρα, επιπλέον, πρόσθετος; *adv* μόνο, αποκλειστικά; *absichtlich* επίτηδες
extrem υπερβολικός; άκρος; *adv* υπερβολικά, άκρως
Extremfall M: **im ~** στη χειρότερη περίπτωση
exzellent εκλεκτός, εξαιρετικός
Exzess M ακρότητα *f*, υπερβολή *f*

Fabel F μύθος *m* **fabelhaft** φανταστικός
Fabrik F εργοστάσιο *n* **Fabrikat** N προϊόν *n*; κατασκεύασμα *n*
Fach N *im Schrank* ράφι *n*; *im Koffer* θήκη *f*; *Schublade* συρτάρι *n*; *Lehrfach* κλάδος *m*; *in der Schule* μάθημα *n*
Facharzt M, **Fachärztin** F ειδικευμένος (-η) γιατρός *m,f*

Fachausdruck M ειδικός/τεχνικός όρος *m* **Fachfrau** F ειδικός *f* **Fachgebiet** N τομέας *m*, ειδικότητα *f* **Fachmann** M ειδικός *m*
Fackel F λαμπάδα *f*
fad(e) *Essen, a. fig* άνοστος, ανούσιος, ανάλατος
Faden M κλωστή *f*, *a. fig* νήμα *n*; *Bindfaden* σπάγκος *m*
fähig ικανός, άξιος (**zu** για) **Fähigkeit** F ικανότητα *f*; *Qualifikation* προσόν *n*
fahnden καταζητώ **Fahndung** F καταζήτηση *f*
Fahne F σημαία *f*
Fahrbahn F οδόστρωμα *n*
Fähre F φεριμπότ *n*
fahren πηγαίνω (με αυτοκίνητο, τρένο) (**nach** σε); *abfahren* φεύγω; *reisen* ταξιδεύω; *lenken* οδηγώ; *verkehren* περνώ; *j-n hinfahren* πηγαίνω
Fahrer(in) M(F) οδηγός *m,f*
Fahrgast M επιβάτης (-τρια *f*) *m* **Fahrgeld** N ναύλα *npl*, έξοδα *npl* μετακίνησης
Fahrkarte F εισιτήριο *n* **Fahrkartenautomat** M ηλεκτρονικό εκδοτήριο *n* εισιτηρίων **Fahrkartenschalter** M θυρίδα *f* εισιτηρίων
fahrlässig απρόσεκτος, αμελής **Fahrlässigkeit** F JUR αμέλεια *f*
Fahrplan M δρομολόγιο *n* **Fahrpreis** M τιμή *f* (του) εισιτηρίου
Fahrrad N ποδήλατο *n* **Fahrradverleih** M ενοικίαση *f* ποδηλάτων
Fahrschule F σχολή *f* οδηγών **Fahrstuhl** M ασανσέρ *n*, ανελκυστήρας *m*
Fahrt F διαδρομή *f*, δρόμος *m*; *Reise* ταξίδι *n*; **gute ~!** καλό ταξίδι!
Fahrverbot N απαγόρευση *f* οδήγησης **Fahrzeit** F χρόνος *m* διαδρομής
Fahrzeug N όχημα *n*, τροχοφόρο *n* **Fahrzeugpapiere** NPL χαρτιά *npl* του αυτοκινήτου **Fahrzeugschein** M άδεια *f* κυκλοφορίας
fair δίκαιος; *anständig* έντιμος
Faktor M παράγοντας *m*
Fakultät F σχολή *f*
Falke M γεράκι *n*
Fall[1] M *das Fallen* πτώση *f*; *Sturz* πέσιμο *n*
Fall[2] M *Sachverhalt* περίπτωση *f*; υπόθεση *f*; GRAM πτώση *f*; **auf jeden ~** σε κάθε περίπτωση; οπωσδήποτε; **für alle Fälle** για καλό και για κακό, για κάθε ενδεχόμενο
Falle F παγίδα *f*; **e-e ~ stellen** στήνω παγίδα (*dat* σε)
fallen *a. Preise, im Krieg* πέφτω
fällen *Baum* κόβω; JUR εκδίδω
fällig πληρωτέος
falls αν (τυχόν), εάν, άμα, σε περίπτωση που
Fallschirm M αλεξίπτωτο *n*
falsch εσφαλμένος, λανθασμένος; *Person* ύπουλος; *unecht* ψεύτικος; *betrügerisch* απατη-

λός; **es ist ~** είναι λάθος; **~ verstehen** *umg* παίρνω ανάποδα; **die Uhr geht ~** το ρολόι δεν πάει καλά

fälschen πλαστογραφώ; *verfälschen* νοθεύω; *Tatsache* παραποιώ

Falschgeld N πλαστά χρήματα *npl*

Fälschung F πλαστογραφία *f*; νοθεία *f*, νόθευση *f*; *Tatsache* παραποίηση *f*

Falte F *Stoff* πιέτα *f*, πτυχή *f*; ζάρα *f*; *Haut* ρυτίδα *f*, ζάρα *f*, ζαρωματιά *f*; *Bügelfalte* τσάκιση *f*; **~n bekommen** ζαρώνω

falten *Papier, Stoff* διπλώνω; *Hände* δένω **Falter** M πεταλούδα *f* **faltig** ζαρωμένος; *Gesicht* ρυτιδωμένος

Familie F οικογένεια *f*

familienfreundlich κατάλληλος για οικογένειες **Familienmitglied** N μέλος *n* της οικογένειας **Familienname** M επίθετο *n*, επώνυμο *n* **Familienstand** M οικογενειακή κατάσταση *f*

Fan M *Schauspieler* θαυμαστής (-τρια *f*) *m*; *Sport* οπαδός *m,f*

fanatisch φανατικός

fangen πιάνω, συλλαμβάνω

Fantasie F φαντασία *f*

fantastisch φανταστικός, καταπληκτικός, περίφημος

Farbdrucker M COMPUT έγχρωμος εκτυπωτής *m*

Farbe F χρώμα *n*; *zum (Haare-)Färben* βαφή *f*; *zum Streichen* μπογιά *f*

färben χρωματίζω; βάφω

Farbfernseher M έγχρωμη τηλεόραση *f* **Farbfilm** M έγχρωμη ταινία *f*; FOTO έγχρωμο φιλμ *n* **Farbfoto** N έγχρωμη φωτογραφία *f*

farbig *a. Mensch* έγχρωμος; χρωματιστός **farblos** άχρωμος

Farbstoff M χρωστική ουσία *f*

Fasan M φασιανός *m*

Fasching M Αποκριά *f*, Απόκριες *fpl*, καρναβάλι *n*

Faschist(in) M(F) φασίστας (-τρια) *m(f)* **faschistisch** φασιστικός

Faser F ίνα *f*

Fass N βαρέλι *n*; **vom ~** βαρελίσιος

Fassade F πρόσοψη *f*

fassen πιάνω; *packen* αρπάζω; *Verbrecher* πιάνω, συλλαμβάνω; *enthalten* περιλαμβάνω; *hineinpassen* χωρώ; **ich kann's nicht ~!** δε μπορώ να το πιστέψω!

Fassung F *Ruhe* ψυχραιμία *f*, αταραξία *f*; *Buch* μορφή *f*; *Lampenfassung* υποδοχή *f*; *Brille* σκελετός *m*; **die ~ verlieren** χάνω την ψυχραιμία μου, τα χάνω; **aus der ~ bringen** κάνω κάποιον να χάσει την ψυχραιμία του **fassungslos** σαστισμένος

fast σχεδόν; *beinahe* παρ' ολίγο

fasten νηστεύω **Fastenzeit** F περίοδος *f* νηστείας; *vor Ostern* Σαρακοστή *f*
faszinieren γοητεύω, μαγεύω, συναρπάζω
fatal μοιραίος
faul *verfault* σάπιος; *Ei* κλούβιος; *träge* τεμπέλης; *Witz* σαχλός **faulen** σαπίζω
faulenzen τεμπελιάζω
Faulheit F τεμπελιά *f*
Faulpelz M τεμπελόσκυλο *n*
Faust F γροθιά *f*; **auf eigene ~** με δική μου πρωτοβουλία **Faustregel** F γενικός κανόνας *m* **Faustschlag** M γροθιά *f*, μπουνιά *f*
Favorit(in) M(F) φαβορί *n*
Fax N *a. Gerät* φαξ *n* **faxen** στέλνω φαξ
Fazit N συμπέρασμα *n*
Februar M Φεβρουάριος *m*, Φλεβάρης *m*
Feder F φτερό *n*; *Schreibfeder* πένα *f*; *Matratze* σούστα *f*; TECH ελατήριο *n* **Federbett** N πουπουλένιο πάπλωμα *n*
federn είμαι ελαστικός **Federung** F AUTO ανάρτηση *f*
Fee F νεράιδα *f*
fegen σκουπίζω
fehlen λείπω; *Person* απουσιάζω; **du fehlst mir** μου λείπεις; **was fehlt dir?** τι έχεις
Fehler M *den man macht* λάθος *n*, σφάλμα *n*; *den man hat, a. Mangel* ελάττωμα *n* **fehlerfrei** αλάνθαστος; *makellos* άψογος **fehlerhaft** ελαττωματικός **Fehlermeldung** F μήνυμα *n* λανθασμένης λειτουργίας
Fehlgeburt F αποβολή *f* **Fehlschlag** M αποτυχία *f* **Fehltritt** M παράπτωμα *n*, παραπάτημα *n*
Feier F γιορτή *f*; γλέντι *n*; *amtl* εορτή *f*; εορτασμός *m* **Feierabend** M σχόλασμα *n*; **~ haben** σχολ(ν)ώ; **nach ~** μετά τη δουλειά **feierlich** γιορταστικός, γιορτινός; εορταστικός; επίσημος **feiern** γιορτάζω; γλεντώ **Feiertag** M αργία *f*; γιορτή *f*
feig(e) δειλός; **~ sein** δειλιάζω
Feige F σύκο *n*
Feigheit F δειλία *f* **Feigling** M φοβιτσιάρης (-α *f*) *m*; δειλός
Feile F λίμα *f* **feilen** λιμάρω
feilschen παζαρεύω
fein ψιλός; *fig* λεπτός; *elegant* κομψός; **~ hacken/mahlen** ψιλοκόβω
Feind M εχθρός *m* **feindlich** εχθρικός **Feindschaft** F έχθρα *f*, εχθρότητα *f*
feinfühlig ευαίσθητος; *taktvoll* διακριτικός, λεπτός
Feinkost F εκλεκτά τρόφιμα *npl* **Feinschmecker(in)** M(F) καλοφαγάς (-ού) *m(f)*
Feld N χωράφι *n*; αγρός *m*; *Gebiet* πεδίο *n* **Feldweg** M χωματόδρομος *m*
Felge F ζάντα *f*, στεφάνι *n*
Fell N *Behaarung* τρίχωμα *n*;

τομάρι *n*; δέρμα *n*
Fels(en) M βράχος *m* **felsig** βραχώδης
feminin θηλυκός **Femininum** N GRAM θηλυκό *n*
Feminist(in) M(F) φεμινιστής (-τρια) *m(f)* **feministisch** φεμινιστικός
Fenchel M μάραθο *n*
Fenster N *a.* IT παράθυρο *n* **Fensterbank** F, **Fensterbrett** N περβάζι *n* **Fensterladen** M παντζούρι *n*, παραθυρόφυλλο *n*
Ferien PL διακοπές *fpl* **Feriendorf** N τουριστικό χωριό *n* **Ferienhaus** N εξοχικό σπίτι *n* **Ferienort** M τόπος *m* διακοπών **Ferienwohnung** F κατοικία *f* διακοπών
Ferkel N γουρουνόπουλο *n*
fern μακρινός; *adv* μακριά **Fernbedienung** F τηλεχειριστήριο *n*
Ferne F: **aus der ~** από μακριά; **in der ~** μακριά
ferner εξάλλου, εκτός αυτού
Fernfahrer M οδηγός *m* φορτηγού μακρινών διαδρομών **Ferngespräch** N υπεραστική κλίση *f*/συνδιάλεξη *f* **Fernglas** N κιάλια *npl* **Fernlicht** N μεγάλα φώτα *npl* πορείας **Fernreise** F εξωτικό ταξίδι *n* **Fernrohr** N τηλεσκόπιο *n*
Fernsehen N τηλεόραση *f* **fernsehen** βλέπω τηλεόραση
Fernseher M, **Fernsehgerät** N τηλεόραση *f*, τηλεοπτική συσκευή *f* **Fernsehprogramm** N τηλεοπτικό πρόγραμμα *n* **Fernsehsendung** F τηλεοπτική εκπομπή *f*
Fernsicht F θέα *f* **Fernsteuerung** F τηλεχειρισμός *m* **Fernverkehr** M υπεραστικές συγκοινωνίες *fpl*
Fernweh N έντονη επιθυμία *f* για ταξίδια
Ferse F φτέρνα *f*
fertig *bereit* έτοιμος; *beendet* έτοιμος, τελειωμένος; *umg erschöpft* τελειωμένος, εξαντλημένος; **sich ~ machen** ετοιμάζομαι **fertigbringen** *vollbringen* τελειώνω, ολοκληρώνω; **es ~** είμαι σε θέση, καταφέρνω **fertigstellen** *vollenden* τελειώνω, ολοκληρώνω
Fertiggericht N έτοιμο φαγητό *n* **Fertigkeit** F (επι)δεξιότητα *f*
Fessel F δεσμά *npl* **fesseln** δένω; *fig* συναρπάζω, μαγεύω
Fest N γιορτή *f*; γλέντι *n*; *amtl* εορτασμός *m*, εορτή *f*
fest *nicht flüssig* στερεός; *stabil* γερός; *Entschluss* σταθερός; *Haut* σφιχτός; *Arbeit* μόνιμος; **~ angestellt** μόνιμος **festbinden** δένω σφιχτά, σφίγγω **festhalten** κρατώ, πιάνω, βαστώ
festigen σταθεροποιώ **Festiger** M λακ *f*, σπρέι *n* μαλλιών
Festival N φεστιβάλ *n*
Festland N ξηρά *f*, στεριά *f*
festlegen (καθ)ορίζω, καθιε-

ρώνω; **sich ~** δεσμεύομαι **festlich** γιορτινός, γιορταστικός; εορταστικός **festmachen** στερεώνω **Festnahme** F σύλληψη *f* **festnehmen** συλλαμβάνω **Festplatte** F σκληρός δίσκος *m* **Festpreis** M σταθερή τιμή *f* **festsetzen** (καθ)ορίζω **Festspiele** NPL φεστιβάλ *n* **feststehen** είμαι βέβαιος/σίγουρος **feststellen** διαπιστώνω; *Personalien* εξακριβώνω **Feststellung** F διαπίστωση *f*; εξακρίβωση *f* **Festung** F κάστρο *n*, φρούριο *n*, οχυρό *n* **Feta, Feta-Käse** M φέτα® *f* **fett** παχύς; χοντρός; *Haar* λιπαρός; *Essen* λαδερός **Fett** N πάχος *n*, λίπος *n*; BIOL λιπαρά *npl* **fettarm** άπαχος **Fettfleck** M λαδιά *f* **fettig** *Haar, Haut* λιπαρός; *Essen* λαδερός **Fetzen** M κουρέλι *n* **feucht** υγρός; **~ werden** υγραίνομαι **Feuchtigkeit** F υγρασία *f* **Feuer** N φωτιά *f*; *Brand* πυρκαγιά *f*; **~ fangen** παίρνω φωτιά; **~ legen** βάζω φωτιά; MIL **~!** πυρ! **feuerfest** πυρίμαχος **feuergefährlich** εύφλεκτος **Feuerlöscher** M πυροσβεστήρας *m* **Feuerwehr** F πυροσβεστική (υπηρεσία) *f* **Feuerwehrmann** M πυροσβέστης *m* **Feuerwerk** N πυροτεχνήματα *npl* **Feuerzeug** N αναπτήρας *m* **feurig** *a. fig* θερμός, πύρινος, φλογερός **Fichte** F κόκκινο έλατο *n* **Fieber** N *a. fig* πυρετός *m*; **~ haben** έχω πυρετό **fieberhaft** πυρετώδης, πυρετικός **fiebersenkend**: **~e(s) Mittel** N αντιπυρετικό *n* **Figur** F σιλουέτα *f*, γραμμή *f*; GEOM σχήμα *n* **Filet** N φιλέτο *n* **Filiale** F υποκατάστημα *n*, παράρτημα *n* **Film** M έργο *n*, ταινία *f*, *a.* FOTO φιλμ *n* **filmen** γυρίζω ταινία **Filter** M φίλτρο *n* **Filterkaffee** M καφές *m* φίλτρου **filtern** φιλτράρω, στραγγίζω **Filtertüte** F χάρτινο φίλτρο *n* **Filterzigarette** F τσιγάρο *n* με φίλτρο/φίλτρου **Filz** M τσόχα *f* **Filzstift** M μαρκαδόρος *m* **Finale** N τελικός αγώνας *m* **Finanzamt** N (οικονομική) εφορία *f*, φορολογική υπηρεσία *f* **Finanzen** PL οικονομικά *npl* **finanziell** οικονομικός **finanzieren** χρηματοδοτώ **finden** βρίσκω; *meinen* βρίσκω, νομίζω; **wie findest du das?** πώς σου φαίνεται **Finger** M δάχτυλο *n*; **kleine(r) ~** μικρό δάχτυλο *n* **Finne** M, **Finnin** F Φι(ν)λανδός (-ή) *m(f)* **Finnland** N Φι(ν)λανδία *f*

finster *a. fig* σκοτεινός
Firma F φίρμα *f*, εταιρεία *f*, επιχείρηση *f*, οίκος *m*
Fisch M ψάρι *n* **Fische** MPL ASTROL Ιχθύες *mpl* **fischen** ψαρεύω **Fischer** M ψαράς *m* **Fischerboot** N ψαρόβαρκα *f*, ψαράδικο *n* **Fischerei** F, **Fischfang** M ψάρεμα *n*; αλιεία *f* **Fischgericht** N φαγητό *n* με ψάρι **Fischhändler(in)** M(F) ψαράς *m*; ιχθυοπώλης (-ισσα) *m(f)* **Fischkutter** M καΐκι *n* **Fischlokal** N ψαροταβέρνα *f* **Fischstäbchen** N κροκέτα *f* ψαριού **Fischsuppe** F ψαρόσουπα *f*
fit σε φόρμα **Fitnesscenter** N γυμναστήριο *n*
fix: *umg* **~ und fertig sein** είμαι πτώμα; **~e Idee** *f* έμμονη ιδέα *f*
FKK (*Freikörperkultur*) γυμνισμός *m* **FKK-Strand** M παραλία *f* γυμνιστών
flach *eben* επίπεδος; *seicht a. fig* ρηχός, αβαθής; *niedrig* χαμηλός
Flachbildschirm M COMPUT επίπεδη οθόνη *f*
Fläche F επιφάνεια *f*; επίπεδο *n*; έκταση *f*; *Grundfläche* εμβαδόν *n*
Flachland N πεδιάδα *f*, κάμπος *m*
flackern τρεμοσβήνω
Fladenbrot N λαγάνα *f*; πίτα *f*
Flagge F σημαία *f*
Flamme F φλόγα *f*
Flasche F μπουκάλι *n*, μποτίλια *f*, φιάλη *f*; *Säuglingsflasche* μπιμπερό *n* **Flaschenöffner** M ανοιχτήρι *n*
flattern φτερουγίζω; *Flagge* ανεμίζω, κυματίζω
flau αδιάθετος, αδύναμος; *Wind* άτονος
Flaum M χνούδι *n*
flauschig χνουδωτός
Flaute F SCHIFF μπουνάτσα *f*, κάλμα *f*; HANDEL νέκρα *f*, απραξία *f*
flechten πλέκω
Fleck M λεκές *m*, κηλίδα *f*; **blauer ~** μελανιά *f*; **~en bekommen** λεκιάζω
fleckig λεκιασμένος
Fledermaus F νυχτερίδα *f*
Flegel M αγροίκος *m*
Fleisch N κρέας *n*; *Mensch, Obst* σάρκα *f* **Fleischbrühe** F ζωμός *m* κρέατος **Fleischerei** F χασάπικο *n*, κρεοπωλείο *n* **Fleischspieß** N σουβλάκι *n*
Fleiß M εργατικότητα *f*, επιμέλεια *f* **fleißig** εργατικός, επιμελής
flexibel ευέλικτος, εύκαμπτος, ελαστικός
flicken μπαλώνω, μαντάρω
Flieder M πασχαλιά *f*
Fliege F μύγα *f* **fliegen** πετώ; *mit dem Flugzeug* πηγαίνω αεροπορικώς
fliehen ξεφεύγω (**vor** από); *aus dem Gefängnis* δραπετεύω

Fliese F πλακάκι *n*
Fließband N ιμάντας *m*
fließen τρέχω, ρέω; *Fluss* χύνομαι (**in** σε) **fließend**: **~e(s) Wasser** N τρεχούμενο νερό *n*; **~ Griechisch sprechen** μιλώ με ευχέρεια Ελληνικά
flink σβέλτος, ευκίνητος
Flirt M φλερτ *n* **flirten** φλερτάρω
Flitterwochen FPL μήνας *m* του μέλιτος
Flocke F *Schneeflocke* νιφάδα *f*
Floh M ψύλλος *m* **Flohmarkt** M *etwa* υπαίθριο παζάρι *n*
florieren ανθώ
Floß N σχεδία *f*
Flosse F ZOOL πτερύγιο *n*
Flöte F φλάουτο *n*; *Hirtenflöte* φλογέρα *f*
flott σβέλτος; *schick* κομψός
Flotte F στόλος *m*
Fluch M βλαστήμια *f*; βρισιά *f*, κατάρα *f* **fluchen** βλαστημώ; βρίζω, καταριέμαι
Flucht F φυγή *f*; δραπέτευση *f*, απόδραση *f*; **zur ~ verhelfen** φυγαδεύω
flüchten δραπετεύω **flüchtig** *oberflächlich* επιπόλαιος; *kurz* σύντομος **Flüchtling** φυγάς *m*, πρόσφυγας *m,f*
Flug M πτήση *f* **Flugbegleiter(in)** M(F) αεροσυνοδός *m,f*
Flügel M φτερό *n*, φτερούγα *f*; πτερύγιο *n*; ARCH πτέρυγα *f*; *Fenster* φύλλο *n*; *Klavier* πιάνο *n* με ουρά
Fluggast M επιβάτης (-τρια *f*) *m* αεροπλάνου **Fluggesellschaft** F αεροπορική εταιρεία *f* **Flughafen** M αεροδρόμιο *n*, *amtl* αερολιμένας *m* **Fluglinie** F αεροπορική γραμμή *f* **Flugplatz** M αεροδρόμιο *n* **Flugreise** F αεροπορικό ταξίδι *n* **Flugsteig** M έξοδος *f* **Flugticket** N αεροπορικό εισιτήριο *n*
Flugzeug N αεροπλάνο *n*, *amtl* αεροσκάφος *n* **Flugzeugentführung** F αεροπειρατεία *f*
Flur M διάδρομος *m*
Fluss M ποτάμι *n*, ποταμός *m*
Flussbett N κοίτη *f*
flüssig υγρός; ρευστός; *Verkehr* ομαλός **Flüssigkeit** F υγρό *n*; ρευστό *n* **Flüssigseife** F υγρό σαπούνι *n*
flüstern ψιθυρίζω, μιλώ ψιθυριστά
Flut F *Gezeiten* πλημμυρίδα *f*
Flutwelle F παλιρροϊκό κύμα *n*
Fohlen N πουλάρι *n*
Föhn M πιστολάκι *n*, σεσουάρ *n* **föhnen** στεγνώνω τα μαλλιά με το σεσουάρ
Folge F συνέπεια *f*, απόρροια *f*; *negativ* επίπτωση *f*; *Reihe* σειρά *f*; TV επεισόδιο *n*; **zur ~ haben** έχω ως αποτέλεσμα
folgen ακολουθώ (*dat akk*); *zuhören* παρακολουθώ; *gehorchen* υπακούω; *sich ergeben* προκύπτω (**aus** από); **wie folgt** ως εξής **folgend** επόμενος,

ακόλουθος; κατοπινός; *adj* εξής **folgern** συμπεραίνω **Folgerung** F συμπέρασμα *n* **folglich** επομένως, συνεπώς, άρα
Folie F ζελατίνα *f*, σελοφάν *n*
Folklore F φολκλόρ *n*
Folter F βασανιστήριο *n* **foltern** βασανίζω
fordern απαιτώ, αξιώνω; διεκδικώ
fördern *a. Person* προωθώ, υποστηρίζω; *Künste* προστατεύω; BERGB εξορύσσω
Forderung F απαίτηση *f*, διεκδίκηση *f*, αίτημα *n*
Forelle F πέστροφα *f*
Form F μορφή *f*; σχήμα *n*; *Gießform* καλούπι *n*; *Kuchenform, Kondition* φόρμα *f*; **in ~ sein** είμαι σε φόρμα
formal τυπικός **Formalität** F τυπικότητα *f*
Format N σχήμα *n*, μέγεθος *n*; *fig* προσωπικότητα *f*, ανάστημα *n* **Formel** F CHEM, MATH τύπος *m*; *fig* φόρμουλα *f*
formen πλάθω, σχηματίζω, διαμορφώνω
förmlich επίσημος; τυπικός
formlos άμορφος; *zwanglos, Antrag* άτυπος
Formular N έντυπο *n* **formulieren** διατυπώνω
forschen ερευνώ **Forscher(in)** M(F) (εξ)ερευνητής (-τρια) *m(f)* **Forschung** F έρευνα *f*
Förster(in) M(F) δασονόμος *m*, *f*
fort *weg* μακριά; *Person* φευγάτος **fortbewegen**: **sich ~** μετακινούμαι **Fortbildung** F μετεκπαίδευση *f* **fortbringen** μεταφέρω **fortgeschritten** προχωρημένος
Fortpflanzung F αναπαραγωγή *f*; πολλαπλασιασμός *m*
Fortschritt M πρόοδος *f*; **~e machen** προοδεύω, προκόβω **fortschrittlich** προοδευτικός; *Land* προηγμένος
fortsetzen συνεχίζω **Fortsetzung** F συνέχεια *f*
Foto N φωτογραφία *f*; **~s machen** βγάζω/τραβώ φωτογραφίες **Fotoapparat** M φωτογραφική μηχανή *f*
Fotograf(in) M(F) φωτογράφος *m,f* **fotografieren** φωτογραφίζω
Fotokopie F φωτοτυπία *f*, φωτοαντίγραφο *n* **fotokopieren** βγάζω φωτοτυπίες
Fotomodell N φωτομοντέλο *n*
Fracht F φορτίο *n*; *Gebühr* μεταφορικά *npl* **Frachter** M, **Frachtschiff** N φορτηγό πλοίο *n*
Frage F ερώτηση *f*; *Problem* ζήτημα *n*; **e-e ~ stellen** κάνω/υποβάλλω μια ερώτηση (*dat* σε) **Fragebogen** M ερωτηματολόγιο *n*
fragen ρωτώ (*akk akk*); ζητώ (**nach**; **um** *akk*); **sich ~** αναρωτιέμαι (**ob** αν; μήπως); απορώ

Fragezeichen N ερωτηματικό *n* **fraglich**, **fragwürdig** αμφίβολος
Fraktion F κοινοβουλευτική ομάδα *f*; *Untergruppe* παράταξη *f*
Franken M *Währung* ελβετικό φράγκο *n*
Frankfurt N Φρανκφούρτη *f*
frankieren βάζω γραμματόσημο
Frankreich N Γαλλία *f*
Franse F *Stoff* κρόσσι *n*
Franzose M, **Französin** F Γάλλος (-ίδα) *m(f)* **französisch** γαλλικός **Französisch** N Γαλλικά *npl*
Frau F γυναίκα *f*; *Ehefrau* σύζυγος *f*; *Anrede* κυρία *f*; **junge ~** νέα *f*, νεαρή *f*;**~ ...!** κυρία ...!
frech αυθάδης **Frechheit** F αυθάδεια *f*; *umg* γαϊδουριά *f*
frei ελεύθερος (**von** από); *gratis* δωρεάν; *Sitzplatz* άδειος **~ halten** *Platz* πιάνω, κρατώ; *Ausfahrt* αφήνω ελεύθερο; *Posten* κενός; **im Freien, ins Freie** στο ύπαιθρο **Freibad** N ανοιχτό κολυμβητήριο *n*
freiberuflich: **~ tätig sein** εξασκώ ελεύθερο επάγγελμα
freihaben έχω ελεύθερο
Freiheit F ελευθερία *f* **Freikarte** F εισιτήριο *n* ελευθέρας, πρόσκληση *f*
freilassen (απ)ελευθερώνω
freilich βεβαίως, φυσικά
Freilichtbühne F υπαίθριο θέατρο *n* **freinehmen** παίρνω άδεια **Freispruch** M αθώωση *f*
freistehen: **es steht dir frei zu ...** είσαι ελεύθερος να ...
Freitag M Παρασκευή *f*; **am ~**, **freitags** την Παρασκευή
freiwillig εθελοντικός, προαιρετικός **Freiwillige(r)** M,F εθελοντής (-τρια) *m(f)*
Freizeit F ελεύθερος χρόνος *m* **Freizeitangebot** N δυνατότητες *fpl* ψυχαγωγίας
freizügig γενναιόδωρος; *tolerant* ανεκτικός
fremd *Gast* ξένος; *unbekannt* άγνωστος; **ich bin hier ~** δεν είμαι από εδώ **fremdartig** ξενικός
Fremdenverkehr M τουρισμός *m* **Fremdenverkehrsamt** M οργανισμός *m* τουρισμού **Fremdenzimmer** N ενοικιαζόμενο δωμάτιο *n*
Fremde(r) M,F ξένος (-η) *m(f)*
Fremdsprache F ξένη γλώσσα *f*
Fresko N τοιχογραφία *f*, φρέσκο *n*
fressen *Tier* τρώω
Freude F χαρά *f* (**über** για); ευχαρίστηση *f*
freudig χαρούμενος
freuen: **sich ~** χαίρομαι (**über**; **auf**; **an** για; με; *akk*); **es hat mich gefreut (dich/Sie kennenzulernen)!** χάρηκα (που σε/σας γνώρισα)!

Freund(in) M(F) φίλος (-η) *m(f)* **freundlich** φιλικός, ευγενικός **Freundschaft** F φιλία *f*
Frieden M ειρήνη *f*; **~ schließen** κλείνω ειρήνη
Friedhof M νεκροταφείο *n* **friedlich** ειρηνικός
frieren κρυώνω; *einfrieren* παγώνω; **mich friert** κρυώνω
Frikadelle F κεφτές *m*
frisch φρέσκος; *a. fig* δροσερός; *neu* πρόσφατος; *Wäsche* καθαρός; **sich ~ machen** φρεσκάρομαι
Frischkäse M χλωρό τυρί *n*
Friseur M, **Friseurin** F *für Damen* κομμωτής (-τρια) *m(f)*; *für Herren* κουρέας *m*
frisieren χτενίζω
Frist F προθεσμία *f*; διωρία *f*; *Aufschub* αναβολή *f*; **e-e ~ setzen** βάζω προθεσμία
Frisur F χτένισμα *n*, κόμμωση *f*
frittieren τηγανίζω
froh χαρούμενος; *zufrieden* ευχαριστημένος (**über** με); **~es Fest!** καλές γιορτές
fröhlich εύθυμος; χαρούμενος; γελαστός **Fröhlichkeit** F ευθυμία *f*
fromm θρήσκος, ευσεβής
Front F ARCH πρόσοψη *f*; MIL μέτωπο *n* **frontal** μετωπικός
Frosch M βάτραχος *m*
Frost M παγωνιά *f*, παγετός *m*, ψύχος *n* **frostig** *a. fig* παγωμένος, παγερός **Frostschutzmittel** N αντιψυκτικό *n*
Frucht F φρούτο *n*, καρπός *m*; οπωρικό *n* **fruchtbar** εύφορος; *a. fig* γόνιμος **Fruchteis** N παγωτό *n* με φρούτα
früh νωρίς; *morgens* το πρωί; **zu ~** πολύ νωρίς; **am ~en Abend** κατά το βραδάκι; **von ~ bis spät** από το πρωί ως το βράδυ
Frühe F: **in aller ~** πρωί-πρωί
früher νωρίτερα; *einst* άλλοτε; **~ oder später** αργά ή γρήγορα **frühestens** το νωρίτερο
Frühjahr N, **Frühling** M άνοιξη *f*; **im ~** την άνοιξη **frühmorgens** πρωί-πρωί, νωρίς το πρωί
Frühstück N πρωινό *n*, πρόγευμα *n* **frühstücken** παίρνω πρωινό, προγευματίζω
Frust F απογοήτευση *f*, αποθάρρυνση *f* **frustrieren** αποκαρδιώνω, απελπίζω
Fuchs M αλεπού *f*
Fuge F TECH αρμός *m*
fühlbar αισθητός **fühlen** αισθάνομαι, νιώθω; *tasten* ψηλαφίζω; *Puls* πιάνω
Fühler M ZOOL κεραία *f*
führen οδηγώ; *leiten* διευθύνω; *Bücher, Tagebuch* κρατώ; *Krieg* κάνω
Führer(in) M(F) αρχηγός *m,f*; POL ηγέτης (-ιδα) *m(f)*, *Fremdenführer* ξεναγός *m,f*; *Reiseführer* ταξιδιωτικός οδηγός *m*
Führerschein M δίπλωμα *n*/άδεια *f* οδήγησης
Führung F αρχηγία *f*; POL

ηγεσία *f*; *Leitung* διεύθυνση *f*; *Museum* ξενάγηση *f*; *Benehmen* διαγωγή *f* **Führungszeugnis** N: **polizeiliche(s) ~** πιστοποιητικό *n* ποινικού μητρώου
Fülle F αφθονία *f* **füllen** γεμίζω; **sich ~** γεμίζω **Füllung** F γέμιση *f*; *Zahnfüllung* σφράγισμα *n*
Fund M ανακάλυψη *f*; *Fundstück* εύρημα *n*
Fundament N θεμέλιο *n*; **das ~ legen** θεμελιώνω
Fundbüro N γραφείο *n* απολεσθέντων αντικειμένων **Fundsachen** FPL απολεσθέντα *npl*
fünf πέντε **fünfte** πέμπτος **fünfzehn** δεκαπέντε **fünfzig** πενήντα
Funk M ασύρματος *m*; *Rundfunk* ραδιόφωνο *n*
Funke M σπίθα *f*, σπινθήρας *m*
funkeln σπινθηρίζω, αστράφτω
Funkgerät N ασύρματος *m* **Funksignal** N ραδιοσήμα *n*
Funktion F λειτουργία *f* **funktional** λειτουργικός **funktionieren** *a. Gerät* λειτουργώ, δουλεύω
für για (*akk akk*); **~ etw sein** είμαι υπέρ (*akk gen*); **Tag ~ Tag** μέρα με τη μέρα
Furcht F φόβος *m* (**vor** *gen*) **furchtbar** φοβερός
fürchten φοβάμαι (**dass**/μην; μήπως; ότι); **sich ~** φοβάμαι (**vor** *akk*) **fürchterlich** φοβερός, τρομερός
furchtlos άφοβος, ατρόμητος, άτρομος
Fürsorge F φροντίδα *f*; *elterliche* στοργή *f*; *staatliche* κοινωνική πρόνοια *f* **fürsorglich** στοργικός
Fürst(in) M(F) ηγεμόνας (-ίδα) *m(f)*; πρίγκιπας (-ισσα) *m(f)*
Fuß M πόδι *n*; **zu ~ gehen** πηγαίνω με τα πόδια
Fußabdruck M πατημασιά *f* ίχνος *n* **Fußabstreifer** M πατάκι *n*
Fußball M μπάλα *f*; *Sport* ποδόσφαιρο *n* **Fußballspiel** N ποδοσφαιρικό παιχνίδι *n* **Fußballspieler** M ποδοσφαιριστής *m* **Fußballstadion** N γήπεδο *n*
Fußboden M πάτωμα *n*, δάπεδο *n*
Fußgänger(in) M(F) πεζός (-ή) *m(f)* **Fußgängerübergang** M διάβαση *f* πεζών **Fußgängerzone** F πεζόδρομος *m*
Fußgelenk N κλείδωση *f* του ποδιού **Fußnote** F υποσημείωση *f* **Fußweg** M *Pfad* μονοπάτι *n*; *Bürgersteig* πεζοδρόμιο *n*
Futter[1] N *Viehfutter* (ζωο)τροφή *f*
Futter[2] N *Stoff* φόδρα *f*
füttern ταΐζω; *Kleid* φοδράρω
Futur N GRAM μέλλων *m*

G

Gabe F δώρο *n*; *Begabung* ταλέντο *n*, χάρισμα *n*
Gabel F πιρούνι *n* **Gabelflug** M πτήση *f* open jaw
gaffen χαζεύω
gähnen χασμουριέμαι
Galerie F *Kunst* γκαλερί *f*; ARCH στοά *f*; THEAT εξώστης *m*
Galle F χολή *f* **Gallenstein** M χολόλιθος *m*
Galopp M καλπασμός *m*
galoppieren καλπάζω
Gang M *Gangart* βάδισμα *n*, βήμα *n*; AUTO ταχύτητα *f*; *Ablauf* πορεία *f*; GASTR πιάτο *n*; *Flur* διάδρομος *m*; **im ~e** σε εξέλιξη; **in ~ bringen/setzen** θέτω σε κίνηση; **den 3. ~ einlegen** βάζω την τρίτη ταχύτητα
gängig κοινός, συνηθισμένος
Gangplatz M θέση *f* στο διάδρομο
Gangschaltung F μηχανικό κιβώτιο *n* ταχυτήτων
Gans F χήνα *f*
Gänsehaut F ανατριχίλα *f*; **e-e ~ bekommen** ανατριχιάζω
ganz όλος (ο), ολόκληρος (ο); πλήρης; *ziemlich* αρκετός; *adv sehr* αρκετά, πολύ; *völlig* εντελώς, τελείως; *Zahl* ακέραιος; **~ Griechenland** όλη η Ελλάδα; **die ~e Zeit (über)** όλη την ώρα; **nicht ~** όχι ακριβώς; **~ genau** ακριβώς; **~ gleich wie** όπως και να
gar[1] ADV: **~ keiner** κανείς; **~ nicht** καθόλου; **~ nichts** τίποτα
gar[2] *gekocht* καλοβρασμένος; *gebraten* καλοψημένος; **nicht ~** άβραστος; άψητος
Garage F γκαράζ *n*
Garantie F εγγύηση *f* **garantieren** εγγυούμαι, εγγυώμαι **(für** για)
Garderobe F γκαρνταρόμπα *f*; *Kleidung* ρούχα *npl*
Gardine F κουρτίνα *f*
Garn N κλωστή *f*, νήμα *n*
Garnele F γαρίδα *f*
garnieren γαρνίρω
Garten M κήπος *m*; *Obstgarten* περιβόλι *n*; **botanische(r) ~** βοτανικός κήπος *m* **Gartenfest** N γιορτή *f* στον κήπο **Gartenzaun** M φράκτης *m*
Gärtner(in) M(F) κηπουρός *m,f* **Gärtnerei** F ανθοκήπιο *n*, φυτώριο *n*
Gärung F ζύμωση *f*
Gas N AUTO, *Brennstoff* γκάζι *n*; CHEM αέριο *n*; **~ geben** πατώ γκάζι **Gasflasche** F φιάλη *f* γκαζιού **Gaskocher** M γκαζιέρα *f* **Gasleitung** F αγωγός *m* φωταερίου
Gasse F στενό (δρομάκι) *n*
Gast M επισκέπτης (-τρια *f*) *m*,

προσκεκλημένος (-η *f*) *m*, καλεσμένος (-η *f*) *m*; φιλοξενούμενος (-η *f*) *m*; *Restaurant* πελάτης (-ισσα *f*) *m*; **(zu) ~ sein** είμαι φιλοξενούμενος (**bei** σε); **zu ~ haben** φιλοξενώ

Gastarbeiter(in) M(F) ξένος (-η) εργάτης (-τρια) *m(f)*, μετανάστης (-τρια) *m(f)*

Gästezimmer N δωμάτιο *n* για τους ξένους/των ξένων

gastfreundlich φιλόξενος **Gastfreundschaft** F φιλοξενία *f*

Gastgeber(in) M(F) οικοδεσπότης (-δέσποινα) *m(f)* **Gasthaus** N, **Gasthof** M ξενοδοχείο *n*; *Restaurant* εστιατόριο *n* **Gastronomie** F γαστρονομία *f* **Gaststätte** F εστιατόριο *n*

Gatte M, **Gattin** F σύζυγος *m,f*

Gattung F γένος *n*, είδος *n*

Gaumen M ουρανίσκος *m*

Gauner M απατεώνας (-ισσα *f*) *m*

Gebäck N βουτήματα *npl*, κουλλούρια *npl*, γλυκά *npl*

gebacken ψητός (στο φούρνο)

Gebärde F χειρονομία *f*

gebären γεννώ **Gebärmutter** F μήτρα *f*

Gebäude N κτήριο *n*, οικοδόμημα *n*

geben *reichen* δίνω, προσφέρω; *gewähren* δίνω, παρέχω; *Unterricht* παραδίδω; *Fest* κάνω; **es gibt** έχει (*akk akk*), υπάρχει/υπάρχουν (*akk nom*); **was gibt es?** τι γίνεται;

Gebet N προσευχή *f*

Gebiet N περιφέρεια *f*, περιοχή *f*; *fig* χώρος *m*, πεδίο *n*, τομέας *m*

gebildet μορφωμένος

Gebirge N βουνό *n*, όρος *n*; οροσειρά *f*; **im/ins ~** στο βουνό **gebirgig** ορεινός **Gebirgskette** F, **Gebirgszug** M οροσειρά *f*

Gebiss N οδοντοστοιχία *f*; *künstlich* μασέλα *f*

gebogen καμπύλος, κυρτός

geboren γεννημένος; **~ werden** γεννιέμαι; *amtl* γεννηθείς; **Frau A., ~e ...** η κυρία Α., το γένος ...

geborgen σίγουρος, ασφαλής **Geborgenheit** F σιγουριά *f*, ασφάλεια *f*

Gebot N *a.* REL εντολή *f*

gebraten ψητός, ψημένος; *in der Pfanne* τηγανητός

Gebrauch M χρήση *f*; χρησιμοποίηση *f* **gebrauchen** χρησιμοποιώ; μεταχειρίζομαι

gebräuchlich συνηθισμένος

Gebrauchsanweisung F οδηγίες *fpl* χρήσης

gebraucht μεταχειρισμένος

gebrechlich αδύναμος

gebrochen σπασμένος; **~e(s) Deutsch** *n* σπασμένα Γερμανικά *npl*

gebückt σκυφτός

Gebühr F τέλος *n*, τέλη *npl*; φόρος *m* **Gebühreneinheit**

F TEL μονάδα *f* χρέωσης **gebührenfrei** ατελής **gebührenpflichtig** χρεώσιμος; έναντι χρέωσης
Geburt F γέννηση *f*; *Entbindung* γέννα *f*, τοκετός *m*; **von ~ an** εκ γενετής
gebürtig: **ein ~er Karlsruher** γεννήθηκε στην Καρλσρούη
Geburtsdatum N ημερομηνία *f* γέννησης **Geburtshilfe** F μαιευτική *f* **Geburtsort** M τόπος *m* γέννησης **Geburtstag** M γενέθλια *npl* **Geburtsurkunde** F πιστοποιητικό *n*/ ληξιαρχική πράξη *f* γέννησης
Gebüsch N θάμνοι *mpl*
Gedächtnis N μνήμη *f*, μνημονικό *n*; **aus dem ~** από μνήμης
Gedanke M σκέψη *f*, ιδέα *f*; **sich ~n machen** σκέφτομαι (**über** *akk*), προβληματίζομαι (**über** με) **gedankenlos** απερίσκεπτος; *zerstreut* αφηρημένος **Gedankenstrich** M παύλα *f*
Gedeck N σερβίτσιο *n*, κουβέρ *n*
gedenken μνημονεύω (*gen akk*); **was gedenkst du zu tun?** τι σκοπεύεις να κάνεις
Gedenkfeier F μνημόσυνο *n* **Gedenkminute** F λεπτό *n* σιγής **Gedenkstätte** F μνημείο *n* **Gedenktafel** F αναμνηστική πλάκα *f*
Gedicht N ποίημα *n*
Gedränge N συνωστισμός *m*
Geduld F υπομονή *f* **geduldig** υπομονετικός
geehrt αξιότιμος; **sehr ~er Herr ...** αξιότιμε κύριε ...
geeignet κατάλληλος
Gefahr F κίνδυνος *m*; **es besteht die ~** υπάρχει φόβος (**dass** να); **auf eigene ~** με δική μου ευθύνη; **in ~ sein, ~ laufen** κινδυνεύω
gefährden θέτω σε κίνδυνο; *riskieren* (δια)κινδυνεύω
gefährlich επικίνδυνος
Gefährte M, **Gefährtin** F σύντροφος (*a.* -ισσα) *m,f*
Gefälle N *Straße* κλίση *f*, κατηφόρα *f*
gefallen αρέσω (*dat* σε); **es gefällt mir (gut)** μου αρέσει; **sich etw ~ lassen** ανέχομαι
Gefallen M χατίρι *n*, χάρη *f*; **e-n ~ tun** κάνω μια χάρη/ ένα χατίρι (*dat* σε)
gefälscht πλαστός
gefangen φυλακισμένος; αιχμάλωτος; **~ nehmen** αιχμαλωτίζω **Gefangene(r)** M,F φυλακισμένος (-η) *m(f)*, κρατούμενος (-η) *m(f)*; *a. Kriegsgefangene* αιχμάλωτος *m,f* **Gefangenschaft** F αιχμαλωσία *f*
Gefängnis N φυλακή *f*; **ins ~ kommen** μπαίνω φυλακή **Gefängnisstrafe** F φυλάκιση *f*
Gefäß N δοχείο *n*, βάζο *n*
gefasst ψύχραιμος; **~ sein** είμαι προετοιμασμένος (**auf** για)
Gefecht N μάχη *f*; **außer ~**

setzen θέτω εκτός μάχης **Geflügel** N πουλερικά *npl* **gefräßig** λαίμαργος, φαγάς (-ού *f*) *m*

gefrieren παγώνω **Gefrierfach** N κατάψυξη *f* **Gefrierpunkt** M σημείο *n* πήξης **Gefriertruhe** F καταψύκτης *m*

Gefühl N (συν)αίσθημα *n*; *physisch* αίσθημα *n*, αίσθηση *f*; *Gespür* προαίσθημα *n* **gefühllos** αναίσθητος **gefühlvoll** ευαίσθητος; *liebevoll* στοργικός

gefüllt γεμιστός

gegebenenfalls ενδεχομένως, αν χρειαστεί

gegen εναντίον (*akk gen*), ενάντια (*akk* σε); κατά (*akk gen*); *trotz* παρά (*gen akk*); *Richtung* κατά, προς; *zeitlich* κατά, γύρω; **~ Mittag** κατά το μεσημέρι; **~ Abend** προς το βράδυ; **~ eins** γύρω στη μία **Gegenanzeige** F αντένδειξη *f*

Gegend F τοποθεσία *f*, περιοχή *f*, μέρος *n*

gegeneinander ο ένας κατά του άλλου

Gegenfahrbahn F αντίθετο οδόστρωμα *n* κυκλοφορίας **Gegengift** N αντίδοτο *n* **Gegenleistung** F αντάλλαγμα *n* **Gegensatz** M αντίθεση *f* **gegensätzlich** αντίθετος **gegenseitig** αμοιβαίος, αλληλ(ο)- **Gegenstand** M αντικείμενο *n* **Gegenteil** N αντίθετο *n* (**von** *gen*); **im ~** αντιθέτως, απεναντίας, ίσα ίσα, κάθε άλλο

gegenüber ADV απέναντι; *präp* απέναντι (**von** από); **mir ~** απέναντι μου **gegenüberliegend** αντικρινός, απέναντι **gegenüberstehen** στέκομαι απέναντι **gegenüberstellen** αντιπαραθέτω

Gegenverkehr M κίνηση *f* στην αντίθετη λωρίδα κυκλοφορίας **Gegenwart** F παρουσία *f*; *a.* GRAM παρόν *n*, ενεστώτας *m* **Gegenwehr** F αντίσταση *f*, άμυνα *f* **Gegenwind** M αντίθετος άνεμος *m*

Gegner(in) M(F) αντίπαλος *m,f*

gegrillt ψητός; της σχάρας

Gehalt[1] M *Inhalt* περιεχόμενο *n*

Gehalt[2] N *Lohn* μισθός *m* **Gehaltserhöhung** F αύξηση *f* μισθού

geheim μυστικός, κρυφός, απόκρυφος; *vertraulich* απόρρητος; **~ halten** κρατώ μυστικό **Geheimdienst** M μυστική υπηρεσία *f* **Geheimnis** N μυστικό *n*; *streng* απόρρητο *n*; *unerforscht* μυστήριο *n* **geheimnisvoll** μυστηριώδης **Geheimzahl** F απόρρητος αριθμός *m*

gehen πηγαίνω, πάω; *zu Fuß* βαδίζω, περπατώ; *fortgehen* φεύγω; TECH λειτουργώ; **sich ~ lassen** παραμελώ τον εαυτό μου; *einigermaßen* **es geht** έτσι κι έτσι; *es handelt sich* **es geht**

πρόκειται (**um** για); **das geht nicht** δε γίνεται; **wie geht es dir?** τι κάνεις, τι γίνεσαι, πώς είσαι

Gehirn N μυαλό *n*; MED εγκέφαλος *m* **Gehirnerschütterung** F διάσειση *f* εγκεφάλου

Gehör N ακοή *f*

gehorchen υπακούω (*dat* σε); πειθαρχώ; **nicht ~** παρακούω

gehören ανήκω (**zu** σε); αρμόζει (**für** σε); **das gehört mir** είναι δικό μου; **wem gehört ...?** σε ποιον ανήκει ..., τίνος είναι ...; **das gehört sich nicht** δεν είναι σωστό, δεν αρμόζει

gehörig απαιτούμενος

Gehörlose(r) M,F κωφός (-ή) *m(f)*

gehorsam υπάκουος

Gehsteig M, **Gehweg** M πεζοδρόμιο *n*

Geier M γύπας *m*

Geige F βιολί *n*

Geisel F όμηρος *m,f* **Geiselnahme** F κράτηση *f* ομήρων

Geist M πνεύμα *n*; *Scharfsinn* διάνοια *f*, μυαλό *n*; *Verstand* νους *m*; *Gespenst* φάντασμα *n*; **der Heilige ~** το Άγιο Πνεύμα *n*

geistesabwesend αφηρημένος **Geistesblitz** M ξαφνική έμπνευση *f* **geistesgestört** φρενοβλαβής *m,f*

geistig πνευματικός

Geistliche(r) M κληρικός *m*

geistlos ανούσιος, άνοστος, σαχλός **geistreich** πνευματώδης; ευφυής

Geiz M τσιγκουνιά *f* **Geizhals** M, **geizig** τσιγκούνης (-α *f*) *m*; *umg* σφιχτός, σπάγκος *m*

gekocht βραστός, βρασμένος

Gelächter N γέλιο *n*, γέλια *npl* **Gelage** N φαγοπότι *n*

gelähmt παράλυτος

Gelände N έδαφος *n*; χώρος *m*

Geländer N κάγκελα *npl*

Geländewagen M τζιπ *n*

gelangen φτάνω; *erlangen* αποκτώ (**zu** *akk*)

gelassen ήρεμος, ατάραχος, ψύχραιμος, γαλήνιος

geläufig κοινός, συνηθισμένος

gelaunt: **schlecht ~** άκεφος, κακόκεφος, κακοδιάθετος, δύσθυμος; **gut ~** κεφάτος, καλοδιάθετος, ευδιάθετος

gelb κίτρινος **Gelb** N κίτρινο *n*

Gelbsucht F ίκτερος *m*

Geld N λεφτά *npl*, χρήμα(τα) *n(pl)* **Geldautomat** M μηχάνημα *n* ανάληψης χρημάτων **Geldbeutel** M πορτοφόλι *n* **Geldstück** N κέρμα *n*, νόμισμα *n*

Gelee M,N ζελέ *n*, ζελές *m*

gelegen *passend* κατάλληλος, βολικός; **das kommt mir sehr ~** αυτό με βολεύει πολύ **Gelegenheit** F ευκαιρία *f*; **bei ~** κάποια στιγμή

Gelehrte(r) M,F επιστήμονας *m,f*, σοφός (-ή) *m(f)*

Gelenk N ANAT κλείδωση *f*, άρθρωση *f* **gelenkig** ευλύγιστος
geliebt αγαπημένος
Geliebte(r) M,F εραστής *m*, ερωμένη *f*
geliehen δανεικός
gelingen πετυχαίνω, επιτυγχάνω; **es ist mir (nicht) gelungen zu ...** (δεν) κατάφερα να ...
gelten ισχύω, έχω ισχύ; **~ als** θεωρούμαι; **~ lassen** παραδέχομαι
Geltung F: **zur ~ kommen/bringen** φαίνομαι/προβάλλω
Gemälde N πίνακας *m*; ζωγραφιά *f* **Gemäldegalerie** F πινακοθήκη *f*
gemäß σύμφωνα (*dat* με)
gemäßigt μετριοπαθής; *Klima* εύκρατος
gemein *allgemein* κοινός; κακός, πρόστυχος, αχρείος
Gemeinde *f* κοινότητα *f*, δήμος *m*
Gemeinheit F κακία *f*, προστυχιά *f*, αχρειότητα *f* **gemeinnützig** κοινωφελής **gemeinsam** κοινός; *adv* μαζί, από κοινού **Gemeinschaft** F κοινότητα *f*; ομάδα *f*
gemischt μικτός, ανάμικτος
Gemüse N χόρτα *npl*, χορταρικά *npl*, λαχανικά *npl* **Gemüsesuppe** F χορτόσουπα *f*
gemütlich *Zimmer* άνετος, αναπαυτικός; *Person* καλόκαρδος; *adv* άνετα, αναπαυτικά; *gemächlich* αργά, σιγά **Gemütlichkeit** F άνεση *f*
Gen N γονίδιο *n*
genannt λεγόμενος, ονομαζόμενος
genau ακριβής; *konkret* συγκεκριμένος; *adv* ακριβώς; *gleichermaßen* εξίσου; **~ gesagt** για την ακρίβεια; **~ kennen** γνωρίζω καλά **genauso** το ίδιο
genehmigen εγκρίνω **Genehmigung** F έγκριση *f*, άδεια *f*
General M στρατηγός *m* **Generalkonsulat** N γενικό προξενείο *n* **Generalprobe** F γενική πρόβα *f* **Generalstreik** M γενική απεργία *f* **Generalversammlung** F γενική συνέλευση *f*
Generation F γενιά *f*
generell γενικός; *adv* γενικά
genervt εκνευρισμένος, νευριασμένος
Genesung F ανάρρωση *f*
Genetik F γενετική *f* **genetisch** γενετικός
Genf N Γενεύη *f*
Genforschung F γενετική *f* έρευνα
genial μεγαλοφυής; *hervorragend umg* φανταστικός
Genick N σβέρκος *m*
Genie N μεγαλοφυΐα *f*, ιδιοφυΐα *f*, διάνοια *f*
genieren: **sich ~** ντρέπομαι
genießbar: **es ist nicht ~** *nicht essbar* δεν τρώγεται;

nicht trinkbar δεν πίνεται **genießen** απολαμβάνω; *sich erfreuen* χαίρομαι; *fig* γεύομαι **Genitalien** NPL γεννητικά όργανα *npl*
Genitiv M γενική *f*
genmanipuliert μεταλλαγμένος
Genosse M, **Genossin** F σύντροφος *m,f*
Gentechnik F γενετική μηχανική *f*
genug αρκετός; *adv* αρκετά; **(es ist) ~!** αρκετά!; **~ haben** *es satthaben* βαριέμαι; χορταίνω **(von** *akk***)**
genügen φτάνω, αρκώ; **das genügt!** φτάνει!; **es genügt nicht** δεν αρκεί **(zu** να**)** **genügend** αρκετός, επαρκής
Genugtuung F ικανοποίηση *f*
Genus N GRAM γένος *n*
Genuss M απόλαυση *f*; ηδονή *f*
genüsslich απολαυστικός
geöffnet ανοιχτός
Geografie F γεωγραφία *f* **geografisch** γεωγραφικός
Geologie F γεωλογία *f* **geologisch** γεωλογικός
Geometrie F γεωμετρία *f* **geometrisch** γεωμετρικός
Gepäck N αποσκευές *fpl* **Gepäckannahme** F παραλαβή *f* αποσκευών **Gepäckaufbewahrung** F φύλαξη *f* αποσκευών **Gepäckausgabe** F παράδοση *f* αποσκευών **Gepäckkontrolle** F έλεγχος *m* αποσκευών **Gepäckstück** N αποσκευή *f* **Gepäckträger** M *Person* αχθοφόρος *m* **Gepäckversicherung** F ασφάλιση *f* αποσκευών **Gepäckwagen** M σκευοφόρος *f*
gepflegt περιποιημένος
gerade ίσιος, ευθύς; *adv* ίσια; *Zahl* ζυγός, άρτιος; *adv soeben* μόλις; *jetzt* αυτή τη στιγμή, τώρα; *genau* ακριβώς; *ausgerechnet* ειδικά; **~ stehen** *Haltung* στέκομαι όρθιος; **~ als** πάνω που **geradeaus** ευθεία; **immer ~** όλο ευθεία **geradezu** μάλιστα, βέβαια
Gerät N μηχάνημα *n*, συσκευή *f*
geraten *gelangen* καταλήγω, καταντώ; *gelingen* γίνομαι, πετυχαίνω; **außer sich ~** γίνομαι έξαλλος; **in Streit ~** πιάνομαι στα χέρια
geräuchert καπνιστός
Geräusch N θόρυβος *m*; κρότος *m* **geräuschlos** αθόρυβος
gerecht δίκαιος **Gerechtigkeit** F δικαιοσύνη *f*
Gerede N φλυαρία *f*; *Klatsch* κουτσομπολιό *n*
gereizt ερεθισμένος, εκνευρισμένος
Gericht[1] N *Speise* φαγητό *n*, πιάτο *n*
Gericht[2] N δικαστήριο *n*; **vor ~ stehen** δικάζομαι **Gerichtskosten** MPL δικαστικά

έξοδα *npl* **Gerichtsverhandlung** F δίκη *f*
gering *klein* μικρός; *wenig* λιγοστός; *niedrig* χαμηλός; *unbedeutend* ασήμαντος **geringfügig** ασήμαντος, ελάχιστος **geringste(r, -s)** παραμικρός; **nicht im Geringsten** καθόλου
gerinnen πήζω; *Milch* κόβω
Gerippe N σκελετός *m*
gerissen πανούργος, πονηρός
gern(e) ευχαρίστως; **~ geschehen!** τίποτα!; **ich möchte ~ ...** θα ήθελα ...; **ich lese ~** μ' αρέσει να διαβάζω
gernhaben αγαπώ, συμπαθώ
Gerste F κριθάρι *n*, κριθή *f*
Geruch M μυρωδιά *f*, οσμή *f*; **üble(r) ~** δυσοσμία *f*, κακοσμία *f* **geruchlos** άοσμος
Geruchssinn M όσφρηση *f*
Gerücht N φήμη *f* **gerührt** συγκινημένος **Gerümpel** N σαβούρα *f* **Gerüst** N *Baugerüst* σκαλωσιά *f*
gesalzen *a. fig* αλμυρός
gesamt όλος ο, ολόκληρος (ο), (συν)ολικός, γενικός; **die ~e Klasse** όλη η τάξη
Gesamtbetrag M σύνολο *n*, συνολικό ποσό *n* **Gesamteindruck** M γενική εντύπωση *f* **Gesamtwert** M συνολική αξία *f*
Gesang M τραγούδι *n*; *Vogelgesang* κελάηδισμα *n*
Gesäß N έδρα *f*, οπίσθια *npl*
Geschäft N κατάστημα *n*, μαγαζί *n*; *Firma* επιχείρηση *f*; *Handel* δουλειές *fpl*; **wie läuft das ~?** πώς πάνε οι δουλειές
geschäftig πολυάσχολος
geschäftlich εμπορικός, επαγγελματικός; **ich bin ~ hier** είμαι εδώ για δουλειές
Geschäftsbrief M εμπορική επιστολή *f* **Geschäftsfrau** F επιχειρηματίας *f* **Geschäftsführung** F, **Geschäftsleitung** F διεύθυνση *f* (επιχείρησης) **Geschäftsmann** M επιχειρηματίας *m* **Geschäftsreise** F επαγγελματικό ταξίδι *n* **Geschäftsschluss** M λήξη *f* ωραρίου **Geschäftsviertel** N εμπορικό κέντρο *n* **Geschäftszeit** F ώρες *fpl* λειτουργίας
geschehen γίνεται, συμβαίνει; **das geschieht ihm recht** καλά να πάθει; **was ist ~?** τι συνέβη, τι έγινε;
gescheit έξυπνος, ικανός
Geschenk N δώρο *n*; **ein ~ machen** κάνω (ένα) δώρο **Geschenkartikel** MPL είδη *npl* δώρων **Geschenkpapier** N χαρτί *n* περιτυλίγματος
Geschichte F ιστορία *f* **geschichtlich** ιστορικός
Geschick(lichkeit) N(F) επιδεξιότητα *f*, τέχνη *f*, μαστοριά *f* **geschickt** *Person* επιδέξιος, μάστορας (-ισσα *f*) *m*; *Sache* μαστορικός, επιδέξιος
geschieden χωρισμένος **Geschiedene(r)** M,F *amtl* δια-

ζευγμένος (-η) *m(f)*
Geschirr N *Essgeschirr* πιατικά *npl*; *Kochgeschirr* σκεύη *npl* (κουζίνας); σερβίτσιο *n* **Geschirrtuch** N πετσέτα *f* κουζίνας
Geschlecht N φύλο *n* **Geschlechtskrankheit** F αφροδίσιο νόσημα *n* **Geschlechtsorgane** N/P γεννητικά όργανα *npl* **Geschlechtsverkehr** M σεξουαλική επαφή *f*; JUR συνουσία *f*
geschlossen κλειστός
Geschmack M *Sinn, von Essen* γεύση *f*; *ästhetisch* γούστο *n*; *guter* καλαισθησία *f*; *schlechter* κακογουστιά *f*; **~ haben** *Person* έχω γούστο **geschmacklos** *Essen* άνοστος, άγευστος; κακόγουστος; ακαλαίσθητος; *Witz* κρύος **Geschmack(s)sache** F θέμα *n* γούστου **geschmackvoll** καλόγουστος, καλαίσθητος, με γούστο
geschmeidig *weich* απαλός; *elastisch* ελαστικός; *Körper* ευλύγιστος **geschnitzt** σκαλιστός
Geschöpf N πλάσμα *n*
Geschoss N, *reg* **Geschoß** N MIL οβίδα *f*; *Etage* πάτωμα *n*, όροφος *m*
Geschwindigkeit F ταχύτητα *f*
Geschwister PL αδέρφια *npl*
geschwollen MED πρησμένος
Geschwür N έλκος *n*
Geselle M, **Gesellin** F *Handwerksgeselle* τεχνίτης (-τρια) *m(f)* **gesellig** κοινωνικός
Gesellschaft F κοινωνία *f*; παρέα *f*, συντροφιά *f*; HANDEL εταιρεία *f*
Gesetz N JUR, PHYS νόμος *m* **Gesetzgebung** F νομοθεσία *f* **gesetzlich** νομικός; *rechtmäßig* νόμιμος **gesetzwidrig** παράνομος
Gesicht N πρόσωπο *n*; **zu ~ bekommen** βλέπω
Gesichtsausdruck M έκφραση *f* (του προσώπου), ύφος *n* **Gesichtspunkt** M άποψη *f* **Gesichtszüge** MPL χαρακτηριστικά *npl* (του προσώπου)
Gesinnung F φρόνημα *n*
gespannt *neugierig* περίεργος, ανυπόμονος
Gespenst N φάντασμα *n* **gespenstisch** φρικτός
gesperrt κλειστός
Gespräch N κουβέντα *f*, συζήτηση *f*, συνομιλία *f*; *ein* **~ führen** κάνω μια συζήτηση, συζητώ (**mit** με)
Gespür N διαίσθηση *f*
Gestalt F *Person* μορφή *f*, παρουσιαστικό *n*; *Wuchs* ανάστημα *n*; *Form* μορφή *f*, σχήμα *n* **gestalten** διαμορφώνω, σχηματίζω; **neu ~** αναμορφώνω
Geständnis N εξομολόγηση *f*, *a.* JUR ομολογία *f*; **ein ~ ablegen** ομολογώ

Gestank M βρόμα *f*, μπόχα *f* **gestatten** επιτρέπω; **~ Sie?** (μου) επιτρέπετε
Geste F χειρονομία *f*, κίνηση *f*
gestehen εξομολογούμαι, *a.* JUR ομολογώ
Gestein N πέτρωμα *n*
Gestell N βάση *f*; *Brillengestell* σκελετός *m*; *Fahrgestell* σασί *n*
gestern χτες, εχτές, χθες, εχθές; **~ Abend** χθες (το) βράδυ; **von ~** χτεσινός, χθεσινός
gestohlen κλεμμένος
gesund υγιής, γερός; *Sache* υγιεινός, υγιής; **~ sein** υγιαίνω; **~ werden** γίνομαι καλά **Gesundheit** F υγεία *f*, υγειά *f*; *Niesen* **~!** γείτσες! **gesundheitlich**: **aus ~en Gründen** για λόγους υγείας; λόγω υγείας
Gesundheitsamt N υγειονομική υπηρεσία *f* **Gesundheitszustand** M κατάσταση *f* υγείας
Getränk N ποτό *n* **Getränkeautomat** M αυτόματο μηχάνημα *n* ποτών **Getränkemarkt** M κάβα *f*
Getreide N δημητριακά *npl*, σιτηρά *npl*; σιτάρι *n*
Getriebe N AUTO κιβώτιο *n* ταχυτήτων
getrocknet ξερός, ξηρός
Gewächshaus N θερμοκήπιο *n*
gewagt *a. Kleid* τολμηρός
Gewähr F εγγύηση *f* **gewähren** *Rabatt* παρέχω; *Kredit* χορηγώ; *Wunsch* ικανοποιώ; *Gnade* απονέμω **gewährleisten** εγγυώμαι, εξασφαλίζω
Gewalt F *Gewaltsamkeit* βία *f*; *Kraft* δύναμη *f*; *Macht* εξουσία *f*; **mit ~** με τη βία, *umg* με το ζόρι; **~ anwenden** χρησιμοποιώ βία **gewaltig** δυνατός; σφοδρός **gewaltsam** βίαιος **gewalttätig** βίαιος, βάναυσος
gewandt επιδέξιος, επιτήδειος; *flink* σβέλτος
gewaschen πλυμένος; **frisch ~** φρεσκοπλυμένος
Gewässer N ύδατα *npl*, νερά *npl*
Gewebe N *Stoff* ύφασμα *n*; BIOL ιστός *m* **gewebt** υφαντός
Gewehr N τουφέκι *n*, όπλο *n*
Geweih N κέρατα *npl*
Gewerbe N *Betrieb etwa* μικρή ιδιωτική επιχείρηση *f*, βιοτεχνία *f*; *Beruf* ελεύθερο επάγγελμα *n* **gewerblich** βιομηχανικός, εμπορικός
Gewerkschaft F συνδικάτο *n*
Gewicht N βάρος *n*; *fig* βαρύτητα *f*; *Meinung* κύρος *n*
Gewinn M κέρδος *n*; *Nutzen* όφελος *n* **gewinnen** κερδίζω; *Strom* παράγω; *Erz* εξορύσσω **Gewinner(in)** M(F) νικητής (-τρια) *m(f)*
Gewirr N μπέρδεμα *n*, ανακάτωμα *n*
gewiss βέβαιος, σίγουρος; *adv* σίγουρα, βεβαίως; *nur pl* be-

stimmte ορισμένοι; **ein ~er Herr ...** κάποιος κύριος ...
Gewissen N συνείδηση *f* **gewissenhaft** ευσυνείδητος **gewissenlos** ασυνείδητος **Gewissensbisse** MPL τύψεις *fpl* (συνείδησης)
Gewissheit F βεβαιότητα *f*, σιγουριά *f*
Gewitter N καταιγίδα *f*, θύελλα *f* **Gewitterschauer** M μπόρα *f*
gewöhnen: **sich ~** συνηθίζω (**an** *akk*; σε; με)
Gewohnheit F συνήθεια *f*
gewöhnlich συνηθισμένος; *normal* κοινός; *ordinär* πρόστυχος; *adv* συνήθως, κανονικά; **wie ~** ως συνήθως
gewohnt συνηθισμένος
Gewöhnung F συνήθεια *f* **Gewöhnungssache** F θέμα *n* συνήθειας
Gewölbe N θόλος *m*, καμάρα *f*
Gewühl N συνωστισμός *m*
Gewürz N μπαχαρικό *n*, μυρωδικό *n*, καρύκευμα *n* **Gewürzgurke** F αγγουράκι *n* τουρσί
Gezeiten FPL παλίρροια *f*
gezwungen: **~ sein/werden** αναγκάζομαι, υποχρεώνομαι
Gicht F αρθρίτιδα *f*
Giebel M ARCH αέτωμα *n*
Gier F λαιμαργία *f*, βουλιμία *f* **gierig** λαίμαργος, αχόρταγος
gießen χύνω, ρίχνω; *Blumen* ποτίζω; TECH χύνω; **es gießt in Strömen** βρέχει με το τουλούμι **Gießkanne** F ποτιστήρι *n*
Gift N δηλητήριο *n*; φαρμάκι *n* **Giftgas** N τοξικό αέριο *n* **giftig** δηλητηριώδης; *a. fig* φαρμακερός; *toxisch* τοξικός **Giftmüll** M τοξικά απόβλητα *npl* **Giftpilz** M δηλητηριώδες μανιτάρι *n*
gigantisch γιγαντιαίος
Gin M *Getränk* τζιν *n*
Gipfel M *a. fig* κορυφή *f* **Gipfelkonferenz** F διάσκεψη *f* κορυφής
Gips M γύψος *m* **Gipsverband** M γύψινος επίδεσμος *m*
Girlande F γιρλάντα *f*
Girokonto N λογαριασμός *m* συναλλαγών
Gitarre F κιθάρα *f*
Gitter N κάγκελο *n*
Glanz M λάμψη *f*; γυαλάδα *f*; *fig* λαμπρότητα *f*
glänzen γυαλίζω, λάμπω
Glas N γυαλί *n*; *Trinkglas* ποτήρι *n*; *Einweckglas* βάζο *n*; **ein ~ Bier** ένα ποτήρι μπίρα
Glaserei F υαλουργείο *n*
gläsern γυάλινος
glasig γυάλινος
Glasplatte F, **Glasscheibe** F τζάμι *n* **Glastür** F τζαμόπορτα *f* **Glasur** F σμάλτο *n*; *Kuchen* γλάσο *n*
glatt λείος, απαλός; ομαλός; *rutschig* γλιστερός, ολισθηρός; *Haar* ίσιος **glattgehen** *gut ablaufen* πηγαίνω καλά

Glätte F λειότητα *f*, απαλότητα *f*; *Straßenglätte* ολισθηρότητα *f*
Glatteis N γλιστερός πάγος *m* **Glatteisgefahr** F κίνδυνος *m* λόγω ολισθηρού πάγου
glätten ισιώνω; λειαίνω
Glatze F φαλάκρα *f*; **e-e ~ haben** είμαι φαλακρός
Glaube M *a.* REL πίστη *f* (**an** σε) **glauben** πιστεύω (*dat akk*; **an** σε); *meinen* νομίζω
glaubhaft πιστευτός
gläubig θρήσκος **Gläubige(r)** M,F REL πιστός (-ή) *m(f)*
Gläubiger(in) M(F) HANDEL πιστωτής (-τρια) *m(f)*
glaubwürdig αξιόπιστος
gleich[1] *sofort* αμέσως
gleich[2] (ο) ίδιος; *gleich groß* ίσος, ίσιος (*dat* με); MATH ίσον; **zur ~en Zeit** τον ίδιο καιρό; **es ist mir ~** το ίδιο μου κάνει **gleichaltrig** συνομήλικος **gleichbedeutend** ταυτόσημος
gleichberechtigt ισότιμος **Gleichberechtigung** F ισοτιμία *f*
gleichen μοιάζω (*dat* σε; με) **gleichermaßen** εξίσου **gleichfalls**: **danke ~!** ευχαριστώ, επίσης/παρομοίως! **Gleichgewicht** N *a. fig* ισορροπία *f* **gleichgültig** αδιάφορος; **das ist mir ~** αδιαφορώ, μου είναι αδιάφορο **Gleichheit** F ισότητα *f* **gleichmäßig** ομοιόμορφος
Gleichnis N παραβολή *f* **Gleichstrom** M συνεχές ρεύμα *n* **Gleichung** F MATH εξίσωση *f* **gleichwertig** ισάξιος **gleichzeitig** σύγχρονος, ταυτόχρονος; *adv* συγχρόνως, ταυτοχρόνως
Gleis N τροχιά *f*, γραμμή *f* (του τρένου); *Bahnsteig* αποβάθρα *f*
gleiten γλιστρώ
Gleitzeit F ελαστικό ωράριο *n*
Gletscher M παγετώνας *m*
Glied N *a.* ANAT μέλος *n*; *Penis* πέος *n*; *Kettenglied* κρίκος *m*
gliedern χωρίζω, διαιρώ **Gliederschmerzen** MPL πόνοι *mpl* στα άκρα **Gliederung** F υποδιαίρεση *f*; *Struktur* διάρθρωση *f*
Gliedmaßen PL άκρα *npl*, μέλη *npl* του σώματος
glitschig γλιστερός
glitzern αστράφτω, σπινθηροβολώ
global παγκόσμιος; *fig* σφαιρικός **Globalisierung** F παγκοσμιοποίηση *f*
Globuli MPL ομοιοπαθητικοί κόκκοι *mpl*
Globus M υδρόγειος (σφαίρα) *f*
Glocke F καμπάνα *f* **Glockenturm** M καμπαναριό *n*
glotzen χαζεύω
Glück N ευτυχία *f*; *Schicksal* τύχη *f*; **zum ~** ευτυχώς; **~ haben** είμαι τυχερός; **auf gut ~**

στην τύχη
glücken πετυχαίνω **glücklich** ευτυχισμένος, ευτυχής
Glücksfall M ευτύχημα *n* **Glückssache** F ζήτημα *n* τύχης **Glücksspiel** N τυχερό παιχνίδι *n*
Glückwunsch M συγχαρητήρια *npl* (**zu** για); **herzlichen ~!** τα συγχαρητήριά μου!; *Geburtstag* χρόνια πολλά!
Glühbirne F γλόμπος *m*, λάμπα *f* **glühen** *heiß sein* καίω **glühend** αναμμένος; *fig* φλογερός; **~ heiß** καυτός **Glühwürmchen** N πυγολαμπίδα *f*
Glut F *Hitze* κάψα *f*, καμίνι *n*; *fig* πάθος *n*
GmbH F (*Gesellschaft mit beschränkter Haftung*) Ε.Π.Ε. *f* (εταιρεία περιορισμένης ευθύνης)
Gnade F επιείκεια *f*; JUR χάρη *f* **gnadenlos** ανήλεος
gnädig επιεικής
Gold N χρυσάφι *n*, χρυσός *m* **golden** χρυσός; *goldfarben* χρυσαφής **Goldfisch** M χρυσόψαρο *n* **goldig** χρυσός; *niedlich* γλυκός
Golf N γκολφ *n* **Golfplatz** M γήπεδο *n* του γκολφ **Golfschläger** M μπαστούνι *n* του γκολφ
gönnen δε ζηλεύω; **nicht ~** φθονώ; **sich** *etw* **~** επιτρέπω στον εαυτό μου
googeln αναζητώ στο google®
Gott M θεός *m*; **~ sei Dank!** δόξα τω Θεώ! **Gottesdienst** M (θεία) λειτουργία *f* **Gottheit** F θεότητα *f*
Göttin F θεά *f* **göttlich** θεϊκός, θείος
gottlos άθεος
Gourmet M καλοφαγάς (-ού *f*) *m*
Grab N τάφος *m*
graben σκάβω **Graben** M χαντάκι *n*, λάκκος *m*; *Burggraben* τάφρος *f*
Grabstein M ταφόπετρα *f*
Grad M βαθμός *m*; *fig* σημείο *n*; *Rang* βαθμίδα *f*; GEOG, GEOM μοίρα *f*; **bis zu einem gewissen ~** ως ένα βαθμό
Grafik F γραφικά *npl*, γραφικές τέχνες *fpl* **Grafikkarte** F κάρτα *f* γραφικών
grafisch γραφικός
Gramm N γραμμάριο *n*
Grammatik F γραμματική *f*
Granatapfel M ρόδι *n* **Granatapfelbaum** M ροδιά *f*
grandios μεγαλειώδης
Granit M γρανίτης *m*
Grapefruit N γκρέιπ-φρουτ *n*
Gras N χορτάρι *n*, χόρτο *n*, χλόη *f* **grasen** βόσκω, βοσκώ
grässlich φριχτός, απαίσιος
Gräte F (ψαρο)κόκκαλο *n*
gratis δωρεάν, *umg* τζάμπα
gratulieren συγχαίρω (*dat* **zu** *akk* για)
grau γκρι; *Augen* γκρίζος
Grau N γκρι *n*
grauen: **mir graut** με πιάνει

τρόμος, ανατριχιάζω, φρικιάζω (**vor** από; με; όταν) **Grauen** N τρόμος *m*, ανατριχίλα *f* **grauenhaft**, **grauenvoll** φρικιαστικός, φρικτός, ανατριχιαστικός
grausam σκληρός, άγριος, απάνθρωπος, ωμός **Grausamkeit** F σκληρότητα *f*, ωμότητα *f*
gravierend σοβαρός
graziös χαριτωμένος
greifbar χειροπιαστός; *zur Hand* πολύ κοντά, δίπλα μου
greifen πιάνω, αρπάζω; καταφεύγω (**zu** σε); **um sich ~** εξαπλώνομαι
Greis(in) M(F) γέροντας (-ισσα) *m(f)*, γέρος *m*, γριά *f*
grell *Ton* διαπεραστικός; *Licht* εκτυφλωτικός; *Farbe* χτυπητός
Grenze F *fig* σύνορα *npl*; *a. fig* όριο *n* **grenzen** συνορεύω (**an** με); *fig* αγγίζω τα όρια (**an** *gen*) **grenzenlos** απεριόριστος, απέραντος **Grenzkontrolle** F συνοριακός έλεγχος *m* **Grenzpolizei** F αστυνομία *f* συνόρων **Grenzübergang** M συνοριακή διάβαση *f*
Grieche M, **Griechin** F Έλληνας (-ίδα) *m(f)* **Griechenland** N Ελλάς *f*, Ελλάδα *f*
griechisch ελληνικός
Griechisch N Ελληνικά *npl*, ελληνική γλώσσα *f*; **auf ~** στα Ελληνικά
Grieß M σιμιγδάλι *n*
Griff M χερούλι *n*, λαβή *f*; *Türgriff* πόμολο *n* **griffbereit** έτοιμος; πρόχειρος
Grill M σχάρα *f*; *Gerät* ψηστιέρα *f*; **vom ~** της σχάρας
Grille F γρύλλος *m*, τζιτζίκι *n*
grillen ψήνω στη σχάρα/στα κάρβουνα
Grimasse F γκριμάτσα *f*, μορφασμός *m*
grimmig βλοσυρός
grinsen μορφάζω, χαζογελώ
Grippe F γρίπη *f*
grob χοντρός; *plump* χοντροκομμένος; *Person* άξεστος, αγροίκος, βάναυσος, ωμός; *Fehler* σοβαρός
grölen ουρλιάζω
groß μεγάλος; μέγας; *hoch* ψηλός; **groß werden** μεγαλώνω; ψηλώνω; **wie ~ bist du?** τι ύψος έχεις **großartig** καταπληκτικός **Großaufnahme** F κοντινό πλάνο *n* **Großbritannien** N Μεγάλη Βρετανία *f* **Großbuchstabe** M κεφαλαίο (γράμμα) *n*
Größe F μέγεθος *n*; *Fläche* έκταση *f*; *Körpergröße* ύψος *n*; *Kleidergröße* μέγεθος *n*, νούμερο *n*; *Schuhgröße* νούμερο *n*; *fig* μεγαλείο *n*
Großeltern PL παππούδες *mpl*
Größenwahn M μεγαλομανία *f*
größere(r, -s) μεγαλύτερος, πιο μεγάλος
Großhandel M χοντρικό εμπόριο *n* **Großmacht** F με-

γάλη δύναμη *f* **Großmutter** F γιαγιά *f* **Großstadt** F μεγαλούπολη *f*
größte ο μεγαλύτερος; μέγιστος **größtenteils** ως επί το πλείστον
Großvater M παππούς *m*
großzügig γενναιόδωρος
Grotte F σπηλιά *f*, σπήλαιο *n*
Grube F λάκκος *m*; BERGB ορυχείο *n*
grübeln συλλογίζομαι (**über** *akk*), σπάζω το κεφάλι μου
Gruft F τάφος *m*
grün *a.* POL πράσινος; *Pflanze* χλωρός **Grün** N πράσινο *n*; *Rasen* πρασινάδα *f* **Grünanlage** F πάρκο *n*, ζώνη *f* πράσινου
Grund[1] M *Erdboden* έδαφος *n*; *Flasche* πάτος *m*, πυθμένας *m*; *Meeresgrund* βυθός *m*; **im ~e** κατά βάθος, στην ουσία
Grund[2] M *Motiv* λόγος *m*, αιτία *f*; **auf ~** με βάση, βάσει (*gen gen*); **aus welchem ~?** για ποιο λόγο
Grundbesitzer(in) M(F) κτηματίας *m,f*
gründen ιδρύω; *Meinung* βασίζω (**auf** σε) **Gründer(in)** M(F) ιδρυτής (-τρια) *m(f)*
Grundfläche F εμβαδόν *n*
Grundgebühr F πάγια τέλη *npl* **Grundkenntnisse** FPL βασικές/στοιχειώδεις γνώσεις *fpl* **Grundlage** F *fig* θεμέλιο *n*, βάση *f* **grundlegend** θεμελιώδης, βασικός; ριζικός
gründlich ριζικός; σε βάθος
Gründonnerstag M Μεγάλη Πέμπτη *f*
Grundregel F βασικός κανόνας *m* **Grundriss** M σχεδιάγραμμα *n*; κάτοψη *f* **Grundsatz** M *Prinzip* αρχή *f* **grundsätzlich** ουσιαστικός, βασικός; *adv* κατά βάση, βασικά
Grundschule F δημοτικό (σχολείο) *n* **Grundstück** N οικόπεδο *n*, κτήμα *n* **Grundwasser** N υπόγειο νερό *n*
Grundwortschatz M βασικό λεξιλόγιο *n*
Grünfläche F ζώνη *f* πρασίνου
Gruppe F ομάδα *f*, όμιλος *m*; *Reisegruppe* γκρουπ *n* **Gruppenreise** F ομαδικό ταξίδι *n*, ταξίδι *n* με γκρουπ
Gruselfilm M ταινία *f* τρόμου
grus(e)lig ανατριχιαστικός
gruseln: **es gruselt mir** ανατριχιάζω, φοβάμαι
Gruß M χαιρετισμός *m*; **viele Grüße** πολλούς χαιρετισμούς, πολλά χαιρετίσματα (**an** σε)
grüßen χαιρετώ; **~ lassen** στέλνω χαιρετίσματα (*akk* σε); **grüß dich!** γεια σου!
gucken *umg* κοιτάζω; **guck mal!** για κοίτα!
gültig έγκυρος; **~ sein** ισχύω
Gummi M λάστιχο *n*; ελαστικό *n* **Gummihandschuhe** MPL λαστιχένια γάντια *npl*
Gunst F εύνοια *f*; **zu meinen ~en** προς όφελός μου

günstig ευνοϊκός, ευμενής; *fig adv* δεξιά
gurgeln κάνω γαργάρες
Gurke F αγγούρι *n*; **saure ~n** αγγουράκια *npl* τουρσί
Gurt M λουρί *n*; *Sicherheitsgurt* ζώνη *f* ασφαλείας
Gürtel M *an Taille* ζώνη *f*
gut καλός; ωραίος; *adv* καλά; ωραία; καλώς; **sehr ~** μια χαρά; **schon ~!** εντάξει!; **also ~!** εντάξει!; **es geht mir ~** είμαι καλά; **mir ist nicht ~** δε νιώθω καλά; **mach's ~!** γεια σου!; **alles Gute!** καλή τύχη!; *zum Geburtstag* χρόνια πολλά!
Gut N αγαθό *n*; *Landgut* κτήμα *n*, αγρόκτημα *n* **Gutachten** N γνωμοδότηση *f*
gutartig *Tumor* καλοήθης
Güte F καλοσύνη *f*; *Qualität* ποιότητα *f*
Güter NPL αγαθά *npl*; *Waren* εμπόρευμα *n* **Güterbahnhof** M εμπορικός σιδηροδρομικός σταθμός *m* **Güterwagen** M φορτηγό βαγόνι *n* **Güterzug** M φορτηγό τρένο *n*
gutgläubig καλόπιστος
Guthaben N *Konto* καταθέσεις *fpl*, ενεργητικό *n*
gutheißen επιδοκιμάζω, εγκρίνω
gütig καλός, καλοσυνάτος
gutmütig καλόκαρδος, αγαθός
Gutshof M αγρόκτημα *n*
Gutschein M δελτίο *n*, κουπόνι *n* **Gutschrift** F πίστωση *f*
guttun: **es tut gut** κάνει καλό (*dat* σε)
Gymnasium N γυμνάσιο *n* (*7.-9. Klasse*); λύκειο *n* (*10.-12. Klasse*)
Gymnastik F γυμναστική *f*
Gynäkologe M, **Gynäkologin** F γυναικολόγος *m,f*

Haar N τρίχα *f*; *Kopfhaar* μαλλιά *npl*, μαλλί *n* **Haarausfall** M τριχόπτωση *f* **Haare** NPL μαλλιά *npl* **Haarfarbe** F χρώμα *n* μαλλιών **Haarlack** M λακ *f* **Haarschnitt** M *das Schneiden* κούρεμα *n*; *Frisur* κόψιμο *n* **Haarspray** M,N λακ *f* **Haartrockner** M σεσουάρ *n*, πιστολάκι *n* **Haarwuchs** M τριχοφυΐα *f*
Hab: **~ und Gut** N υπάρχοντα *npl*
haben έχω; **bei sich ~** έχω μαζί μου
habgierig άπληστος, πλεονέκτης (-τρια *f*) *m*
Hackbraten M ρολό *n* κιμά
Hacke F σκαλιστήρι *n*, τσάπα *f*
hacken *Holz* κόβω; GASTR (ψιλο)κόβω, λειανίζω **Hackfleisch** N κιμάς *m*

Hafen M λιμάνι *n* **Hafenamt** N λιμεναρχείο *n* **Hafenpolizei** F λιμενική αστυνομία *f* **Hafenstadt** F λιμάνι *n*
Hafer M βρόμη *f*
Haft F κράτηση *f*, φυλάκιση *f* **haftbar** υπεύθυνος **Haftbefehl** M ένταλμα *n* (σύλληψης) **haften** κολλώ; JUR εγγυώμαι; ευθύνομαι (**für** για)
Häftling M κρατούμενος (-η *f*) *m*
Haftpflichtversicherung F ασφάλιση *f* αστικής ευθύνης
Haftstrafe F φυλάκιση *f*
Hagel M χαλάζι *n* **hageln**: **es hagelt** πέφτει χαλάζι
hager κοκκαλιάρης, *a. fig* ισχνός
Hahn M ZOOL κόκορας *m*, πετεινός *m*; *Wasserhahn* βρύση *f*; *Fass* κάνουλα *f*
Hähnchen N κοτόπουλο *n*
Hai(fisch) M σκυλόψαρο *n*, καρχαρίας *m*
häkeln πλέκω (βελονάκι)
Haken M γάντζος *m*, τσιγκέλι *n*; *Angelhaken* αγκίστρι *n*
halb μισός, ήμισυς; **eine ~e Stunde** μισή ώρα; **~ vier** τρεις και μισή; **zum ~en Preis** μισοτιμής; **~ voll/leer** μισογεμάτος/μισοάδειος; **auf ~em Weg** στα μισά του δρόμου **Halbfinale** N ημιτελικός *m* **halbieren** χωρίζω στη μέση/στα δύο **Halbinsel** F χερσόνησος *f* **Halbjahr** N εξάμηνο *n* **Halbkreis** M ημικύκλιο *n* **Halbmond** M μισοφέγγαρο *n*, ημισέληνος *f* **Halbpension** F ημιδιατροφή *f* **Halbtagsarbeit** F *etwa* μερική απασχόληση *f* **halbwegs** πάνω κάτω **Halbzeit** F *Sport* ημίχρονο *n*, ημιχρόνιο *n*
Hälfte F μισό *n*, ήμισυ *n*; *Weg* τα μισά *npl*; **nur die ~ verstehen** καταλαβαίνω μόνο τα μισά; **zur ~** κατά το ήμισυ
Halle F αίθουσα *f*; *Hotelhalle* αίθουσα *f* υποδοχής; *Markthalle* αγορά *f*; *Turnhalle* γυμναστήριο *n* **Hallenbad** N κλειστό κολυμβητήριο *n*
hallo: **~!** γεια σου/σας! *umg* γεια χαρά!; *am Telefon* εμπρός!, λέγετε!, παρακαλώ!
Halm M *Strohhalm* καλάμι *n*; *Trinkhalm* καλαμάκι *n*
Halogenlampe F, **Halogenleuchte** F λάμπα *f* αλογόνου
Hals M λαιμός *m*; **~ über Kopf** βιαστικά **Halsband** N *Hundehalsband* λουρί *n* **Halsentzündung** F φαρυγγίτιδα *f* **Halskette** F περιδέραιο *n*, κολιέ *n*
Hals-Nasen-Ohrenarzt M, **Hals-Nasen-Ohrenärztin** F ωτορινολαρυγγολόγος *m,f*
Halsschmerzen MPL πονόλαιμος *m*; **~ haben** με πονά ο λαιμός **Halstuch** N μαντίλι *n*, φουλάρι *n*
Halt M στάση *f*; *fig* στήριγμα *n*

haltbar *Lebensmittel* διατηρήσιμος; *stabil* στερεός, ανθεκτικός; *Argument* βάσιμος **Haltbarkeit** F *Lebensmittel* χρόνος *m* διατήρησης; *Stabilität* στερεότητα *f*, ανθεκτικότητα *f*
halten κρατώ; διατηρώ; *festhalten* κρατώ, βαστώ; *anhalten* σταματώ; *Wort* κρατώ, τηρώ; *Rede* βγάζω; *betrachten* θεωρώ, νομίζω (**für** *akk*); **sich gut ~** διατηρούμαι, κρατιέμαι; **was hältst du davon?** πώς το βρίσκεις, πώς σου φαίνεται
Haltestelle F στάση *f* **Halteverbot** N απαγόρευση *f* στάθμευσης **Haltung** F συμπεριφορά *f*, *a. Körperhaltung* στάση *f*
haltmachen σταματώ
Hamburg N Αμβούργο *n*
Hamburger M GASTR χάμπουργκερ *n*
hämisch σαρκαστικός
Hammel M κριάρι *n* **Hammelfleisch** N αρνί *n*, αρνήσιο κρέας *n*
Hammer M σφυρί *n*
Hämorrhoiden PL, **Hämorriden** PL αιμορροΐδες *fpl*
Hand F χέρι *n*; **~ in ~** χέρι χέρι; **alle Hände voll zu tun** πνίγομαι στη δουλειά **Handarbeit** F χειροτεχνία *f*; *Gegenstand* χειροτέχνημα *n*; *weibliche* εργόχειρο *n*; *nicht industriell* χειροποίητο *n*
Handball M χειροσφαίριση *f* **Handbremse** F χειρόφρενο *n* **Handbuch** N εγχειρίδιο *n*
Handel M εμπόριο *n*
handeln εμπορεύομαι (**mit** *akk*); *agieren* ενεργώ, δρω; *feilschen* παζαρεύω; **es handelt sich** πρόκειται (**um** για)
Handelsbeziehungen FPL εμπορικές σχέσεις *fpl* **Handelsschiff** N εμπορικό πλοίο *n* **Handelsschule** F εμπορική σχολή *f*
Handfläche F χούφτα *f*
Handgelenk N ANAT καρπός *m* **handgemacht** φτιαγμένος με το χέρι, χειροποίητος
Handgepäck N χειραποσκευή *f* **Handgranate** F χειροβομβίδα *f* **handgreiflich**: **~ werden** έρχομαι στα χέρια
Handgriff M χερούλι *n*, χειρολαβή *f* **Handkoffer** M βαλίτσα *f*
Händler(in) M(F) έμπορος *m,f*
handlich εύχρηστος
Handlung F πράξη *f*, ενέργεια *f*; *Kino*, LIT πλοκή *f*, δράση *f*
Handschrift F γραφικός χαρακτήρας *m*, γράψιμο *n*, γραφή *f* **Handschuh** M γάντι *n*
Handtasche F τσάντα *f*
Handtuch N πετσέτα *f* (των χεριών)
Handvoll: **e-e ~** μια χούφτα
Handwerk N *etwa* βιοτεχνία *f*, χειροτεχνία *f*, τέχνη *f* **Handwerker(in)** M(F) μάστορας (-ισσα) *m(f)*, τεχνίτης (-τρια) *m(f)*

Handy N TEL κινητό *n* **Handynummer** F αριθμός *m* κινητού
Hanf M κάνναβη *f*, καννάβι *n*
Hang M *Berghang* βουνοπλαγιά *f*; *a. fig* κλίση *f*; *fig* τάση *f*
Hängebrücke F κρεμαστή γέφυρα *f* **Hängematte** F κούνια *f*
hängen *befestigen* κρεμώ (**an** από; σε); κρέμομαι (**an** από; σε); ~ **bleiben** πιάνομαι, σκαλώνω **hängend** κρεμαστός
Hannover N Ανόβερο *n*
hänseln κοροϊδεύω
Happen M μπουκιά *f*
Harfe F άρπα *f*
harmlos αθώος; ακίνδυνος
Harmonie F *a.* MUS αρμονία *f*
harmonisch αρμονικός
Harn M ούρα *npl* **Harnblase** F ουροδόχος κύστη *f* **Harnröhre** F ουρήθρα *f*
Harpune F καμάκι *n*
hart *a. fig* σκληρός; *fest* σφιχτός; *streng* αυστηρός; *Winter* βαρύς
Härte F *a. fig* σκληρότητα *f*
Hartgeld N κέρματα *npl*
Hartkäse M σκληρό τυρί *n*
hartnäckig επίμονος, έμμονος
Harz N *Baumharz* ρετσίνι *n* **Harzwein** M ρετσίνα *f*
Hase M λαγός *m*
Haselnuss F φουντούκι *n*
Hass M μίσος *n* **hassen** μισώ
hässlich άσχημος
Hast F βιασύνη *f*, βία *f* **hastig** βιαστικός; *adv* βιαστικά
hätte: **ich ~ gern(e)** ... θα ήθελα ...; **ich ~ geschrieben** θα είχα γράψει
Haube F σκούφια *f*; AUTO καπό *n*
Hauch M *Wind* πνοή *f*, άχνα *f*; *Dunst* αχνός *m*; *fig* ίχνος *n* **hauchen** φυσώ; *Worte* ψιθυρίζω
hauen χτυπώ
Haufen M σωρός *m*; στοίβα *f*; **ein ~ Geld** ένα σωρό λεφτά
häufen στοιβάζω, συσσωρεύω; **sich ~** *fig* πληθαίνω
häufig συχνός; *adv* συχνά
Häufigkeit F συχνότητα *f*
Haupt N κεφάλι *n*; MED, *fig* κεφαλή *f* **Hauptbahnhof** M κεντρικός σιδηροδρομικός σταθμός *m* **hauptberuflich**: **ich bin ~ Dolmetscherin** το κύριο επάγγελμά μου είναι διερμηνέας **Hauptgericht** N κυρίως πιάτο *n* **Hauptmahlzeit** F κυρίως γεύμα *n* **Hauptreisezeit** F κύρια τουριστική περίοδος *f* **Hauptrolle** F πρωταγωνιστικός ρόλος *m*; **die ~ spielen** πρωταγωνιστώ **Hauptsache** F το κυριότερο *n*, το παν *n* **hauptsächlich** κυριότερος; *adv* κυρίως **Hauptsaison** F κύρια τουριστική περίοδος *f* **Hauptstadt** F πρωτεύουσα *f* **Hauptstraße** F *e-r Stadt* κεντρικός δρόμος *m*; οδός *f* προτεραιότητας **Hauptverkehrszeit** F ώρα *f*

αιχμής
Haus N σπίτι *n*, οικία *f*; οίκος *m*; **nach/zu ~e** (στο) σπίτι **Hausarbeit** F δουλειά *f* του σπιτιού, οικιακή εργασία *f* **Hausaufgaben** FPL μαθήματα *npl* για το σπίτι **Hausbesuch** M επίσκεψη *f* στο σπίτι **Hausdurchsuchung** F έρευνα *f* κατ' οίκον **Hausfrau** F νοικοκυρά *f*; *Angabe in Formular* οικιακά *npl* **hausgemacht** σπιτικός, σπιτήσιος
Haushalt M νοικοκυριό *n*; HANDEL προϋπολογισμός *m* **Haushaltswaren** FPL οικιακά είδη *npl*
Hausherr(in) M(F) νοικοκύρης (-ά) *m(f)*
häuslich σπιτικός; *Arbeit* οικιακός; *Pflicht* οικογενειακός; **~e(r) Mensch** *m* άνθρωπος *m* του σπιτιού
Hausmeister(in) M(F) διαχειριστής (-τρια) *m(f)* **Hausmittel** N γιατροσόφι *n* **Hausschuhe** MPL παντόφλες *fpl* **Haustier** N κατοικίδιο ζώο *n* **Haustür** F εξώπορτα *f*
Haut F δέρμα *n*; *Oberhaut* επιδερμίδα *f* **Hautarzt** M, **Hautärztin** F δερματολόγος *m,f* **Hautcreme** F κρέμα *f* δέρματος
häuten γδέρνω
Hautfarbe F χρώμα *n* δέρματος **Hautkrebs** M καρκίνος *m* του δέρματος
Hebamme F μαμή *f*, μαία *f*
Hebel M μοχλός *m*
heben σηκώνω; *Stimme* υψώνω
Hecht M λούτσος *m*
Heck N SCHIFF πρύμνη *f*; AUTO πίσω μέρος *n*
Hecke F φράχτης *m* από θάμνους **Heckenschere** F ψαλίδα *f*
Heer N στρατός *m*, στράτευμα *n*
Hefe F μαγιά *f*
Heft N *Schreibheft* τετράδιο *n*; *Leseheft* τεύχος *n* **Hefter** M ντοσιέ *n*
heftig έντονος, *fig* βίαιος; ορμητικός, σφοδρός; *Schmerz* οξύς; *Streit* άγριος
Heftklammer F συνδετήρας *m*
Heide[1] F *etwa* χέρσος κάμπος *m*
Heide[2] M, **Heidin** F ειδωλολάτρης (-ισσα) *m(f)*
Heidelbeere F μύρτιλλο *n*
heidnisch ειδωλολατρικός
heikel *Frage* λεπτός, δύσκολος; *Person* ιδιότροπος
heil *unversehrt* ακέραιος, σώος και αβλαβής **Heilbäder** NPL ιαματικά λουτρά *npl* **heilbar** θεραπεύσιμος **heilen** θεραπεύω, γιατρεύω
heilig άγιος, ιερός **Heiligabend** M παραμονή *f* Χριστουγέννων **Heilige(r)** M,F άγιος *m*, αγία *f* **Heiligtum** N ιερό *n*
Heilmittel N φάρμακο *n*; γιατρικό *n* **Heilpflanze** F θερα-

πευτικό φυτό *n* **Heilpraktiker(in)** M(F) *etwa* φυσικοθεραπευτής (-τρια) *m(f)* **Heilquelle** F ιαματική πηγή *f* **heilsam** θεραπευτικός, ιαματικός **Heilung** F θεραπεία *f*; γιατρειά *f*
Heim N σπίτι *n*; *Kinderheim* άσυλο *n*; οίκος *m*; *Wohnheim* εστία *f*; *Altersheim* γηροκομείο *n*
Heimat F, **Heimatland** N πατρίδα *f* **Heimatort** M ιδιαίτερη πατρίδα *f*
heimfahren πηγαίνω στο σπίτι **Heimfahrt** F ταξίδι *n* επιστροφής **heimgehen** πηγαίνω στο σπίτι **heimisch** οικείος, άνετος **Heimkehr** F επιστροφή *f* (στο σπίτι) **heimkommen** πηγαίνω στο σπίτι
heimlich κρυφός, μυστικός; *adv* κρυφά
Heimreise F ταξίδι *n* επιστροφής, επιστροφή *f* **Heimweg** M γυρισμός *m*, επιστροφή *f*; **guten ~!** στο καλό! **Heimweh** N νοσταλγία *f* για την πατρίδα; **~ haben** νοσταλγώ την πατρίδα μου
Heirat F γάμος *m* **heiraten** παντρεύομαι **Heiratsantrag** M πρόταση *f* γάμου **Heiratsurkunde** F ληξιαρχική πράξη *f* γάμου
heiser βραχνός
heiß ζεστός, θερμός; *brennend heiß, a. fig* καυτός; **~ sein** καίω; **sehr ~ sein** ζεματώ; **es ist ~** κάνει πολλή ζέστη; **mir ist ~** ζεσταίνομαι, *umg* σκάω
heißen ονομάζομαι, λέγομαι (*nom nom*); *bedeuten* σημαίνω; **wie heißt du?** πώς λέγεσαι, πώς σε λένε; **wie heißt das auf Griechisch?** πώς λέγεται στα Ελληνικά; **das heißt (d.h.)** δηλαδή (δηλ.)
heiter *Wetter* αίθριος; *fröhlich* εύθυμος, χαρούμενος
heizbar θερμαινόμενος **heizen** ζεσταίνω, θερμαίνω **Heizkörper** M (σώμα *n* του) καλοριφέρ **Heizlüfter** M αερόθερμο *n* **Heizöl** N πετρέλαιο *n* θέρμανσης **Heizung** F θέρμανση *f*
Hektar M εκτάριο *n*
Hektik F άγχος *n*, βιασύνη *f* **hektisch** αγχώδης, βιαστικός
Held(in) M(F) ήρωας (-ίδα) *m(f)* **heldenhaft** ηρωικός **Heldentat** F ηρωισμός *m*, (ηρωικό) κατόρθωμα *n*
helfen βοηθώ (*dat akk*); δίνω/βάζω ένα χέρι; **kann ich dir ~?** μπορώ να σε βοηθήσω
hell φωτεινός; *Farbe* ανοιχτός; *Haut, Augen, Farbe* ανοιχτόχρωμος; *Bier* ξανθιά; **es wird ~** φωτίζει, φέγγει **hellblau** γαλάζιος **hellgrün** ανοιχτός πράσινος
hellenistisch ελληνιστικός
helllicht: **am ~en Tag** μέρα μεσημέρι **Hellseher(in)** M(F) μάντης (-ισσα) *m(f)*
Helm M κράνος *n*

Hemd N πουκάμισο *n*
Hemisphäre F ημισφαίριο *n*
hemmen *hindern* εμποδίζω
Hemmung F δισταγμός *m*, ενδοιασμός *m* **hemmungslos** αχαλίνωτος, ασυγκράτητος
Henkel M χερούλι *n*, λαβή *f*; χέρι *n*
Henker M δήμιος *m*
Henne F κότα *f*
Hepatitis F ηπατίτιδα *f*
her εδώ; **von weit ~** από μακριά; **es ist eine Woche ~** είναι μια βδομάδα, έχει περάσει μια βδομάδα
herab (προς τα) κάτω; **von oben ~** αφ' υψηλού
herablassen αφήνω κάτω, κατεβάζω; **sich ~** καταδέχομαι **herablassend** υπεροπτικός, ακατάδεκτος
heran κοντά; **näher ~** πιο κοντά **herankommen** πλησιάζω; *heranreichen* φτάνω
herauf (προς τα) πάνω **heraufbeschwören** προκαλώ
heraus (προς τα) έξω; **von innen ~** από μέσα **herausfinden** ανακαλύπτω, βρίσκω
herausfordern προκαλώ **Herausforderung** F πρόκληση *f*
herausgeben *Geld* δίνω ρέστα; *Buch* εκδίδω, βγάζω **Herausgeber(in)** M(F) εκδότης (-τρια) *m(f)*
herauskommen βγαίνω **herausnehmen** βγάζω, παίρνω (έξω) **herausreden**: **sich ~** δικαιολογούμαι **herausrutschen** *Wort* ξεφεύγω **herausstellen**: **sich ~** αποδεικνύομαι
herb στυφός; *Wein* μπρούσκος; *Kritik* δριμύς; *Verlust* μεγάλος
herbei (προς τα) εδώ **herbeiführen** προκαλώ, προξενώ
Herberge F ξενώνας *m*
Herbst M φθινόπωρο *n*; **im ~** το φθινόπωρο **herbstlich** φθινοπωρινός, φθινοπωριάτικος
Herd M κουζίνα *f*; *fig* εστία *f*
Herde F κοπάδι *n*, αγέλη *f*
Herdplatte F μάτι *n* της κουζίνας
herein μέσα; **~!** εμπρός!; περάστε! **hereinbitten** ζητώ να περάσει **hereinkommen** έρχομαι, μπαίνω (μέσα) **hereinlegen** γελώ, κοροϊδεύω, πιάνω κορόιδο
herfallen πέφτω πάνω, ρίχνομαι (**über** σε) **hergeben** δίνω
Hering M ρέγκα *f*
herkommen έρχομαι; *stammen* είμαι, κατάγομαι; **komm her!** έλα εδώ!
herkömmlich παραδοσιακός
Herkunft F καταγωγή *f*; *Ware* προέλευση *f*
Heroin N ηρωίνη *f*
Herpes M έρπης *m*
Herr M *a. Anrede* κύριος *m*; αφέντης *m*; *Tanz* καβαλιέρος *m*; **Herr ...!** κύριε ...!; **~ der Lage sein** είμαι κύριος της κα-

τάστασης **herrenlos** αδέσποτος **Herrentoilette** F ανδρών, αντρική τουαλέτα *f* **herrichten** (προ)ετοιμάζω **Herrin** F κυρία *f*; δέσποινα *f*, αφέντρα *f* **herrisch** δεσποτικός **herrlich** υπέροχος, θαυμάσιος, λαμπρός **Herrschaft** F εξουσία *f*, κυριαρχία *f*; ηγεμονία *f*; *Kontrolle* έλεγχος *m* **herrschen** *a. fig* κυριαρχώ, βασιλεύω **Herrscher(in)** M(F) ηγεμόνας (-ίδα) *m(f)*, κυρίαρχος *m,f* **herstellen** κατασκευάζω; παράγω, βγάζω, φτιάχνω **Herstellung** F κατασκευή *f* **herüber** (προς τα) εδώ **herüberkommen** περνώ από εδώ **herum** γύρω; **um ... ~** γύρω από; *zeitlich* κατά; *ungefähr* περίπου, γύρω **herumfahren** τριγυρίζω; πηγαίνω βόλτα **herumführen**: **in der Stadt ~** γυρίζω στην πόλη, ξεναγώ **herumirren** περιπλανιέμαι **herumkriegen** *umg* καταφέρνω **herumlaufen** τριγυρίζω, περιφέρομαι **herumliegen** είμαι σκόρπιος; *Person* είμαι ξαπλωμένος **herumreichen** δίνω **herumstehen** στέκομαι **herumtreiben**: **sich ~** (τρι)γυρίζω **herunter** (προς τα) κάτω **herunterfallen** πέφτω κάτω **heruntergekommen** *Person* ξεπεσμένος **herunterschlucken** *a. fig* καταπίνω **hervor** έξω **hervorbringen** δημιουργώ, παράγω, κάνω; *Wort* προφέρω **hervorgehen** *fig* προκύπτω, απορρέω (**aus** από) **hervorheben** τονίζω **hervorragend** *fig* έξοχος, λαμπρός **hervorrufen** προκαλώ, προξενώ **Herz** N *a. fig* καρδιά *f*; **von ganzem ~en** με όλη μου την καρδιά; **schweren/leichten ~ens** με βαριά/ελαφριά καρδιά **Herzanfall** M καρδιακή προσβολή *f* **Herzbeschwerden** FPL ενοχλήσεις *fpl* στην καρδιά **Herzfehler** M καρδιακή ανωμαλία *f* **herzhaft** *Essen* πικάντικος **Herzinfarkt** M καρδιακό έμφραγμα *n* **Herzklopfen** N καρδιοχτύπι *n*; MED παλμοί *mpl* της καρδιάς **Herzkranke(r)** M,F καρδιακός (-ή) *m(f)* **herzlich** εγκάρδιος; θερμός, ζεστός **herzlos** άκαρδος, άπονος **Herzschlag** M παλμός *m*/κτύπος *m* της καρδιάς; MED *als Folge* καρδιακή συγκοπή *f* **Herzschrittmacher** M βηματοδότης *m* **Herzversagen** N ανακοπή *f* (της) καρδιάς **Hessen** N Έση *f* **heterosexuell** ετεροφυλόφιλος **Hetze** F *Eile* βιασύνη *f* **hetzen** βιάζομαι; *jagen* κυνηγώ; *aufwiegeln* ξεσηκώνω (**gegen** κατά *+gen*)

Heu N σανό(ς *m*) *n*; χόρτο *n* **Heuchelei** F υποκρισία *f*; προσποίηση *f* **Heuchler(in)** M(F) υποκριτής (-τρια) *m(f)*
heuer *reg* (ε)φέτος
heulen ουρλιάζω; *umg weinen* κλαίω; *Wind* σφυρίζω
Heuschnupfen M αλλεργική ρινίτιδα *f* **Heuschrecke** F ακρίδα *f*
heute σήμερα; ~ **Morgen** σήμερα το πρωί; **ab** ~ από σήμερα; **bis** ~ μέχρι σήμερα **heutig** σημερινός
Hexe F στρίγγλα *f*, μάγισσα *f* **hexen** μαγεύω, κάνω μάγια
Hexenschuss M πιάσιμο *n* της μέσης/στη μέση
hier εδώ; ~ **ist/sind ...** να ... (*nom nom*); **von** ~ **aus** από εδώ
Hierarchie F ιεραρχία *f*
hierbei σ' αυτή την περίπτωση **hierbleiben** μένω εδώ **hierfür** γι' αυτό **hierher** (προς) τα εδώ; **bis** ~ ως/μέχρι εδώ **hierzu** γι' αυτό; *betreffend* πάνω σ' αυτό
hiesig τοπικός, εγχώριος
Hightech N υψηλή/προηγμένη τεχνολογία *f*
Hilfe F βοήθεια *f*; ~! βοήθεια!; **um** ~ **rufen** φωνάζω βοήθεια; **mit** ~ με τη βοήθεια (**von** *gen*); **Erste** ~ οι πρώτες βοήθειες *fpl* **Hilferuf** M κραυγή *f* βοήθειας
hilflos αβοήθητος, χωρίς βοήθεια; *ratlos* αμήχανος **hilfreich** βοηθητικός; εξυπηρετικός, χρήσιμος **hilfsbereit** εξυπηρετικός, πρόθυμος
Hilfsmittel N βοήθημα *n*
Himbeere F σμέουρο *n*
Himmel M ουρανός *m*; **unter freiem** ~ στο ύπαιθρο **himmelblau** γαλάζιος; *Augen* γαλανός **Himmelsrichtung** F σημείο *n* του ορίζοντα
himmlisch *fig* υπέροχος, θαυμάσιος
hin (προς τα) εκεί; ~ **und her** εδώ κι εκεί, πέρα-δώθε; ~ **und wieder** πού και πού; ~ **und zurück** με επιστροφή
hinauf (προς τα) πάνω **hinaufgehen** ανεβαίνω, ανηφορίζω
hinaus (προς τα) έξω; **darüber** ~ εκτός αυτού **hinausgehen** βγαίνω **hinausschieben** *Termin* αναβάλλω **hinauswerfen** πετώ έξω **hinauswollen**: **worauf willst du hinaus?** πού θέλεις να καταλήξεις
Hinblick M: **im** ~ ενόψει (**auf** *gen*), όσον αφορά (**auf** *akk*)
hinbringen πηγαίνω; *Person* πηγαίνω, συνοδεύω
hindern εμποδίζω (**an** να)
Hindernis N εμπόδιο *n*
hindurch *räumlich* διά μέσου, από μέσα; *zeitlich*: **die ganze Nacht** ~ όλη τη νύχτα
hinein μέσα **hineingehen** μπαίνω (μέσα) **hineinpas-**

sen χωρώ; *passend sein* ταιριάζω **hineintun** βάζω μέσα
hinfahren *a. j-n* πηγαίνω
Hinfahrt F μετάβαση *f*, πηγαιμός *m*; **auf der ~** στη μετάβαση; **Hin- und Rückfahrt** μετάβαση *f* με επιστροφή
hinfallen πέφτω (κάτω) **hinfällig** *ungültig* άκυρος **Hinflug** M μετάβαση *f* **hinführen** οδηγώ **Hingabe** F αφοσίωση *f*; πάθος *n* **hingegen** όμως, αντιθέτως, απεναντίας **hingehen** πηγαίνω εκεί
hinken κουτσαίνω, είμαι κουτσός
hinkriegen *umg* τα καταφέρνω; *in Ordnung bringen* τακτοποιώ **hinlegen** βάζω; **sich ~** ξαπλώνω, πλαγιάζω **hinnehmen** *Tatsache* δέχομαι; *tolerieren* ανέχομαι; *erdulden* υπομένω **Hinreise** F μετάβαση *f* **hinreißend** συναρπαστικός
hinrichten εκτελώ; θανατώνω **Hinrichtung** F εκτέλεση *f*
hinsetzen: **sich ~** κάθομαι
Hinsicht F: **in dieser ~** απ' αυτή την άποψη; **in jeder ~** από κάθε άποψη **hinsichtlich** σχετικά (*gen* με), όσον αφορά (*gen akk*)
hinstellen τοποθετώ
hinten πίσω; **von ~** από πίσω
hinter πίσω (*akk*; *dat* από)
hintere(r, -s) οπίσθιος; πίσω
hintereinander ο ένας μετά τον άλλον; διαδοχικά **Hintergedanke** M υστεροβουλία *f* **hintergehen** *betrügen* εξαπατώ **Hintergrund** M φόντο *n*, βάθος *n* **hinterhältig** δόλιος, υστερόβουλος
hinterher ύστερα, κατόπιν; *räumlich* από πίσω **hinterlassen** αφήνω **hinterlistig** ύπουλος, δόλιος
Hintern M *umg* πισινός *m*
Hinterrad N οπίσθιος τροχός *m*, πίσω ρόδα *f* **Hinterteil** N πίσω μέρος *n* **Hintertür** F πίσω πόρτα *f*
hinüber από εκεί, εκεί πέρα, στην άλλη μεριά **hinübergehen** περνώ
hinunter (προς τα) κάτω **hinunterfallen** πέφτω **hinunterschlucken** *a. fig* καταπίνω
hinweg μακριά; **über viele Jahre ~** για πολλά χρόνια
Hinweg M μετάβαση *f*, πηγαιμός *m*
Hinweis M *Anweisung* υπόδειξη *f*, οδηγία *f*, συμβουλή *f*; *Anzeichen* ένδειξη *f* **hinweisen** επισημαίνω, υποδεικνύω (**auf** *akk*)
hinziehen: **sich ~** διαρκώ, χρονίζω
hinzu επιπλέον **hinzufügen** προσθέτω; *Zutaten* βάζω **hinzukommen** έρχομαι; *Sache* προστίθεμαι **hinzurechnen**, **hinzuzählen** συνυπολογίζω
hinzuziehen *Arzt* συμβου-

λεύομαι
Hirn N μυαλό *n*; MED εγκέφαλος *m* **Hirnhautentzündung** F μηνιγγίτιδα *f*
Hirsch M ελάφι *n*
Hirse F κεχρί *n*
Hirt M βοσκός *m*, τσο(μ)πάνος *m*, τσο(μ)πάνης *m*
historisch ιστορικός
Hit M MUS επιτυχία *f*
Hitze F ζέστη *f*, ζέστα *f*; PHYS θερμότητα *f*; **was für eine ~!** τι ζέστη! **Hitzewelle** F καύσωνας *m*, κύμα *n* καύσωνα
Hitzschlag M ηλίαση *f*, θερμοπληξία *f*
HIV-positiv οροθετικός (-ή *f*) *m*
Hobby N χόμπι *n*
hoch *räumlich, Preis, Alter, Ton* (υ)ψηλός; *nach oben adv* ψηλά
Hoch N *Wetter* υψηλό βαρομετρικό *n* **Hochdruck** M *Wetter* υψηλή ατμοσφαιρική πίεση *f* **Hochhaus** N ουρανοξύστης *m*; πολυκατοικία *f*
hochmütig υπεροπτικός, ακατάδεκτος, αλαζονικός **hochnäsig** ψηλομύτης
Hochschule F ανωτάτη σχολή *f*; **Technische ~** πολυτεχνείο *n* **Hochspannung** F υψηλή τάση *f*
höchste(r, -s) υπέρτατος, ύψιστος, μέγιστος; *Hierarchie* ανώτατος **höchstens** το (πολύ) πολύ **Höchstgeschwindigkeit** F μέγιστη ταχύτητα *f*
Hochwasser N πλημμύρα *f*
Hochzeit F γάμος *m* **Hochzeitsreise** F γαμήλιο ταξίδι *n* **Hochzeitstag** M επέτειος *f* του γάμου
Hocker M σκαμνί *n*
Hockey N χόκεϊ *n*
Hoden M όρχις *m*
Hof M αυλή *f*; *Schulhof* προαύλιο *n*
hoffen ελπίζω (**auf** να; ότι; *akk*)
hoffentlich: **~ stimmt es** ας ελπίσουμε ότι είναι αλήθεια
Hoffnung F ελπίδα *f* **hoffnungslos** *Lage* απελπιστικός; *Person* απελπισμένος
höflich ευγενικός, ευγενής
Höhe F ύψος *n*; *Summe* **in ~ von ...** ύψους *gen* ...; **das ist die ~!** αυτό ξεπερνά τα όρια!
Höhenangst F υψοφοβία *f*
Höhepunkt M (απο)κορύφωμα *n*; ακμή *f*; *Sex* οργασμός *m*
höher ADV πιο ψηλά **höhere(r, -s)** ψηλότερος; ανώτερος
hohl κούφιος, κοίλος; κενός; *Geräusch* υπόκωφος; *fig* κλούβιος
Höhle F σπήλαιο *n*, σπηλιά *f*; MED θόλος *m*
Hohlraum M κενός χώρος *m*
höhnisch χλευαστικός
holen παίρνω, πηγαίνω να πάρω; **e-n Arzt ~** φωνάζω ένα γιατρό
Holland N Ολλανδία *f*
Holländer(in) M(F) Ολλανδός (-ή) *m(f)*
Hölle F *a. fig* κόλαση *f*; **die ~**

ist los! γίνεται χαμός!
höllisch φοβερός, τρομερός
holp(e)rig *Weg* ανώμαλος
Holz N ξύλο *n*; *Bauholz* ξυλεία *f*; *Brennholz* ξύλα *npl* για τη φωτιά, καυσόξυλα *npl* **Holzfäller** M ξυλοκόπος *m* **holzig** ξυλώδης
Homepage F INTERNET ιστοσελίδα *f*
homöopathisch ομοιοπαθητικός
homosexuell ομοφυλόφιλος
Honig M μέλι *n*
Honorar N αμοιβή *f*; πληρωμή *f*
Hopfen M λυκίσκος *m*
Horde F ορδή *f*
hören *a. anhören, zuhören* ακούω (*akk*; **von**; **über** *akk*; για); *gehorchen* ακούω (**auf** *akk*); **vom Hören** εξ ακοής **Hörer** TEL ακουστικό *n* **Hörer(in)** M(F) ακροατής (-τρια) *m(f)* **Hörgerät** N ακουστικό *n*
Horizont M ορίζοντας *m*
Hormon N ορμόνη *f*
hormonell ορμονικός
Horn N κέρατο *n*; MUS κορνέτα *f* **Hornhaut** F *Auge* κερατοειδής χιτώνας *m*
Horoskop N ωροσκόπιο *n*
Hort M *Kinderhort* παιδικός σταθμός *m*
Hose F παντελόνι *n*
Hosenanzug M ταγέρ-παντελόνι *n* **Hosenrock** M φούστα-παντελόνι *f*
Hostie F αντίδωρο *n*
Hotel N ξενοδοχείο *n* **Hotelzimmer** N δωμάτιο *n* ξενοδοχείου
hübsch όμορφος, ωραίος, νόστιμος, χαριτωμένος
Hubschrauber M ελικόπτερο *n*
Huf M οπλή *f*, νύχι *n* **Hufeisen** N πέταλο *n*
Hüfte F γοφός *m*, ισχίο *n*
Hügel M λόφος *m* **hügelig** λοφώδης
Huhn N κότα *f*
Hühnchen N κοτόπουλο *n*
Hühnerauge N κάλος *m* **Hühnerbrühe** F ζωμός *m* κότας
Hülle F περίβλημα *n*, κάλυμμα *n*; *CD* θήκη *f*
Hülsenfrüchte FPL όσπρια *npl*
human ανθρώπινος
humanitär ανθρωπιστικός
Hummel F άγρια μέλισσα *f*
Hummer M αστακός *m*
Humor M χιούμορ *n* **humorlos** χωρίς χιούμορ **humorvoll** με χιούμορ
humpeln κουτσαίνω
Hund M σκυλί *n*, σκύλος *m* **Hundehütte** F σπιτάκι *n* σκύλου
hundert εκατό **hundertprozentig** εκατό τοις εκατό
Hunger M πείνα *f*; *starker Wunsch* δίψα *f*; **~ haben** πεινώ **hungern** πεινώ; *sich sehnen* διψώ (**nach** για) **Hunger-**

streik M απεργία *f* πείνας
hungrig πεινασμένος; ~ **sein** πεινώ, έχω πείνα
Hupe F κόρνα *f*, κλάξον *n* **hupen** κορνάρω
hüpfen (χορο)πηδώ
Hürde F εμπόδιο *n* **Hürdenlauf** M δρόμος *m* μετ' εμποδίων
hüsteln ξεροβήχω
husten βήχω
Husten M βήχας *m* **Hustenbonbon** M,N καραμέλα *f* για το βήχα **Hustensaft** N σιρόπι *n* για το βήχα
Hut M καπέλο *n*
hüten προσέχω, *a. Vieh, Geheimnis* φυλάγω; **sich ~** (προ)φυλάγομαι (**vor** από)
Hütte F καλύβα *f*, καλύβι *n*; *Berghütte* ορεινό καταφύγιο *n*
Hyäne F ύαινα *f*
Hygiene F υγιεινή *f* **hygienisch** υγιεινός
Hymne F ύμνος *m*
Hyperlink N υπερδεσμός *m*
Hypnose F ύπνωση *f* **hypnotisieren** υπνωτίζω
Hypochonder M υποχόνδριος (-α *f*) *m* **Hypothek** F υποθήκη *f* **Hypothese** F υπόθεση *f*
hysterisch υστερικός

I

ich εγώ; *ich selbst* ο εαυτός μου; ~ **bin's** εγώ είμαι
ideal ιδανικός, ιδεώδης **Ideal** N ιδανικό *n*, ιδεώδες *n*
Idealismus M ιδεαλισμός *m*
idealistisch ιδεαλιστικός
Idee F ιδέα *f*; *fig Spur* ιδέα *f*
identifizieren ταυτίζω; *Leiche* αναγνωρίζω; **sich ~** ταυτίζομαι **identisch** ολόιδιος; ταυτόσημος **Identität** F ταυτότητα *f*
Ideologie F ιδεολογία *f* **ideologisch** ιδεολογικός
Idiot M ηλίθιος (-α *f*) *m*; **du ~!** ανόητε!, ηλίθιε! **idiotisch** ηλίθιος
Idol N *a. fig* είδωλο *n*
Idylle F ειδύλλιο *n* **idyllisch** ειδυλλιακός
Igel M σκαντζόχοιρος *m*
Ignoranz F άγνοια *f* **ignorieren** αγνοώ
ihm *pers pr dat* του; τον; σ' αυτόν; **ich sagte ~** του είπα; **ein Freund von ~** ένας φίλος του
ihn *pers pr akk* τον; του; **ich kenne ~** τον ξέρω
ihnen *pers pr dat* PL τους; σ' αυτούς *mpl*, σ' αυτές *fpl*
Ihnen *pers pr dat* σας; σε σας
ihr[1] *pers pr nom* PL εσείς
ihr[2] *pers pr dat* F της; τη(ν); σ'

αυτήν; **ich half ~** τη βοήθησα; **ein Freund von ~** ένας φίλος της
Ihr *poss pr* εσείς
ihr(e, -s) POSS PR SG ο, η, το ... της; *betont* (ο) δικός της; *pl* οι, τα ... της; *poss pr pl* ο, η, το ... τους; *betont* (ο) δικός τους
Ihr(e, -s) POSS PR ο, η, το ... σας; *betont* (ο) δικός σας; *pl* οι, τα ... σας
Ikone F εικόνα *f*
illegal παράνομος; αθέμιτος
Illusion F ψευδαίσθηση *f*; αυταπάτη *f*
Illustration F *Bild* εικόνα *f*; εικονογράφηση *f* **Illustrierte** F (εικονογραφημένο) περιοδικό *n*
Imbiss M μεζές *m*; πρόχειρο φαγητό *n*
imitieren απομιμούμαι
Imker(in) M(F) μελισσοκόμος *m,f*
immer πάντα, πάντοτε; όλο; συνέχεια; **~ wieder** συνεχώς, κάθε λίγο και λιγάκι, ξανά και ξανά; **~ wenn** όποτε, κάθε φορά που
immerhin πάντως, πάλι καλά, τουλάχιστον
Immobilie F ακίνητο *n*
immun απρόσβλητος **Immunität** F MED ανοσία *f*; POL ασυλία *f*
impfen εμβολιάζω **Impfstoff** M MED εμβόλιο *n* **Impfung** F εμβολιασμός *m*, εμβόλιο *n*
imponieren εντυπωσιάζω (*dat akk*), κάνω εντύπωση (*dat* σε)
Import M εισαγωγή *f* **importieren** εισάγω
impotent ανίκανος
improvisieren αυτοσχεδιάζω
impulsiv αυθόρμητος
imstande: **~ sein** είμαι σε θέση, είμαι ικανός (**zu** να)
in *zeitlich, räumlich* σε (*dat; akk akk*); **~ Athen** στην Αθήνα; **~ der Nacht** τη νύχτα; **ins/im Zimmer** στο δωμάτιο
inbegriffen συμπεριλαμβανομένου *gen*
Index M δείκτης *m*; *Register* ευρετήριο *n*
indirekt πλάγιος, έμμεσος; *adv* πλαγίως; *adv* εμμέσως
indiskret αδιάκριτος
individuell ατομικός, προσωπικός **Individuum** N άτομο *n*
Industrie F βιομηχανία *f* **Industriegebiet** N βιομηχανική περιοχή *f*
industriell βιομηχανικός
Infanterie F πεζικό *n*
Infarkt M έμφραγμα *n*
Infektion F λοίμωξη *f*, μόλυνση *f* **Infektionsquote** F MED ποσοστό *n* μόλυνσης **infizieren** μολύνω
Inflation F πληθωρισμός *m*
infolge εξαιτίας (*gen gen*) **infolgedessen** κατά συνέπεια(ν)
Infomaterial N πληροφοριακό υλικό *n*

Informatik F πληροφορική *f*
Informatiker(in) M(F) πληροφορικός *m,f*
Information F πληροφορία *f*; ενημέρωση *f* **informativ** ενημερωτικός, κατατοπιστικός **informieren** πληροφορώ, ενημερώνω; **sich ~** ενημερώνομαι
infrage: **kommt nicht ~!** ούτε κουβέντα!
Infrastruktur F υποδομή *f*
Ingenieur(in) M(F) μηχανικός *m,f*
Inhaber(in) M(F) κάτοχος *m,f*
Inhalt M περιεχόμενο *n*; *fig* ουσία *f* **Inhaltsverzeichnis** N πίνακας *m* περιεχομένων
Initiative F πρωτοβουλία *f*; **die ~ ergreifen** παίρνω την πρωτοβουλία
Injektion F ένεση *f*
inklusive συμπεριλαμβανομένου *gen*
Inland N εσωτερικό *n* **Inlandsflüge** MPL πτήσεις *fpl* εσωτερικού
inmitten ανάμεσα (*gen* σε)
innen μέσα **Innenministerium** N υπουργείο *n* Εσωτερικών **Innenpolitik** F εσωτερική πολιτική *f* **Innenstadt** F κέντρο *n* (της πόλης)
innere(r, -s) εσωτερικός, μέσα
Innere(s) N *allg* εσωτερικό *n*
Innereien FPL εντόσθια *npl*
innerhalb μέσα (**von**; *gen* σε); εντός (*gen gen*)
innig οικείος; εγκάρδιος
inoffiziell ανεπίσημος
insbesondere ιδίως, ιδιαίτερα
Inschrift F επιγραφή *f*
Insekt N έντομο *n*
Insektenspray N εντομοκτόνο *n* **Insektenstich** M τσίμπημα *n* εντόμου
Insel F νησί *n*, νήσος *f*
Inserat N αγγελία *f*
insgesamt συνολικά
insofern καθ' όσον, καθόσον; *falls* εφόσον, εάν
Inspektion F επιθεώρηση *f*
inspirieren εμπνέω
inspizieren επιθεωρώ
Installateur M υδραυλικός *m*
installieren εγκαθιστώ
instand: **~ halten** διατηρώ; **~ setzen** επιδιορθώνω
Instinkt M ένστικτο *n*
Institut N ινστιτούτο *n* **Institution** F θεσμός *m*; *Stiftung* ίδρυμα *n*
Instrument N εργαλείο *n*; *a.* MUS όργανο *n* **instrumental** MUS ενόργανος
Insulin N ινσουλίνη *f*
Inszenierung F *a. fig* σκηνοθεσία *f*
intakt ανέπαφος, άθικτος
Integration F ενσωμάτωση *f*, ένταξη *f* **integrieren** ενσωματώνω
Intellektuelle(r) M,F διανοούμενος (-η) *m(f)*
intelligent έξυπνος, ευφυής
Intelligenz F εξυπνάδα *f*, ευφυΐα *f*

intensiv έντονος, εντατικός; *Farbe* ζωηρός **Intensivkurs** M εντατικά μαθήματα *npl*
interessant ενδιαφέρων **Interesse** N ενδιαφέρον *n*; συμφέρον *n* **interessieren** ενδιαφέρω; **sich ~** ενδιαφέρομαι (**für** για); **das interessiert mich** μ'ενδιαφέρει/νοιάζει
intern εσωτερικός **Internat** N κολέγιο *n*, οικοτροφείο *n*
international διεθνής; *adv* διεθνώς
Internet N διαδίκτυο *n*, ίντερνετ *n*, ιντερνέτ *n* **Internetadresse** F διεύθυνση *f* στο ίντερνετ **Internetanschluss** M σύνδεση *f* με το ίντερνετ **Internetzugang** M πρόσβαση *f* στο ίντερνετ
Interpretation F ερμηνεία *f* **interpretieren** ερμηνεύω
Interview N συνέντευξη *f* **interviewen** παίρνω συνέντευξη
intim προσωπικός; *vertraut* οικείος
intolerant μισαλλόδοξος
intravenös ενδοφλέβιος
Intrige F ραδιουργία *f*
Intuition F διαίσθηση *f*
Invalide M ανάπηρος (-η *f*) *m*
Invasion F επιδρομή *f*, εισβολή *f*
investieren HANDEL επενδύω **Investition** F HANDEL επένδυση *f*
inwiefern, **inwieweit** κατά πόσο
inzwischen εν τω/στο μεταξύ
iPad® N iPad® *n*
iPhone® N iPhone® *n*
iPod® N iPod® *n*
irdisch γήινος, επίγειος, κοσμικός
Ire M, **Irin** F Ιρλανδός (-ή) *m(f)*
irgendeine(r, -s) κάποιος; *ohne Verneinung* κανένας; *egal welcher* οποιοσδήποτε **irgendetwas** κάτι **irgendjemand** κάποιος; *ohne Verneinung* κανένας **irgendwann** κάποτε **irgendwie** κάπως **irgendwo**, **irgendwohin** κάπου; *ohne Verneinung* πουθενά
Irland N Ιρλανδία *f*
Ironie F ειρωνεία *f* **ironisch** ειρωνικός
irre τρελός; *umg* φανταστικός, απίθανος; **es ist ~!** είναι τρέλα! **irreführen** παραπλανώ
irren: **sich ~** κάνω λάθος (**in** σε), γελιέμαι; σφάλλω, απατώμαι
irritieren συγχύζω, μπερδεύω
Irrsinn M παραφροσύνη *f* **Irrtum** M λάθος *n*, σφάλμα *n*, πλάνη *f* **irrtümlich** κατά λάθος
Ischias M,F ισχιαλγία *f*
Islam M Ισλάμ *n*; ισλαμισμός *m*
islamisch ισλαμικός
Isolation F απομόνωση *f* **isolieren** μονώνω; *fig* απομονώνω
Italien N Ιταλία *f* **Italie-**

ner(in) M(F) Ιταλός (-ίδα) *m(f)* **italienisch** ιταλικός **Italienisch** N Ιταλικά *npl*

J

ja ναι; **~ oder nein?** ναι ή όχι
Jacht F θαλαμηγός *f*, γιοτ *n*
Jacke F, **Jackett** N σακάκι *n*, ζακέτα *f*
Jagd F κυνήγι *n*; *Verfolgung* κυνηγητό *n* **Jagdhund** M κυνηγόσκυλο *n* **Jagdschein** M άδεια *f* κυνηγίου
jagen κυνηγώ; *wegjagen* διώχνω
Jäger(in) M(F) κυνηγός *m,f*
Jahr N χρόνος *m*, χρονιά *f*; *amtl* έτος *n*; **dieses ~** (ε)φέτος; **voriges ~** πέρ(υ)σι; **vorletztes ~** πρόπερσι; **nächstes ~** του χρόνου
jahrelang ADV επί χρόνια
Jahresanfang M αρχή *f* της χρονιάς **Jahresende** N τέλος *n* της χρονιάς **Jahrestag** M επέτειος *f* **Jahreszeit** F εποχή *f* (του χρόνου)
Jahrgang M χρονιά *f*; έτος *n*
Jahrhundert N αιώνας *m*
jährlich ετήσιος; *adv* ετησίως, κάθε χρόνο
Jahrmarkt M πανηγύρι *n*, εμποροπανήγυρη *f*, παζάρι *n*
Jahrtausend N χιλιετία *f*
Jahrzehnt N δεκαετία *f*
jähzornig οξύθυμος
Jalousie F γρίλια *f*
Jammer M θρήνος *m*; *Elend* συμφορά *f*, κακομοιριά *f*; **es ist ein ~** είναι κρίμα **jammern** *wehklagen* θρηνώ, οδύρομαι; *lamentieren* κλαίγομαι, παραπονιέμαι
Januar M Ιανουάριος *m*, Γενάρης *m*
jawohl μάλιστα
Jazz M τζαζ *f*
je *jemals* ποτέ; *vor Zahlen* από; *pro* ανά; *jeweils* αναλόγως (**nach** με); **~ nachdem, ob ...** εξαρτάται από ...; **~ ... desto** όσο ... τόσο
Jeans PL τζιν *n*
jedenfalls πάντως, εν πάση περιπτώσει
jede(r, -s) ο καθένας, η καθεμιά, το καθένα; *adj* κάθε; *alle* όλοι *mpl*; **~n zweiten Tag** μέρα παρά μέρα
jedermann ο καθένας; *alle* όλοι *mpl* **jederzeit** οποτεδήποτε
jedoch όμως, αλλά, ωστόσο
Jeep® M τζιπ *n*
jemals ποτέ; **warst du ~ dort?** πήγες ποτέ (σου) εκεί
jemand κάποιος; *Fragesatz* κανένας, κανείς; **~ anders** κάποιος άλλος; **ist da ~?** είναι κανείς εδώ
jene(r, -s) εκείνος; **an ~m Tag** εκείνη τη μέρα
jenseits πέρα (*gen* από)

Jesus M Ιησούς *m*
jetzig τωρινός
jetzt τώρα; **von ~ an** από τώρα (και στο εξής), από 'δώ κι εμπρός
jeweils κάθε φορά; *je* από
Job M δουλειά *f*
Jod N ιώδιο *n*
joggen κάνω τζόγκινγκ
Jog(h)urt M γιαούρτι *n*
Johannisbeere F φραγκοστάφυλο *n*
Journalist(in) M(F) δημοσιογράφος *m,f*
Jubel M αγαλλίαση *f* **jubeln** ζητωκραυγάζω
Jubiläum N επέτειος *f*
jucken: **es juckt (mich)** έχω φαγούρα, με τρώει **Juckreiz** M φαγούρα *f*
Jude M, **Jüdin** F Εβραίος (-α) *m(f)* **jüdisch** εβραϊκός
Jugend F *Jugendzeit* νιάτα *npl*, νεότητα *f*; *junge Leute* νεολαία *f* **Jugendherberge** F ξενώνας *m* νεότητας **jugendlich** νεανικός **Jugendliche(r)** M,F έφηβος *m,f*; νεαρός (-ή) *m(f)*
Juli M Ιούλιος *m*, Ιούλης *m*
jung νέος, μικρός
Junge[1] M *Bub* αγόρι *n*
Junge[2] N *Tier* μικρό *n*; *Welpe* κουτάβι *n*; *Vogel* πουλάκι *n*
Jungfrau F παρθένα *f*; ASTROL Παρθένος *f* **Junggeselle** M, **Junggesellin** F εργένης (-ισσα) *m(f)*
jüngst: **in ~er Zeit** πρόσφατα
Juni M Ιούνιος *m*, Ιούνης *m*
Jupiter M *Gott*, ASTRON Δίας *m*
juristisch νομικός
Jury F (κριτική) επιτροπή *f*
Justiz F δικαιοσύνη *f*
Juwelen NPL κοσμήματα *npl*, χρυσαφικά *npl* **Juwelier(in)** M(F) κοσμηματοπώλης (-ισσα) *m(f)*
Jux M *umg* πλάκα *f*, αστείο *n*; **aus ~** έτσι για πλάκα

K

Kabarett N καμπαρέ *n*
Kabel N καλώδιο *n* **Kabelfernsehen** N καλωδιακή τηλεόραση *f*
Kabeljau M μπακαλιάρος *m*
Kabine F καμπίνα *f*; *Umkleidekabine* δοκιμαστήριο *n*
Kabinett N *Regierung* υπουργικό συμβούλιο *n*
Kachel F πλακάκι *n*
Kadaver M ψοφίμι *n*
Käfer M σκαθάρι *n*
Kaffee M καφές *m*; **schwarze(r) ~** σκέτος καφές *m* **Kaffeemaschine** F (ηλεκτρική) καφετιέρα *f*
Käfig M κλουβί *n*
kahl *Baum, Berg, Raum* γυμνός; *Kopf* φαλακρός
Kahn M βάρκα *f*
Kai M προκυμαία *f*

Kaiser(in) M(F) αυτοκράτορας (-τειρα) *m(f)*
Kajüte F καμπίνα *f*
Kakao M *a. Getränk* κακάο *n*
Kakerlake F κατσαρίδα *f*
Kaktus M κάκτος *m*
Kalb N μοσχάρι *n*
Kalender M ημερολόγιο *n*
Kalk M ασβέστης *m* **Kalkstein** M ασβεστόλιθος *m*
kalkulieren υπολογίζω
Kalorie F θερμίδα *f*
kalorienarm με λίγες θερμίδες **kalorienreich** με πολλές θερμίδες
kalt κρύος, *a. fig gefühlskalt* ψυχρός; **es ist ~** κάνει κρύο; **mir ist ~, ~ werden** κρυώνω
kaltblütig αδίστακτος, ψυχρός
Kälte F κρύο *n*, ψύχος *n*; *fig Gefühlskälte* ψυχρότητα *f* **Kältewelle** F κύμα *n* ψύχους
Kalzium N ασβέστιο *n*
Kamel N καμήλα *f*
Kamera F *Film*, TV κάμερα *f*; FOTO φωτογραφική μηχανή *f*
Kamerad(in) M(F) σύντροφος (*a.* -ισσα) *m,f*
Kamille F, **Kamillentee** M χαμομήλι *n*
Kamin M τζάκι *n*
Kamm M χτένα *f*, χτένι *n*
kämmen χτενίζω; **sich ~** χτενίζομαι
Kammer F κάμαρα *f*; *Vorratskammer* αποθήκη *f*; TECH θάλαμος *m*; *Ärztekammer* ιατρικός σύλλογος *m*
Kampagne F καμπάνια *f*
Kampf M *a. Sport* αγώνας *m* (**um**; **für** για); *Kampfhandlung* μάχη *f*; *fig* πάλη *f*
kämpfen αγωνίζομαι, μάχομαι, παλεύω (**um**; **für** για); MIL πολεμώ **Kämpfer(in)** M(F) αγωνιστής (-τρια) *m(f)*, μαχητής (-τρια) *m(f)*
Kampfrichter(in) M(F) διαιτητής *m,f*
kampieren κατασκηνώνω
Kanal M *a.* TV κανάλι *n*; διώρυγα *f* **Kanalisation** F αποχέτευση *f*
Kanarienvogel M καναρίνι *n*
Kandidat(in) M(F) υποψήφιος (-α) *m(f)* **kandidieren** βάζω υποψηφιότητα (**für** για)
Känguru N καγκουρό *n*
Kaninchen N κουνέλι *n*
Kanister M δοχείο *n*, μπιτόνι *n*
Kanne F *Krug* κανάτα *f*; *Teekanne* τσαγιέρα *f*; *Kaffeekanne* καφετιέρα *f*
Kanone F κανόνι *n*, πυροβόλο *n*; *fig umg* κανόνι *n*
Kante F *Rand* άκρη *f* **Kanten** M *Brotkanten* γωνία *f*
Kantine F καντίνα *f*
Kanu N κανό *n*
Kanzler(in) M(F) καγκελάριος *m, f*
Kap N ακρωτήρι(ο) *n*
Kapazität F χωρητικότητα *f*
Kapelle[1] F *Kirche* παρεκκλήσι *n*, εξωκκλήσι *n*
Kapelle[2] F MUS ορχήστρα *f*,

μπάντα *f*
Kapern FPL κάππαρη *f*
Kapital N HANDEL κεφάλαιο *n* **Kapitalanlage** F επένδυση *f*, τοποθέτηση *f* κεφαλαίων
Kapitalismus M κεφαλαιοκρατία *f*, καπιταλισμός *m*
Kapitän M SCHIFF πλοίαρχος *m*, καπετάνιος *m*; FLUG κυβερνήτης *m*
Kapitel N *Buch* κεφάλαιο *n*
Kappe F σκούφια *f*, σκουφάκι *n*
Kapsel F κάψουλα *f*
kaputt *umg* χαλασμένος; *umg erschöpft* ψόφιος; **ich bin ~** είμαι πτώμα; **~ machen** *Gerät* χαλώ; *brechen* σπάζω **kaputtgehen** *Kleidung* χαλώ
Kapuze F κουκούλα *f*
Karaffe F καράφα *f*
Karambolage F *Unfall* καραμπόλα *f*
Karat N καράτι *n*
Karawane F καραβάνι *n*
Kardinal M καρδινάλιος *m*
Karfreitag M Μεγάλη Παρασκευή *f*
kariert καρό
Karies F MED τερηδόνα *f*
Karikatur F γελοιογραφία *f*, καρικατούρα *f*
Karneval M Αποκριά *f*, Απόκριες *fpl*, καρναβάλι *n*
Karo N καρό *n*
Karosserie F αμάξωμα *n*
Karotte F καρότο *n*
Karpfen M κυπρίνος *m*
Karre F κάρο *n*; *Schubkarre* καροτσάκι *n* **Karren** M κάρο *n*
Karriere F καριέρα *f*, σταδιοδρομία *f*
Karte F *Postkarte* καρτ ποστάλ *f*; *Telefonkarte* τηλεκάρτα *f*; *Landkarte* χάρτης *m*; *Eintrittskarte* εισιτήριο *n*; *Speisekarte* κατάλογος *m* (φαγητών); *Spielkarte* χαρτί *n*
Kartei F δελτιοθήκη *f* **Karteikarte** F δελτίο *n*, καρτέλα *f*
Kartenspiel N παρτίδα *f*, χαρτιά *npl*; *Kartensatz* τράπουλα *f*, χαρτιά *npl* **Kartentelefon** N καρτοτηλέφωνο *n*
Kartoffel F πατάτα *f* **Kartoffelchips** MPL πατατάκια *npl* **Kartoffelpüree** M πουρές *m* πατάτας **Kartoffelsalat** M πατατοσαλάτα *f*
Karton M χαρτόνι *n*; *Behälter* κουτί *n* **kartoniert** χαρτόδετος
Karussell N αλογάκια *npl*
Kaschmir M *Stoff* κασμίρ(ι) *n*
Käse M τυρί *n* **Käsekuchen** M *etwa* γλύκυσμα *n* με μυζήθρα **Käseplatte** F πιατέλα *f* με τυριά
Kaserne F στρατώνας *m*
Kasino N καζίνο *n*
Kaskoversicherung F ασφάλιση *f* μεταφορικού μέσου
Kasse F ταμείο *n* **Kassenbeleg** M, **Kassenzettel** M απόδειξη *f*
Kassette F κασέτα *f* **Kassettenrekorder** M κασετόφωνο

n
kassieren εισπράττω **Kassierer(in)** M(F) ταμίας *m,f*
Kastanie F κάστανο *n* **Kastanienbaum** M καστανιά *f*
Kasten M κιβώτιο *n*; θήκη *f*; *Bierkasten* κασόνι *n*
Katalog M κατάλογος *m*, λίστα *f*
Katalysator M καταλύτης *m*
Katarr(h) M MED καταρροή *f*
Katastrophe F καταστροφή *f*
Kategorie F κατηγορία *f*
Kater M γάτος *m*
Kathedrale F μητρόπολη *f*
Katholik(in) M(F) RELIG καθολικός (-η) *m(f)*
katholisch καθολικός
Katze F γάτα *f*
kauen μασώ
Kauf M αγορά *f*; *Einkauf* ψώνια *npl* **kaufen** αγοράζω (**bei** από; σε); *einkaufen* ψωνίζω, παίρνω
Käufer(in) M(F) αγοραστής (-τρια) *m(f)*
Kaufhaus N (πολυ)κατάστημα *n* **Kaufmann** M, **Kauffrau** F έμπορος *m,f* **Kaufvertrag** M πωλητήριο *n*
Kaugummi M τσίχλα *f*, μαστίχα *f*
kaum μόλις; *sehr wenig* πολύ λίγο, ελάχιστος; *adv* ελάχιστα
Kaution F *Geldsumme* εγγύηση *f*
Kavalier M καβαλιέρος *m*
Kaviar M χαβιάρι *n*
Kegel M κώνος *m*
Kehle F λαιμός *m*, λαρύγγι *n*
Kehlkopf M MED λάρυγγας *m*
kehren σκουπίζω; *drehen* γυρίζω, στρέφω **Kehrschaufel** F φαράσι *n*
Keil M σφήνα *f*
Keim M βλαστός *m*, βλαστάρι *n*; *fig* σπέρμα *n*, σπόρος *m*; *Krankheitskeim* μικρόβιο *n*
keimen φυτρώνω, βλαστάνω
keimfrei αποστειρωμένος
kein(e, -s) δε(ν); κανένας; **ich habe ~ Geld** δεν έχω λεφτά; **~ bisschen** καθόλου **keineswegs** καθόλου, κάθε άλλο
Keks M μπισκότο *n*
Kelch M κύπελλο *n*
Kelle F *Schöpfkelle* κουτάλα *f*; *Maurerkelle* μυστρί *n*
Keller M *Kellergeschoss* υπόγειο *n*; *Vorratskammer* αποθήκη *f*; *Kellerraum* κελάρι *n*
Kellner(in) M(F) γκαρσόν(ι) *n*, σερβιτόρος (-α) *m(f)*
keltern *Trauben* πατώ
kennen ξέρω, γνωρίζω **kennenlernen** γνωρίζω
Kenner(in) M(F) γνώστης (-τρια) *m(f)* **Kenntnis** F γνώση *f*
Kennzeichen N χαρακτηριστικό *n*; AUTO αριθμός *m* κυκλοφορίας
kentern βουλιάζω, ναυαγώ
Keramik F *Keramikkunst* κεραμική *f*; *Keramikware* κεραμικά (είδη) *npl*
Kerbe F χαρακιά *f*, χαρα(γ)ματιά *f*, εντομή *f*

Kerl M *tapfer, stark* παλληκάρι *n*, λεβέντης *m*; *Typ* τύπος *m*; *Schuft* παλιάνθρωπος *m*
Kern M *Pfirsich* κουκούτσι *n*; *Melone* σπόρος *m*; *fig* ουσία *f*, *a.* PHYS, BIOL πυρήνας *m* **Kernenergie** F πυρηνική ενέργεια *f* **Kernkraftwerk** N εργοστάσιο *n* πυρηνικής ενέργειας
Kerze F κερί *n*; λαμπάδα *f* **Kerzenständer** M κηροπήγιο *n*
Kessel M καζάνι *n*; TECH *Dampf-, Heizkessel* λέβητας *m*
Kette F *a.* AUTO αλυσίδα *f*; *Halskette* κολιέ *n*
ketzerisch αιρετικός
keuchen λαχανιάζω, αγκομαχώ, ασθμαίνω
Keuchhusten M κοκκύτης *m*
Keule F ρόπαλο *n*; GASTR μπούτι *n*
KFZ N (*Kraftfahrzeug*) όχημα *n*
Keuschheit F αγνότητα *f*
Kichererbsen FPL ρεβίθια *npl*
kichern χαζογελώ
Kiefer[1] M σαγόνι *n*, σιαγόνα *f*
Kiefer[2] F *Baum* (άγριο) πεύκο *n*
Kieferchirurg(in) M(F) γναθοχειρουργός *m,f*
Kiel[1] M SCHIFF καρίνα *f*
Kiel[2] N *Stadt* Κίελο *n*
Kiemen FPL βράγχια *npl*
Kies M *Straße* χαλίκια *npl*; *Flusskies* βότσαλα *npl* **Kiesel(-stein)** M χαλίκι *n*; βότσαλο *n*
Kilo(gramm) N κιλό *n*, χιλιόγραμμο *n* **Kilometer** M χιλιόμετρο *n*
Kind N παιδί *n*
Kinderarzt M, **Kinderärztin** F παιδίατρος *m,f* **Kinderbett** N παιδικό κρεβάτι *n* **Kindergarten** M νηπιαγωγείο *n* **Kindergeld** N επίδομα *n* παιδιών **Kinderkrankheit** F παιδική ασθένεια *f* **Kinderkrippe** F παιδικός σταθμός *m* **Kindersitz** M παιδικό κάθισμα *n* **Kinderwagen** M (παιδικό) αμαξάκι *n*, καροτσάκι *n*
Kindheit F παιδική ηλικία *f*, παιδικά χρόνια *npl* **kindisch** παιδιάστικος **kindlich** παιδικός
Kinn N πιγούνι *n*, σαγόνι *n*
Kino N σινεμά(ς *m*) *n*, κινηματογράφος *m*
Kiosk M περίπτερο *n*
kippen γέρνω; *umkippen* ρίχνω, αναποδογυρίζω; *ausgießen* αδειάζω; *Wasser* χύνω
Kirche F εκκλησία *f*, ναός *m*
kirchlich εκκλησιαστικός
Kirchturm M καμπαναριό *n*
Kirschbaum M *Süßkirsche* κερασιά *f*; *Sauerkirsche* βυσσινιά *f* **Kirsche** F κεράσι *n*; *Sauerkirsche* βύσσινο *n*
Kissen N μαξιλάρι *n*
Kiste F κιβώτιο *n*, κασόνι *n*, κάσα *f*, κουτί *n*
Kitsch M κιτς *n*, κακογουστιά *f* **kitschig** κακόγουστος

Kittel M *Kittelschürze* ποδιά *f*; *Arztkittel* μπλούζα *f*
kitz(e)lig: ~ **sein** γαργαλιέμαι
kitzeln *a. fig* γαργαλώ
Kiwi F ακτινίδιο *n*
Klage F παράπονο *n*; *Wehklage* θρήνος *m*; JUR μήνυση *f*, αγωγή *f* **klagen** παραπονιέμαι (**über** για); JUR κάνω μήνυση/αγωγή
Kläger(in) M(F) JUR μηνυτής (-τρια) *m(f)*, ενάγων (-ουσα) *m(f)*
Klammer F *für die Wäsche* μανταλάκι *n*; *im Büro* συνδετήρας *m*; *im Text* παρένθεση *f* **klammern**: **sich** ~ αρπάζομαι (**an** από)
Klang M ήχος *m*
Klappbett N πτυσσόμενο κρεβάτι *n* **klappen** *zusammenklappen* διπλώνω; *gelingen* πετυχαίνω, πάω καλά; **es klappt nicht** δε γίνεται; **es hat geklappt** όλα πήγαν καλά
Klappstuhl M πτυσσόμενη καρέκλα *f*
klar *Flüssigkeit* καθαρός, διαφανής, διαυγής; *deutlich* σαφής, φανερός; *Stimme* καθαρός; *fig* ξεκάθαρος; *umg* **alles ~?** εντάξει
Kläranlage F εγκατάσταση *f* επεξεργασίας λυμάτων
klären ξεκαθαρίζω, διασαφηνίζω, διευκρινίζω; *Problem* κανονίζω, λύνω
Klarinette F κλαρινέτο *n*
Klarsichthülle F ζελατίνα *f*
klarstellen διευκρινίζω, διασαφηνίζω
Klärung F διασαφήνιση *f*, διευκρίνιση *f*
Klasse F *Schule, Steuerklasse* τάξη *f*; BAHN **erster ~** πρώτης τάξης **klassisch** κλασικός
Klatsch M κουτσομπολιό *n* **klatschen** *Beifall* χειροκροτώ; *lästern* κουτσομπολεύω
klauen *umg* βουτώ
Klavier N πιάνο *n*
Klebeband N κολλητική ταινία *f* **kleben** κολλώ **klebrig** *schleimig* γλοιώδης; **es ist ~** κολλάει **Klebstoff** M κόλλα *f*
Klecks M λεκές *m*
Klee M τριφύλλι *n*
Kleid N *Frauenkleid* φόρεμα *n*, φουστάνι *n*
Kleider NPL ρούχα *npl* **Kleiderbügel** M κρεμάστρα *f* **Kleiderschrank** M ντουλάπα *f*
Kleidung F ρούχα *npl*; ενδυμασία *f*; ενδύματα *npl* **Kleidungsstück** N ρούχο *n*
klein μικρός; *kleinwüchsig* κοντός; **von ~ an** από παιδί; **kleiner werden** μικραίνω **Kleinbuchstabe** M μικρό (γράμμα) *n* **kleinere(r, -s)** μικρότερος, πιο μικρός **Kleingeld** N ψιλά *npl*
Kleinigkeit F μικροπράγματα *npl*; *Lappalie* ασημαντότητα *f*, ασήμαντο πράγμα *n*; **e-e ~ essen** τσιμπώ, τρώω πρόχειρα
Kleinkind N μικρό παιδί *n*,

νήπιο *n* **Kleinkram** M μικροπρά(γ)ματα *npl* **kleinlich** μικροπρεπής
Kleister M κόλλα *f*
Klemme F *Haarklemme* τσιμπιδάκι *n*; *umg Notlage* αδιέξοδο *n*; **in der ~ sitzen** είμαι στριμωγμένος **klemmen** μαγκώνω, σφίγγω; **es klemmt** μάγκωσε, έσφιξε
Klempner M υδραυλικός *m*
klettern σκαρφαλώνω (**auf** σε); *Sport* κάνω ορειβασία; *Preis, Temperatur* ανεβαίνω
Klick M κλικ *n* **klicken** κάνω κλικ
Klima N *a. fig* κλίμα *n* **Klimaanlage** F κλιματισμός *m*, air condition *n* **klimatisiert** κλιματιζόμενος
Klinge F λάμα *f*, λεπίδα *f*; *Rasierklinge* ξυράφι *n*, ξυραφάκι *n*
Klingel F κουδούνι *n* **klingeln** *an der Tür* χτυπώ το κουδούνι; *Telefon* χτυπώ; **es klingelt** χτυπάει το κουδούνι
klingen *Instrument* ηχώ; *sich anhören* ακούγομαι
Klinik F κλινική *f*
Klinke F *Türklinke* πόμολο *n*, χερούλι *n*; TECH λαβή *f*
klipp: **~ und klar** ορθά-κοφτά
Klippe F βράχος *m*, σκόπελος *m*
Klischee N κλισέ *n*
Klo *umg* N τουαλέτα *f*, αποχωρητήριο *n*
Klon M BIOL κλώνος *m*
klonen κλωνοποιώ
Klopapier N χαρτί *n* υγείας/τουαλέτας
klopfen *a. Herz* χτυπώ; **an die Tür ~** χτυπώ την πόρτα; **es klopft** χτυπά η πόρτα
Kloß M είδος βραστού στρογγυλού ζυμαρικού *n*
Kloster N μοναστήρι *n*, μονή *f*
Klotz M κούτσουρο *n*
Klub M λέσχη *f*
klug έξυπνος
Klumpen M (σ)βώλος *m*
knabbern τραγανίζω
Knäckebrot N *etwa* φρυγανιά *f*
knacken σπάζω; *Auto* παραβιάζω
Knall M κρότος *m* **knallen** *Knallkörper* ακούγεται κρότος; *Tür, Telefon* βροντώ, χτυπώ
knapp ελλιπής, ανεπαρκής; *wenig* λιγοστός; *eng, kurz* στενός, μικρός; *Sprache* σύντομος; **~ werden** λιγοστεύω; **die Zeit ist ~** δεν έχουμε πολύ χρόνο
Knäuel M,N κουβάρι *n*
knauserig τσιγκούνης
kneifen τσιμπώ; *umg sich drücken* το σκάω, την κοπανάω
Kneipe F μπιραρία *f*, ταβέρνα *f*
kneten *Teig* ζυμώνω, πλάθω
knicken τσακίζω; *falten* διπλώνω; *brechen* σπάζω
Knie N γόνατο *n*; **auf ~n** γονατιστός **knien**: **sich ~** γονα-

τίζω **Kniescheibe** F επιγονατίδα *f*
knipsen FOTO φωτογραφίζω, τραβώ/βγάζω φωτογραφίες
knirschen τρίζω; **mit den Zähnen ~** τρίζω τα δόντια (μου)
knittern τσαλακώνω, ζαρώνω
Knoblauch M σκόρδο *n* **Knoblauchzehe** F σκελίδα *f*
Knöchel M αστράγαλος *m*
Knochen M κόκκαλο *n*, οστό *n* **Knochenbruch** M κάταγμα *n* **Knochenmark** N μεδούλι *n*; MED μυελός *m* των οστών
Knolle F βολβός *m*
Knopf M κουμπί *n*
knöpfen κουμπώνω
Knopfloch N κουμπότρυπα *f*
Knorpel M χόνδρος *m*
Knospe F μπουμπούκι *n*
Knoten M κόμπος *m*; *a.* MED, SCHIFF, *fig* κόμβος *m*
knüpfen *Teppich* πλέκω; *Kontakte* συνάπτω
Knüppel M ρόπαλο *n*
knurren *Magen, Katze* γουργουρίζω
knusprig ξεροψημένος, τραγανός
Koch M, **Köchin** F μάγειρος *m*, μάγειρας (-ισσα) *m(f)*
kochen μαγειρεύω; *sieden* βράζω; *Kaffee* κάνω, ψήνω; **~d heiß** ζεματιστός
Kocher M καμινέτο *n*; *für Kaffee* μπρίκι *n* **Kochgeschirr** N μαγειρικά σκεύη *npl* **Kochlöffel** M κουτάλα *f*
Köder M δόλωμα *n*
Koffein N καφεΐνη *f* **koffeinfrei** χωρίς καφεΐνη
Koffer M βαλίτσα *f*; **den ~ packen** κάνω/φτιάχνω τη βαλίτσα μου **Kofferraum** M πορτ-μπαγκάζ *n*
Kohl M *Weiß-, Rotkohl* λάχανο *n*
Kohle F κάρβουνο *n*; CHEM άνθρακας *m*
Kohle(n)hydrate NPL υδατάνθρακες *mpl*
Kohlensäure F CHEM ανθρακικό οξύ *n*; *in Getränk* ανθρακικό *n* **Kohlenstoff** M άνθρακας *m*
kokett φιλάρεσκος
Kokosnuss F καρύδα *f*
Kolik F κωλικός *m*
Kollaps M κατάρρευση *f*
Kollege M, **Kollegin** F συνάδελφος *m,f* **kollegial** συναδελφικός
Kollektion F συλλογή *f*
Köln N Κολωνία *f*
Kolonie F αποικία *f*
Koma N MED κώμα *n*
Kombination F συνδυασμός *m* **kombinieren** συνδυάζω
Komet M κομήτης *m*
Komfort M άνεση *f*, ανέσεις *fpl*, κομφόρ *n(/pl)* **komfortabel** άνετος; *adv* άνετα
Komiker(in) M(F) κωμικός *m,f*
komisch κωμικός; *eigenartig* παράξενος
Komitee N επιτροπή *f*

Komma N GRAM κόμμα *n*
kommen έρχομαι; *ankommen* φτάνω; **~ lassen** *Arzt* φωνάζω, καλώ; **zu sich ~** έρχομαι στον εαυτό μου, συνέρχομαι
Kommentar M σχόλιο *n*
kommerziell εμπορικός
Kommission N επιτροπή *f*
Kommode F κομό *n*
kommunal κοινοτικός
Kommunikation F επικοινωνία *f* **Kommunion** F (θεία) κοινωνία *f*
Kommunist(in) M(F) κομουνιστής (-τρια) *m(f)* **kommunistisch** κομουνιστικός
Komödie F *a. fig* κωμωδία *f*
kompakt συμπαγής
Kompass M πυξίδα *f*
kompatibel IT συμβατός
kompetent ικανός
komplett πλήρης; *adv* τελείως, εντελώς
Komplex M PSYCH σύμπλεγμα *n*, κόμπλεξ *n*; **~e haben** είμαι κομπλεξικός
Komplikation F MED επιπλοκή *f*
Kompliment N κομπλιμέντο *n*, φιλοφρόνηση *f*
Komplize M, **Komplizin** F συνένοχος *m,f* **kompliziert** περίπλοκος, πολύπλοκος
komponieren συνθέτω **Komponist(in)** M(F) συνθέτης (-τρια) *m*
Kompott N κομπόστα *f*
Kompresse F κομπρέσα *f*
komprimieren *a.* IT συμπιέζω
Kompromiss M συμβιβασμός *m*; **~e schließen** συμβιβάζομαι, κάνω συμβιβασμούς
Kondensmilch F συμπυκνωμένο γάλα *n*
Kondition F HANDEL όρος *m*; *Sport* φόρμα *f*; αντοχή *f*
Konditorei F ζαχαροπλαστείο *n*
Kondom N προφυλακτικό *n*
Konferenz F διάσκεψη *f*
Konfession F θρήσκευμα *n*
Konfirmation F *etwa* χρίσμα *n*
Konfitüre F μαρμελάδα *f*
Konflikt M σύγκρουση *f*
Konfrontation F σύγκρουση *f*
konfrontieren αντιπαραθέτω; φέρνω αντιμέτωπο
konfus μπερδεμένος, συγχυσμένος
Kongress M συνέδριο *n*
König(in) M(F) βασιλιάς (-ισσα) *m(f)*; *Schach* βασιλιάς *m* **Königreich** N βασίλειο *n*
konkret συγκεκριμένος
Konkurrent(in) M(F) ανταγωνιστής (-τρια) *m(f)*
Konkurrenz F ανταγωνισμός *m*, συναγωνισμός *m*
Konkurs M πτώχευση *f*, χρεωκοπία *f*
können μπορώ; *gelernt haben* ξέρω (*akk; Infinitiv akk;* να); **es kann sein** μπορεί (**dass** να)
konsequent συνεπής
konservativ συντηρητικός

Konserve F κονσέρβα *f* **konservieren** συντηρώ **Konservierungsstoff** M συντηρητικό *n*
Konstruktion F κατασκευή *f*
Konsulat N προξενείο *n* **konsultieren** συμβουλεύομαι
Konsum M κατανάλωση *f* **konsumieren** καταναλώνω
Kontakt M επαφή *f*; ~ **haben** έχω επαφή (**zu**; **mit** με) **Kontaktlinsen** FPL φακοί *mpl* επαφής
Kontinent M ήπειρος *f*
Konto N (τραπεζικός) λογαριασμός *m* **Kontoauszug** M απόσπασμα *n* λογαριασμού **Kontonummer** F αριθμός *m* λογαριασμού **Kontostand** M κατάσταση *f* λογαριασμού
Kontrast M αντίθεση *f*
Kontrolle F έλεγχος *m* **kontrollieren** ελέγχω **Kontrollturm** M FLUG πύργος *m* ελέγχου
Konvention F σύμβαση *f* **konventionell** συμβατικός
Konversation F συνομιλία *f*
Konzept N σχέδιο *n*, ιδέα *f*
Konzentration F *mental* αυτοσυγκέντρωση *f*; *a.* CHEM συγκέντρωση *f* **Konzentrationslager** N στρατόπεδο *n* συγκέντρωσης
konzentrieren συγκεντρώνω; **sich** ~ *mental* (αυτο)συγκεντρώνομαι (**auf** σε)
Konzern M οικονομικό/βιομηχανικό συγκρότημα *n*, εταιρεία *f*
Konzert N συναυλία *f*, κοντσέρτο *n*
koordinieren συντονίζω
Kopf M κεφάλι *n*, κεφαλή *f*; **sich** *etw* **in den** ~ **setzen** *umg* λυσσάω, φαγώνομαι
köpfen αποκεφαλίζω
Kopfhörer M ακουστικό *n*; ακουστικά *npl* **Kopfkissen** N μαξιλάρι *n* **Kopfsalat** M *Art* μαρούλι *n* **Kopfschmerzen** MPL πονοκέφαλος *m*
Kopftuch N μαντίλι *n*
Kopie F αντίγραφο *n*; *Fotokopie* φωτοτυπία *f* **kopieren** *a. fig* αντιγράφω; *fotokopieren* φωτοτυπώ
Koralle F κοράλλι *n*
Koran M κοράνι *n*
Korb M καλάθι *n*
Korfu N Κέρκυρα *f*
Kork M *Material* φελλός *m*
Korken M φελλός *m*, τάπα *f* **Korkenzieher** M τιρμπουσόν *n*
Korn N σπυρί *n*; TECH, *Sand-, Pfefferkorn* κόκκος *m*; *Getreide* σιτάρι *n*, σιτηρά *npl*
Körper M κορμί *n*, *a.* PHYS, ASTRON σώμα *n* **körperlich** σωματικός **Körperteil** M μέρος *n* του σώματος
korrekt σωστός
Korrespondent(in) M(F) *Zeitung* ανταποκριτής (-τρια) *m(f)*, απεσταλμένος (-η) *m(f)*
Korridor M διάδρομος *m*; πέρασμα *n*

korrigieren διορθώνω
korrupt διεφθαρμένος
Korruption F διαφθορά *f*
Kosmetik F κοσμητική *f* **Kosmetikartikel** MPL καλλυντικά *npl*
kosmisch ASTRON κοσμικός
Kost F τροφή *f*
kostbar πολύτιμος **kosten** κάνω, *a. fig* κοστίζω, στοιχίζω; *Speisen* δοκιμάζω; **was kostet das?** πόσο κοστίζει/στοιχίζει/έχει/κάνει
Kosten PL έξοδα *npl*; κόστος *n*, δαπάνη *f*; **auf ~** σε βάρος (*gen gen*) **kostenfrei**, **kostenlos** δωρεάν
köstlich θαυμάσιος, *Essen* γευστικός, *a. Witz* νόστιμος
Kostüm N *Damenkostüm* ταγέρ *n* **Kostüme** NPL THEAT ενδύματα *npl*
Kotelett N κοτολέτα *f*
Kotflügel M AUTO φτερό *n*
Krabbe F καβούρι *n*
Krach M *Lärm* φασαρία *f*, θόρυβος *m*; *Streit* καβγάς *m*
Kraft F δύναμη *f*; JUR ισχύς *f*; **in ~ sein** ισχύω; **außer ~ setzen** καταργώ
Kraftfahrzeug N (*KFZ*) όχημα *n* **Kraftfahrzeugversicherung** F ασφάλιση *f* αυτοκινήτου
kräftig γερός, δυνατός; *fig* ισχυρός
Kraftstoff M καύσιμα *npl*
Kraftwerk N εργοστάσιο *n* ηλεκτρικής ενέργειας
Kragen M γιακάς *m*
Krähe F καρακάξα *f* **krähen** *Hahn* λαλώ
Krake M (ο)χταπόδι *n*
Kralle F ZOOL νύχι *n*
Kram M πρά(γ)ματα *npl*
Krampf M σπασμός *m*; *Muskelkrampf* κράμπα *f* **krampfartig**, **krampfhaft** σπασμωδικός
Kran M *Vorrichtung* γερανός *m*
krank άρρωστος, ασθενής; **~ machen/werden** αρρωσταίνω
kränken θίγω, προσβάλλω
Krankenhaus N νοσοκομείο *n* **Krankenkasse** F ταμείο *n* υγείας **Krankenschwester** F νοσοκόμα *f* **Krankenversicherung** F ασφάλιση *f* ιατροφαρμακευτικής περίθαλψης **Krankenwagen** M ασθενοφόρο *n*
Kranke(r) M,F άρρωστος (-η) *m(f)*, ασθενής *m,f* **krankhaft** παθολογικός, νοσηρός
Krankheit F αρρώστια *f*, ασθένεια *f*, νόσημα *n*
kränklich αρρωστιάρης, ασθενικός, φιλάσθενος
Kranz M στεφάνι *m*
Krapfen M *etwa* λουκουμάς *m*
Krater M κρατήρας *m*
kratzen ξύνω; *Wunde* σκαλίζω; *Katze* γρατσουνίζω; **sich ~** ξύνομαι **Kratzer** M γρατσουνιά *f*
kraus σγουρός, κατσαρός
Kraut N χόρτο *n*, αγριοβότανο *n*; *Heilkraut* βοτάνι *n*, (θε-

ραπευτικό) βότανο *n*; *Kohl* λάχανο *n*
Kräutertee M *etwa* τσάι *n* του βουνού
Krautsalat M λαχανοσαλάτα *f*
Krawatte F γραβάτα *f*
kreativ δημιουργικός **Kreativität** F δημιουργικότητα *f*
Krebs M *Flusskrebs* κάβουρας *m*; MED καρκίνος *m*; ASTROL Καρκίνος *m* **krebserregend** MED καρκινογόνος
Kredit M πίστωση *f*, δάνειο *n* **Kreditkarte** F πιστωτική κάρτα *f*
Kreide F κιμωλία *f*
Kreis M κύκλος *m*; γύρος *m*; *Landkreis etwa* νομός *m*, επαρχία *f*
kreischen τσυρίζω, στριγγλίζω
kreisen γυρνώ, περιστρέφομαι (**um** γύρω από) **Kreislauf** M MED κυκλοφορία *f* **Kreisverkehr** M *etwa* υποχρεωτική κυκλική πορεία *f*
Kresse F κάρδαμο *n*
Kreta N Κρήτη *f*
Kreuz N σταυρός *m*; ANAT μέση *f* **kreuzen** BOT διασταυρώνω; **sich ~** διασταυρώνομαι **Kreuzfahrt** F κρουαζιέρα *f* **Kreuzigung** F σταύρωση *f* **Kreuzschmerzen** MPL πόνοι *mpl* στη μέση, οσφυαλγία *f* **Kreuzung** F σταυροδρόμι *n*, *a.* BOT διασταύρωση *f* **Kreuzworträtsel** N σταυρόλεξο *n*
kriechen *a. fig* σέρνομαι, έρπω
Krieg M πόλεμος *m*; **~ führen** πολεμώ (**gegen** κατά *+gen*; *akk*)
kriegen *umg* παίρνω
Krieger(in) M(F) πολεμιστής (-τρια) *m(f)*
Kriegsdienstverweigerung F άρνηση *f* στρατιωτικής θητείας **Kriegserklärung** F κήρυξη *f* πολέμου **Kriegsgefangene(r)** M,F αιχμάλωτος (-η) *m(f)* πολέμου
Kriminalfilm M αστυνομική ταινία *f* **Kriminalität** F εγκληματικότητα *f* **Kriminalpolizei** F Ασφάλεια *f* **Kriminalroman** M αστυνομικό μυθιστόρημα *n*
kriminell εγκληματικός **Kriminelle(r)** M,F εγκληματίας *m,f*
Krippe F φάτνη *f*
Krise F κρίση *f*; **e-e ~ durchmachen** περνώ κρίση
Kristall M CHEM κρύσταλλο *n*
Kriterium N κριτήριο *n*
Kritik F κριτική *f* **kritisch** κριτικός; *Lage* κρίσιμος **kritisieren** κριτικάρω, ασκώ κριτική
Krokette F κροκέτα *f*
Krokodil N κροκόδειλος *m*
Krone F στέμμα *n*, *a. Zahnkrone* κορώνα *f*
Krücke F δεκανίκι *n*
Krug M κανάτα *f*, στάμνα *f*
Krümel M ψίχουλο *n*, τρίμμα

n
krumm κυρτός, καμπύλος; *schief* στραβός
Krüppel M σακάτης (-ισσα *f*) *m*
Kruste F *Brotkruste, a. Wunde* κόρα *f*, κρούστα *f*
Kubikmeter M κυβικό μέτρο *n*
Küche F κουζίνα *f*
Kuchen M γλυκό *n*, γλύκυσμα *n*; *Tortenstück* πάστα *f*
Kuckuck M κούκκος *m*
Kugel F *a. Gewehr* σφαίρα *f*; *Eiskugel* μπάλα *f* παγωτού **Kugelschreiber** M στυλό *n* (διαρκείας)
Kuh F αγελάδα *f*
kühl *angenehm* δροσερός; *unangenehm, a. fig* κρύος, ψυχρός; **es ist ~** κάνει δροσιά *bzw* ψύχρα; **~er werden** *a. fig* ψυχραίνω; *Wetter* δροσίζω *bzw* ψυχραίνω, κρυώνω **kühlen** δροσίζω *bzw* ψυχραίνω; ψύχω
Kühler M AUTO ψυγείο *n*
Kühlschrank M ψυγείο *n*
Kühltruhe F καταψύκτης *m*
Kühlwasser N νερό *n* ψύξης
kühn τολμηρός, θαρραλέος
Kultur F πολιτισμός *m*; *Kultiviertheit,* BIOL, *Anbaukultur* καλλιέργεια *f* **kulturell** πολιτιστικός
Kümmel M κύμινο *n*
Kummer M στενοχώρια *f*, λύπη *f*, θλίψη *f*, καημός *m*, έγνοια *f*
kümmern: **sich ~** φροντίζω, νοιάζομαι (**um** για); *aufpassen* προσέχω, κοιτάζω; **sich nicht ~** αδιαφορώ
Kumpel M φιλαράκι *n*
Kunde M, **Kundin** F πελάτης (-ισσα) *m(f)* **Kundendienst** M εξυπηρέτηση *f* πελατών
kündigen παραιτούμαι; *entlassen* απολύω (*dat akk*); *Vertrag* καταγγέλλω, ακυρώνω; *Vereinbarung* διαλύω **Kündigung** F παραίτηση *f*; *Entlassung* απόλυση *f*; *Vertrag* καταγγελία *f*, ακύρωση *f*
künftig μελλοντικός, μέλλων; *adv* στο εξής, στο μέλλον
Kunst F τέχνη *f*, καλλιτεχνία *f*
Kunstgewerbe N *etwa* βιοτεχνία *f* ειδών λαϊκής τέχνης
Kunsthandwerk N χειροτεχνία *f*
Künstler(in) M(F) καλλιτέχνης (-ιδα) *m(f)* **künstlerisch** καλλιτεχνικός
künstlich ψεύτικος; *Perlen* τεχνητός; *Leder* συνθετικός
Kunststoff M τεχνητή/συνθετική ύλη *f*, πλαστικό *n* **Kunstwerk** N έργο *n* τέχνης, καλλιτέχνημα *n*
Kupfer N χαλκός *m*
Kuppel F θόλος *m*, τρούλος *m*
Kupplung F AUTO συμπλέκτης *m*, ντεμπραγιάζ *n*
Kur F κούρα *f*, θεραπεία *f*
Kurbel F μανιβέλα *f*, στρόφαλος *m*

Kürbis M κολοκύθα *f*
kurieren θεραπεύω, κουράρω
Kurort M λουτρόπολη *f*
Kurs M HANDEL τιμή *f*; *Richtung, a. fig* κατεύθυνση *f*; *Kursus* κύκλος *m* σειρά *f* μαθημάτων; *Schule* τμήμα *n*; SCHIFF, FLUG πορεία *f*; POL γραμμή *f*
Kurve F *Straßenkurve* στροφή *f*
kurz κοντός, βραχύς; *Zeit* λίγος, σύντομος; **vor Kurzem** πριν από λίγο; **seit Kurzem** εδώ και λίγο καιρό; **~ gesagt** με λίγα λόγια
kurzärmlig κοντομάνικος
kürzen *Länge* κονταίνω; *Weg* κόβω, *a. Text* συντομεύω; *Ausgaben* μειώνω, περικόπτω
kürzer: **~ werden** *Tage* μικραίνω **kürzere** μικρότερος
Kurzschluss M βραχυκύκλωμα *n* **kurzsichtig** μύωπας *m,f*
Kuss M φιλί *n*
küssen φιλώ
Küste F ακρογιαλιά *f*, ακτή *f*, παραλία *f*, παράλια *npl* **Küstenstraße** F παραλιακός δρόμος *m*
Kutsche F άμαξα *f*
Kykladen PL Κυκλάδες *fpl*

L

labil ασταθής, άστατος
Labor N εργαστήριο *n*; χημείο *n*
Labyrinth N λαβύρινθος *m*
lächeln χαμογελώ
lachen γελώ (**über** με)
lächerlich γελοίος; **~ machen** γελοιοποιώ
Lachs M σολομός *m*
Lack M βερνίκι *n* **lackieren** βερνικώνω; *Fingernägel, Auto* βάφω
Ladegerät N φορτιστής *m* **laden** φορτώνω, ELEK, *fig* φορτίζω
Laden M μαγαζί *n*, κατάστημα *n* **Ladenschluss** M κλείσιμο *n* των καταστημάτων
Ladung F *Fracht* φορτίο *n*; ELEK φόρτιση *f*
Lage F *Position* θέση *f*; *Situation* κατάσταση *f*; *Ortslage* τοποθεσία *f*; *Schicht* στρώμα *n*; **in der ~ sein** είμαι σε θέση (**zu** να)
Lager N *Zeltlager* κατασκήνωση *f*; *Warenlager* αποθήκη *f*; MIL στρατόπεδο *n* **lagern** κατασκηνώνω; αποθηκεύω; στρατοπεδεύω
lahm *gelähmt* παράλυτος; *langsam* αργός **lahmlegen** παραλύω; *fig* νεκρώνω

Lähmung F παράλυση *f*
Laib M *Brot* καρβέλι *n*
Laie M ερασιτέχνης *m*
Laken N σεντόνι *n*
Lamm N αρνί *n*; GASTR αρνάκι *n* **Lammbraten** M ψητό αρνί *n* **Lammkotelett** N αρνίσια κοτολέτα *f*
Lampe F λάμπα *f*; φωτιστικό *n* **Lampenfieber** N τρακ *n*
Land N *Staat* χώρα *f*; *Festland* στεριά *f*, ξηρά *f*; *Bundesland* κρατίδιο *n*; *Landbesitz* κτήμα *n*; **auf dem ~** στην εξοχή
Landebahn F διάδρομος *m* προσγείωσης **landen** SCHIFF αράζω, προσορμίζομαι; FLUG προσγειώνομαι; *umg enden* καταλήγω
Landesinnere(s) N εσωτερικό *n* της χώρας **Landessprache** F επίσημη γλώσσα *f*
Landhaus N εξοχικό σπίτι *n* **Landkarte** F χάρτης *m*
ländlich αγροτικός; εξοχικός
Landschaft F τοπίο *n* **Landsmann** M (συμ)πατριώτης (-ισσα *f*) *m* **Landstraße** F επαρχιακή οδός *f*
Landung F SCHIFF προσόρμιση *f*; FLUG προσγείωση *f*
Landwein M χωριάτικο κρασί *n*
Landwirtschaft F γεωργία *f* **landwirtschaftlich** γεωργικός, αγροτικός
lang μακρύς; *Straße* μεγάλος; *Weg, Zeit* πολύς; **zwei Monate ~** (επί) δυο μήνες
langärmlig μακρυμάνικος
lange ADV πολύ; πολλή ώρα, πολύ(ς, -ν) καιρό; **wie ~?** πόσο, πόση(ν) ώρα;, πόσον καιρό; **seit Langem** εδώ και πολύ καιρό
Länge F μάκρος *n*, *a.* GEOM μήκος *n*; *zeitlich* διάρκεια *f*; GEOG γεωγραφικό μήκος *n*
länger(e, -es) μακρύτερος; *Zeit* περισσότερος, πολύς; **länger machen/werden** μακραίνω; **länger werden** *Tage* μεγαλώνω
Langeweile F ανία *f*, πλήξη *f*
länglich μακρουλός
langsam αργός, βραδύς; *adv* αργά; *mit Ruhe* σιγά
längst εδώ και πολύ(ν) καιρό, προ πολλού
Languste F αστακός *m*
langweilen: **sich ~** βαριέμαι, πλήττω, νιώθω ανία **langweilig** βαρετός, ανιαρός, πληκτικός; **mir ist so ~!** πώς βαριέμαι!
Lappalie F παραμικρό *n*; ασημαντότητα *f*
Lappen M πανί *n*; κουρέλι *n*
Laptop M,N φορητός υπολογιστής *m*
Lärm M θόρυβος *m*, φασαρία *f*
Laserdrucker M εκτυπωτής *m* λέιζερ
lassen *zulassen* αφήνω; *veranlassen* κάνω; *aufhören* σταματώ, παύω; **machen ~** αφήνω να κάνει

lässig *nachlässig* αμελής; *umg leicht* άνετος
Last F *a. fig* βάρος *n*; *Fracht* φορτίο *n*; **zur ~ fallen** γίνομαι βάρος (*dat* σε) **Laster** N *moralisch* κακή συνήθεια *f*, βίτσιο *n*
lästern κακολογώ; REL βλασφημώ
lästig ενοχλητικός, βαρετός
Last(kraft)wagen M φορτηγό (αυτοκίνητο) *n*; καμιόνι *n*
Latein N Λατινικά *npl* **lateinisch** λατινικός
Laterne F φανάρι *n*; λυχνάρι *n*
Latte F σανίδα *f*, δοκάρι *n*
Laub N φύλλωμα *n*; *auf dem Boden* φύλλα *npl*
Lauch M πράσο *n*
lauern παραμονεύω, παραφυλάω
Lauf M ATHL δρόμος *m*, αγώνας *m* δρόμου; *Verlauf* εξέλιξη *f*, πορεία *f*; *Fluss* ροή *f*; *Gewehrlauf* κάννη *f*; **im ~e** κατά τη διάρκεια (*gen gen*) **Laufbahn** F *Karriere* σταδιοδρομία *f*
laufen τρέχω; *gehen* περπατώ; *funktionieren* δουλεύω; **was läuft im Fernsehen?** τι παίζουν στην τηλεόραση **laufend** *Rechnungen* τρέχων; *adv* συνεχώς; **auf dem Laufenden halten** κρατώ ενήμερο
Läufer(in) M(F) δρομέας *m,f*
Laufmasche F *Strümpfe* πόντος *m* **Laufwerk** N COMPUT μονάδα *f* δίσκου
Lauge F *Seifenlauge* σαπουνάδα *f*
Laune F διάθεση *f*; *gute* κέφι *n*, ευδιαθεσία *f*; *schlechte* ακεφιά *f*, κακοκεφιά *f*; *Eigenwilligkeit* ιδιοτροπία *f*, παραξενιά *f*
launenhaft, **launisch** ιδιότροπος, καπριτσιόζος
Laus F ψείρα *f*
lauschen κρυφακούω
laut[1] *Stimme* δυνατός; *lärmend* θορυβώδης; **~ reden** μιλώ δυνατά/φωναχτά
laut[2] PRÄP *+gen* κατά (*+dat, +akk*), σύμφωνα (με)
Laut M ήχος *m*; GRAM φθόγγος *m*
läuten χτυπώ το κουδούνι; **es läutet** χτυπάει το κουδούνι/το τηλέφωνο
lautlos αθόρυβος
Lautsprecher M μεγάφωνο *n*; *Box* ηχείο *n* **Lautstärke** F *Radio, Stimme* ένταση *f*
lauwarm χλιαρός
Lava F λάβα *f*
Lavendel M λεβάντα *f*
Lawine F χιονοστιβάδα *f*
leben ζω; **solange ich lebe** όσο ζω; **es lebe ...** ζήτω (*nom nom*) **Leben** N ζωή *f*; βίος *m* **lebendig** ζωντανός; *lebhaft* ζωηρός
Lebensgefahr F κίνδυνος *m* ζωής; **Achtung, ~!** προσοχή, κίνδυνος θανάτου!
Lebensgefährte M, **Le-**

bensgefährtin F σύντροφος m,f **lebenslänglich** ισόβιος **Lebenslauf** M βιογραφικό σημείωμα n
Lebensmittel NPL τρόφιμα npl **Lebensmittelgeschäft** N παντοπωλείο n, μπακάλικο n **Lebensmittelvergiftung** F τροφική δηλητηρίαση f
Lebensstandard M βιοτικό επίπεδο n **Lebensunterhalt** M πόροι mpl ζωής, ζωή f **Lebensversicherung** F ασφάλεια f ζωής **Lebenszeichen** N σημείο n ζωής
Leber F συκώτι n; MED ήπαρ n **Leberfleck** M ελιά f
Lebewesen N πλάσμα n, ον n
lebhaft ζωηρός, ζωντανός
leck: ~ **sein** *Boot* μπάζω νερά
Leck M SCHIFF ρήγμα n
lecken γλείφω
lecker νόστιμος
Leder N δέρμα n **Lederwaren** FPL δερμάτινα (είδη) npl
ledig ανύπαντρος (-η f) m; *amtl* άγαμος (-η f) m
leer άδειος, *a. fig* κενός; *hohl* κούφιος; ~ **werden** αδειάζω
Leere F κενό n **leeren** αδειάζω, εκκενώνω; **sich** ~ αδειάζω
legal νόμιμος **legalisieren** νομιμοποιώ
legen βάζω, τοποθετώ; *in flache Lage* ξαπλώνω; *Eier* γεννώ; *Spielkarten* ρίχνω; **sich** ~ πλαγιάζω, ξαπλώνω; *Wetter* στρώνω; *Wind* πέφτω, κόβω
legendär θρυλικός **Legende** F θρύλος m; *Karte* υπόμνημα n
Lehm M πηλός m; *Ton* άργιλος m; *Schlamm* λάσπη f
Lehne F *Rückenlehne* πλάτη f; *Armlehne* μπράτσο n **lehnen**: **sich** ~ ακουμπώ (**an** σε), στηρίζομαι; σκύβω (**aus** από)
Lehre F διδασκαλία f; *Lehrzeit* μαθητεία f; *Erfahrung* μάθημα n, δίδαγμα n **lehren** διδάσκω, μαθαίνω (**j-n etw** κ-ι σε)
Lehrer(in) M(F) *Grundschullehrer* δάσκαλος (-άλα) m(f); *Gymnasiallehrer* καθηγητής (-τρια f) m **Lehrgang** M κύκλος m σπουδών **Lehrling** M μαθητευόμενος (-η) m(f)
lehrreich διδακτικός **Lehrstelle** F θέση f μαθητείας
Leib M σώμα n, κορμί n; *Bauch* κοιλιά f **Leibgericht** N: **mein** ~ το αγαπημένο μου φαγητό n
Leiche F πτώμα n
leicht ελαφρός, ελαφρύς, ανάλαφρος; *einfach* εύκολος; *nicht sehr adv* ελαφρά **Leichtathletik** F αθλητισμός m στίβου **leichtgläubig** εύπιστος **leichtsinnig** επιπόλαιος, απερίσκεπτος, ελαφρόμυαλος
Leid N θλίψη f, δυστυχία f; *Schmerz* πόνος m; *fig* δοκιμασία f; → *a.* leidtun
leiden υποφέρω (**unter** από); *Krankheit* πάσχω, υποφέρω (**an** από); *j-n* **nicht** ~ **können** έχω στο στομάχι, δε χωνεύω
Leiden N πάθη npl; MED πά-

θηση *f*
Leidenschaft F πάθος *n*; μανία *f* **leidenschaftlich** παθιασμένος; *fig* ενθουσιώδης, φλογερός
leider δυστυχώς
leidtun: **es tut mir (sehr) leid** λυπάμαι (πολύ); **er/sie tut mir leid** τον/την λυπάμαι
Leihbücherei F δανειστική βιβλιοθήκη *f*
leihen δανείζω (*dat* σε); **sich ~** δανείζομαι (**von** από) **leihweise** δανεικός; *adv* δανεικά
Leim M κόλλα *f* **leimen** κολλώ
Leine F σχοινί *n*
Leinen N λινό *n*
Leinwand F *Filmleinwand* οθόνη *f*
leise *Mensch, Stimme* σιγανός; *Stimme* χαμηλός; *adv* σιγανά, σιγά; **~r stellen** *Radio* χαμηλώνω
leisten κάνω; κατορθώνω; *bei der Arbeit, a. Maschine* αποδίδω; *Hilfe, Dienst* παρέχω; **sich etw ~ können** έχω τα χρήματα για κάτι
Leistung F *Sport* επίδοση *f*; *Arbeitsleistung, a. Maschine* απόδοση *f*; *Dienst* παροχή *f*; *Heldentat* κατόρθωμα *n*
leistungsfähig αποδοτικός
Leitartikel M κύριο άρθρο *n*
leiten *führen* οδηγώ; *Betrieb* διοικώ, διευθύνω; *in e-e Richtung* κατευθύνω; PHYS μεταδίδω
Leiter[1] F *a. Tonleiter* σκάλα *f*
Leiter(in)[2] M(F) διευθυντής (-τρια) *m(f)*; διοικητής (-τρια) *m(f)*
Leitung F *Führung* διεύθυνση *f*; διοίκηση *f*; TEL, ELEK καλώδιο *n*; *Wasserleitung* σωλήνας *m*, αγωγός *m* **Leitungswasser** N νερό *n* της βρύσης
Lektion F *a. fig* μάθημα *n*
Lektüre F ανάγνωσμα *n*
lenken AUTO οδηγώ; *leiten* διευθύνω; *in e-e Richtung* κατευθύνω **Lenkrad** N **Lenkung** F AUTO σύστημα *n* κατεύθυνσης
Lerche F *Vogel* κορυδαλλός *m*
lernen *Sprachen* μαθαίνω; *für Prüfung* διαβάζω, μελετώ
lesen διαβάζω **Leser(in)** M(F) αναγνώστης (-τρια) *m(f)*
Lette M, **Lettin** F Λεττονός (-ή) *m(f)* **lettisch** λεττονικός
Lettland N Λεττονία *f*
letzte(r, -s) τελευταίος; **~ Woche** την περασμένη εβδομάδα
leuchten φέγγω, λάμπω
Leuchtreklame F φωτεινή διαφήμιση *f* **Leuchtturm** M φάρος *m*
leugnen αρνούμαι, αρνιέμαι
Leukämie F λευχαιμία *f*
Leute PL άνθρωποι *mpl*, κόσμος *m*, λαός *m*; **junge ~** (οι) νέοι *mpl*
Lexikon N λεξικό *n*; εγκυκλοπαίδεια *f*
liberal φιλελεύθερος
licht φωτεινός; *Haar* αραιός

Licht N a. *Augenlicht* φως n; **~ machen** ανάβω το φως **Lichthupe** F σινιάλο n φωτός **Lichtschutzfaktor** M δείκτης m προστασίας **Lichtung** F ξέφωτο n
Lid N *Augenlid* βλέφαρο n
Lidschatten M σκιά f ματιών, σκιά f για τα μάτια
lieb αγαπητός, ακριβός; *fig* καλός, γλυκός; **am ~sten** πάνω απ' όλα
Liebe F αγάπη f (**für** για); έρωτας m, έρως m; *Zuwendung* στοργή f; *Brief* **in ~** με αγάπη
lieben αγαπώ **liebenswert** αξιαγάπητος **liebenswürdig** ευγενικός
lieber καλύτερα, μάλλον; **~ mögen** προτιμώ; *etw* **~ tun** προτιμώ να κάνω **Liebespaar** N ερωτικό ζευγάρι n
liebevoll στοργικός, τρυφερός **Liebhaber(in)** M(F) εραστής m, ερωμένη f; *fig* εραστής m **liebkosen** χαϊδεύω
lieblich χαριτωμένος; *fig* γλυκός; *Wein* ημίγλυκος **Liebling** M αγαπημένος; **~!** αγάπη μου!, μάτια μου! **lieblos** άστοργος
Lied N τραγούδι n
liefern προμηθεύω; *übergeben* παραδίδω **Lieferung** F *Übergabe* παράδοση f; προμήθεια f
Liege F ντιβάνι n **liegen** *Person* είμαι ξαπλωμένος; → *befinden* είμαι, βρίσκομαι; εξαρτάται (**an** από); **mir liegt viel daran** έχει σημασία για μένα; **woran liegt das?** πού οφείλεται/σε τι οφείλεται; **~ bleiben** μένω ξαπλωμένος; **~ lassen** αφήνω; ξεχνώ **Liegestuhl** M ξαπλώστρα f, σεζλόνγκ f **Liegewagen** M βαγόνι n με κουκέτες **Liegewiese** F λιβάδι n
Lift M ασανσέρ n
Likör M λικέρ n
Lilie F κρίνο n, κρίνος m
Limonade F λεμονάδα f
Linde F φλαμουριά f
lindern ανακουφίζω, καταπραΰνω, μαλακώνω; μετριάζω
Lineal N χάρακας m
Linie F a. *fig* γραμμή f; **in erster ~** πρώτα-πρώτα, κατά κύριο λόγο **Linienflugzeug** N αεροπλάνο n τακτικής αερογραμμής
Link N INTERNET υπερδεσμός m
linke a. POL αριστερός
links αριστερά (**von** από); **nach ~** προς τα αριστερά; **sich ~ halten** παραμένω στην αριστερή πλευρά **Linkshänder(in)** M(F) αριστερόχειρας m,f
Linse F φακή f; FOTO φακός m
Lippe F χείλι n, χείλος n
Lippenstift M κραγιόν n
lispeln ψευδίζω
Liste F λίστα f, κατάλογος m
listig πονηρός, πανούργος, δόλιος
Litauen N Λιθουανία f **Litauer(in)** M(F) Λιθουανός (-ή)

m(f)
Liter M λίτρο *n*
literarisch λογοτεχνικός **Literatur** F λογοτεχνία *f*
live TV σε ζωντανή μετάδοση
Livestream M INTERNET ζωντανή ροή *f*, ζωντανή μετάδοση *f* μέσω ίντερνετ
Lizenz F *Erlaubnis* άδεια *f*
LKW M (*Lastkraftwagen*) φορτηγό (αυτοκίνητο) *n*
Lob N έπαινος *m* **loben** επαινώ **lobenswert** αξιέπαινος
Loch N τρύπα *f*; **ein ~ haben** είμαι τρύπιος; **ein ~ bekommen** *Kleid* τρυπώ **Locher** M *Papierlocher* τρυπητήρι *n*
Lockdown M lockdown *n*
Locke F μπούκλα *f*
locken δελεάζω
Lockenwickler M ρολό *n*, μπικουτί *n*
locker χαλαρός **lockern** *Erde* σκαλίζω; **sich ~** χαλαρώνω
lockig σγουρός, κατσαρός
Lodge F σαλέ *n*
Löffel M *Esslöffel* κουτάλι *n*; *Teelöffel* κουταλάκι *n*; *Menge* κουταλιά *f*
Loft M διαμέρισμα *n* τύπου Loft
Loge F THEAT θεωρείο *n*
logisch λογικός
Lohn M μισθός *m*, αμοιβή *f*; *Belohnung* ανταμοιβή *f*
lohnen: **es lohnt sich** *es ist von Vorteil* συμφέρει; *es ist der Mühe wert* αξίζει τον κόπο
Lohnerhöhung F αύξηση *f* μισθού **Lohnsteuer** F φόρος *m* μισθωτών υπηρεσιών
lokal τοπικός **Lokal** N κέντρο *n*; εστιατόριο *n*, καφενείο *n*
Lokomotive F μηχανή *f*
Lorbeer M δάφνη *f* **Lorbeerblatt** N φύλλο *n* δάφνης
los: **~!** εμπρός!, έλα!, πάμε!; **was ist ~?** τι συμβαίνει, τι τρέχει; **was ist hier ~?** τι γίνεται εδώ
Los N *Lotterie* λαχείο *n*; *Schicksal* μοίρα *f*
löschen *a. Durst, Feuer, Aufnahme* σβήνω; *Durst* ξεδιψώ
lose χαλαρός; *unverpackt, Reis, Bohnen* χύμα
Lösegeld N λύτρα *npl*
losen κληρώνω
lösen *a. Problem, Knoten* λύνω; *Flüssigkeit* διαλύω; *Rätsel* μαντεύω; *Fahrkarte* βγάζω; **sich ~** *a. fig* ξεκολλώ; διαλύομαι
losfahren ξεκινώ, αναχωρώ
losgehen ξεκινώ, φεύγω; *anfangen* αρχίζω **loslassen** αφήνω **losreißen**: **sich ~** ξεκολλώ
Lösung F λύση *f*; CHEM διάλυση *f*; *Flüssigkeit* διάλυμα *n*
loswerden ξεφορτώνομαι
Lotion F λοσιόν *f*
Lotterie F *a. Lotterielos* λαχείο *n*
Lotto N λότο *n*
Löwe M λιοντάρι *n*; ASTROL Λέων *m*
Lücke F *a. fig* κενό *n*; *fig* χάσμα *n* **lückenhaft** ελλιπής

Luft F αέρας *m*; **(tief) ~ holen** παίρνω (βαθιά) ανάσα **luftdicht** αεροστεγής **Luftdruck** M ατμοσφαιρική πίεση *f*
lüften αερίζω; *Geheimnis* φανερώνω
Luftfeuchtigkeit F υγρασία *f* της ατμόσφαιρας **luftig** ελαφρός, ελαφρύς; *Raum* δροσερός **Luftlinie** F εναέρια απόσταση *f* **Luftmatratze** F φουσκωτό στρώμα *n* **Luftpumpe** F αεραντλία *f* **Luftröhre** F τραχεία *f*
Lüftung F (εξ)αερισμός *m*
Luftwaffe F πολεμική αεροπορία *f*
Lüge F ψέμα *n*, ψευτιά *f* **lügen** λέω ψέματα
Lügner(in) M(F) ψεύτης (-τρα) *m(f)*
Luke F φεγγίτης *m*, φωταγωγός *m*
Lumpen M κουρέλι *n*
Lunge F πνευμόνι *n*, πνεύμονας *m* **Lungenentzündung** F πνευμονία *f*
Lupe F φακός *m*
Lust F όρεξη *f*; διάθεση *f*, κέφι *n*; *sexuelles Empfinden* ηδονή *f*; **(keine) ~ haben** (δεν) έχω όρεξη/κέφι (**auf**; **zu** για); *umg* (δε) γουστάρω (**auf** *akk*) **lustig** χαρούμενος; εύθυμος; *witzig* αστείος; **sich ~ machen** κοροϊδεύω (**über** *akk*), γελώ (**über** με)
lutschen γλείφω
Luxemburg N Λουξεμβούργο *n* **Luxemburger(in)** M(F) Λουξεμβούργιος (-α) *m(f)*
luxuriös πολυτελής **Luxus** M πολυτέλεια *f* **Luxushotel** N πολυτελές ξενοδοχείο *n*
Lyrik F ποίηση *f*

M

machbar εφικτός, δυνατός; **nicht ~** ακατόρθωτος **machen** κάνω; *anfertigen* φτιά(χ)νω; *Foto* τραβώ; *Bett* στρώνω; **das macht nichts** δεν πειράζει
Macht F δύναμη *f*; εξουσία *f* **Machthaber(in)** M(F) εξουσιαστής (-τρια) *m(f)*
mächtig δυνατός, ισχυρός
machtlos αδύναμος, ανίσχυρος
Mädchen N κορίτσι *n*, κοπέλα *f*; *Tochter* κόρη *f*; *Dienstmädchen* υπηρέτρια *f* **Mädchenname** M πατρικό όνομα *n*
Made F σκουλήκι *n*
Magen M στομάχι *n*; MED στόμαχος *m* **Magengeschwür** N έλκος *n* στομάχου **Magenverstimmung** F βαρυστομαχιά *f*
mager λιγνός, ισχνός, αδύνατος; *Speise* άπαχος **Magermilch** F άπαχο γάλα *n*
Magie F *a. fig* μαγεία *f* **ma-**

gisch μαγικός
Magnet M μαγνήτης *m* **magnetisch** μαγνητικός **Magnetstreifen** M μαγνητική ταινία *f*
mähen θερίζω
Mahl N γεύμα *n* **mahlen** αλέθω **Mahlzeit** F γεύμα *n*; **~!** καλή όρεξη!
Mähne F χαίτη *f*
Mahnung F υπενθύμιση *f*
Mai M Μάιος *m*, Μάης *m*; **der Erste ~** Πρωτομαγιά *f* **Maiglöckchen** N BOT άγριος κρίνος *m*, κρινάκι *n*
Mais M καλαμπόκι *n*, αραβόσιτος *m*
majestätisch μεγαλοπρεπής
Majoran M μα(ν)τζουράνα *f*
makaber μακάβριος
Makedonien N Μακεδονία *f*
makellos άψογος, χωρίς ελαττώματα
Make-up N μεϊκάπ *n*, μακιγιάζ *n*
Makrele F σκουμπρί *n*
Mal N φορά *f*; **zum ersten ~** για πρώτη φορά; **das nächste ~** την επόμενη φορά; **jedes ~ (wenn)** κάθε φορά (που)
mal MATH επί; **komm ~ her!** (για) έλα λίγο!; **~ ... ~ ...** άλλοτε ... άλλοτε ...; → *a.* **einmal**
Malaria F ελονοσία *f*
malen ζωγραφίζω **Maler(in)** M(F) *Kunst* ζωγράφος *m,f* **Malerei** F ζωγραφική *f* **malerisch** γραφικός
Malta N Μάλτα *f* **Malteser(in)** M(F) Μαλτέζος (-α) *m(f)*
Malz N βύνη *f*
Mama F *umg* μαμά *f*, μάννα *f*
man κάποιος; κανείς; **~ sagt** λένε
Manager(in) M(F) μάνατζερ *m, f*
manche(r, -s) PR κάποιος; *pl* μερικοί *mpl*, κάποιοι *mpl* **manchemal** καμιά φορά, μερικές φορές, κάποτε
Mandarine F μανταρίνι *n*
Mandel F αμύγδαλο *n* **Mandeln** FPL ANAT αμυγδαλές *fpl* **Mandelentzündung** F αμυγδαλίτιδα *f*
Mangel M *Fehlen* ανεπάρκεια *f*, έλλειψη *f* (**an** *gen*); *Fehler* ελάττωμα *n* **mangelhaft** ελαττωματικός, ελλιπής, ελλειπτικός **mangeln**: **es mangelt** λείπει/λείπουν (**an** *nom*)
Manieren FPL τρόποι *mpl*
Maniküre F μανικιούρ *n*
manipulieren χειραγωγώ
Mann M άντρας *m*, άνδρας *m*; *Ehemann* σύζυγος *m*; **junger ~** νέος *m*, νεαρός *m*
Männchen N ZOOL αρσενικό *n* **männlich** αντρικός; αρσενικός
Mannschaft F SCHIFF, FLUG πλήρωμα *n*; *Sport* ομάδα *f*; *Fußballmannschaft* ποδοσφαιρική ομάδα *f*
Manöver N μανούβρα *f*; MIL ασκήσεις *fpl*
Manschette F μανικέτι *n*

Mantel M παλτό *n*
Mappe F χαρτοφύλακας *m*
Marathonlauf M μαραθώνιος (δρόμος) *m*
Märchen N παραμύθι *n* **märchenhaft** παραμυθένιος
Marder M κουνάβι *n*
Margarine F μαργαρίνη *f*
Margerite F μαργαρίτα *f*
Marienkäfer M πασχαλίτσα *f*
Marine F ναυτικό *n*
mariniert μαρινάτος
Mark[1] N *Knochenmark* μεδούλι *n*, MED μυελός *m* των οστών; BOT ψίχα *f*
Mark[2] F HIST *Währung* μάρκο *n*
Marke F μάρκα *f* **Markenartikel** M επώνυμο προϊόν *n*
Markierung F σημάδι *n*
Markise F τέντα *f*
Markt M *a.* HANDEL αγορά *f*; μαγαζιά *npl* **Markthalle** F υπόστεγη αγορά *f* **Marktplatz** M αγορά *f*, κεντρική πλατεία *f*
Marmelade F μαρμελάδα *f*
Marmor M μάρμαρο *n*
Mars M Άρης *m*
marschieren βαδίζω, πορεύομαι
Märtyrer(in) M(F) RELIG μάρτυρας *m,f*
März M Μάρτιος *m*, Μάρτης *m*
Masche F θηλιά *f*; *Laufmasche* πόντος *m*
Maschine F μηχανή *f*; *Flugzeug* αεροπλάνο *n* **maschinell** μηχανικός; *f* **Maschinengewehr** N πολυβόλο *n*
Masern FPL ιλαρά *f*
Maske F μάσκα *f*
Maskulinum N GRAM αρσενικό *n*
Maß N μέτρο *n*; *Ausmaß* βαθμός *m*; **in hohem ~e** σε μεγάλο βαθμό
Massage F μασάζ *n*
Massaker N σφαγή *f*
Masse F PHYS μάζα *f*; *Menschenmasse* πλήθος *n* **Massengrab** N ομαδικός τάφος *m* **massenhaft** μαζικός **Massenkarambolage** F αλυσιδωτή καραμπόλα *f* **Massenmedien** NPL μέσα *npl* μαζικής ενημέρωσης **Massentourismus** M μαζικός τουρισμός *m*
massieren κάνω μασάζ; **sich ~ lassen** κάνω μασάζ
mäßig *maßvoll* μετρημένος, μετριοπαθής, *mittelmäßig* μέτριος
massiv συμπαγής, ογκώδης; *stabil* σταθερός; *Kritik* έντονος, άγριος
maßlos υπερβολικός
Maßnahme F μέτρο *n*; **~n ergreifen** παίρνω/λαμβάνω μέτρα **Maßstab** M GEOG κλίμακα *f*; *fig* κριτήριο *n*
Mast M ELEK στύλος *m*; SCHIFF κατάρτι *n*, ιστός *m*
mästen τρέφω; παχαίνω
Material N υλικό *n* **materialistisch** υλιστικός

Materie F ύλη *f* **materiell** υλικός
Mathematik F μαθηματικά *npl* **mathematisch** μαθηματικός
Matratze F στρώμα *n*
Matrose M ναύτης *m*
Matsch M λάσπη *f* **matschig** λασπωμένος; *Essen* λασπερός
matt *Glas, Farbe,* FOTO θαμπός; *müde* άτονος, κουρασμένος, κατάκοπος; *Schach* ματ
Matte F *Fußmatte* χαλάκι *n*; *aus Stroh* ψάθα *f*
Mauer F τοίχος *m*; *Stadtmauer* τείχος *n* **mauern** χτίζω
Maul N *a. Tier* στόμα *n*; *umg* **halt's ~!** κόφ' το!, σκασμός!
Maulkorb M φίμωτρο *n*
Maulwurf M τυφλοπόντικας *m*
Maurer M χτίστης *m*, οικοδόμος *m*
Maus F ποντικός *m*, *a.* COMPUT ποντίκι *n*, χειριστήριο *n*
Mausoleum N μαυσωλείο *n*
maximal ανώτατος, μέγιστος
Mayonnaise F μαγιονέζα *f*
Mechaniker(in) M(F) μηχανικός *m,f* **mechanisch** *a. fig* μηχανικός **Mechanismus** M μηχανισμός *m*
meckern *umg* γκρινιάζω
Mecklenburg-Vorpommern N Μεκλεμβούργο-Δυτική Πομερανία *f*
Medaille F παράσημο *n*
Medikament N φάρμακο *n*
mediterran μεσογειακός
Medizin F ιατρική *f*; *Arznei* φάρμακο *n* **medizinisch** ιατρικός
Meer N θάλασσα *f*; *offenes* πέλαγος *n*, πόντος *m* **Meerblick** M θέα *f* προς τη θάλασσα **Meeresfrüchte** FPL θαλασσινά *npl* **Meeresboden** M βυθός *m* **Meeresspiegel** M επιφάνεια *f* της θάλασσας
Megahertz N μεγαλόκυκλος *m*
Mehl N αλεύρι *n*
mehr περισσότερος, πιο πολύς; *adv* περισσότερο, πιο πολύ; παραπάνω; *bei Negation* πια, πλέον; **~ oder weniger** λίγο-πολύ; **immer ~** όλο και περισσότερο **mehrere** *einige* μερικοί; *viele* αρκετοί, κάμποσοι, οι περισσότεροι; *verschiedene* διάφοροι **Mehrheit** F πλειονότητα *f* **mehrmals** πολλές φορές, επανειλημμένως, συχνά **Mehrwertsteuer** F *(MwSt.)* φόρος *m* προστιθέμενης αξίας (Φ.Π.Α.) **Mehrzahl** F πλειονότητα *f*; GRAM πληθυντικός (αριθμός) *m*
meiden αποφεύγω
Meile F μίλι *n*
mein(e, -es) POSS PR ο, η, το ... μου; *betont* (ο) δικός μου; *pl* οι, τα ... μου
Meineid M ψευδορκία *f*; **e-n ~ leisten** παίρνω ψεύτικο όρκο
meinen *glauben* νομίζω, πι-

στεύω; *sagen* λέω; *sagen wollen* εννοώ; **was meinst du dazu?** τι γνώμη έχεις (πάνω σ' αυτό); **meinst du?** λες

Meinung F γνώμη *f*, άποψη *f*, κρίση *f*; **meiner ~ nach** κατά τη γνώμη μου; **seine ~ äußern** λέω τη γνώμη μου **Meinungsfreiheit** F ελευθερία *f* γνώμης

meiste(r, -s) ο περισσότερος, ο πιο πολύς; **am ~n** πιο πολύ, πιο πολύ απ' όλους; **die ~n** οι περισσότεροι *mpl* **meistens** τις περισσότερες φορές, συνήθως, ως επί το πλείστον

Meister(in) M(F) *Handwerksmeister* αρχιτεχνίτης *m*; *Könner* τεχνίτης (-τρια) *m(f)*, μάστορας (-ισσα) *m(f)*; *Sport* πρωταθλητής (-τρια) *m(f)* **Meisterschaft** F *Sport* πρωτάθλημα *n* **Meisterwerk** N αριστούργημα *n*

melancholisch μελαγχολικός

melden *Unfall* δηλώνω, αναφέρω; *ankündigen* ανακοινώνω; **sich ~** παρουσιάζομαι; *Telefon* απαντώ; **melde dich doch mal!** μη χαθείς! **Meldung** F αναφορά *f*, δήλωση *f*; *Medien* είδηση *f*; αγγελία *f*

melken αρμέγω

Melodie F μελωδία *f*

Melone F *Zuckermelone* πεπόνι *n*; *Wassermelone* καρπούζι *n*

Menge F ποσότητα *f*; *große Anzahl* σωρός *m*; *von Menschen* πλήθος *n*

Mensa F φοιτητικό εστιατόριο *n*

Mensch M άνθρωπος *m*; **kein ~ (da)!** ούτε ψυχή! **menschenleer** έρημος **Menschenrechte** NPL ανθρώπινα δικαιώματα *npl* **menschlich** ανθρώπινος

Menstruation F περίοδος *f*

Mentalität F νοοτροπία *f*

Menü N *a.* IT μενού *n*

merken καταλαβαίνω, αντιλαμβάνομαι; *bemerken* παρατηρώ, **sich ~** θυμάμαι; σημειώνω; *umg* παίρνω χαμπάρι **Merkmal** N γνώρισμα *n*; χαρακτηριστικό *n* **merkwürdig** περίεργος, παράξενος

Messe F REL λειτουργία *f*; HANDEL έκθεση *f*

messen μετρώ

Messer N μαχαίρι *n*

Messing N ορείχαλκος *m*, μπρούντζος *m*

Messung F μέτρηση *f*

Metall N μέταλλο *n* **metallisch** μεταλλικός

Metastase F μετάσταση *f*

Meter M μέτρο *n* **Metermaß** N μέτρο *n*, μεζούρα *f*

Methode F μέθοδος *f*; σύστημα *n*

Metropole F μητρόπολη *f*

Metzger(in) M(F) χασάπης (-ισσα) *m(f)*, κρεοπώλης (-ισσα) *m(f)* **Metzgerei** F χασάπικο *n*, κρεοπωλείο *n*

mich με; μου; *betont* εμένα; **für ~** για μένα

Miene F ύφος *n*
Miete F νοίκι *n*, ενοίκιο *n*; *Pacht* μίσθωμα *n* **mieten** ενοικιάζω, νοικιάζω; *pachten* μισθώνω
Mieter(in) M(F) ενοικιαστής (-τρια) *m(f)*, ένοικος *m,f*, νοικάρης (-ισσα) *m(f)* **Mietvertrag** M ενοικιαστήριο *n*; μισθωτήριο *n* **Mietwagen** M ενοικιαζόμενο αυτοκίνητο *n*
Migräne F ημικρανία *f*
Migrant(in) M(F) μετανάστης (-τρια) *m(f)*
Mikrofon N μικρόφωνο *n* **Mikroskop** N μικροσκόπιο *n* **Mikrowellenherd** M φούρνος *m* μικροκυμάτων
Milch F γάλα *n* **Milchpulver** N γάλα *n* σε σκόνη **Milchreis** M ρυζόγαλο *n* **Milchstraße** F γαλαξίας *m*
mild *Person, Klima* ήπιος, γλυκός; *Strafe* ελαφρός
Milieu N περιβάλλον *n*
Militär N στρατός *m* **Militärdienst** M στρατιωτική θητεία *f* **militärisch** στρατιωτικός
Milliardär(in) M(F) δισεκατομμυριούχος *m,f* **Milliarde** F δισεκατομμύριο *n*
Milligramm N χιλιοστόγραμμο *n* **Millimeter** M χιλιοστόμετρο *n*, χιλιοστό *n*
Million F εκατομμύριο *n* **Millionär(in)** M(F) εκατομμυριούχος *m,f*
Milz F σπλήνα *f*
Minderheit F μειονότητα *f*
minderjährig ανήλικος
minderwertig κατώτερος; *adv* μειονεκτικά **Minderwertigkeitskomplex** N σύμπλεγμα *n* κατωτερότητας
Mindestabstand M ελάχιστη απόσταση *f* **Mindestalter** N κατώτερο όριο *n* ηλικίας
mindeste(r,-s) ελάχιστος; **das Mindeste** το ελάχιστο, το λιγότερο; **nicht im Mindesten** καθόλου **mindestens** τουλάχιστον
Mine[1] F BERGB ορυχείο *n*
Mine[2] F *Sprengmine* νάρκη *f*
Mineral N ορυκτό *n* **Mineralwasser** N μεταλλικό νερό *n*
Minimum N ελάχιστο *n*; το κατώτατο όριο *n* **Minirock** M μίνι φούστα *f*
Minister(in) M(F) υπουργός *m,f*
Ministerium N υπουργείο *n*
Ministerpräsident(in) M(F) πρωθυπουργός *m,f*
minus MATH μείον, πλην; **~ drei Grad** τρεις βαθμοί υπό/κάτω από το μηδέν
Minute F λεπτό *n*
Minze F δυόσμος *m*
mir μου; με; *betont* εμένα; σε (ε)μένα; **mit ~** μ' εμένα; **ein Freund von ~** ένας φίλος μου
mischen ανακατεύω, αναμειγνύω **Mischung** F μείγμα *n*
miserabel κακός, άθλιος
missachten περιφρονώ
Missbildung F παραμόρφωση *f*

Missbrauch M κατάχρηση *f* **missbrauchen** κάνω κατάχρηση; *ausnutzen* καταχρώμαι, εκμεταλλεύομαι
Misserfolg M αποτυχία *f*
Missgeschick N αναποδιά *f*
misshandeln κακοποιώ **Misshandlung** F κακοποίηση *f*
Mission F *Auftrag* αποστολή *f*
misslingen αποτυχαίνω
misstrauen δυσπιστώ **Misstrauen** N δυσπιστία *f* **misstrauisch** δύσπιστος
Missverständnis N παρεξήγηση *f*
Mist M *v. Tieren* κοπριά *f*
mit με (*dat akk*); **~ dem Bus/Zug** με το λεωφορείο/τρένο; **~ mir** μαζί μου
Mitarbeit F συνεργασία *f* **mitarbeiten** συνεργάζομαι **Mitarbeiter(in)** M(F) συνεργάτης (-ιδα) *m(f)*
mitbringen φέρνω μαζί μου
miteinander μαζί; ο ένας με τον άλλον
mitfahren πηγαίνω μαζί **Mitfahrgelegenheit** F δυνατότητα *f* συνταξίδευσης
mitgeben δίνω (να πάρει μαζί) **Mitgefühl** N συμπάθεια *f*; συμπόνια *f* **mitgehen** συνοδεύω; πηγαίνω μαζί
Mitgift F προίκα *f* **Mitglied** N μέλος *n* **mithilfe** → Hilfe **Mithilfe** F βοήθεια *f*
mitkommen έρχομαι μαζί
mitkriegen *umg* πιάνω
Mitleid N συμπόνια *f*; **~ haben** νιώθω συμπόνια (**für** για)
mitmachen συμμετέχω, παίρνω μέρος; *fig* περνώ
Mitmensch M συνάνθρωπος *m* **mitnehmen** παίρνω μαζί μου; *anstrengen* κουράζω **mitreißen** *a. fig* παρασέρνω, παρασύρω **Mitschüler(in)** M(F) συμμαθητής (-τρια) *m(f)*
mitspielen παίρνω μέρος στο παιχνίδι, παίζω κι εγώ; **spielst du mit?** θα παίξεις κι εσύ **Mitspieler(in)** M(F) συμπαίκτης (-τρια) *m(f)*
Mittag M μεσημέρι *n*; **zu ~ essen** γευματίζω **Mittagessen** N μεσημεριανό (φαγητό) *n*, γεύμα *n*
mittags το μεσημέρι **Mittagspause** F μεσημεριανό διάλειμμα *n* **Mittagsruhe** F μεσημεριανή ανάπαυση *f*
Mitte F μέση *f*; *Zentrum* μέσο *n*, κέντρο *n*; **~ März/ des Monats** στα μέσα Μαρτίου/ του μηνός
mitteilen πληροφορώ (*dat akk*), ανακοινώνω (*dat* σε); *amtl* γνωστοποιώ **Mitteilung** F πληροφορία *f*, ανακοίνωση *f*; γνωστοποίηση *f*
Mittel N μέσο *n*, τρόπος *m*; *Arzneimittel* φάρμακο *n*; *nur pl Geldmittel* μέσα *npl*, πόροι *mpl*
Mittelalter N μεσαίωνας *m*
Mittelfinger M μεσαίο δάχτυλο *n* **mittelmäßig** μέ-

τριος **Mittelmeer** N Μεσόγειος (Θάλασσα) *f* **Mittelpunkt** M *a. fig* κέντρο *n* **Mittelwelle** F μεσαία κύματα *npl*
mitten στη μέση (**in** *gen*), μέσα (**in** σε); ~ **auf der Straße** στη μέση του δρόμου; ~ **in der Nacht** μες στη νύχτα
Mitternacht F μεσάνυχτα *npl*; **um** ~ τα μεσάνυχτα
mittlere(r, -s) μεσαίος; *durchschnittlich* μέσος; **~n Alters** μέσης ηλικίας
mittlerweile στο μεταξύ, εν τω μεταξύ
Mittwoch M Τετάρτη *f*; **am** ~, **mittwochs** την Τετάρτη
Mixer M μίξερ *n*
Möbel NPL έπιπλα *npl* **Möbelstück** N έπιπλο *n*
mobil κινητός **Mobiltelefon** N κινητό τηλέφωνο *n*
möbliert επιπλωμένος
möchte → mögen
Mode F μόδα *f*; **(in)** ~ **sein** είναι της μόδας
Modell N *a. Kunst, Mode* μοντέλο *n*, σχέδιο *n*; ARCH μακέτα *f*
Modem N μόντεμ *n*
Modenschau F επίδειξη *f* μόδας
modern μοντέρνος; σύγχρονος
modernisieren εκσυγχρονίζω
modisch της μόδας
Mofa N μοτοποδήλατο *n*
mogeln κάνω ζαβολιές
mögen συμπαθώ, μου αρέσει; **ich mag** μου αρέσει; **ich möchte (gern)** θα ήθελα; **ich möchte lieber** προτιμώ
möglich δυνατός; **alles Mögliche** τα πάντα; **es ist** ~ είναι δυνατό (**zu** να); ενδέχεται (**dass** να) **Möglichkeit** F *möglich* δυνατότητα *f*; *wahrscheinlich* ενδεχόμενο *n* **möglichst**: ~ **bald** όσο το δυνατό συντομότερα
Mohnblume F παπαρούνα *f*
Möhre F, **Mohrrübe** F καρώτο *n*
Mole F μόλος *m*, προκυμαία *f*
Molkerei F γαλακτοκομείο *n*
mollig *warm* ζεστός; *Figur* στρουμπουλός
Moment M στιγμή *f*; λεπτό *n*
momentan τωρινός; *adv* προς το παρόν
Monarchie F μοναρχία *f*
Monat M μήνας *m* **monatlich** μηνιαίος; *adv* μηνιαίως
Monatsgehalt N μηνιαίος μισθός *m* **Monatskarte** F μηνιαία κάρτα *f*; μηνιαίο εισιτήριο *n*
Mönch M καλόγερος *m*, μοναχός *m*
Mond M φεγγάρι *n*, σελήνη *f* **Mondphasen** FPL φάσεις *fpl* της σελήνης **Mondschein** M φεγγαρόφωτο *n*, φεγγάρι *n*
Monitor M COMPUT οθόνη *f*
Monopol N μονοπώλιο *n*
Monster N τέρας *n*
Montag M Δευτέρα *f*; **am** ~

τη Δευτέρα
Montage F μοντάρισμα *n*; μοντάζ *n*; συναρμολόγηση *f*
montags τη/κάθε Δευτέρα
Monteur M μονταδόρος *m*
montieren μοντάρω, συναρμολογώ; *Möbel* στήνω
Monument N μνημείο *n*
Moor N έλος *n*, βάλτος *m*
Moos N βρύο *n*
Moped N μηχανάκι *n*
Moral F ηθική *f*; *Stimmung* ηθικό *n*; *Lehre* δίδαγμα *n* **moralisch** ηθικός
Mord M δολοφονία *f*, φόνος *m* **Mordanschlag** M απόπειρα *f* δολοφονίας
Mörder(in) M(F) φονιάς (-ισσα) *m(f)*; δολοφόνος *m,f*
morgen αύριο; **~ früh/Abend** αύριο το πρωί/βράδυ
Morgen M πρωί *n*, πρωινό *n*; **guten ~!** καλημέρα! **Morgenröte** F χαραυγή *f*
morgens το πρωί; **~ und abends** πρωί και βράδυ
morgig αυριανός
morsch σάπιος
Mosaik N μωσαϊκό *n*, ψηφιδωτό *n*
Moschee F τζαμί *n*
Moskito M κουνούπι *n* **Moskitonetz** N κουνουπιέρα *f*
Moslem → Muslim
Most M μούστος *m*
Motiv N κίνητρο *n*, αίτιο *n*, μοτίβο *n*; LIT, *Kunst* θέμα *n*
Motor M κινητήρας *m*; μηχανή *f*, μοτέρ *n* **Motorboot** N βενζινάκατος *f* **Motorhaube** F καπό *n* **Motoröl** N λάδι *n* μηχανής **Motorrad** N μοτοσικλέτα *f*, μηχανή *f* **Motorschaden** M βλάβη *f* μηχανής/του μοτέρ
Motte F σκόρος *m*
Motto N *Leitspruch* σύνθημα *n*
Möwe F γλάρος *m*
Mücke F κουνούπι *n* **Mückenstich** M τσίμπημα *n* κουνουπιού
müde κουρασμένος; **~ werden** κουράζομαι
Müdigkeit F κούραση *f*
Mühe F κόπος *m*; *Schwierigkeit* κούραση *f* **mühelos** χωρίς κόπο, άκοπος; *adv* άκοπα
Mühle F μύλος *m*
mühsam κοπιαστικός
Mulde F κοίλωμα *n*, βαθούλωμα *n*, λακκούβα *f*
Müll M σκουπίδια *npl*, απορρίμματα *npl* **Müllabfuhr** F συλλογή *f* απορριμμάτων
Müllbeutel M σακούλα *f* σκουπιδιών
Mullbinde F γάζα *f*
Mülleimer M σκουπιδοτενεκές *m* **Müllkippe** F χωματερή *f* **Mülltonne** F κάδος *m* απορριμμάτων
Multimedia PL πολυμέσα *npl*, πολλαπλά μέσα *npl*
multiplizieren πολλαπλασιάζω
Mumps M μαγουλάδες *fpl*, παρωτίδα *f*
München N Μόναχο *n*

Mund M στόμα *n*
münden *Fluss* χύνομαι, εκβάλλω; *Straße* καταλήγω
mündig *volljährig* ενήλικος
mündlich προφορικός
Mundschutz M MED μάσκα *f* προστασίας
Mündung F *Fluss* εκβολή *f*
Munition F πυρομαχικά *npl*
munter *lebhaft* ζωηρός, *heiter* χαρούμενος; *wach* ξύπνιος
Münze F κέρμα *n*, νόμισμα *n*
mürbe *brüchig* εύθραυστος; *Fleisch* μαλακός
Murmel F βώλος *m*
murmeln μουρμουρίζω
mürrisch γκρινιάρης, κατσούφης, αγέλαστος; μίζερος
Mus N πολτός *m*, χυλός *m*
Muschel F κοχύλι *n*; *Miesmuschel* μύδι *n*
Museum N μουσείο *n*
Musical N μιούζικαλ *n*
Musik F μουσική *f* **Musiker(in)** M(F) μουσικός *m,f* **Musikgruppe** F μουσικό συγκρότημα *n* **Musikinstrument** N μουσικό όργανο *n*
Muskatnuss F μοσχοκάρυδο *n*
Muskel M μυς *m* **Muskelkater** M μυϊκοί πόνοι *mpl*, *umg* πιάσιμο *n*
muskulös μυώδης
Müsli N μούσλι *n*
Muslim(in) M(F) μουσουλμάνος (-α) *m(f)*, μωαμεθανός (-ή) *m(f)*
müssen πρέπει; έχω να
Muster N *a.* HANDEL δείγμα *n*; *Vorbild* πρότυπο *n*, υπόδειγμα *n*; *Stoff* σχέδιο *n* **mustergültig**, **musterhaft** υποδειγματικός
Mut M θάρρος *n*; κουράγιο *n*; *fig* ψυχή *f*; **den ~ verlieren** χάνω το θάρρος μου **mutig** θαρραλέος
Mutter F μητέρα *f*; μάννα *f* **Muttergottes** *f* Παναγία *f*
mütterlich μητρικός
Muttermal N ελιά *f* **Muttersprache** F μητρική γλώσσα *f*
mutwillig θρασύς
Mütze F σκούφος *m*, σκουφί *n*, σκουφάκι *n*
MwSt. F (*Mehrwertsteuer*) Φ.Π.Α. *m* (φόρος προστιθέμενης αξίας)
mysteriös μυστηριώδης
Mythologie F μυθολογία *f*

N

na: **~ komm schon!** έλα τώρα!; **~ und?** και λοιπόν
Nabel M αφαλός *m*; MED *a.* *fig* ομφαλός *m*
nach *räumlich* μετά (*dat akk*); σε, για, προς (*dat akk*); *zeitlich* ύστερα, έπειτα (από *dat*), μετά (*dat akk*); *Uhrzeit* και; *gemäß* σύμφωνα (*dat* με), κατά (*dat akk*); **~ Athen** στην Αθήνα; *Zug* για την Αθήνα

nachahmen μιμούμαι; *fig* αντιγράφω
Nachbar(in) M(F) γείτονας (-ισσα) *m(f)*
nachbestellen παραγγέλνω ξανά
nachdem *zeitlich* αφού; **je ~** εξαρτάται (**ob** από)
nachdenken σκέφτομαι (**über** *akk*), συλλογίζομαι, αναλογίζομαι **nachdenklich** σκεφτικός, συλλογισμένος
nachdrücklich έντονος
nacheinander ο ένας μετά/ πίσω από τον άλλο **Nachfolger(in)** M(F) διάδοχος *m,f*
Nachfrage F HANDEL ζήτηση *f* **nachfragen** ρωτώ
nachfüllen συμπληρώνω **Nachfüllpackung** F ανταλλακτική συσκευασία *f*
nachgeben υποχωρώ, ενδίδω, υποκύπτω (*gen* σε) **nachgehen** *folgen* ακολουθώ (*dat akk*); *Uhr* πάει πίσω **Nachgeschmack** M πρόσθετη ιδιάζουσα γεύση *f* **nachgiebig** υποχωρητικός; συγκαταβατικός **nachhelfen** βοηθώ **nachher** ύστερα, μετά, κατόπιν; **bis ~!** τα λέμε, θα τα πούμε! **Nachhilfe** F ιδιαίτερο μάθημα *n*, φροντιστήριο *n* **nachholen** *Lernstoff* αναπληρώνω
Nachkomme M απόγονος *m, f* **nachkommen** έρχομαι αργότερα; *e-m Wunsch* ικανοποιώ, ανταποκρίνομαι
Nachlass M HANDEL έκπτωση *f*; JUR κληρονομιά *f* **nachlassen** ελαττώνομαι, μειώνομαι; *Strafe* αφήνω; *Preis* κατεβάζω, μειώνω; *Wind, Sturm, Fieber* πέφτω; *Wind, Sturm* κοπάζω, υποχωρώ; *Schmerz* λιγοστεύω, υποχωρώ
nachlässig αμελής **nachlaufen** τρέχω πίσω από **nachmachen** μιμούμαι
Nachmittag M απόγε(υ)μα *n*; **am ~** το απόγε(υ)μα
Nachnahme F: **per ~** επί με αντικαταβολή **Nachname** M επώνυμο *n*, επίθετο *n* **nachprüfen** (επαν)εξετάζω **nachrechnen** υπολογίζω (ξανά)
Nachricht F μήνυμα *n*; είδηση *f* **Nachrichten** FPL TV ειδήσεις *fpl*
Nachsaison F φθινοπωρινή σεζόν *f* **Nachschlüssel** M δεύτερο κλειδί *n* **nachsehen** κοιτάζω; ακολουθώ με το βλέμμα; *kontrollieren* ελέγχω, εξετάζω **nachsenden** στέλνω αργότερα **nachsichtig** επιεικής **Nachspeise** F επιδόρπιο *n*
nächste(r, -s) *zeitlich* επόμενος; *räumlich* κοντινότερος; **am ~n Tag** την επόμενη/άλλη μέρα
Nacht F νύχτα *f*; βράδυ *n*; βραδιά *f*; **gute ~!** καληνύχτα!; **heute ~** απόψε; **bei ~, in der ~** τη νύχτα **Nachtdienst** M

νυχτερινή υπηρεσία *f*
Nachteil M μειονέκτημα *n*
Nachtflug M νυχτερινή πτήση *f* **Nachthemd** N νυχτικό *n*
Nachtigall F αηδόνι *n*
Nachtisch M επιδόρπιο *n*
Nachtleben N νυχτερινή ζωή *f*
nächtlich νυχτερινός
Nachtlokal N νυχτερινό κέντρο *n*
nachtragend μνησίκακος
nachträglich εκ των υστέρων
Nachtruhe F *Schlaf* νυχτερινός ύπνος *m*; JUR νυχτερινή ησυχία *f* **nachts** τη νύχτα
Nachtschicht F νυχτερινή βάρδια *f* **Nachttisch** M κομοδίνο *n* **Nachtwächter** M νυχτοφύλακας *m* **Nachtzug** M νυχτερινό τρένο *n*
Nachweis M απόδειξη *f*
Nachwirkung F συνέπεια *f*
Nachwuchs M απόγονος *m,f*; *Beruf* νέα γενιά *f* **nachzählen** (ξανα)μετρώ **Nachzahlung** F πρόσθετη πληρωμή *f*
Nacken M σβέρκος *m*, αυχένας *m*, τράχηλος *m*
nackt γυμνός, γδυτός **Nacktbadestrand** M πλαζ *f* γυμνιστών
Nadel F *a.* BOT βελόνα *f*; *Nähnadel* βελόνι *n*; *Häkelnadel* βελονάκι *n*; *Steck-, Haarnadel* καρφίτσα *f*
Nagel M καρφί *n*; *Fingernagel* νύχι *n* **Nagelfeile** F λίμα *f* νυχιών
Nagellack M βερνίκι *n* νυχιών
Nagellackentferner M ασετόν *n*
nageln καρφώνω **Nagelschere** F ψαλίδι *n* νυχιών
Nagetier N τρωκτικό *n*
nah(e) *räumlich, zeitlich* κοντινός; *adv* κοντά
Nähe F: **aus der ~** από κοντά; **in der ~** εδώ κοντά; κοντά (*gen* σε)
nähen ράβω; *mit Nähmaschine* γαζώνω
näher κοντινότερος; *adv* πιο κοντά, κοντύτερα
nähern: **sich ~** πλησιάζω (*dat akk*)
nahezu σχεδόν
Nähmaschine F ραπτομηχανή *f*
nahrhaft θρεπτικός
Nahrung F τροφή *f* **Nahrungsmittel** NPL τρόφιμα *npl*, φαγώσιμα *npl*
Nährwert F θρεπτική αξία *f*
Naht F ραφή *f*; γαζί *n*
Nahverkehr M αστική/τοπική συγκοινωνία *f* **Nahverkehrszug** M τοπικό τρένο *n*
naiv απλοϊκός, αφελής, αγαθός; κουτός
Name M όνομα *n*; **im ~n** εν ονόματι (*gen gen*)
Namenstag N (ονομαστική) γιορτή *f*; **~ haben** γιορτάζω
nämlich δηλαδή
Napf M γαβάθα *f*
Narbe F σημάδι *n*, ουλή *f*

Narkose F νάρκωση *f*
Narzisse F BOT νάρκισσος *m*
naschen είμαι λειχούδης; *kosten* δοκιμάζω
Nase F μύτη *f* **Nasenbluten** N αιμορραγία *f* της μύτης **Nasenloch** N ρουθούνι *n*
nass βρε(γ)μένος; υγρός; **~ machen** βρέχω, μουσκεύω; **~ werden** βρέχομαι
Nässe F υγρασία *f*
nasskalt υγρός και κρύος
Nation F έθνος *n*
national εθνικός **Nationalfeiertag** M εθνική γιορτή *f* **Nationalhymne** F εθνικός ύμνος *m* **Nationalität** F εθνικότητα *f*; *Ethnie* εθνότητα *f* **Nationalpark** M εθνικός δρυμός *m*, εθνικό πάρκο *n* **Nationalsozialismus** M εθνικοσοσιαλισμός *m*
NATO F N.A.T.O. *n*
Natrium N νάτριο *n*
Natur F φύση *f*; *Charakter* φυσικό *n*; **von ~ aus** εκ φύσεως, φύσει **Naturereignis** N φυσικό φαινόμενο *n* **Naturheilkunde** F *etwa* εναλλακτική ιατρική *f* **Naturkatastrophe** F θεομηνία *f*
natürlich φυσικός; *adv* φυσικά, βέβαια, βεβαίως
Naturpark M, **Naturschutzgebiet** N εθνικό πάρκο *n* **Naturwissenschaften** FPL φυσικές επιστήμες *fpl*
Navi N *umg* συσκευή *f* πλοήγησης
Navigationsgerät N συσκευή *f* πλοήγησης
n. Chr. (*nach Christus*) μ.Χ. (μετά Χριστόν)
Nebel M ομίχλη *f*, καταχνιά *f* **Nebelscheinwerfer** M φώτα *npl* ομίχλης
neben δίπλα, πλάι (*dat*; *akk* σε); **~ mir** δίπλα μου **nebenan** εδώ δίπλα **nebenbei** παράλληλα **nebeneinander** δίπλα-δίπλα, ο ένας δίπλα στον άλλο(ν) **Nebenfluss** M παραπόταμος *m* **Nebenkosten** PL *Mietnebenkosten* κοινόχρηστα *npl* **nebensächlich** δευτερεύων **Nebenstraße** F πάροδος *f* **Nebenwirkung** F παρενέργεια *f*
neblig ομιχλώδης; **es ist ~** έχει ομίχλη
necken *umg* πειράζω, δουλεύω
Neffe M ανιψιός *m*
negativ αρνητικός
Negativ N FOTO αρνητικό *n*
nehmen παίρνω, λαμβάνω; *annehmen* δέχομαι; *wegnehmen* αφαιρώ, αρπάζω; **Platz ~** κάθομαι
Neid M ζήλια *f*, φθόνος *m*
neidisch ζηλιάρης, φθονερός
Neigung F *a. fig* κλίση *f*; *fig* ροπή *f*, έφεση *f* (**zu** προς)
nein όχι
Nelke F γαρύφαλλο *n*
nennen ονομάζω, καλώ, λέω; **genannt werden** ονομάζομαι, καλούμαι, λέγομαι

Nerv M MED νεύρο *n*; **~en** *Konstitution* νεύρα *npl*
nerven νευριάζω, εκνευρίζω; *umg* πρήζω; **du nervst!** με έπρηξες!, μου έσπασες τα νεύρα! **Nervenzusammenbruch** M νευρική κρίση *f*
nervös *reizbar* νευρικός; **~ sein** έχω νεύρα; *unruhig sein* έχω αγωνία, είμαι ανήσυχος
Nervosität F νευρικότητα *f*, εκνευρισμός *m*
Nest N φωλιά *f*
nett *freundlich* φιλικός; *sympathisch* συμπαθητικός; *angenehm* ευχάριστος; *höflich* ευγενικός; *hübsch* νόστιμος
Nettoeinkommen N καθαρό εισόδημα *n*
Netz N *a. fig* δίχτυ *n*; *fig*, INTERNET δίκτυο *n* **Netzwerk** N δίκτυο *n*
neu καινούργιος, νέος; *kürzlich* πρόσφατος, τελευταίος; **was gibt's Neues?** τι νέα (έχουμε), *umg* τι χαμπάρια
Neuerung F καινοτομία *f*
Neugier(de) F περιέργεια *f* **neugierig** περίεργος
neugriechisch νεοελληνικός **Neugriechisch** N Νεοελληνικά *npl*
Neuheit F νεωτερισμός *m* **Neuigkeit** F νέο *n*
Neujahr N πρωτοχρονιά *f*; νέο(ν) έτος *n*; **prosit ~!** καλή χρονιά!
neulich πρόσφατα; τις προάλλες; (τώρα) τελευταία
Neumond M νέα σελήνη *f*
neun εννιά, εννέα **neunzehn** δεκαεννέα, δεκαεννιά **neunzig** ενενήντα
neutral ουδέτερος
Neutrum N GRAM ουδέτερο *n*
Neuzeit F νεότεροι χρόνοι *mpl*
nicht *Aussagesatz* δε(ν); *Aufforderung, Konjunktiv* μη(ν); όχι; **~ einmal** ούτε (καν); **gar ~** καθόλου; **~ wahr?** έτσι δεν είναι; **warum ~?** γιατί όχι
Nichte F ανιψιά *f*
Nichtraucher(in) M(F) μη καπνιστής (-τρια) *m(f)*
nichts τίποτε, τίποτα; **~ zu danken!** τίποτα!
Nichtschwimmer(in) M(F) μη κολυμβητής (-τρια) *m(f)*
nicken γνέφω, κάνω νεύμα
nie ποτέ; **~ mehr/wieder** ποτέ πια
nieder κάτω; **auf und ~** πάνω-κάτω **niedergeschlagen** θλιμμένος, απογοητευμένος
Niederlage F ήττα *f*
Niederlande PL Κάτω Χώρες *fpl*, Ολλανδία *f* **niederländisch** ολλανδικός
niederlassen: **sich ~** εγκαθίσταμαι **Niederlassung** F *Firmensitz* εγκατάσταση *f*; *Zweigstelle* υποκατάστημα *n*, παράρτημα *n*
Niedersachsen N Κάτω Σαξονία *f*
Niederschlag M *Regen* βροχόπτωση *f* **niederschlagen** *Aufstand* καταστέλλω

niedlich χαριτωμένος
niedrig χαμηλός; *fig* πρόστυχος, μικροπρεπής
niemals ποτέ, καμιά φορά
niemand κανείς, κανένας
Niere F νεφρό *n* **Nierenstein** M νεφρόλιθος *m*
nieseln: **es nieselt** ψιχαλίζει, ψιλοβρέχει
niesen φταρνίζομαι
Nikosia N Λευκωσία *f*
Nikotin N νικοτίνη *f*
nirgends, **nirgendwo(hin)** πουθενά
Nische F κόγχη *f*, εσοχή *f*
nisten φωλιάζω
Niveau N επίπεδο *n*
noch ακόμα, ακόμη; **immer ~** ακόμα; **~ nicht** όχι ακόμα; **heute ~** σήμερα κιόλας; **~ etwas?** τίποτε άλλο; **bitte ~ ein Bier** μία μπυρα (ακόμα) παρακαλώ **nochmals** άλλη μία φορά; *wieder* ξανά
Nominativ M ονομαστική *f*
Nonne F καλόγρια *f*, μοναχή *f*
Nord(en) M βορράς *m*
nördlich βορεινός, βόρειος; *adv* (στα) βόρεια (**von** *gen*)
nordöstlich βορειοανατολικός **Nordpol** M βόρειος Πόλος *m*
Nordrhein-Westfalen N Βόρεια Ρηνανία-Βεστφαλία *f*
Nordsee F Βόρεια Θάλασσα *f*
Nordseite F βόρεια πλευρά *f*
nordwestlich βορειοδυτικός
Nordwind M βοριάς *m*
nörgeln γκρινιάζω
Norm F κανόνας *m*
normal κανονικός; ομαλός; *a.* MED φυσιολογικός **Normalbenzin** N απλή βενζίνη *f*
Normalität F ομαλότητα *f*
Not F ανάγκη *f*; δυστυχία *f*; *Armut* ανέχεια *f*
Notar(in) M(F) συμβολαιογράφος *m,f*
Notarzt M, **Notärztin** F γιατρός *m,f* πρώτων βοηθειών
Notaufnahme F τμήμα *n* πρώτων βοηθειών **Notausgang** M έξοδος *f* κινδύνου
Notbremse F φρένο *n* κινδύνου
notdürftig πρόχειρος
Note F *Zensur* βαθμός *m*; MUS νότα *f*
Notebook N → *Laptop*
Notfall M ανάγκη *f*, περίπτωση *f* έκτακτης ανάγκης; **im ~**, **notfalls** στην ανάγκη
notieren σημειώνω
nötig αναγκαίος, απαραίτητος; **~ haben** έχω ανάγκη; **es ist ~** χρειάζεται (**zu** να)
Notiz F σημείωση *f* **Notizbuch** N σημειωματάριο *n*
Notlage F ανάγκη *f* **Notlandung** F αναγκαστική προσγείωση *f* **Notlösung** F προσωρινή λύση *f* **Notlüge** F αναγκαστικό ψέμα *n* **Notruf** M κλήση *f* κινδύνου **Notwehr** F άμυνα *f* **notwendig** αναγκαίος, απαραίτητος
November M Νοέμβριος *m*,

Noέμβρης *m*
Nu: **im Nu** στη στιγμή, στο πι και φι
Nuance F *Farbe* απόχρωση *f*; *fig* χροιά *f*
nüchtern νηστικός; *fig* νηφάλιος, λογικός
Nudeln FPL μακαρόνια *npl*, ζυμαρικά *npl*
Nudist(in) M(F) γυμνιστής (-τρια) *m(f)*
null μηδέν *n*; **~ Uhr** μεσάνυχτα; **eins zu ~** ένα μηδέν; **unter ~** υπό το μηδέν **Null** F μηδέν *n*; *fig Versager* μηδενικό *n*, νούλα *f*
Nummer F αριθμός *m*; *Telefonnummer*, *Größe* νούμερο *n* **nummerieren** αριθμώ
Nummernschild N πινακίδα *f* αυτοκινήτου
nun τώρα; λοιπόν; **von ~ an** από 'δώ και πέρα, του λοιπού; **was ~?** και τώρα
nur μόνο, μονάχα, μοναχά
Nuss F *Walnuss* καρύδι *n*; *Erdnuss* φιστίκι *n*; *Haselnuss* φουντούκι *n*;
nutzen ωφελώ (*dat akk*)
Nutzen M ωφέλεια *f*, όφελος *n*; *Gewinn* κέρδος *n*
nützen ωφελώ (*dat akk*) **nützlich** χρήσιμος, ωφέλιμος (*dat*; **für** σε)
nutzlos ανώφελος
Nylon® N νάιλον *n*

O

Oase F όαση *f*
ob αν, εάν; μήπως; άραγε; **als ~** σαν να; **und ~!** και βέβαια!
obdachlos άστεγος
Obduktion F νεκροψία *f*
oben (ε)πάνω; **nach ~** προς τα πάνω, ψηλά; **von ~** από πάνω
Ober M σερβιτόρος *m*; **Herr ~!** γκαρσόν!
Oberarm M μπράτσο *n*, βραχίονας *m*
obere(r,-s) ανώτερος, (υ)ψηλότερος; *oben befindlich* (ε)πάνω
Oberfläche F επιφάνεια *f* **oberflächlich** *a. fig* επιφανειακός; *fig* επιπόλαιος
Oberkiefer M άνω σιαγόνα *f*
Oberkörper M (επ)άνω μέρος *n* του σώματος **Oberlippe** F άνω χείλος *n*, πάνω χείλη *n* **Oberschenkel** M μηρός *m*, μπούτι *n*
oberste(r, -s) ανώτατος, ο ανώτερος, ο πιο πάνω, ο πάνω-πάνω
Oberteil M,N πάνω μέρος *n*
Objekt N *a.* GRAM αντικείμενο *n* **Objektiv** N FOTO φακός *m* **objektiv** αντικειμενικός
Obst N φρούτα *npl* **Obstbaum** M καρποφόρο δέντρο *n* **Obstgarten** M περιβόλι *n*

Obstkuchen M γλυκό *n* με φρούτα
obszön αισχρός, χυδαίος
obwohl αν και, παρόλο που
Ochse M βόδι *n*
öde έρημος; *langweilig* βαρετός, ξερός
oder ή; **ja ~ nein?** ναι ή όχι
Ofen M *Heizofen* σόμπα *f*, θερμάστρα *f*; *Backofen m* φούρνος *m*
offen ανοιχτός; *fig* ειλικρινής; *Wein* χύμα; *Haar* λυτός; HANDEL ακατάβλητος **offenbar** ADV προφανώς **offensichtlich** φανερός, ολοφάνερος; *fig* χειροπιαστός
öffentlich δημόσιος; κοινός
Öffentlichkeit F δημοσιότητα *f*; κοινό *n*
offiziell επίσημος
Offizier M αξιωματικός *m*
öffnen ανοίγω
Öffnung F *a. fig* άνοιγμα *n*
Öffnungszeiten FPL ώρες *fpl* λειτουργίας, ωράριο *n* καταστημάτων
oft, öfter(s) πολλές φορές, συχνά; **wie ~?** πόσο συχνά; κάθε πότε/πόσο;
ohne δίχως, χωρίς (*akk akk*); **~ dass/zu** δίχως να, χωρίς να
Ohnmacht F MED λιποθυμία
ohnmächtig MED λιπόθυμος; **~ werden** λιποθυμώ
Ohr N αφτί *n*
Ohrenarzt M, **Ohrenärztin** F ωτορινολαρυγγολόγος *m,f*
Ohrfeige F χαστούκι *n*, σφαλιάρα *f* **Ohrring** M σκουλαρίκι *n*
ökologisch οικολογικός
Oktober M Οκτώβριος *m*, Οκτώβρης *m*
Öl N λάδι *n*, έλαιο *n*; *Erdöl* πετρέλαιο *n*
Oleander M πικροδάφνη *f*, ροδοδάφνη *f*
ölen λαδώνω **Ölgemälde** N ελαιογραφία *f* **Ölheizung** F θέρμανση *f* πετρελαίου **ölig** λαδερός, λιπαρός, ελαιώδης
Olive F ελιά *f* **Olivenbaum** M ελαιόδεντρο *n*, ελιά *f* **Olivenöl** N ελαιόλαδο *n*, λάδι *n* ελιάς
Ölsardine F σαρδέλα *f* του κουτιού
Olympiade F Ολυμπιάδα *f*
olympisch ολυμπιακός; **Olympische(n) Spiele** *npl* ολυμπιακοί αγώνες *mpl*
Oma F *umg* γιαγιά *f*
Omelett N ομελέτα *f*
Onkel M θείος *m*
online online **Onlinebanking** N e-banking *n*, ηλεκτρονικές τραπεζικές συναλλαγές *fpl* **Onlinekatalog** M online κατάλογος *m*, ηλεκτρονικός κατάλογος *m*
Onlinekauf M online αγορά *f*, ηλεκτρονική αγορά *f* **Onlineshop** M e-shop *n*, ηλεκτρονικό κατάστημα *n* **Onlineshopping** N e-shopping *n*, online αγορές *fpl*, ηλεκτρονικές αγορές *fpl*

Opa M *umg* παππούς *m*
Oper F όπερα *f*
Operation F επιχείρηση *f*; MED εγχείρηση *f* **Operationssaal** M χειρουργείο *n*
Operette F οπερέτα *f*
operieren MED εγχειρίζω
Opernhaus N όπερα *f*
Opfer N *a. Person* θύμα *n*; *Verzicht* θυσία *f* **opfern** θυσιάζω
Opposition F αντιπολίτευση *f*
Optiker(in) M(F) οπτικός *m,f*
Optimist(in) M(F) αισιόδοξος (-η) *m(f)* **optimistisch** αισιόδοξος
Orakel N μαντείο *n*; χρησμός *m*
Orange F πορτοκάλι *n* **orange** πορτοκαλής **Orangenlimonade** F πορτοκαλάδα *f* **Orangensaft** M χυμός *m* πορτοκάλι
Orchester N ορχήστρα *f*
Orchidee F ορχιδέα *f*
Orden M παράσημο *n*; REL τάγμα *n*
ordentlich τακτικός
ordinär χυδαίος, πρόστυχος
ordnen τακτοποιώ **Ordner** M φάκελος *m*, ντοσιέ *n* **Ordnung** F τάξη *f*; σύστημα *n*; **in ~!** εντάξει!
Oregano M ρίγανη *f*
Organ N *a.* ANAT όργανο *n* **Organisation** F οργάνωση *f*, οργανισμός *m* **organisch** CHEM, MED οργανικός **organisieren** (δι)οργανώνω
Orgasmus M οργασμός *m*
Orgel F εκκλησιαστικό όργανο *n*
Orient M Ανατολή *f* **orientalisch** ανατολίτικος
orientieren: **sich ~** προσανατολίζομαι
original πρωτότυπος **Original** N πρωτότυπο *n* **originell** πρωτότυπος
Orkan M τυφώνας *m*
Ort M μέρος *n*, τόπος *m*
orthodox ορθόδοξος
Orthopäde M, **Orthopädin** F ορθοπαιδικός *m,f*
örtlich τοπικός
Ortschaft F μέρος *n*
Ortsgespräch N TEL αστική κλίση *f*/συνδιάλεξη *f* **Ortszeit** F τοπική ώρα *f*
Ost(en) M ανατολή *f*; **Nahe(r) / Ferne(r) Osten** Εγγύς/Άπω Ανατολή *f*
Ostereier NPL κόκκινα αβγά *npl* **Osterferien** FPL διακοπές *fpl* του Πάσχα
Ostern N Πάσχα *n*, Λαμπρή *f*; **an ~** το Πάσχα; **frohe ~!** καλό Πάσχα!, καλή Ανάσταση!
Österreich N Αυστρία *f* **Österreicher(in)** M(F) Αυστριακός (-ή) *m(f)* **österreichisch** αυστριακός
östlich ανατολικός; *adv* (στα) ανατολικά (**von** *gen*)
Ostwind M δυτικός άνεμος *m*
Ouzo® M ούζο *n*
oval οβάλ
oxidieren οξιδώνω
Ozean M ωκεανός *m*

Ozon N όζον *n* **Ozonloch** N τρύπα *f* (του) όζοντος

P

Paar N ζευγάρι *n*, ζεύγος *n*
paar: **ein ~** μερικοί; **ein ~ Mal** μερικές φορές
Pacht F μίσθωμα *n* **pachten** μισθώνω
Pächter(in) M(F) μισθωτής (-τρια) *m(f)*
Päckchen N *Post* πακέτο *n*, δέμα *n*; *Zigaretten* πακέτο *n*, κουτί *n*
packen *ergreifen* πιάνω, αρπάζω; *Koffer* κάνω, φτιάχνω
Packung F συσκευασία *f*; *Milchpackung* κουτί *n*; MED κομπρέσα *f*
Paddel N κουπί *n* **Paddelboot** N κανό *n* **paddeln** κωπηλατώ
Paket N πακέτο *n*, δέμα *n*
Pakt M σύμφωνο *n*, συνθήκη *f*
Palast M ανάκτορο *n*, παλάτι *n*
Palme F φοίνικας *m*
Pandemie F πανδημία *f*
panieren αλευρώνω **paniert** πανέ
Panik F πανικός *m*
Panne F *Autopanne* βλάβη *f*, ατύχημα *n* **Pannendienst** M οδική βοήθεια *f*
Panorama N πανόραμα *n*
Pantoffel M παντόφλα *f*
Panzer M ZOOL θώρακας *m*; MIL άρμα *n* (μάχης), τανκς *n*
Papa M *umg* μπαμπάς *m*
Papagei M παπαγάλος *m*
Papier N *a. Blatt Papier* χαρτί *n* **Papiere** NPL χαρτιά *npl* **Papiergeld** N χαρτονομίσματα *npl* **Papierkorb** M καλάθι *n* αχρήστων
Pappbecher M χάρτινο ποτήρι *n* **Pappe** F χαρτόνι *n*
Pappel F λεύκα *f*
Pappteller M χάρτινο πιάτο *n*
Paprika F *Gemüse* πιπεριά *f*; *Gewürz* κόκκινο πιπέρι *n*
Papst M πάπας *m*
Parade F παρέλαση *f*
Paradies N παράδεισος *m*
paradox παράδοξος
Paragraf M JUR άρθρο *n*
parallel παράλληλος
Parallele F GEOG παράλληλος *f*
Parasit N *a. fig* παράσιτο *n*
Pärchen N ζευγαράκι *n*
Parfüm N άρωμα *n* **Parfümerie** F αρωματοπωλείο *n*
Park(anlage) M(F) πάρκο *n*
parken παρκάρω, σταθμεύω; **Parken verboten!** απαγορεύεται το παρκάρισμα!
Parkett N παρκέ(το) *n*; THEAT πλατεία *f*
Parkgebühr F τέλη *npl* στάθμευσης **Parkhaus** N στεγασμένο γκαράζ *n*, πάρκινγκ *n*
Parkplatz M πάρκινγκ *n*, χώ-

ρος *m* στάθμευσης **Parkscheibe** F χρονοδείκτης *m* στάθμευσης **Parkschein** M απόκομμα *n* στάθμευσης **Parkuhr** F παρκόμετρο *n* **Parkverbot** N απαγόρευση *f* στάθμευσης
Parlament N Βουλή *f*, κοινοβούλιο *n*
Parmesan M παρμεζάνα *f*
Parodie F παρωδία *f*
Partei F POL κόμμα *n*
Parterre N ισόγειο *n*
Partie F *Spiel* παρτίδα *f*
Partizip N μετοχή *f*
Partner(in) M(F) HANDEL συνέταιρος *m,f*; *Ehepartner* σύζυγος *m,f*; *Lebensgefährte* σύντροφος *m,f*
Partnerschaft F σχέση *f*
Party F πάρτι *n*
Pass M *Reisepass* διαβατήριο *n*; *im Gebirge* στενό *n*, διάβαση *f*
Passage F στοά *f*
Passagier(in) M(F) επιβάτης (-τρια) *m(f)* **Passagierflugzeug** N επιβατικό αεροπλάνο *n* **Passagierliste** F λίστα *f* επιβατών
Passant(in) M(F) περαστικός (-ή/-ιά) *m(f)*
Passbild N φωτογραφία *f* διαβατηρίου
passen ταιριάζω (**zu** με); *Kleid* μου κάνει; *recht sein* με βολεύει
passieren *Grenze* περνώ, διαβαίνω; *sich ereignen* συμβαίνει/συμβαίνουν, γίνεται/γίνονται; **was ist passiert?** τι συνέβη/έγινε
passiv *a.* GRAM παθητικός
Passkontrolle F έλεγχος *m* διαβατηρίων **Passwort** N κωδικός *m* πρόσβασης
Paste F πάστα *f*, κρέμα *f*
Pate M, **Patin** F *Taufpate* νονός (-ά) *m(f)* **Patenkind** N βαφτιστήρι *n*
Patent N δίπλωμα *n* ευρεσιτεχνίας
Patient(in) M(F) ασθενής *m,f*
patriotisch πατριωτικός
Patrone F MIL φυσίγγι *n*
pauschal συνολικός, γενικός; *Lohn* κατ' αποκοπήν **Pauschalpreis** M ενιαία τιμή *f* **Pauschalreise** F πακέτο *n* διακοπών
Pause F διακοπή *f*, *a.* THEAT διάλειμμα *n*; *a.* MUS παύση *f*
Pavillon M *Messe* περίπτερο *n*
Pazifik M Ειρηνικός (Ωκεανός) *m*
Pech N ατυχία *f*, κακοτυχία *f*; **~ haben** είμαι άτυχος
Pedal N πεντάλ(ι) *n*
pedantisch σχολαστικός
peinlich δυσάρεστος
Peitsche F μαστίγιο *n*, καμ(ου)τσίκι *n*
Pelikan M πελεκάνος *m*
Pellkartoffeln FPL βραστές πατάτες *fpl*
Peloponnes M,F Πελοπόννησος *f*
Pelz M, **Pelzmantel** M γούνα *f*
Pendel N εκκρεμές *n* **pen-**

deln *schwingen* ταλαντεύομαι, αιωρούμαι; *hin- und herfahren* πηγαινοέρχομαι
Penis M πέος *n*
Pension F οικοτροφείο *n*; *Mietpension* πανσιόν *f*; *Ruhegehalt* σύνταξη *f* **pensioniert** συνταξιούχος *m,f*
Peperoni F καυτερή πιπεριά *f*
per PRÄP *+akk* με (*+akk*); **~ Post®** ταχυδρομικώς; **~ Anhalter** με οτοστόπ; **~ Bahn** με το τρένο
perfekt τέλειος
Pergament N περγαμηνή *f*
Periode F *a.* MED περίοδος *f* **periodisch** περιοδικός
Perle F μαργαριτάρι *n*
Perlmutt N μάργαρο *n*
Person F άτομο *n*, *a.* JUR, THEAT πρόσωπο *n*; **pro ~** κατ' άτομο **Personal** N προσωπικό *n*
Personalausweis M ταυτότητα *f*, δελτίο *n* ταυτότητας
Personalien PL ταυτότητα *f*; (προσωπικά) στοιχεία *npl*
persönlich προσωπικός, ατομικός; *adv* ιδιαιτέρως, αυτοπροσώπως **Persönlichkeit** F προσωπικότητα *f*
Perspektive F προοπτική *f*
Perücke F περούκα *f*
pervers ανώμαλος
Pessimist(in) M(F), **pessimistisch** απαισιόδοξος
Pest F πανούκλα *f*
Petersilie F μαϊδανός *m*
Petroleum N πετρέλαιο *n*
Pfad M μονοπάτι *n* **Pfadfinder(in)** M(F) πρόσκοπος (-ίνα) *m(f)*
Pfahl M παλούκι *n*
Pfand N ενέχυρο *n*; *Flaschenpfand etwa* επιστροφή *f* **Pfandflasche** F επιστρεφόμενο μπουκάλι *n*; *als Aufschrift* το μπουκάλι επιστρέφεται
Pfanne F *Bratpfanne* τηγάνι *n*; **in der ~ braten** τηγανίζω
Pfannkuchen M *Art* τηγανίτα *f*
Pfarrer M παπ(π)άς *m*, ιερέας *m*
Pfarrerin F ιερέας *f*
Pfau M παγόνι *n*
Pfeffer M πιπέρι *n* **Pfefferminze** F μέντα *f* **Pfefferminztee** M τσάι *n* μέντας
Pfefferstreuer M πιπεριέρα *f*
Pfeife F *Trillerpfeife* σφυρίχτρα *f*; *Tabakspfeife* πίπα *f* **pfeifen** σφυρίζω
Pfeil M βέλος *n*; *Hinweispfeil* τόξο *n*, βέλος *n* **Pfeiler** M στύλος *m*
Pfennig M *fig* δεκάρα *f*
Pferd N άλογο *n*; AUTO ίππος *m*
Pfiff M σφύριγμα *n*
Pfingsten N Πεντηκοστή *f*
Pfirsich M ροδάκινο *n*
Pflanze F φυτό *n* **pflanzen** φυτεύω
pflanzlich φυτικός
Pflaster N *Steinpflaster* λιθόστρωτο *n*; MED τσηρώτο *n*, λευκοπλάστης *m*

Pflaume F δαμάσκηνο *n*
Pflege F περιποίηση *f*; φροντίδα *f*; *Krankenpflege* νοσηλεία *f* **pflegen** *Garten, Kranken* περιποιούμαι, φροντίζω; συνηθίζω (**zu** να) **Pfleger(in)** M(F) νοσηλευτής (-τρια) *m(f)*, νοσοκόμος (-α) *m(f)*
Pflicht F καθήκον *n*; υποχρέωση *f*, χρέος *n*
pflücken κόβω, μαζεύω
pflügen οργώνω
Pforte F πόρτα *f*, πύλη *f*
Pförtner(in) M(F) θυρωρός *m,f*
Pfosten M στύλος *m*
Pfote F πόδι *n*
Pfund N μισό κιλό *n*
Pfütze F λακκούβα *f* (με νερά)
Phantasie → Fantasie
Phase F φάση *f*, περίοδος *f*
Philosoph(in) M(F) φιλόσοφος *m,f* **Philosophie** F φιλοσοφία *f*
Phobie F φοβία *f*
Phosphor M φώσφορο *n*
Physik F φυσική *f* **physikalisch** φυσικός **physisch** φυσικός, σωματικός
Pickel M *Hautpickel* σπυρί *n*
picken τσιμπώ
Picknick N πικνίκ *n*
pikant πικάντικος
Pilates N SPORT γυμναστική *f* Πιλάτες
Pilger(in) M(F) προσκυνητής (-τρια) *m(f)* **Pilgerfahrt** F προσκύνημα *n*
Pille F χάπι *n*
Pilot(in) M(F) πιλότος *m,f*; αεροπόρος *m,f*
Pilz M GASTR μανιτάρι *n*; BIOL μύκητας *m*
Pinie F πεύκο *n*, κουκουναριά *f*
pinkeln *umg* κατουρώ
Pinsel M πινέλο *n*
Pinzette F τσιμπίδα *f*, τσιμπιδάκι *n*; λαβίδα *f*
Pirat M πειρατής *m*
Pistazie F φιστίκι *n*
Piste F πίστα *f*
Pistole F πιστόλι *n*
Pizza F πίτσα *f*
Pizzeria F πιτσαρία *f*
PKW M (*Personenkraftwagen*) I.X. *n* (αυτοκίνητο ιδιωτικής χρήσης)
Plage F βάσανο *n*; *fig* πληγή *f*
plagen βασανίζω, ταλαιπωρώ
Plakat N αφίσα *f*
Plan M σχέδιο *n*; πρόγραμμα *n*; *Grundriss* σχεδιάγραμμα *n*; *Stadtplan* χάρτης *m*
Plane F σκέπασμα *n*, κουκούλα *f*
planen σχεδιάζω; προγραμματίζω
Planet M πλανήτης *m*
planlos αμέθοδος, μη μεθοδικός, χωρίς πρόγραμμα **planmäßig** συστηματικός, μεθοδικός
Planschbecken N μικρή παιδική πισίνα *f*
Plantage F φυτεία *f*
Plastik[1] F *Skulptur* γλυπτό *n*
Plastik[2] N *Kunststoff* πλαστικό *n* **Plastiktüte** F πλαστική σα-

κούλα *f*
Platane F πλατάνι *n*, πλάτανος *m*
Platin N CHEM λευκόχρυσος *m*, πλατίνα *f*
plätschern *Bach* κελαρύζω; *Wellen* παφλάζω
platt επίπεδος, ίσιος; *umg* **ich bin ~!** έχω μείνει (άφωνος)!
Platte F *Steinplatte* πλάκα *f*; *Herdplatte* μάτι *n*; *Teller* πιατέλα *f*; MUS δίσκος *m*; **kalte ~** κρύο πιάτο *n* **Plattenspieler** M πικάπ *n*
Platz M πλατεία *f*; *Sitzplatz* θέση *f*; *Raum* χώρος *m*; *Ort* μέρος *n*, τόπος *m*
platzen σκάω; ξεσπώ; **j-n zum Platzen bringen** σκάω κ-ν
Platzregen M μπόρα *f*, νεροποντή *f* **Platzreservierung** F κράτηση *f* θέσεων
plaudern κουβεντιάζω, φλυαρώ
Pleite F χρεοκοπία *f* **pleitegehen** χρεοκοπώ
Plexiglas® N πλεξιγκλάς *n*
Plombe F *Zahnplombe* σφράγισμα *n* **plombieren** σφραγίζω
plötzlich ξαφνικός; απότομος; *adv* ξαφνικά
plump *unförmig* χοντροκομμένος; *taktlos* άξεστος
plündern λεηλατώ
Plural M πληθυντικός (αριθμός) *m*
plus MATH συν; **2 Grad ~** δύο βαθμοί πάνω από το μηδέν
Po M *umg* πισινός *m*
Pocken FPL ευλογιά *f*
Poesie F ποίηση *f*
poetisch ποιητικός
Pokal M SPORT κύπελλο *n*
Pol M *a. fig* πόλος *m*
Pole M, **Polin** F Πολωνός (-ή) *m(f)* **Polen** N Πολωνία *f*
polieren *Fußboden* γυαλίζω; *Möbel, Schuhe* λουστράρω; *Schuhe* στιλβώνω
Politik F πολιτική *f*, πολιτικά *npl* **Politiker(in)** M(F) πολιτικός *m,f* **politisch** πολιτικός
Polizei F αστυνομία *f* **Polizist(in)** M(F) αστυνομικός *m,f*
Pollen M γύρη *f* **Pollenallergie** F αλλεργία *f* στη γύρη
Polster N *Kissen* μαξιλάρι *n*; *fig* απόθεμα *n* **Polstermöbel** PL *etwa* έπιπλα *npl* με επένδυση, έπιπλα *npl* καθιστικού
Pommes frites PL τηγανιτές πατάτες *fpl*
Pool M πισίνα *f*
populär δημοφιλής
Pore F πόρος *m* **porös** πορώδης
Porree M πράσο *n*
Portier M θυρωρός *m,f*
Portion F μερίδα *f*
Portmonee N πορτοφόλι *n*
Porto N ταχυδρομικά (τέλη) *npl*
Porträt N πορτρέτο *n*
Portugal N Πορτογαλία *f*
Portugiese M, **Portugiesin** F Πορτογάλος (-ίδα) *m(f)*
Porzellan N πορσελάνη *f*

Posaune F τρομπόνι *n*
Position F θέση *f*, στάση *f*
positiv θετικός
Post® F ταχυδρομείο *n*; *Postsendung* γράμμα *n*; **mit der ~** ταχυδρομικώς
Posten M θέση *f*, αξίωμα *n*, πόστο *n*; MIL σκοπός *m*, φρουρός *m*; HANDEL ποσότητα *f*
Poster N πόστερ *n*, αφίσα *f*
Postfach N (*Postf.*) ταχυδρομική θυρίδα *f* (Τ.Θ.) **Postkarte** F κάρτα *f*, καρτ ποστάλ *f*
Postleitzahl F (*PLZ*) ταχυδρομικός κώδικας *m* (Τ.Κ.)
Potenz F ικανότητα *f* **potenziell** δυνατός
Pracht F μεγαλοπρέπεια *f*
prächtig μεγαλοπρεπής
prähistorisch προϊστορικός
prahlen καυχιέμαι (**mit** για)
Praktikum N πρακτική εξάσκηση *f*
praktisch πρακτικός; *handlich* εύχρηστος **praktizieren** ασκώ
Praline F σοκολατάκι *n*
prall *fest* σφιχτός; *reif* μεστός
Prämie F *Sparprämie* επιδότηση *f*; *Versicherungsprämie* ασφάλιστρα *npl* **präm(i)ieren** βραβεύω
Präparat N παρασκεύασμα *n*
Präposition F GRAM πρόθεση *f*
präsentieren παρουσιάζω
Präsident(in) M(F) πρόεδρος *m,f*
Praxis F πρακτική *f*; *Erfahrung* πείρα *f*, πράξη *f*; *Arztpraxis* ιατρείο *n*
predigen κηρύττω **Predigt** F κήρυγμα *n*
Preis M τιμή *f*; *fig* τίμημα *n*, αντίτιμο *n*; *Siegespreis* βραβείο *n*, έπαθλο *n* **Preisausschreiben** N διαγωνισμός *m*
preisen επαινώ; *Gott* δοξάζω
Preiserhöhung F άνοδος *f*/ αύξηση *f* των τιμών **Preisliste** F τιμολόγιο *n*, τιμοκατάλογος *m* **Preisverleihung** F βράβευση *f* **preiswert** φτηνός, οικονομικός
Prellung F μώλωπας *m*
Premiere F πρεμιέρα *f*
Presse F *Zeitung* τύπος *m*
pressen (συμ)πιέζω; σφίγγω; *mit der Hand* πατώ
Priester M ιερέας *m*; παπ(π)άς *m* **Priesterin** F ιέρεια *f*
prima *umg* υπέροχος, θαυμάσιος **primitiv** πρωτόγονος
Prinz M, **Prinzessin** F πρίγκιπας (-ισσα) *m(f)*
Prinzip N αρχή *f*; **im ~** κατ' αρχήν **prinzipiell** *grundsätzlich* βασικά, κατά βάση
privat ιδιωτικός, ιδιαίτερος
Privateigentum N προσωπική ιδιοκτησία *f* **Privatleben** N ιδιωτική ζωή *f* **Privatunterricht** M ιδιαίτερο μάθημα *n*
Privileg N προνόμιο *n*
pro ανά, κατά; **~ Stunde** ανά ώρα, την ώρα; **~ Tag** την ημέ-

ρα; ~ **Person** το άτομο
Probe F δοκιμή *f*; THEAT πρόβα *f*; HANDEL δείγμα *n* **proben** THEAT κάνω πρόβα **probeweise** δοκιμαστικά **Probezeit** F δοκιμαστική περίοδος *f*
probieren *a. Speise* δοκιμάζω, *Speise* γεύομαι
Problem N πρόβλημα *n*
Produkt N προϊόν *n*
produzieren παράγω
Professor(in) M(F) καθηγητής (-τρια) *m(f)*
Profi M επαγγελματίας *m*
Profil N προφίλ *n*, κατατομή *f*
Profit M όφελος *n* **profitieren** επωφελούμαι (**von** από; *gen*)
Prognose F πρόγνωση *f*
Programm N πρόγραμμα *n* **programmieren** IT προγραμματίζω
Projekt N πρόγραμμα *n*; σχέδιο *n*, έργο *n* **Projektor** M μηχάνημα *n* προβολής
Promenade F *Seepromenade* προκυμαία *f*, παραλία *f*
Promille N ποσοστό *n* επί τοις χιλίοις
prompt ADV αμέσως
Pronomen N αντωνυμία *f*
Propaganda F προπαγάνδα *f*
Propeller M προπέλα *f*, έλικας *m*
prophezeien προφητεύω
Proportion F αναλογία *f*
Prospekt M έντυπο *n*, διαφημιστικό (φυλλάδιο) *n*
prost: ~! στην υγειά σου/σας!
Prostata F MED προστάτης *m*
Prostituierte F πόρνη *f* **Prostitution** F πορνεία *f*
Protest M διαμαρτυρία *f*;
Protestant(in) M(F) RELIG προτεστάντης (-ισσα) *m(f)*, διαμαρτυρόμενος (-η) *m(f)*; **protestanttisch** προτεσταντικός
protestieren διαμαρτύρομαι (**gegen** κατά *+gen*)
Prothese F MED πρόθεση *f*; τεχνητό μέλος *n*
Protokoll N πρωτόκολλο *n*, πρακτικά *npl*
Proviant M προμήθειες *fpl*, τρόφιμα *npl*
Provinz F *a. pej* επαρχία *f*
Provision F προμήθεια *f*
provozieren προκαλώ
Prozent N ποσοστό *n* επί τοις εκατό; **40** ~ 40 τοις εκατό
Prozentsatz M ποσοστό *n*
Prozess M JUR δίκη *f* **Prozession** F λιτανεία *f*, πομπή *f*
prüde σεμνότυφος
prüfen εξετάζω; ελέγχω **Prüfung** F εξέταση *f*; *Schule* διαγώνισμα *n*, εξετάσεις *fpl*
prügeln δέρνω, ξυλοκοπώ, τις βρέχω σε κ-ν
Psyche F ψυχή *f* **Psychiater(in)** M(F) ψυχίατρος *m,f* **psychisch** ψυχικός **Psychologie** F ψυχολογία *f* **psychologisch** ψυχολογικός
Pubertät F εφηβεία *f*
Publikum N κοινό *n*; *Zuhörer*

ακροατήριο *n*
Pudding M πουτίγκα *f*
Puder M *Kosmetik* πούδρα *f*; *Babypuder* ταλκ *n*
Pulli M *umg* πουλόβερ *n*
Pullover M πουλόβερ *n*
Puls M σφυγμός *m*; *fig* παλμός *m*
Pulver N σκόνη *f*
Pumpe F τρόμπα *f*, αντλία *f* **pumpen** τρομπάρω, αντλώ
Pump M γόβα *f*
Punkt M κουκκίδα *f*; *Ort, fig* σημείο *n*; *Sport* βαθμός *m*, πόντος *m*; GRAM τελεία *f*
pünktlich ακριβής; συνεπής; *adv* ακριβώς
Pupille F κόρη *f* (του ματιού)
Puppe F κούκλα *f*
pur *Getränk* σκέτος; *Gold* καθαρός
Püree M πουρές *m*
pusten φυσώ
Pute F γαλοπούλα *f*
Putsch M πραξικόπημα *n*
Putz M σοβάς *m* **putzen** καθαρίζω; *Schuhe* γυαλίζω; *Zähne* πλένω **Putzfrau** F καθαρίστρια *f* **Putzmittel** N απορρυπαντικό *n*
Pyjama M πιτζάμα *f*
Pyramide F πυραμίδα *f*

Quadrat N τετράγωνο *n* **quadratisch** τετράγωνος **Quadratmeter** M τετραγωνικό μέτρο *n*
Qual F βάσανο *n*; *fig* τυραννία *f*
quälen *a. fig* βασανίζω; *fig* τυραννώ; παιδεύω; *umg* πρήζω, τρώω
qualifizieren: **sich** ~ *Sport* προκρίνομαι **qualifiziert** με προσόντα
Qualität F ποιότητα *f*
Qualle F μέδουσα *f*; *Feuerqualle* τσούχτρα *f*
Qualm M (πυκνός) καπνός *m*
Quark M είδος παχύρρευστου γαλακτοκομικού προϊόντος *m*
Quartal N τριμηνία *f*
Quartier N κατάλυμα *n*
Quarz M χαλαζίας *m*
Quatsch M βλακείες *fpl*; *umg* σαχλαμάρες *fpl*, κολοκύθια *npl*, παραμύθια *npl*
Quecksilber N υδράργυρος *m*
Quelle F πηγή *f*, βρύση *f*
quengelig γκρινιάρης, κλαψιάρης
quer ADV πλάγια, διά μέσου; ~ **durch die Stadt** μέσα από την πόλη **querschnitt(s)gelähmt** παραπληγικός (-ή

f) m **Querstraße** F κάθετος δρόμος m
quetschen *zerdrücken* ζουλώ; *drücken* πιέζω; *Hand* μαγκώνω; **sich ~** *sich drängen* στριμώχνομαι **Quetschung** F MED θλάση f
quitt: **wir sind ~** είμαστε πάτσι
Quittung F *Kassenbon* απόδειξη f
Quiz N κουίζ n
Quote F ποσοστό n

R

Rabatt M έκπτωση f, σκόντο n
Rabe M κόρακας m, κοράκι n
Rache F εκδίκηση f
Rachen M φάρυγγας m
rächen εκδικούμαι; **sich ~** παίρνω εκδίκηση (**an, für** *akk*, για);
Rad N ρόδα f, τροχός m; *Fahrrad* ποδήλατο n; **~ fahren** κάνω ποδήλατο
Radar N,M ραντάρ n
Radfahrer(in) M(F) ποδηλατιστής m, ποδηλάτης (-ισσα) m(f)
radieren σβήνω **Radiergummi** M σβηστήρα f, σβήστρα f
Radieschen N ραπανάκι n
radikal ριζικός, ριζοσπαστικός
Radio N ράδιο n, ραδιόφωνο n
radioaktiv ραδιενεργός
Radioaktivität F ραδιενέργεια f
Radtour F εκδρομή f με ποδήλατο **Radweg** M λωρίδα f ποδηλάτων, ποδηλατόδρομος m
raffiniert πονηρός, πανούργος
Rahmen M a. *fig* πλαίσιο n; *Bilderrahmen* κορνίζα f, κάδρο n
Rakete F πύραυλος m
rammen *Auto* τρακάρω, συγκρούομαι με; *Pfahl* μπήγω
Ramsch M σαβούρα f
Rand M άκρη f; *Teller* χείλος n; *Heftrand*, a. *fig* περιθώριο n
Rang M τάξη f; MIL βαθμός m, βαθμίδα f; THEAT εξώστης m
ranzig ταγγός
Rarität F σπάνιο κομμάτι n
rasch γρήγορος, ταχύς; *adv* γρήγορα **rascheln** θροΐζω
rasen *toben* λυσσώ, μαίνομαι; AUTO τρέχω με μεγάλη ταχύτητα
Rasen M χλόη f, γρασίδι n, γκαζόν n
Rasierapparat M (ηλεκτρική) ξυριστική μηχανή f **rasieren** ξυρίζω; **sich ~** ξυρίζομαι **Rasierklinge** F ξυράφι n, λάμα f **Rasierzeug** N ξυριστικά npl
Rasse F φυλή f, a. *Tierrasse* ρά-

τσα *f* **Rassismus** M ρατσισμός *m* **rassistisch** ρατσιστικός
Rast F ανάπαυση *f*, ξεκούραση *f* **rasten** αναπαύομαι, ξεκουράζομαι **Raststätte** F εστιατόριο *n* σε εθνική οδό
Rasur F ξύρισμα *n*
Rat[1] M συμβουλή *f*; **e-n ~ geben** δίνω μια συμβουλή, συμβουλεύω
Rat[2] M *Gremium* συμβούλιο *n*
Rate F δόση *f*
raten συμβουλεύω (*dat akk*); *erraten* μαντεύω
Ratenzahlung F πληρωμή *f* με δόσεις
Rathaus N δημαρχείο *n* **ratlos** αμήχανος
Rätsel N αίνιγμα *n* **rätselhaft** αινιγματικός
Ratte F ποντικός *m*
rau τραχύς, σκληρός; *Stimme* βραχνός; *Klima* δριμύς; *Stoff, Sitte* άγριος
Raub M *Entführung* αρπαγή *f*; ληστεία *f* **rauben** *entführen* απαγάγω; *stehlen* ληστεύω; *Schlaf, Ruhe* κλέβω, στερώ
Räuber(in) M(F) ληστής *m*
Raubtier N αρπακτικό ζώο *n*
Rauch M καπνός *m*
rauchen *Zigarette* καπνίζω
Raucher(in) M(F) καπνιστής (-τρια) *m(f)* **Raucherabteil** N κουπέ *n* καπνιστών
räuchern *Fleisch* καπνίζω
Rauferei F συμπλοκή *f*, ξύλο *n*
Raum M χώρος *m*; *Zimmer* δωμάτιο *n*
räumen αδειάζω, εκκενώνω
Raumschiff N διαστημόπλοιο *n*
Raupe F κάμπια *f*
Raureif M πάχνη *f*
raus: **~!** έξω!; → *a.* **heraus** *u.* **hinaus**
Rausch M μεθύσι *n*; *fig* έκσταση *f* **rauschen** *Meer, Radio* βουίζω; *Blätter* θροΐζω
Rauschgift N ναρκωτικό *n* **rauschgiftsüchtig** ναρκομανής *m,f*
räuspern: **sich ~** (ξερο)βήχω
Razzia F *Polizei* έφοδος *f*
reagieren αντιδρώ (**auf** σε)
Reaktion F *a.* PHYS αντίδραση
Reaktor M αντιδραστήρας *m*
real πραγματικός **realisieren** πραγματοποιώ, υλοποιώ **realistisch** ρεαλιστικός
Rebe F κλήμα *n*
Rebellion F επανάσταση *f*
Rechen M τσουγκράνα *f*
rechnen *a. fig* λογαριάζω, υπολογίζω (**mit** με) **Rechnung** F λογαριασμός *m*; MATH υπολογισμός *m*
recht σωστός; δίκαιος; *Zeit* κατάλληλος; *adv* σωστά, καλά; **ist es dir ~?** έχεις αντίρρηση
Recht N δίκαιο *n*; δικαίωμα *n* (**auf** σε); **~ haben** έχω δίκιο
rechte(r, -s) δεξής, *a.* POL δεξιός; *Winkel* ορθός
Rechteck N ορθογώνιο *n*
rechtfertigen δικαιολογώ

rechtlich νομικός **rechtmäßig** νόμιμος
rechts δεξιά; **nach ~** προς τα δεξιά
Rechtschreibung F ορθογραφία *f*
Rechtshänder(in) M(F) δεξιόχειρας *m,f* **rechtsradikal** ακροδεξιός
rechtswidrig παράνομος
rechtzeitig έγκαιρος; *adv* εγκαίρως, στην ώρα μου/σου
Reck N μονόζυγο *n*
recyceln ανακυκλώνω **Recycling** N ανακύκλωση *f*
Redaktion F *Zeitung* σύνταξη *f*
Rede F λόγος *m*; ομιλία *f* **reden** μιλώ (**mit** με) **Redewendung** F ιδιωματισμός *m*
Reeder M εφοπλιστής (-τρια *f*) *m*
Referat N εισήγηση *f*
reflektieren αντανακλώ
Reflex M MED αντανακλαστικό *n*
Reform F μεταρρύθμιση *f*
Regal N ράφι *n*; *Wandregal* εταζέρα *f* **Regalboden** M ράφι *n*
rege ζωηρός, ζωντανός; *Verkehr, Fantasie* έντονος
Regel F κανόνας *m*; *Monatsregel* περίοδος *f* **regelmäßig** κανονικός, τακτικός; *adv* τακτικά
regeln κανονίζω, ρυθμίζω, τακτοποιώ; *umg* βολεύω **Regelung** F ρύθμιση *f*, τακτοποίηση *f*
Regen M βροχή *f* **Regenbogen** M ουράνιο τόξο *n* **Regenmantel** M αδιάβροχο *n*
Regenwald M τροπικό δάσος *n*
Regie F σκηνοθεσία *f*
regieren κυβερνώ **Regierung** F κυβέρνηση *f*
Regime N POL καθεστώς *n*
Region F περιφέρεια *f*, περιοχή *f* **regional** περιφερειακός, τοπικός
Register N *amtl* μητρώο *n*; *Index* ευρετήριο *n* **registrieren** καταχωρίζω, καταγράφω
Regler M TECH ρυθμιστής *m*
regnen: **es regnet** βρέχει
regnerisch βροχερός
regulieren ρυθμίζω
Reh N ζαρκάδι *n*
reiben *a. Augen* τρίβω
Reibung F TECH, *a. fig* τριβή *f* **reibungslos** ομαλός
reich πλούσιος (**an** σε)
Reich N *a. Königreich* βασίλειο *n*; *Kaiserreich* αυτοκρατορία *f*
reichen *Salz* δίνω; *Hand* απλώνω; *genügen* φτάνω, αρκώ; *sich erstrecken* φτάνω, έρχομαι (**bis, zu** μέχρι; ως), εκτείνομαι
Reichtum M πλούτος *m*
Reif M πάχνη *f*
reif ώριμος; *Obst* γινωμένος
Reifen M AUTO λάστιχο *n*, ρόδα *f* **Reifenpanne** F βλάβη *f* ελαστικού **Reifenwechsel** M αλλαγή *f* ελαστικού

Reihe F σειρά *f*, γραμμή *f*; **der ~ nach** με τη σειρά; **ich bin an der ~** είναι η σειρά μου **Reihenfolge** F σειρά *f*
Reim M ομοιοκαταληξία *f*
rein καθαρός; *fig* αγνός, γνήσιος **reinigen** καθαρίζω
Reinigung F καθαρισμός *m*, καθάρισμα *n*; *Geschäft* καθαριστήριο *n*
reinlegen *umg* ξεγελώ, πιάνω κορόιδο
Reis M ρύζι *n*
Reise F ταξίδι *n* **Reisebüro** N γραφείο *n* ταξιδίων **Reiseführer(in)** M(F) ξεναγός *m,f*; *Buch* ταξιδιωτικός οδηγός *m* **Reisegruppe** F ταξιδιωτικό γκρουπ *n* **Reiseleiter(in)** M(F) οδηγός *m,f* (ταξιδιωτικού γκρουπ), ξεναγός *m,f*
reisen ταξιδεύω (**nach** για); *abreisen* φεύγω
Reisende(r) M,F ταξιδιώτης (-ισσα) *m(f)*; *Fahrgast* επιβάτης (-τρια) *m(f)* **Reisepass** M διαβατήριο *n* **Reisescheck** M ταξιδιωτική επιταγή *f* **Reisetasche** F βαλίτσα *f*, ταξιδιωτική τσάντα *f* **Reiseveranstalter** M γραφείο *n* ταξιδίων **Reiseverkehr** M τουριστική κίνηση *f* **Reiseversicherung** F ταξιδιωτική ασφάλιση *f*
reißen *abreißen, zerreißen* (ξε)σχίζω; *ziehen* τραβώ; *werfen* ρίχνω; *nehmen* αρπάζω
Reißverschluss M φερμουάρ *n* **Reißzwecke** F πινέζα *f*
reiten καβαλικεύω, ιππεύω
Reiter(in) M(F) καβαλάρης (-ισσα) *m(f)*; *Sport* ιππέας (-εύτρια) *m(f)* **Reitschule** F σχολή *f* ιππασίας
Reiz M BIOL ερέθισμα *n*; *fig* γοητεία *f* **reizen** MED, *a. fig* ερεθίζω, *fig* ανάβω; *ärgern* εκνευρίζω; *verlocken* τραβώ, ελκύω
Reklamation F παράπονο *n*
Reklame F διαφήμιση *f*
Rekord M ρεκόρ *n*
Rekrut M νεοσύλλεκτος *m*
relativ σχετικός
Relief N ανάγλυφο *n*
Religion F θρησκεία *f*
religiös θρησκευτικός; *fromm* θρήσκος (-α *f*) *m*
Rendezvous N ραντεβού *n*
Rennbahn F *Auto, Rad* πίστα *f*; *Pferderennbahn* ιππόδρομος *m* **rennen** τρέχω **Rennen** N τρέξιμο *n*; *Pferde, Auto* κούρσα *f*, δρόμος *m* **Rennfahrer** M οδηγός *m* αγώνων ταχύτητας **Rennpferd** N άλογο *n* ιπποδρομιών **Rennwagen** M αγωνιστικό αυτοκίνητο *n*
renovieren ανακαινίζω
Rente F σύνταξη *f* **Rentner(in)** M(F) συνταξιούχος *m,f*
Reparatur F επισκευή *f*, επιδιόρθωση *f* **Reparaturwerkstatt** F συνεργείο *n* επισκευών
reparieren (επι)διορθώνω, επισκευάζω, φτιάχνω

Reportage F ανταπόκριση *f*, ρεπορτάζ *n* **Reporter(in)** M(F) ρεπόρτερ *m,f*
Reptil N ερπετό *n*
Republik F δημοκρατία *f*
Reserve F απόθεμα *n*, ρεζέρβα *f* **Reservekanister** M μπιτόνι *n* ρεζέρβας **Reserverad** N ρεζέρβα *f*
reservieren φυλά(γ)ω; *Platz* πιάνω; *Zimmer, Tisch* κρατώ, κλείνω **reserviert** *Tisch* κλεισμένος, πιασμένος, ρεζερβέ; *Person* επιφυλακτικός
Respekt M σεβασμός *m* **respektieren** σέβομαι
Rest M υπόλοιπο *n*; υπόλειμμα *n*; *Geldrest* ρέστα *npl* **restlich** υπόλοιπος
Restaurant N εστιατόριο *n*
retten (δια)σώζω, γλυτώνω (**vor** από) **Retter(in)** M(F) σωτήρας *m,f*
Rettung F σωτηρία *f*, γλυτωμός *m*; *das Retten* διάσωση *f*
Rettungsaktion F ενέργεια *f* διάσωσης **Rettungsboot** N ναυαγοσωστική λέμβος *f* **Rettungsdienst** M υπηρεσία *f* διάσωσης **Rettungsring** M σωσίβιο *n*
Reue F μετάνοια *f*
Revier N περιοχή *f*, τόπος *m*; *Polizeirevier* τμήμα *n*
Revolution F επανάσταση *f*
Revolver M περίστροφο *n*
Revue F επιθεώρηση *f*
Rezept N MED, GASTR συνταγή *f*; **auf ~** με συνταγή
Rezeption F *Hotel* υποδοχή *f*, ρεσεψιόν *f*
Rhein M Ρήνος *m* **Rheinland-Pfalz** N Ρηνανία-Παλατινάτο *n*
Rheuma N ρευματικά *npl*, ρευματισμοί *mpl*
Rhododendron M ροδόδεντρο *n*
Rhythmus M ρυθμός *m*
richten *Blick* στρέφω; *Frage, Bitte* απευθύνω; *urteilen* κρίνω; *in Ordnung bringen* τακτοποιώ; **sich ~** προσανατολίζομαι (**nach** σύμφωνα με)
Richter(in) M(F) δικαστής *m,f*
richtig σωστός; ορθός; *geeignet* κατάλληλος; *adv* σωστά
richtigstellen *berichtigen* διορθώνω
Richtlinie F οδηγία *f*, κατευθυντήρια γραμμή *f* **Richtung** F κατεύθυνση *f*
riechen μυρίζω, οσφραίνομαι; μυρίζω (**nach** *akk*)
Riese M γίγαντας *m* **riesig** τεράστιος; *adv sehr* φοβερά, τρομερά
Riff N *Überwasserriff* ξέρα *f*, σκόπελος *m*; *Unterwasserriff* ύφαλος *m*
Rind N *Tier* βόδι *n*; *Fleisch* μοσχάρι *n*, βοδινό κρέας *n*
Rinde F *Baumrinde* φλούδα *f*, φλοιός *m*; *Brotrinde* κόρα *f*
Ring M *Fingerring* δαχτυλίδι *n*; *Metallring* κρίκος *m*; TECH, *a. Straßenverkehr* δακτύλιος *m*; *Augenringe* κύκλοι *mpl* κάτω

από τα μάτια **ringen** παλεύω **Ringfinger** M παράμεσο δάχτυλο *n*, παράμεσος *m* **Ringkampf** M SPORT πάλη *f*
rings, **ringsherum**, **ringsum(her)** γύρω(-γύρω), ολόγυρα
Rinne F αυλάκι *n*; *Dachrinne* υδρορροή *f* **rinnen** τρέχω, κυλώ
Rippe(nfell) F(N) πλευρό *n*
Risiko N κίνδυνος *m*, ρίσκο *n*
riskant επικίνδυνος; *Person* ριψοκίνδυνος, **riskieren** (δια)κινδυνεύω, ρισκάρω
Riss M *Bodenriss* ρήγμα *n*; *Wandriss* ρωγμή *f*, σχισμή *f*
Ritter M *a. fig* ιππότης *m*
Ritual N τελετή *f*, τελετουργία *f*
Ritze F σχισμάδα *f*, σχισμή *f*, χαραμάδα *f* **ritzen** χαράζω
Rivale M, **Rivalin** F αντίζηλος *m,f*
Roastbeef N ροσμπίφ *n*
Roboter M ρομπότ *n*
robust γερός; *Material* ανθεκτικός
röcheln αγκομαχώ
Rock[1] M *Damenrock* φούστα *f*
Rock[2] M MUS ροκ *n*
Roggen M σίκαλη *f*
roh *a. fig* ωμός; *Material* ακατέργαστος; *fig* άγριος **Rohbau** M γιαπί *n* **Rohkost** F ωμή τροφή *f*
Rohr N TECH σωλήνας *m*, αγωγός *m*; BOT καλάμι *n*
Röhre F σωλήνας *m*; *Radio* λυχνία *f*; *Backröhre* φούρνος *m*
Rohstoff M πρώτη ύλη *f*
Rolle F *Garnrolle* κουβαρίστρα *f*; *Papierrolle* ρολό *n*; THEAT, *a. fig* ρόλος *m* **rollen** κυλώ
Roller M *Tretroller* πατίνι *n*; *Motorroller* βέσπα *f* **Rollkragen** M ζιβάγκο *n* **Rollladen** M ρολό *n* **Rollstuhl** M αναπηρική καρέκλα *f* **Rolltreppe** F κυλιόμενη/κινητή σκάλα *f*
Rom N Ρώμη *f*
Roman M μυθιστόρημα *n*
romantisch ρομαντικός
Römer(in) M(F) Ρωμαίος (-α) *m(f)*
römisch ρωμαϊκός
röntgen ακτινογραφώ **Röntgenbild** N ακτινογραφία *f*
rosa ροζ **Rosa** N ροζ *n*
Rose F τριαντάφυλλο *n*; ρόδο *n*; *Rosenstock* τριανταφυλλιά *f* **Rosenkohl** M λαχανάκι *n* Βρυξελλών
Roséwein M ροζέ κρασί *n*, κοκκινέλι *n*
rosig *a. fig* ρόδινος, ροδαλός
Rosine F σταφίδα *f*
Rosmarin M δεντρολίβανο *n*
Rost M *an Eisen* σκουριά *f*; *Bratrost* σχάρα *f* **rosten** σκουριάζω
rösten τηγανίζω; *im Ofen* ψήνω; *Brot* ξεροψήνω; *Kaffee* καβουρδίζω
rostfrei ανοξίδωτος **rostig** σκουριασμένος
rot κόκκινος; ερυθρός; **~ werden** κοκκινίζω; **Rote(s) Kreuz**

n Ερυθρός Σταυρός m; **Rote(s) Meer** n Ερυθρά Θάλασσα f
Rot N κόκκινο n
Röteln FPL ερυθρά f
Rotkohl M κόκκινο λάχανο n
Rotwein M κόκκινο κρασί n, ερυθρός οίνος m
Rouge N *Wangenrouge* ρουζ n
Route F διαδρομή f
Routine F ρουτίνα f
Rübe F τεύτλο n; *Zuckerrübe* ζαχαρότευτλο n
Rubin M ρουμπίνι n
Ruck M τράνταγμα n, κίνηση f
Rückblick M ανασκόπηση f; αναδρομή f
rücken *zur Seite* παραμερίζω, κάνω χώρο; *verrücken* μετακινώ
Rücken M πλάτη f, ράχη f; **auf dem ~** ανάσκελα **Rückenmark** N νωτιαίος μυελός m
Rückerstattung F επιστροφή f **Rückfahrkarte** F εισιτήριο n μετ' επιστροφής **Rückfahrt** F επιστροφή f, γυρισμός m **Rückfall** M JUR, MED υποτροπή f **Rückflug** M επιστροφή f **Rückgabe** F επιστροφή f; απόδοση f **Rückgang** M μείωση f; *Flutwasser* υποχώρηση f **rückgängig**: **~ machen** ακυρώνω, ανακαλώ **Rückgrat** N σπονδυλική στήλη f **Rückkehr** F επάνοδος f, επιστροφή f, γυρισμός m **Rücklicht** N οπίσθιο φως n
Rucksack M σακίδιο n (ώμου)
Rückschritt M οπισθοδρόμηση f **Rückseite** F πίσω μέρος n, πίσω πλευρά f; *Stoff* ανάποδη f **Rücksicht** F: **~ nehmen** λαμβάνω υπ' όψη (μου), λογαριάζω, υπολογίζω (**auf** *akk*) **rücksichtslos** αγενής, αδιάφορος, αδιάκριτος; *unbarmherzig* ανελέητος **Rückspiegel** M εσωτερικός καθρέφτης m **Rückstand** M καθυστέρηση f, οπισθοδρόμηση f, οπισθοδρομικός **rückständig** οπισθοδρομικός; **Rücktritt** M παραίτηση f
rückwärts προς τα πίσω **Rückwärtsgang** M η όπισθεν f
Rückweg M επιστροφή f, γυρισμός m **rückwirkend** αναδρομικός **Rückzahlung** F εξόφληση f, επιστροφή f χρημάτων
Rucola(salat) M ρόκα f
Ruder N κουπί n **Ruderboot** N βάρκα f με κουπιά **rudern** κωπηλατώ **Rudern** N κωπηλασία f
Ruf M κάλεσμα n; TEL κλήση f; *Ansehen* φήμη f, υπόληψη f, όνομα n **rufen** φωνάζω; καλώ
Ruhe F ησυχία f; *Gelassenheit* ηρεμία f; *Ausruhen* ανάπαυση f; **lass mich in ~!** άσε με ήσυχο/ήσυχη! **Ruhestörung** F διατάραξη f κοινής ησυχίας
ruhig ήσυχος; *gelassen* ήρεμος, *a. Meer* γαλήνιος

Ruhm M δόξα *f*
Rühreier NPL *etwa* χτυπητά αβγά *npl*, ομελέτα *f*
rühren κουνώ; *umrühren* ανακατώνω; *gefühlsmäßig* συγκινώ, αγγίζω
Ruin M καταστροφή *f* **Ruine** F ερείπιο *n*, *pl* συντρίμμια *npl* **ruinieren** καταστρέφω
rülpsen ρεύομαι
Rum M ρούμι *n*
Rummel M φασαρία *f*
Rumpf M κορμός *m*; *Schiffsrumpf* σκελετός *m*
rund[1] στρογγυλός; σφαιρικός
rund[2] *ungefähr* περίπου; *rings* γύρω (**um** από)
Rundblick M πανόραμα *n* **Runde** F βόλτα *f*; *Sport* γύρος *m*; *Getränke* κέρασμα *n* **Rundfahrt** F γύρος *m*, περιοδεία *f* **Rundfunk** M *Rundfunkwesen* ραδιοφωνία *f*; *Radio* ραδιόφωνο *n* **Rundgang** M γύρος *m* **Rundreise** F περιοδεία *f*, γύρος *m*
runzelig ζαρωμένος **runzeln** *Stirn* ζαρώνω
rupfen μαδώ
Ruß M καπνιά *f*
rüsten *Land* εξοπλίζω, κάνω εξοπλισμό; *fig* προετοιμάζω **rüstig** ακμαίος **Rüstung** F MIL εξοπλισμός *m*
Rutsche F τσουλήθρα *f*
rutschen γλιστρώ **rutschig** γλιστερός, ολισθηρός
rütteln *Baum* τινάζω; *Person* ταρακουνώ; *Tür* τραντάζω

S

Saal M αίθουσα *f*; σάλα *f*
Saarland N Σάαρη *f*
Saat F *Aussaat* σπορά *f*
Sabotage F σαμποτάζ *n*
Sache F πρά(γ)μα *n*; *Angelegenheit* ζήτημα *n*, υπόθεση **Sachkenntnis** F ειδικές γνώσεις *fpl*, γνώση *f* ενός θέματος *f* **sachlich** αντικειμενικός
sächlich GRAM ουδέτερος
Sachschaden M υλική ζημία *f*
Sachsen-Anhalt N Σαξονία-Άνχαλτ *n*
Sachverständige(r) M,F εμπειρογνώμονας *m,f*
Sack M σακί *n*, σάκος *m*, τσουβάλι *n* **Sackgasse** F *a. fig* αδιέξοδο *n*
säen σπέρνω
Safe M χρηματοκιβώτιο *n*
Saft M χυμός *m*; ζουμί *n*; *Fleischsaft* ζωμός *m* **saftig** *a. fig* ζουμερός, χυμώδης; *Preis* τσουχτερός
Sage F μύθος *m*
Säge F πριόνι *n*
sagen λέω; **sag mal!** για πες μου/μας!
sägen πριονίζω
Sahne F καϊμάκι *n*, κρέμα *f*; *Schlagsahne* (κρέμα) σαντιγί *f*
Saison F εποχή *f*, σεζόν *f*

Saite F χορδή *f*
Sakko M σακάκι *n*
Salami F σαλάμι *n*
Salat M σαλάτα *f*
Salbe F αλοιφή *f*
Salbei M φασκόμηλο *n*
Salmonellen FPL σαλμονέλες *fpl*
Salon M σαλόνι *n*
Salz N αλάτι *n* **salzen** αλατίζω **salzig** αρμυρός, αλμυρός **Salzkartoffeln** FPL βραστές πατάτες *fpl* **Salzstreuer** M αλατιέρα *f* **Salzwasser** N GASTR αλατόνερο *n*; *Meer* θαλασσινό νερό *n*
Samen M *Samenkorn* σπόρος *m*; *Sperma* σπέρμα *n* **Samenzelle** F σπερματοζωάριο *n*
sammeln μαζεύω; *Hobby* συλλέγω **Sammlung** F συλλογή *f*
Samstag M Σάββατο *n*; **am ~, samstags** το Σάββατο
Samt M βελούδο *n*
sämtlich όλος ο
Sanatorium N σανατόριο *n*, θεραπευτήριο *n*
Sand M άμμος *f*
Sandale F πέδιλο *n*
sandig αμμώδης
Sandwich N σάντουιτς *n*; τοστ *n*; ψωμάκι *n*
sanft *leicht* απαλός; *Charakter* ήπιος, ήμερος, μαλακός
Sänger(in) M(F) τραγουδιστής (-τρια) *m(f)*
sanieren *Haus* ανακαινίζω
sanitär υγειονομικός
Sanitäter(in) M(F) νοσοκόμος (-α) *m(f)*
Saphir M ζαφείρι *n*
Sardine F σαρδέλα *f*
Sarg M φέρετρο *n*; κάσα *f*
Satan M σατανάς *m*
Satellit M δορυφόρος *m* **Satellitenfernsehen** N δορυφορική τηλεόραση *f*
Satin M σατέν *n*
Satire F σάτιρα *f*
satt χορτάτος, φαγωμένος; **~ machen/werden** χορταίνω **satthaben**: *umg* **ich habe es satt!** βαρέθηκα!
Sattel M σέλα *f* **satteln** σελώνω
sättigend χορταστικός
Saturn M Κρόνος *m*
Satz M GRAM πρόταση *f*, φράση *f*; *Kaffeesatz* κατακάθι *n*; *Werkzeugsatz* σετ *n*; *Lehrsatz* θεώρημα *n* **Satzung** F καταστατικό *n*
Sau F γουρούνα *f*; *Person vulg* γουρούνι *n*
sauber καθαρός **Sauberkeit** F καθαριότητα *f*
säubern καθαρίζω
sauer ξινός; CHEM όξινος; *umg böse* θυμωμένος **Sauerkraut** N ξινολάχανο *n*, λάχανο *n* τουρσί **Sauerstoff** M οξυγόνο *n*
saufen *Tier* πίνω; *umg* τα πίνω, το/τα τσούζω
saugen ρουφώ; *Baby* πιπιλίζω; *Tier* βυζαίνω
säugen βυζαίνω, θηλάζω

Säugetier N θηλαστικό ζώο *n*, μαστοφόρο *n* **Säugling** M βρέφος *n*
Säule F κολόνα *f*, στήλη *f*; ARCH κίονας *m*
Saum M ποδόγυρος *m*, στρίφωμα *n*
Sauna F σάουνα *f*
Säure F CHEM οξύ *n*; *Geschmack* ξινίλα *f*
sausen *Wind* σφυρίζω; *Ohren* βουΐζω; **~ lassen** παρατώ
Saxofon N σαξόφωνο *n*
S-Bahn F προαστιακός *m*
scannen σαρώνω
Scanner M σαρωτής *m*
schäbig άθλιος
Schablone F καλούπι *n*
Schach N σκάκι *n* **Schachbrett** N σκακιέρα *f*
Schacht M πηγάδι *n*, φρεάτιο *n*; *Lichtschacht* φωταγωγός *m*
Schachtel F κουτί *n*; *Zigarettenschachtel* πακέτο *n* (τσιγάρα)
schade: **(es ist) ~!** (είναι) κρίμα!
Schädel M κρανίο *n*
schaden βλάπτω (*dat akk*), πειράζω; ζημιώνω **Schaden** M βλάβη *f*, ζημία *f*, ζημιά *f* **Schadenersatz** M αποζημίωση *f* **Schadenfreude** F χαιρεκακία *f*
schädlich βλαβερός
Schadstoff M βλαβερή ουσία *f*
Schaf N πρόβατο *n*
Schäferhund M λυκόσκυλο *n*
schaffen[1] *erschaffen* δημιουργώ; *fig* χτίζω; *Platz* κάνω; *Ordnung* συγυρίζω, νοικοκυρεύω
schaffen[2] *Leistung* (τα) καταφέρνω, κατορθώνω; *Zug* προλαβαίνω; *umg erschöpfen* κουράζω, σκοτώνω
Schaffner(in) M(F) BAHN ελεγκτής (-τρια) *m(f)*
Schafskäse M πρόβειο τυρί *n*
Schal M φουλάρι *n*, κασκόλ *n*
Schale F *Obstschale* φλούδα *f*, φλούδι *n*; *Eierschale, Nussschale* τσόφλι *n*; *Gefäß* πιατέλα *f*
schälen ξεφλουδίζω, καθαρίζω
Schall M ήχος *m* **Schallplatte** F MUS δίσκος *m*
schalten AUTO αλλάζω ταχύτητα **Schalter** M *Post®, Bank* θυρίδα *f*; ELEK διακόπτης *m*
Schaltjahr N δίσεκτο έτος *n*
Scham F ντροπή *f*
schämen: **sich ~** ντρέπομαι (**wegen** για)
Schande F αίσχος *n*; ντροπή *f*
Schar F μπουλούκι *n*
scharf *Essen* καυτερός; *Messer* κοφτερός; *Kritik* άγριος, δριμύς; *Verstand, Antwort* οξύς; *Augen* γερός; *Kurve* απότομος; *Protest* έντονος; *Foto* καθαρός; *fig* καυτός; **~ sein** *umg* γουστάρω (**auf** *akk*)
schärfen *a. fig* ακονίζω
scharfsinnig οξυδερκής
Scharlach M οστρακιά *f*
Schatten M ήσκιος *m*, σκιά *f*
schattig σκιερός

Schatz M θησαυρός *m*; **~!** αγάπη μου!
schätzen υπολογίζω; *wertschätzen* εκτιμώ; *annehmen* υποθέτω
Schau F επίδειξη *f*; θέα *f*; *Messe* έκθεση *f*; **zur ~ stellen** επιδεικνύω
schauderhaft ανατριχιαστικός
schauen κοιτάζω; *sich kümmern* κοιτάζω, φροντίζω; *aussehen* φαίνομαι, δείχνω
Schauer M *Regenschauer* μπόρα *f*
Schaufel F φτυάρι *n*
Schaufenster N βιτρίνα *f* **Schaufensterbummel** M βόλτα *f* στα μαγαζιά
Schaukel F κούνια *f* **schaukeln** *a. Boot* κουνιέμαι; κουνώ **Schaukelstuhl** M κουνιστή πολυθρόνα *f*
Schaum M αφρός *m*
schäumen *a. fig* αφρίζω
Schauplatz M *etwa* τόπος *m*
Schauspiel N θεατρικό έργο *n*; *Anblick* θέαμα *n* **Schauspieler(in)** M(F) ηθοποιός *m,f*
Scheck M τσεκ *n*, (τραπεζική) επιταγή *f* **Scheckheft** N βιβλιάριο *n* επιταγών **Scheckkarte** F κάρτα *f* επιταγών
Scheibe F δίσκος *m*; *Brot* φέτα *f*; *Fenster* τζάμι *n* **Scheibenwischer** M υαλοκαθαριστήρας *m*
Scheide F ANAT κόλπος *m*
scheiden χωρίζω; **sich ~ lassen** παίρνω διαζύγιο (**von** από) **Scheidung** F διαζύγιο *n*, χωρισμός *m*
Schein M *Bescheinigung* πιστοποιητικό *n*; *Licht* λάμψη *f*; *Geldschein* χαρτονόμισμα *n*; *Anschein* φαινόμενα *npl*
scheinbar φαινομενικός; *adv* απ' ό,τι φαίνεται **scheinen** *leuchten* λάμπω, φέγγω; *fig* φαίνομαι; **es scheint** φαίνεται (**dass** ότι) **scheinheilig** υποκριτικός **Scheinwerfer** M *a.* AUTO προβολέας *m*; AUTO φανάρι *n*
Scheiße F *vulg* σκατά *npl*
Scheitel M χωρίστρα *f*
scheitern αποτυχαίνω, αποτυγχάνω; *fig* ναυαγώ, χρεωκοπώ
Schema N σκίτσο *n*, σχήμα *n* **schematisch** σχηματικός
Schenkel M *Oberschenkel* μηρός *m*; *umg* μπούτι *n*
schenken χαρίζω, δωρίζω (*dat* σε)
Scherbe F θρύψαλο *n*
Schere F ψαλίδι *n*
Scherz M αστείο *n* **scherzen** αστειεύομαι (**mit** με) **scherzhaft** αστείος
scheu δειλός, ντροπαλός
scheuern σφουγγαρίζω
Scheune F αχυρώνας *m*
scheußlich απαίσιος, φρικτός
Schi M → **Ski**
Schicht F *a.* GEOL στρώμα *n*; *soziale Schicht* κοινωνική τάξη

f, κοινωνικό στρώμα *n*; *Arbeit* βάρδια *f* **Schichtarbeit** F εργασία *f* με βάρδιες
schick κομψός, σικ
schicken στέλνω **Schicksal** N τύχη *f*, μοίρα *f*, ριζικό *n*
Schiebedach N συρόμενη οροφή *f* **schieben** σπρώχνω
Schiedsrichter M διαιτητής *m*, κριτής *m*
schief *schräg* στραβός; λοξός **schiefgehen** *umg misslingen* πάω στραβά/άσχημα
Schienbein N κνήμη *f*
Schiene F BAHN σιδηροτροχιά *f*
schießen πυροβολώ (**auf** *akk*), ρίχνω
Schiff N καράβι *n*, πλοίο *n* **Schiffbruch** M ναυάγιο *n* **Schiffbrüchige(r)** M,F ναυαγός *m,f* **Schifffahrt** F ναυτιλία *f*
Schikane F καψόνι *n*, παίδεμα *n* **schikanieren** κάνω καψόνια, παιδεύω
Schild N πινακίδα *f*; *Ladenschild* ταμπέλα *f*
schildern περιγράφω; *erzählen* αφηγούμαι
Schildkröte F χελώνα *f*
Schilf N καλάμι *n*, καλαμιά *f*
Schimmel M μούχλα *f* **schimmeln** μουχλιάζω
schimmern λαμπυρίζω
schimpfen βρίζω (**auf** *akk*; **über** για) **Schimpfwort** N βρισιά *f*
Schinken M ζαμπόν *n*
Schirm M *Regenschirm* ομπρέλα *f*; *Sonnenschirm* ομπρέλα *f* ηλίου
Schlacht F μάχη *f* **schlachten** σφάζω **Schlachthof** M σφαγείο *n*
Schlaf M ύπνος *m* **Schlafanzug** M πιτζάμα *f*
Schläfe F κρόταφος *m*
schlafen κοιμάμαι; ~ **gehen** πάω για ύπνο
schlaff *a. fig* πλαδαρός
schlaflos άυπνος, (ξ)άγρυπνος **Schlafmittel** N υπνωτικό *n*
schläfrig νυσταγμένος
Schlafsack M σάκος *m* ύπνου **Schlaftablette** F υπνωτικό χάπι *n* **Schlafwagen** M κλινάμαξα *f*, βαγκόν-λι *n* **Schlafzimmer** N υπνοδωμάτιο *n*, κρεβατοκάμαρα *f*
Schlag M χτύπημα *n*; *Herzschlag* χτύπος *m* **Schlagader** F αρτηρία *f* **Schlaganfall** M εγκεφαλικό *n*, αποπληξία *f* **schlagen** *a. Eier* χτυπώ; *umg* βαρώ **Schlager** M MUS *etwa* μεγάλη επιτυχία *f*
Schlägerei F συμπλοκή *f*
schlagfertig ετοιμόλογος
Schlagzeile F πρωτοσέλιδο *n*, τίτλος *m*
Schlamm M λάσπη *f*
schlampig *umg* άτσαλος, τσαπατσούλης
Schlange F φίδι *n*; *fig* ουρά *f*; ~ **stehen** περιμένω/στέκομαι στην ουρά
schlank λεπτός, λυγερός

schlapp άτονος, αδύναμος **schlappmachen** *umg* τα παίζω, τα φτύνω
schlau πονηρός
Schlauch M *Wasserschlauch* λάστιχο *n* **Schlauchboot** N φουσκωτή βάρκα *f*
schlecht κακός; *Wetter* άσχημος; *adv* άσχημα; **mir ist ~** δε νιώθω καλά **schlechter** ADV χειρότερα
Schleier M πέπλο *n* **schleierhaft** μυστηριώδης
Schleife F φιόγκος *m*; κορδέλα *f*; *Kurve* στροφή *f*
schleifen σέρνω; *Messer* ακονίζω, τροχίζω
Schleim M βλέννα *f*, φλέγμα *n*, *umg* φλέματα *npl* **schleimig** βλεννώδης; *fig* γλοιώδης
schlemmen *etwa* καλοτρώω
schleppen *Last* κουβαλώ; σέρνω, τραβώ; TECH ρυμουλκώ
schleudern εκσφενδονίζω; *Wäsche* στείβω
Schleuse F υδροφράκτης *m*
schlicht απλός, λιτός, απέριττος; *fig* σκέτος **schlichten** *Streit* εξομαλύνω, διευθετώ
schließen κλείνω; *endigen* τελειώνω; *folgern* συμπεραίνω (**aus** από); *Vertrag* συνάπτω, κλείνω; *Freundschaft* πιάνω
Schließfach N *Post®* ταχυδρομική θυρίδα *f*; *Gepäck* θυρίδα *f* φύλαξης αποσκευών
schließlich τελικά **Schließung** F κλείσιμο *n*
schlimm κακός, άσχημος; *Krankheit* σοβαρός **schlimmer** ADV χειρότερα; χειρότερος
Schlinge F θηλειά *f*
Schlips M γραβάτα *f*
Schlitten M έλκυθρο *n*
Schlittschuh M παγοπέδιλο *n*
Schlitz M σχισμή *f*; *Kleid* άνοιγμα *n*
Schloss[1] N *Gebäude* ανάκτορο *n*, παλάτι *n*; πύργος *m*
Schloss[2] N *Türschloss* κλειδαριά *f* **Schlosser(in)** M(F) κλειδαράς *m,f*
Schlucht F χαράδρα *f*, φαράγγι *n*
schluchzen κλαίω με λυγμούς
Schluck M γουλιά *f*, ρουφηξιά *f* **Schluckauf** M λόξυγγας *m*
schlucken *a. fig* καταπίνω
schlüpfen γλιστρώ, τρυπώνω, χώνομαι; *aus dem Ei* σκάω, βγαίνω **schlüpfrig** γλιστερός; *anzüglich* άσεμνος
schlürfen ρουφώ
Schluss M τέλος *n*; *Folgerung* συμπέρασμα *n*; **zum ~** τελικά, στο τέλος
Schlüssel M *a.* MUS κλειδί *n* **Schlüsselbein** N ANAT κλείδα *f* **Schlüsselbund** N κλειδιά *npl* **Schlüsselloch** N κλειδαρότρυπα *f*
schmächtig λεπτός, αδύνατος
schmackhaft νόστιμος, γευστικός

schmal στενός
Schmalz N ξίγγι *n*, λίπος *n*
Schmarotzer M απατεώνας *m*
schmecken έχω γεύση (**nach** *gen*); *gut schmecken* είμαι νόστιμος; **es schmeckt mir** μου αρέσει
schmeicheln κολακεύω (*dat akk*)
schmeißen *umg* πετώ
schmelzen λειώνω
Schmerz M πόνος *m*; **~en haben** πονώ, έχω πόνους
schmerzen πονώ **schmerzhaft**, **schmerzlich** οδυνηρός, επώδυνος **Schmerzmittel** N παυσίπονο *n*
Schmetterling M πεταλούδα *f*
Schmied M σιδηρουργός *m*
schmieden *Pläne* κάνω
schmiegen: **sich ~** σφίγγομαι (**an** πάνω σε)
schmieren *Brötchen* αλείφω; TECH γρασάρω, *a. fig* λαδώνω; *beschmutzen* λερώνω
schmierig λερωμένος, βρόμικος; *fig* γλοιώδης **Schmieröl** N λιπαντικό λάδι *n*
Schminke F βάψιμο *n*
schminken *Augen* βάφω, μακιγιάρω; **sich ~** βάφομαι, μακιγιάρομαι
schmollen κάνω μούτρα
Schmuck M κόσμημα *n*, κοσμήματα *npl*; *fig* στολίδι *n*
schmücken στολίζω
schmuggeln κάνω λαθρεμπόριο
schmunzeln κρυφογελώ
Schmutz M βρομιά *f*; ακαθαρσία *f* **schmutzig** βρόμικος, λερωμένος; ακάθαρτος
Schnabel M ράμφος *n*; μύτη *f*
Schnalle F αγκράφα *f*
Schnäppchen N ευκαιρία *f*
schnappen αρπάζω, πιάνω
schnarchen ροχαλίζω
schnaufen ασθμαίνω
Schnauze F μουσούδα *f*
Schnecke F σαλιγκάρι *n*
Schnee M χιόνι *n* **Schneeball** M χιονόμπαλα *f*
Schneefall M χιονόπτωση *f*
Schneeketten FPL αντιολισθητικές αλυσίδες *fpl*
Schneemann M χιονάνθρωπος *m* **Schneeregen** M χιονόνερο *n*; χιονόβροχο *n*
Schneesturm M χιονοθύελλα *f*
Schneide F κόψη *f* **schneiden** κόβω; **sich ~** κόβομαι; **sich die Haare ~ (lassen)** κουρεύομαι **Schneider(in)** M(F) ράφτης (-τρα) *m(f)*; μοδίστρα *f*
schneien: **es schneit** χιονίζει
schnell γρήγορος, γλήγορος, ταχύς; *adv* γρήγορα
Schnellimbiss M καντίνα *f*
Schnellstraße F αυτοκινητόδρομος *m*
Schnitt M *a. Kleid* κόψιμο *n*; MED, ARCH τομή *f*; *Haarschnitt* κούρεμα *n* **Schnittlauch** M σχοινόπρασο *n* **Schnittstelle** F COMPUT θύρα *f* **Schnitt-**

wunde F πληγή *f* από κόψιμο
Schnitzel N σνίτσελ *n*
schnitzen σκαλίζω, λαξεύω
Schnuller M πιπίλα *f*
Schnupfen M συνάχι *n*
schnuppern μυρίζω
Schnur F σπάγκος *m*; κορδόνι *n*; ELEK καλώδιο *n*
Schnurrbart M μουστάκι *n*
schnurren γουργουρίζω
Schnürsenkel M κορδόνι *n*
Schock M σοκ *n*; MED σοκ *n*, κλονισμός *m* **schockieren** σοκάρω
Schokolade F *a. Getränk* σοκολάτα *f*
schon ήδη, κιόλας; **~ wieder** πάλι; **es ist ~ fünf Uhr** πήγε πέντε η ώρα
schön όμορφος, ωραίος; *adv* όμορφα, ωραία; **na ~!** καλά!
schonen *Sachen* προσέχω, φροντίζω; **sich ~** προφυλάσσομαι **schonend** με τρόπο
Schönheit F ομορφιά *f*, ωραιότητα *f* **Schönheitsoperation** F πλαστική εγχείρηση *f*
schöpfen *a. fig* αντλώ
Schöpfung F δημιουργία *f*
Schornstein M καμινάδα *f*; καπνοδόχος *f*; *Schiff* φουγάρο *n*
Schoß M: **auf dem ~** στα γόνατα
schräg πλάγιος, *a. fig* λοξός; *geneigt* επικλινής
Schramme F γρατσουνιά *f*, αμυχή *f*
Schrank M *Kleiderschrank* ντουλάπα *f*; *Küchenschrank* ντουλάπι *n*
Schranke F *a. fig* φραγμός *m*
Schraube F βίδα *f* **schrauben** βιδώνω **Schraubenschlüssel** M κλειδί *n* **Schraubenzieher** M κατσαβίδι *n*
Schreck(en) M τρόμος *m*, *umg* τρομάρα *f* **schrecklich** *a. fig* τρομερός, φοβερός
Schrei M κραυγή *f*, φωνή *f*
schreiben γράφω **Schreiben** N επιστολή *f*, γράμμα *n*
Schreibmaschine F γραφομηχανή *f* **Schreibtisch** M *Möbelstück* γραφείο *n*
Schreibwaren FPL γραφικά είδη *npl*, είδη *npl* γραφείου
Schreibwarengeschäft M χαρτοπωλείο *n*
schreien κραυγάζω, ξεφωνίζω, φωνάζω
Schreiner(in) M(F) ξυλουργός *m*, μαραγκός *m*
Schrift F *a. Handschrift* γραφή *f*; **Heilige ~** Αγία Γραφή *f*
schriftlich γραπτός, έγγραφος; *adv* γραπτώς, εγγράφως
Schriftsteller(in) M(F) συγγραφέας *m,f*
schrill διαπεραστικός, ψιλός
Schritt M βήμα *n*; βάδισμα *n*; *fig* κίνηση *f*, διάβημα *n*
schroff *a. Fels* απότομος; *Antwort* ωμός
Schrott M παλιοσίδερα *npl*
schrubben σφουγγαρίζω

Schrubber M σφουγγαρόσκουπα *f*
schrumpfen μαζεύω, μπαίνω; *fig* ελαττώνομαι, μειώνομαι
Schubkarre F καροτσάκι *n*
Schublade F συρτάρι *n*
schubsen σπρώχνω, σκουντώ
schüchtern ντροπαλός, δειλός
Schuft M παλιάνθρωπος *m*, τομάρι *n* **schuften** *umg* σκοτώνομαι στη δουλειά
Schuh M παπούτσι *n* **Schuhcreme** F, **Schuhkrem(e)** F βερνίκι *n* (παπουτσιών)
Schuhgeschäft N υποδηματοπωλείο *n* **Schuhgröße** F νούμερο *n*/ μέγεθος *n* παπουτσιού **Schuhsohle** F σόλα *f*
schuld αίτιος (-α *f*) *m*; **~ sein** φταίω (**an** για) **Schuld** F φταίξιμο *n*; *Geldschuld* χρέος *n*, χρέη *npl*; JUR ενοχή *f*; **~en haben** έχω χρέη **schulden** χρωστώ, οφείλω
Schule F σχολείο *n*; *Fachschule* σχολή *f*; **zur/in die ~ gehen** πάω (στο) σχολείο
Schüler(in) M(F) μαθητής (-τρια) *m(f)* **Schüleraustausch** M ανταλλαγή *f* μαθητών
Schulfreund(in) M(F) φίλος (-η) *m(f)* από το σχολείο
Schuljahr N σχολικό έτος *n*
Schulpflicht F υποχρεωτική σχολική εκπαίδευση *f* **Schultasche** F σάκα *f*
Schulter(blatt) F(N) ώμος *m*; (ωμο)πλάτη *f*
Schulung F εκπαίδευση *f*
schummeln *Spielkarten* κλέβω, κάνω ζαβολιές
Schuppe¹ F *Fischschuppe* λέπι *n*
Schuppe² *mst* PL *Kopfschuppe* πιτυρίδα *f*
Schuppen M αποθήκη *f*
schüren σκαλίζω
Schürfwunde F εκδορά *f*
Schürze F ποδιά *f*
Schuss M *Gewehrschuss* πυροβολισμός *m*, τουφεκιά *f*
Schüssel F *Küchenschüssel* μπολ *n*; *Waschschüssel* λεκάνη *f*
Schusswaffe F πυροβόλο όπλο *n*
Schuster M τσαγκάρης *m*
Schutt M *Bauschutt* μπάζα *npl*
Schüttelfrost M ρίγος *n*
schütteln τινάζω; *Flasche* κουνώ; *Hand* σφίγγω
schütten χύνω, ρίχνω
Schutz M προστασία *f*
Schutzblech N φτερό *n* του αυτοκινήτου
Schütze M ASTROL Τοξότης *m*
schützen προστατεύω (**vor** από); *vor Krankheit* προφυλάσσω
Schutzengel M φύλακας άγγελος *m*
schwach αδύναμος; ασθενής; *Nerven* αδύνατος; *Kaffee* ελαφρός, ελαφρύς; *Leistung* χαμη-

λός
Schwäche F a. *fig* αδυναμία f; MED ανεπάρκεια f
schwächen εξασθενίζω
Schwager M, **Schwägerin** F κουνιάδος (-α) m(f), γαμπρός m, νύφη f
Schwalbe F χελιδόνι n
Schwamm M σφουγγάρι n, σπόγγος m **schwammig** σπογγώδης
Schwan M κύκνος m
schwanger έγκυος **Schwangerschaft** F εγκυμοσύνη f
schwanken ταλαντεύομαι; *fig* διστάζω; *Preis* κυμαίνομαι
Schwanz M v. *Tier* ουρά f
Schwarm M σμήνος n
schwarz μαύρος; *Kaffee* σκέτος
Schwarz N μαύρο n
Schwarzarbeit F παράνομη εργασία f **schwarzfahren** ταξιδεύω χωρίς εισιτήριο
Schwarzhandel M μαύρη αγορά f;
Schwarz-Weiß-Film M ασπρόμαυρη ταινία f
schwatzen φλυαρώ
Schwätzer(in) M(F) πολυλογάς (-ού) m(f)
schweben κρέμομαι, αιωρούμαι; **in Gefahr ~** βρίσκομαι σε κίνδυνο
Schwede M, **Schwedin** F Σουηδός (-ή) m(f) **Schweden** N Σουηδία f
Schwefel M θειάφι n, θείο n
schweigen σωπαίνω, σιωπώ;
schweig! σώπα!
schweigsam σιωπηλός; αμίλητος
Schwein N γουρούνι n; χοίρος m; *Person vulg* γουρούνι n
Schweinefleisch N χοιρινό (κρέας) n **Schweinerei** F βρομιά f, αισχρότητα f
Schweiß M ιδρώτας m
Schweiz F Ελβετία f **Schweizer(in)** M(F) Ελβετός (-ίδα) m(f)
schweizerisch ελβετικός
schwellen πρήζομαι, εξογκώνομαι **Schwellung** F πρήξιμο n; *Beule* εξόγκωμα n
schwenken κουνώ
schwer βαρύς; *schwierig* δύσκολος; *adv* δύσκολα; **es fällt mir ~** μου είναι δύσκολο (**zu** να); **~ verletzt** σοβαρά τραυματισμένος **schwerfällig** *körperlich* δυσκίνητος, αργοκίνητος, βραδύς; *geistig* αργόστροφος **schwerhörig** βαρήκοος **Schwerkraft** F PHYS βαρύτητα f **Schwerpunkt** M κέντρο n του βάρους; *fig* κέντρο n
Schwert N σπαθί n, ξίφος n
Schwertfisch M ξιφίας m
schwerwiegend βαρυσήμαντος
Schwester F αδερφή f
Schwiegereltern PL πεθερικά *npl* **Schwiegermutter** F πεθερά f **Schwiegersohn** M γαμπρός m **Schwiegertochter** F νύφη f **Schwiegervater** M πεθερός m

schwierig δύσκολος **Schwierigkeit** F δυσκολία *f*
schwimmen κολυμπώ; *nicht einsinken* (επι)πλέω; **~ gehen** πάω (για) κολύμπι **Schwimmweste** F σωσίβιο *n*
Schwindel¹ M *Betrug* απάτη *f*
Schwindel² M *Schwindelgefühl* ζαλάδα *f*, ζάλη *f* **schwind(e)lig** ζαλισμένος
schwindeln λέω ψέματα
schwingen *etw* σείω, κουνώ; σείομαι, ταλαντεύομαι, αιωρούμαι; *vibrieren* δονούμαι **Schwingung** F δόνηση *f*
Schwips M: **e-n ~ haben** είμαι στο κέφι
schwitzen ιδρώνω
schwören ορκίζομαι, παίρνω όρκο
schwül πνιγηρός, πνιγερός
Schwung M ορμή *f*, φόρα *f* **schwungvoll** ζωηρός
Schwur M όρκος *m*
sechs έξι **Sechseck** N εξάγωνο *n*
sechzehn δεκαέξι, δεκάξι **sechzig** εξήντα
See¹ M *Süßwassersee* λίμνη *f*
See² F *Meer* θάλασσα *f* **Seegang** M τρικυμία *f*; *hoher* θαλασσοταραχή *f* **Seehund** M φώκια *f* **Seeigel** M αχινός *m* **seekrank**: **~ sein** έχω ναυτία
Seele F ψυχή *f* **Seelenruhe** F ηρεμία *f* **seelisch** ψυχικός
Seeluft F θαλασσινός αέρας *m* **Seemann** M ναυτικός *m*, ναύτης *m*; θαλασσινός *m* **Seemeile** F ναυτικό μίλι *n* **Seeweg** M θαλασσινός δρόμος *m* **Seezunge** F γλώσσα *f*
Segel N πανί *n*, ιστίο *n* **Segelboot** N ιστιοφόρο *n* **Segelflugzeug** N ανεμόπτερο *n* **segeln** πλέω, αρμενίζω; *Sport* κάνω ιστιοπλοΐα **Segelschiff** N ιστιοφόρο *n*
Segen M ευλογία *f*, ευχή *f*
sehen βλέπω; **vom Sehen** εξ όψεως **sehenswert** αξιοθέατος **Sehenswürdigkeiten** FPL αξιοθέατα *npl*
Sehne F τένοντας *m*; *Bogen* χορδή *f*
sehnen: **sich ~** λαχταρώ (**nach** *akk*), νοσταλγώ, επιθυμώ
Sehnsucht F λαχτάρα *f*, πόθος *m*, νοσταλγία *f*, επιθυμία *f*
sehr πολύ; **zu ~** πάρα πολύ
seicht ρηχός, αβαθής; **~e(s) Wasser** *n* ρηχά *npl*
Seide F μετάξι *n*
Seife F σαπούνι *n*
Seil N σχοινί *n*
Seilbahn F τελεφερίκ *n*
sein είμαι
sein(e, -es) POSS PR ο, η, το... του; *betont* (ο) δικός του; *pl* **seine** οι, τα ... του
seit από (*dat akk*); εδώ και; **~ wann?** από πότε **seitdem** από τότε; *konj* από τότε που, αφότου
Seite¹ F *Buchseite* σελίδα *f*;

Gelbe ~n® Χρυσός Οδηγός *m*
Seite² F πλευρά *f*, πλευρό *n*, μέρος *n*; μεριά *f*, πλάι *n*; GEOM, *Würfel* έδρα *f* **seitlich** πλάγιος
Sekretär(in) M(F) γραμματέας *m,f* **Sekretariat** N γραμματεία *f*
Sekt M αφρώδες κρασί *n*, σαμπάνια *f*
Sekte F αίρεση *f*
Sekunde F δευτερόλεπτο *n*
selbst¹ ο ίδιος; *von allein* (από) μόνος μου; **das eigene Selbst** ο εαυτός μου
selbst²: **~ wenn ...** ακόμα και να ..., ακόμα κι αν ...
Selbstbedienung F αυτοεξυπηρέτηση *f*, σελφ-σέρβις *n* **selbstbewusst** με αυτοπεποίθηση **selbstlos** αλτρουιστικός **Selbstmord** M αυτοκτονία *f*; **~ begehen** αυτοκτονώ **selbstsicher** με αυτοπεποίθηση **selbstständig** ανεξάρτητος; αυτόνομος **selbstverständlich** αυτονόητος, ευνόητος; *adv* φυσικά, εννοείται **Selbstverteidigung** F αυτοάμυνα *f* **Selbstvertrauen** N αυτοπεποίθηση *f*; ηθικό *n*
Selfie N selfie *f*, σέλφι *f*
selig συχωρεμένος
Sellerie M σέλινο *n*
selten σπάνιος; *adv* σπάνια
seltsam παράξενος, περίεργος
Semester N εξάμηνο *n*
Seminar N σεμινάριο *n*
Semmel F *reg* ψωμάκι *n*
senden στέλνω; (απο)στέλλω; TV, *Radio* εκπέμπω **Sender** M πομπός *m*; *Radio* σταθμός *m*; TV κανάλι *n* **Sendung** F TV, *Radio* εκπομπή *f*
Senf M μουστάρδα *f*
Senior(in) M(F) ηλικιωμένος (-η) *m(f)*
senken κατεβάζω, *a. Preis* χαμηλώνω; *fig* ελαττώνω, μειώνω **senkrecht** κάθετος; *adv* καθέτως **Senkung** F *Verringerung* μείωση *f*
Sensation F πάταγος *m*; εντυπωσιακό γεγονός *n*/νέο *n* **sensationell** εντυπωσιακός, πρωτάκουστος
sensibel ευαίσθητος
sentimental (συν)αισθηματικός
separat (ξε)χωριστός
September M Σεπτέμβριος *m*, Σεπτέμβρης *m*
Serie F *a.* TV σειρά *f*
seriös σοβαρός
Service¹ N *Tafelservice* σερβίτσιο *n*
Service² M *Bedienung, Dienst* εξυπηρέτηση *f*
servieren σερβίρω
Serviette F πετσέτα *f*; *Papierserviette* χαρτοπετσέτα *f*
Servolenkung F υδραυλικό τιμόνι *n*
Sessel M πολυθρόνα *f*
setzen βάζω, τοποθετώ, θέτω; *auf e-n Stuhl* καθίζω; **sich ~** κάθομαι

Seuche F επιδημία *f*
seufzen (ανα)στενάζω
Sex M σεξ *n* **sexuell** σεξουαλικός
Shampoo N σαμπουάν *n*
Shorts PL σορτς *n*
Show F σόου *n*
sich *akk* τον εαυτό του/της; *dat* για τον εαυτό του/της; **~ waschen** πλένομαι
sicher βέβαιος; σίγουρος; *geschützt* ασφαλής; *adv* σίγουρα
Sicherheit F βεβαιότητα *f*; σιγουριά *f*; *Schutz* ασφάλεια *f* **sicherheitshalber** καλού-κακού **Sicherheitsnadel** F παραμάνα *f*
sicherlich σίγουρα, ασφαλώς
sicherstellen εξασφαλίζω; *beschlagnahmen* κατάσχω **Sicherung** F *a.* ELEK ασφάλεια *f*
Sicht F θέα *f*; ορατότητα *f* **sichtbar** ορατός **sichtlich** ADV φανερά **Sichtweite** F απόσταση *f* ορατότητας
sie[1] *nom* αυτή; **da ist sie!** να τη!
sie[2] *akk* τη(ν); της
sie[3] PL *nom* αυτοί, αυτές, αυτά; *pl akk* τους, τις, τα
Sie *nom* εσείς; *akk* σας; εσάς
Sieb N σουρωτήρι *n*, στραγγιστήρι *n*; *Mehlsieb* κόσκινο *n*
sieben[1] *Mehl* κοσκινίζω
sieben[2] *Zahl* εφτά, επτά **Siebtel** N έβδομο *n* **siebzehn** δεκαεφτά, δεκαεπτά **siebzig** εβδομήντα
sieden βράζω
Siedlung F οικισμός *m*
Sieg M νίκη *f*
Siegel N σφραγίδα *f*
siegen νικώ **Sieger(in)** M(F) νικητής (-τρια) *m(f)*
siezen μιλάω στον πληθυντικό (*akk* σε)
Signal N σύνθημα *n*
Silbe F συλλαβή *f*
Silber N ασήμι *n*, άργυρος *m* **silbern** ασημένιος, αργυρός
Silvester M παραμονή *f* Πρωτοχρονιάς
singen τραγουδώ
Singular M ενικός (αριθμός) *m*
sinken *Preis, Wert* κατεβαίνω, πέφτω, μειώνομαι; *Schiff, einsinken* βουλιάζω, βυθίζομαι
Sinn M αίσθηση *f*; *Bedeutung* νόημα *n*, σημασία *f*, έννοια *f*
sinnlich αισθησιακός **sinnlos** χωρίς νόημα; *zwecklos* άσκοπος **sinnvoll** γεμάτος νόημα; *zweckmäßig* σκόπιμος
Sitte F έθιμο *n* **Sitten** FPL ήθη *npl*
Situation F κατάσταση *f*; θέση *f*
Sitz M κάθισμα *n*; *Sitzplatz* θέση *f*; *Firmensitz* έδρα *f* **sitzen** κάθομαι; *Kleid* πέφτω, εφαρμόζω; *im Gefängnis* είμαι φυλακή; **~ bleiben** μένω καθιστός; *Schule* μένω (στην ίδια τάξη) **Sitzpolster** N ταπετσαρία *f* καθίσματος **Sitzung** F συνεδρίαση *f*

Sizilien N Σικελία *f*
Skala F σκάλα *f*, κλίμακα *f*
Skandal M σκάνδαλο *n*
Skelett N σκελετός *m*
skeptisch επιφυλακτικός; σκεπτικός
Ski M σκι *n*; ~ **laufen/fahren** κάνω σκι **Skigebiet** N χιονοδρομικό κέντρο *n* **Skihütte** F καταφύγιο *n* σκι **Skilift** M ανελκυστήρας *m* χιονοδρόμων **Skitour** F πορεία *f* σκι
Skizze F σκίτσο *n*, σχέδιο *n*
Sklave M σκλάβος (-α *f*) *m*, δούλος (-α/-η *f*) *m*
Skorpion M σκορπιός *m*; ASTROL Σκορπιός *m*
Skulptur F γλυπτό *n*
skypen® κάνω Skype®
Slip M *Damenslip* κιλότα *f*; *Herrenslip* σλιπ *n*, σλιπάκι *n*
Slowake M, **Slowakin** F Σλοβάκος (-α) *m(f)* **Slowakei** F Σλοβακία *f*
Slowene M, **Slowenin** F Σλοβένος (-α) *m(f)* **Slowenien** F Σλοβενία *f*
Smartphone N smartphone *n*
SMS F μήνυμα *f*
so έτσι; *vor adj u. adv* τόσο; ~ **viel** τόσο; τόσο πολύ; ~, ~! ώστε έτσι!, έτσι λοιπόν!
sobald μόλις, άμα
Socke F καλτσάκι *n*, (κοντή) κάλτσα *f*
Sockel M *Säule, Statue* βάση *f*
Soda N,F σόδα *f*
sodass ώστε να, έτσι ώστε
Sodbrennen N *umg* ξινίλα *f*, καούρα *f*
Sofa M καναπές *m*
sofort αμέσως
Software F λογισμικό *n*
sogar ακόμα και; *Steigerung* και μάλιστα
sogenannt λεγόμενος, ονομαζόμενος
Sohle F *Schuhsohle* σόλα *f*; *Fußsohle* πέλμα *n*, πατούσα *f*
Sohn M γιος *m*
Soja(bohne) F σόγια *f*
solange όσο, όσον καιρό
Solarium N σολάριουμ *n*
solche(r, -s) τέτοιος, τόσος
Soldat M στρατιώτης *m*
Solidarität F αλληλεγγύη *f*
solide στερεός; *Geschäft* σοβαρός; *Kenntnisse* σταθερός, καλός
Soll N χρέωση *f*
sollen οφείλω; πρέπει
Sommer M καλοκαίρι *n*; **es wird** ~ καλοκαιριάζει **Sommerferien** FPL καλοκαιρινές/θερινές διακοπές *fpl* **sommerlich** καλοκαιρινός, καλοκαιριάτικος; θερινός **Sommersprossen** FPL φακίδες *fpl* **Sommerzeit** F *Uhrzeit* θερινή ώρα *f*
Sonderangebot N ειδική προσφορά *f* **sonderbar** παράξενος; *eigensinnig* ιδιότροπος **Sonderfall** M ειδική περίπτωση *f*
sondern KONJ αλλά; **nicht nur ..., ~ auch ...** όχι μόνο ... αλλά και ...

Sonne F ήλιος *m*; **die ~ brennt/scheint** ο ήλιος καίει/λάμπει
sonnen: **sich ~** λιάζομαι, κάνω ηλιοθεραπεία
Sonnenaufgang M ανατολή *f* του ήλιου **Sonnenbad** F ηλιοθεραπεία *f* **Sonnenblume** F ηλιοτρόπιο *n* **Sonnenbrand** M ηλιακό έγκαυμα *n* **Sonnenbrille** F γυαλιά *npl* ηλίου **Sonnencreme** F κρέμα *f* ηλίου, αντιηλιακή κρέμα *f* **Sonnenenergie** F ηλιακή ενέργεια *f* **Sonnenfinsternis** F έκλειψη *f* του ηλίου **Sonnenmilch** F αντιηλιακό γαλάκτωμα *n* **Sonnenöl** N λάδι *n* ηλίου, αντιηλιακό λάδι *n* **Sonnenschein** M λιακάδα *f* **Sonnenstich** M ηλίαση *f* **Sonnenuntergang** M ηλιοβασίλεμα *n*, δύση *f* (του ηλίου)
sonnig *hell* φωτεινός; *Tag* ηλιόλουστος
Sonntag M Κυριακή *f*; **am ~, sonntags** την Κυριακή
sonst αλλιώς, διαφορετικά; *früher* παλιά; **~ noch etwas?** άλλο τίποτα
Sorge F *Fürsorge* φροντίδα *f*; *Beunruhigung* ανησυχία *f*; *Problem* έγνοια *f*, έννοια *f*; βάσανο *n*; **sich ~n machen** ανησυχώ (**um** για); στενοχωριέμαι **sorgen** φροντίζω (**für** για; *akk*); προνοώ; **sich ~** ανησυχώ (**um** για) **Sorgerecht** N γονική μέριμνα *f* **sorgfältig** επιμελής, προσεκτικός
Sorte F είδος *n*; ποικιλία *f*; *Zigaretten* μάρκα *f* **sortieren** ξεχωρίζω
Soße F σάλτσα *f*
Soundkarte F κάρτα *f* ήχου
soviel: **~ ich weiß** απ' όσο ξέρω **soweit** απ' όσο/ό,τι **sowie** καθώς και **sowieso** έτσι κι αλλιώς; έτσι κι έτσι **sowohl**: **~ ... als auch** και ... και
sozial κοινωνικός **Sozialismus** M σοσιαλισμός *m* **sozialistisch** σοσιαλιστικός **Sozialversicherung** F κοινωνική ασφάλεια *f*
sozusagen ας πούμε
Spachtel M σπάτουλα *f*
Spag(h)etti FPL μακαρόνια *npl*
Spalt M *Erdboden* ρωγμή *f*; *Schlitz* σχισμάδα *f*, σχισμή *f*; *Türspalt* χαραμάδα *f* **Spalte** F *Zeitung* στήλη *f*; → *a.* Spalt
spalten σχίζω, CHEM, *a. fig* διασπώ; *fig* διχάζω; **sich ~** διασπώμαι
Spange F *Haarspange* κοκκαλάκι *n*; *Zahnspange* σιδεράκια *npl*
Spanien N Ισπανία *f* **Spanier(in)** M(F) Ισπανός (-ίδα) *m(f)*
spanisch ισπανικός **Spanisch** N Ισπανικά *npl*
spannen τεντώνω; *Hose* στενεύω, σφίγγω; *Haut* τραβώ **spannend** συναρπαστικός **Spannung** F *a.* POL ένταση

f; αγωνία *f*; ELEK τάση *f*
sparen *Geld zurücklegen* αποταμιεύω; οικονομώ, κάνω οικονομία
Spargel M σπαράγγι(α) *n(pl)*
Sparkasse F ταμιευτήριο *n*
sparsam οικονόμος (-α *f*) *m*
Spaß M *Scherz* αστείο *n*; *Vergnügen* κέφι *n*; *umg* πλάκα *f*; **viel ~!** καλή διασκέδαση!; **zum ~** για πλάκα; **~ machen** *scherzen* αστειεύομαι
spät ADV αργά; **wie ~ ist es?** τι ώρα είναι; **zu ~** πολύ αργά
Spaten M φτυάρι *n*
später ADV αργότερα; **bis ~!** θα τα πούμε!, τα λέμε! **spätere** επόμενος **spätestens** το αργότερο
Spatz M σπουργίτι *n*
spazieren: **~ gehen** πηγαίνω περίπατο, πάω/κάνω βόλτα, περπατώ **Spaziergang** M περίπατος *m*, βόλτα *f*
Speck M λαρδί *n*, λίπος *n*
Spedition F γραφείο *n* μεταφορών
Speichel M σάλιο *n*, σάλια *npl*
Speicher M αποθήκη *f* **speichern** IT αποθηκεύω
Speise F φαγητό *n* **Speisekammer** F αποθήκη *f* τροφίμων **Speisekarte** F κατάλογος *m* (φαγητών) **Speiseröhre** F οισοφάγος *m* **Speisesaal** M τραπεζαρία *f*; *Hotel* εστιατόριο *n* **Speisewagen** M βαγόνι-εστιατόριο *n*
spektakulär θεαματικός
Spektrum N *a. fig* φάσμα *n*
Spekulation F κερδοσκοπία *f*; *fig* υπόθεση *f*
Spende F δωρεά *f*; συνεισφορά *f*; έρανος *m*; προσφορά *f*
spenden δωρίζω; *Blut* δίνω, προσφέρω
Spender(in) M(F) χορηγός *m,f*, δωρητής (-τρια) *m(f)*; *Blut, Organ* δότης (-τρια) *m(f)*
spendieren κερνώ
Sperma N σπέρμα *n*
Sperre F *Straßensperre* οδόφραγμα *n*; *Polizeisperre* μπλόκο *n*; *Sport* αποκλεισμός *m*
sperren *Straße* κλείνω, φράζω; *Strom* κόβω; *Sport* αποκλείω **Sperrgebiet** N απαγορευμένη ζώνη *f*
Spesen PL έξοδα *npl*
spezialisieren: **sich ~** ειδικεύομαι (**auf** σε) **Spezialität** F ειδικότητα *f*; GASTR σπεσιαλιτέ *f*
speziell ειδικός, ιδιαίτερος; *adv* ειδικά
Spiegel M καθρέφτης *m*; PHYS κάτοπτρο *n* **Spiegeleier** NPL αβγά μάτια *npl*
spiegeln καθρεφτίζω; **sich ~** καθρεφτίζομαι; αντανακλώ
Spiel N παιχνίδι *n*; *Sport* αγώνας *m* **Spielbank** F καζίνο *n*
spielen *a. Karten, Rolle, Instrument* παίζω
Spielfilm M κινηματογραφική ταινία *f* **Spielplatz** M παιδική χαρά *f* **Spielraum** M *fig*

περιθώριο *n* **Spielregel** F κανόνας *m* του παιχνιδιού **Spielzeug** N παιχνίδι(α) *n(/pl)*
Spieß M *Bratspieß* σούβλα *f*
Spinat M σπανάκι *n*
Spinne F αράχνη *f* **spinnen** γνέθω; *umg* είμαι τρελός, δεν είμαι στα καλά μου
Spion(in) M(F) κατάσκοπος *m,f*
spionieren κατασκοπεύω
Spirale F σπείρα *f*
Spirituosen PL οινοπνευματώδη (ποτά) *npl*
Spiritus M οινόπνευμα *n* **Spirituskocher** M καμινέτο *n*
spitz μυτερός, σουβλερός
Spitze[1] F *Stoff* δαντέλα *f*
Spitze[2] F μύτη *f*, άκρη *f*; *Bergspitze a. fig* κορυφή *f*; *umg* **~!** φανταστικός! **spitzen** *Bleistift* ξύνω **Spitzer** M ξύστρα *f*
Spitzname M παρατσούκλι *n*
Splitter M *Holzsplitter* αγκίδα *f*; *pl Glassplitter* γυαλιά *npl*
Sponsor(in) M(F) χορηγός *m,f*, δωροθέτης (-τρια) *m(f)*
spontan αυθόρμητος
Sport M σπορ *n*, αθλητισμός *m*; **~ treiben** κάνω σπορ **Sportart** F άθλημα *n* **Sportartikel** MPL αθλητικά είδη *npl* **Sporthalle** F γυμναστήριο *n* **Sportler(in)** M(F) αθλητής (-τρια) *m(f)* **sportlich** αθλητικός **Sportplatz** M γήπεδο *n* **Sportverein** M αθλητικός σύλλογος *m*
Spott M κοροϊδία *f* **spotten** κοροϊδεύω (**über** *akk*)
spöttisch κοροϊδευτικός
Sprache F γλώσσα *f*
Sprachführer M γλωσσικός οδηγός *m* **Sprachkenntnisse** FPL γνώσεις *fpl* ξένων γλωσσών **Sprachkurs** M μαθήματα *npl* γλώσσας **sprachlich** γλωσσικός **sprachlos** βουβός, άφωνος, άλαλος
Spray N σπρέι *n*
Sprechanlage F θυροτηλέφωνο *n* **sprechen** μιλώ, λέω (**über** για) **Sprecher(in)** M(F) ομιλητής (-τρια) *m(f)*; *Radio* εκφωνητής (-τρια) *m(f)* **Sprechstunde** F ώρες *fpl* επισκέψεων; **~ haben** *Arzt* δέχομαι
sprengen ανατινάζω; *Rasen* ραντίζω, καταβρέχω
Sprengstoff M εκρηκτική ύλη *f*
Sprichwort N παροιμία *f*
Springbrunnen M σιντριβάνι *n*
springen πηδώ; *ins Wasser* βουτώ; *Glas* ραγίζω
Spritze F *Injektion* ένεση *f*; **e-e ~ geben (lassen)** κάνω ένεση **spritzen** MED κάνω ένεση; *Wasser* πιτσιλώ, καταβρέχω; *Pflanze* ψεκάζω
spröde *Haut, Haar* σκληρός, ξηρός; *Person* σεμνότυφος
Spruch M ρητό *n*
Sprudel M μεταλλικό αεριούχο νερό *n* **sprudeln** *hervorsprudeln* αναβλύζω
sprühen *Funken* πετάγομαι;

Wasser ψεκάζω
Sprung M πήδημα *n*; *ins Wasser* βουτιά *f*; *Sport* άλμα *n*; *Glas* ράγισμα *n*
Spucke F σάλιο *n*, φτύμα *n* **spucken** φτύνω
Spüle F νεροχύτης *m*
spülen *Geschirr* πλένω; *ausspülen* ξεπλένω, ξεβγάζω
Spülmaschine F πλυντήριο *n* πιάτων **Spülmittel** N απορρυπαντικό *n* πιάτων
Spur F αχνάρι *n*; *a. fig* ίχνος *n*, ιδέα *f*; *Fahrspur* λωρίδα *f* (πορείας)
spürbar αισθητός **spüren** νιώθω, αισθάνομαι
spurlos χωρίς ίχνη
Staat M κράτος *n*; πολιτεία *f*; δημόσιο *n* **staatlich** κρατικός; δημόσιος
Staatsangehörige(r) M,F υπήκοος *m,f* **Staatsangehörigkeit** F υπηκοότητα *f*, ιθαγένεια *f*
Staatsanwalt M, **Staatsanwältin** F εισαγγελέας *m,f* **Staatsmann** M πολιτικός *m* **Staatsoberhaupt** N αρχηγός *m* του κράτους
Stab M *Stock* ραβδί *n*
stabil *haltbar, fest* γερός, ανθεκτικός, στερεός, σταθερός; ευσταθής; *Währung, Gesundheit* σταθερός
stabilisieren σταθεροποιώ
Stachel M αγκάθι *n*; *Insekt* κεντρί *n* **Stachelbeere** F φραγκοστάφυλο *n* **Stacheldraht** M συρματόπλεγμα *n* **stachelig** αγκαθωτός
Stadion N *Sport* στάδιο *n* **Stadium** N στάδιο *n*, φάση *f*
Stadt F πόλη *f*; *Verwaltung* δήμος *m*
städtisch δημοτικός, αστικός
Stadtplan M χάρτης *m* της πόλης **Stadtrat** N *Gremium* δημοτικό συμβούλιο *n* **Stadtrundfahrt** F τουριστικός γύρος *m* της πόλης **Stadtteil** M, **Stadtviertel** N συνοικία *f*
Stahl M ατσάλι *n*, χάλυβας *m*
Stall M στάβλος *m*, αχούρι *n*
Stamm M γενιά *f*; φυλή *f*, φύλο *n*; *Baumstamm* κορμός *m*; GRAM ρίζα *f*, θέμα *n*
stammen κατάγομαι (**von**; **aus** από); προέρχομαι
Stammgast M θαμώνας *m,f* **Stammkunde** M, **Stammkundin** F τακτικός (-ή) πελάτης (-ισσα) *m(f)* **Stammlokal** N στέκι *n*
stampfen *gehen* περπατώ βαριά; *Erde, Schnee* ποδοπατώ; *Kartoffeln* πατώ, τρίβω
Stand M κατάσταση *f*, τάξη *f*; *Wasserstand* στάθμη *f*; *Marktstand* πάγκος *m*; *Messestand* περίπτερο *n*; → *a.* imstande, instand, zustande
Standesamt N ληξιαρχείο *n*
standfest, **standhaft** σταθερός, ακλόνητος **standhalten** αντέχω; *Person* αντιστέκομαι

ständig συνεχής, διαρκής; *adv* συνεχώς, συνέχεια, διαρκώς
Standlicht N AUTO φώτα *npl* θέσης **Standort** M μέρος *n*, θέση *f* **Standpunkt** M άποψη *f*, θέση *f*
Stange F ραβδί *n*
Stängel M *v. Pflanze* κοτσάνι *n*, στέλεχος *n*
Stapel M στοίβα *f* **stapeln** στοιβάζω
Star[1] M: MED **graue(r) ~** καταρράκτης *m*; **grüne(r) ~** γλαύκωμα *n*
Star[2] M *Filmstar* αστέρας *m* του κινηματογράφου, σταρ *m,f*
stark γερός, δυνατός; *Wunsch* έντονος; *mächtig* ισχυρός; *Kaffee* βαρύς; **stärker werden** δυναμώνω
Stärke F δύναμη *f*; ισχύς *f*; *Dicke* πάχος *n*; CHEM άμυλο *n*
stärken δυναμώνω, ενισχύω, τονώνω
Starkstrom M ρεύμα *n* υψηλής τάσης
starr *regungslos* ακίνητος; *Material* άκαμπτος; *unflexibel* αδιάλλακτος; *Blick* απλανής
starren ατενίζω
Start M AUTO ξεκίνημα *n*; *Beginn* αρχή *f*; *Sport* εκκίνηση *f*; FLUG απογείωση *f* **Startbahn** F διάδρομος *m* απογείωσης
starten ξεκινώ; FLUG απογειώνομαι **Startlinie** F αφετηρία *f*
Station F *a. fig* σταθμός *m*; *Haltestelle* στάση *f*; *Krankenhaus* τμήμα *n*
Statistik F στατιστική *f*
Stativ N τρίποδο *n*
statt PRÄP *+gen* αντί (για); *konj* αντί (**dass**; **zu** να) **stattdessen** αντί αυτού **stattfinden** λαμβάνω χώρα, γίνομαι
Statue F άγαλμα *n*
Stau M μποτιλιάρισμα *n*, κυκλοφοριακή συμφόρηση *f*
Staub M σκόνη *f*; χώματα *npl*; **~ wischen** ξεσκονίζω **staubig** σκονισμένος **Staubsauger** M ηλεκτρική σκούπα *f*
Staudamm M φράγμα *n*
stauen: **sich ~** *Wasser* μαζεύομαι; *Verkehr* έχει συμφόρηση, *umg* κολλώ
staunen μένω έκπληκτος, εκπλήσσομαι, απορώ (**über** με)
Stausee M τεχνητή λίμνη *f*
Steak N στέικ *n*; μπριζόλα *f*
stechen τρυπώ; *Insekt* τσιμπώ; *Sonne* καίω **stechend** *Schmerz* σουβλερός
Steckdose F πρίζα *f* **stecken** βάζω (μέσα), χώνω; *umg* βρίσκομαι, είμαι; **wo steckst du nur?** μα πού είσαι **Stecker** M ELEK φις *n*, ρευματολήπτης *m*
Steg M προβλήτα *f*; *über e-m Bach* γεφυράκι *n*
stehen στέκομαι, είμαι όρθιος; *sich befinden* είμαι, βρίσκομαι; *Kleidung* πηγαίνω (*dat* σε); **~ bleiben** σταματώ, στέκομαι; **~ lassen** αφήνω

Stehlampe F λαμπατέρ *n*
stehlen κλέβω
Stehplatz M θέση *f* ορθίων
steif *starr* άκαμπτος, αλύγιστος; *Glieder* πιασμένος; *förmlich* τυπικός
steigen *hochsteigen, einsteigen* ανεβαίνω; *herabsteigen, aussteigen* κατεβαίνω; *Preise, Fieber* αυξάνομαι, *a. Wasser* ανεβαίνω
steigern αυξάνω **Steigerung** F αύξηση *f*
Steigung F ανήφορος *m*
steil απότομος; *nach oben* ανηφορικός
Stein M πέτρα *f*, λίθος *m*
Steinbock M ASTROL Αιγόκερως *m*
Steinbruch M λατομείο *n* **steinig** πετρώδης **Steinzeit** F λίθινη εποχή *f*
Stelle F *Ort* θέση *f*, τόπος *m*, μέρος *n*, σημείο *n*; *Arbeitsstelle* θέση *f* εργασίας, δουλειά *f*; *Dienststelle* υπηρεσία *f*, γραφείο *n*; **an deiner ~** στη θέση σου
stellen βάζω, θέτω, τοποθετώ; *Uhr* κανονίζω; *Frage* κάνω; *Antrag* υποβάλλω; **sich ~** *hinstellen* στέκομαι
Stellung F *Haltung* στάση *f*; *Position* θέση *f*
Stellvertreter(in) M(F) αντιπρόσωπος *m,f*, αντικαταστάτης (-τρια) *m(f)*
stemmen *Gewicht* σηκώνω; **sich ~** εναντιώνομαι
Stempel M σφραγίδα *f* **stempeln** σφραγίζω
sterben πεθαίνω (**an**; *fig* **vor** από); *fig* σβήνω; **im Sterben liegen** είμαι ετοιμοθάνατος
sterblich θνητός
Stereoanlage F στερεοφωνικό συγκρότημα *n*
steril *a. fig* στείρος **sterilisieren** στειρώνω; *desinfizieren* αποστειρώνω
Stern M αστέρι *n*, άστρο *n*, αστέρας *m* **Sternbild** N αστερισμός *m* **Sternschnuppe** F πεφταστέρι *n* **Sternwarte** F αστεροσκοπείο *n*
Sternzeichen N ζώδιο *n*
Steuer[1] N AUTO τιμόνι *n*; SCHIFF πηδάλιο *n*
Steuer[2] F *Abgabe* φόρος *m*
steuerfrei αφορολόγητος
steuern AUTO, *a. fig* οδηγώ; SCHIFF, FLUG κυβερνώ
Steward(ess) M(F) SCHIFF καμαρότος *m*; FLUG αεροσυνοδός *m,f*
Stich M *Insektenstich* τσίμπημα *n*; *Schmerz* σουβλιά *f*; *Nähstich* βελονιά *f*; *Messerstich* μαχαιριά *f*; **im ~ lassen** εγκαταλείπω, παρατώ **Stichprobe** F δειγματοληψία *f*
sticken κεντώ **Stickerei** F κέντημα *n*
Stiefel M μπότα *f*; *Halbstiefel* μποτίνι *n*
Stiefeltern PL θετοί γονείς *mpl* **Stiefmutter** F μητριά *f*
Stiefsohn M θετός γιος *m*

Stieftochter F θετή κόρη *f* **Stiefvater** M πατριός *m*
Stiel M λαβή *f*, χερούλι *n*; *Pflanze* μίσχος *m*, κοτσάνι *n*
Stier M ταύρος *m*; ASTROL Ταύρος *m*
Stift M *Bleistift* μολύβι *n*; *Kugelschreiber* στυλό *n*
stiften δωρίζω, χορηγώ; *gründen* ιδρύω **Stiftung** F ίδρυμα *n*; χορήγηση *f*, δωρεά *f*
Stil στυλ *n*; LIT ύφος *n*, στυλ *n*; ARCH ρυθμός *m*; *Kunst* τεχνοτροπία *f*
still ήσυχος; σιωπηλός; **(sei) ~!** σιωπή!, σώπα!, πάψε! **Stille** F ησυχία *f*; σιγαλιά *f*, σιωπή *f*
stillen *Durst* σβήνω; *Blut* σταματώ; *Kind* θηλάζω, βυζαίνω **stillhalten** στέκομαι/μένω ακίνητος **stilllegen** κλείνω **stillstehen** σταματώ
Stimme F φωνή *f*; *Wahlstimme* ψήφος *f* **stimmen** POL ψηφίζω (**für** *akk*); MUS κουρδίζω; **das stimmt** είναι σωστό/αλήθεια
Stimmung F διάθεση *f*; *fig* ατμόσφαιρα *f*; *gute* κέφι *n*
Stimmzettel M ψηφοδέλτιο *n*
stinken βρομώ (**nach** *akk*)
Stipendium N υποτροφία *f*
Stirn F ANAT μέτωπο *n*
Stock[1] M *Spazierstock* μπαστούνι *n*, ραβδί *n*; *dünn* βέργα *f*
Stock[2] M, **Stockwerk** N πάτωμα *n*, όροφος *m*
Stoff M ύφασμα *n*; *Stück Stoff* πανί *n*; *Unterrichtsstoff* ύλη *f*; *Gesprächsstoff* θέμα *n*; CHEM ουσία *f* **Stoffwechsel** M μεταβολισμός *m*
stöhnen βογκώ; αναστενάζω
stolpern σκοντάφτω (**über** σε)
stolz (υ)περήφανος (**auf** για); **~ sein** καμαρώνω (**auf** με; για), (υ)περηφανεύομαι **Stolz** M (υ)περηφάνια *f*, καμάρι *n*
stopfen βουλλώνω; *Strumpf, Loch* μπαλώνω, μαντάρω
stoppen *a. fig anhalten* σταματώ; *Zeit* χρονομετρώ **Stoppuhr** F χρονόμετρο *n*
Stöpsel M τάπα *f*, πώμα *n*
Storch M πελαργός *m*
stören ενοχλώ; πειράζω
stornieren HANDEL, *Reise* ακυρώνω
Störung F *a.* MED ενόχληση *f*, διατάραξη *f*; *Strom* διακοπή *f*; TECH βλάβη *f*
Stoß M σπρωξιά *f*; PHYS ώθηση *f*; *Erdstoß* δόνηση *f*; *Stapel* στοίβα *f* **Stoßdämpfer** M αμορτισέρ *n*
stoßen σπρώχνω, σκουντώ; *zufällig treffen* πέφτω (**auf** σε); *finden* βρίσκω; PHYS ωθώ
Stoßstange F προφυλακτήρας *m*
stottern *Mensch* τραυλίζω
Strafe F τιμωρία *f*; JUR ποινή *f*; *Geldstrafe* χρηματική ποινή *f*, πρόστιμο *n* **strafen** τιμωρώ
straff *Seil* τεντωμένος; *Haut* σφιχτός
Straftat F αδίκημα *n* **Straf-**

zettel M κλήση *f*
Strahl M αχτίδα *f*, *a.* PHYS ακτίνα *f* **strahlen** *a. fig* λάμπω, αστράφτω; *a. fig* ακτινοβολώ **Strahlung** F ακτινοβολία *f*
Strähne F τούφα *f*, τσουλούφι *n*
stramm σφιχτός; τεντωμένος
Strampelanzug M φόρμα *f* μωρού **strampeln** κλοτσώ
Strand M παραλία *f*, ακτή *f*; ακρογιάλι *n*, ακρογιαλιά *f*; *Badestrand* πλαζ *f*; *Sandstrand* αμμουδιά *f*
Strapaze F ταλαιπωρία *f*; *umg* σκοτωμός *m*, στραπάτσο *n* **strapazieren** ταλαιπωρώ; *umg* στραπατσάρω
Straße F δρόμος *m*; *mit Namen* οδός *f*; **auf der ~** στο δρόμο
Straßenatlas M οδικός άτλας *m* **Straßenbahn** F τραμ *n* **Straßengraben** M χαντάκι *n* **Straßenhändler** M πλανόδιος πωλητής *m* **Straßenkarte** F οδικός χάρτης *m* **Straßenschild** N πινακίδα *f* ονομασίας δρόμου **Straßenseite** F πλευρά *f* του δρόμου
sträuben: **sich ~** εναντιώνομαι; *Haare* σηκώνομαι
Strauch M θάμνος *m*
Strauß M *Blumenstrauß* μπουκέτο *n*; *kunstvoll* ανθοδέσμη *f*
streben επιδιώκω (**nach** *akk*), αποβλέπω (**nach** σε)
Strecke F απόσταση *f*; *Route* διαδρομή *f*; BAHN γραμμή *f*
strecken τεντώνω
Streich M φάρσα *f*; *Kinderstreich* διαβολιά *f* **streicheln** χαϊδεύω **streichen** χαϊδεύω (*dat* **über** *akk* σε); *Wand* βάφω; *tilgen* σβήνω; ξεγράφω; *Schulden* διαγράφω; *Zuschuss* καταργώ **Streichholz** N σπίρτο *n* **Streichinstrument** N έγχορδο όργανο *n* με δοξάρι
Streife F περιπολία *f*; *Einheit* περίπολος *f* **streifen** *berühren* αγγίζω; *umherstreifen* περιπλανιέμαι
Streifen M λουρίδα *f*, λωρίδα *f*; *im Stoff* ρίγα *f*
Streik M απεργία *f* **streiken** απεργώ, κάνω απεργία
Streit M καβγάς *m*; φιλονικία *f* **streiten** τσακώνομαι, μαλώνω (**über** για), φιλονικώ
Streitkräfte FPL ένοπλες δυνάμεις *fpl*
streng αυστηρός; *Winter* βαρύς, δριμύς
Stress M στρες *n*, άγχος *n*, (υπερ)ένταση *f* **stressig** αγχώδης, κουραστικός
streuen *Zucker* βάζω; *Salz, Sand* ρίχνω
Strich M γραμμή *f*; χαρακιά *f*
Strick M σχοινί *n*
stricken πλέκω
Strickjacke F πλεκτή ζακέτα *f*
Strickzeug N πλεκτό *n*
strikt αυστηρός
Stroh N άχυρο *n*; *Material* ψάθα *f* **Strohhalm** M καλάμι *n*;

zum Trinken καλαμάκι *n* **Strohhut** M ψάθα *f*, ψάθινο καπέλο *n*
Strom M ELEK ρεύμα *n*; *Fluss* ποταμός *m* **Stromausfall** M διακοπή *f* ρεύματος
strömen ρέω, κυλώ; *Menschen* ξεχύνομαι
Stromerzeugung F ηλεκτροπαραγωγή *f* **Stromschlag** M ηλεκτροπληξία *f* **Stromstärke** F ένταση *f* του ηλεκτρικού ρεύματος
Strömung F *a. fig* ρεύμα *n*
Strophe F στροφή *f*
Struktur F δομή *f*; *a. fig* υφή *f*
Strudel M *Wasserstrudel* στρόβιλος *m*, δίνη *f*
Strumpf M κάλτσα *f* **Strumpfhose** F καλτσόν *n*
Stück N *a.* MUS κομμάτι *n*; THEAT έργο *n*; **ein ~ Brot** ένα κομμάτι ψωμί
Student(in) M(F) *Hochschule* φοιτητής (-τρια) *m(f)*; *Fachschule* σπουδαστής (-τρια) *m(f)* **Studentenausweis** M φοιτητική ταυτότητα *f* **Studentenheim** N φοιτητική εστία *f*
Studie F μελέτη *f* **Studienreise** F επιμορφωτικό ταξίδι *n*
studieren σπουδάζω, φοιτώ
Studio N στούντιο *n*
Studium N φοίτηση *f*, σπουδές *fpl*; *e-s Themas* μελέτη *f*
Stufe F *Treppenstufe* σκαλοπάτι *n*, σκαλί *n*; *fig* βαθμίδα *f*
Stuhl M καρέκλα *f*, κάθισμα *n*
Stuhlgang M κένωση *f*; **~ haben** ενεργούμαι
stumm μουγγός, βουβός; *fig* άφωνος, αμίλητος, σιωπηλός
Stummel M *Zigarettenstummel* γώπα *f*
Stumpf M κούτσουρο *n*
stumpf αμβλύς; *fig* αναίσθητος; **das Messer ist ~** το μαχαίρι δεν κόβει
Stunde F ώρα *f*; *Lehrstunde* μάθημα *n* **Stundenkilometer** MPL χιλιόμετρα *npl* την ώρα **Stundenlohn** M ωρομίσθιο *n* **Stundenplan** M ωράριο *n*; *Schule* πρόγραμμα *n* μαθημάτων
stur ξεροκέφαλος, πεισματάρης
Sturm M θύελλα *f*; *Seesturm* τρικυμία *f*, φουρτούνα *f*
stürmen χύνομαι, ορμώ; *Sport* επιτίθεμαι **stürmisch** *a. fig* θυελλώδης; *Meer* τρικυμιώδης; *fig* ορμητικός
Sturz M πέσιμο *n*, *a. Preissturz* πτώση *f*; *Regierung* ανατροπή *f*
stürzen πέφτω; *hinunterstürzen* ρίχνω, γκρεμίζω; *Regierung* ανατρέπω; **sich ~** ορμώ, πέφτω, ρίχνομαι (**auf** σε); *sich hinabstürzen* γκρεμίζομαι
Stute F φοράδα *f*
Stuttgart N Στουτγκάρδη *f*
Stütze F στήριγμα *n* **stützen** *Halt geben* στηρίζω; *fig* βασίζω

Subjekt N GRAM υποκείμενο *n*
Substantiv N ουσιαστικό *n*
Substanz F ουσία *f*
subtrahieren αφαιρώ
Subvention F επιδότηση *f*, επιχορήγηση *f* **subventionieren** επιδοτώ
Suche F αναζήτηση *f* **suchen** ψάχνω, γυρεύω, αναζητώ; *Annonce* **gesucht: ...** ζητείται ... **Suchmaschine** F INTERNET μηχανή *f* αναζήτησης
Sucht F μανία *f*; εθισμός *m*
süchtig MED εξαρτημένος; *drogensüchtig* τοξικομανής *m,f*
Süd(en) M νότος *m* **Südländer(in)** M(F) νότιος (-α) *m(f)*
südlich νότιος; *adv* (στα) νότια (**von** *gen*) **südöstlich** νοτιοανατολικός
Südpol M νότιος Πόλος *m*
Südseite F νότια πλευρά *f*
südwestlich νοτιοδυτικός
Südwind M νοτιάς *m*
Summe F *Geldsumme* ποσό *n*; σύνολο *n*; MATH άθροισμα *n*
summen *Insekt* βουίζω; *Lied* (σιγο)ψιθυρίζω
Sumpf M βάλτος *m*, έλος *n*
Sünde F αμαρτία *f* **Sünder(in)** M(F) αμαρτωλός (-ή) *m(f)*
Superbenzin N βενζίνη *f* σούπερ **Supermarkt** M σουπερμάρκετ *n*
Suppe F σούπα *f* **Suppengrün** N λαχανικά *npl* σούπας **Suppenteller** M βαθύ πιάτο *n*
Surfbrett N ιστιοσανίδα *f*
surfen *Sport* κάνω σέρφινγκ; INTERNET σερφάρω
Sushi N σούσι *n*
süß *a. fig* γλυκός **süßen** γλυκαίνω
Süßigkeit F γλυκό *n* **Süßspeise** F γλυκό *n*, γλύκυσμα *n* **Süßstoff** M ζαχαρίνη *f* **Süßwasser** N γλυκό νερό *n*
Swimmingpool M πισίνα *f*
Symbol N σύμβολο *n* **symbolisch** συμβολικός
symmetrisch συμμετρικός
sympathisch συμπαθητικός
Symptom N σύμπτωμα *n*
Synagoge F συναγωγή *f*
synchronisieren *Film* μεταγλωττίζω **Synchronisation** F μεταγλώττιση
synthetisch συνθετικός
System N σύστημα *n*; POL καθεστώς *n* **systematisch** συστηματικός, μεθοδικός
Szene F *a. fig* σκηνή *f*

T

Tabak M καπνός *m*
Tabelle F πίνακας *m*
Tablet-PC M tablet *n*, υπολογιστής *m* tablet
Tablett N δίσκος *m* (σερβιρίσματος)
Tablette F χάπι *n*, δισκίο *n*

Tabu N ταμπού *n*
Tacho(meter) M ταχύμετρο *n*, κοντέρ *n*
tadellos άμεμπτος **tadeln** επιπλήττω, μέμφομαι
Tafel F *Schultafel* πίνακας *m*; *Schokolade* πλάκα *f*
Tag M (η)μέρα *f*; **guten ~!** καλημέρα (σου/σας)!; χαίρετε!; **den ganzen ~** όλη τη(ν η)μέρα; **was für ein ~ ist heute?** τι μέρα έχουμε/είναι σήμερα
Tagebuch N ημερολόγιο *n*
Tagesausflug M ημερησία εκδρομή *f* **Tagesgericht** N πιάτο *n* ημέρας **Tageskarte** F ημερήσιο εισιτήριο *n* **Tageslicht** N φως *n* της ημέρας **Tageszeit** F ώρα *f*
täglich καθημερινός; ημερήσιος
Tagung F συνεδρίαση *f*, διάσκεψη *f*
Taille F *Körper* μέση *f* **tailliert** μεσάτος
Takt M MUS ρυθμός *m*, χρόνος *m*; *Taktgefühl* διακριτικότητα *f*, λεπτότητα *f*, τακτ *n* **Taktik** F τακτική *f* **taktlos** αδιάκριτος **taktvoll** διακριτικός; λεπτός
Tal N κοιλάδα *f*
Talent N ταλέντο *n*
Tampon M ταμπόν *n*
Tank M AUTO ντεπόζιτο *n*; δεξαμενή *f* **tanken** βάζω βενζίνη **Tanker** M δεξαμενόπλοιο *n* **Tankstelle** F πρατήριο *n* βενζίνης, βενζινάδικο *n*
Tanne F έλατο *n*
Tante F θεία *f*
Tanz M χορός *m* **tanzen** χορεύω **Tanzfläche** F πίστα *f* **Tanzlokal** N χορευτικό κέντρο *n*
Tapete F ταπετσαρία *f*
tapfer γενναίος, ανδρείος
Tarif M ταρίφα *f*
tarnen καμουφλάρω
Tasche F *Hosentasche* τσέπη *f*; *Handtasche* τσάντα *f*
Taschenbuch N βιβλίο *n* τσέπης **Taschendieb** M πορτοφολάς *m*, λωποδύτης (-τρια *f*) *m* **Taschengeld** N χαρτζιλίκι *n* **Taschenlampe** F φακός *m* **Taschenmesser** N σουγιάς *m* **Taschenrechner** M υπολογιστής *m* τσέπης, κομπιουτεράκι *n* **Taschentuch** N μαντίλι *n*
Tasse F φλιτζάνι *n*, κούπα *f*
Tastatur F πληκτρολόγιο *n*
Taste F πλήκτρο *n*
tasten ψηλαφίζω
Tastsinn M αφή *f*
Tat F πράξη *f*; έργο *n*; ενέργεια *f* **tatenlos** αδρανής
Täter(in) M(F) δράστης (-ις, -τρια) *m(f)*
tätig: **~ sein als ...** εργάζομαι ... **Tätigkeit** F δραστηριότητα *f*; *Arbeit* απασχόληση *f*
tatkräftig δραστήριος, ενεργητικός **Tatort** M τόπος *m* του εγκλήματος
Tätowierung F τατουάζ *n*
Tatsache F γεγονός *n*; δεδο-

μένο *n* **tatsächlich** πραγματικός; **~?** αλήθεια
Tau[1] N *Seil* σχοινί *n*
Tau[2] M *Morgentau* δροσιά *f*
taub κουφός
Taube F περιστέρι *n*
Taubheit F κώφωση *f* **taubstumm** κωφάλαλος
tauchen *Mensch* βουτώ; *Sport* καταδύομαι; *eintauchen* βουτώ; βυθίζω **Taucheranzug** M στολή *f* καταδύσεων **Taucherbrille** F μάσκα *f* καταδύσεων
tauen *Schnee* λειώνω
Taufe F βάφτιση *f*, βαφτίσια *npl* **taufen** βαφτίζω
taugen αξίζω; κάνω (**für** για) **tauglich** κατάλληλος; *a.* MED, MIL ικανός
Tausch M (αντ)αλλαγή *f* **tauschen** *Plätze, Geld* αλλάζω; ανταλλάσσω (**gegen** με)
täuschen απατώ; **sich ~** γελιέμαι, απατώμαι
tausend χίλιοι **tausendste** χιλιοστός
Taverne F ταβέρνα *f*
Taxi N ταξί *n* **Taxifahrer(in)** M(F) ταξιτζής (-ού, -ίνα) *m(f)*
Team N ομάδα *f* **Teamarbeit** F ομαδική δουλειά *f*
Technik F τεχνική *f* **technisch** τεχνικός **Technologie** F τεχνολογία *f* **technologisch** τεχνολογικός
Tee M τσάι *n* **Teebeutel** M φακελάκι *n* του τσαγιού
Teer M πίσσα *f*
Teig M ζυμάρι *n*, ζύμη *f*
Teil[1] N *Stück* κομμάτι *n*, τεμάχιο *n*
Teil[2] M *Bereich* μέρος *n*, τμήμα *n*; *Anteil* μερίδιο *n*; **zum ~** εν μέρει
teilen μοιράζω, χωρίζω, διαιρώ
teilnahmslos απαθής
teilnehmen συμμετέχω, λαμβάνω/παίρνω μέρος (**an** σε)
Teilnehmer(in) M(F) συμμετέχων (-ουσα) *m(f)*
teils εν μέρει; **~, ~** έτσι κι έτσι
Teilung F (δια)χωρισμός *m*, *a.* MATH διαίρεση *f* **teilweise** μερικός; *adv* εν μέρει **Teilzahlung** F δόση *f* **Teilzeitbeschäftigung** F μερική απασχόληση *f*
Telefon N τηλέφωνο *n* **Telefonbuch** N τηλεφωνικός κατάλογος *m* **Telefongespräch** N συνδιάλεξη *f* **Telefonhörer** M ακουστικό *n*
telefonieren τηλεφωνώ (**mit** σε) **telefonisch** τηλεφωνικός; *adv* τηλεφωνικώς
Telefonkarte F τηλεκάρτα *f*
Telefonnummer F αριθμός *m* τηλεφώνου, τηλέφωνο *n*
Telefonzelle F τηλεφωνικός θάλαμος *m*
Telegramm N τηλεγράφημα *n*
Teller M πιάτο *n*
Tempel M ναός *m*
Temperament N ταμπεραμέντο *n*, ιδιοσυγκρασία *f* **tem-**

peramentvoll με ταμπεραμέντο
Temperatur F θερμοκρασία *f*
Tempo[1] N MUS τέμπο *n*, ρυθμός *m*
Tempo[2] N ταχύτητα *f* **Tempolimit** N όριο *n* ταχύτητας
Tendenz F τάση *f*, κλίση *f*
Tennis N τένις *n* **Tennisplatz** M γήπεδο *n* του τένις **Tennisschläger** M ρακέτα *f* του τένις
Tenor M τενόρος *m*, υψίφωνος *m*
Teppich M χαλί *n*, ταπέτο *n* **Teppichboden** M μοκέτα *f*
Termin M *Arzt* ραντεβού *n*; *Frist* προθεσμία *f* **Terminkalender** M ατζέντα *f*
Terrasse F ταράτσα *f*
Terror M τρόμος *m*; *Terrorismus* τρομοκρατία *f* **Terroranschlag** M τρομοκρατική επίθεση *f* **Terrorist(in)** M(F) τρομοκράτης (-ισσα) *m(f)*
Test M τεστ *n*, δοκιμή *f*
Testament N διαθήκη *f*; **Alte(s) / Neue(s)** ~ Παλαιά/Καινή Διαθήκη *f*
testen δοκιμάζω
Tetanus M τέτανος *m*
teuer ακριβός; *Person* αγαπητός
Teufel M *a. fig* διάβολος *m*, δαίμονας *m*
Text M κείμενο *n*; *Liedtext* λόγια *npl* του τραγουδιού
Textilien PL υφάσματα *npl* **Textilindustrie** F υφαντουργία *f*
Textverarbeitung F IT επεξεργασία *f* κειμένου
Theater N θέατρο *n*
Theke F πάγκος *m*, μπαρ *n*
Thema N θέμα *n*; υπόθεση *f*
theoretisch θεωρητικός
Theorie F θεωρία *f*
Therapeut(in) M(F) θεραπευτής (-τρια) *m(f)* **Therapie** F θεραπεία *f*
Thermalbad N ιαματικά λουτρά *npl* **Thermen** PL θέρμες *fpl*
Thermometer N θερμόμετρο *n*
Thermosflasche® F θερμός *n*
These F θέση *f*, θεωρία *f*
Thron M θρόνος *m*
Thunfisch M τόνος *m*
Thüringen N Θουριγγία *f*
Thymian M θυμάρι *n*
tief βαθύς; *niedrig* χαμηλός; *Schlaf, Stimme* βαρύς; *Stimme* χοντρός **Tief** N *Wetter* χαμηλό βαρομετρικό *n* **Tiefe** F βάθος *n*; *fig* βαθύτητα *f* **Tiefgarage** F υπόγειο γκαράζ *n*
Tiefkühlkost F κατεψυγμένα προϊόντα *npl* **Tiefkühlfach** N, **Tiefkühltruhe** F καταψύκτης *m*
Tier N ζώο *n*; *wildes* θηρίο *n* **Tierarzt** M, **Tierärztin** F κτηνίατρος *m,f* **Tierschutz** M προστασία *f* των ζώων
Tiger M τίγρη *f*
Tinte F μελάνη *f*, μελάνι *n*

Tintenfisch M *Kalmar* καλαμάρι *n*; *Sepie* σουπιά *f* **Tintenfischringe** MPL καλαμαράκια *npl*
Tipp M συμβουλή *f* **tippen** δακτυλογραφώ; *wetten* στοιχηματίζω
Tisch M τραπέζι *n* **Tischdecke** F τραπεζομάντιλο *n* **Tischler(in)** M(F) μαραγκός *m*, ξυλουργός *m* **Tischtennis** N πινγκ-πονγκ *n* **Tischwein** M επιτραπέζιο κρασί *n*
Titel M *Buch, Film* τίτλος *m*
Toast(brot) M(N) τοστ *n*
Toaster M τοστιέρα *f*
toben *wütend sein* λυσσώ, φρενιάζω, βράζω από το θυμό μου
Tochter F κόρη *f*; θυγατέρα *f*
Tod M θάνατος *m*; χάρος *m*
Todesangst F φόβος *m* θανάτου; φόβος *m* για τη ζωή μου **Todesfall** M θάνατος *m* **Todesopfer** N θύμα *n*, νεκρός (-ή *f*) *m*
todkrank ετοιμοθάνατος, βαριά άρρωστος
tödlich θανατηφόρος, θανάσιμος
todmüde κατάκοπος; ~ **sein** *umg* είμαι πτώμα, ψόφιος (**vor** από)
Toilette F τουαλέτα *f*, *umg* μέρος *n* **Toilettenpapier** N χαρτί *n* υγείας/τουαλέτας
tolerant ανεκτικός **Toleranz** F ανεκτικότητα *f*
toll *umg* θαυμάσιος, απίθανος
Tollwut F λύσσα *f*
Tomate F ντομάτα *f*
Tomatensaft M ντοματόζουμο *n* **Tomatensalat** M ντοματοσαλάτα *f* **Tomatensoße** F σάλτσα *f* ντομάτας **Tomatensuppe** F ντοματόσουπα *f*
Ton[1] M *Tonerde* πηλός *m*, άργιλος *m*
Ton[2] M *Schall* ήχος *m*; MUS τόνος *m*
Tonband N μαγνητοταινία *f*; *Gerät* μαγνητόφωνο *n*
tönen[1] *erschallen* ηχώ
tönen[2] *färben* βάφω
Tonleiter F μουσική κλίμακα *f*
Tonne F κάδος *m*; *Maß* τόνος *m*
Topf M *Kochtopf* κατσαρόλα *f*, χύτρα *f*; *Schnellkochtopf* χύτρα *f* ταχύτητος **Topflappen** M πιαστράκι *n*
Töpferwaren FPL κεραμικά *npl*, πήλινα *npl*
topfit σε άριστη φόρμα
Tor N πύλη *f*; *Gartentor* πόρτα *f* του κήπου; *Fußball* γκολ *n*; **ein ~ schießen** βάζω ένα γκολ
torkeln τρικλίζω
Torte F τούρτα *f*, πάστα *f*
Torwart M τερματοφύλακας *m,f*
tot πεθαμένος, νεκρός
total (συν)ολικός, ολοκληρωτικός; *adv* εντελώς **totalitär** ολοκληρωτικός

töten σκοτώνω, θανατώνω
Tote(r) M,F νεκρός (-ή) *m(f)*
Totschlag M ανθρωποκτονία *f*
Touchpad N επιφάνεια *f* αφής **Touchscreen** M οθόνη *f* αφής
Tour F εκδρομή *f*, γύρος *m*
Tourismus M τουρισμός *m*
Tourist(in) M(F) τουρίστας (-τρια) *m(f)* **touristisch** τουριστικός
Tracht F φορεσιά *f*, ενδυμασία *f*; *Volkstracht* τοπική φορεσιά *f*; *Nationaltracht* εθνική ενδυμασία *f*
Tradition F παράδοση *f* **traditionell** παραδοσιακός
träge τεμπέλης, αδρανής
tragen βαστώ; κουβαλώ, φέρνω; *anhaben* φορώ
Träger M *a.* MED φορέας *m*; *Kleid* τιράντα *f*
tragisch τραγικός
Tragödie F τραγωδία *f*
Trainer(in) M(F) προπονητής (-τρια) *m(f)* **trainieren** προπονούμαι, γυμνάζομαι; *j-n* προπονώ, γυμνάζω **Training** N προπόνηση *f*
Traktor M τρακτέρ *n*
trampeln ποδοπατώ
trampen κάνω οτοστόπ
Trampolin N τραμπολίνο *n*
Träne F δάκρυ *n* **tränen** *Augen* δακρύζω
tränken *Tiere, Stoff* ποτίζω
Transfer M μεταφορά *f*
Transit M διαμετακόμιση *f*
transparent διαφανής
Transplantation F μεταμόσχευση *f*, μεταφύτευση *f*
Transport M μεταφορά *f* **transportieren** μεταφέρω **Transportkosten** PL έξοδα *npl* μεταφοράς
Traube F σταφύλι *n* **Traubenzucker** M γλυκόζη *f*
trauen *vertrauen* εμπιστεύομαι (*dat akk*), πιστεύω; *Brautpaar* παντρεύω, στεφανώνω
Trauer F λύπη *f*, θλίψη *f*; πένθος *n* **trauern** πενθώ
Traum M *a. fig* όνειρο *n*; **e-n ~ haben** βλέπω ένα όνειρο
träumen *a. fig* ονειρεύομαι (**von** *akk*); *fig* ονειροπολώ
traumhaft ονειρικός
traurig λυπημένος, θλιμμένος; *Sache* λυπηρός, θλιβερός
Trauring M βέρα *f* **Trauung** F γάμος *m*; **standesamtliche/kirchliche ~** πολιτικός/θρησκευτικός γάμος *m* **Trauzeuge** M, **Trauzeugin** F κουμπάρος (-α) *m(f)*
treffen *begegnen* συναντώ; *Ziel, Kugel* πετυχαίνω; *verletzen* πληγώνω **Treffen** N συνάντηση *f*
Treffer M επιτυχία *f* **Treffpunkt** M σημείο *n* συνάντησης
treiben *tun* κάνω; *antreiben* κινώ; *anspornen* παρακινώ; *ausüben* εξασκώ; *Pflanze* βγάζω μπουμπούκια; *Blüten* βγαίνω
Treibhaus N θερμοκήπιο *n*

Treibhauseffekt M φαινόμενο *n* του θερμοκηπίου
Treibstoff M καύσιμα *npl*
Trend M τάση *f*; *pej* μόδα *f*
trennen χωρίζω; *Naht* ξηλώνω; **sich ~** χωρίζω (**von** από); (απο)χωρίζομαι **Trennung** F χωρισμός *m*; JUR διάσταση *f*
Trennwand F χώρισμα *n*
Treppe F σκάλα *f*
Tresor M θησαυροφυλάκιο *n*
Tretboot N ποδήλατο *n* θάλασσας
treten κλοτσώ; *Bremse* πατώ
treu πιστός (*dat* σε) **Treue** F πίστη *f* **treulos** άπιστος
Tribüne F *Rednertribüne* βήμα *n*; *Stadion* εξέδρα *f*
Trichter M χωνί *n*
Trick M τέχνασμα *n*, κόλπο *n*; ψευτιά *f*
Trieb M ορμή *f*, ένστικτο *n*
Trikot N πλεχτό *n*; *Fußball* φανέλα *f*
trinkbar πόσιμος **trinken** πίνω
Trinker(in) M(F) πότης (-τρια) *m(f)* **Trinkgeld** N πουρμπουάρ *n*, φιλοδώρημα *n*
Trinkwasser N πόσιμο νερό *n*
Tripper M βλεννόρροια *f*
Tritt M βήμα *n*; *Fußtritt* κλοτσιά *f*
Triumph M θρίαμβος *m*
trocken *a. fig* ξερός, ξηρός; στεγνός **Trockenheit** F ξηρασία *f*
trocknen ξεραίνω; *trocken werden/machen* στεγνώνω
Trockner M *Wäschetrockner* στεγνωτήριο *n*
trödeln χασομερώ
Trommel F τύμπανο *n*, ταμπούρλο *n* **Trommelfell** N ANAT τύμπανο *n*
Trompete F σάλπιγγα *f*, τρομπέτα *f*
Tropen PL τροπικές χώρες *fpl*
tröpfeln, **tropfen** στάζω, σταλάζω
Tropfen M σταγόνα *f*, στάλα *f*; MED *mpl* σταγόνες *fpl*
tropisch τροπικός
Trost M παρηγοριά *f*
trösten παρηγορώ
trostlos απελπιστικός
Trottel M βλάκας *m*
trotz παρά (*gen akk*); **~ allem** παρ' όλα αυτά **trotzdem** παρ' όλ' αυτά
trotzig πεισματάρης, ξεροκέφαλος
trüb(e) *Wasser* θολός; *Glas* θαμπός; *Himmel, Wetter* μουντός; *Stimmung* λυπημένος
Trubel M αναταραχή *f*
trügen εξαπατώ
Truhe F μπαούλο *n*, σεντούκι *n*
Trümmer PL χαλάσματα *npl*, συντρίμμια *npl*, ερείπια *npl*
Trumpf M ατού *n*
Truppe F MIL απόσπασμα *n*, μονάδα *f*, (στρατιωτικό) σώμα *n*; THEAT θίασος
Truthahn M γάλος *m*
Tscheche M, **Tschechin** F

Τσέχος (-α) *m(f)* **Tschechien** N Τσεχία *f*
tschüs(s): **~!** γεια σου!
T-Shirt N μακό *n*, μπλουζάκι *n*
Tube F σωληνάριο *n*
Tuberkulose F (*Tbc*) φυματίωση *f*
Tuch N πανί *n*, ύφασμα *n*; *Halstuch* μαντίλι *n*; *Schal* φουλάρι *n*
tüchtig άξιος, εργατικός
tückisch ύπουλος
Tugend F αρετή *f*
Tulpe F τουλίπα *f*
Tumor M MED όγκος *m*
Tumult M φασαρία *f*, θόρυβος *m*
tun κάνω; **(nichts) zu ~ haben** (δεν) έχω δουλειά
Tunfisch M τόνος *m*
tunken *Brot* βουτώ
Tunnel M τούνελ *n*, σήραγγα *f*
Tür F πόρτα *f*, θύρα *f*
Turbine F τουρμπίνα *f*, στρόβιλος *m*
Türke M Τούρκος *m*
Türkei F Τουρκία *f*
Türkin F Τουρκάλα *f*
türkisch τουρκικός, τούρκικος
Türkisch N Τουρκικά *npl*
Türklinke F πόμολο *n*, χερούλι *n*
Turm M πύργος *m*
turnen γυμνάζομαι, κάνω γυμναστική **Turnhalle** F γυμναστήριο *n*
tuscheln κρυφομιλώ, ψιθυρίζω
Tüte F σακούλα *f*
Typ M τύπος *m*
Typhus M τύφος *m*
typisch τυπικός; χαρακτηριστικός (**für** *gen*)
Tyrann(in) M(F) τύραννος *m,f*
tyrannisieren τυραννώ

U

U-Bahn F μετρό *n* **U-Bahn-Station** F στάση *f* του μετρό
übel άσχημος; *böse* κακός; *adv* άσχημα; **mir wird ~** ζαλίζομαι; **~ nehmen** κρατώ κακία (*dat* σε) **Übelkeit** F ναυτία *f*, *umg* αναγούλα *f*, ανακάτωμα *n*
üben γυμνάζω; *Kritik, Fähigkeiten* ασκώ
über πάνω (*dat*; *akk* από); *während* κατά τη διάρκεια; *mehr als* πάνω (*akk* από); **~ alles** πάνω απ' όλα; **~ Nacht** τη νύχτα
überall παντού **überanstrengen**: **sich ~** παρακουράζομαι, εξουθενώνομαι
überbacken ψήνω στο φούρνο
Überblick M *fig* επισκόπηση *f*, γενική εικόνα *f* **Überdosis** F υπερβολική δόση *f*
überdurchschnittlich πάνω από το μέσο όρο **übereinander** ο ένας πάνω από τον άλ-

λον
übereinstimmen συμφωνώ; *identisch sein* ταυτίζομαι
überfahren *Fußgänger* χτυπώ, πατώ, παρασύρω
Überfahrt F διάβαση *f*, πέρασμα *n*
Überfall M επίθεση *f*; *Raubüberfall* ληστεία *f* **überfallen** επιτίθεμαι
Überfluss M αφθονία *f* (**an** σε)
überflüssig περιττός; παραπανήσιος, περίσσιος
überfluten πλημμυρίζω **überfordern** έχω υπερβολικές απαιτήσεις **überführen** *Verbrecher* αποδεικνύω την ενοχή
Übergabe F παράδοση *f* **Übergangszeit** F μεταβατική περίοδος *f*
übergeben παραδίδω; **sich ~** κάνω εμετό
überhaupt *allgemein* γενικά; καθόλου; **~ nicht** καθόλου
überheblich *Person* αλαζόνας *m*, υπερόπτης (-τρια *f*) *m*; *Verhalten* αλαζονικός, υπεροπτικός **überhitzen** υπερθερμαίνω
überholen προσπερνώ; *ausbessern* διορθώνω **Überholspur** F λωρίδα *f* προσπέρασης **Überholverbot** N απαγόρευση *f* προσπέρασης
überhören δεν ακούω **überlassen** αφήνω, παραχωρώ (*dat* σε)
überlaufen ξεχειλίζω; *Milch* χύνομαι
überleben επιζώ; *fig* επιβιώνω **Überlebende(r)** M,F επιζών *m*
überlegen[1] *nachdenken* σκέφτομαι, αναλογίζομαι
überlegen[2] ADJ ανώτερος; **j-m ~ sein** υπερέχω, υπερτερώ (**in**; **an** *gen* σε)
Überlieferung F παράδοση *f*
Übermacht F υπεροχή *f*
übermorgen μεθαύριο **übermütig** απερίσκεπτος
übernachten διανυχτερεύω **Übernachtung** F διανυχτέρευση *f*
übernehmen αναλαμβάνω **überprüfen** εξετάζω, ελέγχω; *revidieren* αναθεωρώ **überqueren** διασχίζω, περνώ (απέναντι) **überraschen** ξαφνιάζω, εκπλήσσω; αιφνιδιάζω
Überraschung F έκπληξη *f*; αιφνιδιασμός *m*
überreden πείθω, καταφέρνω **überschätzen** υπερτιμώ **überschlagen**: **sich ~** *Auto* ανατρέπομαι, αναποδογυρίζω **überschneiden**: **sich ~** *Ereignisse* συμπίπτω **überschreiten** *Grenze* διασχίζω, περνώ; *Kraft* ξεπερνώ; *Maß* υπερβαίνω
Überschrift F επιγραφή *f*, τίτλος *m* **Überschuss** M πλεόνασμα *n*, περίσσευμα *n*
überschwänglich διαχυτι-

κός **Überschwemmung** F πλημμύρα *f* **übersehen** παραβλέπω **übersetzen** *Text* μεταφράζω (**aus** από; **in** σε) **Übersetzer(in)** M(F) μεταφραστής (-τρια) *m(f)* **Übersetzung** F μετάφραση *f* **Übersicht** F *Kontrolle* εποπτεία *f*, έλεγχος *m* **übersichtlich** σαφής, κατανοητός **überspringen** *fig* πηδώ; *a. Seite* παραλείπω **überstehen** ξεπερνώ **übersteigen** *Kraft* ξεπερνώ, υπερβαίνω **Überstunden** FPL υπερωρίες *fpl* **übertragen** μεταφέρω; *übersetzen* μεταφράζω; *Recht* μεταβιβάζω; *Aufgabe* αναθέτω; TV μεταδίδω **übertreffen** (ξε)περνώ (**an** σε), υπερβαίνω **übertreiben** υπερβάλλω, είμαι υπερβολικός; *es übertreiben* το παρακάνω; *mit Worten* τα παραλέω **übertreten** *Gesetz* παραβαίνω, παραβιάζω **überwachen** επιτηρώ; παρακολουθώ **überwältigen** καταβάλλω; *beeindrucken* καταπλήσσω **überwältigend** θεαματικός, καταπληκτικός **überweisen** *Geld* εμβάζω; *e-n Kranken* παραπέμπω **Überweisung** F *Banküberweisung* έμβασμα *n*; *e-s Kranken* παραπομπή *f*

überwiegend ADV κυρίως **überwinden** ξεπερνώ **überzeugen** πείθω (**von** για) **überziehen** *Konto* υπερβαίνω **üblich** συνηθισμένος, συνήθης **U-Boot** N υποβρύχιο *n* **übrig** υπόλοιπος; **~ bleiben** περισσεύω, μένω; *Möglichkeit* απομένω; **~ lassen** αφήνω **übrigens** επί τη ευκαιρία, μια και το 'φερε η κουβέντα **Übung** F *Aufgabe* άσκηση *f*; *das Üben* εξάσκηση *f*; *Erfahrung* πείρα *f* **Ufer** N *Flussufer, Seeufer* όχθη *f*; *Meeresufer* ακρογιάλι *n*, ακρογιαλιά *f* **Uhr** F ρολόι *n*; **um wie viel ~?** τι ώρα; **es ist drei ~** είναι τρεις η ώρα **Uhrzeit** F ώρα *f* **Ultraschall** M υπερήχοι *mpl* **um**[1] *räumlich* γύρω (*akk* σε; από); *Uhrzeit* σε; *ungefähr, nahe* γύρω; **~ ein Uhr** στη μία; *Alter* **~ die 30** γύρω στα τριάντα; **die Zeit ist ~** πέρασε η ώρα **um**[2] KONJ **um … zu** για να **umarmen** αγκαλιάζω **Umarmung** F αγκάλιασμα *n*, αγκαλιά *f* **Umbau** M *v. Bauten* μετασκευή *f*, αναμόρφωση *f* **umbauen** μετασκευάζω, αναμορφώνω **umblättern** γυρίζω σελίδα **umbringen** σκοτώνω **Umbruch** M ριζική αλλαγή *f* **umbuchen** αλλάζω **um-**

denken αλλάζω τρόπο σκέψης **umdrehen** γυρίζω; **sich ~** γυρίζω, στρέφομαι
Umdrehung F περιστροφή *f*
umfallen πέφτω
Umfang M *Kreisumfang* περιφέρεια *f*; *Volumen* όγκος *m*; *Größe* μέγεθος *n*; *Fläche, a. fig* έκταση *f* **umfangreich** ογκώδης; *fig* εκτενής
Umfrage F έρευνα *f*, δημοσκόπηση *f*
Umgang M *mit Menschen* συναναστροφή *f* **Umgangsformen** FPL τρόποι *mpl* καλής συμπεριφοράς **Umgangssprache** F καθομιλουμένη *f*
Umgebung F περιβάλλον *n*; περιοχή *f*, περίχωρα *npl*
umgehen[1] *Hindernis, a. fig* παρακάμπτω; *vermeiden* αποφεύγω
umgehen[2]: **~ können mit** (μετα)χειρίζομαι
Umgehungsstraße F παρακαμπτήριος *f*
umgekehrt ανάποδος; αντίθετος, αντίστροφος; *adv* αντιστρόφως
umkehren γυρίζω, επιστρέφω
Umkleidekabine F *Geschäft* δοκιμαστήριο *n*; *Strand* καμπίνα *f*
Umkreis M περιφέρεια *f*; *Gegend* περιοχή *f*
umkrempeln *Ärmel* σηκώνω
umleiten παρατρέπω, *a. Fluss* εκτρέπω **Umleitung** F παράκαμψη *f*; *Straße* παρακαμπτήριος *f*
umrechnen μετατρέπω **Umriss** M περίγραμμα *n* **umrühren** ανακατεύω **Umsatz** M τζίρος *m*
Umschlag M *Briefumschlag* φάκελος *m*; *Buchumschlag* εξώφυλλο *n*; MED επίθεμα *n*
umschlagen *Wetter, Stimmung* αλλάζω
umschreiben[1] *mit anderen Worten* περιφράζω
umschreiben[2] *Text neu schreiben* επεξεργάζομαι, αλλάζω
umschulen μετεκπαιδεύω
Umschwung M μεταβολή *f*
umsehen: **sich ~** κοιτάζω γύρω μου; ψάχνω (**nach** *akk*)
umsetzen *Idee* πραγματοποιώ
umsichtig συνετός, προσεκτικός
umso: **~ besser** τόσο το καλύτερο
umsonst *gratis* δωρεάν, *umg* τζάμπα; *vergebens* μάταια, άδικα; *Mühe* χαμένος
Umstände MPL περιστάσεις *fpl*, συνθήκες *fpl*; *Mühe* κόπος *m*, φασαρίες *fpl*; **unter ~n** ενδεχομένως; **nur keine ~!** μην ενοχλείστε! **umständlich** περίπλοκος, δύσκολος
umsteigen αλλάζω συγκοινωνία
umstellen *Gegenstände* μετακινώ, μετατοπίζω; *Uhr* αλλάζω **Umstellung** F μετατόπιση *f*; *Anpassung* αλλαγή *f*, προσαρμογή *f*

Umsturz M ανατροπή *f*
Umtausch M (αντ)αλλαγή *f*
umtauschen αλλάζω, ανταλλάσσω
umwandeln μετατρέπω (**in** σε) **Umwandlung** F μετατροπή *f*
Umweg M γύρος *m*, κύκλος *m*
Umwelt F περιβάλλον *n* **Umweltbewusstsein** N οικολογική συνείδηση *f* **umweltfreundlich** φιλικός προς το περιβάλλον **umweltschädlich** βλαβερός για το περιβάλλον **Umweltschutz** M προστασία *f* του περιβάλλοντος **Umweltverschmutzung** F ρύπανση *f*/μόλυνση *f* του περιβάλλοντος
umwerfen αναποδογυρίζω
umziehen μετακομίζω, αλλάζω σπίτι; **sich ~** *Kleidung* αλλάζω
Umzug M *Wohnung* μετακόμιση *f*; *Festzug* πομπή *f*
unabhängig ανεξάρτητος (**von** από); άσχετος; *adv* ανεξαρτήτως, άσχετα, αδιακρίτως (**von** *gen*) **Unabhängigkeit** F ανεξαρτησία *f*
unangenehm δυσάρεστος
unauffällig *unbemerkt* απαρατήρητος; *diskret* διακριτικός
unbedingt ADV οπωσδήποτε, χωρίς άλλο **unbefriedigend** μη ικανοποιητικός, ανεπαρκής **unbegrenzt** απεριόριστος **unbekannt** άγνωστος **unbemerkt** απαρατήρητος **unbequem** άβολος; *a. Person* δύσκολος
und και; **und?** λοιπόν; **und so weiter** (*usw.*) και τα λοιπά (κ.τ.λ.)
undenkbar αδιανόητος **unehelich** νόθος **uneingeschränkt** απεριόριστος, απόλυτος **unendlich** ατελείωτος; άπειρος, απέραντος
unentschieden αναποφάσιστος; *Sport* ισόπαλος **unentschlossen** αναποφάσιστος, άβουλος
unermüdlich ακούραστος
unerwartet αναπάντεχος, απροσδόκητος, ανέλπιστος
Unfall M δυστύχημα *n*, ατύχημα *n* **Unfallflucht** F εγκατάλειψη *f* θύματος **Unfallstation** F σταθμός *m* πρώτων βοηθειών **Unfallversicherung** F ασφάλιση *f* κατά των ατυχημάτων
Ungar(in) M(F) Ούγγρος Ουγγαρέζα (*f*) *m* **Ungarn** N Ουγγαρία *f*
ungeduldig ανυπόμονος; **~ sein** ανυπομονώ
ungefähr περίπου, σχεδόν, πάνω-κάτω; γύρω; **~ 20 Euro** γύρω στα 20 ευρώ
ungeheuer τεράστιος, πελώριος; *adv* πάρα πολύ **Ungeheuer** N τέρας *n*
ungemütlich άβολος; *Person* δυσάρεστος, δύσκολος **ungerade** *Zahl* μονός, περιττός
ungerecht άδικος; **~ behan-**

deln αδικώ
Ungerechtigkeit F αδικία *f*
ungern απρόθυμα, χωρίς όρεξη **ungestört** ανενόχλητος
ungewiss αβέβαιος **ungewöhnlich**, **ungewohnt** ασυνήθιστος **ungewollt** αθέλητος
Ungeziefer N ζωύφια *npl*
unglaublich απίστευτος, απίθανος **ungleich** άνισος; *unähnlich* ανόμοιος
Unglück N δυστυχία *f*, ατυχία *f*, συμφορά *f* **unglücklich** δυστυχισμένος, δυστυχής
ungünstig δυσμενής
Unheil N κακό *n*, συμφορά *f*
unheimlich φοβερός; *adv* πάρα πολύ
Uniform F στολή *f*
Union F POL ένωση *f*
Universität F πανεπιστήμιο *n*
Universum N σύμπαν *n*
unklar ασαφής; *fraglich* αβέβαιος
Unkosten PL έξοδα *npl*, δαπάνες *fpl* **Unkraut** N χορτάρι *n*, ζιζάνια *npl* **Unmenge** F πλήθος *n*
unmenschlich απάνθρωπος
unmittelbar άμεσος **unmöglich** αδύνατος; **es ist ~** είναι αδύνατο (**zu** να) **unmoralisch** ανήθικος
UNO F Ο.Η.Ε. *m* (Οργανισμός Ηνωμένων Εθνών)
unnötig περιττός
Unordnung F αταξία *f*, ακαταστασία *f*
unpersönlich *a.* GRAM απρόσωπος
unrecht N άδικο *n*; **~ haben** έχω άδικο; **~ tun** αδικώ
Unruhe F *innere* ανησυχία *f*; ταραχή *f* **unruhig** ανήσυχος
uns *akk* μας; *betont akk* εμάς, *dat* (σε) μας; **für ~** για μας; **ohne ~** χωρίς εμάς
unscheinbar μη εντυπωσιακός
Unschuld F αθωότητα *f*; *fig* αγνότητα *f* **unschuldig** αθώος; *fig* αγνός
unser(e, es) POSS PR ο, η, το ... μας; *betont* (ο) δικός μας; *pl* οι, τα ... μας
unsicher ανασφαλής; αβέβαιος (**über** για)
unsichtbar αόρατος
Unsinn M ανοησία *f*; **~!** ανοησίες!, *umg* κολοκύθια!
unten κάτω; **von ~** από κάτω
unter κάτω (*dat*; *akk* από); *hierarchisch* υπό (*dat akk*); *zwischen* μεταξύ, ανάμεσα (*dat*; *akk* σε); *weniger als* κάτω (*dat* από); **~ anderem** (*u. a.*) μεταξύ άλλων, ανάμεσα σ' άλλα
Unterbewusstsein N υποσυνείδητο *n*
unterbrechen διακόπτω **Unterbrechung** F διακοπή *f*
unterbringen τοποθετώ; *Person* εγκαθιστώ
unterdrücken καταπιέζω
untere(r, -s) κατώτερος, *adj* κάτω
untereinander μεταξύ μας/

σας/τους
Unterführung F υπόγεια διάβαση *f* **Untergang** M παρακμή *f*; *Schiff* ναυάγιο *n*
Untergebene(r) M,F υφιστάμενος (-ένη) *m(f)*
untergehen παρακμάζω; *Schiff* βουλιάζω; *Sonne* βασιλεύω, *a. fig* δύω
Untergeschoss N, *reg* **Untergeschoß** N ημιυπόγειο *n* **Untergewicht** N έλλειψη *f* βάρους; *v. Mensch* λιποσαρκία *f* **Untergrund** M POL παρανομία *f*
unterhalb κάτω (*gen* από)
Unterhalt M *Familie* συντήρηση *f*; JUR διατροφή *f* **unterhalten** *Familie* συντηρώ, (δια)τρέφω, ζω; *vergnügen* διασκεδάζω, ψυχαγωγώ; **sich ~** κουβεντιάζω, συνομιλώ, συζητώ; *sich vergnügen* διασκεδάζω **unterhaltsam** διασκεδαστικός **Unterhaltung** F συνομιλία *f*, συζήτηση *f*, κουβέντα *f*; *Vergnügen* διασκέδαση *f*, ψυχαγωγία *f*
Unterhemd N φανέλα *f* **Unterhose** F σλιπ *n*, σλιπάκι *n*; *Herrenunterhose* σώβρακο *n*, σλιπάκι *n*
unterirdisch υπόγειος
Unterkiefer M κάτω σιαγόνα *f* **Unterkunft** F κατάλυμα *n* **Unterlagen** FPL έγγραφα *npl*
unterlegen: **~ sein** υστερώ (*dat gen*)
Unterleib M υπογάστριο *n*
Unterlippe F κάτω χείλος *n*
unternehmen κάνω, επιχειρώ **Unternehmen** N επιχείρηση *f*, εταιρεία *f* **Unternehmer(in)** M(F) επιχειρηματίας *m,f*
Unterricht M διδασκαλία *f*; *Schulunterricht* μάθημα *n*
unterschätzen υποτιμώ **unterscheiden** διακρίνω, ξεχωρίζω; **sich ~** διαφέρω (**von** από; **in** σε)
Unterschenkel M κνήμη *f*, γάμπα *f* **Unterschied** M διαφορά *f*; **im ~** σε αντίθεση (**zu** με)
unterschlagen υπεξαιρώ, καταχρώμαι **unterschreiben** υπογράφω
Unterschrift F υπογραφή *f*
unterstellen[1]: **sich ~** *bei Regen* προφυλάσσομαι
unterstellen[2] *j-m etw* κατηγορώ, προσάπτω, καταλογίζω
unterstreichen *a. fig* υπογραμμίζω **unterstützen** υποστηρίζω; ενισχύω **untersuchen** *a.* MED εξετάζω; *a. Gepäck* ερευνώ; *Arzt umg* βλέπω
Untersuchung F *a.* MED εξέταση *f*; JUR έρευνα *f* **Untersuchungshaft** F προφυλάκιση *f*
Untertasse F πιατάκι *n* **Unterteil** N,M κάτω μέρος *n*
unterwegs στο δρόμο; καθ'οδόν
Untiefe F ρηχά *npl*

unveränderlich, **unverändert** αμετάβλητος **unverbindlich** χωρίς δέσμευση **unvermeidlich** αναπόφευκτος **unverschämt** αναιδής, αδιάντροπος **unverständlich** ακατανόητος; *Worte* ακατάληπτος **unverzichtbar** απαραίτητος
unwahrscheinlich απίθανος
Unwetter N κακοκαιρία *f*
unwiderstehlich *Wunsch* ακατανίκητος; *charmant* γοητευτικός **unwissend** αμαθής; *nicht informiert* ανήξερος **unwohl**: **sich ~ fühlen** είμαι αδιάθετος **unzählig** αμέτρητος, αναρίθμητος **unzufrieden** δυσαρεστημένος
unzulässig ανεπίτρεπτος
üppig άφθονος
Uran N ουράνιο *n*
Urenkel(in) M(F) δισέγγονος (-η) *m(f)* **Urgroßmutter** F προγιαγιά *f* **Urgroßvater** M προπάππος *m*
Urin M MED ούρα *npl*; *umg* κάτουρο *n*
Urkunde F έγγραφο *n*
Urlaub M άδεια *f*, διακοπές *fpl*; **~ nehmen** παίρνω άδεια
Urlaubsort M τόπος *m* διακοπών **Urlaubszeit** F περίοδος *f* διακοπών
Urologe M, **Urologin** F ουρολόγος *m,f*
Ursache F αιτία *f*; λόγος *m*; **keine ~!** τίποτε!, τίποτα!
ursprünglich αρχικός; *unverfälscht* γνήσιος, πρωτότυπος
Urteil N κρίση *f*, γνώμη *f*; JUR δικαστική απόφαση *f* **urteilen** κρίνω, αποφασίζω
Urwald M παρθένο δάσος *n*
USA PL Η.Π.Α. *fpl* (Ηνωμένες Πολιτείες [της] Αμερικής)
usw. (*und so weiter*) κ.τ.λ. (και τα λοιπά)
utopisch ουτοπικός
UV-Strahlen MPL υπεριώδεις ακτίνες *fpl*

vage ακαθόριστος; αμυδρός
Vakuum N κενό *n* **vakuumverpackt** σε αεροστεγή συσκευασία
Vanille F βανίλια *f*
Variante F παραλλαγή *f*
Varieté N βαριετέ *n*
Vase F βάζο *n*; ARCH αγγείο *n*
Vaseline F βαζελίνη *f*
Vater M πατέρας *m*
Vaterland N πατρίδα *f*
väterlich πατρικός
v. Chr. (*vor Christus*) π.Χ. (προ Χριστού)
vegan αυστηρά χορτοφαγικός
Veganer(in) M(F) αυστηρά χορτοφάγος *m,f*
Vegetarier(in) M(F) φυτοφάγος *m,f*, χορτοφάγος *m,f* **vegetarisch** φυτοφαγικός, χορ-

τοφαγικός
Vegetation F βλάστηση *f*
vehement ορμητικός, σφοδρός
Veilchen N βιολέτα *f*, μενεξές *m*
Vene F φλέβα *f*
Ventil N βαλβίδα *f*
Ventilator M ανεμιστήρας *m*
Venus F Αφροδίτη *f*
verabreden: **sich ~** κλείνω/δίνω ραντεβού **verabredet**: **~ sein** έχω ραντεβού (**mit** με) **Verabredung** F συμφωνία *f*; *Treffen* ραντεβού *n*, συνάντηση *f*
verabschieden: **sich ~** αποχαιρετώ (**von** *akk*)
verachten περιφρονώ
verallgemeinern γενικεύω
veraltet *Ansichten, PC* παλιός
Veranda F βεράντα *f*
verändern αλλάζω, μεταβάλλω; **sich ~** αλλάζω, μεταβάλλομαι **Veränderung** F αλλαγή *f*; μεταβολή *f*
Veranlagung F προδιάθεση *f*
veranstalten (δι)οργανώνω **Veranstaltung** F διοργάνωση *f*; *Ereignis* εκδήλωση *f*
verantwortlich υπεύθυνος (**für** για); *schuldig* υπαίτιος (-α *f*) *m*; **~ sein** ευθύνομαι **Verantwortung** F ευθύνη *f* **verantwortungslos** ανεύθυνος
verarbeiten *a. Daten* επεξεργάζομαι; *Material* κατεργάζομαι; *geistig* αφομοιώνω
Verb N ρήμα *n*
Verband M *Organisation* σύνδεσμος *m*; ένωση *f*, σωματείο *n*, εταιρεία *f*; MED επίδεσμος *m* **Verband(s)kasten** M *zu Hause* φορητό φαρμακείο *n*; *im Auto* κουτί *n* πρώτων βοηθειών **Verband(s)zeug** N υλικό *n* πρώτων βοηθειών
verbessern βελτιώνω, καλυτερεύω; *Fehler* διορθώνω **Verbesserung** F βελτίωση *f*; *Korrektur* διόρθωση *f*
verbeugen: **sich ~** υποκλίνομαι **verbieten** απαγορεύω (*dat* σε) **verbilligt** μειωμένης τιμής
verbinden ενώνω; *kombinieren* συνδυάζω; TEL συνδέω; *Wunde* (επι)δένω **verbindlich** υποχρεωτικός **Verbindung** F *a.* CHEM ένωση *f*; *Kombination* συνδυασμός *m*; *Beziehung* σχέση *f*; BAHN, *Bus* συγκοινωνία *f*; TEL σύνδεση *f*, γραμμή *f*; **sich in ~ setzen** επικοινωνώ, έρχομαι σε επαφή
Verbitterung F πίκρα *f*
verbluten πεθαίνω από αιμορραγία
Verbot N απαγόρευση *f*
verboten: **es ist ~** απαγορεύεται (**zu** να); **Rauchen ~** δεν επιτρέπεται το κάπνισμα
verbrannt καμένος
Verbrauch M κατανάλωση *f*
verbrauchen καταναλώνω; *umg* τρώω **Verbraucher(in)** M(F) καταναλωτής (-τρια) *m(f)*
Verbrechen N έγκλημα *n*;

ein ~ begehen εγκληματώ
Verbrecher(in) M(F) εγκληματίας *m,f*
verbreiten *Gerücht* διαδίδω; *Wärme, Licht* εκπέμπω
verbrennen *etw* καίω; **sich ~** καίγομαι **Verbrennung** F έγκαυμα *n*, κάψιμο *n*; CHEM καύση *f*
verbringen *Zeit* περνώ
verbunden: **falsch ~!** κάνατε λάθος!
verbünden: **sich ~** συμμαχώ **Verbündete(r)** M,F σύμμαχος *m,f*
Verdacht M υποψία *f*, υπόνοια *f* **verdächtig** ύποπτος (*gen gen*) **verdächtigen** υποψιάζομαι
verdammt καταραμένος; **~!** στην ευχή!, ανάθεμα!
verdanken χρωστώ, οφείλω (**j-m etw** κ-ι σε)
verdaulich χωνευτικός; **leicht ~** εύπεπτος, ευκολοχώνευτος; **schwer ~** δύσπεπτος, δυσκολοχώνευτος **Verdauung** F χώνευση *f*, πέψη *f* **Verdauungssstörung** F βαρυστομαχιά *f*, δυσπεψία *f*
Verdeck N AUTO σκεπή *f* **verdecken** σκεπάζω, καλύπτω
verderben *a. Essen, Laune* χαλώ; καταστρέφω; *fig* (δια)φθείρω **verderblich**: **leicht ~** χαλάει εύκολα
verdienen *Geld* κερδίζω, βγάζω; *wert sein* αξίζω
Verdienst[1] M *Geld* εισόδημα *n*
Verdienst[2] N *Leistung* κατόρθωμα *n*
verdoppeln διπλασιάζω **verdorben** *moralisch* διεφθαρμένος; *Magen, Speise* χαλασμένος **verdrängen** *fig* παραμερίζω, παραγκωνίζω; PHYS εκτοπίζω; PSYCH απωθώ **verdrehen** στραβώνω; *Tatsache* διαστρεβλώνω **verdünnen** αραιώνω; *mit Wasser* νερώνω **verdunsten** εξατμίζομαι **verdursten** πεθαίνω από τη δίψα
verehren λατρεύω; *hoch schätzen* σέβομαι **Verehrer(in)** M(F) θαυμαστής (-τρια) *m(f)*
Verein M σύνδεσμος *m*, σύλλογος *m*; λέσχη *f*; όμιλος *m* **Vereinbarung** F συμφωνία *f*
vererben κληροδοτώ
verfahren: **sich ~** *mit Auto* χάνομαι, παίρνω λάθος δρόμο **Verfahren** N μέθοδος *f*; JUR διαδικασία *f*
Verfall M παρακμή *f* **verfallen** *Haus* καταρρέω; *fig* παρακμάζω; *Frist* λήγω **verfallsdatum** N ημερομηνία *f* λήξης
verfassen συντάσσω; (συγ)γράφω **Verfassung** F *Zustand* (ψυχική) κατάσταση *f*; POL σύνταγμα *n*
verfaulen σαπίζω **verfault** σάπιος
verfolgen καταδιώκω; *a.* JUR

διώκω; *Ziel* επιδιώκω **Verfolger(in)** M(F) διώκτης (-τρια) *m(f)* **Verfolgung** F καταδίωξη *f*

verführen παρασύρω, παραπλανώ; *verlocken* δελεάζω; *sexuell* αποπλανώ, *a. fig* ξελογιάζω **Verführung** F *Verlockung* πειρασμός *m*; *sexuell* αποπλάνηση *f*

vergangen περασμένος; **(im) ~en Monat** τον περασμένο μήνα **Vergangenheit** F *a.* GRAM παρελθόν *n*

Vergaser M καρμπιρατέρ *n*

vergeben PREIS απονέμω; *verzeihen* συγχωρώ (*dat akk*) **vergeblich** μάταιος, ανώφελος

vergehen *Zeit, Schmerz* περνώ; *Appetit, Lachen* κόβομαι; *fig sterben* σβήνω **Vergehen** N JUR αδίκημα *n*, παράβαση *f*, παράπτωμα *n*

vergessen[1] ξεχνώ, λησμονώ

vergessen[2] ADJ ξεχασμένος

vergesslich ξεχασιάρης

vergewaltigen βιάζω **Vergewaltigung** F βιασμός *m*

vergewissern: **sich ~** βεβαιώνομαι

vergiften δηλητηριάζω; φαρμακώνω **Vergiftung** F δηλητηρίαση *f*

Vergleich M σύγκριση *f*; **im ~** σε σύγκριση (**zu** με) **vergleichen** συγκρίνω

Vergnügen N διασκέδαση *f*, ψυχαγωγία *f*; *Genuss* ευχαρίστηση *f*; **viel ~!** καλή διασκέδαση!

vergoldet επίχρυσος **vergraben** χώνω, θάβω **vergrößern** μεγαλώνω, μεγεθύνω

Vergünstigung F *Privileg* προνόμιο *n*; *Preis* έκπτωση *f*

Vergütung F αμοιβή *f*

verhaften συλλαμβάνω **Verhaftung** F σύλληψη *f*

verhalten: **sich ~** συμπεριφέρομαι, φέρ(ν)ομαι **Verhalten** N συμπεριφορά *f*

Verhältnis N σχέση *f*; *Größenverhältnis* αναλογία *f*

verhandeln διαπραγματεύομαι (**über** *akk*) **Verhandlung** F διαπραγμάτευση *f*

verhängnisvoll μοιραίος; ολέθριος **verhasst** μισητός

verheerend καταστρεπτικός

verheimlichen κρύβω, αποκρύπτω **verheiratet** παντρεμένος; *amtl* έγγαμος **verhindern** εμποδίζω

Verhör N ανάκριση *f* **verhören** ανακρίνω; **sich ~** παρακούω

verhungern πεθαίνω από την πείνα

Verhütungsmittel N αντισυλληπτικό μέσο *n*

verirren: **sich ~** χάνομαι

verjagen διώχνω

Verkauf M πώληση *f* **verkaufen** πουλώ; **zu ~** πωλείται

Verkäufer(in) M(F) πωλητής (-τρια) *m(f)*

Verkehr M *Autoverkehr* κυκλοφορία *f*; *reger Verkehr* κίνηση

f; Busverkehr συγκοινωνία *f; Umgang* συναναστροφή *f; Geschlechtsverkehr* σεξουαλική επαφή *f;* JUR συνουσία *f*
Verkehrsmittel N συγκοινωνιακό μέσο *n* **Verkehrspolizist(in)** M(F) τροχονόμος *m,f* **Verkehrsregel** F κανόνας *m* κυκλοφορίας **Verkehrsschild** N πινακίδα *f*
verkehrt ανάποδος, αντίστροφος; *adv* ανάποδα; *falsch* λανθασμένος, λάθος **verklagen** κάνω μήνυση, μηνύω
verkleiden: **sich ~** μεταμφιέζομαι **Verkleidung** F μεταμφίεση *f*
verkraften αντέχω **verkriechen**: **sich ~** τρυπώνω **verkünden** *a. Urteil* ανακοινώνω, γνωστοποιώ, εξαγγέλλω
Verlag M εκδοτικός οίκος *m*, εκδόσεις *fpl*
verlagern μετατοπίζω
verlangen ζητώ, απαιτώ, γυρεύω **Verlangen** N επιθυμία *f*, πόθος *m*
verlängern επιμηκύνω; *Kleid* μακραίνω; *zeitlich* παρατείνω; *räumlich* προεκτείνω; *Vertrag* ανανεώνω **Verlängerungskabel** N μπαλαντέζα *f*
verlassen[1] αφήνω, εγκαταλείπω, παρατώ; **sich ~** βασίζομαι (**auf** σε)
verlassen[2] *einsam* εγκατα(λε)λειμμένος; ερημικός, έρημος
Verlauf M *Entwicklung* πορεία *f*, εξέλιξη *f*; *Zeitraum* διάρκεια *f* **verlaufen** *ablaufen* πηγαίνω; **sich ~** χάνομαι, χάνω το δρόμο
verlegen[1] *Termin* αναβάλλω (**auf** για); *nicht finden* χάνω
verlegen[2] *unsicher* αμήχανος
Verleih M ενοικίαση *f* **verleihen** δανείζω; *Preis* απονέμω
verlernen ξεμαθαίνω, ξεχνώ
verletzen τραυματίζω, *a. fig* πληγώνω; *Gesetz* παραβαίνω, παραβιάζω; **sich ~** τραυματίζομαι, χτυπώ, *a. fig* πληγώνομαι **verletzend** προσβλητικός **verletzt** πληγωμένος, τραυματισμένος **Verletzte(r)** M,F τραυματίας *m,f* **Verletzung** F τραυματισμός *m; Wunde* τραύμα *n; v. Gesetz* παράβαση *f*, παραβίαση *f*
verleumden συκοφαντώ
verlieben: **sich ~** ερωτεύομαι (**in** *akk*) **verlieren** *a. Spiel, Mut* χάνω
verloben: **sich ~** αρραβωνιάζομαι **Verlobte(r)** M,F αρραβωνιαστικός (-ιά) *m(f)*
verlockend δελεαστικός **verlogen** ψεύτης (-τρα *f*) *m* **verloren** χαμένος; **~ gehen** χάνομαι
Verlosung F κλήρωση *f* **Verlust** M απώλεια *f*, χάσιμο *n; Schaden* ζημία *f; Person* χαμός *m*
vermehren αυξάνω, πληθαίνω; **sich ~** BIOL πολλαπλασιάζομαι
vermeiden αποφεύγω

Vermerk M σημείωση *f* **vermieten** (ε)νοικιάζω; **Zimmer zu ~** ενοικιάζονται δωμάτια **Vermieter(in)** M(F) ενοικιαστής (-τρια) *m(f)*; σπιτονοικοκύρης (-ά) *m(f)*
vermissen νοσταλγώ (*akk* *akk*), μου λείπει (*akk nom*); *nicht finden* δεν βρίσκω
vermitteln μεσολαβώ, *a.* HANDEL μεσιτεύω; *Wissen* μεταδίδω **Vermittlung** F μεσολάβηση *f*; HANDEL μεσιτεία *f*; TEL τηλεφωνικό κέντρο *n*
Vermögen N περιουσία *f*
vermuten υποθέτω
vernachlässigen (παρ)αμελώ
verneinen αρνούμαι, δίνω αρνητική απάντηση
Verneinung F άρνηση *f*
vernichten εξολοθρεύω, εξοντώνω **Vernichtung** F εξολόθρευση *f*, εξόντωση *f*
Vernunft F λογική *f*, λογικό *n*; γνώση *f*; σύνεση *f*, φρόνηση *f*; PHIL λόγος *m*; **zur ~ kommen/bringen** βάζω μυαλό (*akk* σε)
vernünftig *a. Sache* λογικός, συνετός, γνωστικός, φρόνιμος; *Person* μυαλωμένος
veröffentlichen δημοσιεύω
Veröffentlichung F δημοσίευση *f*
verordnen MED, JUR επιβάλλω **Verordnung** F διάταξη *f*; *Erlass* διάταγμα *n*; MED ιατρική εντολή *f*
verpachten (ε)νοικιάζω
verpacken αμπαλάρω, συσκευάζω **Verpackung** F αμπαλάζ *n*, συσκευασία *f*
verpassen *Zug, Bus* χάνω
Verpflegung F διατροφή *f*; *Speise* τροφή *f*; MIL συσσίτιο *n*
verpflichtet υποχρεωμένος **Verpflichtung** F υποχρέωση *f*, δέσμευση *f*
verprügeln δέρνω, ξυλοκοπώ
Verrat M προδοσία *f* **verraten** προδίδω, μαρτυρώ; *umg* πουλώ; *offenbaren* φανερώνω
verrechnen συμψηφίζω (**mit** σε); **sich ~** *falsch rechnen* κάνω λάθος στο λογαριασμό; *sich täuschen* πέφτω έξω
verreisen ταξιδεύω, πάω ταξίδι
verrenken στραμπουλίζω, εξαρθρώνω **verringern** ελαττώνω, μειώνω, λιγοστεύω
verrückt τρελός; **~ werden** τρελαίνομαι, *umg* τα χάνω; **~ sein** τρελαίνομαι (**nach** για)
Vers M στίχος *m*
versagen αποτυχαίνω; *Bremsen* δε λειτουργώ
versammeln συγκεντρώνω, συναθροίζω **Versammlung** F συνάθροιση *f*, συνέλευση *f*, συγκέντρωση *f*
Versand M *Ware* αποστολή *f*
versäumen παραλείπω; *Zug* χάνω **verschaffen** *Arbeit, Wohnung* βρίσκω **verschieben** *verrücken* μετακινώ, μεταφέρω, μετατοπίζω; *Termin* αναβάλλω **verschieden**

διαφορετικός; *mehrere* διάφοροι (-ες, -α) *pl*
verschlafen¹ *zu spät aufwachen* δεν ξυπνώ εγκαίρως
verschlafen² *aussehen(d)* μισοκοιμισμένος
verschlechtern: **sich ~** χειροτερεύω; *Wetter* χαλώ
Verschleiß M φθορά *f*
verschlimmern: **sich ~** χειροτερεύω **verschlossen** κλειδωμένος, *a. fig* κλειστός
verschlucken καταπίνω; **sich ~** πνίγομαι
Verschluss M *e-r Halskette* κούμπωμα *n*; *Deckel* καπάκι *n*; *Stöpsel* τάπα *f*, πώμα *n*
verschreiben *Arznei* γράφω
verschulden *Unfall* φταίω, είμαι υπαίτιος (*akk* για)
verschwenden *Strom* σπαταλώ; *Geld* ξοδεύω, σκορπίζω
Verschwendung F σπατάλη *f*
verschwinden εξαφανίζομαι, χάνομαι **Verschwinden** N εξαφάνιση *f*
verschwitzt ιδρωμένος **verschwommen** αμυδρός, θολός
Verschwörung F συνωμοσία *f*
Versehen N λάθος *n*, σφάλμα *n* **versehentlich** κατά λάθος
versetzen μεταθέτω; *verrücken* μετακινώ, μετατοπίζω; *Schüler* προβιβάζω; *Schlag* δίνω, καταφέρω; *vergebens warten lassen* στήνω; **sich in j-s Lage ~** μπαίνω στη θέση *gen*
verseucht μολυσμένος
versichern *beteuern* (δια)βεβαιώνω (*dat akk*); *Sachen, Person* ασφαλίζω; **sich ~ (lassen)** ασφαλίζομαι **Versicherung** F *Versicherungsvertrag* ασφάλεια *f*, ασφάλιση *f*
Version F εκδοχή *f*, παραλλαγή *f*; IT έκδοση *f*
Versöhnung F συμφιλίωση *f*, μόνοιασμα *n*
versorgen εφοδιάζω (**mit** με); *Familie* συντηρώ **Versorgung** F εφοδιασμός *m*; *Wasser, Strom* παροχή *f*
verspannt πιασμένος
verspäten: **sich ~** αργώ, αργοπορώ, καθυστερώ **Verspätung** F καθυστέρηση *f*; αργοπορία *f*
verspotten κοροϊδεύω
versprechen υπόσχομαι (*dat* σε); **Versprechen** *n* υπόσχεση *f*
Verstand M νους *m*, μυαλό *n*; *Vernunft* λογική *f*
verständigen ειδοποιώ; **sich ~** συνεννοούμαι **Verständigung** F συνεννόηση *f*
verständlich κατανοητός, καταληπτός; ευνόητος
Verständnis N κατανόηση *f*
verständnisvoll με/γεμάτος κατανόηση
verstärken ενισχύω, δυναμώνω, επιτείνω; *Bemühungen* εντείνω **Verstärker** M ELEK

ενισχυτής *m* **Verstärkung** F *a.* MIL ενίσχυση *f*
verstauchen στραμπουλίζω **verstaucht** στραμπουλιγμένος
Versteck N κρυψώνας *m*
verstecken κρύβω
verstehen καταλαβαίνω, κατανοώ; *können* ξέρω (**von** από); **sich gut ~** τα πάω καλά, συννενοούμαι (**mit** με)
Versteigerung F πλειστηριασμός *m*, δημοπρασία *f*
verstellen *umstellen* μετακινώ; ρυθμίζω; *Stimme* αλλάζω; **sich ~** προσποιούμαι, υποκρίνομαι
verstopft βουλλωμένος **Verstopfung** F MED δυσκοιλιότητα *f*
Verstoß M παράβαση *f* **verstoßen** παραβαίνω (**gegen** *akk*)
Versuch M προσπάθεια *f*, δοκιμή *f*; CHEM πείραμα *n* **versuchen** προσπαθώ, δοκιμάζω; επιχειρώ (**zu** να) **Versuchung** F πειρασμός *m*; **in ~ geraten** μπαίνω σε πειρασμό
verteidigen *a.* JUR υπερασπίζω, υπερασπίζομαι; **sich ~** υπερασπίζομαι τον εαυτό μου; *sich wehren* αμύνομαι **Verteidigung** F άμυνα *f*; *a.* JUR υπεράσπιση *f*
verteilen μοιράζω, διανέμω **Verteilung** F μοιρασιά *f*, διανομή *f*
Vertrag M συμβόλαιο *n*; *Pakt* συνθήκη *f*, σύμβαση *f*
vertragen αντέχω; *Kritik* ανέχομαι; *Alkohol* σηκώνω; **sich (wieder) ~** μονοιάζω, συμφιλιώνομαι
vertrauen εμπιστεύομαι (*dat akk*); *sich verlassen* βασίζομαι (**auf** σε); **Vertrauen** *n* εμπιστοσύνη *f*
vertraut γνώριμος, οικείος
vertreiben διώχνω, (εκ)διώκω; **sich die Zeit ~** περνώ την ώρα μου
vertreten αντικαθιστώ, αναπληρώνω **Vertretung** F αντικατάσταση *f*
vertuschen σκεπάζω
verunglücken παθαίνω ατύχημα **verunsichern** βάζω σε αμφιβολίες/αβεβαιότητα
verursachen προξενώ, προκαλώ, δημιουργώ
verurteilen κατακρίνω, *a.* JUR καταδικάζω (**zu** σε) **Verurteilung** F JUR καταδίκη *f*
verwählen: sich ~ TEL παίρνω λάθος νούμερο
verwalten διοικώ; διαχειρίζομαι **Verwaltung** F διοίκηση *f*; διαχείριση *f*
verwandeln μεταμορφώνω
verwandt συγγενής; **~ sein** συγγενεύω, έχω συγγένεια (**mit** με) **Verwandte(r)** M,F συγγενής *m,f*
Verwarnung F προειδοποίηση *f*
verwechseln μπερδεύω, συγχέω **Verwechslung** F μπέρ-

δεμα *n*, σύγχυση *f*
verweigern αρνούμαι
Verweis M *Tadel* επίπληξη *f*
verwenden χρησιμοποιώ
verwirklichen πραγματοποιώ
verwirrt συγχυσμένος, σαστισμένος **Verwirrung** F σύγχυση *f*, μπέρδεμα *n*
verwischen εξαφανίζω, *a. Spuren* εξαλείφω; *Schrift* σβήνομαι **verwöhnen** χαϊδεύω, κακομαθαίνω **verwunden** τραυματίζω **verwüsten** ερημώνω, καταστρέφω
verzählen: **sich ~** μετρώ λάθος **verzaubern** μαγεύω; *in etw* μεταμορφώνω
Verzehr M κατανάλωση *f*
Verzeichnis N κατάλογος *m*, πίνακας *m*, λίστα *f*
verzeihen συγχωρώ (*dat akk*) **Verzeihung** F συγγνώμη *f*; συγχώρηση *f*; **~!** συγγνώμη!; **um ~ bitten** ζητώ συγγνώμη (**wegen** για)
Verzicht M παραίτηση *f*; αποχή *f* **verzichten** παραιτούμαι (**auf** από)
Verzierung F στολίδι *n*, διακόσμηση *f*
Verzögerung F καθυστέρηση *f*
verzollen εκτελωνίζω; **haben Sie etwas zu ~?** έχετε τίποτα να δηλώσετε
verzweifeln απελπίζομαι **Verzweiflung** F απελπισία *f*, απόγνωση *f*
Vetter M ξάδερφος *m*
vibrieren δονούμαι; *Stimme* πάλλομαι
Video N βίντεο *n* **Videokamera** F βιντεοκάμερα *f* **Videokassette** F βιντεοκασέτα *f* **Videorekorder** M βίντεο *n* (εγγραφής) **Videothek** F βιντεοθήκη *f*
Vieh N ζώο *n*, *a. fig* κτήνος *n* **Viehzucht** F κτηνοτροφία *f*
viel πολύς; *adv* πολύ; **so ~** τόσος; *adv* τόσο; *im Relativsatz* όσος; *adv* όσο; **sehr/zu ~** πάρα πολύ; **~ zu spät** πάρα πολύ αργά **vielfältig** ποικίλος **vielleicht** ίσως; *Frage* μήπως **vielseitig** πολύπλευρος
vier τέσσερεις *m,f*, τέσσερα *n*; **halb ~** τρεισήμισι **Vier** F τέσσερα *n* **Viereck** N τετράγωνο *n* **viereckig** τετράγωνος **viermal** τέσσερεις φορές **vierspurig** με τέσσερεις λωρίδες **Viersternehotel** N ξενοδοχείο *n* τεσσάρων αστέρων **vierte(r, -s)** τέταρτος
Viertel N *Uhrzeit*, MATH τέταρτο *n*; *Stadtviertel* συνοικία *f*, γειτονιά *f*; **(es ist) ~ nach sechs** (είναι) έξι και τέταρτο
Vierteljahr N τρίμηνο *n* **Viertelstunde** F τέταρτο *n*
viertens ADV τέταρτον **vierzehn** δεκατέσσερεις **vierzig** σαράντα
Villa F βίλα *f*, έπαυλη *f*
violett μοβ **Violett** N μοβ *n*
Violine F βιολί *n*

virtuell εικονικός
Virus N a. COMPUT ιός *m* **Virusinfektion** F ίωση *f*
Vision F όραμα *n*
Visitenkarte F επισκεπτήριο *n*
Viskose F βισκόζη *f*
Visum N βίζα *f*, θεώρηση *f*
vital *Person* ζωντανός, ακμαίος
Vitamin N βιταμίνη *f*
Vogel M πουλί *n*; πτηνό *n*
Vokabel F λέξη *f*
Vokal M φωνήεν *n*
Volk N λαός *m*
Volksfest N πανηγύρι *n*
Volkshochschule F *etwa* ανοιχτό πανεπιστήμιο *n*
Volkslied N δημοτικό τραγούδι *n* **Volksmusik** F δημοτική μουσική *f* **Volksschule** F δημοτικό (σχολείο) *n* **Volkstanz** M δημοτικός χορός *m*
volkstümlich λαϊκός, δημοτικός
voll γεμάτος (**von** *akk*; από); *ganz* πλήρης (**von** *gen*), όλος
vollautomatisch εντελώς αυτόματος
Vollbremsung F απότομο φρενάρισμα *n* **vollenden** ολοκληρώνω, αποπερατώνω; τελειοποιώ;
Volleyball N *Sport* βόλεϊ(-μπολ) *n*
Vollgas N: **~ geben** πατώ τέρμα το γκάζι
völlig εντελώς, τελείως
volljährig ενήλικος (-η *f*) *m*
vollkommen τέλειος; *adv* τελείως, απολύτως
Vollkornbrot N ψωμί *n* ολικής άλεσης, πλήρης άρτος *m*
Vollmacht F πληρεξουσιότητα *f* **Vollmilch** F πλήρες γάλα *n* **Vollmond** M πανσέληνος *f* **Vollpension** F πλήρης διατροφή *f*
vollständig πλήρης; *ganz* ολόκληρος *adv* εντελώς, τελείως, πλήρως
Volt N βολτ *n*
Volumen N όγκος *m*
von *zeitlich, räumlich* από (*dat akk*); *in Passivsätzen* από; **~ hier aus** από εδώ; **~ Athen** από την Αθήνα; **die Bürgermeisterin ~ Athen** η δήμαρχος της Αθήνας **voneinander** ο ένας από τον άλλο
vor *zeitlich* πριν (από) (*dat akk*); *räumlich* μπροστά (*akk*; *dat* από; σε); *wegen* από (*dat akk*); *Uhrzeit* παρά; **~ allem** προ παντός, προ πάντων
voraus: **im Voraus** προκαταβολικά, εκ των προτέρων **vorausgehen** πηγαίνω μπροστά; προηγούμαι **vorausgesetzt** με/υπό την προϋπόθεση (**dass** ότι) **voraussagen**, **voraussehen** προβλέπω **voraussetzen** προϋποθέτω **Voraussetzung** F προϋπόθεση *f*; **unter der ~** με/υπό την προϋπόθεση (**dass** ότι) **voraussichtlich** ADV πιθανόν, μάλλον **Vorauszahlung** F

προκαταβολή *f*
vorbei *räumlich* μπροστά από; *zeitlich* περασμένος; **es ist ~** πέρασε, τέλειωσε **vorbeifahren**, **vorbeigehen**, **vorbeikommen** περνώ **vorbeilassen** αφήνω να περάσει
vorbereiten (προ)ετοιμάζω; **sich ~** (προ)ετοιμάζομαι (**für** για) **Vorbereitung** F (προ)ετοιμασία *f*
vorbestellen *Zimmer, Tisch* κλείνω; *Karte* παραγγέλνω
vorbeugen προλαμβάνω **Vorbeugung** F πρόληψη *f*
Vorbild N υπόδειγμα *n*, πρότυπο *n* **vorbildlich** υποδειγματικός
vordere μπροστινός
Vordergrund M: **im ~ stehen** βρίσκομαι στο επίκεντρο του ενδιαφέροντος **Vorderseite** F πρόσοψη *f*
vorerst προς το παρόν
Vorfahr(in) M(F) πρόγονος *m,f*
Vorfahrt F προτεραιότητα *f* **Vorfahrtsschild** N πινακίδα *f* προτεραιότητας **Vorfahrtsstraße** F δρόμος *m* προτεραιότητας
Vorfall M περιστατικό *n*
vorführen επιδεικνύω, παρουσιάζω; *Film* προβάλλω **Vorführung** F επίδειξη *f*, παρουσίαση *f*; THEAT παράσταση *f*; *Film* προβολή *f*
Vorgang M *Ereignis* περιστατικό *n*, γεγονός *n*; *Hergang* διαδικασία *f* **Vorgänger(in)** M(F) προκάτοχος *m,f* **vorgehen** προχωρώ, *a. Uhr* πηγαίνω μπροστά; *handeln* ενεργώ, προβαίνω; *Vorrang haben* προηγούμαι **Vorgesetzte(r)** M,F προϊστάμενος (-η) *m(f)*
vorgestern προχθές, προχτές
vorhaben σκοπεύω; σχεδιάζω
vorhanden: **~ sein** υπάρχω; *verfügbar* διαθέσιμος
Vorhang M κουρτίνα *f*; THEAT αυλαία *f*
vorher πριν; προηγουμένως **vorhergehend**, **vorherig** προηγούμενος
Vorhersage F πρόγνωση *f*, πρόβλεψη *f*
vorhin πριν (από λίγο), προηγουμένως **vorig** προηγούμενος, περασμένος; **~es Jahr** πέρ(υ)σι
Vorkenntnisse FPL βασικές γνώσεις *fpl*
vorkommen υπάρχω; *geschehen* συμβαίνει, τυχαίνει; *scheinen* φαίνομαι **vorläufig** προσωρινός; *adv* προς το παρόν **vorlesen** διαβάζω (δυνατά) **vorletzte(r, -s)** προτελευταίος
Vorliebe F προτίμηση *f*, αδυναμία *f*
Vormittag M πρωί *n*; **am ~** το πρωί, πριν το μεσημέρι **vormittags** το πρωί
Vormund M κηδεμόνας *m*
vorn μπροστά; **nach ~** μπροστά; **von ~** από μπροστά; *zeitlich* από την αρχή

Vorname M μικρό όνομα *n*
vorne → vorn
vornehm αρχοντικός, αριστοκρατικός
vornehmen: **sich ~** σχεδιάζω
vornherein: **von ~** από την αρχή, εκ των προτέρων
Vorort M προάστιο *n* **Vorrang** M προτεραιότητα *f*
Vorrat M προμήθειες *fpl*; απόθεμα *n* **Vorrichtung** F μηχανισμός *m* **Vorschein** M: **zum ~ kommen** φανερώνομαι, βγαίνω στην επιφάνεια
Vorschlag M πρόταση *f* **vorschlagen** προτείνω
vorschreiben (καθ)ορίζω
Vorschrift F εντολή *f*; κανονισμός *m*
Vorschuss M προκαταβολή *f*
Vorsicht F προσοχή *f*; **~!** προσοχή! **vorsichtig** προσεκτικός; *adv* προσεκτικά, με προσοχή
Vorsitzende(r) M,F πρόεδρος *m,f*
Vorsorgeuntersuchung F προληπτικές εξετάσεις *fpl* **vorsorglich** προνοητικός
Vorspeise F ορεκτικό *n*, μεζές *m*
vorstellen *Person* συστήνω, γνωρίζω; παρουσιάζω; *Uhr* βάζω μπροστά; **sich ~** *denken* φαντάζομαι
Vorstellung F παρουσίαση *f*; THEAT παράσταση *f*; *Idee* ιδέα *f* **Vorstellungsgespräch** N συνέντευξη *f*
vortäuschen προφασίζομαι; προσποιούμαι
Vorteil M πλεονέκτημα *n*; κέρδος *n*, όφελος *n*
Vortrag M διάλεξη *f*; *Gedicht* απαγγελία *f*; **e-n ~ halten** δίνω διάλεξη
vorübergehend παροδικός, προσωρινός; *adv* προσωρινά
Vorurteil N προκατάληψη *f*
Vorverkauf M προπώληση *f*
Vorwahl F TEL πρόθημα *n*, κωδικός *m* (της πόλης) **Vorwand** M πρόφαση *f*; **unter dem ~** με την πρόφαση (**dass** ότι)
vorwärts μπροστά, εμπρός
vorwerfen κατηγορώ (**j-m etw** κ-ι για)
Vorwort N πρόλογος *m* **Vorwurf** M κατηγορία *f* **Vorzeichen** N σημάδι *n*
vorziehen *lieber mögen* προτιμώ
vulgär χυδαίος
Vulkan M ηφαίστειο *n*

Waage F ζυγαριά *f*; ASTROL Ζυγός *m* **waagerecht** οριζόντιος; *adv* οριζοντίως
wach ξύπνιος, (ξ)άγρυπνος; **~ werden** ξυπνώ **Wache** F φρουρά *f*, σκοπιά *f*; *Wächter*

φρουρός *m*, σκοπός *m*; *Polizeiwache* τμήμα *n* **wachen** φρουρώ; (ξ)αγρυπνώ
Wachs N κερί *n*
wachsam *fig* άγρυπνος, προσεκτικός
wachsen *Pflanze* φυτρώνω; *Person älter werden* μεγαλώνω; *Person größer werden* ψηλώνω; *fig* αυξάνω
Wachstum N ανάπτυξη *f*
wackeln *a. Tisch* κουνιέμαι
Wade F γάμπα *f*, κνήμη *f*
Waffe F όπλο *n*
Waffel F *Eis* χωνάκι *n*; *Gebäck* γκοφρέτα *f*, βάφλα *f*
wagen τολμώ
Wagen M BAHN άμαξα *f*, βαγόνι *n*; *Auto* αυτοκίνητο *n*, αμάξι *n*; *Einkaufswagen* καρότσι *n* **Wagenheber** M γρύλλος *m*
Wag(g)on M BAHN βαγόνι *n*, όχημα *n*
Wahl F εκλογή *f*; POL ψηφοφορία *f*; HANDEL **zweite ~** δεύτερης ποιότητας
wählen διαλέγω; POL εκλέγω; ψηφίζω **Wähler(in)** M(F) ψηφοφόρος *m,f*, εκλογέας *m,f*
Wahlfach N μάθημα *n* επιλογής **wahllos** χωρίς διάκριση/εξαίρεση **Wahlrecht** N δικαίωμα *n* ψήφου **wahlweise** κατ' εκλογήν/επιλογή
Wahnsinn M τρέλα *f*, παραφροσύνη *f* **wahnsinnig** τρελός, παράφρονας *m,f*
wahr αληθινός, αληθής, πραγματικός; **nicht ~?** έτσι δεν είναι
während PRÄP *+gen* κατά (*+akk*), κατά τη διάρκεια (*+gen*); *konj* ενώ, καθώς **währenddessen** στο μεταξύ
Wahrheit F αλήθεια *f* **wahrnehmen** αντιλαμβάνομαι; *nutzen* εκμεταλλεύομαι **wahrscheinlich** πιθανός
Währung F νόμισμα *n*
Wahrzeichen N έμβλημα *n*, σύμβολο *n*
Waise F ορφανός (-ή *f*) *m*
Waisenhaus N ορφανοτροφείο *n*
Wal M φάλαινα *f*
Wald M δάσος *n*; *großer* δρυμός *m* **Waldbrand** M δασοπυρκαγιά *f* **Waldsterben** N καταστροφή *f* των δασών
Walkman® M γουόκμαν *n*
Walnuss F καρύδι *n*
wälzen κυλώ
Walzer M βαλς *n*
Wand F τοίχος *m*; *Bergwand* πλαγιά *f*
Wandel M αλλαγή *f*; μεταβολή *f*
Wanderer M, **Wanderin** F οδοιπόρος *m,f*, πεζοπόρος *m,f* **Wanderkarte** F οδοιπορικός χάρτης *m* **wandern** οδοιπορώ **Wanderung** F οδοιπορία *f*, πεζοπορία *f*
Wanderweg M μονοπάτι *n*
Wandmalerei F τοιχογραφία *f* **Wandregal** N εταζέρα *f*
Wanduhr F ρολόι *n* τοίχου

Wange F μάγουλο *n*
wann πότε; **bis ~?** ως/μέχρι πότε
Wanne F σκάφη *f*, λεκάνη *f*; *Badewanne* μπανιέρα *f*
Wanze F *a. Apparat* κοριός *m*
Wappen N έμβλημα *n*
Ware F HANDEL εμπόρευμα *n* **Warenhaus** N πολυκατάστημα *n*
warm ζεστός; *a. fig* θερμός; *adv* ζεστά; **es ist ~** κάνει ζέστη; **~ werden, mir ist ~** ζεσταίνομαι
Wärme F ζέστη *f*; *a. fig* ζεστασιά *f*; PHYS θερμότητα *f* **wärmen** ζεσταίνω, θερμαίνω **Wärmflasche** F θερμοφόρα *f*
Warnblinkanlage F AUTO αλάρμ *n* **Warndreieck** N AUTO τρίγωνο *n* **warnen** προειδοποιώ (**vor** για) **Warnung** F προειδοποίηση *f*
Warteliste F λίστα *f* αναμονής
warten¹ περιμένω (**auf** *akk*), αναμένω
warten² *Auto, Maschine* συντηρώ
Wärter(in) M(F) φύλακας *m,f*
Wartesaal M αίθουσα *f* αναμονής **Wartezimmer** N αίθουσα *f* αναμονής
warum γιατί; **~ nicht?** γιατί όχι; **~ denn?** μα γιατί
Warze F κρεατοελιά *f*
was τι, τι είδους; *alles was* ό,τι; **~ für (ein)** τι είδους (*nom nom*); **das, ~** αυτό που
Waschbecken N νεροχύτης *m*, νιπτήρας *m*
Wäsche F *das Waschen* πλύσιμο *n*, πλύση *f*; *zum Waschen* μπουγάδα *f*; *Unterwäsche* εσώρουχα *npl* **Wäscheklammer** F μανταλάκι *n* **Wäscheleine** F σχοινί *n* της μπουγάδας
waschen πλένω; **sich ~** πλένομαι; **sich die Haare ~** λούζομαι, λούζω τα μαλλιά μου
Wäscherei F πλυντήριο *n*, καθαριστήριο *n* **Wäscheständer** M απλώστρα *f*
Waschlappen M σφουγγαρόπανο *n* **Waschmaschine** F πλυντήριο *n* **Waschmittel** N απορρυπαντικό *n* **Waschraum** M μπάνιο *n* **Waschsalon** M πλυντήριο *n*
Wasser N νερό *n* **wasserdicht** υδατοστεγής; *Stoff* αδιάβροχος **Wasserfall** M καταρράκτης *m* **Wasserflugzeug** N υδροπλάνο *n* **Wasserhahn** M βρύση *f* **Wasserkocher** M βραστήρας *m* **Wasserleitung** F σωλήνας *m* του νερού
Wassermann M ASTROL Υδροχόος *m*
Wasserski M θαλάσσιο σκι *n* **Wasserspiegel** M *Oberfläche* επιφάνεια *f* του νερού *f*; *Wasserstand* (υδρο)στάθμη *f* **Wasserwerk** N υδραγωγείο *n*
wässrig νερουλός
waten τσαλαβουτώ

Watt N ELEK βατ *n*
Watte F βαμβάκι *n*, βαμπάκι *n*
weben υφαίνω
Webseite F INTERNET ιστοσελίδα *f*
Webstuhl M αργαλειός *m*
Wechsel M αλλαγή *f*; *Geld* συνάλλαγμα *n* **Wechselgeld** N ρέστα *npl* **wechselhaft** άστατος, ασταθής
Wechseljahre NPL κλιμακτήριος *f*
Wechselkurs M τιμή *f* συναλλάγματος **wechseln** *a. Geld* αλλάζω; *in kleineres Geld* χαλώ, κάνω ψιλά
wecken ξυπνώ, *umg* σηκώνω; *Neugier* κινώ
Wecker M ξυπνητήρι *n*
weder … noch … ούτε … ούτε …
Weg M *a. fig* δρόμος *m*, οδός *f*; *Art und Weise* τρόπος *m*; **auf dem ~** στο δρόμο (**nach** για), πηγαίνοντας για / σε
weg *weit* μακριά; *weggegangen* φευγάτος; *verloren* χαμένος; **~ sein** απουσιάζω, λείπω
wegen από (*gen akk*), λόγω (*gen gen*), εξαιτίας (*gen gen*)
wegfahren φεύγω, αναχωρώ **weggehen** φεύγω **weglaufen** τρέχω, το σκάω **wegnehmen** παίρνω, αφαιρώ
Wegweiser M *Schild* πινακίδα *f*, ταμπέλα *f*
wegwerfen *Abfälle* πετώ
wehen *Wind* φυσώ, πνέω; *Haar, Flagge* ανεμίζω; κυματίζω
wehleidig κλαψιάρης
Wehrdienst M υποχρεωτική στρατιωτική θητεία *f* **wehren**: **sich ~** αμύνομαι (**gegen** εναντίον *+gen*) **wehrlos** ανυπεράσπιστος, ανίσχυρος
Wehrpflicht F → Wehrdienst
wehtun πονώ; **wo tut es dir weh?** πού σε πονάει; **mein Kopf tut mir weh** με πονάει το κεφάλι (μου)
Weibchen N ZOOL θηλυκό *n*
weiblich γυναικείος; θηλυκός
weich μαλακός, απαλός
Weichkäse M μαλακό τυρί *n* **Weichspüler** M μαλακτικό *n* (ρούχων)
Weide F *Baum* ιτιά *f*; *Viehweide* βοσκή *f*; *Platz* βοσκοτόπι *n*
weigern: **sich ~** αρνούμαι, αρνιέμαι
Weihnachten N Χριστούγεννα *npl*; **fröhliche ~!** καλά Χριστούγεννα! **Weihnachtsbaum** M χριστουγεννιάτικο δέντρο *n* **Weihnachtsgeld** N επίδομα *n* Χριστουγέννων **Weihnachtskarte** F χριστουγεννιάτικη κάρτα *f* **Weihnachtsmann** M *etwa* Άγιος Βασίλης *m*
Weihrauch M λιβάνι *n*
weil γιατί, διότι, επειδή
Weile F: **eine ganze ~** αρκετή ώρα

Wein M κρασί *n*, οίνος *m* **Weinbau** M αμπελουργία *f* **Weinberg** M αμπελώνας *m*, αμπέλι *n* **Weinblatt** N κληματόφυλλο *n*, αμπελόφυλλο *n*
weinen κλαίω (**vor** από)
Weinhandlung F οινοπωλείο *n* **Weinkarte** F κατάλογος *m* κρασιών **Weinkeller** M κάβα *f*, αποθήκη *f* οίνων; *Lokal* ταβέρνα *f* **Weinlokal** N ταβέρνα *f*, οινοπωλείο *n* **Weinstock** M κλήμα *n* **Weintraube** F σταφύλι *n*
weise σοφός
Weise F τρόπος *m*; **auf diese ~** με τον τρόπο αυτό
Weisheit F σοφία *f*
weiß άσπρος, λευκός
Weiß N άσπρο *n*, λευκό *n* **Weißbrot** N άσπρο ψωμί *n* **Weißkohl** M, **Weißkraut** N (άσπρο) λάχανο *n* **Weißwein** M άσπρο κρασί *n*, λευκός οίνος *m*
Weisung F οδηγία *f*; διαταγή *f*
weit[1] μακρύς; πλατύς; φαρδύς; ευρύς; *Reise* μακρινός
weit[2] ADV μακριά; **es zu ~ treiben** το παρακάνω; **das geht zu ~** πάει πολύ; **wie ~ ist es?** πόσο απέχει
Weite F έκταση *f*; *a. fig* πλάτος *n*; ευρύτητα *f*
weitere(r, -s) μακρύτερος; φαρδύτερος; *adv* πιο μακριά; **ohne ~s** χωρίς πρόβλημα; **~ oben** παραπάνω; **~ unten** παρακάτω
weiterfahren συνεχίζω το ταξίδι **weitergeben** δίνω; *Information* μεταδίδω **weitergehen** προχωρώ; *fortgesetzt werden* συνεχίζομαι **weiterkommen** προχωρώ; *fig* προοδεύω **weitermachen** συνεχίζω
weitgehend ADV σε μεγάλο βαθμό **weitsichtig** MED πρεσβύωπας *m,f*
Weizen M σιτάρι *n*, σίτος *m*
welche(r, -s) τι, ποιος; *im Relativsatz* που, ο οποίος
Welle F *a. fig* κύμα *n*
Welpe M κουτάβι *n*
Welt F κόσμος *m*; **auf der ganzen ~** σε όλο τον κόσμο **Weltkrieg** M παγκόσμιος πόλεμος *m* **Weltmeister(in)** M(F) παγκόσμιος (-α) πρωταθλητής (-τρια) *m(f)* **Weltraum** M διάστημα *n* **Weltreise** F γύρος *m* του κόσμου **Weltrekord** M παγκόσμιο ρεκόρ *n*
Wende F αλλαγή *f* **wenden** *umdrehen* γυρίζω, στρέφω; **sich ~** στρέφομαι; *sich ändern* αλλάζω; *a. Brief* απευθύνομαι, αποτείνομαι (**an** σε)
wenig (ο)λίγος; *adv* λίγο; **ein ~** λιγάκι **wenigstens** τουλάχιστον
wenn *falls* αν, εάν, άμα; *zeitlich Zukunft, Gegenwart* όταν; *sobald* μόλις; **selbst ~** και αν ακόμη

wer ποιος; *derjenige, der* όποιος, αυτός που; **~ ist da?** ποιος είναι
Werbeagentur F διαφημιστική εταιρεία *f* **werben** διαφημίζω (**für** *akk*) **Werbung** F διαφήμιση *f*
werden γίνομαι; *als Hilfsverb* θα; **ich werde schreiben** θα γράψω, θα γράφω
werfen ρίχνω, πετώ; *Tier* γεννώ
Werft F ναυπηγείο *n*
Werk N έργο *n*; *Fabrik* εργοστάσιο *n* **Werkstatt** F εργαστήριο *n*; *Autowerkstatt* συνεργείο *n* **Werktag** M εργάσιμη (ημέρα) *f* **Werkzeug** N εργαλείο *n*; *fig* όργανο *n*
wert άξιος; **~ sein** αξίζω
Wert M *a. fig* αξία *f*; MED, PHYS τιμή *f*; **im ~** αξίας (**von** *gen*); **~ legen** δίνω αξία (**auf** σε) **wertlos** χωρίς αξία **Wertpapier** N χρεόγραφο *n* **Wertsachen** FPL πολύτιμα αντικείμενα *npl* **wertvoll** πολύτιμος
Wesen N *Kreatur* ον *n*, πλάσμα *n*; *fig Natur* φύση *f*; *das Wesentliche* ουσία *f*
wesentlich κύριος, ουσιώδης, ουσιαστικός; **im Wesentlichen** κυρίως
weshalb γιατί, για ποιο λόγο; *im Relativsatz* γι' αυτό (το λόγο)
Wespe F σφήκα *f*
wessen τίνος
Weste F γιλέκο *n*
West(en) M δύση *f* **westlich** δυτικός; *adv* (στα) δυτικά (**von** *gen*) **Westwind** M δυτικός άνεμος *m*
Wettbewerb M διαγωνισμός *m*; HANDEL ανταγωνισμός *m*; *Sport* συναγωνισμός *m*
Wette F στοίχημα *n* **wetten** βάζω στοίχημα, στοιχηματίζω
Wetter N καιρός *m*; **schöne(s) ~** καλοκαιρία *f*; **schlechte(s) ~** κακοκαιρία *f*; **wie ist das ~?** τι καιρό κάνει **Wetterbericht** M μετεωρολογικό δελτίο *n*, δελτίο *n* καιρού **Wetterlage** F καιρικές συνθήκες *fpl*, κατάσταση *f* του καιρού **Wettervorhersage** F πρόγνωση *f* του καιρού
Wettkampf M αγώνας *m* **Wettlauf** M αγώνας *m*/αγώνισμα *n* δρόμου
Whisky M ουίσκι *n*
wichtig σπουδαίος; **es ist ~** έχει σημασία
wickeln τυλίγω
Widder M ASTROL Κριός *m*
wider εναντίον, κατά (*akk gen*) **widerlegen** αναιρώ **widerlich** σιχαμερός, αηδιαστικός **widerspiegeln** καθρεφτίζω; αντανακλώ **widersprechen** αντιλέγω, αντιμιλώ **Widerspruch** M αντίφαση *f*; *Widerrede* αντίρρηση *f* **Widerstand** M αντίσταση *f* (**gegen** κατά *+gen*)
wie *Frage* πώς; *Vergleich* σαν,

όπως; ~ **du willst!** όπως θέλεις!; ~ **viel?** πόσο; ~ **lange?** πόσο, πόσον καιρό; ~ **warm es ist!** τι ζέστη που κάνει!
wieder πάλι, ξανά **Wiederaufbau** M (επ)ανοικοδόμηση f
wiederbeleben MED αναζωογονώ **wiedererkennen** αναγνωρίζω **wiederfinden** ξαναβρίσκω **wiedergeben** αποδίδω; *zurückgeben* επιστρέφω
Wiedergeburt F *fig* αναβίωση f
wiedergutmachen επανορθώνω **wiederherstellen** αποκαθιστώ, επαναφέρω
wiederholen επαναλαμβάνω; *noch einmal sagen* ξαναλέω **Wiederholung** F επανάληψη f
Wiederhören N: **auf ~!** TEL χαίρετε!, γεια σας!
wiedersehen ξαναβλέπω; **auf Wiedersehen!** γεια σας/σου!, χαίρετε!; αντίο; *vor Abreise* καλή αντάμωση!
Wiedervereinigung F επανένωση f **Wiederverwertung** F ανακύκλωση f
Wiege F κούνια f; *fig* κοιτίδα f
wiegen[1] *abwiegen a. fig* ζυγίζω; **wie viel wiegst du?** πόσο ζυγίζεις
wiegen[2] κουνώ; **in den Schlaf ~** νανουρίζω
Wiese F λιβάδι n
wieso γιατί; πώς κι έτσι
wild άγριος
Wild N θήραμα n; GASTR κυνήγι n **Wildleder** N καστόρ(ι) n **Wildnis** F ερημιά f, αγριότοπος m **Wildschwein** N αγριογούρουνο n
Wille M θέληση f, βούληση f
willkommen: **~!** καλωσόρισες!, *mehrere* καλωσορίσατε!; καλώς τον/την/τους!; **~ heißen** καλωσορίζω
willkürlich αυθαίρετος
wimmern κλαψουρίζω
Wimper F βλεφαρίδα f, ματόκλαδο n **Wimperntusche** F ρίμελ n, μάσκαρα n
Wind M αέρας m, άνεμος m
Windel F πάνα f
windgeschützt απάνεμος
windig: **es ist ~** έχει αέρα/άνεμο, φυσάει
Windmühle F ανεμόμυλος m
Windpocken FPL ανεμοβλογιά f **Windschutzscheibe** F παρμπρίζ n **Windstärke** F ένταση f του ανέμου **Windstille** F απανεμιά f; άπνοια f **Windsurfen** N σέρφινγκ n
Wink M νεύμα n; νόημα n
Winkel M *a.* MATH γωνία f
winken γνέφω, νεύω, κάνω νόημα/νεύμα
Winter M χειμώνας m; **im ~** το χειμώνα; **es wird ~** χειμωνιάζει **winterlich** χειμωνιάτικος, χειμερινός **Winterreifen** M λάστιχο n χιονιού **Wintersport** M χειμερινό σπορ n **Winterzeit** F χειμερι-

νή ώρα *f*
Winzer(in) M(F) αμπελουργός *m,f*
winzig μικρούλης, μικρούτσικος, μικρούλικος
wir εμείς
Wirbel M *Wind* στρόβιλος *m*, *Wasser* δίνη *f*; *fig* φασαρία *f*; ANAT σπόνδυλος *m* **Wirbelsäule** F σπονδυλική στήλη *f* **Wirbelsturm** M κυκλώνας *m*
wirken *Wirkung haben* επιδρώ (**auf** σε); *Medikament* ενεργώ, δρώ; *tätig sein* δρω; *scheinen* φαίνομαι, δείχνω
wirklich πραγματικός, αληθινός; *adv* πράγματι, πραγματικά, αλήθεια **Wirklichkeit** F πραγματικότητα *f*
Wirkung F *Folge* συνέπεια *f*, αποτέλεσμα *n*; *Einfluss* επίδραση *f*; *Medikament* ενέργεια *f* **wirkungsvoll** αποτελεσματικός
Wirt(in) M(F) *Hauswirt* σπιτονοικοκύρης (-ά) *m(f)*; *Gastwirt* ξενοδόχος *m,f*
Wirtschaft F HANDEL οικονομία *f*; *Gastwirtschaft* ταβέρνα *f* **wirtschaftlich** οικονομικός
wischen *nass wischen* σφουγγαρίζω; *Augen, Schweiß* σκουπίζω; *Staub* ξεσκονίζω
wissen ξέρω (**dass** πως; ότι), γνωρίζω; **nicht(s) ~** αγνοώ (**von** *akk*) **Wissen** N γνώση *f*
Wissenschaft F επιστήμη *f*; γράμματα *npl* **wissenschaftlich** επιστημονικός
Witwe(r) F(M) χήρος (-α *f*) *m*; **~ werden** χηρεύω
Witz M αστείο *n*; ανέκδοτο *n* **witzig** αστείος
WLAN N (*Wireless Local Area Network*) INTERNET ασύρματο (τοπικό δίκτυο) *n*, WIFI *n*
wo πού; *im Relativsatz* (ό)που
woanders(hin) αλλού
Woche F (ε)βδομάδα *f* **Wochenende** N Σαββατοκύριακο *n* **Wochentag** M καθημερινή *f*
wöchentlich εβδομαδιαίος
wodurch πώς, με τι, με ποιο τρόπο; *im Relativsatz* με το οποίο; με αποτέλεσμα **wofür** για τι, για ποιο πράγμα; *im Relativsatz* για το οποίο **woher** από πού; *im Relativsatz* απ' όπου **wohin** (για) πού, προς τα πού; *im Relativsatz* όπου
wohl καλά; *vielleicht* μάλλον
Wohl N καλό *n*, ευημερία *f*; **auf dein/Ihr ~!** στην υγειά σου/σας! **Wohlbefinden** N υγεία *f*, ευεξία *f*;
wohlfühlen: **sich nicht ~** δε νιώθω/δεν αισθάνομαι καλά
wohlhabend εύπορος
Wohlstand M ευπορία *f*, ευημερία *f*
wohnen κατοικώ (**in**; **bei** σε; με), κάθομαι, *a. Hotel* μένω; **wo wohnst du?** πού μένεις
Wohngebiet N κατοικημένη περιοχή *f* **Wohngemein-**

schaft F (WG) συγκατοίκηση f **Wohnheim** N εστία f **Wohnmobil** N τροχόσπιτο n **Wohnort** M τόπος m κατοικίας **Wohnung** F κατοικία f, *Zuhause* σπίτι n; οικία f; *Etagenwohnung* διαμέρισμα n **Wohnwagen** M τροχόσπιτο n **Wohnzimmer** N σαλόνι n, καθιστικό n

Wolf M λύκος m

Wolke F σύννεφο n **Wolkenbruch** M καταρρακτώδης βροχή f **Wolkenkratzer** M ουρανοξύστης m **wolkenlos** ανέφελος

wolkig συννεφιασμένος

Wolldecke F μάλλινη κουβέρτα f

Wolle F *Material* μαλλί n

wollen θέλω; *wünschen* επιθυμώ; **lieber ~** προτιμώ

womit με τι; σε τι; *im Relativsatz* με το οποίο **womöglich** ίσως

woran τι, σε τι; *im Relativsatz* πού, τι **worauf** πού, πάνω σε τι; *im Relativsatz* πάνω στο οποίο **woraus** από τι; *im Relativsatz* από το οποίο **worin** πού, σε τι; *im Relativsatz* στο οποίο

Wort[1] N *Vokabel* λέξη f; **~ für ~** λέξη προς λέξη

Wort[2] N λόγος m; κουβέντα f; **sein ~ halten/geben** κρατώ/δίνω το λόγο μου

Wörterbuch N λεξικό n

wörtlich κατά λέξη, επί λέξει

wortlos σιωπηλός, χωρίς να πω λέξη **Wortschatz** M λεξιλόγιο n

worüber για τι, για ποιο πράγμα; *im Relativsatz* για το οποίο **worum** για τι, για ποιο; *im Relativsatz* για το οποίο; **~ handelt es sich?** περί τίνος πρόκειται **wovon** από τι, για ποιο πράγμα; *im Relativsatz* από για το οποίο **wovor** τι, από τι; *im Relativsatz* το οποίο **wozu** γιατί, προς τι, για ποιο πράγμα; *im Relativsatz* για το οποίο

Wrack N ναυάγιο n; *fig* ερείπιο n

Wucher M τοκογλυφία f, αισχροκέρδεια f **wuchern** *Pflanze* φουντώνω **Wucherpreis** M τιμή f αισχροκέρδειας

Wucht F ορμή f

wühlen σκαλίζω

wund πληγωμένος **Wunde** F *a. fig* πληγή f, τραύμα n

Wunder N θαύμα n **wunderbar** θαυμάσιος; **~!** θαύμα!, θαυμάσια!

wundern εκπλήσσω; **sich ~** εκπλήσσομαι, απορώ, παραξενεύομαι (**über** που; με)

wunderschön πανέμορφος

Wunsch M επιθυμία f; *Glückwunsch* ευχή f

wünschen εύχομαι (*dat* σε); *wollen* επιθυμώ, θέλω

Würde F αξιοπρέπεια f **würdig** αντάξιος (*gen gen*) **wür-**

digen εκτιμώ
Wurf M βολή *f*, ρίψη *f*; ZOOL γέννα *f*
Würfel M κύβος *m*; *Spiel* ζάρι *n* **würfeln** ρίχνω τα ζάρια; *Spiel* παίζω ζάρια **Würfelzucker** M ζάχαρη *f* σε κύβους
würgen στραγγαλίζω, πνίγω; *beim Essen* προσπαθώ να καταπιώ
Wurm M σκουλήκι *n*
Wurst F λουκάνικο *n*
Wurzel F ρίζα *f*; MATH τετραγωνική ρίζα *f*
würzen *a. fig* καρυκεύω, αρωματίζω
Wüste F έρημος *f*
Wut F θυμός *m*, οργή *f*; *fig* λύσσα *f*
wütend θυμωμένος, οργισμένος; ~ **werden** θυμώνω, εξαγριώνομαι (**über** με; από)
WWW N (*World Wide Web*) παγκόσμιος ιστός *m*; *umg* παπάκι-παπάκι-παπάκι *n*

X, Y

x-beliebig οποιοσδήποτε
x-mal χίλιες/χιλιάδες φορές
Xylofon N ξυλόφωνο *n*
Yacht F θαλαμηγός *f*, γιοτ *n*
Yoga N,M γιόγκα *f*

Z

Zacke F, **Zacken** M μύτη *f*, αιχμή *f*; TECH δόντι *n*
zaghaft άτολμος, διστακτικός
zäh επίμονος; *Fleisch* σκληρός
Zahl F αριθμός *m*; νούμερο *n*
zahlen πληρώνω; **bitte ~!** το λογαριασμό, παρακαλώ!
zählen μετρώ; αριθμώ **Zähler** M ELEK μετρητής *m*
Zahlkarte F έντυπο *n* εμβάσματος
zahlreich πολυάριθμος
Zahlung F πληρωμή *f*
Zählung F μέτρημα *n*, καταμέτρηση *f*
zahm ήμερος
zähmen εξημερώνω, δαμάζω
Zahn M δόντι *n* **Zahnarzt** M, **Zahnärztin** F οδοντίατρος *m,f* **Zahnbürste** F οδοντόβουρτσα *f* **Zahnfleisch** N ούλα *npl* **Zahnpasta** F οδοντόπαστα *f*, οδοντόκρεμα *f* **Zahnrad** N οδοντωτός τροχός *m* **Zahnschmerzen** MPL πονόδοντος *m* **Zahnstocher** M οδοντογλυφίδα *f*
Zange F τανάλια *f*; λαβίδα *f*; *für Zuckerstücke* τσιμπίδα *f*
Zäpfchen N MED υπόθετο *n*
Zapfen M *Fass* κάνουλα *f*; *Tannenzapfen* κουκουνάρι *n*
zappeln σπαρταρώ, σπαράζω

zart *weich, liebevoll* απαλός, τρυφερός; *dünn* λεπτός
zärtlich τρυφερός
Zauber M μάγια *npl*; *Charme* γοητεία *f* **Zauberei** F μάγια *npl*, μαγεία *f*
Zauberer M, **Zauberin** F μάγος (-ισσα) *m(f)* **zauberhaft** μαγικός, μαγευτικός **zaubern** μαγεύω
Zaumzeug M χαλινάρι(α) *n(pl)*
Zaun M φράχτης *m*; κάγκελο *n*
z. B. (*zum Beispiel*) π.χ. (παραδείγματος χάριν)
Zebra N ζέβρα *f* **Zebrastreifen** M διάβαση *f* πεζών
Zeche[1] F *Bergwerk* ορυχείο *n*
Zeche[2] F *Geld* λογαριασμός *m*
Zecke F τσιμπούρι *n*
Zeder F κέδρος *m*
Zeh(e) M(F) δάχτυλο *n* (του ποδιού) **Zehennagel** M νύχι *n*
zehn δέκα **Zehntel** N δέκατο *n*
Zeichen N σημάδι *n*; σημείο *n*; σήμα *n*; σύμβολο *n*; **ein ~ geben** γνέφω **Zeichentrickfilm** M ταινία *f* κινουμένων σχεδίων
zeichnen σχεδιάζω, σκιτσάρω **Zeichnung** F σχέδιο *n*, σκίτσο *n*; ζωγραφιά *f*
Zeigefinger M δείκτης *m*
zeigen δείχνω **Zeiger** M *Uhr* δείκτης *m*
Zeile F γραμμή *f*, σειρά *f*
Zeit F καιρός *m*, χρόνος *m*; *Jahreszeit* εποχή *f*; *a. Tageszeit* ώρα *f*; **(keine) ~ haben** (δεν) έχω χρόνο, (δεν) ευκαιρώ, (δεν) αδειάζω; → *a.* **zurzeit**
Zeitalter N εποχή *f*; αιώνας *m* **Zeitkarte** F εισιτήριο *n* διαρκείας **zeitlich** χρονικός **zeitlos** διαχρονικός
Zeitpunkt M (χρονική) στιγμή *f* **Zeitraum** M (χρονικό) διάστημα *n* **Zeitschrift** F περιοδικό *n* **zeitsparend** που εξοικονομεί χρόνο
Zeitung F εφημερίδα *f* **Zeitungshändler** M εφημεριδοπώλης *m*
Zeitunterschied M διαφορά *f* της ώρας **Zeitverlust** M χάσιμο *n*/απώλεια *f* χρόνου **Zeitverschwendung** F σπατάλη *f* χρόνου **Zeitvertreib** M: **zum ~** για να περνά η ώρα **zeitweise** κατά καιρούς/διαστήματα
Zelle F κελί *n*; BIOL κύτταρο *n*; *Telefonzelle* τηλεφωνικός θάλαμος *m*
Zelt N σκηνή *f*, αντίσκηνο *n* **zelten** κατασκηνώνω **Zeltlager** N, **Zeltplatz** M κατασκήνωση *f*
Zement M τσιμέντο *n*
Zensur F *Schule* βαθμός *m*; *Benotung* βαθμολογία *f*; POL λογοκρισία *f*
Zentimeter M εκατοστό (μετρο) *n*, πόντος *m* **Zentimetermaß** N μέτρο *n*, μεζούρα *f*

zentral κεντρικός; κύριος **Zentrale** F κεντρική διεύθυνση *f*, κεντρικά *npl*; TEL (τηλεφωνικό) κέντρο *n*
Zentralheizung F κεντρική θέρμανση *f*, καλοριφέρ *n* **Zentralverriegelung** F AUTO ηλεκτρομαγνητική κλειδαριά *f*
Zentrum N κέντρο *n*
zerbrechen σπάζω, τσακίζω, κομματιάζω **zerbrechlich** εύθραυστος
Zeremonie F τελετή *f*
Zerfall M διάλυση *f*; CHEM αποσύνθεση *f* **zerfallen** *Gebäude* καταστρέφομαι; διαλύομαι; *verwesen* σαπίζω, αποσυντίθεμαι
zerkratzen γρατσουνίζω
zerlegen *Maschine* ξεμοντάρω; *Möbel* λύνω **zerquetschen** συνθλίβω, λειώνω, ζουλώ **zerreißen** *a. Seele* σχίζω
zerren τραβώ, σέρνω
Zerrung F MED θλάση *f*
zersägen πριονίζω **zerschlagen** σπάζω; *fig* εξαρθρώνω **zerschneiden** κόβω **zersetzen** διαλύω; CHEM αποσυνθέτω; *verfaulen* σαπίζω **zerstören** καταστρέφω; χαλώ **zerstreut** αφηρημένος **zerstritten** μαλωμένος **zertreten** τσαλαπατώ
Zettel M χαρτάκι *n*; *beschrieben* σημείωμα *n*
Zeug N *Sachen, a. pej* πρά(γ)ματα *npl*; *Fähigkeit* ταλέντο *n*, ικανότητες *fpl*
Zeuge M, **Zeugin** F μάρτυρας *m,f*; JUR μάρτυς *m,f* **zeugen** *Kind* κάνω; *beweisen* αποδεικνύω, δείχνω, μαρτυρώ (**von** *akk*)
Zeugnis N *Bescheinigung* πιστοποιητικό *n*; *Schulzeugnis* έλεγχος *m*, ενδεικτικό *n*; *Abschlusszeugnis* δίπλωμα *n*; *umg* χαρτί *n*
Ziege F κατσίκα *f*, γίδα *f*
Ziegel M τούβλο *n*; *Dachziegel* κεραμίδι *n* **Ziegelstein** M τούβλο *n*
Ziegenbock M τράγος *m* **Ziegenkäse** M κατσικίσιο τυρί *n* **Ziegenmilch** F κατσικίσιο γάλα *n*
ziehen *a. Strich, anziehen* τραβώ (**an** από); σέρνω; *Zahn, Messer* βγάζω, τραβώ; *gehen* πηγαίνω; **es zieht** κάνει ρεύμα **Ziehharmonika** F φυσαρμόνικα *f* **Ziehung** F *Lotto* κλήρωση *f*
Ziel N στόχος *m*; *Zweck* σκοπός *m*; *Reiseziel* προορισμός *m* (του ταξιδιού); *Sport* τέρμα *n*; **sich zum ~ setzen** βάζω στόχο **zielen** σημαδεύω, σκοπεύω (**auf** *akk*) **Zielscheibe** F στόχος *m* **zielstrebig** αποφασιστικός, φιλόδοξος
ziemlich (**viel**) αρκετός, κάμποσος; *adv* αρκετά; *fast* σχεδόν; **~ gut** αρκετά καλά
zierlich λεπτοκαμωμένος

Ziffer F αριθμός *m*; ψηφίο *n* **Zifferblatt** N πλάκα *f* ρολογιού
Zigarette F τσιγάρο *n* **Zigarettenpapier** N τσιγαρόχαρτο *n*
Zigarre F πούρο *n*
Zigeuner(in) M(F) *pej* τσιγγάνος (-α) *m(f)*, γύφτος (-ισσα) *m(f)*
Zikade F τζίτζικας *m*
Zimmer N δωμάτιο *n* **Zimmermädchen** N καμαριέρα *f* **Zimmermann** M ξυλουργός *m*, μαραγκός *m* **Zimmervermittlung** F γραφείο *n* εύρεσης δωματίων
Zimt M κανέλα *f*
Zink N τσίγκος *m*, ψευδάργυρος *m*
Zinn N κασσίτερος *m*
Zinsen MPL τόκος *m*, τόκοι *mpl* **Zinssatz** M επιτόκιο *n*
Zipfel M άκρη *f*, μύτη *f*
zirka περίπου
Zirkel M GEOM διαβήτης *m*; κύκλος *m*
Zirkus M *a. fig* τσίρκο *n*
zischen σφυρίζω, ψιθυρίζω
Zitat N παράθεμα *n* **zitieren** παραθέτω
Zitrone F λεμόνι *n*
Zitronenbaum M λεμονιά *f* **Zitronensaft** M λεμονόζουμο *n*, χυμός *m* λεμόνι
Zitrusfrüchte FPL εσπεριδοειδή *npl*
zittern τρέμω (**vor** από)
zivil πολιτικός; **in Zivil** με πολιτικά **Zivildienst** M πολιτική/κοινωνική θητεία *f*
Zivilisation F πολιτισμός *m* **zivilisiert** πολιτισμένος
zögern διστάζω (**zu** να)
Zoll M τελωνείο *n*; *Abgabe* δασμός *m* **Zollabfertigung** F εκτελωνισμός *m* **Zollamt** N τελωνείο *n* **Zollbeamte(r)** M, **Zollbeamtin** F τελωνειακός (υπάλληλος) *m,f* **Zollerklärung** F τελωνειακή δήλωση *f* **zollfrei** αδασμολόγητος, αφορολόγητος **zollpflichtig** δασμολογούμενος
Zone F *Bereich* ζώνη *f*
Zoo M ζωολογικός κήπος *m*
Zopf M πλεξούδα *f*, κοτσίδα *f*
Zorn M οργή *f*, θυμός *m* **zornig** οργισμένος, θυμωμένος
zu[1] *räumlich* σε, για, προς; *zeitlich* σε, κατά; *mit* με; *Zweck* για; **~ Hause** στο σπίτι; **~m ersten Mal** για πρώτη φορά; **~ Fuß** με τα πόδια
zu[2] ADV (πάρα) πολύ; **~ sehr/viel** πάρα πολύ; **~ wenig** πάρα πολύ λίγο
zu[3] KONJ να (*Infinitiv/Konjunktiv*)
zu[4] *geschlossen* κλειστός
Zubehör N εξαρτήματα *npl*, αξεσουάρ *npl*
zubereiten ετοιμάζω
zubinden δένω
Zucchini PL κολοκυθάκια *npl*
Zucht F *Pflanzen* καλλιέργεια *f*; *Tiere* εκτροφή *f*, κτηνοτροφία *f*
züchten *Pflanzen* καλλιεργώ; *Tiere* εκτρέφω

zucken σπαρταρώ, σπαράζω; *Achsel* σηκώνω
Zucker M ζάχαρη *f* **Zuckerdose** F ζαχαριέρα *f* **Zuckerkrankheit** F ζάχαρο *n*, διαβήτης *m* **zuckern** ζαχαρώνω **Zuckerwatte** F μαλλί *n* της γριάς
Zuckung F σπασμός *m*
zudecken σκεπάζω; **sich ~** σκεπάζομαι **zudem** επιπλέον **zudrehen** *Hahn* κλείνω **zudringlich** ενοχλητικός, φορτικός
zueinander μεταξύ **zueinanderpassen**: **wir passen nicht zueinander** δεν ταιριάζουμε
zuerst πρώτα, αρχικά; *als Erster* πρώτος (-η) *m*
Zufahrt F δρόμος *m*; *Einfahrt* είσοδος *f*
Zufall M σύμπτωση *f*, τύχη *f*
zufällig τυχαίος, συμπτωματικός; *adv* τυχαία, συμπτωματικά, κατά τύχη/σύμπτωση
Zuflucht F καταφύγιο *n*
zufrieden ευχαριστημένος, ικανοποιημένος (**mit** από; με); **~ sein** μένω ικανοποιημένος; **lass mich ~!** παράτα με! **zufriedenstellend** ικανοποιητικός
Zufuhr F εφοδιασμός *m*
Zug M BAHN τρένο *n*, *amtl* αμαξοστοιχία *f*; *Luftzug* ρεύμα *n*; *Festzug* παρέλαση *f*; *Charakterzug* χαρακτηριστικό *n*; *Schachzug* κίνηση *f*; *beim Rauchen* ρουφηξιά *f*
Zugang M είσοδος *f*; πρόσβαση *f*
zugänglich *a. Person* προσβάσιμος, προσιτός
zugeben προσθέτω; *eingestehen* (παρα)δέχομαι, ομολογώ
zugehen *Tür* κλείνω; *hingehen* πλησιάζω (**auf** *akk*), κατευθύνομαι (**auf** προς)
Zügel M χαλινάρι *n*
Zugeständnis N παραχώρηση *f*, υποχώρηση *f*
zügig γρήγορος
zugleich συγχρόνως, ταυτοχρόνως, συνάμα
zugrunde: **~ gehen** καταστρέφομαι
zugunsten για χάρη, προς όφελος (**von**; *gen gen*)
Zugvogel M αποδημητικό πουλί *n*
zuhalten κρατώ κλειστό; *Ohren* κλείνω
Zuhause N σπίτι *n*, σπιτικό *n*
zuhören ακούω (*dat akk*) **Zuhörer(in)** M(F) ακροατής (-τρια) *m(f)*; *pl* ακροατήριο *n*
Zukunft F *a.* GRAM μέλλον *n*; **in ~** στο μέλλον
zukünftig μελλοντικός
Zulage F επίδομα *n*; *Gehaltszulage* αύξηση *f*
zulassen *erlauben* επιτρέπω; *dulden* ανέχομαι; *Schule* δέχομαι; *Tür* αφήνω κλειστό; AUTO δίνω άδεια κυκλοφορίας
zulässig επιτρεπτός, ανεκτός
Zulassung F AUTO άδεια *f* κυ-

κλοφορίας
zuletzt στο τέλος; τελικά; *als Letzte(r)* τελευταίος (-α *f*) *m*
zuliebe: **mir/dir ~** για (το) χατίρι/χάρη μου/σου
zumachen κλείνω
zumindest τουλάχιστον
zumuten απαιτώ **Zumutung** F *Frechheit* θράσος *n*
zunächst πρώτα-πρώτα, κατ' αρχήν; *vorerst* προς το παρόν
Zunahme F αύξηση *f* **Zuname** M επίθετο *n*, επώνυμο *n*
Zündholz N σπίρτο *n* **Zündkerze** F AUTO αναφλεκτήρας *m*, μπουζί *n* **Zündschloss** N AUTO μίζα *f* **Zündschlüssel** M AUTO κλειδί *n* μίζας
Zündung F AUTO ανάφλεξη *f*
zunehmen αυξάνομαι; *an Gewicht* παχαίνω, παίρνω βάρος
Zuneigung F συμπάθεια *f*
Zunge F ANAT γλώσσα *f*
zunutze: **sich ~ machen** επωφελούμαι (*akk gen*; από)
zuordnen κατατάσσω
zurechnungsfähig υπεύθυνος για τις πράξεις μου
zurechtfinden: **sich ~** προσανατολίζομαι **zurechtkommen** τα καταφέρνω, τα βγάζω πέρα (**mit** με) **zurechtmachen** (προ)ετοιμάζω, φτιάχνω; **sich ~** φτιάχνομαι
zureden παροτρύνω (*dat akk*)
Zürich N Ζυρίχη *f*
zurück πίσω **zurückbekommen** παίρνω πίσω **zurückbringen** επιστρέφω, φέρνω πίσω **zurückfahren** επιστρέφω **zurückgeben** επιστρέφω, ξαναδίνω, δίνω πίσω **zurückgehen** επιστρέφω, γυρίζω; *abnehmen* μειώνομαι, υποχωρώ
zurückhalten *hindern* εμποδίζω; *Gefühl* συγκρατώ; *Lachen, Tränen* βαστώ **zurückhaltend** επιφυλακτικός
zurückholen φέρνω πίσω
zurückkehren, **zurückkommen** επιστρέφω, γυρίζω πίσω **zurücklassen** αφήνω; *allein zurücklassen* εγκαταλείπω **zurücklegen** βάζω πίσω; *Ware* κρατώ; *Geld* βάζω στην άκρη, αποταμιεύω; *aufbewahren* βάζω κατά μέρος; *Weg* καλύπτω, διανύω **zurücknehmen** *a. Wort* παίρνω πίσω; *Auftrag, Beleidigung* ανακαλώ **zurückrufen** φωνάζω πίσω; TEL τηλεφωνώ **zurückschauen** κοιτάζω πίσω **zurückschicken** στέλνω πίσω, επιστρέφω **zurückstellen** *Uhr* βάζω πίσω **zurücktreten** παραμερίζω, κάνω πίσω; *Amt* παραιτούμαι **zurückweichen** υποχωρώ, οπισθοδρομώ **zurückzahlen** *Geld* επιστρέφω; *Kredit* εξοφλώ **zurückziehen** τραβώ πίσω; *Wort* παίρνω πίσω; *Klage* αποσύρω; **sich ~** αποσύρομαι, (απο)τραβιέμαι; MIL υποχωρώ
Zuruf M φωνή *f* **zurufen** φω-

νάζω
zurzeit *momentan* προς το παρόν
Zusage F *Bestätigung* έγκριση *f*; *Versprechen* υπόσχεση *f* **zusagen** υπόσχομαι; *Einladung* δέχομαι; *gefallen* μου αρέσει
zusammen μαζί; *insgesamt* συνολικά, μαζί
Zusammenarbeit F συνεργασία *f*
zusammenbauen μοντάρω, συναρμολογώ **zusammenbrechen** σωριάζομαι, *a. fig* καταρρέω; *fig* παραλύω **Zusammenbruch** M *a.* MED, *a. fig* κατάρρευση *f*, κατάπτωση *f*; *fig* παράλυση *f*
Zusammenfassung F περίληψη *f*; ανακεφαλαίωση *f*
zusammenhalten υποστηρίζει ο ένας τον άλλο **Zusammenhang** M σχέση *f*; *Text* συνοχή *f*; *Kontext* συμφραζόμενα *npl*
zusammenkommen *sich treffen* συναντιέμαι; *sich ansammeln* συγκεντρώνομαι **zusammenleben** *mit Eltern* μένω μαζί; *mit Partner* συζώ, συμβιώνω **zusammenpassen** ταιριάζω
zusammenreißen: **sich ~** συγκρατιέμαι
zusammensetzen συνθέτω, συναρμολογώ; **sich ~** *bestehen* αποτελούμαι (**aus** από); *sich treffen* συναντιέμαι **Zusammensetzung** F σύνθεση *f*, σύσταση *f* **zusammenstellen** συνδυάζω; *Unterlagen* συγκεντρώνω; *Menü* συνθέτω; *Programm* οργανώνω
Zusammenstoß M *a.* AUTO σύγκρουση *f*; AUTO τρακάρισμα *n*
Zusatz M προσθήκη *f*
zusätzlich πρόσθετος, συμπληρωματικός; *adv* επιπλέον
zuschauen κοιτάζω; παρακολουθώ **Zuschauer(in)** M(F) θεατής *m*
Zuschlag M *Lohn* επίδομα *n*; BAHN *etwa* πρόσθετο εισιτήριο *n*
zuschlagen *Tür* βροντώ; *Buch* κλείνω
Zuschuss M επίδομα *n*, επιχορήγηση *f*
zusehen παρατηρώ, παρακολουθώ, βλέπω
Zustand M κατάσταση *f*
zustande: **~ bringen** καταφέρνω, πετυχαίνω; **~ kommen** πραγματοποιούμαι
zuständig αρμόδιος (**für** για)
zustehen έχω δικαίωμα, δικαιούμαι
zustimmen συμφωνώ (*dat* με), συναινώ **Zustimmung** F συμφωνία *f*, συγκατάθεση *f*, συναίνεση *f*
Zutaten FPL υλικά *npl*
zutrauen θεωρώ ικανό (**j-m etw** κ-ι για) **zutreffen** είναι σωστό, αληθεύει; *entsprechen* ταιριάζω, ανταποκρίνομαι
Zutritt M είσοδος *f*; **~ verbo-**

ten! απαγορεύεται η είσοδος!
zuverlässig *Mensch* έμπιστος, αξιόπιστος; *Quelle* έγκυρος; *Information* θετικός, βάσιμος
zuversichtlich αισιόδοξος; πεπεισμένος
zuvor πριν, προηγουμένως; **am Tag ~** την προηγούμενη μέρα
zuvorkommen προλαβαίνω **zuvorkommend** εξυπηρετικός, ευγενικός
Zuwachs M αύξηση *f* **Zuwanderung** F μετανάστευση *f*
zuweisen *Aufgabe* αναθέτω
Zuwendung F στοργή *f*, αφοσίωση *f*; *Lohn* επίδομα *n*, δώρο *n*
zuwider: **~ sein** είμαι αντιπαθητικός/αηδιαστικός
zuwinken γνέφω **zuzahlen** πληρώνω επιπλέον **zuzüglich** συμπεριλαμβανομένου (*gen gen*)
Zwang M ανάγκη *f*; *Gewalt* καταναγκασμός *m*, εξαναγκασμός *m* **zwanglos** ευχάριστος, χαλαρός
Zwangsarbeit F καταναγκαστική εργασία *f*; *umg* αγγαρεία *f* **zwangsläufig** αναπόφευκτος **zwangsweise** κατ' ανάγκην, αναγκαστικά
zwanzig είκοσι **zwanzigste(r, -s)** εικοστός
zwar βέβαια, μεν; **~ ..., aber ...** ναι μεν ..., αλλά ...; **und ~** και μάλιστα
Zweck M σκοπός *m*
zwei δυο, δύο **Zwei** F δύο *n*
Zweibettzimmer N δωμάτιο *n* με δύο κρεβάτια, δίκλινο δωμάτιο *n* **zweideutig** διφορούμενος **zweierlei** δύο ειδών **zweifarbig** δίχρωμος
Zweifel M αμφιβολία *f* **zweifeln** αμφιβάλλω (**an** για), αμφισβητώ (**an** *akk*) **Zweifelsfall** M: **im ~** σε περίπτωση αμφιβολίας
Zweig M κλαδί *n*, κλαρί *n*, κλωνάρι *n*; *Lehrfach* κλάδος *m* **Zweigstelle** F υποκατάστημα *n*
zweijährig δίχρονος; *Vertrag* διετής; *Kind* δύο χρονών **Zweikampf** M μονομαχία *f* **zweimal** δύο φορές **zweiseitig** διμερής **zweisprachig** δίγλωσσος **zweispurig** με δύο λωρίδες **zweistündig** δίωρος
zweit: **zu ~** δύο; ανά δύο
zweitägig διήμερος **zweitausend** δύο χιλιάδες **zweite(r, -s)** δεύτερος; **Zweiter werden** έρχομαι δεύτερος **zweiteilig** διμερής **zweitens** δεύτερον
Zweitschlüssel M δεύτερο κλειδί *n*
Zweizimmerwohnung F δυάρι *n*
Zwerchfell N διάφραγμα *n*
Zwerg M νάνος *m*
Zwetschge F *reg* δαμάσκηνο *n*

zwicken τσιμπώ; *Kleid* κόβω
Zwieback M παξιμάδι *n*, φρυγανιά *f* **Zwiebel** F κρεμμύδι *n* **Zwiespalt** M δίλημμα *n*; διαφνία *f*
Zwilling M δίδυμος *m* **Zwillinge** MPL ASTROL Δίδυμοι *mpl*
zwingen *nötigen* (κατ)αναγκάζω, πιέζω, υποχρεώνω (**zu** να); *erforderlich machen* απαιτώ, επιβάλλω; **sich ~** πιέζω τον εαυτό μου
Zwirn M κλωστή *f*, νήμα *n*
zwischen PRÄP +DAT/AKK μεταξύ (+*gen*); ανάμεσα σε; **~ uns** ανάμεσά μας **zwischendurch** ενδιάμεσα **Zwischenfall** M επεισόδιο *n*, συμβάν *n* **Zwischenlandung** F ενδιάμεση προσγείωση *f* **Zwischenraum** M ενδιάμεσος χώρος *m*; *zeitlich* διάστημα *n* **Zwischenzeit** F: **in der ~** στο/ εν τω μεταξύ, εντωμεταξύ
zwitschern κελαηδώ
zwölf δώδεκα **zwölfte(r, -s)** δωδέκατος
Zyklus M *a.* MED κύκλος *m*
Zylinder M κύλινδρος *m*
zynisch κυνικός
Zypern N Κύπρος *f*
Zypresse F κυπαρίσσι *n*
Zypriot(in) M(F) Κύπριος (-α) *m(f)* **zypriotisch** κυπριακός
zyprisch κυπριακός
Zyste F κύστη *f*

Anhang

Minigrammatik des Griechischen

Der bestimmte und unbestimmte Artikel | Το οριστικό και το αόριστο άρθρο

	Maskulinum Αρσενικό		Femininum Θηλυκό		Neutrum Ουδέτερο	
Singular						
nom	ο	ένας	η	μία, μια	το	ένα
gen	του	ενός	της	μίας, μιας	του	ενός
akk	το(ν)	ένα(ν)	τη(ν)	μία, μια	το	ένα
Plural						
nom	οι		οι		τα	
gen	των		των		των	
akk	τους		τις		τα	

Das Personalpronomen | Η προσωπική αντωνυμία

	1. Person	2. Person	3. Person
Singular			
nom	εγώ	εσύ	αυτός, αυτή, αυτό
gen	μου, (σε) εμένα	σου, (σε) εσένα	του, της, του – σ' αυτό(ν), σ'αυτή(ν), σ'αυτό
akk	με, εμένα	σε, εσένα	τον, τη(ν), το – αυτό(ν), αυτή(ν), αυτό
Plural			
nom	εμείς	εσείς (*auch* Sie)	αυτοί, αυτές, αυτά
gen	μας, (σε) εμάς	σας, (σε) εσάς	τους - σ' αυτούς, σ'αυτές, σ'αυτά
akk	μας, εμάς	σας, εσάς	τους, τις, τα - αυτούς, αυτές, αυτά

(Εμένα) με λένε Αγλαΐα, εσένα πώς σε λένε;
Ich heiße Aglaia, und wie heißt du?
(Εμένα) με λένε Μάρτιν. Ich heiße Martin.

Das Possessivpronomen | Η κτητική αντωνυμία

(stets nachgestellt)

1. Person		**2. Person**			
μου	mein(e, -s)	σου	dein(e, -s)		
μας	unser(e, -s)	σας	euer, eure(s)		

3. Person

Maskulinum		*Femininum*		*Neutrum*	
του	sein(e, -s)	της	ihr(e, -s)	του	sein(e,-s)
τους	ihr(e, -es)	τους	ihre(r, -s)	τους	ihre(r, -s)
					Ihr(e, -es)

Die Verben είμαι ['ime] sein und έχω ['exo] haben

Singular

είμαι	ich bin	έχω	ich habe
είσαι	du bist	έχεις	du hast
είναι	er / sie / es ist	έχει	er / sie / es hat

Plural

είμαστε	wir sind	έχουμε	wir haben
είστε *od*	ihr seid /	έχετε	ihr habt /
είσαστε	Sie sind		Sie haben
είναι	sie sind	έχουν	sie haben

Wichtige Verben

Präsens	Imperfekt	Aorist	Konjunktiv	Imperativ
ακούω	άκουγα	άκουσα	να ακούσω	άκου(σε)!
ανεβαίνω	ανέβαινα	ανέβηκα	να ανέβω *od* να ανεβώ	ανέβα!
αφήνω	άφηνα	άφησα	να αφήσω	άφησε! *od* άσε!
βάζω	έβαζα	έβαλα	να βάλω	βάλε!
βγάζω	έβγαζα	έβγαλα	να βγάλω	βγάλε!
βγαίνω	έβγαινα	βγήκα	να βγω	βγες!
βιάζομαι	βιαζόμουν	βιάστηκα	να βιαστώ	βιάσου!
βλέπω	έβλεπα	είδα	να δω	δες!
βρίσκω	έβρισκα	βρήκα	να βρω	βρες!
γίνομαι	γινόμουν	έγινα	να γίνω	γίνε!
δίνω	έδινα	έδωσα	να δώσω	δώσε!
διψώ	διψούσα	δίψασα	να διψάσω	
είμαι	ήμουν	ήμουν	να είμαι	να είσαι!
εργάζομαι	εργαζόμουν	εργάστηκα	να εργαστώ	να εργάζεσαι!
έρχομαι	ερχόμουν	ήρθα *od* ήλθα	να έρθω *od* να έλθω	έλα!
έχω	είχα	είχα	να έχω	έχε! *od* να έχεις!
ζω	ζούσα	έζησα	να ζήσω	ζήσε!
θέλω	ήθελα	θέλησα	να θελήσω	
θυμάμαι	θυμόμουν	θυμήθηκα	να θυμηθώ	θυμήσου!
κάθομαι	καθόμουν	κάθισα	να καθίσω	κάθισε! *od* κάτσε!
καίω	έκαιγα	έκαψα	να κάψω	κάψε!
κάνω	έκανα	έκανα	να κάνω	κάνε!

καταλα-βαίνω	καταλά-βαινα	κατάλαβα	να καταλάβω	κατάλαβε!
κατεβαίνω	κατέβαινα	κατέβηκα	να κατέβω *od* να κατεβώ	κατέβα!
κλαίω	έκλαιγα	έκλαψα	να κλάψω	κλάψε!
κοιμάμαι	κοιμόμουν	κοιμήθηκα	να κοιμηθώ	κοιμήσου!
κουράζομαι	κουραζό-μουν	κουράστηκα	να κουραστώ	
λέω	έλεγα	είπα	να πω	λέγε! *od* πες!
μαθαίνω	μάθαινα	έμαθα	να μάθω	μάθε!
μένω	έμενα	έμεινα	να μείνω	μείνε!
μπαίνω	έμπαινα	μπήκα	να μπω	μπες!
ξέρω	ήξερα	ήξερα	να ξέρω	
παίρνω	έπαιρνα	πήρα	να πάρω	πάρε!
πεινώ	πεινούσα	πείνασα	να πεινάσω	
πέφτω	έπεφτα	έπεσα	να πέσω	πέσε!
πηγαίνω	πήγαινα	πήγα	να πάω	πήγαινε! *od* να πας!
πίνω	έπινα	ήπια	να πιω	πιες!
πλένω	έπλενα	έπλυνα	να πλύνω	πλύνε!
στέλνω	έστελνα	έστειλα	να στείλω	στείλε!
τρώω	έτρωγα	έφαγα	να φάω	τρώγε! *od* φάε!
υπόσχομαι	υποσχόμουν	υποσχέθηκα	να υποσχεθώ	υποσχέσου!
φαίνομαι	φαινόμουν	φάνηκα	να φανώ	να φανείς!
φεύγω	έφευγα	έφυγα	να φύγω	φύγε!
φοβάμαι	φοβόμουν	φοβήθηκα	να φοβηθώ	να φοβάσαι!
χαίρομαι	χαιρόμουν	χάρηκα	να χαρώ	να χαρείς! *od* να χαίρεσαι

Die Uhrzeit | Η ώρα

Τι ώρα είναι; [ti 'ora 'ine]	Wie spät ist es?
12.00 Είναι δώδεκα (το μεσημέρι).	Es ist zwölf Uhr mittags.
24.00 Είναι μεσάνυχτα.	Es ist Mitternacht.
1.00 Είναι μία.	Es ist ein Uhr *od* Es ist eins.
Κοντεύουν τρεις.	Es ist bald drei (Uhr).
Είναι περασμένες δέκα.	Es ist zehn Uhr vorbei.
Είναι ... ['ine]	Es ist ...
3.10 τρεις και δέκα.	zehn (Minuten) nach drei.
4.15 τέσσερις και τέταρτο.	Viertel nach vier.
5.20 πέντε και είκοσι.	zwanzig (Minuten) nach fünf *od* zehn Minuten vor halb sechs.
6.30 έξι και τριάντα / έξι και μισή / εξίμισι.	halb sieben.
7.40 οχτώ παρά είκοσι.	zwanzig (Minuten) vor acht *od* zehn (Minuten) nach halb acht.
8.45 εννιά παρά τέταρτο.	Viertel vor neun.
9.55 δέκα παρά πέντε.	fünf (Minuten) vor zehn.
Τι ώρα; [ti 'ora]	Um wie viel Uhr?
1.00 στη μία	um ein Uhr od um eins
2.00 στις δύο	um zwei (Uhr)
8.00 στις οχτώ	um acht (Uhr)
κατά τις δέκα	ungefähr um zehn (Uhr)
στις πέντε ακριβώς	pünktlich um fünf (Uhr)

Griechische Feiertage | Ελληνικές αργίες

1. Januar	**η Πρωτοχρονιά** Neujahr
6. Januar	**τα Φώτα, τα Θεοφάνια, τα Επιφάνια** *entspricht* Heilige Drei Könige
Februar / März	**η Καθαρά Δευτέρα** *entspricht* Aschermittwoch
März / April / Mai	**η Μεγάλη Παρασκευή** Karfreitag
	το Πάσχα Ostern; Ostersonntag
	η Δευτέρα του Πάσχα Ostermontag
25. März	**ο Ευαγγελισμός της Θεοτόκου** Mariä Verkündigung
	η 25η Μαρτίου Unabhängigkeitstag
1. Mai	**η Πρωτομαγιά, η Ημέρα της Εργασίας** Tag der Arbeit
15. August	**ο Δεκαπενταύγουστος** Mariä Himmelfahrt
28. Oktober	**η 28η Οκτωβρίου** Nationalfeiertag
25. Dezember	**τα Χριστούγεννα, η πρώτη ημέρα των Χριστουγέννων** 1. Weihnachtstag
26. Dezember	**τα Χριστούγεννα, η δεύτερη ημέρα των Χριστουγέννων** 2. Weihnachtstag

Reise-Dolmetscher für unterwegs

Das Allerwichtigste

Hallo!/Tschüs(s)	**Γεια σου**! ['jasu]; *mehrere/Sie-Form*: **Γεια σας**! ['jasas]
Guten Tag!	**Καλημέρα**! [kali'mera] (bis etwa 14 Uhr); **Χαίρετε**! ['çerete]
Guten Abend!	**Καλησπέρα**! [kali'spera] (ab etwa 14 Uhr)
Gute Nacht!	**Καληνύχτα**! [kali'nixta]
Auf Wiedersehen!	**Χαίρετε**! ['çerete]; **Γεια σας**! ['jasas]
... bitte!	**..., παρακαλώ**! [paraka'lo]
Danke (schön)!	**Ευχαριστώ (πολύ)**! [efxari'sto (po'li)]
Bitte (schön)!	**Παρακαλώ**! [paraka'lo]
Ja.	**Ναι**. [ne]
Vielleicht.	**Ίσως**. ['isos]
Nein.	**Όχι**. ['oçi]
Entschuldige(n Sie)!	**Συγγνώμη**! [si(ŋ)'ɣnomi]
In Ordnung!	**Εντάξει**! [en'daksi]
Wann?	**Πότε;** ['pote]
Was?	**Τι;** [ti]
Wo(hin)?	**Πού;** [pu]
Hier(her).	**Εδώ**. [e'ðo]
Dort(hin).	**Εκεί**. [e'ki]
Rechts.	**Δεξιά**. [ðeksi'a]
Links.	**Αριστερά**. [ariste'ra]
Geradeaus.	**Ευθεία**. [e'fθia]
Haben Sie ...?	**Έχετε ... ;** ['eçete]
Ich möchte ...	**Θα ήθελα ...** [θa 'iθela]

Was kostet das?	**Πόσο κάνει;** ['poso 'kani]
Wo ist ...?	**Πού είναι ... ;** [pu 'ine]
Wo gibt es ...?	**Πού υπάρχει / υπάρχουν ... ;** [pu i'parçi / i'parxun]
Gestern.	**Χτες.** [xtes] *od* **Χθες.** [xθes]
Heute.	**Σήμερα.** ['simera]
Morgen.	**Αύριο.** ['avrio]
Einen Moment, bitte!	**Μια στιγμή, παρακαλώ!** [mja stiɣ'mi, paraka'lo] *od* **Ένα λεπτό, παρακαλώ!** ['ena le'pto, paraka'lo]
Warte!	**Περίμενε!** [pe'rimene]
Warten Sie!	**Περιμένετε!** [peri'menete]
Ich will nicht.	**Δε θέλω.** [ðe 'θelo]
Ich kann nicht.	**Δε μπορώ.** [ðe bo'ro]
Ich weiß es nicht.	**Δεν (το) ξέρω.** [ðen (to) 'ksero]
Gefällt es dir / Ihnen?	**Σου / Σας αρέσει;** [su / sas a'resi]
Setz dich!	**Κάθισε!** ['kaθise] *od* **Κάτσε!** ['katse]
Setzen Sie sich!	**Καθίστε!** [ka'θiste]

Verständigung

Hast du verstanden?	**Κατάλαβες;** [ka'talaves]
Haben Sie verstanden?	**Καταλάβατε;** [kata'lavate]
Ich habe das nicht verstanden.	**Δεν (το) κατάλαβα.** [ðen (to) ka'talava]
Sagen Sie es bitte noch einmal.	**Μπορείτε να το ξαναπείτε, παρακαλώ;** [bo'rite na to ksana'pite, paraka'lo]
Bitte sprechen Sie etwas langsamer.	**Μπορείτε να το πείτε πιο αργά;** [bo'rite na to 'pite pjo ar'ɣa]

Small Talk

Wie heißt du?	**Πώς σε λένε;** [pos se 'lene] *od* **Πώς λέγεσαι;** [pos 'lejese]
Wie heißen Sie?	**Πώς σας λένε;** [pos sas 'lene] *od* **Πώς λέγεστε;** [pos 'lejeste]
Ich heiße ...	**Με λένε ...** [me 'lene] *+akk od* **Λέγομαι ...** ['leɣome] *+nom*
Woher kommst du?	**Από πού είσαι;** [a'po pu 'ise]
Woher kommen Sie?	**Από πού είστε;** [a'po pu 'iste]
Ich komme aus Deutschland.	**Είμαι από τη Γερμανία.** ['ime a'po ti jerma'nia]
Ich komme aus Österreich.	**Είμαι από την Αυστρία.** ['ime a'po tin af'stria]
Ich komme aus der Schweiz.	**Είμαι από την Ελβετία.** ['ime a'po tin elve'tia]
Wie alt bist du / sind Sie?	**Πόσων χρονών είσαι; / είστε;** ['poson xro'non 'ise / 'iste]
Ich bin ... Jahre alt.	**Είμαι ... χρονών.** ['ime ... xro'non]
Was machst du beruflich?	**Τι δουλειά κάνεις;** [ti ðu'ʎa 'kanis]
Was machen Sie beruflich?	**Τι δουλειά κάνετε;** [ti ðu'ʎa 'kanete]
Ich bin ...	**Είμαι ...** ['ime]
Bist du / Sind Sie zum ersten Mal hier?	**Έρχεσαι / Έρχεστε για πρώτη φορά εδώ;** ['erçese] / ['erçeste] ja 'proti fo'ra e'ðo]
Nein, ich war schon ... Mal in Griechenland.	**Όχι, έχω έρθει στην Ελλάδα ... φορές.** ['oçi, 'exo 'erθi stin e'laða ... fo'res]
Wie lange bist du / sind Sie schon hier?	**Πόσο καιρό είσαι / είστε εδώ;** ['poso ke'ro 'ise / 'iste e'ðo]

Seit ... Tagen / Wochen.	**Εδώ και ... μέρες / εβδομάδες.** [e'ðo ke ... 'meres / evðo'maðes]
Wie lange bist du / sind Sie noch hier?	**Πόσο θα μείνεις / θα μείνετε ακόμη εδώ;** ['poso θa 'minis / θa 'minete a'komi e'ðo]
Noch eine Woche / zwei Wochen.	**Ακόμη μία εβδομάδα / δύο εβδομάδες.** [a'komi 'mia evðo'maða / 'ðio evðo'maðes]
Gefällt es dir / Ihnen hier?	**Σου / Σας αρέσει εδώ;** [su / sas a'resi e'ðo]
Es gefällt mir sehr gut.	**Μου αρέσει πολύ εδώ.** [mu a'resi po'li e'ðo]

Unterwegs und über Nacht

Entschuldigung, wo ist ...?	**Συγγνώμη, πού είναι ...;** [si(ŋ)'ɣnomi, pu 'ine]
Wo ist der Taxistand?	**Πού είναι η πιάτσα ταξί;** [pu 'ine i 'pçatsa ta'ksi]
Wie komme ich ...	**Πώς πάω ...** [pos 'pao]
zum Bahnhof?	**στον σιδηροδρομικό σταθμό;** [ston siðiroðromi'ko staθ'mo]
zum Busbahnhof?	**στον σταθμό λεωφορείων;** [ston staθ'mo leofo'rion]
zum Flughafen?	**στο αεροδρόμιο;** [ston aero'ðromio]
zum Hafen?	**στο λιμάνι;** [sto li'mani]
in die Stadt?	**στην πόλη;** [stin 'poli]

Λυπάμαι, δεν ξέρω. [li'pame, ðen 'ksero]
Tut mir leid, das weiß ich nicht.

Με το ταξί. [me to ta'ksi]
Mit dem Taxi.

Με το λεωφορείο. [me to leofo'rio]
Mit dem Bus.

Με το μετρό. [me to me'tro]
Mit der U-Bahn.

Ευθεία. [e'fθia]
Geradeaus.

Δεξιά. [ðeksi'a]
Nach rechts.

Αριστερά. [ariste'ra]
Nach links.

Für mich ist bei Ihnen ein Zimmer reserviert. Mein Name ist ...
Έχω κάνει κράτηση για ένα δωμάτιο. Με λένε ... ['exo 'kani kra'tisi ja 'ena ðo'matio. me 'lene ...]

Haben Sie ein Doppelzimmer / Einzelzimmer frei ...
Έχετε ελεύθερο ένα δίκλινο / μονόκλινο δωμάτιο ... ['eçete e'lefθero 'ena 'ðiklino / mo'noklino ðo'matio ...]

für eine Nacht / ... Nächte?
για μια νύχτα; / ... νύχτες; [ja mja 'nixta / ... 'nixtes]

mit Bad / Dusche und WC?
με μπάνιο / ντουζ και τουαλέτα; [me 'baɲo / duz ke tua'leta]

Δυστυχώς είμαστε πλήρεις. [ðisti'xos 'imaste 'pliris]
Wir sind leider ausgebucht.

Αύριο / την (το) ... θα αδειάσει ένα δωμάτιο. ['avrio / tin (to) ... θa a'ðjasi 'ena ðo'matio]
Morgen / Am .. wird ein Zimmer frei.

Wie viel kostet es ...	**Πόσο στοιχίζει ...** *od* **κοστίζει ...** ['poso sti'çizi ... *od* ko'stizi ...]
mit / ohne Frühstück?	**με / χωρίς πρωινό;** [me / xo'ris proi'no]
mit Halb- / Vollpension?	**με ημιδιατροφή / πλήρη διατροφή;** [me imiðiatro'fi / 'pliri ðiatro'fi]

Shopping

Wo bekomme ich ...?	**Πού μπορώ να βρω ... ;** [pu bo'ro na vro]
Μπορώ να σας βοηθήσω; [bo'ro na sas voi'θiso]	Kann ich Ihnen helfen?
Danke, ich sehe mich nur um.	**Ευχαριστώ, ρίχνω μόνο μια ματιά.** [efxari'sto, 'rixno 'mono mja ma'tja]
Ich werde schon bedient.	**Ευχαριστώ, εξυπηρετούμαι.** [efxari'sto, eksipire'tume]
Ich hätte gern ...	**Θα ήθελα ...** [θa 'iθela]
Das gefällt mir. Ich nehme es.	**Μου αρέσει, θα το πάρω.** [mu a'resi, θa to 'paro]
Θέλετε τίποτε άλλο; ['θelete 'tipote 'alo]	Darf es sonst noch etwas sein?
Danke, das ist alles.	**Ευχαριστώ, αυτά.**[efxari'sto, af'ta]
Kann ich mit dieser Kreditkarte zahlen?	**Μπορώ να πληρώσω με αυτή την πιστωτική κάρτα;** [bo'ro na pli'roso me a'fti tin pistoti'ki 'karta]

Im Restaurant

Die Karte bitte!	**Τον κατάλογο, παρακαλώ!** [ton ka'taloɣo, paraka'lo]
Τι θα πάρετε / πιείτε; [ti θa 'parete / 'pjite]	Was möchten Sie essen / trinken?
Ich möchte ...	**Θα ήθελα** ... [θa 'iθela ...]
ein Glas Rotwein	**ένα ποτήρι κόκκινο κρασί** ['ena po'tiri 'kokino kra'si]
noch ein Bier	**μια μπίρα ακόμα** [mja 'bira a'koma]
Haben Sie ...	Έχετε ... ['eçete ...]
vegetarische Gerichte?	**φαγητά για χορτοφάγους;** [faji'ta ja xorto'faɣus]
Τι θα πάρετε για μεζέ / γλυκό [ti θa'parete ja me'ze / ɣli'ko];	Was nehmen Sie als Vorspeise / Nachtisch?
Ich möchte zahlen.	**Τον λογαριασμό, παρακαλώ.** [ton loɣarja'zmo, paraka'lo]

Κατάλογος φαγητών | Speisekarte

Ορεκτικά | Vorspeisen

γίγαντες *mpl* ['jiɣandes]	weiße Bohnen
ελιές *fpl* [e'ʎes]	Oliven
μελιτζανοσαλάτα *f* [melidzanosa'lata]	Auberginenmus
ντολμαδάκια *npl* [dolma'ðakja]	Weinblätter mit Reis gefüllt
φέτα σαγανάκι *n* ['feta saɣa'naki]	gebratener/gegrillter Schafskäse
ταραμοσαλάτα *f* [taramosa'lata]	Fischrogencreme
τζατζίκι *n* [dza'dziki]	Jog(h)urtdip mit Gurken, Knoblauch und Dill
τηγανητές μελιτζάνες *fpl* [tiɣani'tes meli'dzanes]	gebratene Auberginen
τηγανητές πιπεριές *fpl* [tiɣani'tes pipe'rjes]	gebratene Paprikaschoten
τηγανητά κολοκυθάκια *npl* [tiɣani'ta koloki'θakja]	gebratene Zucchini
(τυρί) φέτα *f* [(ti'ri) 'feta]	Schafskäse
χταποδάκι τηγανητό *n* [xtapo'ðaki tiɣani'to]	gebratener Tintenfisch

Σούπες – Suppen

ντοματόσουπα *f* [doma'tosupa]	Tomatensuppe
ψαρόσουπα *f* [psa'rosupa]	Fischsuppe

Ζυμαρικά και ρύζι | Nudel- und Reisgerichte

κριθαράκι *n* [kriθa'raki]	Nudeln in Reisform, Reisnudeln
μακαρόνια *npl* [maka'roɲa]	Spaghetti
με κιμά [me ki'ma]	mit Hackfleischsoße
με σάλτσα [me 'saltsa]	mit Tomatensoße
μουσακάς *m* [musa'kas]	Auberginenauflauf mit Hackfleisch und Bechamelsoße
παστίτσιο *n* [pa'stitsjo]	Hackfleisch-Nudelauflauf mit Bechamelsoße
πιλάφι *n* [pi'lafi]	eine Art Risotto
πρασόρυζο *n* [pra'sorizo]	Lauchreis
σπανακόρυζο *n* [spana'korizo]	Spinatreis

Φαγητά με κρέας | Fleischgerichte

αρνί *n* [ar'ni]	Lamm
στον φούρνο [ston 'furno]	Lammbraten
γ(κ)ιουβέτσι *n* [(g)ju'vetsi]	Fleisch mit Reisnudeln aus dem Ofen
γύρος *m* ['jiros]	Gyros
εντόσθια *npl* [en'dosθia]	Innereien
κοκκινιστό *n* **στην κατσαρόλα** [kokini'sto stin katsa'rola]	eine Art Gulasch
λουκάνικα *npl* [lu'kanika]	Wurst, Würstchen
μοσχάρι *n* [mo'sxari]	Kalbfleisch
στον φούρνο [ston 'furno]	Kalbsbraten
με κριθαράκι [me kriθa'raki]	mit Reisnudeln
με ρύζι [me 'rizi]	mit Reis
με πατάτες [me pa'tates]	mit Kartoffeln
λεμονάτο [lemo'nato]	Kalbsbraten in Zitronensoße
μπριζόλα *f* [bri'zola]	Kotelett
μοσχαρήσια [mosxa'risja]	Kalbskotelett
χοιρινή [çiri'ni]	Schweinekotelett
αρνήσια [ar'nisja]	Lammkotelett
παϊδάκια *npl* [pai'ðakja]	Lammrippchen
σουβλάκι *n* [su'vlaki]	gegrillter Fleischspieß
στιφάδο *n* [sti'faðo]	Kaninchen / Kalbfleisch etc. mit Zwiebeln in Tomatensoße
συκώτι *n* [si'koti]	Leber
χοιρινό *n* [çiri'no]	Schweinefleisch
στον φούρνο [ston 'furno]	Schweinebraten
με σέλινο [me 'selino]	Sellerieeintopf mit Schweinefleisch

Φαγητά με κιμά | Hackfleischgerichte

γεμιστά *npl* [jemi'sta]	gefüllte Auberginen / Tomaten / Paprikaschoten
γεμιστές μελιτζάνες *fpl* [jemi'stes meli'dzanes]	Auberginen gefüllt mit Hackfleisch und Reis
γεμιστές ντομάτες *fpl* [jemi'stes do'mates]	Tomaten gefüllt mit Hackfleisch und Reis
γεμιστές πιπεριές *fpl* [jemi'stes pipe'rjes]	Paprikaschoten gefüllt mit Hackfleisch u. Reis
γιουβαρλάκια *npl* [juvar'lakja]	Fleischklößchen in Ei-Zitronensaft-Soße
κεφτέδες *mpl* [ke'fteðes]	gebratene Hackfleischbällchen
μπιφτέκι *n* [bi'fteki]	gegrillte Hackfleischbällchen

Πουλερικά | Geflügel

κοτόπουλο *n* [ko'topulo]	Hähnchen
με ρύζι [me 'rizi]	mit Reis
με πατάτες [me pa'tates]	mit Kartoffeln
τηγανητό [tiɣani'to]	in der Pfanne gebraten
στη σούβλα [sti 'suvla]	Brathähnchen
στον φούρνο [ston 'furno]	im Ofen gebacken
μπούτι *n* **κοτόπουλου** ['buti ko'topulu]	Hühnerkeule
στήθος *n* **κοτόπουλου** ['stiθos ko'topulu]	Hühnerbrust

Ψάρια και θαλασσινά | Fisch und Meeresfrüchte

αστακός *m* [asta'kos]	Hummer, Languste
γαρίδες *fpl* [ɣa'riðes]	Garnelen
γλώσσα *f* ['ɣlosa]	Seezunge
καλαμαράκια *npl* [kalama'rakja]	Calamari
καλκάνι *n* [kal'kani]	Steinbutt
καραβίδες *fpl* [kara'viðes]	Hummerkrabben
λούτσος *m* ['lutsos]	Hecht
λυθρίνι *n* [li'θrini]	Rotbrasse
μουρούνα *f* [mu'runa]	Schellfisch
μπακαλιάρος *m* [baka'ʎaros]	Kabeljau
μπαρμπούνι *n* [bar'buni]	Streifenbarbe
ξιφίας *m* [ksi'fias]	Schwertfisch
πέστροφα *f* ['pestrofa]	Forelle
ρέγγα *f* ['reŋga]	Hering
σολομός *m* [solo'mos]	Lachs
συναγρίδα *f* [sina'ɣriða]	Meerbrasse
τόνος *m* ['tonos]	Thunfisch
τσιπούρα *f* [tsi'pura]	Goldbrasse
χταπόδι *n* [xta'poði]	Oktopus, Krake

Λαχανικά και γαρνιτούρες | Gemüse und Beilagen

αγκινάρες *fpl* [aŋgi'nares]	Artischocken
αρακάς *m* [ara'kas], **μπιζέλια** *npl* [bi'zeʎa]	Erbsen
καρότα *npl* [ka'rota]	Karotten
κολοκυθάκια *npl* [koloki'θakja]	Zucchini
κουνουπίδι *n* [kunu'piði]	Blumenkohl
λάχανο *n* ['laxano]	Kraut, Kohl
λαχανικά *npl* [laxani'ka]	Gemüse
μελιτζάνες *fpl* [meli'dzanes]	Auberginen
ντομάτες *fpl* [do'mates]	Tomaten
πατάτες *fpl* [pa'tates]	Kartoffeln
βραστές [vra'stes]	Salzkartoffeln
τηγανητές [tiɣani'tes]	Pommes frites
στον φούρνο [ston 'furno]	im Ofen gebacken
πιπεριές *fpl* [pipe'rjes]	Paprikaschoten
πράσο *n* ['praso]	Lauch
σπανάκι *n* [spa'naki]	Spinat
φασόλια *npl* [fa'soʎa]	weiße Bohnen
φασολάκια *npl* [faso'lakja]	grüne Bohnen, Brechbohnen

Φαγητά χωρίς κρέας | Vegetarische Gerichte

αγκινάρες *fpl* **με αρακά** [aŋgi'nares me ara'ka]	Erbseneintopf mit Artischocken
γεμιστές ντομάτες *fpl* [jemi'stes do'mates]	Tomaten gefüllt mit Reis
γεμιστές πιπεριές *fpl* [jemi'stes pipe'rjes]	Paprikaschoten gefüllt mit Reis
γίγαντες *mpl* **στον φούρνο (με σπανάκι)** ['jiɣandes ston 'furno (me spa'naki)]	weiße Bohnen aus dem Ofen (mit Spinat überbacken)
λαχανοντολμάδες *mpl* [laxanodol'maðes]	Kohlrouladen mit Reisfüllung
μπάμιες *fpl* ['bamjes]	Okragemüse
πατάτες *fpl* **φούρνου** [pa'tates 'furnu]	Kartoffeln aus dem Backofen
πατατοκεφτέδες *mpl* [patatoke'fteðes]	Kartoffelbällchen in Öl gebraten
πρασόρυζο *n* [pra'sorizo]	Lauchreiseintopf
σπανακ(οτυρ)όπιτα *f* [spana'ko-(ti'ro)pita]	Blätterteig mit Spinat- und Schafskäsefüllung
τυρόπιτα *f* [ti'ropita]	Blätterteig mit Schafskäsefüllung
φασολάκια *npl* [faso'lakja]	Brechbohnen(eintopf)
φασόλια *npl* [fa'soʎa], **φασολάδα** *f* [faso'laða]	Eintopf aus weißen Bohnen

Τυριά | Käse

ανθότυρο *n* [an'θotiro]	Art weicher, ungesalzener Käse
γραβιέρα *f* [ɣra'vjera]	Gruyèrekäse, Graviera
κασέρι *n* [ka'seri]	Art halbharter Käse
κεφαλοτύρι *n* [kefalo'tiri]	Art Hartkäse, oft sehr salzig
κοπανιστή *f* [kopani'sti]	Art Weichkäse, sehr pikant
λαδοτύρι *n* [laðo'tiri]	Art halbharter Käse, meistens auf den Inseln
μανούρι *n* [ma'nuri]	Art weicher, ungesalzener Käse
μυζήθρα *f* [mi'ziθra]	Art weicher, ungesalzener Käse
παρμεζάνα *f* [parme'zana]	Parmesankäse
ροκφόρ *n* [rok'for]	Roquefortkäse
φέτα *f* ['feta]	Schafskäse
χλωρό τυρί *n* [xlo'ro 'tiri]	Art weicher, ungesalzener Käse

Σαλάτες | Salate

αγγουροσαλάτα *f* [aŋgurosa'lata]	Gurkensalat
καροτοσαλάτα *f* [karotosa'lata]	Karottensalat
λαχανοσαλάτα *f* [laxanosa'lata]	Krautsalat
μαρουλοσαλάτα *f* [marulosa'lata]	*etwa* Kopfsalat
ντοματοσαλάτα *f* [domatosa'lata]	Tomatensalat
σαλάτα *f* **εποχής** [sa'lata epo'çis]	Saisonsalat

χορτοσαλάτα *f* [xortosa'lata], **χόρτα** *npl* ['xorta]	Salat aus gekochten Wildkräutern, kalt
χωριάτικη (σαλάτα) *f* [xo'rjatiki (sa'lata)]	Bauernsalat mit Tomaten, Gurke, Oliven u. Schafskäse

Γλυκά | Süßspeisen

γαλακτομπούρεκο *n* [ɣalakto'bureko]	Blätterteigkuchen mit Cremefüllung und Sirup
γαλατόπιτα *f* [ɣala'topita]	Blätterteigkuchen mit Milch und Eiern
γιαούρτι *n* **(με μέλι και καρύδια)** [ja'urti (me 'meli ke ka'riðja)]	Jog(h)urt (mit Honig und Walnüssen)
καταΐφι *n* [kata'ifi]	Pastete aus Blätterteigfäden mit Nussfüllung und Sirup
μπακλαβάς *m* [bakla'vas]	Blätterteigkuchen mit Nussfüllung und Sirup
μπουγάτσα *f* [bu'ɣatsa]	Blätterteigkuchen mit Cremefüllung und Puderzucker
παγωτό *n* [paɣo'to]	Speiseeis
ραβανί *n* [rava'ni]	Grießkuchen mit Sirup
ρυζόγαλο *n* [ri'zoɣalo]	Milchreis
φρουτοσαλάτα *f* [frutosa'lata]	Obstsalat

Γλυκά του κουταλιού | Eingelegtes Obst

γλυκό *n* **βερίκοκο** [γli'ko ve 'rikoko]	eingelegte Aprikosen
γλυκό *n* **καρπούζι** [γli'ko kar'puzi]	eingelegte Wassermelonenschalen
γλυκό *n* **καρύδι** [γli'ko ka'riði]	eingelegte Walnüsse
γλυκό *n* **κεράσι** [γli'ko ke'rasi]	eingelegte Kirschen
γλυκό *n* **κολοκύθα** [γli'ko kolo'kiθa]	eingelegter Kürbis
γλυκό *n* **μελιτζανάκι** [γli'ko melidza'naki]	eingelegte Auberginen
γλυκό *n* **πορτοκάλι** [γli'ko porto'kali]	eingelegte Orangenschalen
γλυκό *n* **σύκο** [γli'ko 'siko]	eingelegte Feigen
γλυκό *n* **τριαντάφυλλο** [γli'ko trian'dafilo]	eingelegte Rosenblätter

Φρούτα | Obst

ανανάς *m* [ana'nas]	Ananas
αχλάδι *n* [a'xlaði]	Birne
γκρέιπ-φρουτ *n* ['greipfrut]	Grapefruit
καρπούζι *n* [kar'puzi]	Wassermelone
κεράσια *npl* [ke'rasja]	Kirschen
μήλο *n* ['milo]	Apfel
μπανάνα *f* [ba'nana]	Banane
πεπόνι *n* [pe'poni]	Honigmelone
πορτοκάλι *n* [porto'kali]	Orange

ροδάκινο *n* [ro'ðakino]	Pfirsich
σταφύλια *npl* [sta'fiʎa]	Weintrauben
σύκο *n* ['siko]	Feige
φράουλες *fpl* ['fraules]	Erdbeeren

Αλκοολούχα ποτά | Alkoholische Getränke

κρασί *n* [kra'si]	Wein
λευκό [lef'ko]	Weißwein
κόκκινο ['kokino]	Rotwein
ροζέ [ro'ze]	Rosιwein
επιτραπέζιο [epitra'pezio]	Tafelwein
εμφιαλωμένο [emfialo'meno]	Flaschenwein
χύμα ['çima]	offener Hauswein
γλυκό [ɣli'ko]	süß
ημίγλυκο [i'miɣliko]	halbtrocken, halbsüß
ξηρό [ksi'ro]	trocken
δυνατό [ðina'to]	stark
ελαφρύ [ela'fri]	leicht
μπίρα *f* ['bira]	Bier
βαρελήσια [vare'lisja]	vom Fass
από το μπουκάλι [a'po to bu'kali]	Flaschenbier
ξανθιά [ksan'θja]	helles
σκούρα ['skura]	dunkles
ούζο *n* ['uzo]	Anisschnaps
με / χωρίς παγάκια [me / xo'ris pa'ɣakja]	mit / ohne Eiswürfel

Μη οινοπνευματώδη ποτά | Alkoholfreie Getränke

Κόκα Κόλα *f* ['koka 'kola]	Coca Cola®
νερό *n* [ne'ro]	Wasser
μεταλλικό [metali'ko]	Mineralwasser
με ανθρακικό [me anθraki'ko]	mit Kohlensäure
χωρίς ανθρακικό [xo'ris anθraki'ko]	ohne Kohlensäure
λεμονάδα *f* [lemo'naða]	(Zitronen-)Limonade
ντοματόζουμο *n* [doma'tozumo]	Tomatensaft
πορτοκαλάδα *f* [portoka'laða]	Orangenlimo
χυμός *m* **φρούτων** [çi'mos 'fruton]	Fruchtsaft
χυμός *m* [çi'mos]	Saft
μήλο ['milu]	Apfelsaft
πορτοκάλι [porto'kali]	Orangensaft
ροδάκινο [ro'ðakino]	Pfirsichsaft
γκρέιπ-φρουτ ['greipfrut]	Grapefruitsaft
ανανά [ana'na]	Ananassaft

Καφέδες και αφεψήματα | Kaffee und warme Getränke

καφές *m* [ka'fes]	Kaffee
ελληνικός [elini'kos]	griechischer Mokka
σκέτος ['sketos]	ohne Zucker
μέτριος ['metrios]	mit wenig Zucker
βαρύγλυκος [va'riγlikos]	mit viel Zucker
φίλτρου ['filtru]	Filterkaffee
νες [nes]	Nescafé®
φραπέ(ς) *n(m)* [fra'pe(s)]	eiskalter, löslicher Kaffee
καπουτσίνο *n* [kapu'tsino]	Kaffee mit schaumiger Milch
σοκολάτα *f* [soko'lata]	Schokolade
τσάι *n* ['tsai]	Tee
με λεμόνι [me le'moni]	mit Zitrone
με γάλα [me 'γala]	mit Milch
του βουνού [tu vu'nu]	Kräutertee
χαμομήλι *n* [xamo'mili]	Kamillentee

Zahlwörter | Αριθμητικά

Grundzahlen | Απόλυτα αριθμητικά

0 *null* μηδέν [mi'ðen]
1 *eins* ένας ['enas] *m*, μία, μια ['mia, mja] *f*, ένα ['ena] *n*
2 *zwei* δύο, δυο ['ðio, ðjo]
3 *drei* τρεις [tris] *m,f*, τρία ['tria] *n*
4 *vier* τέσσερις ['teseris] *m,f*, τέσσερα ['tesera] *n*
5 *fünf* πέντε ['pende]
6 *sechs* έξι ['eksi]
7 *sieben* επτά [e'pta], εφτά [e'fta]
8 *acht* οκτώ [o'kto], οχτώ [o'xto]
9 *neun* εννέα [e'nea], εννιά [e'ɲa]
10 *zehn* δέκα ['ðeka]
11 *elf* έντεκα ['endeka], ένδεκα ['enðeka]
12 *zwölf* δώδεκα ['ðoðeka]
13 *dreizehn* δεκατρείς *m,f*, δεκατρία *n*
14 *vierzehn* δεκατέσσερις *m,f*, δεκατέσσερα *n*
15 *fünfzehn* δεκαπέντε
16 *sechzehn* δεκαέξι, δεκάξι
17 *siebzehn* δεκαεπτά, δεκαεφτά
18 *achtzehn* δεκαοκτώ, δεκαοχτώ
19 *neunzehn* δεκαεννέα, δεκαεννιά
20 *zwanzig* είκοσι ['ikosi]
21 *einundzwanzig* είκοσι ένας *m*, είκοσι μία *f*, είκοσι ένα *n*
22 *zweiundzwanzig* είκοσι δύο
23 *dreiundzwanzig* είκοσι τρεις *m,f*, είκοσι τρία *n*
30 *dreißig* τριάντα [tri'anda]
40 *vierzig* σαράντα [sa'randa]
50 *fünfzig* πενήντα [pe'ninda]
60 *sechzig* εξήντα [e'ksinda]
70 *siebzig* εβδομήντα [ev-ðo'minda]
80 *achtzig* ογδόντα [oɣ-'ðonda]
90 *neunzig* ενενήντα [ene-'ninda]
100 *hundert* εκατό(ν) [eka-'to(n)]
101 *hundert(und)eins* εκατόν ένας *m*, εκατόν μία *f*, εκατόν ένα *n*
124 *hundertvierundzwanzig* εκατόν είκοσι τέσσερις *m,f*, τέσσερα *n*
200 *zweihundert* διακόσιοι [ðja'kosji] *m*, διακόσιες [ðja'kosjes] *f*, διακόσια [ðja'kosja] *n*
300 *dreihundert* τριακόσιοι, -ες, -α
400 *vierhundert* τετρακόσιοι, -ες, -α
500 *fünfhundert* πεντακόσιοι, -ες, -α
600 *sechshundert* εξακόσιοι, -ες, -α
700 *siebenhundert* εφτακόσιοι, -ες, -α
800 *achthundert* οχτακόσιοι, -ες, -α
900 *neunhundert* εννιακόσιοι, -ες, -α [eɲa-]
1000 *tausend* χίλιοι ['çiʎi] *m*, χίλιες ['çiʎes] *f*, χίλια ['çiʎa] *n*
1961 *neunzehnhunderteinundsechzig* χίλια εννιακόσια εξήντα ένα
2000 *zweitausend* δύο χιλιάδες ['ðio çi'ʎaðes]
3000 *dreitausend* τρεις χιλιάδες
10 000 *zehntausend* δέκα χιλιάδες
100 000 *hunderttausend* εκατό χιλιάδες
1 000 000 *eine* Million ένα εκατομμύριο ['ena ekato'mirio]
1 000 000 000 *eine* Milliarde ένα δισεκατομμύριο

Ordnungszahlen | Τακτικά αριθμητικά

1. *erste* πρώτος, -η, -ο ['protos, -i, -o]
2. *zweite* δεύτερος, -η, -ο ['ðefteros]
3. *dritte* τρίτος, -η, -ο ['tritos]
4. *vierte* τέταρτος, -η, -ο ['tetartos]
5. *fünfte* πέμπτος, -η, -ο ['pemptos]
6. *sechste* έκτος, -η, -ο ['ektos]
7. *siebte* έβδομος, -η, -ο ['evðomos]
8. *achte* όγδοος, -η, -ο ['oγðoos]
9. *neunte* ένατος, -η, -ο ['enatos]
10. *zehnte* δέκατος, -η, -ο ['ðekatos]
11. *elfte* ενδέκατος, -η, -ο [en'ðekatos], εντέκατος, -η, -ο [en'dekatos]
12. *zwölfte* δωδέκατος , -η, -ο [ðo'ðekatos]
13. *dreizehnte* δέκατος τρίτος, δέκατη τρίτη, δέκατο τρίτο
20. *zwanzigste* εικοστός, -ή, -ό
21. *einundzwanzigste* εικοστός πρώτος, εικοστή πρώτη, εικοστό πρώτο
30. *dreißigste* τριακοστός, -ή, -ό
40. *vierzigste* τεσσαρακοστός, -ή, -ό [tesa-]
50. *fünfzigste* πεντηκοστός, -ή, -ό [pendi-]
60. *sechzigste* εξηκοστός, -ή, -ό
70. *siebzigste* εβδομηκοστός, -ή, -ό
80. *achtzigste* ογδοηκοστός, -ή, -ό
90. *neunzigste* ενενηκοστός, -ή, -ό
100. *hundertste* εκατοστός, -ή, -ό
101. *hundert(und)erste* εκατοστός πρώτος, εκατοστή πρώτη, εκατοστό πρώτο
124. *hundertvierundzwanzigste* εκατοστός εικοστός τέταρτος
200. *zweihundertste* διακοσιοστός, -ή, -ό [ðiakosio-]
300. *dreihundertste* τριακοσιοστός
1000. *tausendste* χιλιοστός, -ή, -ό [çilio-]